공인 노무사

2025

1차시험 | 필수과목

노동법
관계법령집

시대에듀

이 책의 구성과 특징

노동법 관계법령 총망라
노동법 관련 17개 법령을 한 권에 모두 담았습니다.

CHAPTER

10 임금채권보장법

시행 2024.8.7. [법률 제20233호, 2024.2.6. 일부개정]

최신 개정 법조문
관계법령별로 최신 개정사항을
완벽하게 반영하였습니다.

제1장 총칙

제1조 목적

이 법은 경기 변동과 산업구조 변화 등으로 사업을 계속하는 것이 불가능하거나 기업의 경영이 불안정하여, 임금등을 지급받지 못하고 퇴직한 근로자 등에게 그 지급을 보장하는 조치를 마련함으로써 근로자의 생활안정에 이바지하는 것을 목적으로 한다.

제2조 정의

이 법에서 사용하는 용어의 뜻은 다음과 같다.
1. "근로자"란 「근로기준법」 제2조에 따른 근로자를 말한다.
2. "사업주"란 근로자를 사용하여 사업을 하는 자를 말한다.
3. "임금등"이란 「근로기준법」 제2조·제34조·제46조 및 제74조 제4항에 따른 임금·퇴직금·휴업수당 및 출산전후휴가기간 중 급여를 말한다.
4. "보수"란 「고용보험 및 산업재해보상보험의 보험료징수 등에 관한 법률」 제2조 제3호에 따른 보수를 말한다.

제3조 적용 범위

이 법은 「산업재해보상보험법」 제6조에 따른 사업 또는 사업장(이하 "사업"이라 한다)에 적용한다. 다만, 국가와 지방자치단체가 직접 수행하는 사업은 그러하지 아니하다.

이 법은 국가와 지방자치단체가 직접 수행하는 사업에 적용하지 아니한다.	(○) 기출 24	
이 법은 국가와 지방자치단체가 직접 수행하는 사업에 적용된다.	(×) 기출 17	
대지급금에 관한 규정은 국가와 지방자치단체가 직접 수행하는 사업에 적용된다.	(×) 기출 22	

제4조 준용

임금채권보장관계에는 「고용보험 및 산업재해보상보험의 보험료징수 등에 관한 법률」(이하 "고용산재보험료징수법"이라 한다) 제3조, 제5조 제4항·제5항, 제6조 제2항부터 제4항까지 준용한다.

11개년 기출지문
최근 11개년 기출문제의 보기지문을
OX문제로 구성하였습니다.

노동법 관계법령집

제26조   해고의 예고

사용자는 근로자를 해고(경영상 이유에 의한 해고를 포함한다)하려면 적어도 30일 전에 예고를 하여야 하고, 30일 전에 예고를 하지 아니하였을 때에는 30일분 이상의 통상임금을 지급하여야 한다. 다만, 다음 각 호의 어느 하나에 해당하는 경우에는 그러하지 아니하다.

1. 근로자가 계속 근로한 기간이 3개월 미만인 경우
2. 천재 · 사변, 그 밖의 부득이한 사유로 사업을 계속하는 것이 불가능한 경우
3. 근로자가 고의로 사업에 막대한 지장을 초래하거나 재산상 손해를 끼친 경우로서 고용노동부령으로 정하는 사유에 해당하는 경우

> 경영상 이유에 의한 해고를 하는 때에도 해고의 예고 규정은 적용된다. ( ) 기출 14 · 18
>
> 경영상 이유에 의한 해고의 경우에는 해고를 하려는 날의 50일 전에 해고를 피하기 위한 방법 등에 관해 근로자대표에게 통보하고 협의하여야 하므로 해고예고규정은 적용되지 않는다.
> ( ) 기출 15
>
> 휴일근로에 대한 가산금이나 해고예고수당은 통상임금을 기준으로 산정해야 한다.
> ( ) 기출 13
>
> 근로기준법 제26조(해고의 예고)는 근로자가 계속 근로한 기간이 3개월 미만인 경우 적용하지 아니한다. ( ) 기출 16

시행규칙 제4조(해고 예고의 예외가 되는 근로자의 귀책사유)
법 제26조 제3호에서 "고용노동부령으로 정하는 사유"란 [별표 1]과 같다.

■ 근기법 시행규칙 [별표 1]

해고 예고의 예외가 되는 근로자의 귀책사유(시행규칙 제4조 관련)

1. 납품업체로부터 금품이나 향응을 제공받고 불량품을 납품받아 생산에 차질을 가져온 경우
2. 영업용 차량을 임의로 타인에게 대리운전하게 하여 교통사고를 일으킨 경우
3. 사업의 기밀이나 그 밖의 정보를 경쟁관계에 있는 다른 사업자 등에게 제공하여 사업에 지장을 가져온 경우
4. 허위 사실을 날조하여 유포하거나 불법 집단행동을 주도하여 사업에 막대한 지장을 가져온 경우
5. 영업용 차량 운송 수입금을 부당하게 착복하는 등 직책을 이용하여 공금을 착복, 장기유용, 횡령 또는 배임한 경우
6. 제품 또는 원료 등을 몰래 훔치거나 불법 반출한 경우
7. 인사 · 경리 · 회계담당 직원이 근로자의 근무상황 실적을 조작하거나 허위 서류 등을 작성하여 사업에 손해를 끼친 경우
8. 사업장의 기물을 고의로 파손하여 생산에 막대한 지장을 가져온 경우
9. 그 밖에 사회통념상 고의로 사업에 막대한 지장을 가져오거나 재산상 손해를 끼쳤다고 인정되는 경우

자격시험 소개

★ 2024년 제33회 시험공고 기준

◉ 공인노무사란?

⋯ 노동관계법령 및 인사노무관리 분야에 대한 전문적인 지식과 경험을 제공함으로써 사업 또는 사업장의 노동 관계업무의 원활한 운영을 도모하며, 노사관계를 자율적이고 합리적으로 개선시키는 전문인력을 말한다.

◉ 주요업무

❶ 공인노무사는 다음의 직무를 수행한다.
   (1) 노동관계법령에 따라 관계기관에 대하여 행하는 신고 · 신청 · 보고 · 진술 · 청구(이의신청 · 심사청구 및 심판청구를 포함한다) 및 권리구제 등의 대행 또는 대리
   (2) 노동관계법령에 따른 서류의 작성과 확인
   (3) 노동관계법령과 노무관리에 관한 상담 · 지도
   (4) 「근로기준법」을 적용받는 사업이나 사업장에 대한 노무관리진단
   (5) 「노동조합 및 노동관계조정법」에서 정한 사적(私的) 조정이나 중재
   (6) 사회보험관계법령에 따라 관계기관에 대하여 행하는 신고 · 신청 · 보고 · 진술 · 청구(이의신청 · 심사청구 및 심판청구를 포함한다) 및 권리구제 등의 대행 또는 대리
❷ "노무관리진단"이란 사업 또는 사업장의 노사당사자 한쪽 또는 양쪽의 의뢰를 받아 그 사업 또는 사업장의 인사 · 노무관리 · 노사관계 등에 관한 사항을 분석 · 진단하고, 그 결과에 대하여 합리적인 개선방안을 제시 하는 일련의 행위를 말한다.

◉ 응시자격

❶ 공인노무사법 제4조 각 호의 결격사유에 해당하지 아니하는 사람

다음의 어느 하나에 해당하는 사람은 공인노무사가 될 수 없다.
① 미성년자
② 피성년후견인 또는 피한정후견인
③ 파산선고를 받은 사람으로서 복권(復權)되지 아니한 사람
④ 공무원으로서 징계처분에 따라 파면된 사람으로서 3년이 지나지 아니한 사람
⑤ 금고(禁錮) 이상의 실형을 선고받고 그 집행이 끝나거나(집행이 끝난 것으로 보는 경우를 포함한다) 집행이 면제된 날부 터 3년이 지나지 아니한 사람
⑥ 금고 이상의 형의 집행유예를 선고받고 그 유예기간이 끝난 날부터 1년이 지나지 아니한 사람
⑦ 금고 이상의 형의 선고유예기간 중에 있는 사람
⑧ 징계에 따라 영구등록취소된 사람

❷ 2차시험은 당해 연도 1차시험 합격자 또는 전년도 1차시험 합격자
❸ 3차시험은 당해 연도 2차시험 합격자 또는 전년도 2차시험 합격자

◉ 시험일정

구 분	인터넷 원서접수	시험일자	시행지역	합격자 발표
2025년 제34회 1차	2025년 4월 중	2025년 5월 중	서울, 부산, 대구, 인천, 광주, 대전	2025년 6월 중
2025년 제34회 2차	2025년 7월 중	2025년 8월 중		2025년 11월 중
2025년 제34회 3차		2025년 11월 중	서 울	2025년 12월 중

※ 시험에 응시하려는 사람은 응시원서와 함께 영어능력검정시험 성적표를 제출하여야 한다.

INFORMATION

합격의 공식 Formula of pass | 시대에듀 www.sdedu.co.kr

◉ 시험시간

구 분	교 시	시험과목	문항수	시험시간	시험방법
1차시험	1	1. 노동법 I 2. 노동법 II	과목당 40문항 (총 200문항)	80분 (09:30~10:30)	객관식 (5지 택일형)
1차시험	2	3. 민 법 4. 사회보험법 5. 영어(영어능력검정시험 성적으로 대체) 6. 경제학원론 · 경영학개론 중 1과목	과목당 40문항 (총 200문항)	120분 (11:20~13:20)	객관식 (5지 택일형)
2차시험	1 2	1. 노동법	4문항	교시당 75분 (09:30~10:45) (11:15~12:30)	주관식 (논문형)
2차시험	3	2. 인사노무관리론	과목당 3문항	과목당 100분 (13:50~15:30) (09:30~11:10) (11:40~13:20)	주관식 (논문형)
2차시험	4 5	3. 행정쟁송법 4. 경영조직론 · 노동경제학 · 민사소송법 중 1과목	과목당 3문항	과목당 100분 (13:50~15:30) (09:30~11:10) (11:40~13:20)	주관식 (논문형)
3차시험		1. 국가관 · 사명감 등 정신자세 2. 전문지식과 응용능력 3. 예의 · 품행 및 성실성 4. 의사발표의 정확성과 논리성		1인당 10분 내외	면 접

◉ 합격기준

구 분	합격자 결정
1차시험	영어과목을 제외한 나머지 과목에서 과목당 100점을 만점으로 하여 각 과목의 점수가 40점 이상이고, 전 과목 평균점수가 60점 이상인 사람
2차시험	• 과목당 만점의 40% 이상, 전 과목 총점의 60% 이상을 득점한 사람을 합격자로 결정 • 각 과목의 점수가 40% 이상이고, 전 과목 평균점수가 60% 이상을 득점한 사람의 수가 최소합격인원보다 적은 경우에는 최소합격인원의 범위에서 모든 과목의 점수가 40% 이상을 득점한 사람 중에서 전 과목 평균 점수가 높은 순서로 합격자를 결정
3차시험	• 평정요소마다 "상"(3점), "중"(2점), "하"(1점)로 구분하고, 총 12점 만점으로 채점하여 각 시험위원이 채점한 평점의 평균이 "중"(8점) 이상인 사람 • 위원의 과반수가 어느 하나의 같은 평정요소를 "하"로 평정하였을 때에는 불합격

◉ 영어능력검정시험

시험명	토플(TOEFL)		토익 (TOEIC)	텝스 (TEPS)	지텔프 (G-TELP)	플렉스 (FLEX)	아이엘츠 (IELTS)
	PBT	IBT					
일반응시자	530	71	700	340	65(Level 2)	625	4.5
청각장애인	352	–	350	204	43(Level 2)	375	–

자격시험 검정현황

◎ 공인노무사 수험인원 및 합격자현황

구 분	1차시험				2차시험				3차시험			
	대 상	응 시	합 격	합격률	대 상	응 시	합 격	합격률	대 상	응 시	합 격	합격률
제27회('18)	4,744	4,044	2,420	59.8%	3,513	3,018	300	9.9%	300	300	300	100%
제28회('19)	6,211	5,269	2,494	47.3%	3,750	3,231	303	9.4%	303	303	303	100%
제29회('20)	7,549	6,203	3,439	55.4%	4,386	3,871	343	8.9%	343	343	343	100%
제30회('21)	7,654	6,692	3,413	51.0%	5,042	4,514	322	7.1%	322	322	320	99.4%
제31회('22)	8,261	7,002	4,221	60.3%	5,745	5,128	549	10.7%	551	551	551	100%
제32회('23)	10,225	8,611	3,019	35.1%	5,327	4,724	395	8.4%	395	395	551	100%
제33회('24)	11,646	9,602	2,150	22.4%	인쇄일 현재 2024년 제33회 2차 · 3차 검정현황 미발표							

◎ 검정현황(그래프)

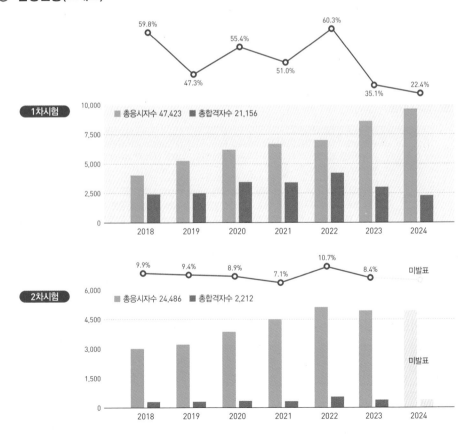

최신 개정법령 소개

❖ 본 교재에 반영한 최신 개정법령은 아래와 같다.

노동법 Ⅰ		
구 분	법 령	시행일자
근로기준법	근기법	2021.11.19.
	근기법 시행령	2021.11.19.
	근기법 시행규칙	2024.07.29.
파견근로자 보호 등에 관한 법률	파견법	2020.12.08.
	파견법 시행령	2020.01.16.
	파견법 시행규칙	2024.06.12.
기간제 및 단시간근로자 보호 등에 관한 법률	기단법	2021.05.18.
	기단법 시행령	2021.04.08.
	기단법 시행규칙	2007.07.01.
산업안전보건법	산안법	2024.05.17.
	산안법 시행령	2025.01.01.
	산안법 시행규칙	2025.01.01.
직업안정법	직안법	2024.07.24.
	직안법 시행령	2023.03.28.
	직안법 시행규칙	2024.06.12.
남녀고용평등과 일·가정 양립 지원에 관한 법률	고평법	2022.05.19.
	고평법 시행령	2023.12.12.
	고평법 시행규칙	2024.04.01.
최저임금법	최임법	2020.05.26.
	최임법 시행령	2019.01.01.
	최임법 시행규칙	2019.01.01.
근로자퇴직급여 보장법	근퇴법	2022.07.12.
	근퇴법 시행령	2024.05.28.
	근퇴법 시행규칙	2022.07.12.
임금채권보장법	임채법	2024.08.07.
	임채법 시행령	2024.08.07.
	임채법 시행규칙	2024.08.07.
근로복지기본법	근복법	2023.06.11.
	근복법 시행령	2024.01.01.
	근복법 시행규칙	2024.01.01.
외국인근로자의 고용 등에 관한 법률	외고법	2022.12.11.
	외고법 시행령	2023.02.03.
	외고법 시행규칙	2024.01.10.

노동법 Ⅱ		
구 분	법 령	시행일자
노동조합 및 노동관계조정법	노조법	2021.07.06.
	노조법 시행령	2024.01.01.
	노조법 시행규칙	2024.01.01.
근로자참여 및 협력증진에 관한 법률	근참법	2022.12.11.
	근참법 시행령	2022.12.11.
	근참법 시행규칙	2023.06.08.
노동위원회법	노위법	2022.05.19.
	노위법 시행령	2024.06.08.
	노위법 시행규칙	2015.07.21.
공무원의 노동조합 설립 및 운영 등에 관한 법률	공노법	2023.12.11.
	공노법 시행령	2023.12.11.
	공노법 시행규칙	2024.01.01.
교원의 노동조합 설립 및 운영 등에 관한 법률	교노법	2023.12.11.
	교노법 시행령	2023.12.11.
	교노법 시행규칙	2021.07.06.

이 책의 차례

공인노무사 노동법 관계법령집(기출지문 OX)

PART 1

노동법 I 관계법령

합격의 공식
시대에듀

무언가를 시작하는 방법은

말하는 것을 멈추고, 행동을 하는 것이다.

- 월트 디즈니 -

01 대한민국헌법

시행 1988.2.25. [헌법 제10호, 1987.10.29. 전부개정]

전 문

유구한 역사와 전통에 빛나는 우리 대한국민은 3·1운동으로 건립된 대한민국임시정부의 법통과 불의에 항거한 4·19민주이념을 계승하고, 조국의 민주개혁과 평화적 통일의 사명에 입각하여 정의·인도와 동포애로써 민족의 단결을 공고히 하고, 모든 사회적 폐습과 불의를 타파하며, 자율과 조화를 바탕으로 자유민주적 기본질서를 더욱 확고히 하여 정치·경제·사회·문화의 모든 영역에 있어서 각인의 기회를 균등히 하고, 능력을 최고도로 발휘하게 하며, 자유와 권리에 따르는 책임과 의무를 완수하게 하여, 안으로는 국민생활의 균등한 향상을 기하고 밖으로는 항구적인 세계평화와 인류공영에 이바지함으로써 우리들과 우리들의 자손의 안전과 자유와 행복을 영원히 확보할 것을 다짐하면서 1948년 7월 12일에 제정되고 8차에 걸쳐 개정된 헌법을 이제 국회의 의결을 거쳐 국민투표에 의하여 개정한다.

제1장 국민의 권리와 의무

제6조

① 헌법에 의하여 체결·공포된 조약과 일반적으로 승인된 국제법규는 **국내법과 같은 효력**을 가진다.
② 외국인은 국제법과 조약이 정하는 바에 의하여 그 지위가 보장된다.

> 헌법에 따라 체결·공포된 조약은 국내법과 같은 효력을 가지므로 노동법의 법원이 된다.
> (○) 기출 23

제10조

모든 국민은 인간으로서의 존엄과 가치를 가지며, 행복을 추구할 권리를 가진다. 국가는 개인이 가지는 불가침의 기본적 인권을 확인하고 이를 보장할 의무를 진다.

제32조

① 모든 국민은 **근로의 권리**를 가진다. 국가는 사회적·경제적 방법으로 근로자의 **고용의 증진**과 **적정임금의 보장**에 노력하여야 하며, **법률**이 정하는 바에 의하여 최저임금제를 시행하여야 한다.

② 모든 국민은 근로의 의무를 진다. 국가는 근로의 의무의 내용과 조건을 **민주주의원칙**에 따라 법률로 정한다.

③ 근로조건의 기준은 **인간의 존엄성**을 보장하도록 법률로 정한다.

④ **여자의 근로**는 특별한 보호를 받으며, **고용·임금** 및 **근로조건**에 있어서 부당한 차별을 받지 아니한다.

⑤ **연소자의 근로**는 특별한 보호를 받는다.

⑥ **국가유공자·상이군경** 및 **전몰군경의 유가족**은 법률이 정하는 바에 의하여 우선적으로 근로의 기회를 부여받는다.

신체장애자는 우선적으로 근로의 기회를 부여받는다.	(×) **기출** 20
헌법은 근로의 권리 주체를 국민으로 규정하고 있다.	(○) **기출** 18
법인은 헌법상 근로의 권리의 주체가 될 수 없다.	(○) **기출** 22
근로의 권리는 인간의 존엄성을 보장하도록 법률로 정한다.	(×) **기출** 24
근로조건의 기준은 인간의 존엄성을 보장하도록 법률로 정한다.	(○) **기출** 16·17·18·21·22
국가는 사회적·경제적 방법으로 근로자의 고용의 증진과 적정임금의 보장에 노력하여야 한다.	(○) **기출** 18
전몰군경은 법률이 정하는 바에 의하여 우선적으로 근로의 기회를 부여받는다.	(×) **기출** 24
국가는 전몰군경의 유가족이 우선적으로 근로의 기회를 부여받도록 노력하여야 한다.	(×) **기출** 23
국가유공자·상이군경 및 전몰군경의 유가족은 법률이 정하는 바에 의하여 우선적으로 근로의 기회를 부여받는다.	(○) **기출** 17·18
국가유공자·상이군경 및 전몰군경의 유가족은 법률이 정하는 바에 의하여 우선적으로 근로의 의무를 이행하여야 한다.	(×) **기출** 22
모든 국민은 근로의 권리를 가지며 근로의 의무를 지지 아니한다.	(×) **기출** 17
사용자는 적정임금의 보장에 노력하여야 한다.	(×) **기출** 24
국가는 법률이 정하는 바에 의하여 적정임금제를 시행하여야 한다.	(×) **기출** 23
국가는 법률이 정하는 바에 의하여 최저임금제를 시행하여야 한다.	(○) **기출** 15·17
여자의 근로는 특별한 보호를 받으며, 고용·임금 및 근로조건에 있어서 부당한 차별을 받지 아니한다.	(○) **기출** 15·16·17·22
국가는 사회적·경제적 방법으로 근로자의 고용의 증진과 최저임금의 보장에 노력하여야 한다.	(×) **기출** 15·16·21
국가는 사회적·경제적 방법으로 근로자의 고용을 보장하여야 한다.	(×) **기출** 23
연소자의 근로는 특별한 보호를 받는다.	(○) **기출** 15·16

국가는 근로의 의무의 내용과 조건을 민주주의원칙에 따라 법률로 정한다.(○)

헌법 제32조는 장애인의 근로의 특별한 보호를 규정하고 있다. (×) 기출 14

미성년자의 근로는 고용·임금 및 근로조건에 있어서 부당한 차별을 받지 아니한다.(×) 기출 24

장애인의 근로는 특별한 보호를 받으며, 고용·임금 및 근로조건에 있어서 부당한 차별을 받지 아니한다.

(×) 기출 23

제33조

① **근로자**는 근로조건의 향상을 위하여 자주적인 단결권·단체교섭권 및 단체행동권을 가진다.
② 공무원인 근로자는 **법률**이 정하는 자에 한하여 단결권·단체교섭권 및 단체행동권을 가진다.
③ 법률이 정하는 주요 방위산업체에 종사하는 근로자의 **단체행동권**은 법률이 정하는 바에 의하여 이를 제한하거나 인정하지 아니할 수 있다.

근로자는 근로조건의 향상을 위하여 자주적인 단결권·단체교섭권 및 단체행동권을 가진다.

(○) 기출 20 · 22

모든 국민은 근로조건의 향상을 위하여 자주적인 단결권·단체교섭권 및 단체행동권을 가진다.

(×) 기출 19

공무원인 근로자는 법률이 정하는 자에 한하여 단결권·단체교섭권 및 단체행동권을 가진다.

(○) 기출 16 · 20

법률이 정하는 주요방위산업체에 종사하는 근로자의 단체행동권은 법률이 정하는 바에 의하여 이를 제한하거나 인정하지 아니할 수 있다. (○) 기출 24

법률이 정하는 주요방위산업체에 종사하는 근로자의 단체행동권은 법률이 정하는 바에 의하여 이를 제한할 수 있다. (○) 기출 20

법률이 정하는 주요방위산업체에 종사하는 근로자의 단결권은 법률이 정하는 바에 따라 이를 제한하거나 인정하지 아니할 수 있다. (×) 기출 16

헌법재판소는 헌법 제33조 제1항에서 정한 근로자의 단결권은 단결할 자유뿐 아니라 단결하지 아니할 자유를 포함한다고 해석한다. (×) 기출 23

제34조

① 모든 국민은 인간다운 생활을 할 권리를 가진다.

② 국가는 사회보장·사회복지의 증진에 노력할 의무를 진다.

③ 국가는 여자의 복지와 권익의 향상을 위하여 노력하여야 한다.

④ 국가는 노인과 청소년의 복지향상을 위한 정책을 실시할 의무를 진다.

⑤ 신체장애자 및 질병·노령 기타의 사유로 생활능력이 없는 국민은 법률이 정하는 바에 의하여 국가의 보호를 받는다.

⑥ 국가는 재해를 예방하고 그 위험으로부터 국민을 보호하기 위하여 노력하여야 한다.

> 국가는 여자의 복지와 권익의 향상을 위하여 노력하여야 한다. (O) 기출 21

제37조

① 국민의 자유와 권리는 헌법에 열거되지 아니한 이유로 경시되지 아니한다.

② 국민의 **모든 자유와 권리**는 국가안전보장·질서유지 또는 **공공복리를 위하여 필요한 경우에 한하여 법률로써 제한할 수 있으며**, 제한하는 경우에도 자유와 권리의 본질적인 내용을 침해할 수 없다.

> 근로의 권리는 공공복리를 위하여 필요한 경우에 한하여 법률로써 제한할 수 있다. (O) 기출 22
>
> 노동3권은 국가안전보장·질서유지 또는 공공복리를 위하여 필요한 경우 법률로써 제한할 수 있다. (O) 기출 17·19

02 근로기준법

시행 2021.11.19. [법률 제18176호, 2021.5.18. 일부개정]

제1장 총 칙

제1조 목 적

이 법은 헌법에 따라 근로조건의 기준을 정함으로써 근로자의 기본적 생활을 보장, 향상시키며 균형 있는 국민경제의 발전을 꾀하는 것을 목적으로 한다.

제2조 정 의

① 이 법에서 사용하는 용어의 뜻은 다음과 같다.
  1. "**근로자**"란 직업의 종류와 관계없이 **임금**을 목적으로 사업이나 사업장에 근로를 제공하는 사람을 말한다.
  2. "**사용자**"란 사업주 또는 사업 경영 담당자, 그 밖에 근로자에 관한 사항에 대하여 **사업주**를 위하여 행위하는 자를 말한다.
  3. "근로"란 **정신노동**과 **육체노동**을 말한다.
  4. "**근로계약**"이란 근로자가 사용자에게 근로를 제공하고 사용자는 이에 대하여 임금을 지급하는 것을 목적으로 체결된 계약을 말한다.
  5. "임금"이란 사용자가 근로의 대가로 근로자에게 임금, 봉급, 그 밖에 어떠한 **명칭**으로든지 지급하는 모든 금품을 말한다.
  6. "**평균임금**"이란 이를 산정하여야 할 사유가 발생한 날 이전 **3개월** 동안에 **그 근로자**에게 지급된 **임금의 총액을** 그 기간의 총일수로 나눈 금액을 말한다. 근로자가 취업한 후 **3개월** 미만인 경우도 이에 준한다.
  7. "1주"란 휴일을 **포함한 7일**을 말한다.
  8. "**소정근로시간**"이란 제50조, 제69조 본문 또는 「산업안전보건법」 제139조 제1항에 따른 근로시간의 범위에서 근로자와 사용자 사이에 정한 근로시간을 말한다.
  9. "**단시간근로자**"란 **1주** 동안의 소정근로시간이 그 사업장에서 **같은 종류의 업무**에 종사하는 통상 근로자의 1주 동안의 소정근로시간에 비하여 짧은 근로자를 말한다.
② 제1항 제6호에 따라 산출된 금액이 그 근로자의 통상임금보다 적으면 그 **통상임금액을** **평균임금**으로 한다.

근로기준법상 근로자란 직업의 종류를 불문하고 임금·급료 기타 이에 준하는 수입에 의하여 생활하는 사람을 말한다. (×) **기출** 17

근로기준법상 사용자란 사업주 또는 사업 경영 담당자, 그 밖에 사용자의 이익을 대표하여 행동하는 자를 말한다. (×) **기출** 17

근로계약이란 근로자가 사용자에게 근로를 제공하고 사용자는 이에 대하여 임금을 지급하는 것을 목적으로 체결된 계약을 말한다. (○) **기출** 17

임금이란 사용자가 근로의 대가로 근로자에게 임금, 봉급, 그 밖에 어떠한 명칭으로든지 지급하는 모든 금품을 말한다. (○) **기출** 16

평균임금이란 이를 산정하여야 할 사유가 발생한 날 이전 3개월 동안에 그 근로자에게 지급된 임금의 총액을 그 기간의 총 근로시간 수로 나눈 금액을 말한다. (×) **기출** 24

평균임금이란 이를 산정하여야 할 사유가 발생한 날 이전 3개월 동안에 그 근로자에게 지급된 임금의 총액을 그 기간의 총일수로 나눈 금액을 말한다. (○) **기출** 20 · 22

평균임금이란 이를 산정하여야 할 사유가 발생한 날 이전 3개월 동안에 전체 근로자에게 지급된 임금의 총액을 그 기간의 총일수로 나눈 금액을 말한다. (×) **기출** 17

평균임금이란 이를 산정하여야 할 사유가 발생한 날 이전 3개월 동안에 그 근로자에게 지급된 임금의 총액을 말한다. (×) **기출** 16

소정근로시간이란 근로기준법 제50조, 제69조 본문에 따른 근로시간의 범위에서 근로자와 사용자 사이에 정한 근로시간을 말한다. (○) **기출** 16

단시간근로자란 1일의 소정근로시간이 통상 근로자의 1일의 소정근로시간에 비하여 짧은 근로자를 말한다. (×) **기출** 17

단시간근로자란 1주 동안의 소정근로시간이 그 사업장에서 같은 종류의 업무에 종사하는 통상 근로자의 1주 동안의 소정근로시간에 비하여 짧은 근로자를 말한다. (○) **기출** 16

단시간근로자란 4주 동안의 총근로시간이 그 사업장에서 같은 종류의 업무에 종사하는 통상근로자의 4주 동안의 총근로시간에 비하여 짧은 근로자를 말한다. (×) **기출** 14

산출된 평균임금액이 그 근로자의 통상임금보다 적으면 그 통상임금액을 평균임금으로 한다. (○) **기출** 20 · 22

시행령 제2조(평균임금의 계산에서 제외되는 기간과 임금)

① 「근로기준법」(이하 "법"이라 한다) 제2조 제1항 제6호에 따른 평균임금 산정기간 중에 다음 각 호의 어느 하나에 해당하는 기간이 있는 경우에는 그 기간과 그 기간 중에 지급된 임금은 평균임금 산정기준이 되는 기간과 임금의 총액에서 각각 뺀다.

1. 근로계약을 체결하고 수습 중에 있는 근로자가 수습을 시작한 날부터 3개월 이내의 기간
2. 법 제46조에 따른 사용자의 귀책사유로 휴업한 기간
3. 법 제74조 제1항부터 제3항까지의 규정에 따른 **출산전후휴가** 및 **유산·사산 휴가 기간**
4. 법 제78조에 따라 업무상 부상 또는 질병으로 요양하기 위하여 휴업한 기간
5. 「남녀고용평등과 일·가정 양립 지원에 관한 법률」 제19조에 따른 **육아휴직 기간**
6. 「노동조합 및 노동관계조정법」 제2조 제6호에 따른 **쟁의행위 기간**
7. 「병역법」, 「예비군법」 또는 「민방위기본법」에 따른 **의무를 이행**하기 위하여 휴직하거나 근로하지 못한 기간. 다만, 그 기간 중 임금을 지급받은 경우에는 그러하지 아니하다.
8. 업무 외 부상이나 질병, 그 밖의 사유로 **사용자의 승인**을 받아 휴업한 기간

② 법 제2조 제1항 제6호에 따른 임금의 총액을 계산할 때에는 임시로 지급된 임금 및 수당과 통화 외의 것으로 지급된 임금을 포함하지 아니한다. 다만, 고용노동부장관이 정하는 것은 그러하지 아니하다.

평균임금의 산정기간 중에 출산전후휴가 기간이 있는 경우 그 기간은 산정기간에 포함된다.
(×) **기출** 24

평균임금의 산정기간 중에 출산전후휴가 기간이 있는 경우에는 그 기간과 그 기간 중에 지급된 임금은 평균임금 산정기준이 되는 기간과 임금의 총액에서 각각 뺀다. (○) **기출** 22

평균임금 산정기간 중에 업무 외 질병을 사유로 사용자의 승인을 받아 휴업한 기간이 있는 경우에는 그 기간과 그 기간 중에 지급된 임금은 평균임금산정기준이 되는 기간과 임금의 총액에서 각각 뺀다. (○) **기출** 21

시행령 제3조(일용근로자의 평균임금)
일용근로자의 평균임금은 고용노동부장관이 사업이나 직업에 따라 정하는 금액으로 한다.

일용근로자의 평균임금은 최저임금위원회가 정하는 금액으로 한다. (×) **기출** 24

일용근로자의 평균임금은 고용노동부장관이 사업이나 직업에 따라 정하는 금액으로 한다.
(○) **기출** 16

일용근로자의 통상임금은 고용노동부장관이 사업이나 직업에 따라 근로시간을 고려하여 정하는 금액으로 한다. (×) **기출** 14

시행령 제4조(특별한 경우의 평균임금)
법 제2조 제1항 제6호, 이 영 제2조 및 제3조에 따라 평균임금을 산정할 수 없는 경우에는 고용노동부장관이 정하는 바에 따른다.

시행령 제6조(통상임금)
① 법과 이 영에서 "통상임금"이란 근로자에게 정기적이고 일률적으로 소정(所定)근로 또는 총근로에 대하여 지급하기로 정한 시간급 금액, 일급 금액, 주급 금액, 월급 금액 또는 도급 금액을 말한다.
② 제1항에 따른 통상임금을 시간급 금액으로 산정할 경우에는 다음 각 호의 방법에 따라 산정된 금액으로 한다.
  1. 시간급 금액으로 정한 임금은 그 금액
  2. 일급 금액으로 정한 임금은 그 금액을 1일의 소정근로시간 수로 나눈 금액
  3. 주급 금액으로 정한 임금은 그 금액을 1주의 통상임금 산정 기준시간 수(1주의 소정근로시간과 소정근로시간 외에 유급으로 처리되는 시간을 합산한 시간)로 나눈 금액
  4. 월급 금액으로 정한 임금은 그 금액을 월의 통상임금 산정 기준시간 수(1주의 통상임금 산정 기준시간 수에 1년 동안의 평균 주의 수를 곱한 시간을 12로 나눈 시간)로 나눈 금액
  5. 일·주·월 외의 일정한 기간으로 정한 임금은 제2호부터 제4호까지의 규정에 준하여 산정된 금액
  6. 도급 금액으로 정한 임금은 그 임금 산정 기간에서 도급제에 따라 계산된 임금의 총액을 해당 임금 산정 기간(임금 마감일이 있는 경우에는 임금 마감 기간을 말한다)의 총 근로시간 수로 나눈 금액
  7. 근로자가 받는 임금이 제1호부터 제6호까지의 규정에서 정한 둘 이상의 임금으로 되어 있는 경우에는 제1호부터 제6호까지의 규정에 따라 각각 산정된 금액을 합산한 금액

③ 제1항에 따른 통상임금을 일급 금액으로 산정할 때에는 제2항에 따른 시간급 금액에 1일의 소정근로시간 수를 곱하여 계산한다.

제3조　근로조건의 기준

이 법에서 정하는 근로조건은 **최저기준**이므로 근로관계 당사자는 이 기준을 이유로 근로조건을 낮출 수 없다.

> 근로기준법에서 정하는 근로조건은 최저기준이므로 근로관계 당사자는 이 기준을 이유로 근로조건을 낮출 수 없다.　　　(O)　기출　16 · 20 · 23

제4조　근로조건의 결정

근로조건은 근로자와 사용자가 **동등한 지위**에서 자유의사에 따라 결정하여야 한다.

> 근로조건은 근로자와 사용자가 동등한 지위에서 자유의사에 따라 결정하여야 한다.　　　(O)　기출　16

제5조　근로조건의 준수

근로자와 사용자는 각자가 단체협약, 취업규칙과 근로계약을 지키고 성실하게 이행할 **의무**가 있다.

> 사용자뿐만 아니라 근로자도 취업규칙과 근로계약을 지키고 성실하게 이행할 의무가 있다.　　　(O)　기출　23 · 24
>
> 근로자와 사용자는 각자가 단체협약, 취업규칙과 근로계약을 지키고 성실하게 이행할 의무가 있다.　　　(O)　기출　18

제6조　균등한 처우

사용자는 근로자에 대하여 남녀의 **성**을 이유로 차별적 대우를 하지 못하고, **국적 · 신앙 또는 사회적 신분**을 이유로 근로조건에 대한 차별적 처우를 하지 못한다.

> 사용자는 근로자에 대하여 국적 · 신앙 또는 사회적 이유로 근로조건에 대한 차별적 처우를 하지 못한다.　　　(O)　기출　18 · 20 · 23
>
> 사용자는 근로자에 대하여 남녀의 성(性)을 이유로 차별적 대우를 하지 못한다.　(O)　기출　16
>
> 근로기준법은 사용자가 근로자를 모집 · 채용할 때 차별을 금지하고 있다.　(X)　기출　15

제7조　강제 근로의 금지

사용자는 폭행, 협박, 감금, 그 밖에 정신상 또는 신체상의 자유를 부당하게 구속하는 수단으로써 근로자의 **자유의사**에 어긋나는 근로를 강요하지 못한다.

> 사용자는 정신상의 자유를 부당하게 구속하는 수단으로써 근로자의 자유의사에 어긋나는 근로를 강요하지 못한다.　　　(O)　기출　18

제8조 **폭행의 금지**

사용자는 사고의 발생이나 그 밖의 어떠한 이유로도 근로자에게 폭행을 하지 못한다.

제9조 **중간착취의 배제**

누구든지 **법률**에 따르지 아니하고는 영리로 다른 사람의 취업에 개입하거나 중간인으로서 이익을 취득하지 못한다.

> 누구든지 법률에 따르지 아니하고는 영리로 다른 사람의 취업에 개입하지 못한다.
> (O) **기출** 23
>
> 누구든지 법률에 따르지 아니하고는 영리로 다른 사람의 취업에 개입하거나 중간인으로서 이익을 취득하지 못한다.
> (O) **기출** 16 · 20 · 24
>
> 법률에 따르더라도 타인의 취업에 개입하여 이익을 취득하는 것은 허용되지 않는다.
> (X) **기출** 15

제10조 **공민권 행사의 보장**

사용자는 근로자가 근로시간 중에 선거권, 그 밖의 공민권 행사 또는 공의 직무를 집행하기 위하여 필요한 시간을 청구하면 **거부하지 못한다**. 다만, 그 권리 행사나 공의 직무를 수행하는 데에 지장이 없으면 청구한 시간을 **변경할 수 있다**.

> 사용자는 근로자가 근로시간 중에 공(公)의 직무를 집행하고자 필요한 시간을 청구하는 경우 그 공(公)의 직무를 수행하는 데에 지장이 없으면 청구한 시간을 변경할 수 있다.
> (O) **기출** 24
>
> 사용자는 근로자가 근로시간 중에 선거권 행사를 위해 필요한 시간을 청구한 경우, 그 행사에 지장이 없으면 청구한 시간을 변경할 수 있다.
> (O) **기출** 18
>
> 사용자는 근로자가 공(公)의 직무를 집행하기 위하여 근로시간 중에 필요한 시간을 청구하면 이를 거부할 수 있다.
> (X) **기출** 16
>
> 다른 법률이나 단체협약, 취업규칙 등에서 정함이 없으면 공(公)의 직무를 수행하는 데 필요한 시간은 임금을 지급하지 않아도 무방하다.
> (O) **기출** 15
>
> 사용자는 근로자가 근로시간 중에 공(公)의 직무를 집행하기 위하여 필요한 시간을 청구하면 유급으로 보장하여야 한다.
> (X) **기출** 23

제11조 **적용 범위**

① 이 법은 **상시 5명** 이상의 근로자를 사용하는 모든 사업 또는 사업장에 적용한다. 다만, **동거하는 친족**만을 사용하는 사업 또는 사업장과 **가사사용인**에 대하여는 적용하지 아니한다.

② **상시 4명** 이하의 근로자를 사용하는 사업 또는 사업장에 대하여는 대통령령으로 정하는 바에 따라 이 법의 일부 규정을 **적용할 수 있다**.

③ 이 법을 적용하는 경우에 상시 사용하는 **근로자 수**를 산정하는 방법은 대통령령으로 정한다.

> 가사(家事) 사용인에 대하여는 근로기준법령을 적용하지 아니한다. (O) **기출** 24
>
> 가사사용인에 대해 차별적 처우를 하면 근로기준법에 따라 벌금형에 처해진다. (✕) **기출** 15

시행령 제7조(적용 범위)

법 제11조 제2항에 따라 상시 4명 이하의 근로자를 사용하는 사업 또는 사업장에 적용하는 법 규정은 [별표 1]과 같다.

■ 근기법 시행령 [별표 1]

상시 4명 이하의 근로자를 사용하는 사업 또는 사업장에 적용하는 법규정(시행령 제7조 관련)

구 분	적용 법규정
제1장 총 칙	• 적용 법규정 : 목적(제1조), 정의(제2조), 근로조건의 기준(제3조), 근로조건의 결정(제4조), 근로조건의 준수(제5조), 균등한 처우(제6조), 강제근로의 금지(제7조), 폭행의 금지(제8조), 중간착취의 배제(제9조), 공민권 행사의 보장(제10조), 적용범위(제11조, 제12조), 보고·출석의 의무(제13조) • 제14조는 적용되지 아니하므로, 사용자는 근기법 및 동법 시행령의 주요내용과 취업규칙을 사업장에 게시하지 아니하여도 무방하다.
제2장 근로계약	• 적용 법규정 : 근기법을 위반한 근로계약(제15조), 근로조건의 명시(제17조), 단시간근로자의 근로조건(제18조), 근로조건 위반에 대한 손배청구와 해제(제19조 제1항), 위약예정의 금지(제20조), 전차금 상계의 금지(제21조), 강제저금의 금지(제22조), 해고시기의 제한(제23조 제2항), 해고의 예고(제26조), 금품청산(제36조), 미지급임금에 대한 지연이자(제37조), 임금채권의 우선변제(제38조), 사용증명서(제39조), 취업방해의 금지(제40조), 근로자의 명부(제41조), 계약서류의 보존(제42조) • 제19조 제2항은 적용되지 아니하므로, 명시된 근로조건이 사실과 다른 경우에 근로자는 노동위원회에 손해배상신청을 할 수 없고, 근로계약이 해제되었을 경우에 사용자는 취업을 목적으로 거주를 변경한 근로자에게 귀향여비를 지급할 의무가 없다. • 제23조 제1항은 적용되지 아니하므로, 사용자는 정당한 이유의 존재 여부와 관계없이 해고·휴직·정직·전직·감봉 기타 징벌을 할 수 있다. • 그 밖에 적용되지 아니하는 규정 경영상 이유에 의한 해고의 제한(제24조), 우선재고용 등(제25조), 해고사유 등의 서면통지(제27조), 부당해고등의 구제신청(제28조), 조사 등(제29조), 구제명령 등(제30조), 구제명령 등의 확정(제31조), 구제명령 등의 효력(제32조), 이행강제금(제33조)
제3장 임 금	• 적용 법규정 : 임금지급(제43조), 체불사업주 명단공개(제43조의2), 임금등 체불자료의 제공(제43조의3), 도급사업에 대한 임금지급(제44조), 건설업에서의 임금지급연대책임(제44조의2), 건설업의 공사도급에 있어서의 임금에 관한 특례(제44조의3), 비상시 지급(제45조), 도급근로자(제47조), 임금대장(제48조), 임금의 시효(제49조) • 제46조는 적용되지 아니하므로, 사용자는 휴업수당을 지급할 의무가 없다.

제4장 근로시간과 휴식	• 적용 법규정 : 휴게(제54조), 1주 평균 1회 이상 유급휴일 보장(제55조 제1항), 근로시간, 휴게·휴일규정의 적용제외규정(제63조) • 대부분의 근로시간제도(근로시간제, 가산임금, 연차휴가, 보상휴가제 등)는 적용되지 아니한다.
제5장 여성과 소년	• 적용 법규정 : 최저연령과 취직인허증(제64조), 유해·위험사업에 사용금지, 임산부 등의 사용금지직종(제65조 제1항·제3항, 임산부와 18세 미만인 자로 한정), 연소자증명서(제66조), 근로계약(제67조), 임금의 청구(제68조), 근로시간(제69조), 야간근로와 휴일근로의 제한(제70조 제2항·제3항, 임산부와 18세 미만인 자로 한정), 시간외근로(제71조), 갱내근로의 금지(제72조), 임산부의 보호(제74조) • 제65조 제2항은 적용되지 아니하므로, 사용자는 임산부가 아닌 18세 이상의 여성을 임신 또는 출산에 관한 기능에 유해·위험한 사업에 사용할 수 있다. • 제70조 제1항은 적용되지 아니하므로, 사용자는 18세 이상의 여성을 오후 10시부터 오전 6시까지의 시간 및 휴일에 근로시키려는 경우, 그 근로자의 동의를 받을 필요 없다. • 생리휴가(제73조)와 육아시간(제75조)의 규정도 적용되지 아니한다.
제6장 안전과 보건	• 적용 법규정 : 안전과 보건(제76조)
제8장 재해보상	• 적용 법규정 : 요양보상(제78조), 휴업보상(제79조), 장해보상(제80조), 휴업보상과 장해보상의 예외(제81조), 유족보상(제82조), 장례비(제83조), 일시보상(제84조), 분할보상(제85조), 보상청구권(제86조), 다른 손해배상과의 관계(제87조), 고용노동부장관의 심사와 중재(제88조), 노동위원회의 심사와 중재(제89조), 도급사업에 대한 예외(제90조), 서류의 보존(제91조), 시효(제92조)
제11장 근로감독관 등	• 적용 법규정 : 감독기관(제101조), 근로감독관의 권한(제102조), 근로감독관의 의무(제103조), 감독기관에 대한 신고(제104조), 사법경찰권행사자의 제한(제105조), 권한의 위임(제106조)
제12장 벌 칙	• 적용 법규정 : 벌칙(제107조, 제108조, 제109조, 제110조, 제111조, 제113조, 제114조), 고발(제112조), 양벌규정(제115조), 과태료(제116조)(제1장부터 제6장까지, 제8장, 제11장의 규정 중 상시 4명 이하 근로자를 사용하는 사업 또는 사업장에 적용되는 규정을 위반한 경우로 한정)

근로시간(근로기준법 제50조) 규정은 상시 4명 이하의 근로자를 사용하는 사업 또는 사업장에 적용되지 않는다. (O) **기출** 21

상시 4인 이하의 근로자를 사용하는 사업장에서 근로를 해고하려는 사용자는 해고사유와 해고시기를 서면으로 통지하지 아니할 수 있다. (O) **기출** 17

연차 유급휴가에 관한 규정(근로기준법 제60조)은 상시 4명 이하의 근로자를 사용하는 사업 또는 사업장에 적용되지 아니한다. (O) **기출** 16·20·24

근로조건 명시(근로기준법 제17조) 규정은 상시 4명 이하의 근로자를 사용하는 사업 또는 사업장에 적용된다. (O) **기출** 15·24

시행령 제7조의2(상시 사용하는 근로자 수의 산정 방법)

① 법 제11조 제3항에 따른 "상시 사용하는 근로자 수"는 해당 사업 또는 사업장에서 법 적용 사유(휴업수당 지급, 근로시간 적용 등 법 또는 이 영의 적용 여부를 판단하여야 하는 사유를 말한다. 이하 이 조에서 같다) 발생일 전 1개월(사업이 성립한 날부터 1개월 미만인 경우에는 그 사업이 성립한 날 이후의 기간을 말한다. 이하 "산정기간"이라 한다) 동안 사용한 근로자의 연인원을 같은 기간 중의 가동 일수로 나누어 산정한다.

② 제1항에도 불구하고 다음 각 호의 구분에 따라 그 사업 또는 사업장에 대하여 5명(법 제93조의 적용 여부를 판단하는 경우에는 10명을 말한다. 이하 이 조에서 "법 적용 기준"이라 한다) 이상의 근로자를 사용하는 사업 또는 사업장(이하 이 조에서 "법 적용 사업 또는 사업장"이라 한다)으로 보거나 법 적용 사업 또는 사업장으로 보지 않는다.

   1. 법 적용 사업 또는 사업장으로 보는 경우 : 제1항에 따라 해당 사업 또는 사업장의 근로자 수를 산정한 결과 법 적용 사업 또는 사업장에 해당하지 않는 경우에도 산정기간에 속하는 일(日)별로 근로자 수를 파악하였을 때 법 적용 기준에 미달한 일수(日數)가 2분의 1 미만인 경우

   2. 법 적용 사업 또는 사업장으로 보지 않는 경우 : 제1항에 따라 해당 사업 또는 사업장의 근로자 수를 산정한 결과 법 적용 사업 또는 사업장에 해당하는 경우에도 산정기간에 속하는 일별로 근로자 수를 파악하였을 때 법 적용 기준에 미달한 일수가 2분의 1 이상인 경우

③ 법 제60조부터 제62조까지의 규정(제60조 제2항에 따른 연차 유급휴가에 관한 부분은 제외한다)의 적용 여부를 판단하는 경우에 해당 사업 또는 사업장에 대하여 제1항 및 제2항에 따라 월 단위로 근로자 수를 산정한 결과 법 적용 사유 발생일 전 1년 동안 계속하여 5명 이상의 근로자를 사용하는 사업 또는 사업장은 법 적용 사업 또는 사업장으로 본다.

④ 제1항의 연인원에는 「파견근로자 보호 등에 관한 법률」 제2조 제5호에 따른 파견근로자를 제외한 다음 각 호의 근로자 모두를 포함한다.

   1. 해당 사업 또는 사업장에서 사용하는 통상 근로자, 「기간제 및 단시간근로자 보호 등에 관한 법률」 제2조 제1호에 따른 기간제근로자, 단시간근로자 등 고용형태를 불문하고 하나의 사업 또는 사업장에서 근로하는 모든 근로자

   2. 해당 사업 또는 사업장에 동거하는 친족과 함께 제1호에 해당하는 근로자가 1명이라도 있으면 동거하는 친족인 근로자

제12조 적용 범위

이 법과 이 법에 따른 대통령령은 국가, 특별시·광역시·도, 시·군·구, 읍·면·동, 그 밖에 이에 준하는 것에 대하여도 적용된다.

제13조 보고, 출석의 의무

사용자 또는 **근로자**는 이 법의 시행에 관하여 고용노동부장관·「노동위원회법」에 따른 노동위원회(이하 "노동위원회"라 한다) 또는 근로감독관의 요구가 있으면 지체 없이 필요한 사항에 대하여 **보고**하거나 **출석하여야** 한다.

> 사용자는 근로기준법의 시행과 관련하여 근로감독관의 요구가 있으면 지체 없이 필요한 사항에 대하여 보고하거나 출석하여야 한다. (O) 기출 18

제14조   **법령 주요 내용 등의 게시**

① 사용자는 이 법과 이 법에 따른 대통령령의 **주요 내용과 취업규칙**을 근로자가 자유롭게 열람할 수 있는 장소에 항상 게시하거나 갖추어 두어 근로자에게 널리 알려야 한다.

② 사용자는 제1항에 따른 대통령령 중 **기숙사에 관한 규정**과 제99조 제1항에 따른 **기숙사 규칙**을 기숙사에 게시하거나 갖추어 두어 기숙하는 근로자에게 널리 알려야 한다.

제2장   근로계약

제15조   **이 법을 위반한 근로계약**

① 이 법에서 정하는 기준에 미치지 못하는 근로조건을 정한 근로계약은 그 부분에 한정하여 **무효**로 한다.

② 제1항에 따라 무효로 된 부분은 이 법에서 정한 **기준**에 따른다.

> 근로기준법에 정하는 기준에 미치지 못하는 근로조건을 정한 근로계약은 그 부분에 한정하여 무효로 한다.   (O) 기출 23
>
> 근로기준법에서 정한 통상임금에 산입될 수당을 통상임금에서 제외하기로 하는 노사 간의 합의는 근로기준법에서 정한 기준과 전체적으로 비교하여 그에 미치지 못하는 근로조건이 포함된 부분에 한하여 무효로 된다.   (O) 기출 23

제16조   **계약기간**

근로계약은 기간을 정하지 아니한 것과 일정한 사업의 완료에 필요한 기간을 정한 것 외에는 그 기간은 **1년**을 초과하지 못한다.

[법률 제8372호(2007.4.11.) 부칙 제3조의 규정에 의하여 이 조는 2007년 6월 30일까지 유효함]

제17조   **근로조건의 명시**

① 사용자는 근로계약을 **체결**할 때에 근로자에게 다음 각 호의 사항을 명시하여야 한다. **근로계약 체결 후** 다음 각 호의 사항을 **변경**하는 경우에도 또한 같다.
　1. **임금**
　2. **소정근로시간**
　3. 제55조에 따른 **휴일**
　4. 제60조에 따른 **연차 유급휴가**
　5. 그 밖에 대통령령으로 정하는 **근로조건**

② 사용자는 제1항 제1호와 관련한 임금의 구성항목·계산방법·지급방법 및 제2호부터 제4호까지의 사항이 명시된 **서면**(「전자문서 및 전자거래 기본법」 제2조 제1호에 따른 전자문서를 포함한다)을 근로자에게 **교부하여야** 한다. 다만, 본문에 따른 사항이 단체협약 또는 취업규칙의 변경 등 대통령령으로 정하는 사유로 인하여 **변경**되는 경우에는 근로자의 **요구**가 있으면 그 근로자에게 **교부하여야** 한다.

근로기준법에 따른 연차 유급휴가는 사용자가 근로계약을 체결할 때에 근로자에게 명시하여야 할 사항에 해당한다. (O) 기출 17

근로기준법령상 근로계약을 체결할 때 근로자가 종사하여야 할 업무는 사용자가 근로자에게 반드시 서면으로 명시하여 교부해야 하는 사항이 아니다. (O) 기출 15

근로기준법령상 사용자가 21세 근로자 E와 근로계약을 체결할 때에는, 표창과 제재에 관한 사항이 명시된 서면을 E에게 교부하여야 한다. (×) 기출 13

소정근로시간은 사용자가 근로계약을 체결할 때에 근로자에게 명시하여야 할 사항에 해당한다. (O) 기출 22

사용자는 근로계약 체결 후 소정근로시간을 변경하는 경우에 근로자에게 명시하여야 한다. (O) 기출 23 · 24

시행령 제8조(명시하여야 할 근로조건)

법 제17조 제1항 제5호에서 "대통령령으로 정하는 **근로조건**"이란 다음 각 호의 사항을 말한다.
1. **취업의 장소와 종사하여야 할 업무에 관한 사항**
2. 법 제93조 제1호부터 제12호까지의 규정에서 정한 사항
3. 사업장의 부속 기숙사에 근로자를 기숙하게 하는 경우에는 **기숙사 규칙**에서 정한 사항

시행령 제8조의2(근로자의 요구에 따른 서면 교부)

법 제17조 제2항 단서에서 "단체협약 또는 취업규칙의 변경 등 대통령령으로 정하는 사유로 인하여 변경되는 경우"란 다음 각 호의 경우를 말한다.
1. 법 제51조 제2항, 제51조의2 제1항, 같은 조 제2항 단서, 같은 조 제5항 단서, 제52조 제1항, 같은 조 제2항 제1호 단서, 제53조 제3항, 제55조 제2항 단서, 제57조, 제58조 제2항 · 제3항, 제59조 제1항 또는 제62조에 따른 **서면 합의**로 변경되는 경우
2. 법 제93조에 따른 **취업규칙**에 의하여 변경되는 경우
3. 「노동조합 및 노동관계조정법」 제31조 제1항에 따른 **단체협약**에 의하여 변경되는 경우
4. 법령에 의하여 변경되는 경우

제18조 **단시간근로자의 근로조건**

① 단시간근로자의 근로조건은 그 사업장의 같은 종류의 업무에 종사하는 **통상 근로자**의 근로시간을 기준으로 산정한 비율에 따라 결정되어야 한다.
② 제1항에 따라 근로조건을 결정할 때에 기준이 되는 사항이나 그 밖에 필요한 사항은 대통령령으로 정한다.
③ **4주** 동안(4주 미만으로 근로하는 경우에는 그 기간)을 평균하여 1주 동안의 소정근로시간이 **15시간 미만**인 근로자에 대하여는 **제55조와 제60조**를 적용하지 아니한다.

단시간근로자의 근로조건은 그 사업장의 같은 종류의 업무에 종사하는 통상 근로자의 근로시간을 기준으로 산정한 비율에 따라 결정되어야 한다. (O) 기출 16 · 22 · 23

단시간근로자의 근로조건은 다른 사업장의 같은 종류의 업무에 종사하는 단시간근로자와 동일하게 결정되어야 한다. (×) 기출 14

4주 동안을 평균하여 1주 동안의 소정근로시간이 15시간 이상인 근로자에 대하여는 제55조에 따른 휴일을 적용하지 아니한다. (×) **기출** 14 · 17

4주 동안을 평균하여 1주 동안의 소정근로시간이 15시간 미만인 근로자에 대하여는 법 제54조(휴게)를 적용하지 아니한다. (×) **기출** 14

시행령 제9조(단시간근로자의 근로조건 기준 등)
① 법 제18조 제2항에 따른 단시간근로자의 근로조건을 결정할 때에 기준이 되는 사항이나 그 밖에 필요한 사항은 [별표 2]와 같다.

■ 근기법 시행령 [별표 2]
단시간근로자의 근로조건 결정기준 등에 관한 사항(시행령 제9조 제1항 관련)

1. 근로계약의 체결
   가. 사용자는 단시간근로자를 고용할 경우에 임금, 근로시간, 그 밖의 근로조건을 명확히 적은 근로계약서를 작성하여 근로자에게 내주어야 한다.
   나. 단시간근로자의 근로계약서에는 「기간제 및 단시간근로자 보호 등에 관한 법률」 제17조 각 호의 근로조건이 명시되어야 한다.
2. 임금의 계산
   가. 단시간근로자의 임금산정 단위는 시간급을 원칙으로 하며, 시간급 임금을 일급 통상임금으로 산정할 경우에는 나목에 따른 1일 소정근로시간 수에 시간급 임금을 곱하여 산정한다.
   나. 단시간근로자의 1일 소정근로시간 수는 4주 동안의 소정근로시간을 그 기간의 통상 근로자의 총소정근로일수로 나눈 시간 수로 한다.
3. 초과근로
   가. 사용자는 단시간근로자를 소정근로일이 아닌 날에 근로시키거나 소정근로시간을 초과하여 근로시키고자 할 경우에는 근로계약서나 취업규칙 등에 그 내용 및 정도를 명시하여야 하며, 초과근로에 대하여 가산임금을 지급하기로 한 경우에는 그 지급률을 명시하여야 한다.
   나. 사용자는 근로자와 합의한 경우에만 초과근로를 시킬 수 있다.
   다. 단시간근로자의 초과근로의 제한, 가산임금의 지급에 관한 사항 등에 대해서는 「기간제 및 단시간근로자 보호 등에 관한 법률」에서 정하는 바에 따른다.
4. 휴일 · 휴가의 적용
   가. 사용자는 단시간근로자에게 법 제55조에 따른 유급휴일을 주어야 한다.
   나. 사용자는 단시간근로자에게 법 제60조에 따른 연차 유급휴가를 주어야 한다. 이 경우 유급휴가는 다음의 방식으로 계산한 시간단위로 하며, 1시간 미만은 1시간으로 본다.

$$\text{통상 근로자의 연차휴가일수} \times \frac{\text{단시간근로자의 소정근로시간}}{\text{통상 근로자의 소정근로시간}} \times 8\text{시간}$$

   다. 사용자는 여성인 단시간근로자에 대하여 법 제73조에 따른 생리휴가 및 법 제74조에 따른 출산전후휴가와 유산 · 사산 휴가를 주어야 한다.
   라. 가목 및 다목(생리휴가는 제외한다)의 경우에 사용자가 지급해야 하는 임금은 제2호 가목에 따른 일급 통상임금을 기준으로 한다.
   마. 나목의 경우에 사용자가 지급하여야 하는 임금은 시간급을 기준으로 한다.

5. 취업규칙의 작성 및 변경
   가. 사용자는 단시간근로자에게 적용되는 취업규칙을 통상근로자에게 적용되는 취업규칙과 별도로 작성할 수 있다.
   나. 가목에 따라 취업규칙을 작성하거나 변경하고자 할 경우에는 적용대상이 되는 단시간근로자 과반수의 의견을 들어야 한다. 다만, 취업규칙을 단시간근로자에게 불이익하게 변경하는 경우에는 그 동의를 받아야 한다.
   다. 단시간근로자에게 적용될 별도의 취업규칙이 작성되지 아니한 경우에는 통상 근로자에게 적용되는 취업규칙이 적용된다. 다만, 취업규칙에서 단시간근로자에 대한 적용을 배제하는 규정을 두거나 다르게 적용한다는 규정을 둔 경우에는 그에 따른다.
   라. 가목 및 다목에 따라 단시간근로자에게 적용되는 취업규칙을 작성 또는 변경하는 경우에는 법 제18조 제1항의 취지에 어긋하는 내용이 포함되어서는 아니 된다.

> 사용자는 단시간근로자에게 적용되는 취업규칙을 통상근로자에게 적용되는 취업규칙과 별도로 작성할 수 있다. (O) **기출** 14

제19조 근로조건의 위반

① 제17조에 따라 명시된 근로조건이 사실과 다를 경우에 근로자는 근로조건 위반을 이유로 손해의 배상을 청구할 수 있으며 즉시 근로계약을 해제할 수 있다.
② 제1항에 따라 근로자가 손해배상을 청구할 경우에는 노동위원회에 신청할 수 있으며, 근로계약이 해제되었을 경우에는 사용자는 취업을 목적으로 거주를 변경하는 근로자에게 귀향 여비를 지급하여야 한다.

> 근로자는 근로계약 체결 시 명시된 근로조건이 사실과 다를 경우에 근로조건 위반을 이유로 손해의 배상을 청구할 수 있다. (O) **기출** 23
>
> 근로계약서에 명시된 근로조건이 사실과 다를 경우에 근로자는 근로조건 위반을 이유로 손해의 배상을 청구할 수 있으나 즉시 근로계약을 해제할 수는 없다. (×) **기출** 21
>
> 근로기준법 제17조에 따라 명시된 근로조건이 사실과 다를 경우에 근로자는 근로조건 위반을 이유로 손해의 배상을 청구할 수 있으며 즉시 근로계약을 해제할 수 있다. (O) **기출** 14 · 15 · 19
>
> 근로자는 근로기준법 제17조에 따라 명시된 근로조건이 사실과 다르더라도 근로계약을 즉시 해제할 수는 없다. (×) **기출** 16
>
> 근로계약을 체결할 때에 명시된 임금이 사실과 다를 경우 근로조건 위반을 이유로 근로자가 손해배상을 청구할 경우에는 노동위원회에 신청할 수 있다. (O) **기출** 16 · 17

제20조 위약 예정의 금지

사용자는 근로계약 불이행에 대한 위약금 또는 손해배상액을 예정하는 계약을 체결하지 못한다.

> 사용자는 근로계약 불이행에 대한 손해배상액을 예정하는 계약을 체결하지 못한다. (O) **기출** 15 · 16 · 17 · 21

제21조   **전차금 상계의 금지**

사용자는 전차금이나 그 밖에 근로할 것을 조건으로 하는 전대채권과 임금을 상계하지 못한다.

> 사용자는 전차금(前借金)이나 그 밖에 근로할 것을 조건으로 하는 전대(前貸)채권과 임금을 상계하지 못한다.   (O) **기출** 21
>
> 사용자는 근로할 것을 조건으로 하는 전대(前貸)채권과 임금을 상계할 수 있다.   (X) **기출** 14 · 15

제22조   **강제 저금의 금지**

① 사용자는 근로계약에 덧붙여 **강제 저축** 또는 **저축금의 관리**를 규정하는 계약을 체결하지 못한다.

② 사용자가 **근로자의 위탁**으로 **저축을 관리**하는 경우에는 다음 각 호의 사항을 지켜야 한다.

     1. 저축의 종류·기간 및 금융기관을 근로자가 결정하고, 근로자 **본인의 이름**으로 저축할 것

     2. 근로자가 저축증서 등 관련 자료의 **열람** 또는 **반환**을 요구할 때에는 즉시 이에 따를 것

> 사용자는 근로계약에 덧붙여 강제 저축을 규정하는 계약을 체결하지 못한다.   (O) **기출** 21 · 22
>
> 사용자는 근로계약에 덧붙여 저축금의 관리를 규정하는 계약을 체결하지 못한다.   (O) **기출** 14 · 16 · 17 · 22
>
> 사용자는 근로계약에 덧붙여 저축금의 관리를 규정하는 계약을 체결할 수 있다. (X) **기출** 23
>
> 사용자는 미성년자의 근로계약에 덧붙여 사용자 본인의 이름으로 미성년자의 임금을 저축하여 관리하는 계약을 체결할 수 있다.   (X) **기출** 15

제23조   **해고 등의 제한**

① 사용자는 근로자에게 **정당한 이유** 없이 해고, 휴직, 정직, 전직, 감봉, 그 밖의 징벌(이하 "부당해고등"이라 한다)을 하지 못한다.

② 사용자는 근로자가 업무상 부상 또는 질병의 요양을 위하여 **휴업한 기간과 그 후 30일 동안** 또는 **산전·산후의 여성**이 이 법에 따라 **휴업한 기간과 그 후 30일** 동안은 해고하지 못한다. 다만, 사용자가 제84조에 따라 **일시보상**을 하였을 경우 또는 사업을 **계속**할 수 없게 된 경우에는 그러하지 아니하다.

> **근기법 제23조(해고 등의 제한) 제1항이 적용되는 사업장** **기출** 23
>
> | | |
> |---|---|
> | 상시 5명의 동거하는 친족만을 사용하는 사업장 | (X) |
> | 상시 1명의 공무원이 아닌 근로자를 사용하는 지방자치단체 | (O) |
> | 상시 3명의 근로자를 사용하는 건설업체 | (X) |
> | 상시 5명의 유치원 교사를 채용하여 사용하는 종교단체 | (O) |

제24조 **경영상 이유에 의한 해고의 제한**

① 사용자가 경영상 이유에 의하여 근로자를 해고하려면 긴박한 **경영상의 필요**가 있어야 한다. 이 경우 경영 악화를 방지하기 위한 **사업의 양도·인수·합병**은 긴박한 경영상의 필요가 있는 것으로 본다.

② 제1항의 경우에 사용자는 **해고를 피하기 위한 노력**을 다하여야 하며, 합리적이고 공정한 **해고의 기준**을 정하고 이에 따라 그 대상자를 **선정하여야** 한다. 이 경우 남녀의 **성**을 이유로 차별하여서는 아니 된다.

③ 사용자는 제2항에 따른 해고를 피하기 위한 방법과 해고의 기준 등에 관하여 그 사업 또는 사업장에 근로자의 과반수로 조직된 노동조합이 있는 경우에는 그 **노동조합**(근로자의 과반수로 조직된 노동조합이 없는 경우에는 근로자의 **과반수**를 대표하는 자를 말한다. 이하 "근로자대표"라 한다)에 해고를 하려는 날의 **50일 전까지 통보**하고 성실하게 협의하여야 한다.

④ 사용자는 제1항에 따라 대통령령으로 정하는 일정한 **규모** 이상의 인원을 해고하려면 대통령령으로 정하는 바에 따라 **고용노동부장관**에게 **신고하여야** 한다.

⑤ 사용자가 제1항부터 제3항까지의 규정에 따른 요건을 갖추어 근로자를 해고한 경우에는 제23조 제1항에 따른 **정당한 이유**가 있는 해고를 한 것으로 본다.

> 경영 악화를 방지하기 위한 사업의 양도·인수·합병은 긴박한 경영상의 필요가 있는 것으로 본다.
> (O) `기출` 13·14·19·21·24
>
> 사용자는 합리적이고 공정한 해고의 기준을 정하고 이에 따라 그 대상자를 선정하여야 한다.
> (O) `기출` 13
>
> 사용자는 해고를 피하기 위한 방법 등에 관하여 해고를 하려는 날의 30일 전까지 근로자대표에게 통보하고 성실하게 협의하여야 한다. (X) `기출` 18
>
> 사용자는 근로기준법 제24조 제2항에 따른 해고를 피하기 위한 방법과 해고의 기준 등에 관하여 그 사업 또는 사업장에 근로자의 과반수로 조직된 노동조합이 있는 경우에는 그 노동조합에 해고를 하려는 날의 50일 전까지 통보하고 성실하게 협의하여야 한다. (O) `기출` 13·16
>
> 사용자는 근로자대표에게 해고를 하려는 날의 60일 전까지 해고의 기준을 통보하여야 한다.
> (X) `기출` 14
>
> 사용자는 대통령령으로 정하는 일정한 규모 이상의 인원을 해고하려면 대통령령으로 정하는 바에 따라 고용노동부장관에게 신고하여야 한다. (O) `기출` 19

시행령 제10조(경영상의 이유에 의한 해고 계획의 신고)

① 법 제24조 제4항에 따라 사용자는 1개월 동안에 다음 각 호의 어느 하나에 해당하는 인원을 해고하려면 최초로 해고하려는 날의 30일 전까지 고용노동부장관에게 신고하여야 한다.
  1. 상시 근로자수가 99명 이하인 사업 또는 사업장 : 10명 이상
  2. 상시 근로자수가 100명 이상 999명 이하인 사업 또는 사업장 : 상시 근로자수의 10퍼센트 이상
  3. 상시 근로자수가 1,000명 이상 사업 또는 사업장 : 100명 이상

② 제1항에 따른 신고를 할 때에는 다음 각 호의 사항을 포함하여야 한다.
  1. 해고 사유
  2. 해고 예정 인원
  3. 근로자대표와 협의한 내용
  4. 해고 일정

상시 근로자수 99명 이하인 사업 또는 사업장의 사용자는 1개월 동안에 10명 이상의 인원을 경영상의 이유에 의하여 해고하려면 최초로 해고하려는 날의 30일 전까지 고용노동부장관에게 신고하여야 한다. (O) **기출** 21

근로기준법 제24조 제4항에 따라 사용자는 1개월 동안에 동법 시행령 제10조 제1항에서 정한 바에 따른 인원을 해고하려면 최초로 해고하려는 날의 30일 전까지 고용노동부장관에게 신고하여야 한다. (O) **기출** 16

상시 근로자수가 45명인 사업장의 사용자는 1개월 동안에 9명의 근로자를 경영상 이유에 의하여 해고하려면 최초로 해고하려는 날의 30일 전까지 고용노동부장관에게 신고하여야 한다. (×) **기출** 14

경영상의 이유에 의한 해고 계획의 신고를 할 때에는 해고 사유, 해고 예정 인원, 근로자대표와 협의한 내용, 해고 일정을 포함하여야 한다. (O) **기출** 14

제25조 우선 재고용 등

① 제24조에 따라 근로자를 해고한 사용자는 근로자를 해고한 날부터 **3년 이내**에 해고된 근로자가 해고 당시 담당하였던 업무와 같은 업무를 할 근로자를 채용하려고 할 경우 제24조에 따라 해고된 근로자가 원하면 그 근로자를 **우선적으로 고용하여야** 한다.
② **정부**는 제24조에 따라 해고된 근로자에 대하여 **생계안정, 재취업, 직업훈련** 등 필요한 조치를 **우선적으로 취하여야** 한다.

> 경영상의 이유에 의하여 근로자를 해고한 사용자는 근로자를 해고한 날로부터 3년 이내에 해고된 근로자가 해고 당시 담당하였던 업무와 같은 업무를 할 근로자를 채용하려고 할 경우 경영상의 이유에 의하여 해고된 근로자가 원하면 그 근로자를 우선적으로 고용하여야 한다. (O) **기출** 21
>
> 사용자는 근로자를 해고한 날부터 3년 이내에 해고된 근로자가 해고 당시 담당하였던 업무와 같은 업무를 할 근로자를 채용하려고 할 경우 해고된 근로자가 원하면 그 근로자를 우선적으로 고용하도록 노력하여야 한다. (×) **기출** 13
>
> 사용자는 경영상 이유에 의해 해고된 근로자에 대하여 생계안정, 재취업 등 필요한 조치를 우선적으로 취하여야 한다. (×) **기출** 14 · 18
>
> 사용자는 해고된 근로자에 대하여 생계안정, 재취업, 직업훈련 등 필요한 조치를 우선적으로 취하여야 한다. (×) **기출** 24
>
> 정부는 해고된 근로자에 대하여 생계안정, 재취업, 직업훈련 등 필요한 조치를 우선적으로 취하여야 한다. (O) **기출** 13

제26조 **해고의 예고**

사용자는 근로자를 해고(경영상 이유에 의한 해고를 포함한다)하려면 적어도 30일 전에 예고를 하여야 하고, 30일 전에 예고를 하지 아니하였을 때에는 30일분 이상의 통상임금을 지급하여야 한다. 다만, 다음 각 호의 어느 하나에 해당하는 경우에는 그러하지 아니하다.

1. 근로자가 계속 근로한 기간이 3개월 미만인 경우
2. 천재·사변, 그 밖의 부득이한 사유로 사업을 계속하는 것이 불가능한 경우
3. 근로자가 고의로 사업에 막대한 지장을 초래하거나 재산상 손해를 끼친 경우로서 고용노동부령으로 정하는 사유에 해당하는 경우

경영상 이유에 의한 해고를 하는 때에도 해고의 예고 규정은 적용된다. (○) **기출** 14·18

경영상 이유에 의한 해고의 경우에는 해고를 하려는 날의 50일 전에 해고를 피하기 위한 방법 등에 관해 근로자대표에게 통보하고 협의하여야 하므로 해고예고규정은 적용되지 않는다. (×) **기출** 15

휴일근로에 대한 가산금이나 해고예고수당은 통상임금을 기준으로 산정해야 한다. (○) **기출** 13

근로기준법 제26조(해고의 예고)는 근로자가 계속 근로한 기간이 3개월 미만인 경우 적용하지 아니한다. (○) **기출** 16

시행규칙 제4조(해고 예고의 예외가 되는 근로자의 귀책사유)
법 제26조 제3호에서 "고용노동부령으로 정하는 사유"란 [별표 1]과 같다.

■ 근기법 시행규칙 [별표 1]

해고 예고의 예외가 되는 근로자의 귀책사유(시행규칙 제4조 관련)

1. 납품업체로부터 금품이나 향응을 제공받고 불량품을 납품받아 생산에 차질을 가져온 경우
2. 영업용 차량을 임의로 타인에게 대리운전하게 하여 교통사고를 일으킨 경우
3. 사업의 기밀이나 그 밖의 정보를 경쟁관계에 있는 다른 사업자 등에게 제공하여 사업에 지장을 가져온 경우
4. 허위 사실을 날조하여 유포하거나 불법 집단행동을 주도하여 사업에 막대한 지장을 가져온 경우
5. 영업용 차량 운송 수입금을 부당하게 착복하는 등 직책을 이용하여 공금을 착복, 장기유용, 횡령 또는 배임한 경우
6. 제품 또는 원료 등을 몰래 훔치거나 불법 반출한 경우
7. 인사·경리·회계담당 직원이 근로자의 근무상황 실적을 조작하거나 허위 서류 등을 작성하여 사업에 손해를 끼친 경우
8. 사업장의 기물을 고의로 파손하여 생산에 막대한 지장을 가져온 경우
9. 그 밖에 사회통념상 고의로 사업에 막대한 지장을 가져오거나 재산상 손해를 끼쳤다고 인정되는 경우

근로자가 계속 근로한 기간이 3개월 미만인 경우	(O)
천재·사변, 그 밖의 부득이한 사유로 사업을 계속하는 것이 불가능한 경우	(O)
제품 또는 원료 등을 몰래 훔치거나 불법 반출한 경우	(O)
사업장의 기물을 고의로 파손하여 생산에 막대한 지장을 가져온 경우	(O)
영업용 차량을 임의로 타인에게 대리운전하게 하여 교통사고를 일으킨 경우	(O)
사업의 기밀이나 그 밖의 정보를 경쟁관계에 있는 다른 사업자 등에게 제공하여 사업에 지장을 가져온 경우	(O)
납품업체로부터 금품이나 향응을 제공받고 불량품을 납품받아 생산에 차질을 가져온 경우	(O)

제27조 해고사유 등의 서면통지

① 사용자는 근로자를 해고하려면 해고사유와 해고시기를 서면으로 통지하여야 한다.
② 근로자에 대한 해고는 제1항에 따라 서면으로 통지하여야 효력이 있다.
③ 사용자가 제26조에 따른 해고의 예고를 해고사유와 해고시기를 명시하여 서면으로 한 경우에는 제1항에 따른 통지를 한 것으로 본다.

> 근로기준법 제27조 제1항에 따르면 사용자는 근로자를 해고하려면 해고사유와 해고시기를 서면으로 통지하여야 한다.　　　　　　　　　(O) 기출 16
>
> 경영상 이유에 의한 해고의 경우에는 해고사유와 해고시기를 서면으로 통지하여야 할 필요는 없다.　　　　　　　　　(×) 기출 15
>
> 사용자가 근로자에게 해고사유와 해고시기를 명시하여 서면으로 30일 전에 해고의 예고를 한 경우에는 근로기준법 제27조 제1항에 따라 해고사유와 해고시기를 서면으로 통지한 것으로 본다.　　　　　　　　　(O) 기출 15

제28조 부당해고등의 구제신청

① 사용자가 근로자에게 부당해고등을 하면 근로자는 노동위원회에 구제를 신청할 수 있다.
② 제1항에 따른 구제신청은 부당해고등이 있었던 날부터 3개월 이내에 하여야 한다.

> 사용자가 근로자에게 부당해고 등을 하면 근로자는 부당해고 등이 있었던 날부터 3개월 이내에 노동위원회에 구제를 신청할 수 있다.　　　　(O) 기출 14 · 16 · 20

제29조   조사 등

① 노동위원회는 제28조에 따른 구제신청을 받으면 **지체 없이** 필요한 조사를 **하여야** 하며 관계 당사자를 **심문하여야** 한다.

② 노동위원회는 제1항에 따라 심문을 할 때에는 관계 당사자의 **신청**이나 **직권**으로 증인을 출석하게 하여 필요한 사항을 **질문할 수 있다.**

③ 노동위원회는 제1항에 따라 심문을 할 때에는 관계 당사자에게 증거 제출과 증인에 대한 **반대심문**을 할 수 있는 충분한 **기회**를 주어야 한다.

④ 제1항에 따른 노동위원회의 조사와 심문에 관한 세부절차는 「노동위원회법」에 따른 **중앙 노동위원회**(이하 "중앙노동위원회"라 한다)가 정하는 바에 따른다.

> 노동위원회는 구제신청에 따라 당사자를 심문할 때 직권으로 증인을 출석하게 하여 필요한 사항을 질문할 수 있다. (O) **기출** 24
>
> 노동위원회가 심문을 할 때에는 직권으로도 증인을 출석하게 하여 필요한 사항을 질문할 수 있다. (O) **기출** 14

제30조   구제명령 등

① 노동위원회는 제29조에 따른 심문을 끝내고 부당해고등이 성립한다고 판정하면 사용자에게 **구제명령**을 하여야 하며, 부당해고등이 성립하지 아니한다고 판정하면 **구제신청을 기각**하는 결정을 하여야 한다.

② 제1항에 따른 판정, 구제명령 및 기각결정은 사용자와 근로자에게 **각각 서면**으로 통지하여야 한다.

③ 노동위원회는 제1항에 따른 구제명령(해고에 대한 구제명령만을 말한다)을 할 때에 근로자가 **원직복직을 원하지 아니하면** 원직복직을 명하는 대신 근로자가 해고기간 동안 근로를 제공하였더라면 받을 수 있었던 **임금 상당액 이상의 금품**을 근로자에게 지급하도록 **명할 수 있다.**

④ 노동위원회는 근로계약기간의 만료, 정년의 도래 등으로 근로자가 **원직복직**(해고 이외의 경우는 원상회복을 말한다)이 불가능한 경우에도 제1항에 따른 구제명령이나 기각결정을 하여야 한다. 이 경우 노동위원회는 부당해고등이 성립한다고 판정하면 근로자가 해고기간 동안 근로를 제공하였더라면 받을 수 있었던 **임금 상당액에 해당하는 금품**(해고 이외의 경우에는 **원상회복에 준하는 금품**을 말한다)을 사업주가 근로자에게 지급하도록 명할 수 있다.

노동위원회는 심문을 끝내고 부당해고 등이 성립한다고 판정하면 사용자에게 구제명령을 하여야 하며, 부당해고 등이 성립하지 아니한다고 판정하면 구제신청을 기각하는 결정을 하여야 한다.
(○) 기출 13·17·19

노동위원회의 판정, 구제명령 및 기각결정은 사용자와 근로자에게 각각 서면으로 통지하여야 한다.
(○) 기출 19

노동위원회는 구제명령을 할 때에 근로자가 원직복직을 원하지 아니하면 원직복직 대신 해고기간 동안의 임금 상당액 이상의 금품을 근로자에게 지급하도록 명할 수 있다.(○) 기출 16·18·20

노동위원회는 부당해고에 대한 구제명령을 할 때에 근로자의 의사와 무관하게 사용자가 원하지 아니하면 원직복직을 명하는 대신 해고기간 동안 임금 상당액 이상의 금품을 근로자에게 지급하도록 명하여야 한다.
(×) 기출 22

노동위원회는 근로계약기간의 만료로 원직복직이 불가능한 경우에도 부당해고가 성립한다고 판정하면 근로자가 해고기간 동안 근로를 제공하였더라면 받을 수 있었던 임금 상당액에 해당하는 금품을 사업주가 근로자에게 지급하도록 명할 수 있다.
(○) 기출 24

시행령 제11조(구제명령의 이행기한)

「노동위원회법」에 따른 노동위원회(이하 "노동위원회"라 한다)는 법 제30조 제1항에 따라 사용자에게 구제명령(이하 "구제명령"이라 한다)을 하는 때에는 이행기한을 정하여야 한다. 이 경우 이행기한은 법 제30조 제2항에 따라 사용자가 구제명령을 서면으로 통지받은 날부터 30일 이내로 한다.

노동위원회가 사용자에게 구제명령을 하는 때에 정하는 이행기간은 사용자가 구제명령을 서면으로 통지받은 날부터 30일 이내로 한다.
(○) 기출 24

노동위원회의 구제명령 이행기간은 사용자가 구제명령을 서면으로 통지받은 날부터 30일 이내로 한다.
(○) 기출 21

노동위원회는 사용자에게 구제명령을 하는 때에는 구제명령을 한 날부터 15일 이내의 이행기한을 정하여야 한다.
(×) 기출 18

노동위원회는 사용자에게 구제명령을 하는 때에는 이행기한을 정하여야 한다. 이 경우 이행기한은 구제명령을 한 날부터 30일 이내로 한다.
(○) 기출 14

제31조   구제명령 등의 확정

① 「노동위원회법」에 따른 지방노동위원회의 구제명령이나 기각결정에 불복하는 사용자나 근로자는 구제명령서나 기각결정서를 통지받은 날부터 10일 이내에 중앙노동위원회에 재심을 신청할 수 있다.

② 제1항에 따른 중앙노동위원회의 재심판정에 대하여 사용자나 근로자는 재심판정서를 송달받은 날부터 15일 이내에 「행정소송법」의 규정에 따라 소를 제기할 수 있다.

③ 제1항과 제2항에 따른 기간 이내에 재심을 신청하지 아니하거나 행정소송을 제기하지 아니하면 그 구제명령, 기각결정 또는 재심판정은 확정된다.

> 지방노동위원회의 구제명령에 불복하는 사용자는 중앙노동위원회에 재심을 신청하거나 행정소송법의 규정에 따라 소(訴)를 제기할 수 있다. (O) 기출 24
>
> 지방노동위원회의 구제명령이나 기각결정에 불복하는 사용자나 근로자는 구제명령서나 기각결정서를 통지받은 날부터 10일 이내에 중앙노동위원회에 재심을 신청할 수 있다. (O) 기출 14 · 16 · 19
>
> 중앙노동위원회의 재심판정에 대하여 사용자나 근로자는 재심판정서를 송달받은 날부터 20일 이내에 행정소송법의 규정에 따라 소(訴)를 제기할 수 있다. (×) 기출 22
>
> 중앙노동위원회의 재심판정에 대하여 사용자나 근로자는 재심판정서를 송달받은 날부터 15일 이내에 행정소송법의 규정에 따라 소(訴)를 제기할 수 있다. (O) 기출 13 · 17 · 21
>
> 중앙노동위원회의 재심판정에 대하여 사용자나 근로자는 재심판정서를 송달받은 날부터 30일 이내에 행정소송법의 규정에 따라 소(訴)를 제기할 수 있다. (×) 기출 19

제32조   구제명령 등의 효력

노동위원회의 구제명령, 기각결정 또는 재심판정은 제31조에 따른 중앙노동위원회에 대한 재심 신청이나 행정소송 제기에 의하여 그 효력이 정지되지 아니한다.

> 노동위원회의 구제명령, 기각결정 또는 재심판정은 중앙노동위원회에 대한 재심 신청이나 행정소송의 제기에 의하여 그 효력이 정지되지 아니한다. (O) 기출 14 · 18 · 19 · 22

제33조   이행강제금

① 노동위원회는 구제명령(구제명령을 내용으로 하는 재심판정을 포함한다. 이하 이 조에서 같다)을 받은 후 이행기한까지 구제명령을 이행하지 아니한 사용자에게 3천만원 이하의 이행강제금을 부과한다.

② 노동위원회는 제1항에 따른 이행강제금을 부과하기 30일 전까지 이행강제금을 부과 · 징수한다는 뜻을 사용자에게 미리 문서로써 알려 주어야 한다.

③ 제1항에 따른 이행강제금을 부과할 때에는 이행강제금의 액수, 부과 사유, 납부기한, 수납기관, 이의제기방법 및 이의제기기관 등을 명시한 문서로써 하여야 한다.

④ 제1항에 따라 이행강제금을 부과하는 위반행위의 종류와 위반 정도에 따른 금액, 부과 · 징수된 이행강제금의 반환절차, 그 밖에 필요한 사항은 대통령령으로 정한다.

⑤ 노동위원회는 최초의 구제명령을 한 날을 기준으로 **매년 2회**의 범위에서 구제명령이 이행될 때까지 반복하여 제1항에 따른 이행강제금을 부과·징수할 수 있다. 이 경우 이행강제금은 **2년**을 초과하여 부과·징수하지 못한다.

⑥ 노동위원회는 구제명령을 받은 자가 구제명령을 이행하면 새로운 이행강제금을 부과하지 아니하되, 구제명령을 이행하기 전에 **이미** 부과된 이행강제금은 징수하여야 한다.

⑦ 노동위원회는 이행강제금 납부의무자가 납부기한까지 이행강제금을 내지 아니하면 기간을 정하여 **독촉**을 하고 지정된 기간에 제1항에 따른 이행강제금을 내지 아니하면 국세 체납처분의 예에 따라 징수할 수 있다.

⑧ **근로자**는 구제명령을 받은 사용자가 이행기한까지 구제명령을 이행하지 아니하면 이행기한이 지난 때부터 **15일 이내**에 그 사실을 노동위원회에 알려줄 수 있다.

노동위원회는 부당노동행위 구제명령을 받은 후 이행기한까지 구제명령을 이행하지 아니한 사용자에게 이행강제금을 부과한다. (×) **기출** 19

노동위원회는 구제명령을 받은 후 이행기한까지 구제명령을 이행하지 아니한 사용자에게 2천만원 이하의 이행강제금을 부과한다. (×) **기출** 18

노동위원회는 노동위원회의 전부 또는 일부의 구제명령을 이행하지 않는 사용자에게 긴급이행명령을 할 수 있다. (×) **기출** 13

노동위원회는 이행강제금을 부과하기 30일 전까지 이행강제금을 부과·징수한다는 뜻을 사용자에게 미리 문서로써 알려주어야 한다. (○) **기출** 17·21

노동위원회가 이행강제금을 부과할 때에는 이행강제금의 액수, 부과 사유 등을 구두로 통보하여야 한다. (×) **기출** 22

노동위원회는 2년을 초과하지 않는 범위 내에서 최초의 구제명령을 한 날을 기준으로 매년 2회의 범위에서 행정소송이 제기될 때까지 반복하여 이행강제금을 부과·징수할 수 있다. (×) **기출** 18

노동위원회는 최초의 구제명령을 한 날을 기준으로 매년 2회의 범위에서 구제명령이 이행될 때까지 반복하여 이행강제금을 부과·징수할 수 있다. 이 경우 이행강제금은 2년을 초과하여 부과·징수하지 못한다. (○) **기출** 16·20

근로기준법령상 부당해고 구제명령을 받은 후 이행기한까지 이행하지 아니한 사용자에게 노동위원회가 2년간 부과할 수 있는 이행강제금의 최대 상한액은 1억 2,000만원이다. (○) **기출** 14

노동위원회는 구제명령을 받은 자가 구제명령을 이행하면 구제명령을 이행하기 전에 이미 부과된 이행강제금은 징수하지 아니한다. (×) **기출** 21

노동위원회는 구제명령을 받은 자가 구제명령을 이행하면 새로운 이행강제금을 부과하지 아니하고, 구제명령을 이행하기 전에 이미 부과된 이행강제금의 부과처분은 취소하여야 한다. (×) **기출** 18

노동위원회는 구제명령을 받은 자가 구제명령을 이행하더라도 그 이행 전에 이미 부과된 이행강제금은 징수하여야 한다. (○) **기출** 16·17

노동위원회는 이행강제금 납부의무자가 납부기한까지 이행강제금을 내지 아니하면 즉시 국세 체납처분의 예에 따라 징수할 수 있다. (×) **기출** 18

시행령 제12조(이행강제금의 납부기한 및 의견제출 등)

① 노동위원회는 법 제33조 제1항에 따라 이행강제금을 부과하는 때에는 이행강제금의 부과통지를 받은 날부터 15일 이내의 납부기한을 정하여야 한다.

② 노동위원회는 천재·사변, 그 밖의 부득이한 사유가 발생하여 제1항에 따른 납부기한 내에 이행강제금을 납부하기 어려운 경우에는 그 사유가 없어진 날부터 15일 이내의 기간을 납부기한으로 할 수 있다.

③ 법 제33조 제2항에 따라 이행강제금을 부과·징수한다는 뜻을 사용자에게 미리 문서로써 알려줄 때에는 10일 이상의 기간을 정하여 구술 또는 서면(전자문서를 포함한다)으로 의견을 진술할 수 있는 기회를 주어야 한다. 이 경우 지정된 기일까지 의견진술이 없는 때에는 의견이 없는 것으로 본다.

④ 이행강제금의 징수절차는 고용노동부령으로 정한다.

시행령 제13조(이행강제금의 부과기준)

법 제33조 제4항에 따른 위반행위의 종류와 위반 정도에 따른 이행강제금의 부과기준은 [별표 3]과 같다.

시행령 제14조(이행강제금의 부과유예)

노동위원회는 다음 각 호의 어느 하나에 해당하는 사유가 있는 경우에는 직권 또는 사용자의 신청에 따라 그 사유가 없어진 뒤에 이행강제금을 부과할 수 있다.

1. 구제명령을 이행하기 위하여 사용자가 객관적으로 노력하였으나 근로자의 소재불명 등으로 구제명령을 이행하기 어려운 것이 명백한 경우

2. 천재·사변, 그 밖의 부득이한 사유로 구제명령을 이행하기 어려운 경우

시행령 제15조(이행강제금의 반환)

① 노동위원회는 중앙노동위원회의 재심판정이나 법원의 확정판결에 따라 노동위원회의 구제명령이 취소되면 직권 또는 사용자의 신청에 따라 이행강제금의 부과·징수를 즉시 중지하고 이미 징수한 이행강제금을 반환하여야 한다.

② 노동위원회가 제1항에 따라 이행강제금을 반환하는 때에는 이행강제금을 납부한 날부터 반환하는 날까지의 기간에 대하여 고용노동부령으로 정하는 이율을 곱한 금액을 가산하여 반환하여야 한다.

③ 제1항에 따른 이행강제금의 구체적 반환절차는 고용노동부령으로 정한다.

> 노동위원회는 중앙노동위원회의 재심판정이나 법원의 확정판결에 따라 노동위원회의 구제명령이 취소되면 직권 또는 사용자의 신청에 따라 이행강제금의 부과·징수를 즉시 중지하고 이미 징수한 이행강제금을 반환하여야 한다. (○) 기출 21

> 노동위원회는 법원의 확정판결에 따라 노동위원회의 구제명령이 취소되는 경우에도 이미 징수한 이행강제금은 반환하지 아니한다. (×) 기출 17

■ 근기법 시행령 [별표 3]

이행강제금의 부과기준(시행령 제13조 관련)

위반행위	해당 법조문	금액
정당한 이유 없는 해고에 대한 구제명령을 이행하지 않은 자	법 제33조 제1항	500만원 이상 3,000만원 이하
정당한 이유 없는 휴직, 정직(停職)에 대한 구제명령을 이행하지 않은 자	법 제33조 제1항	250만원 이상 1,500만원 이하
정당한 이유 없는 전직(轉職), 감봉에 대한 구제명령을 이행하지 않은 자	법 제33조 제1항	200만원 이상 750만원 이하
정당한 이유 없는 그 밖의 징벌(懲罰)에 대한 구제명령을 이행하지 않은 자	법 제33조 제1항	100만원 이상 750만원 이하

※ 비고 : 구체적인 이행강제금의 금액은 위반행위의 종류에 따른 부과금액의 범위에서 위반행위의 동기, 고의·과실 등 사용자의 귀책 정도, 구제명령 이행을 위한 노력의 정도, 구제명령을 이행하지 않은 기간, 해당 사업 또는 사업장에 상시 사용하는 근로자 수 등을 고려하여 결정한다.

제34조 퇴직급여 제도

사용자가 퇴직하는 근로자에게 지급하는 퇴직급여 제도에 관하여는 「근로자퇴직급여 보장법」이 정하는 대로 따른다.

제35조 예고해고의 적용 예외

[2019.1.15. 법률 제16270호에 의하여 2015.12.23. 헌법재판소에서 위헌 결정된 이 조를 삭제함]

제36조 금품 청산

사용자는 근로자가 사망 또는 퇴직한 경우에는 그 지급 사유가 발생한 때부터 14일 이내에 임금, 보상금, 그 밖의 모든 금품을 지급하여야 한다. 다만, 특별한 사정이 있을 경우에는 당사자 사이의 합의에 의하여 기일을 연장할 수 있다.

제37조 미지급 임금에 대한 지연이자

① 사용자는 제36조에 따라 지급하여야 하는 임금 및 「근로자퇴직급여 보장법」 제2조 제5호에 따른 급여(일시금만 해당된다)의 전부 또는 일부를 그 지급 사유가 발생한 날부터 14일 이내에 지급하지 아니한 경우 그 다음 날부터 지급하는 날까지의 지연 일수에 대하여 연 100분의 40 이내의 범위에서 「은행법」에 따른 은행이 적용하는 연체금리 등 경제 여건을 고려하여 대통령령으로 정하는 이율에 따른 지연이자를 지급하여야 한다.

② 제1항은 사용자가 천재·사변, 그 밖에 대통령령으로 정하는 사유에 따라 임금 지급을 지연하는 경우 그 사유가 존속하는 기간에 대하여는 적용하지 아니한다.

> **시행령 제17조(미지급 임금에 대한 지연이자의 이율)**
> 법 제37조 제1항에서 "대통령령으로 정하는 이율"이란 연 100분의 20을 말한다.
>
> **시행령 제18조(지연이자의 적용제외 사유)**
> 법 제37조 제2항에서 "그 밖에 대통령령으로 정하는 사유"란 다음 각 호의 어느 하나에 해당하는 경우를 말한다.
> 1. 「임금채권보장법」 제7조 제1항 제1호부터 제3호까지의 사유 중 어느 하나에 해당하는 경우
> 2. 「채무자 회생 및 파산에 관한 법률」, 「국가재정법」, 「지방자치법」 등 법령상의 제약에 따라 임금 및 퇴직금을 지급할 자금을 확보하기 어려운 경우
> 3. 지급이 지연되고 있는 임금 및 퇴직금의 전부 또는 일부의 존부(存否)를 법원이나 노동위원회에서 다투는 것이 적절하다고 인정되는 경우
> 4. 그 밖에 제1호부터 제3호까지의 규정에 준하는 사유가 있는 경우

제38조 임금채권의 우선변제

① 임금, 재해보상금, 그 밖에 근로관계로 인한 채권은 사용자의 총재산에 대하여 질권·저당권 또는 「동산·채권 등의 담보에 관한 법률」에 따른 담보권에 따라 담보된 채권 외에는 조세·공과금 및 다른 채권에 우선하여 변제되어야 한다. 다만, 질권·저당권 또는 「동산·채권 등의 담보에 관한 법률」에 따른 담보권에 우선하는 조세·공과금에 대하여는 그러하지 아니하다.

② 제1항에도 불구하고 다음 각 호의 어느 하나에 해당하는 채권은 사용자의 총재산에 대하여 질권·저당권 또는 「동산·채권 등의 담보에 관한 법률」에 따른 담보권에 따라 담보된 채권, 조세·공과금 및 다른 채권에 우선하여 변제되어야 한다.
1. 최종 3개월분의 임금
2. 재해보상금

제39조   사용증명서

① 사용자는 근로자가 퇴직한 후라도 사용 기간, 업무 종류, 지위와 임금, 그 밖에 필요한 사항에 관한 **증명서**를 청구하면 사실대로 적은 증명서를 **즉시 내주어야** 한다.
② 제1항의 증명서에는 **근로자가 요구한 사항**만을 적어야 한다.

> 사용증명서에는 근로자가 요구한 사항만을 적어야 한다.   (O) **기출** 16

시행령 제19조(사용증명서의 청구)
법 제39조 제1항에 따라 사용증명서를 청구할 수 있는 자는 계속하여 **30일 이상** 근무한 근로자로 하되, 청구할 수 있는 기한은 퇴직 후 **3년** 이내로 한다.

> 근로기준법 제39조 제1항에 따라 사용증명서를 청구할 수 있는 자는 계속하여 30일 이상 근무한 근로자로 하되, 청구할 수 있는 기한은 퇴직 후 3년 이내로 한다.   (O) **기출** 16

제40조   취업 방해의 금지

누구든지 근로자의 취업을 방해할 목적으로 비밀 기호 또는 명부를 작성·사용하거나 통신을 하여서는 아니 된다.

제41조   근로자의 명부

① 사용자는 **각 사업장별로** 근로자 명부를 작성하고 근로자의 성명, 생년월일, 이력, 그 밖에 대통령령으로 정하는 사항을 적어야 한다. 다만, 대통령령으로 정하는 일용근로자에 대해서는 근로자 명부를 작성하지 아니할 수 있다.
② 제1항에 따라 근로자 명부에 적을 사항이 **변경**된 경우에는 **지체 없이** 정정하여야 한다.

시행령 제20조(근로자 명부의 기재사항)
법 제41조 제1항에 따른 근로자 명부에는 고용노동부령으로 정하는 바에 따라 다음 각 호의 사항을 적어야 한다.
  1. 성명
  2. 성(性)별
  3. 생년월일
  4. 주소
  5. 이력(履歷)
  6. 종사하는 업무의 종류
  7. 고용 또는 고용갱신 연월일, 계약기간을 정한 경우에는 그 기간, 그 밖의 고용에 관한 사항
  8. 해고, 퇴직 또는 사망한 경우에는 그 연월일과 사유
  9. 그 밖에 필요한 사항

> 주소는 근로자 명부의 기재사항이다.   (O) **기출** 16

시행령 제21조(근로자 명부 작성의 예외)

사용기간이 **30일** 미만인 일용근로자에 대하여는 근로자 명부를 작성하지 **아니할 수 있다.**

> 사용기간이 50일 미만인 일용근로자에 대하여는 근로자 명부를 작성하지 아니할 수 있다.
> (×) 기출 16

제42조 **계약 서류의 보존**

사용자는 **근로자 명부**와 대통령령으로 정하는 **근로계약**에 관한 중요한 서류를 **3년간** 보존하여야 한다.

> 사용자는 근로자 명부를 3년간 보존하여야 한다. (○) 기출 16

시행령 제22조(보존 대상 서류 등)

① 법 제42조에서 "대통령령으로 정하는 근로계약에 관한 중요한 서류"란 다음 각 호의 서류를 말한다.
  1. 근로계약서
  2. **임금대장**
  3. 임금의 결정 · 지급방법과 임금계산의 기초에 관한 서류
  4. **고용 · 해고 · 퇴직에 관한 서류**
  5. **승급 · 감급에 관한 서류**
  6. **휴가에 관한 서류**
  8. 법 제51조 제2항, 제51조의2 제1항, 같은 조 제2항 단서, 같은 조 제5항 단서, 제52조 제1항, 같은 조 제2항 제1호 단서, 제53조 제3항, 제55조 제2항 단서, 제57조, 제58조 제2항 · 제3항, 제59조 제1항 및 제62조에 따른 서면 합의 서류
  9. 법 제66조에 따른 **연소자의 증명에 관한 서류**
② 법 제42조에 따른 근로계약에 관한 중요한 서류의 보존기간은 다음 각 호에 해당하는 날부터 기산한다.
  1. 근로자 명부는 근로자가 해고되거나 퇴직 또는 사망한 날
  2. 근로계약서는 근로관계가 끝난 날
  3. 임금대장은 마지막으로 써 넣은 날
  4. 고용, 해고 또는 퇴직에 관한 서류는 근로자가 해고되거나 **퇴직한 날**
  6. 제1항 제8호의 서면 합의 서류는 서면 합의한 날
  7. 연소자의 증명에 관한 서류는 18세가 되는 날(18세가 되기 전에 해고되거나 퇴직 또는 사망한 경우에는 그 해고되거나 **퇴직 또는 사망한 날**)
  8. 그 밖의 서류는 완결한 날

> 사용자는 퇴직금 중간정산에 관한 증명서류를 3년간 보존하여야 한다. (×) 기출 18

제43조 임금 지급

① 임금은 통화로 직접 근로자에게 그 전액을 지급하여야 한다. 다만, 법령 또는 단체협약에 특별한 규정이 있는 경우에는 임금의 일부를 공제하거나 통화 이외의 것으로 지급할 수 있다.

② 임금은 매월 1회 이상 일정한 날짜를 정하여 지급하여야 한다. 다만, 임시로 지급하는 임금, 수당, 그 밖에 이에 준하는 것 또는 대통령령으로 정하는 임금에 대하여는 그러하지 아니하다.

> 임금은 통화(通貨)로 직접 근로자에게 그 전액을 지급하여야 한다. (O) 기출 19
>
> 법령 또는 단체협약에 특별한 규정이 있는 경우에는 임금의 일부를 공제하거나 통화 이외의 것으로 지급할 수 있다. (O) 기출 21
>
> 단체협약에 특별한 규정이 있는 경우에는 임금의 일부를 공제할 수 있다. (O) 기출 17
>
> 사용자가 근로자의 대리인에게 임금을 지급하는 것은 근로기준법에 위반된다. (O) 기출 17
>
> 근로자가 임금채권을 타인에게 양도한 경우 사용자는 임금채권의 양수인에게 임금을 지급할 수 있다. (×) 기출 17
>
> 근로자가 임금채권을 양도한 경우 양수인이 스스로 사용자에 대하여 임금의 지급을 청구할 수 있다. (×) 기출 23
>
> 단체협약에 특별한 규정이 있는 경우에는 임금의 일부를 통화(通貨) 이외의 것으로 지급할 수 있다. (O) 기출 15
>
> 노동조합은 조합원인 근로자의 임금을 대리하여 수령할 수 있다. (×) 기출 15
>
> 임금은 매월 1회 이상 일정한 날짜를 정하여 근로자에게 지급하여야 하며, 연봉제를 적용하는 경우에도 마찬가지이다. (O) 기출 17·19
>
> 임금은 매월 1회 이상 일정한 날짜를 정하여 지급하여야 하며, 다만 임시로 지급하는 임금에 대하여는 그러하지 아니하다. (O) 기출 22

시행령 제23조(매월 1회 이상 지급하여야 할 임금의 예외)

법 제43조 제2항 단서에서 "임시로 지급하는 임금, 수당, 그 밖에 이에 준하는 것 또는 대통령령으로 정하는 임금"이란 다음 각 호의 것을 말한다.

1. 1개월을 초과하는 기간의 출근 성적에 따라 지급하는 정근수당
2. 1개월을 초과하는 일정 기간을 계속하여 근무한 경우에 지급되는 근속수당
3. 1개월을 초과하는 기간에 걸친 사유에 따라 산정되는 장려금, 능률수당 또는 상여금
4. 그 밖에 부정기적으로 지급되는 모든 수당

1개월을 초과하는 기간의 출근 성적에 따라 지급하는 정근수당은 매월 1회 이상 일정한 날짜를 정하여 지급하지 아니할 수 있다. (O) 기출 17

제43조의2 체불사업주 명단 공개

① 고용노동부장관은 제36조, 제43조, 제51조의3, 제52조 제2항 제2호, 제56조에 따른 임금, 보상금, 수당, 그 밖의 모든 금품(이하 "임금등"이라 한다)을 지급하지 아니한 사업주(법인인 경우에는 그 대표자를 포함한다. 이하 "**체불사업주**"라 한다)가 명단 공개 기준일 이전 **3년 이내** 임금등을 체불하여 **2회** 이상 유죄가 확정된 자로서 명단 공개 기준일 이전 **1년 이내** 임금등의 체불총액이 **3천만원** 이상인 경우에는 그 인적사항 등을 **공개할 수 있다.** 다만, 체불사업주의 사망·폐업으로 명단 공개의 실효성이 없는 경우 등 대통령령으로 정하는 사유가 있는 경우에는 그러하지 아니하다.

② 고용노동부장관은 제1항에 따라 명단 공개를 할 경우에 체불사업주에게 **3개월** 이상의 기간을 정하여 **소명 기회를 주어야** 한다.

③ 제1항에 따른 체불사업주의 인적사항 등에 대한 공개 여부를 심의하기 위하여 **고용노동부에 임금체불정보심의위원회**(이하 이 조에서 "위원회"라 한다)를 둔다. 이 경우 위원회의 구성·운영 등 필요한 사항은 고용노동부령으로 정한다.

④ 제1항에 따른 명단 공개의 구체적인 내용, 기간 및 방법 등 명단 공개에 필요한 사항은 **대통령령**으로 정한다.

고용노동부장관은 체불사업주가 명단공개 기준일 이전 1년 이내 임금등의 체불 총액이 2천만원 이상인 경우에는 그 인적사항을 공개하여야 한다. (✕) 기출 21

고용노동부장관은 임금 등을 지급하지 아니한 체불사업주가 명단 공개 기준일 이전 3년 이내 임금등을 체불하여 2회 이상 유죄가 확정된 자로서 명단 공개 기준일 이전 1년 이내 임금 등의 체불총액이 3천만원 이상인 경우에는 그 인적사항 등을 공개할 수 있다. (○) 기출 13

고용노동부장관은 체불사업주 명단을 공개할 경우에 체불사업주에게 1개월간 소명기회를 주어야 한다. (✕) 기출 21

고용노동부장관은 체불사업주의 명단을 공개할 경우에 해당 체불사업주에게 3개월 이상의 기간을 정하여 소명 기회를 주어야 한다. (○) 기출 14·24

체불사업주의 인적사항 등에 대한 공개 여부를 심의하기 위하여 고용노동부에 임금체불정보심의위원회를 둔다. (○) 기출 21

시행령 제23조의2(체불사업주 명단 공개 제외 대상)

법 제43조의2 제1항 단서에서 "체불사업주의 사망·폐업으로 명단 공개의 실효성이 없는 경우 등 **대통령령**으로 정하는 사유"란 다음 각 호의 어느 하나에 해당하는 경우를 말한다.

1. 법 제36조, 제43조, 제51조의3, 제52조 제2항 제2호 또는 제56조에 따른 임금, 보상금, 수당, 그 밖의 일체의 금품(이하 "임금등"이라 한다)을 지급하지 않은 사업주(이하 "체불사업주"라 한다)가 **사망**하거나 「민법」 제27조에 따라 **실종선고**를 받은 경우(체불사업주가 **자연인**인 경우만 해당한다)
2. 체불사업주가 법 제43조의2 제2항에 따른 소명 기간 종료 전까지 체불 임금등을 **전액 지급**한 경우
3. 체불사업주가 「채무자 회생 및 파산에 관한 법률」에 따른 **회생절차개시 결정**을 받거나 **파산선고**를 받은 경우
4. 체불사업주가 「임금채권보장법 시행령」 제5조에 따른 **도산등 사실인정**을 받은 경우

5. 체불사업주가 체불 임금등의 **일부**를 지급하고, 남은 체불 임금등에 대한 구체적인 청산 계획 및 자금 조달 방안을 충분히 소명하여 법 제43조의2 제3항에 따른 **임금체불정보심의위원회**(이하 이 조에서 "위원회"라 한다)가 명단 공개 대상에서 제외할 필요가 있다고 **인정하는 경우**
6. 제1호부터 제5호까지의 **규정에 준하는 경우**로서 위원회가 체불사업주의 인적사항 등을 공개할 실효성이 없다고 인정하는 경우

시행령 제23조의3(명단공개 내용·기간 등)

① 고용노동부장관은 법 제43조의2 제1항에 따라 다음 각 호의 내용을 공개한다.
   1. 체불사업주의 성명·나이·상호·주소(체불사업주가 법인인 경우에는 그 대표자의 성명·나이·주소 및 법인의 명칭·주소를 말한다)
   2. 명단 공개 기준일 이전 3년간의 임금등 체불액
② 제1항에 따른 공개는 관보에 싣거나 인터넷 홈페이지, 관할 지방고용노동관서 게시판 또는 그 밖에 열람이 가능한 공공장소에 3년간 게시하는 방법으로 한다.

(고용노동부장관은) 체불사업주가 법인인 경우에는 그 대표자의 성명·나이·주소 및 법인의 명칭·주소를 공개한다. (O) **기출** 24

고용노동부장관이 체불사업주 명단을 공개할 경우, 체불사업주가 법인이라면 그 대표자의 성명·나이는 명단공개의 내용에 포함되지 않는다. (×) **기출** 21

명단 공개는 공공장소에 1년간 게시한다. (×) **기출** 24

시행규칙 제7조의2(임금체불정보심의위원회 구성 및 운영)

① 법 제43조의2 제3항 전단에 따른 임금체불정보심의위원회(이하 이 조에서 "위원회"라 한다)는 위원장 **1명**을 포함한 **11명의 위원**으로 구성한다.
② 위원장은 **고용노동부차관**이 되고, 위원은 다음 각 호의 사람이 된다.
   1. 고용노동부의 고위공무원단에 속하는 일반직공무원 중 고용노동부장관이 지정하는 직위에 있는 사람 3명
   2. 변호사 또는 공인노무사 자격이 있는 사람 중에서 고용노동부장관이 위촉하는 사람 2명
   3. 「고등교육법」제2조에 따른 대학에서 부교수 이상의 직으로 재직하였거나 재직하고 있는 사람 중에서 고용노동부장관이 위촉하는 사람 2명
   4. 제1호부터 제3호까지에 준하는 경험 또는 사회적 덕망이 있다고 인정되는 사람으로서 고용노동부장관이 위촉하는 사람 3명
③ 제2항 제2호부터 제4호까지에 따른 위원의 임기는 **3년**으로 한다.
④ 위원회의 회의는 위원장을 포함한 재적위원 **과반수**의 출석으로 개의하고, 출석위원 **과반수**의 찬성으로 의결한다.
⑤ 제1항부터 제4항까지에서 규정한 사항 외에 위원회의 구성 및 운영에 필요한 사항은 고용노동부장관이 정한다.

제43조의3 **임금등 체불자료의 제공**

① 고용노동부장관은 「신용정보의 이용 및 보호에 관한 법률」 제25조 제2항 제1호에 따른 종합신용정보집중기관이 임금등 체불자료 제공일 이전 **3년 이내** 임금등을 체불하여 **2회** 이상 유죄가 확정된 자로서 임금등 체불자료 제공일 이전 **1년 이내** 임금등의 체불총 액이 **2천만원** 이상인 체불사업주의 인적사항과 체불액 등에 관한 자료(이하 "임금등 체불자료"라 한다)를 요구할 때에는 임금등의 체불을 예방하기 위하여 필요하다고 인정 하는 경우에 그 **자료를 제공할 수 있다.** 다만, 체불사업주의 사망·폐업으로 임금등 체불자료 제공의 실효성이 없는 경우 등 **대통령령**으로 정하는 사유가 있는 경우에는 그러하지 아니하다.

② 제1항에 따라 임금등 체불자료를 받은 자는 이를 체불사업주의 신용도·신용거래능력 판단과 관련한 업무 외의 목적으로 이용하거나 누설하여서는 아니 된다.

③ 제1항에 따른 임금등 체불자료의 제공 절차 및 방법 등 임금등 체불자료의 제공에 필요한 사항은 대통령령으로 정한다.

고용노동부장관은 체불사업주의 사망·폐업으로 임금등 체불자료 제공의 실효성이 없는 경우에는 종합신용정보집중기관에 임금등 체불자료를 제공하지 아니할 수 있다. (O) 기출 24

관련 법령에 따라 임금등 체불자료를 받은 종합신용정보집중기관은 이를 체불사업주의 신용도·신용 거래능력 판단과 관련한 업무에 이용할 수 있다. (O) 기출 24

임금등 체불자료를 받은 종합신용정보집중기관은 이를 체불사업주의 신용도·신용거래능력 판단과 관련한 업무 외의 목적으로 이용할 수 있다. (X) 기출 21

시행령 제23조의4(임금등 체불자료의 제공 제외 대상)

법 제43조의3 제1항 단서에서 "체불사업주의 사망·폐업으로 임금등 체불자료 제공의 실효성이 없는 경우 등 대통령령으로 정하는 사유"란 다음 각 호의 어느 하나에 해당하는 경우를 말한다.

1. 체불사업주가 사망하거나 「민법」 제27조에 따라 실종선고를 받은 경우(체불사업주가 자연 인인 경우만 해당한다)
2. 체불사업주가 법 제43조의3 제1항에 따른 임금등 체불자료(이하 "임금등 체불자료"라 한 다) 제공일 전까지 체불임금등을 전액 지급한 경우
3. 체불사업주가 「채무자 회생 및 파산에 관한 법률」에 따른 회생절차개시 결정을 받거나 파산 선고를 받은 경우
4. 체불사업주가 「임금채권보장법 시행령」 제5조에 따른 도산등 사실인정을 받은 경우
5. 체불자료 제공일 전까지 체불사업주가 체불 임금등의 일부를 지급하고 남은 체불 임금등에 대한 구체적인 청산 계획 및 자금 조달 방안을 충분히 소명하여 고용노동부장관이 체불 임금등 청산을 위하여 성실히 노력하고 있다고 인정하는 경우

시행령 제23조의5(임금등 체불자료의 제공절차 등)

① 법 제43조의3 제1항에 따라 임금등 체불자료를 요구하는 자(이하 "요구자"라 한다)는 다음 각 호의 사항을 적은 문서를 고용노동부장관에게 제출하여야 한다.

1. 요구자의 성명·상호·주소(요구자가 법인인 경우에는 그 대표자의 성명 및 법인의 명칭·주소를 말한다)

2. 요구하는 임금등 체불자료의 내용과 이용 목적

② 고용노동부장관은 제1항에 따른 임금등 체불자료를 서면 또는 전자적 파일 형태로 작성하여 제공할 수 있다.

③ 고용노동부장관은 제2항에 따라 임금등 체불자료를 제공한 후 제23조의4 각 호의 사유가 발생한 경우에는 그 사실을 안 날부터 15일 이내에 요구자에게 그 내용을 통지하여야 한다.

제44조 도급 사업에 대한 임금 지급

① 사업이 한 차례 이상의 도급에 따라 행하여지는 경우에 하수급인(下受給人)(도급이 한 차례에 걸쳐 행하여진 경우에는 수급인을 말한다)이 직상(直上) 수급인(도급이 한 차례에 걸쳐 행하여진 경우에는 도급인을 말한다)의 귀책사유로 근로자에게 임금을 지급하지 못한 경우에는 그 직상 수급인은 그 하수급인과 연대하여 책임을 진다. 다만, 직상 수급인의 귀책사유가 그 상위 수급인의 귀책사유에 의하여 발생한 경우에는 그 상위 수급인도 연대하여 책임을 진다.

② 제1항의 귀책사유 범위는 대통령령으로 정한다.

시행령 제24조(수급인의 귀책사유)

법 제44조 제2항에 따른 귀책사유 범위는 다음 각 호와 같다.

1. 정당한 사유 없이 도급계약에서 정한 도급 금액 지급일에 도급 금액을 지급하지 아니한 경우

2. 정당한 사유 없이 도급계약에서 정한 원자재 공급을 늦게 하거나 공급을 하지 아니한 경우

3. 정당한 사유 없이 도급계약의 조건을 이행하지 아니하여 하수급인이 도급사업을 정상적으로 수행하지 못한 경우

제44조의2 건설업에서의 임금 지급 연대책임

① 건설업에서 사업이 2차례 이상 「건설산업기본법」 제2조 제11호에 따른 도급(이하 "공사도급"이라 한다)이 이루어진 경우에 같은 법 제2조 제7호에 따른 건설사업자가 아닌 하수급인이 그가 사용한 근로자에게 임금(해당 건설공사에서 발생한 임금으로 한정한다)을 지급하지 못한 경우에는 그 직상 수급인은 하수급인과 연대하여 하수급인이 사용한 근로자의 임금을 지급할 책임을 진다.

② 제1항의 직상 수급인이 「건설산업기본법」 제2조 제7호에 따른 건설사업자가 아닌 때에는 그 상위 수급인 중에서 최하위의 같은 호에 따른 건설사업자를 직상 수급인으로 본다.

제44조의3 **건설업의 공사도급에 있어서의 임금에 관한 특례**

① 공사도급이 이루어진 경우로서 다음 각 호의 어느 하나에 해당하는 때에는 **직상 수급인**은 하수급인에게 지급하여야 하는 **하도급 대금 채무**의 부담 범위에서 그 하수급인이 사용한 근로자가 청구하면 하수급인이 지급하여야 하는 임금(해당 건설공사에서 발생한 임금으로 한정한다)에 해당하는 금액을 근로자에게 **직접 지급하여야** 한다.

  1. 직상 수급인이 하수급인을 대신하여 하수급인이 사용한 근로자에게 지급하여야 하는 임금을 직접 지급할 수 있다는 뜻과 그 지급방법 및 절차에 관하여 직상 수급인과 하수급인이 **합의**한 경우

  2. 「민사집행법」 제56조 제3호에 따른 확정된 **지급명령**, 하수급인의 근로자에게 하수급인에 대하여 임금채권이 있음을 증명하는 같은 법 제56조 제4호에 따른 **집행증서**, 「소액사건심판법」 제5조의7에 따라 확정된 **이행권고결정**, 그 밖에 **이에 준하는 집행권원**이 있는 경우

  3. 하수급인이 그가 사용한 근로자에 대하여 지급하여야 할 임금채무가 있음을 **직상 수급인**에게 알려주고, 직상 수급인이 파산 등의 사유로 하수급인이 임금을 지급할 수 없는 명백한 사유가 있다고 **인정**하는 경우

② 「건설산업기본법」 제2조 제10호에 따른 발주자의 수급인(이하 "원수급인"이라 한다)으로부터 공사도급이 2차례 이상 이루어진 경우로서 하수급인(도급받은 하수급인으로부터 재하도급 받은 하수급인을 포함한다. 이하 이 항에서 같다)이 사용한 근로자에게 그 하수급인에 대한 제1항 제2호에 따른 **집행권원**이 있는 경우에는 근로자는 하수급인이 지급하여야 하는 임금(해당 건설공사에서 발생한 임금으로 한정한다)에 해당하는 금액을 원수급인에게 직접 지급할 것을 요구할 수 있다. 원수급인은 근로자가 자신에 대하여 「민법」 제404조에 따른 **채권자대위권을 행사할 수 있는 금액의 범위**에서 이에 따라야 한다.

③ 직상 수급인 또는 원수급인이 제1항 및 제2항에 따라 하수급인이 사용한 근로자에게 임금에 해당하는 금액을 지급한 경우에는 하수급인에 대한 **하도급 대금 채무**는 그 범위에서 **소멸**한 것으로 본다.

제45조 **비상시 지급**

사용자는 근로자가 **출산**, **질병**, **재해**, 그 밖에 대통령령으로 정하는 **비상**한 경우의 비용에 충당하기 위하여 임금 지급을 청구하면 **지급기일 전이라도** 이미 제공한 근로에 대한 임금을 지급하여야 한다.

> 사용자는 근로자가 출산, 질병, 재해, 그 밖에 대통령령으로 정하는 비상(非常)한 경우의 비용에 충당하기 위하여 임금 지급을 청구하면 지급기일 전이라도 이미 제공한 근로에 대한 임금을 지급하여야 한다. (O) **기출** 16

시행령 제25조(지급기일 전의 임금 지급)

법 제45조에서 "그 밖에 대통령령으로 정한 **비상(非常)**한 경우"란 근로자나 그의 수입으로 생계를 유지하는 자가 다음 각 호의 어느 하나에 해당하게 되는 경우를 말한다.

    1. **출산**하거나 **질병**에 걸리거나 **재해**를 당한 경우
    2. **혼인** 또는 **사망**한 경우
    3. 부득이한 사유로 **1주 이상 귀향**하게 되는 경우

> 사용자는 근로자가 혼인한 경우의 비용에 충당하기 위하여 임금지급을 청구하면 지급기일 전이라도 이미 제공한 근로에 대한 임금을 지급하여야 한다. (O) 기출 17·21

제46조   **휴업수당**

① **사용자의 귀책사유**로 휴업하는 경우에 사용자는 휴업기간 동안 그 근로자에게 **평균임금의 100분의 70 이상**의 수당을 지급하여야 한다. 다만, **평균임금의 100분의 70**에 해당하는 금액이 통상임금을 **초과**하는 경우에는 **통상임금**을 휴업수당으로 지급할 수 있다.

② 제1항에도 불구하고 부득이한 사유로 사업을 계속하는 것이 불가능하여 **노동위원회**의 **승인**을 받은 경우에는 제1항의 기준에 못 미치는 휴업수당을 지급할 수 있다.

> 사용자 A의 휴업에 귀책사유가 있어 평균임금의 100분의 80에 해당하는 금액을 휴업수당으로 지급한 경우, 근로기준법에 위반하지 아니한다. (O) 기출 20
>
> 사용자 C의 휴업에 귀책사유가 있는데 평균임금의 100분의 70에 해당하는 금액이 통상임금을 초과하므로 통상임금을 휴업수당으로 지급한 경우, 근로기준법에 위반하지 아니한다. (O) 기출 20

시행령 제26조(휴업수당의 산출)

사용자의 귀책사유로 휴업한 기간 중에 근로자가 임금의 **일부**를 **지급**받은 경우에는 사용자는 법 제46조 제1항 본문에 따라 그 근로자에게 평균임금에서 그 지급받은 임금을 뺀 금액을 계산하여 그 금액의 100분의 70 이상에 해당하는 수당을 지급하여야 한다. 다만, 법 제46조 제1항 단서에 따라 통상임금을 휴업수당으로 지급하는 경우에는 통상임금에서 휴업한 기간 중에 **지급받은 임금**을 뺀 금액을 지급하여야 한다.

제47조   **도급 근로자**

사용자는 도급이나 그 밖에 이에 준하는 제도로 사용하는 근로자에게 **근로시간에 따라** 일정액의 임금을 보장하여야 한다.

> 사용자는 도급이나 그 밖에 이에 준하는 제도로 사용하는 근로자에게 근로시간에 따라 일정액의 임금을 보장하여야 한다. (O) 기출 14·16

제48조 **임금대장 및 임금명세서**

① 사용자는 **각 사업장별로** 임금대장을 작성하고 임금과 가족수당 계산의 기초가 되는 사항, 임금액, 그 밖에 대통령령으로 정하는 사항을 임금을 **지급할 때마다** 적어야 한다.

② 사용자는 임금을 지급하는 때에는 근로자에게 임금의 구성항목·계산방법, 제43조 제1항 단서에 따라 임금의 일부를 공제한 경우의 내역 등 대통령령으로 정하는 사항을 적은 **임금명세서를 서면**(「전자문서 및 전자거래 기본법」 제2조 제1호에 따른 **전자문서를 포함**한다)으로 교부하여야 한다.

> 사용자는 각 사업장별로 임금대장을 작성하고 임금과 가족수당 계산의 기초가 되는 사항, 임금액, 그 밖에 대통령령으로 정하는 사항을 임금을 지급할 때마다 적어야 한다.　　(O) `기출` 14 · 16

시행령 제27조(임금대장의 기재사항)

① 사용자는 법 제48조 제1항에 따른 임금대장에 다음 각 호의 사항을 **근로자 개인별로** 적어야 한다.
  1. 성명
  2. 생년월일, 사원번호 등 근로자를 특정할 수 있는 정보
  3. **고용 연월일**
  4. **종사하는 업무**
  5. **임금 및 가족수당의 계산기초가 되는 사항**
  6. 근로일수
  7. **근로시간수**
  8. 연장근로, 야간근로 또는 휴일근로를 시킨 경우에는 **그 시간수**
  9. 기본급, 수당, 그 밖의 임금의 내역별 금액(통화 외의 것으로 지급된 임금이 있는 경우에는 그 품명 및 수량과 평가총액)
  10. 법 제43조 제1항 단서에 따라 임금의 일부를 공제한 경우에는 그 금액

② 사용기간이 **30일 미만**인 일용근로자에 대해서는 **제1항 제2호 및 제5호**의 사항을 적지 않을 수 있다.

③ 다음 각 호의 어느 하나에 해당하는 근로자에 대하여는 **제1항 제7호 및 제8호**의 사항을 적지 않을 수 있다.
  1. 법 제11조 제2항에 따른 **상시 4명** 이하의 근로자를 사용하는 사업 또는 사업장의 근로자
  2. 법 제63조 **각 호의 어느 하나에 해당하는 근로자**

시행령 제27조의2(임금명세서의 기재사항)

사용자는 법 제48조 제2항에 따른 임금명세서에 다음 각 호의 사항을 적어야 한다.

1. 근로자의 성명, 생년월일, 사원번호 등 근로자를 특정할 수 있는 정보
2. **임금지급일**
3. **임금 총액**
4. 기본급, 각종 수당, 상여금, 성과금, 그 밖의 임금의 구성항목별 금액(통화 이외의 것으로 지급된 임금이 있는 경우에는 그 품명 및 수량과 평가총액을 말한다)
5. 임금의 구성항목별 금액이 출근일수·시간 등에 따라 달라지는 경우에는 임금의 구성항목별 금액의 계산방법(연장근로, 야간근로 또는 휴일근로의 경우에는 그 시간 수를 포함한다)
6. 법 제43조 제1항 단서에 따라 임금의 일부를 공제한 경우에는 임금의 공제 항목별 금액과 총액 등 공제내역

> 임금 총액, 임금지급일, 고용 연월일과 종사하는 업무는 근로기준법령상 임금명세서의 기재사항으로 명시되어 있다. (×) 기출 22

제49조 **임금의 시효**

이 법에 따른 임금채권은 <u>3년간</u> 행사하지 아니하면 시효로 소멸한다.

> 근로기준법에 따른 임금채권은 3년간 행사하지 아니하면 시효로 소멸한다. (○) 기출 14

│제4장│ **근로시간과 휴식**

제50조 **근로시간**

① <u>1주간</u>의 근로시간은 휴게시간을 제외하고 <u>40시간</u>을 초과할 수 없다.
② <u>1일</u>의 근로시간은 휴게시간을 제외하고 <u>8시간</u>을 초과할 수 없다.
③ 제1항 및 제2항에 따라 근로시간을 산정하는 경우 작업을 위하여 근로자가 사용자의 지휘·감독 아래에 있는 <u>대기시간</u> 등은 근로시간으로 본다.

> 근로시간을 산정하는 경우 작업을 위하여 근로자가 사용자의 지휘·감독 아래에 있는 대기시간 등은 근로시간으로 본다. (○) 기출 13·16·18

제51조 3개월 이내의 탄력적 근로시간제

① 사용자는 **취업규칙**(취업규칙에 준하는 것을 포함한다)에서 정하는 바에 따라 **2주 이내**의 일정한 단위기간을 평균하여 **1주간**의 근로시간이 제50조 제1항의 근로시간을 초과하지 아니하는 범위에서 특정한 주에 제50조 제1항의 근로시간을, 특정한 날에 제50조 제2항의 근로시간을 초과하여 근로하게 할 수 있다. 다만, 특정한 주의 근로시간은 48시간을 초과할 수 없다.

② 사용자는 **근로자대표와의 서면 합의**에 따라 다음 각 호의 사항을 정하면 **3개월 이내**의 단위기간을 평균하여 **1주간**의 근로시간이 제50조 제1항의 근로시간을 초과하지 아니하는 범위에서 특정한 주에 제50조 제1항의 근로시간을, 특정한 날에 제50조 제2항의 근로시간을 초과하여 근로하게 할 수 있다. 다만, 특정한 주의 근로시간은 **52시간**을, 특정한 날의 근로시간은 **12시간**을 초과할 수 없다.
   1. 대상 근로자의 범위
   2. 단위기간(**3개월 이내**의 일정한 기간으로 정하여야 한다)
   3. 단위기간의 근로일과 그 근로일별 근로시간
   4. 그 밖에 대통령령으로 정하는 사항

③ 제1항과 제2항은 **15세 이상 18세 미만**의 근로자와 **임신** 중인 여성근로자에 대하여는 적용하지 아니한다.

④ 사용자는 제1항 및 제2항에 따라 근로자를 근로시킬 경우에는 기존의 임금 수준이 낮아지지 아니하도록 **임금보전방안**을 강구하여야 한다.

사용자가 2주 이내의 탄력적 근로시간제를 시행하려면 근로자대표와 서면 합의에 의해 미리 정하여야 한다. (✕) 기출 17

2주 이내의 탄력적 근로시간제를 실시하는 경우 특정한 날의 근로시간은 명시규정에 의하여 12시간으로 제한된다. (✕) 기출 17

사용자는 근로자대표와의 서면합의에 따라 다음 각 호의 사항을 정하면 3개월 이내의 단위기간을 평균하여 1주간의 근로시간이 제50조 제1항의 근로시간을 초과하지 아니하는 범위에서 특정한 주에 제50조 제1항의 근로시간을, 특정한 날에 제50조 제2항의 근로시간을 초과하여 근로하게 할 수 있다. 다만, 특정한 주의 근로시간은 52시간을, 특정한 날의 근로시간은 12시간을 초과할 수 없다. (○) 기출 21

3개월 이내 탄력적 근로시간제에서 특정한 주의 근로시간의 한도는 56시간이다. (✕) 기출 17

3개월 이내의 탄력적 근로시간제는 15세 이상 18세 미만의 근로자에 대하여는 적용하지 아니한다. (○) 기출 18 · 23

임신 중인 여성근로자에 대하여는 탄력적 근로시간제를 적용하지 아니한다. (○) 기출 20

3개월 이내의 탄력적 근로시간제에 따라 근로자를 근로시킬 경우에는 근로일 종료 후 다음 근로일 개시 전까지 근로자에게 연속하여 11시간 이상의 휴식 시간을 주어야 한다. (✕) 기출 23

3개월 이내의 탄력적 근로시간제에 따라 근로자를 근로시킬 경우에는 기존의 임금수준이 낮아지지 않도록 임금보전방안을 강구하여 고용노동부장관에게 신고하여야 한다. (✕) 기출 23

시행령 제28조(3개월 이내의 탄력적 근로시간제에 관한 합의사항 등)

① 법 제51조 제2항 제4호에서 "그 밖에 대통령령으로 정하는 사항"이란 **서면 합의의 유효기간**을 말한다.

② **고용노동부장관**은 법 제51조 제4항에 따른 임금보전방안(賃金補塡方案)을 강구하게 하기 위해 필요한 경우에는 사용자에게 그 임금보전방안의 내용을 **제출**하도록 명하거나 **직접 확인할** 수 있다.

제51조의2　3개월을 초과하는 탄력적 근로시간제

① 사용자는 근로자대표와의 **서면 합의**에 따라 다음 각 호의 사항을 정하면 **3개월을 초과하고 6개월 이내**의 단위기간을 평균하여 1주간의 근로시간이 제50조 제1항의 근로시간을 초과하지 아니하는 범위에서 특정한 주에 제50조 제1항의 근로시간을, 특정한 날에 제50조 제2항의 근로시간을 초과하여 근로하게 할 수 있다. 다만, 특정한 주의 근로시간은 **52시간**을, 특정한 날의 근로시간은 **12시간**을 초과할 수 없다.

1. **대상 근로자의 범위**
2. **단위기간(3개월을 초과하고 6개월 이내**의 일정한 기간으로 정하여야 한다)
3. **단위기간의 주별 근로시간**
4. 그 밖에 대통령령으로 정하는 사항

② 사용자는 제1항에 따라 근로자를 근로시킬 경우에는 근로일 종료 후 다음 근로일 개시 전까지 근로자에게 **연속하여 11시간 이상**의 휴식 시간을 주어야 한다. 다만, 천재지변 등 대통령령으로 정하는 불가피한 경우에는 근로자대표와의 **서면 합의**가 있으면 이에 따른다.

③ 사용자는 제1항 제3호에 따른 각 주의 근로일이 시작되기 **2주 전까지** 근로자에게 해당 주의 근로일별 근로시간을 통보하여야 한다.

④ 사용자는 제1항에 따른 근로자대표와의 서면 합의 당시에는 예측하지 못한 **천재지변, 기계 고장, 업무량 급증 등 불가피한 사유가 발생한 때**에는 제1항 제2호에 따른 단위기간 내에서 평균하여 1주간의 근로시간이 유지되는 범위에서 근로자대표와의 협의를 거쳐 **제1항 제3호의 사항을 변경할 수 있다.** 이 경우 해당 근로자에게 변경된 근로일이 개시되기 전에 변경된 근로일별 근로시간을 **통보하여야** 한다.

⑤ 사용자는 제1항에 따라 근로자를 근로시킬 경우에는 기존의 임금 수준이 낮아지지 아니하도록 임금항목을 조정 또는 신설하거나 가산임금 지급 등의 **임금보전방안**(賃金補塡方案)을 마련하여 고용노동부장관에게 **신고하여야** 한다. 다만, 근로자대표와의 **서면 합의**로 임금보전방안을 마련한 경우에는 그러하지 아니하다.

⑥ 제1항부터 제5항까지의 규정은 **15세 이상 18세 미만**의 근로자와 **임신** 중인 여성근로자에 대해서는 적용하지 아니한다.

> 3개월을 초과하는 탄력적 근로시간제에 있어 업무량 급증의 불가피한 사유가 발생한 때에는 근로자대표와의 합의를 거쳐 단위기간의 주별 근로시간을 변경해야 한다. (×) 기출 23

시행령 제28조의2(3개월을 초과하는 탄력적 근로시간제에 관한 합의사항 등)

① 법 제51조의2 제1항 제4호에서 "그 밖에 대통령령으로 정하는 사항"이란 서면 합의의 유효기간을 말한다.

② 법 제51조의2 제2항 단서에서 "천재지변 등 대통령령으로 정하는 불가피한 경우"란 다음 각 호의 어느 하나에 해당하는 경우를 말한다.

  1. 「재난 및 안전관리 기본법」에 따른 재난 또는 이에 준하는 사고가 발생하여 이를 수습하거나 재난 등의 발생이 예상되어 이를 예방하기 위해 긴급한 조치가 필요한 경우

  2. 사람의 생명을 보호하거나 안전을 확보하기 위해 긴급한 조치가 필요한 경우

  3. 그 밖에 제1호 및 제2호에 준하는 사유로 법 제51조의2 제2항 본문에 따른 휴식 시간을 주는 것이 어렵다고 인정되는 경우

> 단위기간의 일별 근로시간은 3개월을 초과하는 탄력적 근로시간제에 관한 규정에 따라 사용자와 근로자대표가 서면 합의로 정하는 사항에 해당한다. (×) 기출 22

제51조의3   **근로한 기간이 단위기간보다 짧은 경우의 임금 정산**

사용자는 제51조 및 제51조의2에 따른 단위기간 중 근로자가 근로한 기간이 그 단위기간보다 짧은 경우에는 그 단위기간 중 해당 근로자가 근로한 기간을 평균하여 1주간에 40시간을 초과하여 근로한 시간 전부에 대하여 제56조 제1항에 따른 가산임금을 지급하여야 한다.

> 사용자는 제51조 및 제51조의2에 따른 단위기간 중 근로자가 근로한 기간이 그 단위기간보다 짧은 경우에는 그 단위기간 중 해당 근로자가 근로한 기간을 평균하여 1주간에 40시간을 초과하여 근로한 시간 전부에 대하여 제56조 제1항에 따른 가산임금을 지급하여야 한다. (○) 기출 24

제52조   **선택적 근로시간제**

① 사용자는 취업규칙(취업규칙에 준하는 것을 포함한다)에 따라 업무의 시작 및 종료 시각을 근로자의 결정에 맡기기로 한 근로자에 대하여 근로자대표와의 서면 합의에 따라 다음 각 호의 사항을 정하면 1개월(신상품 또는 신기술의 연구개발 업무의 경우에는 3개월로 한다) 이내의 정산기간을 평균하여 1주간의 근로시간이 제50조 제1항의 근로시간을 초과하지 아니하는 범위에서 1주간에 제50조 제1항의 근로시간을, 1일에 제50조 제2항의 근로시간을 초과하여 근로하게 할 수 있다.

  1. 대상 근로자의 범위(15세 이상 18세 미만의 근로자는 제외한다)

  2. 정산기간

  3. 정산기간의 총근로시간

  4. 반드시 근로하여야 할 시간대를 정하는 경우에는 그 시작 및 종료 시각

  5. 근로자가 그의 결정에 따라 근로할 수 있는 시간대를 정하는 경우에는 그 시작 및 종료 시각

  6. 그 밖에 대통령령으로 정하는 사항

② 사용자는 제1항에 따라 1개월을 초과하는 정산기간을 정하는 경우에는 다음 각 호의 조치를 하여야 한다.

1. 근로일 종료 후 다음 근로일 시작 전까지 근로자에게 **연속하여 11시간** 이상의 휴식 시간을 줄 것. 다만, 천재지변 등 대통령령으로 정하는 불가피한 경우에는 **근로자대표**와의 **서면 합의**가 있으면 이에 따른다.
2. 매 1개월마다 평균하여 1주간의 근로시간이 제50조 제1항의 근로시간을 초과한 시간에 대해서는 **통상임금의 100분의 50 이상**을 가산하여 근로자에게 지급할 것. 이 경우 제56조 제1항은 적용하지 아니한다.

선택적 근로시간제의 정산기간은 3개월 이내의 일정한 기간으로 정하여야 한다. (×) **기출** 20

18세 이상의 임신 중인 여성근로자에 대하여는 선택적 근로시간제를 적용할 수 있다.
(○) **기출** 17

근로기준법 제52조(선택적 근로시간제)는 임신 중인 여성근로자에 대하여는 적용하지 아니한다.
(×) **기출** 14

선택적 근로시간제를 시행하려는 사용자는 근로자대표와 서면 합의를 하여야 한다.
(○) **기출** 18

시행령 제29조(선택적 근로시간제에 관한 합의사항 등)
① 법 제52조 제1항 제6호에서 "그 밖에 대통령령으로 정하는 사항"이란 **표준근로시간**(유급휴가 등의 계산 기준으로 사용자와 근로자대표가 합의하여 정한 1일의 근로시간을 말한다)을 말한다.
② 법 제52조 제2항 제1호 단서에서 "천재지변 등 대통령령으로 정하는 불가피한 경우"란 다음 각 호의 어느 하나에 해당하는 경우를 말한다.
1. 제28조의2 제2항 제1호 또는 제2호에 해당하는 경우
2. 그 밖에 제1호에 준하는 사유로 법 제52조 제2항 제1호 본문에 따른 휴식 시간을 주는 것이 어렵다고 인정되는 경우

제53조 연장 근로의 제한

① 당사자 간에 합의하면 **1주간에 12시간**을 한도로 제50조의 근로시간을 연장할 수 있다.
② 당사자 간에 합의하면 **1주간에 12시간**을 한도로 제51조 및 제51조의2의 근로시간을 연장할 수 있고, 제52조 제1항 제2호의 정산기간을 평균하여 **1주간에 12시간**을 초과하지 아니하는 범위에서 제52조 제1항의 근로시간을 연장할 수 있다.
③ **상시 30명 미만**의 근로자를 사용하는 사용자는 다음 각 호에 대하여 **근로자대표와 서면으로 합의**한 경우 제1항 또는 제2항에 따라 연장된 근로시간에 더하여 **1주간에 8시간**을 초과하지 아니하는 범위에서 근로시간을 연장할 수 있다.
1. 제1항 또는 제2항에 따라 연장된 근로시간을 초과할 필요가 있는 사유 및 그 기간
2. 대상 근로자의 범위
④ 사용자는 특별한 사정이 있으면 **고용노동부장관의 인가**와 **근로자의 동의**를 받아 제1항과 제2항의 근로시간을 연장할 수 있다. 다만, 사태가 급박하여 고용노동부장관의 인가를 받을 시간이 없는 경우에는 **사후에 지체 없이 승인**을 받아야 한다.
⑤ 고용노동부장관은 제4항에 따른 근로시간의 연장이 부적당하다고 인정하면 그 후 연장 시간에 상당하는 휴게시간이나 **휴일**을 줄 것을 명할 수 있다.
⑥ 제3항은 **15세 이상 18세 미만**의 근로자에 대하여는 적용하지 아니한다.

⑦ 사용자는 제4항에 따라 연장 근로를 하는 근로자의 건강 보호를 위하여 **건강검진 실시** 또는 **휴식시간 부여** 등 고용노동부장관이 정하는 바에 따라 적절한 조치를 하여야 한다.

> 당사자 간에 합의하면 1주간에 12시간을 한도로 제50조의 근로시간을 연장할 수 있다.
> (O) 기출 20
>
> 탄력적 근로시간제를 채택한 경우에 당사자 간에 합의하면 1주간에 12시간을 한도로 근로시간을 연장할 수 있다. (O) 기출 13
>
> 근로기준법상 사용자가 특별한 사정이 있어 1주 12시간의 연장근로의 한도를 초과하여 근로시간을 연장하고자 할 경우에 근로자의 동의와 고용노동부장관의 인가가 모두 필요하다. (O) 기출 15

[법률 제15513호(2018.3.20.) 부칙 제2조의 규정에 의하여 이 조 제3항 및 제6항은 2022년 12월 31일까지 유효함]

근기법 부칙 <법률 제15513호. 2018.3.20>

제2조(유효기간 등)

제53조 제3항 및 제6항의 개정규정은 2022년 12월 31일까지 효력을 가진다.

시행규칙 제9조(특별한 사정이 있는 경우의 근로시간 연장 신청 등)

① 법 제53조 제4항 본문에서 **"특별한 사정"**이란 다음 각 호의 어느 하나에 해당하는 경우를 말한다.
  1. 「재난 및 안전관리 기본법」에 따른 재난 또는 이에 준하는 사고가 발생하여 이를 수습하거나 재난 등의 발생이 예상되어 이를 예방하기 위해 긴급한 조치가 필요한 경우
  2. 사람의 생명을 보호하거나 안전을 확보하기 위해 긴급한 조치가 필요한 경우
  3. 갑작스런 시설·설비의 장애·고장 등 돌발적인 상황이 발생하여 이를 수습하기 위해 긴급한 조치가 필요한 경우
  4. 통상적인 경우에 비해 업무량이 대폭적으로 증가한 경우로서 이를 단기간 내에 처리하지 않으면 사업에 중대한 지장을 초래하거나 손해가 발생하는 경우
  5. 「소재·부품·장비산업 경쟁력 강화 및 공급망 안정화를 위한 특별조치법」 제2조 제1호 및 제2호에 따른 소재·부품 및 장비의 연구개발 등 연구개발을 하는 경우로서 고용노동부장관이 국가경쟁력 강화 및 국민경제 발전을 위해 필요하다고 인정하는 경우
② 사용자는 법 제53조 제4항에 따라 근로시간을 연장하려는 경우와 연장한 경우에는 별지 제5호서식의 근로시간 연장 인가 또는 승인 신청서에 근로자의 동의서 사본 및 근로시간 연장의 특별한 사정이 있음을 증명할 수 있는 서류 사본을 첨부하여 관할 지방고용노동관서의 장에게 제출해야 한다.
③ 관할 지방고용노동관서의 장은 제2항에 따른 근로시간 연장 인가 또는 승인 신청을 받은 날부터 3일 이내에 신청을 반려하거나 별지 제6호서식의 근로시간 연장 인가서 또는 승인서를 신청인에게 내주어야 한다. 다만, 부득이한 사유로 본문의 처리기간을 준수하지 못하는 경우에는 신청인에게 그 사유와 예상되는 처리기간을 알려주고 처리기간을 연장할 수 있다.
④ 관할 지방고용노동관서의 장은 제3항에 따라 근로시간 연장 인가 또는 승인을 하는 경우, 근로시간을 연장할 수 있는 기간은 특별한 사정에 대처하기 위하여 필요한 최소한으로 한다.

제54조   휴 게

① 사용자는 근로시간이 **4시간**인 경우에는 **30분 이상**, **8시간**인 경우에는 **1시간 이상**의 휴게시간을 근로시간 **도중에** 주어야 한다.
② 휴게시간은 근로자가 자유롭게 이용할 수 있다.

> 사용자는 근로시간이 4시간인 경우에는 30분 이상의 휴게시간을 근로시간 도중에 주어야 한다.
> (○) **기출** 24
>
> 사용자는 모든 근로자에게 근로시간이 8시간인 경우에는 30분의 휴게시간을 근로시간 도중에 주어야 한다.
> (×) **기출** 22
>
> 사용자는 근로시간이 8시간인 경우에는 1시간 이상의 휴게시간을 근로시간 도중에 주어야 한다.
> (○) **기출** 13
>
> 휴게시간은 근로자가 자유롭게 이용할 수 있다.
> (○) **기출** 13

제55조   휴 일

① 사용자는 근로자에게 **1주에 평균 1회** 이상의 유급휴일을 보장하여야 한다.
② 사용자는 근로자에게 대통령령으로 정하는 휴일을 **유급**으로 보장하여야 한다. 다만, 근로자대표와 **서면**으로 합의한 경우 특정한 근로일로 **대체**할 수 있다.

> 사용자는 근로자에게 1주에 평균 1회 이상의 유급휴일을 보장하여야 한다.   (○) **기출** 24
>
> 사용자는 근로자에게 매월 평균 1회 이상의 유급휴일을 보장해야 한다.   (×) **기출** 22
>
> 사용자는 근로자에게 대통령령으로 정하는 휴일을 유급으로 보장하여야 하므로 근로자대표와 서면 합의를 하였더라도 특정한 근로일로 대체할 수 없다.   (×) **기출** 22
>
> 사용자는 근로자에게 1주에 평균 1회 이상의 유급휴일을 일요일에 부여하여야 한다.
> (×) **기출** 17

[시행일] 제55조 제2항의 개정규정은 다음 각 호의 구분에 따른 날부터 시행한다.

1. **상시 300명** 이상의 근로자를 사용하는 사업 또는 사업장, 「공공기관의 운영에 관한 법률」 제4조에 따른 공공기관, 「지방공기업법」 제49조 및 같은 법 제76조에 따른 지방공사 및 지방공단, 국가·지방자치단체 또는 정부투자기관이 자본금의 **2분의 1** 이상을 출자하거나 기본재산의 **2분의 1** 이상을 출연한 기관·단체와 그 기관·단체가 자본금의 **2분의 1** 이상을 출자하거나 기본재산의 **2분의 1** 이상을 출연한 기관·단체, 국가 및 지방자치단체의 기관 : 2020년 1월 1일
2. **상시 30명 이상 300명** 미만의 근로자를 사용하는 사업 또는 사업장 : 2021년 1월 1일
3. **상시 5인 이상 30명** 미만의 근로자를 사용하는 사업 또는 사업장 : 2022년 1월 1일

제56조   연장 · 야간 및 휴일 근로

① 사용자는 연장근로(제53조·제59조 및 제69조 단서에 따라 연장된 시간의 근로를 말한다)에 대하여는 통상임금의 100분의 50 이상을 가산하여 근로자에게 지급하여야 한다.
② 제1항에도 불구하고 사용자는 휴일근로에 대하여는 다음 각 호의 기준에 따른 금액 이상을 가산하여 근로자에게 지급하여야 한다.
  1. 8시간 이내의 휴일근로 : 통상임금의 100분의 50
  2. 8시간을 초과한 휴일근로 : 통상임금의 100분의 100
③ 사용자는 야간근로(오후 10시부터 다음 날 오전 6시 사이의 근로를 말한다)에 대하여는 통상임금의 100분의 50 이상을 가산하여 근로자에게 지급하여야 한다.

사용자는 8시간을 초과한 휴일근로에 대하여는 통상임금의 100분의 50 이상을 가산하여 근로자에게 지급하여야 한다.
(X) 기출 24

사용자는 8시간을 초과한 연장근로에 대하여는 통상임금의 100분의 100 이상을 가산하여 지급하여야 한다.
(X) 기출 22

사용자는 8시간 이내의 휴일근로는 통상임금의 100분의 50을, 8시간을 초과한 휴일근로는 통상임금의 100분의 100을 지급해야 한다.
(O) 기출 18

사용자는 연장근로에 대하여는 평균임금의 100분의 50 이상을 가산하여 근로자에게 지급하여야 한다.
(X) 기출 17·24

사용자는 야간근로에 대하여는 통상임금의 100분의 50 이상을 가산하여 근로자에게 지급하여야 한다.
(O) 기출 20·24

야간근로는 오후 10시부터 오전 6시까지 사이의 근로를 말한다.
(O) 기출 16

야간근로란 자정부터 오전 6시까지 사이의 근로를 말한다.
(X) 기출 13

제57조 　보상 휴가제

사용자는 근로자대표와의 <u>서면 합의</u>에 따라 제51조의3, 제52조 제2항 제2호 및 제56조에 따른 연장근로·야간근로 및 휴일근로 등에 대하여 임금을 지급하는 것을 <u>갈음하여 휴가를 줄 수 있다.</u>

> 사용자는 근로자대표와의 서면 합의에 따라 야간근로에 대하여 임금을 지급하는 것을 갈음하여 휴가를 줄 수 있다. (○) **기출** 22·24
>
> 사용자는 근로자의 동의와 고용노동부장관의 승인을 받아 연장근로에 대하여 임금을 지급하는 대신에 휴가를 줄 수 있다. (✕) **기출** 17
>
> 사용자는 취업규칙이 정하는 바에 따라 연장근로에 대하여 임금을 지급하는 것을 갈음하여 휴가를 줄 수 있다. (✕) **기출** 14·18

제58조 　근로시간 계산의 특례

① 근로자가 출장이나 그 밖의 사유로 근로시간의 전부 또는 일부를 사업장 밖에서 근로하여 근로시간을 산정하기 어려운 경우에는 <u>소정근로시간</u>을 근로한 것으로 본다. 다만, 그 업무를 수행하기 위하여 통상적으로 소정근로시간을 초과하여 근로할 필요가 있는 경우에는 그 업무의 수행에 <u>통상 필요한 시간</u>을 근로한 것으로 본다.

② 제1항 단서에도 불구하고 그 업무에 관하여 근로자대표와의 <u>서면 합의</u>를 한 경우에는 그 <u>합의에서 정하는 시간</u>을 그 업무의 수행에 통상 필요한 시간으로 본다.

③ 업무의 성질에 비추어 업무 수행 방법을 근로자의 재량에 <u>위임</u>할 필요가 있는 업무로서 대통령령으로 정하는 업무는 사용자가 근로자대표와 <u>서면 합의</u>로 정한 시간을 근로한 것으로 본다. 이 경우 그 서면 합의에는 다음 각 호의 사항을 명시하여야 한다.

　1. 대상 업무

　2. 사용자가 업무의 수행 수단 및 시간 배분 등에 관하여 근로자에게 구체적인 지시를 하지 아니한다는 내용

　3. 근로시간의 산정은 그 서면 합의로 정하는 바에 따른다는 내용

④ 제1항과 제3항의 시행에 필요한 사항은 대통령령으로 정한다.

> 재량근로의 대상업무는 사용자가 근로자대표와 서면 합의로 정한 시간을 근로한 것으로 본다. (○) **기출** 20

시행령 제31조(재량근로의 대상업무)

법 제58조 제3항 전단에서 "대통령령으로 정하는 업무"란 다음 각 호의 어느 하나에 해당하는 업무를 말한다.

1. 신상품 또는 신기술의 연구개발이나 인문사회과학 또는 자연과학분야의 연구 업무
2. 정보처리시스템의 설계 또는 분석 업무
3. 신문, 방송 또는 출판 사업에서의 기사의 취재, 편성 또는 편집 업무
4. 의복·실내장식·공업제품·광고 등의 디자인 또는 고안 업무
5. 방송 프로그램·영화 등의 제작 사업에서의 프로듀서나 감독 업무
6. 그 밖에 고용노동부장관이 정하는 업무

기밀을 취급하는 업무는 근로기준법령상 재량근로의 대상업무에 해당하지 아니한다.
(O) 기출 14

보험업에서 영업업무는 근로기준법령상 재량근로의 대상업무에 해당하지 아니한다.
(O) 기출 13

정보처리시스템의 교육 업무는 근로기준법령상 재량근로의 대상업무로 명시되어 있다.
(X) 기출 22

사용자가 근로자대표와 서면 합의로 정한 시간을 근로한 것으로 보는 재량근로의 대상업무에 정보처리시스템의 설계업무는 해당하지 않는다.
(X) 기출 17

근로기준법령상 인문사회과학분야의 연구 업무, 의복의 디자인 업무, 영화 제작 사업에서의 프로듀서 업무는 재량근무의 대상업무로 명시되어 있다.
(O) 기출 22

제59조 **근로시간 및 휴게시간의 특례**

① 「통계법」 제22조 제1항에 따라 통계청장이 고시하는 산업에 관한 표준의 중분류 또는 소분류 중 다음 각 호의 어느 하나에 해당하는 사업에 대하여 사용자가 근로자대표와 **서면으로 합의**한 경우에는 제53조 제1항에 따른 **주 12시간**을 초과하여 **연장근로**를 하게 하거나 제54조에 따른 **휴게시간을 변경**할 수 있다.

1. 육상운송 및 파이프라인 운송업. 다만, 「여객자동차 운수사업법」 제3조 제1항 제1호에 따른 **노선 여객자동차운송사업**은 제외한다.
2. **수상운송업**
3. 항공운송업
4. 기타 운송관련 서비스업
5. 보건업

② 제1항의 경우 사용자는 근로일 종료 후 다음 근로일 개시 전까지 근로자에게 **연속하여 11시간** 이상의 휴식시간을 주어야 한다.

제60조 연차 유급휴가

① 사용자는 1년간 80퍼센트 이상 출근한 근로자에게 15일의 유급휴가를 주어야 한다.
② 사용자는 계속하여 근로한 기간이 1년 미만인 근로자 또는 1년간 80퍼센트 미만 출근한 근로자에게 1개월 개근 시 1일의 유급휴가를 주어야 한다.
③ 삭제 〈2017.11.28.〉
④ 사용자는 3년 이상 계속하여 근로한 근로자에게는 제1항에 따른 휴가에 최초 1년을 초과하는 계속 근로 연수 매 2년에 대하여 1일을 가산한 유급휴가를 주어야 한다. 이 경우 가산휴가를 포함한 총휴가일수는 25일을 한도로 한다.
⑤ 사용자는 제1항부터 제4항까지의 규정에 따른 휴가를 근로자가 청구한 시기에 주어야 하고, 그 기간에 대하여는 취업규칙 등에서 정하는 통상임금 또는 평균임금을 지급하여야 한다. 다만, 근로자가 청구한 시기에 휴가를 주는 것이 사업 운영에 막대한 지장이 있는 경우에는 그 시기를 변경할 수 있다.
⑥ 제1항 및 제2항을 적용하는 경우 다음 각 호의 어느 하나에 해당하는 기간은 출근한 것으로 본다.
   1. 근로자가 업무상의 부상 또는 질병으로 휴업한 기간
   2. 임신 중의 여성이 제74조 제1항부터 제3항까지의 규정에 따른 휴가로 휴업한 기간
   3. 「남녀고용평등과 일·가정 양립 지원에 관한 법률」 제19조 제1항에 따른 육아휴직으로 휴업한 기간
⑦ 제1항·제2항 및 제4항에 따른 휴가는 1년간(계속하여 근로한 기간이 1년 미만인 근로자의 제2항에 따른 유급휴가는 최초 1년의 근로가 끝날 때까지의 기간을 말한다) 행사하지 아니하면 소멸된다. 다만, 사용자의 귀책사유로 사용하지 못한 경우에는 그러하지 아니하다.

사용자는 1년간 80퍼센트 이상 출근한 근로자에게 10일의 유급휴가를 주어야 한다.
(×) **기출** 14

사용자는 계속하여 근로한 기간이 1년 미만인 근로자에게 1개월간 80퍼센트 이상 출근 시 1일의 유급휴가를 주어야 한다.
(×) **기출** 16

사용자는 계속하여 근로한 기간이 2년 미만인 근로자 또는 1년간 80퍼센트 미만 출근한 근로자에게 1개월 개근 시 1일의 유급휴가를 주어야 한다.
(×) **기출** 14

사용자는 1년간 80퍼센트 미만 출근한 근로자에게 1개월 개근 시 1일의 유급휴가를 주어야 한다.
(○) **기출** 13 · 22 · 23

사용자가 근로자에게 주어야 하는 연차 유급휴가의 총 휴가 일수는 가산휴가를 포함하여 25일을 한도로 한다.
(○) **기출** 22

연차 유급휴가 일수의 산정 시 근로자가 업무상의 질병으로 휴업한 기간은 출근한 것으로 보지 않는다.
(×) **기출** 22

근로자가 업무상 재해 등의 사정으로 말미암아 연차휴가를 사용할 해당 연도에 전혀 출근하지 못한 경우라 하더라도 이미 부여받은 연차휴가를 사용하지 않은 데 따른 연차휴가수당은 청구할 수 있다.
(○) **기출** 23

근로자가 업무상 재해로 휴업한 기간은 소정근로일수와 출근일수에 모두 제외시켜 출근율을 계산하여야 한다.
(×) **기출** 23

시행령 제33조(휴가수당의 지급일)

법 제60조 제5항에 따라 지급하여야 하는 임금은 유급휴가를 주기 전이나 준 직후의 임금지급일에 지급하여야 한다.

연차 휴가기간에 지급하여야 하는 임금은 유급휴가를 주기 전이나 준 직후의 임금지급일에 지급하여야 한다.
(○) **기출** 23

제61조 연차 유급휴가의 사용 촉진

① 사용자가 제60조 제1항·제2항 및 제4항에 따른 유급휴가(계속하여 근로한 기간이 1년 미만인 근로자의 제60조 제2항에 따른 유급휴가는 제외한다)의 사용을 촉진하기 위하여 다음 각 호의 조치를 하였음에도 불구하고 근로자가 휴가를 사용하지 아니하여 제60조 제7항 본문에 따라 소멸된 경우에는 사용자는 그 사용하지 아니한 휴가에 대하여 보상할 의무가 없고, 제60조 제7항 단서에 따른 사용자의 귀책사유에 해당하지 아니하는 것으로 본다.

1. 제60조 제7항 본문에 따른 기간이 끝나기 6개월 전을 기준으로 10일 이내에 사용자가 근로자별로 사용하지 아니한 휴가일수를 알려주고, 근로자가 그 사용 시기를 정하여 사용자에게 통보하도록 서면으로 촉구할 것
2. 제1호에 따른 촉구에도 불구하고 근로자가 촉구를 받은 때부터 10일 이내에 사용하지 아니한 휴가의 전부 또는 일부의 사용 시기를 정하여 사용자에게 통보하지 아니하면 제60조 제7항 본문에 따른 기간이 끝나기 2개월 전까지 사용자가 사용하지 아니한 휴가의 사용 시기를 정하여 근로자에게 서면으로 통보할 것

② 사용자가 계속하여 근로한 기간이 1년 미만인 근로자의 제60조 제2항에 따른 유급휴가의 사용을 촉진하기 위하여 다음 각 호의 조치를 하였음에도 불구하고 근로자가 휴가를 사용하지 아니하여 제60조 제7항 본문에 따라 소멸된 경우에는 사용자는 그 사용하지 아니한 휴가에 대하여 **보상할 의무**가 없고, 같은 항 단서에 따른 사용자의 **귀책사유**에 해당하지 아니하는 것으로 본다.

1. 최초 1년의 근로기간이 끝나기 3개월 전을 기준으로 10일 이내에 사용자가 근로자별로 사용하지 아니한 휴가일수를 알려주고, 근로자가 그 사용 시기를 정하여 사용자에게 통보하도록 서면으로 촉구할 것. 다만, 사용자가 서면 촉구한 후 발생한 휴가에 대해서는 최초 1년의 근로기간이 끝나기 1개월 전을 기준으로 5일 이내에 촉구하여야 한다.

2. 제1호에 따른 촉구에도 불구하고 근로자가 촉구를 받은 때부터 10일 이내에 사용하지 아니한 휴가의 전부 또는 일부의 사용 시기를 정하여 사용자에게 통보하지 아니하면 최초 1년의 근로기간이 끝나기 1개월 전까지 사용자가 사용하지 아니한 휴가의 사용 시기를 정하여 근로자에게 서면으로 통보할 것. 다만, 제1호 단서에 따라 촉구한 휴가에 대해서는 최초 1년의 근로기간이 끝나기 10일 전까지 서면으로 통보하여야 한다.

제62조 유급휴가의 대체

사용자는 근로자대표와의 서면 합의에 따라 제60조에 따른 연차 유급휴가일을 갈음하여 특정한 근로일에 근로자를 휴무시킬 수 있다.

> 사용자는 고용노동부장관의 승인을 받으면 법 제60조에 따른 연차 유급휴가일을 갈음하여 특정한 근로일에 근로자를 휴무시킬 수 있다. (×) 기출 14
>
> 사용자는 근로자대표와의 서면 합의에 따라 연차 유급휴가일을 갈음하여 특정한 근로일에 근로자를 휴무시킬 수 있다. (○) 기출 13 · 20 · 21 · 22 · 23

제63조 적용의 제외

이 장과 제5장에서 정한 **근로시간, 휴게와 휴일에 관한 규정**은 다음 각 호의 어느 하나에 해당하는 근로자에 대하여는 **적용하지 아니한다.**

1. 토지의 경작 · 개간, 식물의 식재 · 재배 · 채취 사업, 그 밖의 **농림 사업**
2. 동물의 사육, 수산 동식물의 채취 · 포획 · 양식 사업, 그 밖의 **축산, 양잠, 수산 사업**
3. **감시** 또는 **단속적**으로 근로에 종사하는 사람으로서 사용자가 **고용노동부장관의 승인**을 받은 사람
4. **대통령령**으로 정하는 업무에 종사하는 근로자

> 휴게(제54조)에 관한 규정은 감시(監視) 근로에 종사하는 사람으로서 사용자가 고용노동부장관의 승인을 받은 사람에 대하여는 적용하지 아니한다. (○) 기출 24
>
> 사용자가 근로자대표와 서면 합의를 한 경우 단속적(斷續的)으로 근로에 종사하는 사람에게는 휴일에 관한 규정을 적용하지 아니한다. (×) 기출 17
>
> 관리 · 감독업무에 종사하는 근로자에 대하여는 근로기준법 제4장과 제5장의 근로시간에 관한 규정을 적용하지 않는다. (○) 기출 13

제5장 │ 여성과 소년

제64조 최저 연령과 취직인허증

① 15세 미만인 사람(「초·중등교육법」에 따른 중학교에 재학 중인 18세 미만인 사람을
포함한다)은 근로자로 사용하지 못한다. 다만, 대통령령으로 정하는 기준에 따라 고용노
동부장관이 발급한 취직인허증을 지닌 사람은 근로자로 사용할 수 있다.

② 제1항의 취직인허증은 본인의 신청에 따라 의무교육에 지장이 없는 경우에는 직종을
지정하여서만 발행할 수 있다.

③ 고용노동부장관은 거짓이나 그 밖의 부정한 방법으로 제1항 단서의 취직인허증을 발급
받은 사람에게는 그 인허를 취소하여야 한다.

> 15세 미만인 사람이 고용노동부장관이 발급한 취직인허증을 지니고 있으면 근로자로 사용할 수 있다.
> (○) 기출 19
>
> 취직인허증은 본인의 신청에 따라 의무교육에 지장이 없는 경우에는 직종을 지정하여서만 발행할
> 수 있다. (○) 기출 14
>
> 고용노동부장관은 거짓이나 그 밖의 부정한 방법으로 취직인허증을 발급받은 사람에게는 그 인허를
> 취소하여야 한다. (○) 기출 14·21

시행령 제35조(취직인허증의 발급 등)

① 법 제64조에 따라 취직인허증을 받을 수 있는 자는 13세 이상 15세 미만인 자로 한다. 다만,
예술공연 참가를 위한 경우에는 13세 미만인 자도 취직인허증을 받을 수 있다.

② 제1항에 따른 취직인허증을 받으려는 자는 고용노동부령으로 정하는 바에 따라 고용노동부장관
에게 신청하여야 한다.

③ 제2항에 따른 신청은 학교장(의무교육 대상자와 재학 중인 자로 한정한다) 및 친권자 또는
후견인의 서명을 받아 사용자가 될 자와 연명(連名)으로 하여야 한다.

> 예술공연 참가를 위한 경우에는 13세 미만인 자도 취직인허증을 받을 수 있다.
> (○) 기출 14·20·21
>
> 의무교육 대상자가 취직인허증을 신청하는 경우 신청인은 사용자가 될 자의 취업확인서를 받아
> 친권자 또는 후견인과 연명으로 고용노동부장관에게 신청하여야 한다. (×) 기출 21
>
> 취직인허증을 받으려는 자가 의무교육 대상자로서 재학 중인 경우에는 학교장이 고용노동부장관
> 에게 신청하여야 한다. (×) 기출 14

시행령 제36조(취직인허증의 교부 및 비치)

① 고용노동부장관은 제35조 제2항에 따른 신청에 대하여 취직을 인허할 경우에는 고용노동부령으로 정하는 취직인허증에 직종을 지정하여 신청한 근로자와 사용자가 될 자에게 내주어야 한다.

② 15세 미만인 자를 사용하는 사용자가 취직인허증을 갖추어 둔 경우에는 법 제66조에 따른 가족관계기록사항에 관한 증명서와 친권자나 후견인의 동의서를 갖추어 둔 것으로 본다.

> 고용노동부장관은 취직인허증신청에 대하여 취직을 인허할 경우에는 고용노동부령으로 정하는 취직인허증에 직종을 지정하여 신청한 근로자와 사용자가 될 자에게 내주어야 한다. (○) **기출** 21

> 15세 미만인 자를 사용하는 사용자가 취직인허증을 갖추어 둔 경우에는 가족관계기록사항에 관한 증명서와 친권자나 후견인의 동의서를 갖추어 두지 않아도 된다. (○) **기출** 23

시행령 제39조(취직인허증의 재교부)

사용자 또는 15세 미만인 자는 취직인허증이 못 쓰게 되거나 이를 잃어버린 경우에는 고용노동부령으로 정하는 바에 따라 지체 없이 재교부 신청을 하여야 한다.

> 사용자 또는 15세 미만인 자는 취직인허증이 못 쓰게 되거나 이를 잃어버린 경우에는 고용노동부령으로 정하는 바에 따라 지체 없이 재교부신청을 하여야 한다. (○) **기출** 21

> 사용자는 취직인허증이 못쓰게 된 경우에는 고용노동부령으로 정하는 바에 따라 지체 없이 재교부신청을 하여야 한다. (○) **기출** 23

제65조 **사용 금지**

① 사용자는 **임신** 중이거나 **산후 1년**이 지나지 아니한 여성(이하 "임산부"라 한다)과 **18세 미만자**를 도덕상 또는 보건상 유해·위험한 사업에 사용하지 못한다.

② 사용자는 **임산부가 아닌 18세 이상의 여성**을 제1항에 따른 보건상 유해·위험한 사업 중 **임신** 또는 **출산**에 관한 기능에 유해·위험한 사업에 사용하지 못한다.

③ 제1항 및 제2항에 따른 금지 직종은 대통령령으로 정한다.

> 사용자는 임산부를 도덕상 또는 보건상 유해·위험한 사업에 사용하지 못한다. (○) **기출** 24
>
> 사용자는 산후 2년이 지나지 아니한 여성을 보건상 유해·위험한 사업에 사용하지 못한다. (×) **기출** 18
>
> 사용자는 임신 중이거나 산후 1년이 지나지 아니한 여성을 보건상 유해·위험한 사업에 사용하지 못한다. (○) **기출** 13·14·21
>
> 사용자는 임산부가 아닌 18세 이상의 여성을 보건상 유해·위험한 사업 중 임신 또는 출산에 관한 기능에 유해·위험한 사업에 사용하지 못한다. (○) **기출** 13·18
>
> 사용자는 18세 미만인 사람을 보건상 유해·위험한 사업에 사용하지 못한다. (○) **기출** 22

시행령 제37조(취직인허의 금지직종)

고용노동부장관은 제40조에 따른 직종에 대하여는 취직인허증을 발급할 수 없다.

시행령 제40조(임산부 등의 사용 금지 직종)

법 제65조에 따라 임산부, 임산부가 아닌 18세 이상인 여성 및 18세 미만인 자의 사용이 금지되는 직종의 범위는 [별표 4]와 같다.

■ 근기법 시행령 [별표 4]

임산부 등의 사용금지직종(시행령 제40조 관련)

구 분	사용금지직종
임신 중인 여성	1. 원자력안전법 제91조 제2항에 따른 방사선작업종사자 등의 피폭방사선량이 선량한도를 초과하는 원자력 및 방사선 관련 업무 2. 납, 수은, 크롬, 비소, 황린, 불소(불화수소산), 염소(산), 시안화수소(시안산), 2-브로모프로판, 아닐린, 수산화칼륨, 페놀, 에틸렌글리콜모노메틸에테르, 에틸렌글리콜모노에틸에테르, 에틸렌글리콜모노에틸에테르 아세테이트, 염화비닐, 벤젠 등 유해물질을 취급하는 업무 3. 사이토메갈로바이러스(Cytomegalovirus)·B형 간염 바이러스 등 병원체로 인하여 오염될 우려가 큰 업무. 다만, 의사·간호사·방사선기사 등의 면허증을 가진 사람 또는 해당 자격 취득을 위한 양성과정 중에 있는 사람의 경우는 제외한다. 4. 신체를 심하게 펴거나 굽히면서 해야 하는 업무 또는 신체를 지속적으로 쭈그려야 하거나 앞으로 구부린 채 해야 하는 업무 5. 연속작업에 있어서는 5킬로그램 이상, 단속(斷續)작업에 있어서는 10킬로그램 이상의 중량물을 취급하는 업무 6. 임신 중인 여성의 안전 및 보건과 밀접한 관련이 있는 업무로서 고용노동부령으로 정하는 업무 7. 그 밖에 고용노동부장관이 산업재해보상보험법 제8조에 따른 산업재해보상보험 및 예방심의위원회(이하 "산업재해보상보험 및 예방심의위원회")의 심의를 거쳐 지정하여 고시하는 업무
산후 1년이 지나지 않은 여성	1. 납, 비소를 취급하는 업무. 다만, 모유 수유를 하지 않는 여성으로서 본인이 취업의사를 사업주에게 서면으로 제출한 여성의 경우는 제외한다. 2. 2-브로모프로판을 취급하거나 2-브로모프로판에 노출될 수 있는 업무 3. 그 밖에 고용노동부장관이 산업재해보상보험 및 예방심의위원회의 심의를 거쳐 지정하여 고시하는 업무
임산부가 아닌 18세 이상인 여성	1. 2-브로모프로판을 취급하거나 2-브로모프로판에 노출될 수 있는 업무. 다만, 의학적으로 임신할 가능성이 전혀 없는 여성인 경우는 제외한다. 2. 그 밖에 고용노동부장관이 산업재해보상보험 및 예방심의위원회의 심의를 거쳐 지정하여 고시하는 업무

	1. 건설기계관리법, 도로교통법 등에서 18세 미만인 자에 대하여 운전·조종면허 취득을 제한하고 있는 직종 또는 업종의 운전·조종업무
18세 미만인 자	2. 청소년보호법 등 다른 법률에서 18세 미만인 청소년의 고용이나 출입을 금지하고 있는 직종이나 업종
	3. 교도소 또는 정신병원에서의 업무
	4. 소각 또는 도살의 업무
	5. 유류를 취급하는 업무(주유업무는 제외한다)
	6. 2-브로모프로판을 취급하거나 2-브로모프로판에 노출될 수 있는 업무
	7. 18세 미만인 자의 안전 및 보건과 밀접한 관련이 있는 업무로서 고용노동부령으로 정하는 업무
	8. 그 밖에 고용노동부장관이 산업재해보상보험 및 예방심의위원회의 심의를 거쳐 지정하여 고시하는 업무

고용노동부장관은 유류를 취급하는 업무 중 주유업무에 대하여는 취직인허증을 발급할 수 있다.

(O) 기출 17

제66조 　연소자 증명서

사용자는 18세 미만인 사람에 대하여는 그 연령을 증명하는 가족관계기록사항에 관한 증명서와 친권자 또는 후견인의 동의서를 사업장에 갖추어 두어야 한다.

사용자는 18세 미만인 사람에 대하여는 그 연령을 증명하는 가족관계기록사항에 관한 증명서를 사업장에 갖추어 두어야 한다. 　　　　　　　　　　　　　　　　　　　　　　(O) 기출 16·17

사용자는 18세 미만인 사람에 대하여는 그 연령을 증명하는 가족관계기록사항에 관한 증명서 또는 친권자나 후견인의 동의서를 사업장에 갖추어 두어야 한다. 　　　　　(×) 기출 22

시행령 제36조(취직인허증의 교부 및 비치)

① 고용노동부장관은 제35조 제2항에 따른 신청에 대하여 취직을 인허할 경우에는 고용노동부령으로 정하는 취직인허증에 직종을 지정하여 신청한 근로자와 사용자가 될 자에게 내주어야 한다.

② 15세 미만인 자를 사용하는 사용자가 취직인허증을 갖추어 둔 경우에는 법 제66조에 따른 가족관계기록사항에 관한 증명서와 친권자나 후견인의 동의서를 갖추어 둔 것으로 본다.

15세 미만인 자를 사용하는 사용자가 취직인허증을 갖추어 둔 경우에는 법 제66조에 따른 가족관계기록사항에 관한 증명서와 친권자나 후견인의 동의서를 갖추어 둔 것으로 본다.

(O) 기출 14

제67조 　근로계약

① 친권자나 후견인은 미성년자의 근로계약을 <u>대리할 수 없다.</u>
② 친권자, 후견인 또는 고용노동부장관은 근로계약이 미성년자에게 불리하다고 인정하는 경우에는 이를 <u>해지할 수 있다.</u>
③ 사용자는 <u>18세 미만</u>인 사람과 근로계약을 체결하는 경우에는 제17조에 따른 근로조건을 <u>서면</u>(「전자문서 및 전자거래 기본법」 제2조 제1호에 따른 전자문서를 포함한다)으로 명시하여 <u>교부하여야</u> 한다.

> 미성년자의 근로계약은 미성년자의 동의를 얻어 친권자 또는 후견인이 대리할 수 있다.
> (×) 기출 18·19·20
>
> 친권자, 후견인 또는 고용노동부장관은 근로계약이 미성년자에게 불리하다고 인정하는 경우에는 이를 해지할 수 있다. (○) 기출 17·19·20·21
>
> 사용자는 18세 미만인 사람과 근로계약을 체결하는 경우에는 근로기준법 제17조에 따른 근로조건을 서면으로 명시하여 교부하여야 한다. (○) 기출 19·22

제68조 　임금의 청구

미성년자는 <u>독자적으로</u> 임금을 청구할 수 있다.

> 미성년자는 독자적으로 임금을 청구할 수 있다. (○) 기출 16·17·20

제69조 　근로시간

<u>15세 이상 18세 미만</u>인 사람의 근로시간은 1일에 <u>7시간</u>, 1주에 <u>35시간</u>을 초과하지 못한다. 다만, 당사자 사이의 합의에 따라 1일에 <u>1시간</u>, 1주에 <u>5시간</u>을 한도로 연장할 수 있다.

> 15세 이상 18세 미만인 사람의 근로시간은 1일에 7시간, 1주일에 35시간을 초과하지 못한다. 다만, 당사자 사이의 합의에 따라 1일에 1시간, 1주일에 5시간을 한도로 연장할 수 있다.
> (○) 기출 16·19·21
>
> 15세 이상 18세 미만인 사람의 근로시간은 1일에 6시간, 1주에 30시간을 초과하지 못한다.
> (×) 기출 23
>
> 15세 이상 18세 미만인 사람의 근로시간은 1일에 6시간, 1주에 34시간을 초과하지 못한다.
> (×) 기출 20
>
> 18세 미만인 사람의 근로시간은 당사자 사이의 합의에 따라 1일에 1시간, 1주에 5시간을 한도로 연장할 수 있다. (○) 기출 22

시행령 제41조(근로시간의 계산)
법 제69조 및 「산업안전보건법」 제139조에 따른 근로시간은 휴게시간을 제외한 근로시간을 말한다.

제70조 **야간근로와 휴일근로의 제한**

① 사용자는 18세 이상의 여성을 오후 10시부터 오전 6시까지의 시간 및 휴일에 근로시키려면 그 근로자의 동의를 받아야 한다.
② 사용자는 임산부와 18세 미만자를 오후 10시부터 오전 6시까지의 시간 및 휴일에 근로시키지 못한다. 다만, 다음 각 호의 어느 하나에 해당하는 경우로서 고용노동부장관의 인가를 받으면 그러하지 아니하다.
  1. 18세 미만자의 동의가 있는 경우
  2. 산후 1년이 지나지 아니한 여성의 동의가 있는 경우
  3. 임신 중의 여성이 명시적으로 청구하는 경우
③ 사용자는 제2항의 경우 고용노동부장관의 인가를 받기 전에 근로자의 건강 및 모성보호를 위하여 그 시행 여부와 방법 등에 관하여 그 사업 또는 사업장의 근로자대표와 성실하게 협의하여야 한다.

사용자는 18세 이상의 여성근로자에 대하여는 그 근로자의 동의 없이 휴일근로를 시킬 수 있다.
(×) 기출 21

사용자는 여성을 휴일에 근로시키려면 근로자대표의 서면 동의를 받아야 한다. (×) 기출 18

사용자는 임산부가 아닌 18세 이상의 여성을 휴일에 근로시키려면 그 근로자의 동의를 받아야 한다.
(○) 기출 13

사용자는 고용노동부장관의 허가가 있으면 오후 10시부터 오전 6시까지의 시간에 18세 미만자를 근로시킬 수 있다.
(×) 기출 17

사용자는 18세 미만자의 경우 그의 동의가 있고 고용노동부장관의 인가를 받으면 야간근로를 시킬 수 있다.
(○) 기출 24

18세 미만인 사람의 동의가 있는 경우로서 고용노동부장관의 인가를 받으면 사용자는 18세 미만인 사람을 휴일에 근로시킬 수 있다.
(○) 기출 22

사용자는 임신 중의 여성이 명시적으로 청구하는 경우로서 고용노동부장관의 인가를 받으면 그 임신 중의 여성근로자를 오후 10시부터 오전 6시까지의 시간에 근로시킬 수 있다. (○) 기출 14 · 24

사용자는 임신 중의 여성이 명시적으로 청구하는 경우로서 고용노동부장관의 인가를 받은 경우 휴일에 근로하게 할 수 있다.
(○) 기출 14 · 23

연장 · 야간 · 휴일근로의 제한

구 분	기준근로시간		합의 연장근로	야간 · 휴일근로	
	1일	1주		원 칙	예 외
18세 미만 근로자	7	35	1일 1시간, 1주 5시간	불가	본인의 동의와 노동부장관의 인가
18세 이상 여성근로자	8	40	1주 12시간	가능	근로자의 동의
임신 중인 여성근로자	8	40	불가	불가	본인의 명시적 청구와 노동부장관의 인가
산후 1년 미만 여성근로자	8	40	1일 2시간, 1주 6시간, 1년 150시간	불가	본인의 동의와 노동부장관의 인가

제71조 　시간외근로

사용자는 산후 1년이 지나지 아니한 여성에 대하여는 단체협약이 있는 경우라도 1일에 2시간, 1주에 6시간, 1년에 150시간을 초과하는 시간외근로를 시키지 못한다.

> 사용자는 18세 이상의 여성에 대하여는 그 근로자의 동의가 있는 경우에도 1일에 2시간, 1주에 6시간, 1년에 150시간을 초과하는 야간근로를 시키지 못한다. (×) 기출 24
>
> 사용자는 산후 1년이 지나지 아니한 여성에 대하여는 단체협약이 있는 경우라도 1일에 2시간, 1주에 6시간, 1년에 150시간을 초과하는 시간외근로를 시키지 못한다. (○) 기출 13 · 14 · 17 · 21

제72조 　갱내근로의 금지

사용자는 여성과 18세 미만인 사람을 갱내에서 근로시키지 못한다. 다만, 보건 · 의료, 보도 · 취재 등 대통령령으로 정하는 업무를 수행하기 위하여 일시적으로 필요한 경우에는 그러하지 아니하다.

> 여성은 보건 · 의료, 보도 · 취재 등의 일시적 사유가 있더라도 갱내(坑內)에서 근로를 할 수 없다. (×) 기출 18

시행령 제42조(갱내근로 허용업무)

법 제72조에 따라 여성과 18세 미만인 자를 일시적으로 갱내에서 근로시킬 수 있는 업무는 다음 각 호와 같다.

1. 보건, 의료 또는 복지 업무
2. 신문 · 출판 · 방송프로그램 제작 등을 위한 보도 · 취재 업무
3. 학술연구를 위한 조사 업무
4. 관리 · 감독 업무
5. 제1호부터 제4호까지의 규정의 업무와 관련된 분야에서 하는 실습 업무

> 사용자는 관리 · 감독 업무를 수행하기 위하여 일시적으로 필요한 경우 여성을 갱내(坑內)에서 근로시킬 수 있다. (○) 기출 23

제73조 **생리휴가**

사용자는 여성근로자가 청구하면 월 1일의 생리휴가를 주어야 한다.

> 사용자는 여성근로자가 청구하면 월 1일의 유급생리휴가를 주어야 한다. (×) **기출** 18
>
> 사용자는 여성근로자가 청구하면 월 1일의 생리휴가를 주어야 한다. (○) **기출** 16

제74조 **임산부의 보호**

① 사용자는 임신 중의 여성에게 출산 전과 출산 후를 통하여 90일(한 번에 둘 이상 자녀를 임신한 경우에는 120일)의 출산전후휴가를 주어야 한다. 이 경우 휴가 기간의 배정은 출산 후에 45일(한 번에 둘 이상 자녀를 임신한 경우에는 60일) 이상이 되어야 한다.

② 사용자는 임신 중인 여성근로자가 유산의 경험 등 대통령령으로 정하는 사유로 제1항의 휴가를 청구하는 경우 출산 전 어느 때라도 휴가를 나누어 사용할 수 있도록 하여야 한다. 이 경우 출산 후의 휴가 기간은 연속하여 45일(한 번에 둘 이상 자녀를 임신한 경우에는 60일) 이상이 되어야 한다.

③ 사용자는 임신 중인 여성이 유산 또는 사산한 경우로서 그 근로자가 청구하면 대통령령으로 정하는 바에 따라 유산·사산 휴가를 주어야 한다. 다만, 인공 임신중절 수술(「모자보건법」 제14조 제1항에 따른 경우는 제외한다)에 따른 유산의 경우는 그러하지 아니하다.

④ 제1항부터 제3항까지의 규정에 따른 휴가 중 최초 60일(한 번에 둘 이상 자녀를 임신한 경우에는 75일)은 유급으로 한다. 다만, 「남녀고용평등과 일·가정 양립 지원에 관한 법률」 제18조에 따라 출산전후휴가급여 등이 지급된 경우에는 그 금액의 한도에서 지급의 책임을 면한다.

⑤ 사용자는 임신 중의 여성근로자에게 시간외근로를 하게 하여서는 아니 되며, 그 근로자의 요구가 있는 경우에는 쉬운 종류의 근로로 전환하여야 한다.

⑥ 사업주는 제1항에 따른 출산전후휴가 종료 후에는 휴가 전과 동일한 업무 또는 동등한 수준의 임금을 지급하는 직무에 복귀시켜야 한다.

⑦ 사용자는 임신 후 12주 이내 또는 36주 이후에 있는 여성근로자가 1일 2시간의 근로시간 단축을 신청하는 경우 이를 허용하여야 한다. 다만, 1일 근로시간이 8시간 미만인 근로자에 대하여는 1일 근로시간이 6시간이 되도록 근로시간 단축을 허용할 수 있다.

⑧ 사용자는 제7항에 따른 근로시간 단축을 이유로 해당 근로자의 임금을 삭감하여서는 아니 된다.

⑨ 사용자는 임신 중인 여성근로자가 1일 소정근로시간을 유지하면서 업무의 시작 및 종료 시각의 변경을 신청하는 경우 이를 허용하여야 한다. 다만, 정상적인 사업 운영에 중대한 지장을 초래하는 경우 등 대통령령으로 정하는 경우에는 그러하지 아니하다.

⑩ 제7항에 따른 근로시간 단축의 신청방법 및 절차, 제9항에 따른 업무의 시작 및 종료 시각 변경의 신청방법 및 절차 등에 관하여 필요한 사항은 대통령령으로 정한다.

사용자는 한 명의 자녀를 임신한 여성에게 출산 전과 출산 후를 통하여 90일의 출산전후휴가를 주어야 한다. (O) 기출 24

한 번에 둘 이상 자녀를 임신한 경우 출산전후휴가기간의 배정은 출산 후에 60일 이상이 되어야 한다. (O) 기출 20

사용자는 임신 중의 여성에게 근로기준법 제74조 제1항에 따른 출산전후휴가를 주는 경우 휴가 기간의 배정은 출산 전에 45일 이상이 되어야 한다. (X) 기출 16

사용자는 한 번에 둘 이상 자녀를 임신한 여성에게 출산 전과 출산 후를 통하여 120일의 출산전후휴가를 주어야 한다. (O) 기출 15 · 23

사용자는 임신 중의 여성에게 출산 전과 출산 후를 통하여 90일의 출산전후휴가를 주어야 하고, 휴가 중 최초 60일은 유급으로 한다. (O) 기출 13

사용자는 임신 중인 여성근로자가 출산전후휴가를 청구할 당시 연령이 만 40세 이상인 경우에는 출산 전 어느 때라도 휴가를 나누어 사용할 수 있도록 하여야 한다. (O) 기출 15 · 24

사용자는 임신 중인 여성이 사산한 경우로서 그 근로자가 청구하면 대통령령으로 정하는 바에 따라 사산 휴가를 주어야 한다. (O) 기출 16 · 23

사업주는 법 제74조에 따라 유산휴가를 청구한 근로자에게 임신기간이 11주 이내인 경우에는 유산한 날부터 5일까지 유산휴가를 주어야 한다. (O) 기출 13

사용자가 한 번에 둘 이상 자녀를 임신한 여성에게 출산전후휴가를 부여할 경우 최초 90일은 유급으로 한다. (X) 기출 15

사용자는 임신 중의 여성근로자에게 시간외근로를 하게 하여서는 아니 된다. (O) 기출 20

사용자는 임신 중의 여성근로자의 요구가 있는 경우에는 쉬운 종류의 근로로 전환하여야 한다. (O) 기출 16

사용자는 임신 중의 여성 근로자에게 시간외근로를 하게 하여서는 아니 되며, 그 근로자의 요구와 관계없이 쉬운 종류의 근로로 전환하여야 한다. (X) 기출 23

사업주는 출산전후휴가 종료 후에는 휴가 전과 동일한 업무 또는 동등한 수준의 임금을 지급하는 직무에 복귀시켜야 한다. (O) 기출 16 · 20 · 23

상시 300명 이상의 근로자를 사용하는 사업 또는 사업장의 사용자는 1일 근로시간이 8시간으로서 임신 후 12주 이내 또는 36주 이후에 있는 여성근로자가 1일 2시간의 근로시간 단축을 신청하는 경우 이를 허용하여야 한다. (O) 기출 15

사용자는 1일 근로시간이 8시간인 임신 후 36주 이후에 있는 여성 근로자가 1일 2시간의 근로시간 단축을 신청하는 경우 이를 허용하여야 한다. (O) 기출 23

사용자는 산후 1년이 지나지 아니한 여성 근로자가 1일 소정근로시간을 유지하면서 업무의 시작 및 종료 시각의 변경을 신청하는 경우 이를 허용하여야 한다. (X) 기출 24

시행령 제43조(유산·사산휴가의 청구 등)

① 법 제74조 제2항 전단에서 "대통령령으로 정하는 사유"란 다음 각 호의 어느 하나에 해당하는 경우를 말한다.

  1. 임신한 근로자에게 유산·사산의 경험이 있는 경우

  2. 임신한 근로자가 출산전후휴가를 청구할 당시 연령이 만 40세 이상인 경우

  3. 임신한 근로자가 유산·사산의 위험이 있다는 의료기관의 진단서를 제출한 경우

② 법 제74조 제3항에 따라 유산 또는 사산한 근로자가 유산·사산휴가를 청구하는 경우에는 휴가 청구 사유, 유산·사산 발생일 및 임신기간 등을 적은 유산·사산휴가 신청서에 의료기관의 진단서를 첨부하여 사업주에게 제출하여야 한다.

③ 사업주는 제2항에 따라 유산·사산휴가를 청구한 근로자에게 다음 각 호의 기준에 따라 유산·사산휴가를 주어야 한다.

  1. 유산 또는 사산한 근로자의 임신기간(이하 "임신기간"이라 한다)이 11주 이내인 경우 : 유산 또는 사산한 날부터 5일까지

  2. 임신기간이 12주 이상 15주 이내인 경우 : 유산 또는 사산한 날부터 10일까지

  3. 임신기간이 16주 이상 21주 이내인 경우 : 유산 또는 사산한 날부터 30일까지

  4. 임신기간이 22주 이상 27주 이내인 경우 : 유산 또는 사산한 날부터 60일까지

  5. 임신기간이 28주 이상인 경우 : 유산 또는 사산한 날부터 90일까지

사업주는 유산휴가를 청구한 근로자에게 임신기간이 28주 이상인 경우 유산한 날부터 30일까지 유산휴가를 주어야 한다. (×) **기출** 20

시행령 제43조의2(임신기간 근로시간 단축의 신청)

법 제74조 제7항에 따라 근로시간 단축을 신청하려는 여성근로자는 근로시간 단축 개시 예정일의 3일 전까지 임신기간, 근로시간 단축 개시 예정일 및 종료 예정일, 근무 개시 시각 및 종료 시각 등을 적은 문서(전자문서를 포함한다)에 의사의 진단서(같은 임신에 대하여 근로시간 단축을 다시 신청하는 경우는 제외한다)를 첨부하여 사용자에게 제출하여야 한다.

시행령 제43조의3(임신기간 업무의 시작 및 종료 시각의 변경)

① 법 제74조 제9항 본문에 따라 업무의 시작 및 종료 시각의 변경을 신청하려는 여성 근로자는 그 변경 예정일의 3일 전까지 임신기간, 업무의 시작 및 종료 시각의 변경 예정 기간, 업무의 시작 및 종료 시각 등을 적은 문서(전자문서를 포함한다)에 임신 사실을 증명하는 의사의 진단서(같은 임신에 대해 업무의 시작 및 종료 시각 변경을 다시 신청하는 경우는 제외한다)를 첨부하여 사용자에게 제출해야 한다.

② 법 제74조 제9항 단서에서 "정상적인 사업 운영에 중대한 지장을 초래하는 경우 등 대통령령으로 정하는 경우"란 다음 각 호의 어느 하나에 해당하는 경우를 말한다.

  1. 정상적인 사업 운영에 중대한 지장을 초래하는 경우

  2. 업무의 시작 및 종료 시각을 변경하게 되면 임신 중인 여성 근로자의 안전과 건강에 관한 관계 법령을 위반하게 되는 경우

제74조의2 **태아검진 시간의 허용 등**

① 사용자는 임신한 여성근로자가 「모자보건법」 제10조에 따른 임산부 정기건강진단을 받는 데 필요한 시간을 청구하는 경우 이를 허용하여 주어야 한다.

② 사용자는 제1항에 따른 건강진단 시간을 이유로 그 근로자의 임금을 삭감하여서는 아니된다.

> 사용자는 임신한 여성근로자가 모자보건법 제10조에 따른 임산부 정기건강진단을 받는 데 필요한 시간을 청구하는 경우 이를 허용하여 주어야 한다. (○) 기출 16 · 24

제75조 **육아 시간**

생후 1년 미만의 유아를 가진 여성근로자가 청구하면 1일 2회 각각 30분 이상의 유급 수유 시간을 주어야 한다.

> 생후 1년 미만의 유아(乳兒)를 가진 여성근로자가 청구하면 1일 2회 각각 30분 이상의 유급 수유 시간을 주어야 한다. (○) 기출 13 · 15 · 16
>
> 생후 1년 미만의 유아를 가진 여성 근로자가 청구하면 1일 2회 각각 60분 이상의 유급 수유 시간을 주어야 한다. (×) 기출 23

제6장 안전과 보건

제76조 **안전과 보건**

근로자의 안전과 보건에 관하여는 「산업안전보건법」에서 정하는 바에 따른다.

제6장의2 직장 내 괴롭힘의 금지

제76조의2 **직장 내 괴롭힘의 금지**

사용자 또는 근로자는 직장에서의 지위 또는 관계 등의 우위를 이용하여 업무상 적정범위를 넘어 다른 근로자에게 신체적·정신적 고통을 주거나 근무환경을 악화시키는 행위(이하 "직장 내 괴롭힘"이라 한다)를 하여서는 아니 된다.

> 근로자에게 신체적·정신적 고통을 주는 행위 외에 근무환경을 악화시키는 행위는 직장 내 괴롭힘에 관한 규정으로 규율되지 아니한다. (×) 기출 22
>
> 근로자는 직장에서의 지위 또는 관계 등의 우위를 이용하여 업무상 적정범위를 넘어 다른 근로자에게 신체적·정신적 고통을 주거나 근무환경을 악화시키는 행위를 하여서는 아니 된다. (○) 기출 23

제76조의3 직장 내 괴롭힘 발생 시 조치

① 누구든지 직장 내 괴롭힘 발생 사실을 알게 된 경우 그 사실을 **사용자에게 신고할 수 있다.**

② **사용자는** 제1항에 따른 신고를 접수하거나 직장 내 괴롭힘 발생 사실을 인지한 경우에는 **지체 없이** 당사자 등을 대상으로 그 사실 확인을 위하여 객관적으로 **조사를 실시하여야** 한다.

③ 사용자는 제2항에 따른 조사 기간 동안 직장 내 괴롭힘과 관련하여 피해를 입은 근로자 또는 피해를 입었다고 **주장하는 근로자**(이하 "피해근로자등"이라 한다)를 보호하기 위하여 필요한 경우 해당 피해근로자등에 대하여 근무장소의 변경, 유급휴가 명령 등 적절한 조치를 하여야 한다. 이 경우 사용자는 피해근로자등의 **의사에 반하는 조치**를 하여서는 아니 된다.

④ 사용자는 제2항에 따른 조사 결과 직장 내 괴롭힘 발생 사실이 확인된 때에는 **피해근로자**가 요청하면 근무장소의 변경, 배치전환, 유급휴가 명령 등 적절한 조치를 하여야 한다.

⑤ 사용자는 제2항에 따른 조사 결과 직장 내 괴롭힘 발생 사실이 확인된 때에는 **지체 없이** 행위자에 대하여 징계, 근무장소의 변경 등 **필요한 조치**를 하여야 한다. 이 경우 사용자는 징계 등의 조치를 하기 전에 그 조치에 대하여 피해근로자의 **의견을 들어야** 한다.

⑥ 사용자는 직장 내 괴롭힘 발생 사실을 신고한 근로자 및 피해근로자등에게 해고나 그 밖의 **불리한 처우**를 하여서는 아니 된다.

⑦ 제2항에 따라 직장 내 괴롭힘 발생 사실을 조사한 사람, 조사 내용을 보고받은 사람 및 그 밖에 조사 과정에 참여한 사람은 해당 조사 과정에서 알게 된 비밀을 **피해근로자등의 의사에 반하여** 다른 사람에게 **누설하여서는 아니 된다.** 다만, 조사와 관련된 내용을 **사용자에게 보고하거나 관계 기관의 요청에 따라 필요한 정보를 제공**하는 경우는 제외한다.

누구든지 직장 내 괴롭힘 발생 사실을 알게 된 경우 그 사실을 사용자에게 신고하여야 한다.
(✕) 기출 21

누구든지 직장 내 괴롭힘 발생 사실을 알게 된 경우 그 사실을 사용자에게 신고할 수 있다.
(○) 기출 20 · 22

사용자는 직장 내 괴롭힘 발생 사실을 인지한 경우에는 지체 없이 당사자 등을 대상으로 그 사실 확인을 위하여 객관적으로 조사를 실시하여야 한다. (○) 기출 20 · 21 · 23

사용자는 직장 내 괴롭힘 사실을 인지하더라도 그 신고의 접수가 없으면 사실 확인을 위한 조사를 실시할 수 없다. (✕) 기출 22

사용자는 조사 기간 동안 직장 내 괴롭힘과 관련하여 피해를 입은 근로자를 보호하기 위하여 행위자에 대하여 근무장소의 변경 조치를 하여야 한다. (✕) 기출 23

사용자는 직장 내 괴롭힘에 대한 조사 기간 동안 피해근로자등을 보호하기 위하여 필요한 경우 해당 피해근로자등에 대하여 근무장소의 변경, 유급휴가명령 등 적절한 조치를 하여야 한다. 이 경우 사용자는 피해근로자등의 의사에 반하는 조치를 하여서는 아니 된다. (○) 기출 21 · 24

사용자는 직장 내 괴롭힘에 대한 조사 결과 직장 내 괴롭힘 발생 사실이 확인된 때에는 피해근로자가
요청하면 근무장소의 변경, 배치전환, 유급휴가 명령 등 적절한 조치를 하여야 한다.
(O) **기출** 20·21·24

사용자는 조사 결과 직장 내 괴롭힘 발생 사실이 확인된 때에는 피해근로자의 요청과 무관하게 피해근
로자의 근무장소 변경, 배치전환 등 적절한 조치를 하여야 한다. (X) **기출** 22

사용자는 직장 내 괴롭힘과 관련한 조사 결과 직장 내 괴롭힘 발생 사실이 확인된 때에는 지체 없이
행위자에 대하여 징계, 근무장소의 변경 등 필요한 조치를 하여야 한다. 이 경우 사용자는 징계 등의
조치를 하기 전에 그 조치에 대하여 피해근로자의 의견을 들어야 한다. (O) **기출** 21

사용자는 직장 내 괴롭힘 발생 사실을 신고한 근로자 및 피해근로자등에게 해고나 그 밖의 불리한
처우를 하여서는 아니 된다. (O) **기출** 20·22

직장 내 괴롭힘 발생 사실을 조사한 사람은 해당 조사 과정에서 알게 된 비밀을 피해근로자등의 의사에
반하는 경우에도 관계 기관의 요청에 따라 필요한 정보를 제공할 수 있다. (O) **기출** 23

제7장 | 기능 습득

제77조 기능 습득자의 보호

사용자는 양성공, 수습, 그 밖의 명칭을 불문하고 기능의 습득을 목적으로 하는 근로자를
혹사하거나 가사, 그 밖의 기능 습득과 관계없는 업무에 종사시키지 못한다.

제8장 | 재해보상

제78조 요양보상

① 근로자가 **업무상 부상 또는 질병**에 걸리면 사용자는 그 비용으로 필요한 요양을 행하거
나 필요한 요양비를 부담하여야 한다.
② 제1항에 따른 업무상 질병과 요양의 범위 및 요양보상의 시기는 대통령령으로 정한다.

시행령 제5조(평균임금의 조정)

① 법 제79조, 법 제80조 및 법 제82조부터 제84조까지의 규정에 따른 보상금 등을 산정할 때
적용할 평균임금은 그 근로자가 소속한 사업 또는 사업장에서 같은 직종의 근로자에게 지급된
통상임금의 1명당 1개월 평균액(이하 "평균액"이라 한다)이 그 부상 또는 질병이 발생한 달에
지급된 평균액보다 100분의 5 이상 변동된 경우에는 그 변동비율에 따라 인상되거나 인하된
금액으로 하되, 그 변동 사유가 발생한 달의 다음 달부터 적용한다. 다만, 제2회 이후의 평균임
금을 조정하는 때에는 직전 회의 변동 사유가 발생한 달의 평균액을 산정기준으로 한다.
② 제1항에 따라 평균임금을 조정하는 경우 그 근로자가 소속한 사업 또는 사업장이 폐지된 때에
는 그 근로자가 업무상 부상 또는 질병이 발생한 당시에 그 사업 또는 사업장과 같은 종류,
같은 규모의 사업 또는 사업장을 기준으로 한다.

③ 제1항이나 제2항에 따라 평균임금을 조정하는 경우 그 근로자의 직종과 같은 직종의 근로자가 없는 때에는 그 직종과 유사한 직종의 근로자를 기준으로 한다.

④ 법 제78조에 따른 업무상 부상을 당하거나 질병에 걸린 근로자에게 지급할 「근로자퇴직급여 보장법」 제8조에 따른 퇴직금을 산정할 때 적용할 평균임금은 제1항부터 제3항까지의 규정에 따라 조정된 평균임금으로 한다.

시행령 제44조(업무상 질병의 범위 등)

① 법 제78조 제2항에 따른 업무상 질병과 요양의 범위는 [별표 5]와 같다.

② 사용자는 근로자가 취업 중에 업무상 질병에 걸리거나 부상 또는 사망한 경우에는 지체 없이 의사의 진단을 받도록 하여야 한다.

■ 근기법 시행령 [별표 5]

업무상 질병과 요양의 범위(시행령 제44조 제1항 관련)

1. 업무상 질병의 범위

   가. 업무상 부상으로 인한 질병

   나. 물리적 요인으로 인한 질병

   　1) 엑스선, 감마선, 자외선 및 적외선 등 유해방사선으로 인한 질병

   　2) 덥고 뜨거운 장소에서 하는 업무 또는 고열물체를 취급하는 업무로 인한 일사병, 열사병 및 화상 등의 질병

   　3) 춥고 차가운 장소에서 하는 업무 또는 저온물체를 취급하는 업무로 인한 동상 및 저체온 증 등의 질병

   　4) 이상기압(異常氣壓)하에서의 업무로 인한 감압병(잠수병) 등의 질병

   　5) 강렬한 소음으로 인한 귀의 질병

   　6) 착암기(鑿巖機) 등 진동이 발생하는 공구를 사용하는 업무로 인한 질병

   　7) 지하작업으로 인한 눈떨림증(안구진탕증)

   다. 화학적 요인으로 인한 질병

   　1) 분진이 발생하는 장소에서의 업무로 인한 진폐증 등의 질병

   　2) 검댕·광물유·옻·타르·시멘트 등 자극성 성분, 알레르겐 성분 등으로 인한 연조직 염, 그 밖의 피부질병

   　3) 아연 등의 금속흄으로 인한 금속열(金屬熱)

   　4) 산, 염기, 염소, 불소 및 페놀류 등 부식성 또는 자극성 물질에 노출되어 발생한 화상, 결막염 등의 질병

   　5) 다음의 물질이나 그 화합물로 인한 중독 또는 질병

   　　가) 납

   　　나) 수은

   　　다) 망간

   　　라) 비소

   　　마) 인

   　　바) 카드뮴

   　　사) 시안화수소

6) 다음의 물질로 인한 중독 또는 질병
    가) 크롬·니켈·알루미늄·코발트
    나) 유기주석
    다) 이산화질소·아황산가스
    라) 황화수소
    마) 이황화탄소
    바) 일산화탄소
    사) 벤젠 또는 벤젠의 동족체와 그 니트로 및 아미노 유도체
    아) 톨루엔, 크실렌 등 유기용제
    자) 사) 및 아) 외의 지방족 또는 방향족의 탄화수소화합물
    차) 2)부터 5)까지 및 6)가)부터 자)까지의 화학적 요인 외의 독성 물질, 극성 물질, 그 밖의 유해화학물질

라. 생물학적 요인으로 인한 질병
  1) 환자의 검진, 치료 및 간호 등 병원체에 감염될 우려가 있는 업무로 인한 감염성 질병
  2) 습한 곳에서의 업무로 인한 렙토스피라증
  3) 옥외작업으로 인한 쯔쯔가무시증, 신증후군(腎症候群) 출혈열
  4) 동물 또는 그 사체, 짐승의 털·가죽, 그 밖의 동물성 물체, 넝마 및 고물 등을 취급하는 업무로 인한 탄저, 단독(丹毒) 등의 질병

마. 직업성 암
검댕, 콜타르, 콜타르피치, 정제되지 않은 광물유, 6가 크롬 또는 그 화합물, 염화비닐, 벤젠, 석면, B형 또는 C형 간염바이러스, 엑스선 또는 감마선 등의 전리방사선, 비소 또는 그 무기 화합물, 니켈 화합물, 카드뮴 또는 그 화합물, 베릴륨 또는 그 화합물, 목재 분진, 벤지딘, 베타나프틸아민, 결정형 유리규산, 포름알데히드, 1,3-부타디엔, 라돈-222 또는 그 붕괴물질, 산화에틸렌 및 스프레이 도장 업무 등 발암성 요인으로 인한 암

바. 무리한 힘을 가해야 하는 업무로 인한 내장탈장, 영상표시단말기(VDT) 취급 등 부적절한 자세를 유지하거나 반복 동작이 많은 업무 등 근골격계에 부담을 주는 업무로 인한 근골격계 질병

사. 업무상 과로 등으로 인한 뇌혈관 질병 또는 심장 질병

아. 업무와 관련하여 정신적 충격을 유발할 수 있는 사건으로 인한 외상후스트레스장애

자. 가목부터 아목까지에서 규정한 질병 외에 「산업재해보상보험법」 제8조에 따른 산업재해보상보험 및 예방심의위원회의 심의를 거쳐 고용노동부장관이 지정하는 질병

차. 그 밖에 가목부터 자목까지에서 규정한 질병 외에 업무로 인한 것이 명확한 질병

2. 요양의 범위
  가. 진찰
  나. 약제 또는 진료 재료의 지급
  다. 인공팔다리 또는 그 밖의 보조기의 지급
  라. 처치, 수술, 그 밖의 치료
  마. 입원
  바. 간병
  사. 이송

제79조 **휴업보상**

① 사용자는 제78조에 따라 요양 중에 있는 근로자에게 그 근로자의 요양 중 **평균임금의 100분의 60**의 휴업보상을 하여야 한다.
② 제1항에 따른 휴업보상을 받을 기간에 그 보상을 받을 사람이 임금의 일부를 지급받은 경우에는 사용자는 평균임금에서 그 지급받은 금액을 뺀 금액의 **100분의 60**의 휴업보상을 하여야 한다.
③ 휴업보상의 시기는 대통령령으로 정한다.

시행령 제46조(요양 및 휴업보상 시기)
요양보상 및 휴업보상은 매월 1회 이상 하여야 한다.

제80조 **장해보상**

① 근로자가 업무상 부상 또는 질병에 걸리고, 완치된 후 신체에 장해가 있으면 사용자는 그 장해 정도에 따라 **평균임금**에 [별표]에서 정한 일수를 곱한 금액의 장해보상을 하여야 한다.
② 이미 신체에 장해가 있는 사람이 부상 또는 질병으로 인하여 같은 부위에 장해가 더 심해진 경우에 그 장해에 대한 장해보상 금액은 장해 정도가 더 심해진 장해등급에 해당하는 장해보상의 일수에서 기존의 장해등급에 해당하는 장해보상의 일수를 뺀 일수에 보상청구사유 **발생 당시의 평균임금**을 곱하여 산정한 금액으로 한다.
③ 장해보상을 하여야 하는 신체장해 등급의 결정 기준과 장해보상의 시기는 대통령령으로 정한다.

시행령 제47조(장해등급 결정)
① 법 제80조 제3항에 따라 장해보상을 하여야 하는 신체장해 등급의 결정 기준은 [별표 6]과 같다.
② [별표 6]에 따른 신체장해가 둘 이상 있는 경우에는 정도가 심한 신체장해에 해당하는 등급에 따른다. 다만, 다음 각 호의 경우에는 해당 호에서 정하여 조정한 등급에 따른다. 이 경우 그 조정된 등급이 제1급을 초과하는 때에는 제1급으로 한다.
  1. 제5급 이상에 해당하는 신체장해가 둘 이상 있는 경우 : 정도가 심한 신체장해에 해당하는 등급에 3개 등급 인상
  2. 제8급 이상에 해당하는 신체장해가 둘 이상 있는 경우 : 정도가 심한 신체장해에 해당하는 등급에 2개 등급 인상
  3. 제13급 이상에 해당하는 신체장해가 둘 이상 있는 경우 : 정도가 심한 신체장해에 해당하는 등급에 1개 등급 인상
③ [별표 6]에 해당하지 아니하는 신체장해가 있는 경우에는 그 장해 정도에 따라 [별표 6]에 따른 신체장해에 준하여 장해보상을 하여야 한다.

■ 근기법 시행령 [별표 6]

신체장해의 등급(시행령 제47조 제1항 관련)

등 급	신체장해
제1급 평균임금의 1,340일분	1. 두 눈이 실명된 사람 2. 말하는 기능과 음식물을 씹는 기능을 모두 영구적으로 완전히 잃은 사람 3. 신경계통의 기능 또는 정신기능에 뚜렷한 장해가 남아 항상 간병을 받아야 하는 사람 4. 흉복부장기의 기능에 뚜렷한 장해가 남아 항상 간병을 받아야 하는 사람 5. 두 팔을 팔꿈치관절 이상에서 잃은 사람 6. 두 팔을 영구적으로 완전히 사용하지 못하게 된 사람 7. 두 다리를 무릎관절 이상에서 잃은 사람 8. 두 다리를 영구적으로 완전히 사용하지 못하게 된 사람
제2급 평균임금의 1,190일분	1. 한 눈이 실명되고 다른 눈의 시력이 0.02 이하로 된 사람 2. 두 눈의 시력이 각각 0.02 이하로 된 사람 3. 두 팔을 손목관절 이상에서 잃은 사람 4. 두 다리를 발목관절 이상에서 잃은 사람 5. 신경계통의 기능 또는 정신기능에 뚜렷한 장해가 남아 수시로 간병을 받아야 하는 사람 6. 흉복부장기의 기능에 뚜렷한 장해가 남아 수시로 간병을 받아야 하는 사람
제3급 평균임금의 1,050일분	1. 한 눈이 실명되고 다른 눈의 시력이 0.06 이하로 된 사람 2. 말하는 기능 또는 음식물을 씹는 기능을 영구적으로 완전히 잃은 사람 3. 신경계통의 기능 또는 정신기능에 뚜렷한 장해가 남아 일생 동안 노무에 종사할 수 없는 사람 4. 흉복부장기의 기능에 뚜렷한 장애가 남아 일생 동안 노무에 종사할 수 없는 사람 5. 두 손의 손가락을 모두 잃은 사람
제4급 평균임금의 920일분	1. 두 눈이 시력이 각각 0.06 이하로 된 사람 2. 말하는 기능과 음식물을 씹는 기능에 뚜렷한 장해가 남은 사람 3. 고막이 전부 상실되거나 그 밖의 원인으로 두 귀의 청력을 완전히 잃은 사람 4. 한 팔을 팔꿈치관절 이상에서 잃은 사람 5. 한 다리를 무릎관절 이상에서 잃은 사람 6. 두 손의 손가락을 모두 제대로 못 쓰게 된 사람 7. 두 발을 리스푸랑관절 이상에서 잃은 사람

제5급 평균임금의 790일분	1. 한 눈이 실명되고 다른 눈의 시력이 0.1 이하로 된 사람 2. 한 팔을 손목관절 이상에서 잃은 사람 3. 한 다리를 발목관절 이상에서 잃은 사람 4. 한 팔을 영구적으로 완전히 사용하지 못하게 된 사람 5. 한 다리를 영구적으로 완전히 사용하지 못하게 된 사람 6. 두 발의 발가락을 모두 잃은 사람 7. 흉복부장기의 기능에 뚜렷한 장해가 남아 특별히 손쉬운 노무 외에는 종사할 수 없는 사람 8. 신경계통의 기능 또는 정신기능에 뚜렷한 장해가 남아 특별히 손쉬운 노무 외에는 종사할 수 없는 사람
제6급 평균임금의 670일분	1. 두 눈의 시력이 각각 0.1 이하로 된 사람 2. 말하는 기능 또는 음식물을 씹는 기능에 뚜렷한 장해가 남은 사람 3. 고막이 대부분 상실되거나 그 밖의 원인으로 두 귀의 청력이 모두 귓바퀴에 대고 말하지 아니하고서는 큰 말소리를 알아듣지 못하게 된 사람 4. 한 귀가 전혀 들리지 아니하게 되고 다른 귀의 청력이 40센티미터 이상의 거리에서 보통의 말소리를 알아듣지 못하게 된 사람 5. 척주에 뚜렷한 기형이나 뚜렷한 기능장해가 남은 사람 6. 한 팔의 3대 관절 중 2개 관절을 제대로 못 쓰게 된 사람 7. 한 다리의 3대 관절 중 2개 관절을 제대로 못 쓰게 된 사람 8. 한 손의 5개의 손가락 또는 엄지손가락과 둘째손가락을 포함하여 4개의 손가락을 잃은 사람
제7급 평균임금의 560일분	1. 한 눈이 실명되고 다른 눈의 시력이 0.6 이하로 된 사람 2. 두 귀의 청력이 40센티미터 이상의 거리에서 보통의 말소리를 알아듣지 못하게 된 사람 3. 한 귀가 전혀 들리지 아니하게 되고 다른 귀의 청력이 1미터 이상의 거리에서 보통의 말소리를 알아듣지 못하게 된 사람 4. 신경계통의 기능 또는 정신기능에 장해가 남아 손쉬운 노무 외에는 종사하지 못하는 사람 5. 흉복부장기의 기능에 장해가 남아 손쉬운 노무 외에는 종사하지 못하는 사람 6. 한 손의 엄지손가락과 둘째 손가락을 잃은 사람 또는 엄지손가락이나 둘째 손가락을 포함하여 3개 이상의 손가락을 잃은 사람 7. 한 손의 5개의 손가락 또는 엄지손가락과 둘째 손가락을 포함하여 4개의 손가락을 제대로 못 쓰게 된 사람 8. 한 발을 리스푸랑관절 이상에서 잃은 사람 9. 한 팔에 가관절(假關節 : 부러진 뼈가 완전히 아물지 못하여 그 부분이 마치 관절처럼 움직이는 상태)이 남아 뚜렷한 운동기능장해가 남은 사람 10. 한 다리에 가관절이 남아 뚜렷한 운동기능장해가 남은 사람 11. 두 발의 발가락을 모두 제대로 못 쓰게 된 사람 12. 외모에 뚜렷한 흉터가 남은 사람 13. 양쪽 고환을 잃은 사람

제8급 평균임금의 450일분	1. 한 눈이 실명되거나 또는 한 눈의 시력이 0.02 이하로 된 사람 2. 척주에 경도의 기형이나 기능장해가 남은 사람 3. 한 손의 엄지손가락을 포함하여 2개의 손가락을 잃은 사람 4. 한 손의 엄지손가락과 둘째 손가락을 제대로 못 쓰게 된 사람 또는 엄지손가락이나 둘째 손가락을 포함하여 3개 이상의 손가락을 제대로 못 쓰게 된 사람 5. 한 다리가 5센티미터 이상 짧아진 사람 6. 한 팔의 3대 관절 중 1개 관절을 제대로 못 쓰게 된 사람 7. 한 다리의 3대 관절 중 1개 관절을 제대로 못 쓰게 된 사람 8. 한 팔에 가관절이 남은 사람 9. 한 다리에 가관절이 남은 사람 10. 한 발의 5개 발가락을 모두 잃은 사람 11. 비장 또는 한쪽의 신장을 잃은 사람
제9급 평균임금의 350일분	1. 두 눈의 시력이 0.6 이하로 된 사람 2. 한 눈의 시력이 0.06 이하로 된 사람 3. 두 눈에 모두 반맹증·시야협착 또는 시야변상이 남은 사람 4. 두 눈의 눈꺼풀이 뚜렷하게 상실된 사람 5. 코가 상실되어 그 기능에 뚜렷한 장해가 남은 사람 6. 말하는 기능과 음식물을 씹는 기능에 장해가 남은 사람 7. 두 귀의 청력이 모두 1미터 이상의 거리에서 큰 말소리를 알아듣지 못하게 된 사람 8. 한 귀의 청력이 귓바퀴에 대고 말하지 아니하고서는 큰 말소리를 알아듣지 못하고 다른 귀의 청력이 1미터 이상의 거리에서 보통의 말소리를 알아듣지 못하게 된 사람 9. 한 귀의 청력을 영구적으로 완전히 잃은 사람 10. 한 손의 엄지손가락을 잃은 사람, 둘째 손가락을 포함하여 2개의 손가락을 잃은 사람 또는 엄지손가락과 둘째 손가락 외에 3개의 손가락을 잃은 사람 11. 한 손의 엄지손가락을 포함하여 2개의 손가락을 제대로 못 쓰게 된 사람 12. 한 발의 엄지발가락을 포함하여 2개 이상의 발가락을 잃은 사람 13. 한 발의 발가락을 모두 제대로 못 쓰게 된 사람 14. 생식기에 뚜렷한 장해가 남은 사람 15. 신경계통의 기능 또는 정신기능에 장해가 남아 노무가 상당한 정도로 제한된 사람 16. 흉복부장기의 기능에 장해가 남아 노무가 상당한 정도로 제한된 사람
제10급 평균임금의 270일분	1. 한 눈의 시력이 0.1 이하로 된 사람 2. 말하는 기능 또는 음식물을 씹는 기능에 장해가 남은 사람 3. 14개 이상의 치아에 대하여 치과보철을 한 사람 4. 한 귀의 청력이 귓바퀴에 대고 말하지 아니하고서는 큰 말소리를 알아듣지 못하게 된 사람 5. 두 귀의 청력이 모두 1미터 이상의 거리에서 보통의 말소리를 알아듣지 못하게 된 사람

	6. 척주에 기능장해가 남았으나 보존적 요법으로 치유된 사람 7. 한 손의 둘째 손가락을 잃은 사람 또는 엄지손가락과 둘째 손가락 외의 2개의 손가락을 잃은 사람 8. 한 손의 엄지손가락을 제대로 못 쓰게 된 사람, 둘째 손가락을 포함하여 2개의 손가락을 제대로 못 쓰게 된 사람 또는 엄지손가락과 둘째 손가락 외의 3개의 손가락을 제대로 못 쓰게 된 사람 9. 한 다리가 3센티미터 이상 짧아진 사람 10. 한 발의 엄지발가락 또는 그 외의 4개의 발가락을 잃은 사람 11. 한 팔의 3대 관절 중 1개 관절의 기능에 뚜렷한 장해가 남은 사람 12. 한 다리의 3대 관절 중 1개 관절의 기능에 뚜렷한 장해가 남은 사람
제11급 평균임금의 200일분	1. 두 눈이 모두 안구의 조절기능에 뚜렷한 장해가 남거나 뚜렷한 운동기능 장해가 남은 사람 2. 두 눈의 눈꺼풀에 뚜렷한 운동기능장해가 남은 사람 3. 한 눈의 눈꺼풀이 뚜렷하게 상실된 사람 4. 한 귀의 청력이 40센티미터 이상의 거리에서 보통 말소리를 알아듣지 못하게 된 사람 5. 척주에 기형이 남은 사람 6. 한 손의 가운데 손가락 또는 넷째 손가락을 잃은 사람 7. 한 손의 둘째 손가락을 제대로 못 쓰게 된 사람 또는 엄지손가락과 둘째 손가락 외의 2개의 손가락을 제대로 못 쓰게 된 사람 8. 한 발의 엄지발가락을 포함하여 2개 이상의 발가락을 제대로 못 쓰게 된 사람 9. 흉복부장기의 기능에 장해가 남은 사람 10. 10개 이상의 치아에 대하여 치과보철을 한 사람 11. 두 귀의 청력이 모두 1미터 이상의 거리에서 작은 말소리를 알아듣지 못하게 된 사람
제12급 평균임금의 140일분	1. 한 눈의 안구의 조절기능에 뚜렷한 장해가 남거나 뚜렷한 운동기능장해가 남은 사람 2. 한 눈의 눈꺼풀에 뚜렷한 운동장해가 남은 사람 3. 7개 이상의 치아에 대하여 치과보철을 한 사람 4. 한 귀의 귓바퀴 대부분이 상실된 사람 5. 쇄골(빗장뼈), 흉골(복장뼈), 늑골(갈비뼈), 견갑골(어깨뼈) 또는 골반골(골반뼈)에 뚜렷한 기형이 남은 사람 6. 한 팔의 3대 관절 중 1개 관절의 기능에 장해가 남은 사람 7. 한 다리의 3대 관절 중 1개 관절의 기능에 장해가 남은 사람 8. 장관골에 기형이 남은 사람 9. 한 손의 가운데 손가락 또는 넷째 손가락을 제대로 못 쓰게 된 사람 10. 한 발의 둘째 발가락을 잃은 사람, 둘째 발가락을 포함하여 2개의 발가락을 잃은 사람 또는 가운데 발가락 이하의 3개의 발가락을 잃은 사람 11. 한 발의 엄지발가락 또는 그 외의 4개의 발가락을 제대로 못 쓰게 된 사람 12. 신체 일부에 완고한 신경증상이 남은 사람 13. 외모에 흉터가 남은 사람

제13급
평균임금의
90일분
	1. 한 눈의 시력이 0.6 이하로 된 사람
	2. 한 눈에 반맹증·시야협착 또는 시야변상이 남은 사람
	3. 두 눈의 눈꺼풀의 일부가 상실되거나 속눈썹이 상실된 사람
	4. 5개 이상의 치아에 대하여 치과보철을 한 사람
	5. 한 손의 새끼손가락을 잃은 사람
	6. 한 손의 엄지손가락의 손가락뼈의 일부를 잃은 사람
	7. 한 손의 둘째 손가락의 손가락뼈의 일부를 잃은 사람
	8. 한 손의 둘째 손가락의 말관절을 굽히고 펼 수 없게 된 사람
	9. 한 다리가 1센티미터 이상 짧아진 사람
	10. 한 발의 가운데 발가락 이하의 1개 발가락 또는 2개의 발가락을 잃은 사람
	11. 한 발의 둘째 발가락을 제대로 못 쓰게 된 사람, 둘째 발가락을 포함하여
	   2개의 발가락을 제대로 못 쓰게 된 사람 또는 가운데 발가락 이하의 3개
	   의 발가락을 제대로 못 쓰게 된 사람

제14급
평균임금의
50일분
	1. 한 눈의 눈꺼풀의 일부가 상실되거나 속눈썹이 상실된 사람
	2. 3개 이상의 치아에 대하여 치과보철을 한 사람
	3. 팔의 노출된 면에 손바닥 크기의 흉터가 남은 사람
	4. 다리의 노출된 면에 손바닥 크기의 흉터가 남은 사람
	5. 한 손의 새끼손가락을 제대로 못 쓰게 되는 사람
	6. 한 손의 엄지손가락과 둘째 손가락 외의 손가락의 손가락뼈의 일부를 잃은
	   사람
	7. 한 손의 엄지손가락과 둘째 손가락 외의 손가락의 말관절을 굽히고 펼 수
	   없게 된 사람
	8. 한 발의 가운데 발가락 이하의 1개 또는 2개의 발가락을 제대로 못 쓰게
	   된 사람
	9. 신체 일부에 신경증상이 남은 사람
	10. 한 귀의 청력이 1미터 이상의 거리에서 작은 말소리를 알아듣지 못하게
	   된 사람

제81조 휴업보상과 장해보상의 예외

근로자가 **중대한 과실**로 업무상 부상 또는 질병에 걸리고 또한 사용자가 그 과실에 대하여 **노동위원회의 인정**을 받으면 휴업보상이나 장해보상을 하지 아니하여도 된다.

제82조 유족보상

① 근로자가 업무상 사망한 경우에는 사용자는 근로자가 사망한 후 **지체 없이** 그 유족에게 **평균임금 1,000일분**의 유족보상을 하여야 한다.
② 제1항에서의 유족의 범위, 유족보상의 순위 및 보상을 받기로 확정된 사람이 사망한 경우의 유족보상의 순위는 대통령령으로 정한다.

시행령 제48조(유족의 범위 등)

① 법 제82조 제2항에 따른 유족의 범위는 다음 각 호와 같다. 이 경우 유족보상의 순위는 다음 각 호의 순서에 따르되, 같은 호에 해당하는 경우에는 그 적힌 순서에 따른다.
   1. 근로자가 사망할 때 그가 부양하고 있던 배우자(사실혼 관계에 있던 자를 포함한다), 자녀, 부모, 손(孫) 및 조부모
   2. 근로자가 사망할 때 그가 부양하고 있지 아니한 배우자, 자녀, 부모, 손 및 조부모
   3. 근로자가 사망할 때 그가 부양하고 있던 형제자매
   4. 근로자가 사망할 때 그가 부양하고 있지 아니한 형제자매
② 유족의 순위를 정하는 경우에 부모는 양부모를 선순위로 친부모를 후순위로 하고, 조부모는 양부모의 부모를 선순위로 친부모의 부모를 후순위로 하되, 부모의 양부모를 선순위로 부모의 친부모를 후순위로 한다.
③ 제1항 및 제2항에도 불구하고 근로자가 유언이나 사용자에 대한 예고에 따라 제1항의 유족 중의 특정한 자를 지정한 경우에는 그에 따른다.

시행령 제49조(같은 순위자)

같은 순위의 유족보상 수급권자가 2명 이상 있는 경우에는 그 인원수에 따라 똑같이 나누어 유족보상을 한다.

제83조 장례비

근로자가 업무상 사망한 경우에는 사용자는 근로자가 사망한 후 **지체 없이 평균임금 90일분**의 장례비를 지급하여야 한다.

제84조 일시보상

제78조에 따라 보상을 받는 근로자가 요양을 시작한 지 **2년**이 지나도 부상 또는 질병이 완치되지 아니하는 경우에는 사용자는 그 근로자에게 **평균임금 1,340일분**의 일시보상을 하여 그 후의 이 법에 따른 모든 보상책임을 면할 수 있다.

제85조 분할보상

사용자는 지급 능력이 있는 것을 **증명**하고 보상을 받는 사람의 **동의**를 받으면 제80조, 제82조 또는 제84조에 따른 보상금을 **1년**에 걸쳐 분할보상을 할 수 있다.

제86조 보상 청구권

보상을 받을 권리는 **퇴직**으로 인하여 변경되지 아니하고, **양도나 압류**하지 못한다.

제87조 다른 손해배상과의 관계

보상을 받게 될 사람이 동일한 사유에 대하여 「민법」이나 그 밖의 법령에 따라 이 법의 재해보상에 상당한 금품을 받으면 그 가액의 한도에서 사용자는 보상의 책임을 면한다.

제88조　고용노동부장관의 심사와 중재

① 업무상의 부상, 질병 또는 사망의 인정, 요양의 방법, 보상금액의 결정, 그 밖에 보상의 실시에 관하여 이의가 있는 자는 **고용노동부장관**에게 심사나 사건의 중재를 청구할 수 있다.

② 제1항의 청구가 있으면 고용노동부장관은 **1개월 이내**에 심사나 중재를 하여야 한다.

③ 고용노동부장관은 필요에 따라 **직권**으로 심사나 사건의 중재를 할 수 있다.

④ 고용노동부장관은 심사나 중재를 위하여 필요하다고 인정하면 의사에게 진단이나 검안을 시킬 수 있다.

⑤ 제1항에 따른 심사나 중재의 청구와 제2항에 따른 심사나 중재의 시작은 **시효의 중단**에 관하여는 **재판상의 청구**로 본다.

제89조　노동위원회의 심사와 중재

① 고용노동부장관이 제88조 제2항의 기간에 심사 또는 중재를 하지 아니하거나 심사와 중재의 결과에 불복하는 자는 **노동위원회**에 심사나 중재를 청구할 수 있다.

② 제1항의 청구가 있으면 노동위원회는 **1개월 이내**에 심사나 중재를 하여야 한다.

제90조　도급 사업에 대한 예외

① 사업이 여러 차례의 도급에 따라 행하여지는 경우의 재해보상에 대하여는 **원수급인**을 사용자로 본다.

② 제1항의 경우에 원수급인이 서면상 계약으로 하수급인에게 보상을 담당하게 하는 경우에는 **그 수급인도** 사용자로 본다. 다만, 2명 이상의 하수급인에게 **똑같은 사업**에 대하여 **중복**하여 보상을 담당하게 하지 못한다.

③ 제2항의 경우에 원수급인이 보상의 청구를 받으면 보상을 담당한 하수급인에게 우선 **최고**할 것을 청구할 수 있다. 다만, 그 하수급인이 파산의 선고를 받거나 행방이 알려지지 아니하는 경우에는 그러하지 아니하다.

제91조　서류의 보존

사용자는 재해보상에 관한 중요한 서류를 재해보상이 끝나지 아니하거나 제92조에 따라 재해보상 청구권이 시효로 소멸되기 전에 **폐기**하여서는 아니 된다.

제92조　시 효

이 법의 규정에 따른 재해보상 청구권은 **3년간** 행사하지 아니하면 시효로 소멸한다.

제9장 | 취업규칙

제93조 취업규칙의 작성·신고

상시 10명 이상의 근로자를 사용하는 사용자는 다음 각 호의 사항에 관한 취업규칙을 작성하여 고용노동부장관에게 신고하여야 한다. 이를 변경하는 경우에도 또한 같다.

1. 업무의 시작과 종료 시각, 휴게시간, 휴일, 휴가 및 교대 근로에 관한 사항
2. 임금의 결정·계산·지급 방법, 임금의 산정기간·지급시기 및 승급에 관한 사항
3. 가족수당의 계산·지급 방법에 관한 사항
4. 퇴직에 관한 사항
5. 「근로자퇴직급여 보장법」 제4조에 따라 설정된 퇴직급여, 상여 및 최저임금에 관한 사항
6. 근로자의 식비, 작업 용품 등의 부담에 관한 사항
7. 근로자를 위한 교육시설에 관한 사항
8. 출산전후휴가·육아휴직 등 근로자의 모성 보호 및 일·가정 양립 지원에 관한 사항
9. 안전과 보건에 관한 사항
9의2. 근로자의 성별·연령 또는 신체적 조건 등의 특성에 따른 사업장 환경의 개선에 관한 사항
10. 업무상과 업무 외의 재해부조에 관한 사항
11. 직장 내 괴롭힘의 예방 및 발생 시 조치 등에 관한 사항
12. 표창과 제재에 관한 사항
13. 그 밖에 해당 사업 또는 사업장의 근로자 전체에 적용될 사항

> 취업규칙을 작성하여 고용노동부장관에게 신고하여야 하는 사용자는 상시 10명 이상의 근로자를 사용하는 사용자이다. (O) 기출 21
>
> 상시 10명 이상의 근로자를 사용하는 사용자는 취업규칙을 작성하여 고용노동부장관에게 신고하여야 한다. (O) 기출 16·18·21
>
> 취업규칙은 노동법의 법원(法源)으로 인정되지 않는다. (×) 기출 21
>
> 근로관계 당사자의 권리와 의무를 규율하는 취업규칙은 노동법의 법원에 해당한다. (O) 기출 20
>
> 사용자가 취업규칙을 작성하여 고용노동부장관에게 신고하여야 하는 경우, 해당 취업규칙에는 업무상과 업무 외의 재해부조(災害扶助)에 관한 사항이 포함되어야 한다. (O) 기출 21

시행령 제7조의2(상시 사용하는 근로자 수의 산정 방법)

① 법 제11조 제3항에 따른 "상시 사용하는 근로자 수"는 해당 사업 또는 사업장에서 법 적용 사유(휴업수당 지급, 근로시간 적용 등 법 또는 이 영의 적용 여부를 판단하여야 하는 사유를 말한다. 이하 이 조에서 같다) 발생일 전 1개월(사업이 성립한 날부터 1개월 미만인 경우에는 그 사업이 성립한 날 이후의 기간을 말한다. 이하 "산정기간"이라 한다) 동안 사용한 근로자의 연인원을 같은 기간 중의 가동 일수로 나누어 산정한다.

② 제1항에도 불구하고 다음 각 호의 구분에 따라 그 사업 또는 사업장에 대하여 5명(법 제93조의 적용 여부를 판단하는 경우에는 10명을 말한다. 이하 이 조에서 "법 적용 기준"이라 한다) 이상의 근로자를 사용하는 사업 또는 사업장(이하 이 조에서 "법 적용 사업 또는 사업장"이라 한다)으로 보거나 법 적용 사업 또는 사업장으로 보지 않는다.

1. 법 적용 사업 또는 사업장으로 보는 경우 : 제1항에 따라 해당 사업 또는 사업장의 근로자 수를 산정한 결과 법 적용 사업 또는 사업장에 해당하지 않는 경우에도 산정기간에 속하는 일(日)별로 근로자 수를 파악하였을 때 법 적용 기준에 미달한 일수(日數)가 2분의 1 미만인 경우

2. 법 적용 사업 또는 사업장으로 보지 않는 경우 : 제1항에 따라 해당 사업 또는 사업장의 근로자 수를 산정한 결과 법 적용 사업 또는 사업장에 해당하는 경우에도 산정기간에 속하는 일별로 근로자 수를 파악하였을 때 법 적용 기준에 미달한 일수가 2분의 1 이상인 경우

③ 법 제60조부터 제62조까지의 규정(제60조 제2항에 따른 연차 유급휴가에 관한 부분은 제외한다)의 적용 여부를 판단하는 경우에 해당 사업 또는 사업장에 대하여 제1항 및 제2항에 따라 월 단위로 근로자 수를 산정한 결과 법 적용 사유 발생일 전 1년 동안 계속하여 5명 이상의 근로자를 사용하는 사업 또는 사업장은 법 적용 사업 또는 사업장으로 본다.

④ 제1항의 연인원에는 「파견근로자 보호 등에 관한 법률」 제2조 제5호에 따른 파견근로자를 제외한 다음 각 호의 근로자 모두를 포함한다.

1. 해당 사업 또는 사업장에서 사용하는 통상 근로자, 「기간제 및 단시간근로자 보호 등에 관한 법률」 제2조 제1호에 따른 기간제근로자, 단시간근로자 등 고용형태를 불문하고 하나의 사업 또는 사업장에서 근로하는 모든 근로자

2. 해당 사업 또는 사업장에 동거하는 친족과 함께 제1호에 해당하는 근로자가 1명이라도 있으면 동거하는 친족인 근로자

제94조　규칙의 작성, 변경 절차

① 사용자는 취업규칙의 작성 또는 변경에 관하여 해당 사업 또는 사업장에 근로자의 과반수로 조직된 노동조합이 있는 경우에는 **그 노동조합**, 근로자의 과반수로 조직된 노동조합이 없는 경우에는 **근로자의 과반수**의 의견을 들어야 한다. 다만, 취업규칙을 근로자에게 불리하게 변경하는 경우에는 그 **동의**를 받아야 한다.

② 사용자는 제93조에 따라 취업규칙을 신고할 때에는 제1항의 의견을 적은 **서면**을 첨부하여야 한다.

> 사용자는 취업규칙의 작성에 관하여 해당 사업 또는 사업장에 근로자의 과반수로 조직된 노동조합이 있는 경우에는 그 노동조합, 근로자의 과반수로 조직된 노동조합이 없는 경우에는 근로자의 과반수의 의견을 들어야 한다. (○) 기출 21·22
>
> 사용자는 취업규칙을 근로자에게 불리하게 변경하는 경우에 해당 사업장에 근로자의 과반수로 조직된 노동조합이 있는 경우에는 그 노동조합의 동의를 받아야 한다. (○) 기출 18
>
> 사용자는 취업규칙을 근로자에게 불리하게 변경하는 경우에는 근로자 과반수의 의견을 들어야 한다. (×) 기출 20
>
> 노동조합이 없는 경우에 취업규칙의 불이익 변경은 근로자들이 직접 선출한 대표의 동의가 있어야 효력이 있다. (×) 기출 17
>
> 근로자 과반수로 조직된 노동조합이 있는 경우 취업규칙의 불이익 변경은 근로자 과반수의 동의가 있어야 효력이 있다. (×) 기출 17

제95조 **제재 규정의 제한**

취업규칙에서 근로자에 대하여 감급의 제재를 정할 경우에 그 감액은 1회의 금액이 **평균임금의 1일분의 2분의 1**을, 총액이 1임금지급기의 임금 총액의 **10분의 1**을 초과하지 못한다.

> 취업규칙에서 근로자에 대하여 감급(減給)의 제재를 정할 경우에 그 감액은 1회의 금액이 통상임금의 1일분의 2분의 1을, 총액이 1임금지급기의 임금 총액의 5분의 1을 초과하지 못한다.
> (×) **기출** 22
>
> 취업규칙에서 근로자에 대하여 감급(減給)의 제재를 정할 경우에 그 감액은 1회의 금액이 평균임금의 1일분의 2분의 1을, 총액이 1임금지급기의 임금 총액의 10분의 1을 초과하지 못한다.
> (○) **기출** 21
>
> 취업규칙에서 근로자에 대하여 감급(減給)의 제재를 정할 경우에 그 감액은 1회의 금액이 통상임금의 1일분의 2분의 1을, 총액이 1임금지급기의 임금 총액의 10분의 1을 초과하지 못한다.
> (×) **기출** 14 · 16 · 19

제96조 **단체협약의 준수**

① 취업규칙은 법령이나 해당 사업 또는 사업장에 대하여 적용되는 **단체협약**과 어긋나서는 아니 된다.
② 고용노동부장관은 법령이나 단체협약에 어긋나는 취업규칙의 **변경을 명할 수 있다.**

> 취업규칙은 법령이나 해당 사업 또는 사업장에 대하여 적용되는 단체협약과 어긋나서는 아니 된다.
> (○) **기출** 13 · 16
>
> 고용노동부장관은 법령이나 단체협약에 어긋나는 취업규칙에 대하여 노동위원회의 의결을 받아 그 변경을 명하여야 한다.
> (×) **기출** 21
>
> 고용노동부장관은 법령이나 단체협약에 어긋나는 취업규칙의 변경을 명할 수 있다.
> (○) **기출** 14 · 16 · 18
>
> 취업규칙은 근로기준법과 어긋나서는 아니 된다.
> (○) **기출** 22
>
> 취업규칙은 해당 사업 또는 사업장에 대하여 적용되는 단체협약과 어긋나서는 아니 된다.
> (○) **기출** 22
>
> 표창과 제재에 관한 사항이 없는 취업규칙의 경우 고용노동부장관은 그 변경을 명할 수 있다.
> (○) **기출** 22

제97조 **위반의 효력**

취업규칙에서 정한 기준에 미달하는 근로조건을 정한 근로계약은 그 부분에 관하여는 **무효**로 한다. 이 경우 무효로 된 부분은 **취업규칙**에 정한 기준에 따른다.

> 취업규칙에서 정한 기준에 미달하는 근로조건을 정한 근로계약은 그 부분에 관하여는 무효로 한다. 이 경우 무효로 된 부분은 취업규칙에 정한 기준에 따른다.
> (○) **기출** 16 · 18 · 21 · 22 · 24
>
> 취업규칙에서 정한 기준보다 유리한 내용의 근로조건을 정한 근로계약은 그 부분에 관하여는 이를 무효로 한다.
> (×) **기출** 15

제98조 기숙사 생활의 보장

① 사용자는 사업 또는 사업장의 부속 기숙사에 기숙하는 근로자의 사생활의 자유를 침해하지 못한다.

② 사용자는 기숙사 생활의 자치에 필요한 임원 선거에 간섭하지 못한다.

> 사용자는 기숙사 생활의 자치에 필요한 임원 선거에 간섭하지 못한다.　　(O) 기출 16

제99조 규칙의 작성과 변경

① 부속 기숙사에 근로자를 기숙시키는 사용자는 다음 각 호의 사항에 관하여 기숙사규칙을 작성하여야 한다.

　1. 기상, 취침, 외출과 외박에 관한 사항

　2. 행사에 관한 사항

　3. 식사에 관한 사항

　4. 안전과 보건에 관한 사항

　5. 건설물과 설비의 관리에 관한 사항

　6. 그 밖에 기숙사에 기숙하는 근로자 전체에 적용될 사항

② 사용자는 제1항에 따른 규칙의 작성 또는 변경에 관하여 기숙사에 기숙하는 근로자의 과반수를 대표하는 자의 동의를 받아야 한다.

③ 사용자와 기숙사에 기숙하는 근로자는 기숙사규칙을 지켜야 한다.

> **시행령 제54조(기숙사규칙안의 게시 등)**
> 사용자는 법 제99조 제2항에 따라 근로자의 과반수를 대표하는 자의 동의를 받으려는 경우 기숙사에 기숙하는 근로자의 과반수가 18세 미만인 때에는 기숙사규칙안을 7일 이상 기숙사의 보기 쉬운 장소에 게시하거나 갖추어 두어 알린 후에 동의를 받아야 한다.

제100조 부속 기숙사의 설치·운영 기준

사용자는 부속 기숙사를 설치·운영할 때 다음 각 호의 사항에 관하여 대통령령으로 정하는 기준을 충족하도록 하여야 한다.

　1. 기숙사의 구조와 설비

　2. 기숙사의 설치 장소

　3. 기숙사의 주거 환경 조성

　4. 기숙사의 면적

　5. 그 밖에 근로자의 안전하고 쾌적한 주거를 위하여 필요한 사항

제100조의2 부속 기숙사의 유지관리 의무

사용자는 제100조에 따라 설치한 부속 기숙사에 대하여 근로자의 건강 유지, 사생활 보호 등을 위한 조치를 하여야 한다.

제101조 감독 기관

① 근로조건의 기준을 확보하기 위하여 고용노동부와 그 소속 기관에 근로감독관을 둔다.
② 근로감독관의 자격, 임면, 직무 배치에 관한 사항은 대통령령으로 정한다.

> 근로조건의 기준을 확보하기 위하여 고용노동부와 그 소속 기관에 근로감독관을 둔다.
> (O) 기출 14·20·22

제102조 근로감독관의 권한

① 근로감독관은 사업장, 기숙사, 그 밖의 부속 건물을 현장조사하고 장부와 서류의 제출을 요구할 수 있으며 사용자와 근로자에 대하여 심문할 수 있다.
② 의사인 근로감독관이나 근로감독관의 위촉을 받은 의사는 취업을 금지하여야 할 질병에 걸릴 의심이 있는 근로자에 대하여 검진할 수 있다.
③ 제1항 및 제2항의 경우에 근로감독관이나 그 위촉을 받은 의사는 그 신분증명서와 고용노동부장관의 현장조사 또는 검진지령서를 제시하여야 한다.
④ 제3항의 현장조사 또는 검진지령서에는 그 일시, 장소 및 범위를 분명하게 적어야 한다.
⑤ 근로감독관은 이 법이나 그 밖의 노동관계 법령 위반의 죄에 관하여 「사법경찰관리의 직무를 행할 자와 그 직무범위에 관한 법률」에서 정하는 바에 따라 사법경찰관의 직무를 수행한다.

> 근로감독관은 사용자와 근로자에 대하여 심문할 수 있다. (O) 기출 18·20·22
> 근로감독관은 사업장, 기숙사, 그 밖의 부속건물을 현장조사하고 장부와 서류의 제출을 요구할 수 있다. (O) 기출 14·20·22
> 근로감독관은 근로기준법 위반의 죄에 관하여 경찰관 직무집행법에서 정하는 바에 따라 사법경찰관의 직무를 수행한다. (X) 기출 20
> 근로감독관의 위촉을 받은 의사는 취업을 금지하여야 할 질병에 걸릴 의심이 있는 근로자에 대하여 검진할 수 있다. (O) 기출 14·18·20·22

제103조 근로감독관의 의무

근로감독관은 직무상 알게 된 비밀을 엄수하여야 한다. 근로감독관을 그만둔 경우에도 또한 같다.

> 근로감독관은 근로감독관을 그만 둔 경우에도 직무상 알게 된 비밀을 엄수하여야 한다.
> (O) 기출 14·22

제104조   감독 기관에 대한 신고

① 사업 또는 사업장에서 이 법 또는 이 법에 따른 대통령령을 위반한 사실이 있으면 근로자는 그 사실을 **고용노동부장관**이나 **근로감독관**에게 통보할 수 있다.
② 사용자는 제1항의 통보를 이유로 근로자에게 해고나 그 밖에 불리한 처우를 하지 못한다.

제105조   사법경찰권 행사자의 제한

이 법이나 그 밖의 노동관계 법령에 따른 현장조사, 서류의 제출, 심문 등의 수사는 검사와 근로감독관이 전담하여 수행한다. 다만, **근로감독관의 직무**에 관한 범죄의 수사는 그러하지 아니하다.

> 근로기준법에 따른 현장조사, 서류의 제출, 근로감독관의 직무에 관한 범죄 등의 수사는 검사와 근로감독관이 전담하여 수행한다.　　　　　　　　　　　　　　　　(×) **기출** 14 · 22

제106조   권한의 위임

이 법에 따른 고용노동부장관의 권한은 대통령령으로 정하는 바에 따라 그 일부를 지방고용노동관서의 장에게 위임할 수 있다.

제12장 ┃ 벌 칙

제107조   벌 칙

제7조, 제8조, 제9조, 제23조 제2항 또는 제40조를 위반한 자는 5년 이하의 징역 또는 5천만원 이하의 벌금에 처한다.

제108조   벌 칙

근로감독관이 이 법을 위반한 사실을 **고의**로 묵과하면 3년 이하의 징역 또는 5년 이하의 자격정지에 처한다.

> 근로감독관이 근로기준법을 위반한 사실을 고의로 묵과하면 5년 이하의 징역에 처한다.
> 　　　　　　　　　　　　　　　　　　　　　　　　　　　　　　(×) **기출** 18

제109조 벌 칙

① 제36조, 제43조, 제44조, 제44조의2, 제46조, 제51조의3, 제52조 제2항 제2호, 제56조, 제65조, 제72조 또는 제76조의3 제6항을 위반한 자는 3년 이하의 징역 또는 3천만원 이하의 벌금에 처한다.

② 제36조, 제43조, 제44조, 제44조의2, 제46조, 제51조의3, 제52조 제2항 제2호 또는 제56조를 위반한 자에 대하여는 피해자의 <u>명시적인 의사</u>와 다르게 공소를 제기할 수 없다.

사용자가 근로자를 폭행한 경우 피해자의 명시적인 의사와 다르게 공소를 제기할 수 없다.
(×) **기출** 20

임금 전액을 지급하지 않은 사용자에 대해서는 피해자의 명시적인 의사에 상관없이 처벌이 가능하다.
(×) **기출** 15

법 제36조(금품 청산)를 위반한 자에 대하여는 피해자의 명시적인 의사와 다르게 공소를 제기할 수 있다. (×) **기출** 14

근기법 위반사항 중 피해자의 명시적인 의사와 다르게 공소를 제기할 수 없는 경우 **기출** 23

근로자에게 1주에 평균 1회 이상의 유급휴일을 보장하지 않는 경우	(×)
사용자의 귀책사유로 휴업하면서 휴업수당을 지급하지 않는 경우	(○)
연장·야간·휴일근로에 대한 가산수당을 지급하지 않는 경우	(○)
친권자나 후견인이 미성년자의 근로계약을 대리하는 경우	(×)
근로자를 즉시 해고하면서 해고예고수당을 지급하지 않는 경우	(×)

근기법상 반의사불벌죄

구 분	근기법상 반의사불벌죄(제109조 제2항)
구성요건 (다음의 규정을 위반한 자)	금품 청산(제36조)
	임금 지급(제43조)
	도급사업에 대한 임금 지급(제44조)
	건설업에서의 임금 지급 연대책임(제44조의2)
	휴업수당(제46조)
	연장·야간 및 휴일근로(제56조)

제110조 **벌 칙**

다음 각 호의 어느 하나에 해당하는 자는 2년 이하의 징역 또는 2천만원 이하의 벌금에 처한다.
　　1. 제10조, 제22조 제1항, 제26조, 제50조, 제51조의2 제2항, 제52조 제2항 제1호, 제53조 제1항·제2항·제3항 본문·제7항, 제54조, 제55조, 제59조 제2항, 제60조 제1항·제2항·제4항 및 제5항, 제64조 제1항, 제69조, 제70조 제1항·제2항, 제71조, 제74조 제1항부터 제5항까지, 제75조, 제78조부터 제80조까지, 제82조, 제83조 및 제104조 제2항을 위반한 자
　　2. 제53조 제4항에 따른 명령을 위반한 자

제111조 **벌 칙**

제31조 제3항에 따라 확정되거나 행정소송을 제기하여 확정된 구제명령 또는 구제명령을 내용으로 하는 재심판정을 이행하지 아니한 자는 1년 이하의 징역 또는 1천만원 이하의 벌금에 처한다.

제112조 **고 발**

① 제111조의 죄는 노동위원회의 고발이 있어야 공소를 제기할 수 있다.
② 검사는 제1항에 따른 죄에 해당하는 위반행위가 있음을 노동위원회에 통보하여 고발을 요청할 수 있다.

제113조 **벌 칙**

제45조를 위반한 자는 1천만원 이하의 벌금에 처한다.

제114조 **벌 칙**

다음 각 호의 어느 하나에 해당하는 자는 500만원 이하의 벌금에 처한다.
　　1. 제6조, 제16조, 제17조, 제20조, 제21조, 제22조 제2항, 제47조, 제53조 제4항 단서, 제67조 제1항·제3항, 제70조 제3항, 제73조, 제74조 제6항, 제77조, 제94조, 제95조, 제100조 및 제103조를 위반한 자
　　2. 제96조 제2항에 따른 명령을 위반한 자

> 사용자가 근로계약을 체결할 때 임금에 관한 근로조건을 근로자에게 명시하지 아니하는 경우에는 벌칙이 적용된다. (○) **기출** 13

제115조 **양벌규정**

사업주의 대리인, 사용인, 그 밖의 종업원이 해당 사업의 근로자에 관한 사항에 대하여 제107조, 제109조부터 제111조까지, 제113조 또는 제114조의 위반행위를 하면 그 행위자를 벌하는 외에 그 사업주에게도 해당 조문의 벌금형을 과한다. 다만, 사업주가 그 위반행위를 방지하기 위하여 해당 업무에 관하여 상당한 주의와 감독을 게을리하지 아니한 경우에는 그러하지 아니하다.

제116조 　과태료

① 사용자(사용자의 「민법」 제767조에 따른 친족 중 대통령령으로 정하는 사람이 해당 사업 또는 사업장의 근로자인 경우를 포함한다)가 제76조의2를 위반하여 직장 내 괴롭힘을 한 경우에는 1천만원 이하의 과태료를 부과한다.

② 다음 각 호의 어느 하나에 해당하는 자에게는 500만원 이하의 과태료를 부과한다.

　1. 제13조에 따른 고용노동부장관, 노동위원회 또는 근로감독관의 요구가 있는 경우에 보고 또는 출석을 하지 아니하거나 거짓된 보고를 한 자

　2. 제14조, 제39조, 제41조, 제42조, 제48조, 제66조, 제74조 제7항·제9항, 제76조의3 제2항·제4항·제5항·제7항, 제91조, 제93조, 제98조 제2항 및 제99조를 위반한 자

　3. 제51조의2 제5항에 따른 임금보전방안을 신고하지 아니한 자

　4. 제102조에 따른 근로감독관 또는 그 위촉을 받은 의사의 현장조사나 검진을 거절, 방해 또는 기피하고 그 심문에 대하여 진술을 하지 아니하거나 거짓된 진술을 하며 장부·서류를 제출하지 아니하거나 거짓 장부·서류를 제출한 자

③ 제1항 및 제2항에 따른 과태료는 대통령령으로 정하는 바에 따라 고용노동부장관이 부과·징수한다.

> 사용자가 직장 내 괴롭힘 발생 사실의 확인조사 결과 그 사실이 확인되었음에도 지체 없이 행위자에 대하여 필요한 조치를 하지 아니한 경우 1천만원 이하의 과태료를 부과한다. 　(×) 기출 20
>
> 사용자가 직장 내 괴롭힘의 금지를 위반하여 직장 내 괴롭힘을 한 경우에는 1천만원 이하의 과태료를 부과한다. 　(○) 기출 23

03 파견근로자 보호 등에 관한 법률

시행 2020.12.8. [법률 제17605호, 2020.12.8. 일부개정]

제1장 총 칙

제1조 목 적

이 법은 근로자파견사업의 적정한 운영을 도모하고 파견근로자의 근로조건 등에 관한 기준을 확립하여 파견근로자의 고용안정과 복지증진에 이바지하고 인력수급을 원활하게 함을 목적으로 한다.

제2조 정 의

이 법에서 사용하는 용어의 뜻은 다음과 같다.

1. "근로자파견"이란 파견사업주가 근로자를 고용한 후 그 고용관계를 유지하면서 근로자파견계약의 내용에 따라 사용사업주의 지휘·명령을 받아 사용사업주를 위한 근로에 종사하게 하는 것을 말한다.
2. "근로자파견사업"이란 근로자파견을 업으로 하는 것을 말한다.
3. "파견사업주"란 근로자파견사업을 하는 자를 말한다.
4. "사용사업주"란 근로자파견계약에 따라 파견근로자를 사용하는 자를 말한다.
5. "파견근로자"란 파견사업주가 고용한 근로자로서 근로자파견의 대상이 되는 사람을 말한다.
6. "근로자파견계약"이란 파견사업주와 사용사업주 간에 근로자파견을 약정하는 계약을 말한다.
7. "차별적 처우"란 다음 각 목의 사항에서 합리적인 이유 없이 불리하게 처우하는 것을 말한다.
   가. 「근로기준법」 제2조 제1항 제5호의 임금
   나. 정기상여금, 명절상여금 등 정기적으로 지급되는 상여금
   다. 경영성과에 따른 성과금
   라. 그 밖에 근로조건 및 복리후생 등에 관한 사항

제3조 **정부의 책무**

정부는 파견근로자를 보호하고 근로자의 구직과 사용자의 인력확보를 쉽게 하기 위하여 다음 각 호의 시책을 마련·시행함으로써 근로자가 사용자에게 **직접** 고용될 수 있도록 **노력하여야** 한다.

1. 고용정보의 수집·제공
2. 직업에 관한 연구
3. 직업지도
4. 직업안정기관의 설치·운영

제4조 **근로자파견사업의 조사·연구**

① **정부는** 필요한 경우 근로자대표·사용자대표·공익대표 및 관계전문가에게 근로자파견사업의 적정한 운영과 파견근로자의 보호에 관한 주요사항을 **조사·연구하게 할 수 있다.**
② 제1항에 따른 조사·연구에 필요한 사항은 고용노동부령으로 정한다.

제2장 근로자파견사업의 적정 운영

제5조 **근로자파견 대상 업무 등**

① 근로자파견사업은 **제조업의 직접생산공정업무**를 제외하고 전문지식·기술·경험 또는 업무의 성질 등을 고려하여 적합하다고 판단되는 업무로서 대통령령으로 정하는 업무를 대상으로 한다.
② 제1항에도 불구하고 출산·질병·부상 등으로 **결원**이 생긴 경우 또는 **일시적·간헐적으로** 인력을 확보하여야 할 **필요**가 있는 경우에는 근로자파견사업을 할 수 있다.
③ 제1항 및 제2항에도 불구하고 다음 각 호의 어느 하나에 해당하는 업무에 대하여는 근로자파견사업을 하여서는 아니 된다.
　1. **건설공사현장**에서 이루어지는 업무
　2. 「항만운송사업법」 제3조 제1호, 「한국철도공사법」 제9조 제1항 제1호, 「농수산물 유통 및 가격안정에 관한 법률」 제40조, 「물류정책기본법」 제2조 제1항 제1호의 하역 업무로서 「직업안정법」 제33조에 따라 **근로자공급사업 허가**를 받은 지역의 업무
　3. 「선원법」 제2조 제1호의 **선원**의 업무
　4. 「산업안전보건법」 제58조에 따른 **유해**하거나 **위험한** 업무
　5. 그 밖에 근로자 보호 등의 이유로 근로자파견사업의 대상으로는 적절하지 못하다고 인정하여 **대통령령으로 정하는 업무**
④ 제2항에 따라 파견근로자를 사용하려는 경우 사용사업주는 해당 사업 또는 사업장에 근로자의 과반수로 조직된 노동조합이 있는 경우에는 그 **노동조합,** 근로자의 과반수로 조직된 노동조합이 없는 경우에는 근로자의 **과반수**를 대표하는 자와 **사전**에 성실하게 **협의**하여야 한다.

⑤ 누구든지 제1항부터 제4항까지의 규정을 위반하여 근로자파견사업을 하거나 그 근로자 파견사업을 하는 자로부터 근로자파견의 역무를 제공받아서는 아니 된다.

> 건설공사현장에서 이루어지는 업무는 파견근로자 보호 등에 관한 법령상 근로자파견대상업무가 아니다.
> (○) 기출 24
>
> 물류정책기본법상 하역업무로서 직업안정법에 따라 근로자공급사업 허가를 받은 지역의 업무는 파견근로자 보호 등에 관한 법령상 근로자파견대상업무가 아니다.
> (○) 기출 24
>
> 출산으로 결원이 생긴 제조업의 직접생산공정업무는 파견근로자 보호 등에 관한 법령상 파견이 허용되는 업무이다.
> (○) 기출 21
>
> 건설공사현장에서 이루어지는 업무에 대하여는 일시적·간헐적으로 인력을 확보하여야 할 필요가 있는 경우 근로자파견사업을 행할 수 있다.
> (×) 기출 16
>
> 선원법에 따른 선원의 업무는 파견근로자 보호 등에 관한 법률·시행령상 근로자파견대상업무가 아니다.
> (○) 기출 15·24

시행령 제2조(근로자파견의 대상 및 금지업무)

① 「파견근로자 보호 등에 관한 법률」(이하 "법"이라 한다) 제5조 제1항에서 "대통령령으로 정하는 업무"란 [별표 1]의 업무를 말한다.

② 법 제5조 제3항 제5호에서 "대통령령으로 정하는 업무"란 다음 각 호의 어느 하나에 해당하는 업무를 말한다.
  1. 「진폐의 예방과 진폐근로자의 보호 등에 관한 법률」 제2조 제3호에 따른 분진작업을 하는 업무
  2. 「산업안전보건법」 제137조에 따른 건강관리카드의 발급대상 업무
  3. 「의료법」 제2조에 따른 의료인의 업무 및 같은 법 제80조의2에 따른 간호조무사의 업무
  4. 「의료기사 등에 관한 법률」 제3조에 따른 의료기사의 업무
  5. 「여객자동차 운수사업법」 제2조 제3호에 따른 여객자동차운송사업에서의 운전업무
  6. 「화물자동차 운수사업법」 제2조 제3호에 따른 화물자동차운송사업에서의 운전업무

■ 파견법 시행령 [별표 1]

근로자파견대상업무(시행령 제2조 제1항 관련)

한국표준직업분류 (통계청고시 제2000-2호)	대 상 업 무	비 고
120	컴퓨터 관련 전문가의 업무	
16	행정, 경영 및 재정 전문가의 업무	행정 전문가(161)의 업무는 제외한다.
17131	특허 전문가의 업무	
181	기록 보관원, 사서 및 관련 전문가의 업무	사서(18120)의 업무는 제외한다.
1822	번역가 및 통역가의 업무	
183	창작 및 공연예술가의 업무	
184	영화, 연극 및 방송 관련 전문가의 업무	

220	컴퓨터 관련 준전문가의 업무	
23219	기타 전기공학 기술공의 업무	
23221	통신 기술공의 업무	
234	제도기술 종사자, 캐드 포함의 업무	
235	광학 및 전자장비 기술 종사자의 업무	보조업무에 한정한다. 임상병리사(23531), 방사선사 (23532), 기타 의료장비 기사 (23539)의 업무는 제외한다.
252	정규교육 이외 교육 준전문가의 업무	
253	기타 교육 준전문가의 업무	
28	예술, 연예 및 경기 준전문가의 업무	
291	관리 준전문가의 업무	
317	사무 지원 종사자의 업무	
318	도서, 우편 및 관련 사무 종사자의 업무	
3213	수금 및 관련 사무 종사자의 업무	
3222	전화교환 및 번호안내 사무 종사자의 업무	전화교환 및 번호안내 사무 종사자 의 업무가 해당 사업의 핵심업무인 경우는 제외한다.
323	고객 관련 사무 종사자의 업무	
411	개인보호 및 관련 종사자의 업무	
421	음식조리 종사자의 업무	「관광진흥법」 제3조에 따른 관광 숙박업에서의 조리사 업무는 제 외한다.
432	여행안내 종사자의 업무	
51206	주유원의 업무	
51209	기타 소매업체 판매원의 업무	
521	전화통신 판매 종사자의 업무	
842	자동차운전 종사자의 업무	
9112	건물청소 종사자의 업무	
91221	수위 및 경비원의 업무	「경비업법」 제2조 제1호에 따른 경비업무는 제외한다.
91225	주차장 관리원의 업무	
913	배달, 운반 및 검침 관련 종사자의 업무	

제6조 　**파견기간**

① 근로자파견의 기간은 제5조 제2항에 해당하는 경우를 제외하고는 **1년**을 초과하여서는
아니 된다.

② 제1항에도 불구하고 파견사업주, 사용사업주, 파견근로자 간의 **합의**가 있는 경우에는
파견기간을 연장할 수 있다. 이 경우 1회를 연장할 때에는 그 연장기간은 **1년**을 초과하여
서는 아니 되며, 연장된 기간을 포함한 총파견기간은 **2년**을 초과하여서는 아니 된다.

③ 제2항 후단에도 불구하고 「고용상 연령차별금지 및 고령자고용촉진에 관한 법률」 제2조
제1호의 고령자인 파견근로자에 대하여는 **2년**을 초과하여 근로자파견기간을 연장할
수 있다.

④ 제5조 제2항에 따른 근로자파견의 기간은 다음 각 호의 구분에 따른다.
1. 출산·질병·부상 등 그 사유가 객관적으로 명백한 경우 : 해당 사유가 없어지는
데 필요한 기간
2. 일시적·간헐적으로 인력을 확보할 필요가 있는 경우 : **3개월 이내**의 기간. 다만,
해당 사유가 없어지지 아니하고 파견사업주, 사용사업주, 파견근로자 간의 합의가
있는 경우에는 3개월의 범위에서 **한 차례**만 그 기간을 연장할 수 있다.

> 60세인 파견근로자를 근로자파견대상업무에 파견하는 경우 2년을 초과하여 근로자파견기간을 연장할
> 수 있다. 　　　　　　　　　　　　　　　　　　　　　　　　　　　(○) **기출** 13·17

고령자 고용법 제2조(정의)
이 법에서 사용하는 용어의 뜻은 다음과 같다.
1. "고령자"란 인구와 취업자의 구성 등을 고려하여 대통령령으로 정하는 연령 이상인 사람을
말한다.

동법 시행령 제2조(고령자 및 준고령자의 정의)
① 「고용상 연령차별금지 및 고령자고용촉진에 관한 법률」(이하 "법"이라 한다) 제2조 제1호에
따른 고령자는 55세 이상인 사람으로 한다.

제6조의2 　**고용의무**

① 사용사업주가 다음 각 호의 어느 하나에 해당하는 경우에는 해당 파견근로자를 **직접
고용하여야** 한다.
1. **제5조 제1항**의 근로자파견 대상 업무에 해당하지 아니하는 업무에서 파견근로자를
사용하는 경우(제5조 제2항에 따라 **근로자파견사업**을 한 경우는 제외한다)
2. **제5조 제3항을 위반**하여 파견근로자를 사용하는 경우
3. **제6조 제2항을 위반**하여 2년을 초과하여 계속적으로 파견근로자를 사용하는 경우
4. **제6조 제4항을 위반**하여 파견근로자를 사용하는 경우
5. **제7조 제3항을 위반**하여 근로자파견의 역무를 제공받은 경우

② 제1항은 해당 파견근로자가 **명시적으로 반대의사**를 표시하거나 대통령령으로 정하는
정당한 이유가 있는 경우에는 적용하지 아니한다.

③ 제1항에 따라 사용사업주가 파견근로자를 직접 고용하는 경우의 파견근로자의 근로조건은 다음 각 호의 구분에 따른다.
  1. 사용사업주의 근로자 중 해당 파견근로자와 같은 종류의 업무 또는 유사한 업무를 수행하는 근로자가 있는 경우 : 해당 근로자에게 적용되는 **취업규칙 등에서 정하는 근로조건**에 따를 것
  2. 사용사업주의 근로자 중 해당 파견근로자와 같은 종류의 업무 또는 유사한 업무를 수행하는 근로자가 없는 경우 : 해당 파견근로자의 **기존 근로조건의 수준**보다 낮아져서는 아니 될 것
④ 사용사업주는 파견근로자를 사용하고 있는 업무에 근로자를 직접 고용하려는 경우에는 해당 파견근로자를 우선적으로 고용하도록 **노력하여야** 한다.

> 제조업의 직접생산공정업무에서 일시적·간헐적으로 사용기간 내에 파견근로자를 사용한 경우에는 직접 고용의무가 발생하지 아니한다. (○) 기출 19
>
> 근로자파견대상업무에 해당하지 않는 업무에 파견근로자를 사용하는 경우 사용사업주는 해당 파견근로자를 직접 고용한 것으로 간주된다. (×) 기출 17
>
> 사용사업주는 출산·질병·부상 등으로 결원이 생긴 경우 또는 일시적·간헐적으로 인력을 확보하여야 할 필요가 있는 경우가 아님에도 제조업의 직접생산공정업무에 파견근로자를 사용하는 경우에 해당 파견근로자를 직접 고용하여야 한다. (○) 기출 13
>
> 사용사업주는 고용노동부장관의 허가를 받지 않고 근로자파견사업을 행하는 자로부터 근로자파견의 역무를 제공받은 경우에 해당 파견근로자를 직접 고용하여야 한다. (○) 기출 13
>
> 사용사업주는 파견근로자를 사용하고 있는 업무에 근로자를 직접 고용하려면 그 파견근로자를 우선적으로 고용해야 한다. (×) 기출 17·20
>
> 사용사업주는 파견근로자를 사용하고 있는 업무에 근로자를 직접 고용하고자 하는 경우에는 당해 파견근로자를 우선적으로 고용하도록 노력하여야 한다. (○) 기출 13·16

시행령 제2조의2(고용의무의 예외)
법 제6조의2 제2항에서 "대통령령으로 정하는 정당한 이유가 있는 경우"란 다음 각 호의 어느 하나에 해당하는 경우를 말한다.
  1. 「임금채권보장법」 제7조 제1항 제1호로부터 제3호까지의 어느 하나에 해당하는 경우
  2. 천재·사변 그 밖의 부득이한 사유로 사업의 계속이 불가능한 경우

제7조 **근로자파견사업의 허가**

① 근로자파견사업을 하려는 자는 고용노동부령으로 정하는 바에 따라 **고용노동부장관의 허가**를 받아야 한다. 허가받은 사항 중 고용노동부령으로 정하는 **중요사항을 변경**하는 경우에도 또한 같다.
② 제1항 전단에 따라 근로자파견사업의 허가를 받은 자가 허가받은 사항 중 같은 항 후단에 따른 **중요사항 외의 사항을 변경**하려는 경우에는 고용노동부령으로 정하는 바에 따라 **고용노동부장관**에게 **신고**하여야 한다.

③ 사용사업주는 제1항을 위반하여 근로자파견사업을 하는 자로부터 근로자파견의 역무를 제공받아서는 아니 된다.

④ 고용노동부장관은 제2항에 따른 신고를 받은 경우 그 내용을 검토하여 이 법에 적합하면 **신고를 수리하여야** 한다.

> 근로자파견사업을 하려는 자는 고용노동부장관의 허가를 받아야 한다.　　　　(○) **기출** 24

제8조　허가의 결격사유

다음 각 호의 어느 하나에 해당하는 자는 제7조에 따른 근로자파견사업의 **허가를 받을 수 없다.**

1. 미성년자, 피성년후견인, 피한정후견인 또는 파산선고를 받고 복권되지 아니한 사람
2. 금고 이상의 형(집행유예는 제외한다)을 선고받고 그 집행이 끝나거나 집행을 받지 아니하기로 확정된 후 2년이 지나지 아니한 사람
3. 이 법, 「직업안정법」, 「근로기준법」 제7조, 제9조, 제20조부터 제22조까지, 제36조, 제43조, 제44조, 제44조의2, 제45조, 제46조, 제56조 및 제64조, 「최저임금법」 제6조, 「선원법」 제110조를 위반하여 벌금 이상의 형(**집행유예는 제외한다**)을 선고받고 그 집행이 끝나거나 집행을 받지 아니하기로 확정된 후 3년이 지나지 아니한 자
4. 금고 이상의 형의 집행유예를 선고받고 그 유예기간 중에 있는 사람
5. 제12조에 따라 해당 사업의 허가가 취소(이 조 제1호에 해당하여 허가가 취소된 경우는 제외한다)된 후 3년이 지나지 아니한 자
6. 임원 중 제1호부터 제5호까지의 어느 하나에 해당하는 사람이 있는 법인

제9조　허가의 기준

① 고용노동부장관은 제7조에 따라 근로자파견사업의 허가신청을 받은 경우에는 다음 각 호의 요건을 모두 갖춘 경우에 한정하여 근로자파견사업을 허가할 수 있다.

1. 신청인이 해당 근로자파견사업을 적정하게 수행할 수 있는 자산 및 시설 등을 갖추고 있을 것
2. 해당 사업이 특정한 소수의 사용사업주를 대상으로 하여 근로자파견을 하는 것이 아닐 것

② 제1항에 따른 허가의 세부기준은 대통령령으로 정한다.

> **시행령 제3조(허가의 세부기준)**
> 법 제9조 제2항에 따른 근로자파견사업의 자산 및 시설 등의 기준은 다음 각 호와 같다.
> 1. 상시 5인 이상의 근로자(파견근로자는 제외한다)를 사용하는 사업 또는 사업장으로서 고용보험·국민연금·산업재해보상보험 및 국민건강보험에 가입되어 있을 것
> 2. 1억원 이상의 자본금(개인인 경우에는 자산평가액)을 갖출 것
> 3. 전용면적 20제곱미터 이상의 사무실을 갖출 것

허가의 유효기간 등

① 근로자파견사업 허가의 유효기간은 3년으로 한다.

② 제1항에 따른 허가의 유효기간이 끝난 후 계속하여 근로자파견사업을 하려는 자는 고용노동부령으로 정하는 바에 따라 **갱신허가를 받아야** 한다.

③ 제2항에 따른 갱신허가의 **유효기간**은 그 갱신 전의 허가의 유효기간이 끝나는 날의 다음 날부터 기산하여 3년으로 한다.

④ 제2항에 따른 갱신허가에 관하여는 제7조부터 제9조까지의 규정을 준용한다.

> 근로자파견사업 갱신허가의 유효기간은 그 갱신 전의 허가의 유효기간이 끝나는 날부터 기산하여 2년으로 한다.　　　　　　　　　　　　　　　　　　(×) **기출** 24
>
> 근로자파견사업의 허가의 유효기간은 3년으로 한다.　　　　　　　(○) **기출** 13 · 14 · 22

제11조 **사업의 폐지**

① 파견사업주는 근로자파견사업을 폐지하였을 때에는 고용노동부령으로 정하는 바에 따라 **고용노동부장관에게 신고**하여야 한다.

② 제1항에 따른 신고가 있을 때에는 근로자파견사업의 허가는 **신고일**부터 그 효력을 잃는다.

> 파견사업주의 근로자파견사업을 폐지하는 신고가 있을 때에는 근로자파견사업의 허가는 신고일부터 그 효력을 잃는다.　　　　　　　　　　　　　　　　(○) **기출** 22

제12조 **허가의 취소 등**

① 고용노동부장관은 파견사업주가 다음 각 호의 어느 하나에 해당하는 경우에는 근로자파견사업의 허가를 취소하거나 6개월 이내의 기간을 정하여 영업정지를 명할 수 있다. 다만, 제1호 또는 제2호에 해당하는 경우에는 그 **허가를 취소하여야** 한다.

1. 제7조 제1항 또는 제10조 제2항에 따른 허가를 **거짓**이나 그 밖의 **부정한 방법**으로 받은 경우
2. 제8조에 따른 **결격사유**에 해당하게 된 경우
3. 제5조 제5항을 위반하여 근로자파견사업을 한 경우
4. 제6조 제1항 · 제2항 또는 제4항을 위반하여 근로자파견사업을 한 경우
5. 제7조 제1항 후단을 위반하여 허가를 받지 아니하고 중요사항을 변경한 경우
6. 제7조 제2항에 따른 변경신고를 하지 아니하고 신고사항을 변경한 경우
7. 제9조에 따른 허가의 기준에 미달하게 된 경우
8. 제11조 제1항에 따른 폐지신고를 하지 아니한 경우
9. 제13조 제2항을 위반하여 영업정지 처분의 내용을 사용사업주에게 통지하지 아니한 경우
10. 제14조에 따른 겸업금지의무를 위반한 경우
11. 제15조를 위반하여 명의를 대여한 경우
12. 제16조 제1항을 위반하여 근로자를 파견한 경우
13. 제17조에 따른 준수사항을 위반한 경우
14. 제18조에 따른 보고를 하지 아니하거나 거짓으로 보고한 경우

15. 제20조 제1항에 따른 근로자파견계약을 서면으로 체결하지 아니한 경우
16. 제24조 제2항을 위반하여 근로자의 동의를 받지 아니하고 근로자파견을 한 경우
17. 제25조를 위반하여 근로계약 또는 근로자파견계약을 체결한 경우
18. 제26조 제1항을 위반하여 파견근로자에게 제20조 제1항 제2호 및 제4호부터 제12호 까지의 사항을 알려주지 아니한 경우
19. 제28조에 따른 파견사업 관리책임자를 선임하지 아니하거나 결격사유가 있는 사람을 선임한 경우
20. 제29조에 따른 파견사업관리대장을 작성하지 아니하거나 보존하지 아니한 경우
21. 제35조 제5항을 위반하여 건강진단 결과를 사용사업주에게 보내지 아니한 경우
22. 제37조에 따른 근로자파견사업의 운영 및 파견근로자의 고용관리 등에 관한 개선명령을 이행하지 아니한 경우
23. 제38조에 따른 보고 명령을 위반하거나 관계 공무원의 출입·검사·질문 등의 업무를 거부·방해 또는 기피한 경우
② 고용노동부장관은 법인이 제8조 제6호에 따른 결격사유에 해당되어 허가를 취소하려는 경우에는 미리 해당 임원의 교체임명에 필요한 기간을 1개월 이상 주어야 한다.
③ 고용노동부장관은 제1항에 따라 허가를 취소하려면 청문을 하여야 한다.
④ 제1항에 따른 근로자파견사업의 허가취소 또는 영업정지의 기준은 고용노동부령으로 정한다.

제13조 **허가취소 등의 처분 후의 근로자파견**

① 제12조에 따른 허가취소 또는 영업정지 처분을 받은 파견사업주는 그 처분 전에 파견한 파견근로자와 그 사용사업주에 대하여는 그 파견기간이 끝날 때까지 파견사업주로서의 의무와 권리를 가진다.
② 제1항의 경우에 파견사업주는 그 처분의 내용을 지체 없이 사용사업주에게 통지하여야 한다.

제14조 **겸업금지**

다음 각 호의 어느 하나에 해당하는 사업을 하는 자는 근로자파견사업을 할 수 없다.
1. 「식품위생법」 제36조 제1항 제3호의 **식품접객업**
2. 「공중위생관리법」 제2조 제1항 제2호의 **숙박업**
3. 「결혼중개업의 관리에 관한 법률」 제2조 제2호의 **결혼중개업**
4. 그 밖에 대통령령으로 정하는 사업

> 결혼중개업의 관리에 관한 법률상 결혼중개업에 해당하는 사업을 하는 자는 근로자파견사업을 할 수 없다.　　　　　　　　　　　　　　　　　　　　　　　(○) **기출** 24

제15조　**명의대여의 금지**

파견사업주는 **자기의 명의**로 타인에게 근로자파견사업을 하게 하여서는 아니 된다.

> 파견사업주는 자기의 명의로 타인에게 근로자파견사업을 행하게 하여서는 아니 된다.
>
> (○) **기출** 14 · 24

제16조　**근로자파견의 제한**

① 파견사업주는 쟁의행위 중인 사업장에 그 **쟁의행위로 중단**된 업무의 수행을 위하여 근로자를 파견하여서는 아니 된다.

② 누구든지 「근로기준법」 제24조에 따른 경영상 이유에 의한 해고를 한 후 대통령령으로 정하는 기간이 **지나기 전**에는 해당 업무에 파견근로자를 사용하여서는 아니 된다.

> 파견사업주는 쟁의행위 중인 사업장에 그 쟁의행위로 중단된 업무의 수행을 위하여 근로자를 파견하여서는 아니 된다.
>
> (○) **기출** 24
>
> 파견사업주는 근로자대표의 동의가 있으면 쟁의행위 중인 사업장에 그 쟁의행위로 중단된 업무의 수행을 위하여 근로자를 파견할 수 있다.
>
> (×) **기출** 14 · 16 · 17 · 22

시행령 제4조(파견근로자의 사용제한)

법 제16조 제2항에서 "대통령령으로 정하는 기간"이란 2년을 말한다. 다만, 해당 사업 또는 사업장에 근로자의 과반수로 조직된 노동조합이 있는 경우 그 노동조합(근로자의 과반수로 조직된 노동조합이 없는 경우에는 근로자의 과반수를 대표하는 자를 말한다)이 동의한 때에는 6개월로 한다.

제17조　**파견사업주 등의 준수사항**

파견사업주 및 제28조에 따른 파견사업관리책임자는 근로자파견사업을 할 때 고용노동부령으로 정하는 사항을 준수하여야 한다.

제18조　**사업보고**

파견사업주는 고용노동부령으로 정하는 바에 따라 사업보고서를 작성하여 **고용노동부장관**에게 제출하여야 한다.

제19조　**폐쇄조치 등**

① **고용노동부장관**은 허가를 받지 아니하고 근로자파견사업을 하거나 허가취소 또는 영업정지 처분을 받은 후 계속하여 사업을 하는 자에 대하여는 그 사업을 폐쇄하기 위하여 관계 공무원에게 다음 각 호의 조치를 **하게 할 수 있다.**

1. 해당 사무소 또는 사무실의 간판이나 그 밖의 영업표지물의 **제거·삭제**
2. 해당 사업이 위법한 것임을 알리는 게시물의 **부착**
3. 해당 사업의 운영을 위하여 필수불가결한 기구 또는 시설물을 사용할 수 없게 하는 **봉인**

② 제1항에 따른 조치를 하려는 경우에는 **미리** 해당 파견사업주 또는 그 대리인에게 **서면**으로 알려주어야 한다. 다만, 급박한 사유가 있는 경우에는 그러하지 아니하다.

③ 제1항에 따른 조치는 그 사업을 할 수 없게 하는 경우 필요한 **최소한의 범위**에 그쳐야 한다.

④ 제1항에 따라 조치를 하는 관계 공무원은 그 권한을 표시하는 증표를 관계인에게 보여주어야 한다.

제3장 │ 파견근로자의 근로조건 등

제1절 │ 근로자파견계약

제20조 │ 계약의 내용 등

① 근로자파견계약의 당사자는 고용노동부령으로 정하는 바에 따라 다음 각 호의 사항을 포함하는 근로자파견계약을 **서면**으로 체결하여야 한다.

1. 파견근로자의 수
2. 파견근로자가 종사할 업무의 내용
3. 파견 사유(**제5조 제2항에 따라 근로자파견**을 하는 경우만 해당한다)
4. 파견근로자가 파견되어 근로할 사업장의 명칭 및 소재지, 그 밖에 파견근로자의 근로 장소
5. 파견근로 중인 파견근로자를 직접 지휘·명령할 사람에 관한 사항
6. 근로자파견기간 및 파견근로 시작일에 관한 사항
7. 업무 시작 및 업무 종료의 시각과 휴게시간에 관한 사항
8. 휴일·휴가에 관한 사항
9. 연장·야간·휴일근로에 관한 사항
10. 안전 및 보건에 관한 사항
11. 근로자파견의 대가
12. 그 밖에 고용노동부령으로 정하는 사항

② 사용사업주는 제1항에 따라 근로자파견계약을 체결할 때에는 파견사업주에게 제21조 제1항을 준수하도록 하기 위하여 필요한 정보를 제공하여야 한다. 이 경우 제공하여야 하는 정보의 범위와 제공방법 등에 관한 사항은 대통령령으로 정한다.

시행령 제4조의2(정보제공의 범위 및 방법)

① 사용사업주가 법 제20조 제2항에 따라 파견사업주에게 제공하여야 하는 정보는 사용사업주의 사업에서 파견근로자와 같은 종류 또는 유사한 업무를 수행하는 근로자에 대한 다음 각 호의 정보를 말한다.

　　1. 근로자 유무 및 근로자의 수

　　2. 임금 및 임금의 구성항목

　　3. 업무 시작 및 종료의 시각과 휴게시간에 관한 사항

　　4. 휴일·휴가에 관한 사항

　　5. 연장·야간·휴일근무에 관한 사항

　　6. 안전 및 보건에 관한 사항

　　7. 복리후생시설의 이용에 관한 사항

　　8. 그 밖에 차별적 처우의 대상이 되는 근로조건 중 제2호부터 제7호까지의 규정에 포함되지 않은 사항

② 사용사업주는 제1항 각 호의 정보를 파견사업주에게 서면으로 제공하여야 한다.

제21조　차별적 처우의 금지 및 시정 등

① 파견사업주와 사용사업주는 파견근로자라는 이유로 사용사업주의 사업 내의 같은 종류의 업무 또는 유사한 업무를 수행하는 근로자에 비하여 파견근로자에게 차별적 처우를 하여서는 아니 된다.

② 파견근로자는 차별적 처우를 받은 경우 「노동위원회법」에 따른 **노동위원회**(이하 "노동위원회"라 한다)에 그 **시정을 신청**할 수 있다.

③ 제2항에 따른 시정신청, 그 밖의 시정절차 등에 관하여는 「기간제 및 단시간근로자 보호 등에 관한 법률」 제9조부터 제15조까지 및 제16조 제2호·제3호를 준용한다. 이 경우 "기간제근로자 또는 단시간근로자"는 "파견근로자"로, "사용자"는 "파견사업주 또는 사용사업주"로 본다.

④ 제1항부터 제3항까지의 규정은 사용사업주가 **상시 4명** 이하의 근로자를 사용하는 경우에는 적용하지 아니한다.

> 파견근로자는 차별적 처우를 받은 경우 차별적 처우가 있은 날부터 6개월 이내에 노동위원회에 그 시정을 신청할 수 있다.　　　　　　　　　　　　　　　　　　(○) 기출 16·20
>
> 차별적 처우의 금지 및 시정에 관한 규정은 사용사업주가 상시 4명 이하의 근로자를 사용하는 경우에는 적용하지 아니한다.　　　　　　　　　　　　　　　　　　(○) 기출 20

제21조의2 **고용노동부장관의 차별적 처우 시정요구 등**

① **고용노동부장관**은 파견사업주와 사용사업주가 제21조 제1항을 위반하여 차별적 처우를 한 경우에는 그 시정을 **요구할 수 있다.**

② 고용노동부장관은 파견사업주와 사용사업주가 제1항에 따른 시정요구에 따르지 아니한 경우에는 차별적 처우의 내용을 구체적으로 명시하여 **노동위원회에 통보하여야** 한다. 이 경우 고용노동부장관은 해당 파견사업주 또는 사용사업주 및 근로자에게 그 사실을 **통지하여야** 한다.

③ 노동위원회는 제2항에 따라 고용노동부장관의 통보를 받은 경우에는 **지체 없이** 차별적 처우가 있는지 여부를 **심리하여야** 한다. 이 경우 노동위원회는 해당 파견사업주 또는 사용사업주 및 근로자에게 의견을 진술할 수 있는 **기회를 주어야** 한다.

④ 제3항에 따른 노동위원회의 심리, 그 밖의 시정절차 등에 관하여는 「기간제 및 단시간근로자 보호 등에 관한 법률」 제15조의2 제4항에 따라 준용되는 같은 법 제9조 제4항, 제11조부터 제15조까지 및 제15조의2 제5항을 준용한다. 이 경우 "시정신청을 한 날"은 "통지를 받은 날"로, "기각결정"은 "차별적 처우가 없다는 결정"으로, "관계 당사자"는 "해당 파견사업주 또는 사용사업주 및 근로자"로, "시정신청을 한 근로자"는 "해당 근로자"로 본다.

제21조의3 **확정된 시정명령의 효력 확대**

① **고용노동부장관**은 제21조 제3항 또는 제21조의2 제4항에 따라 준용되는 「기간제 및 단시간 근로자 보호 등에 관한 법률」 제14조에 따라 확정된 시정명령을 이행할 의무가 있는 파견사업주 또는 사용사업주의 사업 또는 사업장에서 해당 시정명령의 **효력이 미치는 근로자 이외의 파견근로자**에 대하여 차별적 처우가 있는지를 조사하여 차별적 처우가 있는 경우에는 그 시정을 **요구할 수 있다.**

② 파견사업주 또는 사용사업주가 제1항에 따른 시정요구에 따르지 아니할 경우에는 제21조의2 제2항부터 제4항까지의 규정을 준용한다.

> 고용노동부장관은 확정된 차별시정명령을 이행할 의무가 있는 파견사업주의 사업장에서 해당 시정명령의 효력이 미치는 근로자 이외의 파견근로자에 대하여 차별적 처우가 있는 경우에는 그 시정을 요구할 수 있다. (○) 기출 20

제22조 **계약의 해지 등**

① 사용사업주는 파견근로자의 성별, 종교, 사회적 신분, 파견근로자의 정당한 **노동조합의 활동** 등을 이유로 근로자파견계약을 해지하여서는 아니 된다.

② 파견사업주는 사용사업주가 파견근로에 관하여 이 법 또는 이 법에 따른 명령, 「근로기준법」 또는 같은 법에 따른 명령, 「산업안전보건법」 또는 같은 법에 따른 명령을 위반하는 경우에는 근로자파견을 **정지**하거나 근로자파견계약을 **해지**할 수 있다.

> 사용사업주는 파견근로자의 정당한 노동조합의 활동을 이유로 근로자파견계약을 해지하여서는 아니 된다. (○) 기출 16

제23조　파견근로자의 복지 증진

파견사업주는 파견근로자의 희망과 능력에 적합한 취업 및 교육훈련 기회의 확보, 근로조건의 향상, 그 밖에 고용 안정을 도모하기 위하여 필요한 조치를 마련함으로써 파견근로자의 복지 증진에 노력하여야 한다.

제24조　파견근로자에 대한 고지 의무

① 파견사업주는 근로자를 파견근로자로서 고용하려는 경우에는 **미리** 해당 근로자에게 그 취지를 **서면**으로 알려 주어야 한다.
② 파견사업주는 그가 고용한 근로자 중 파견근로자로 고용하지 아니한 사람을 근로자파견의 대상으로 하려는 경우에는 **미리** 해당 근로자에게 그 취지를 **서면**으로 알리고 그의 **동의**를 받아야 한다.

> 파견사업주는 그가 고용한 근로자 중 파견근로자로 고용하지 아니한 자를 근로자 파견의 대상으로 하려는 경우에는 고용노동부장관의 승인을 받아야 한다. (×) **기출** 14

제25조　파견근로자에 대한 고용제한의 금지

① 파견사업주는 파견근로자 또는 파견근로자로 고용되려는 사람과 그 고용관계가 끝난 후 그가 사용사업주에게 고용되는 것을 정당한 이유 없이 금지하는 내용의 근로계약을 **체결하여서는 아니 된다.**
② 파견사업주는 파견근로자의 고용관계가 끝난 후 사용사업주가 그 파견근로자를 고용하는 것을 정당한 이유 없이 금지하는 내용의 근로자파견계약을 **체결하여서는 아니 된다.**

> 파견사업주는 파견근로자의 고용관계가 끝난 후 사용사업주가 그 파견근로자를 고용하는 것을 정당한 이유 없이 금지하는 내용의 근로자파견계약을 체결하여서는 아니 된다. (○) **기출** 22

제26조　취업조건의 고지

① 파견사업주는 근로자파견을 하려는 경우에는 **미리** 해당 파견근로자에게 제20조 제1항 각 호의 사항과 그 밖에 고용노동부령으로 정하는 사항을 **서면**으로 알려 주어야 한다.
② 파견근로자는 파견사업주에게 제20조 제1항 제11호에 따른 해당 근로자파견의 대가에 관하여 그 내역을 제시할 것을 요구할 수 있다.
③ 파견사업주는 제2항에 따라 그 내역의 제시를 요구받았을 때에는 **지체 없이** 그 내역을 **서면**으로 제시하여야 한다.

제27조   **사용사업주에 대한 통지**

파견사업주는 근로자파견을 할 경우에는 파견근로자의 성명 등 고용노동부령으로 정하는 사항을 사용사업주에게 **통지**하여야 한다.

> **시행규칙 제13조(사용사업주에 대한 통지사항)**
>
> 파견사업주는 법 제27조에 따라 법 제2조 제4호에 따른 사용사업주(이하 "사용사업주"라 한다)에게 파견근로자의 성명, 성별, 연령, 학력, 자격, 그 밖에 직업능력에 관한 사항을 **통지해야** 한다.
>
> > 파견사업주는 근로자파견을 할 경우에는 파견근로자의 성명, 성별, 연령, 학력, 자격, 그 밖에 직업능력을 사용사업주에게 통지하여야 한다.　　　　　　　(O) **기출** 14

제28조   **파견사업관리책임자**

① 파견사업주는 파견근로자의 적절한 고용관리를 위하여 제8조 제1호부터 제5호까지에 따른 결격사유에 해당하지 아니하는 사람 중에서 **파견사업관리책임자**를 선임하여야 한다.
② 파견사업관리책임자의 임무 등에 필요한 사항은 고용노동부령으로 정한다.

제29조   **파견사업관리대장**

① 파견사업주는 **파견사업관리대장**을 작성·보존하여야 한다.
② 제1항에 따른 파견사업관리대장의 기재사항 및 그 보존기간은 고용노동부령으로 정한다.

> **시행규칙 제15조(파견사업관리대장)**
>
> ① 파견사업주는 법 제209조에 따라 파견사업관리대장을 사업소별로 작성·보존해야 한다.
> ② 파견사업관리대장에 기재해야 할 사항은 다음 각 호와 같다.
> 　1. 파견근로자의 성명
> 　2. 사용사업주 및 사용사업관리책임자의 성명
> 　3. 파견근로자가 파견된 사업장의 명칭 및 소재지
> 　4. 파견근로자의 파견기간
> 　5. 파견근로자의 업무내용
> ③ 파견사업주는 파견사업관리대장을 근로자파견이 끝난 날부터 3년간 보존해야 한다.

제3절 사용사업주가 마련하여야 할 조치

제30조 근로자파견계약에 관한 조치

사용사업주는 제20조에 따른 근로자파견계약에 위반되지 아니하도록 필요한 조치를 마련하여야 한다.

제31조 적정한 파견근로의 확보

① 사용사업주는 파견근로자가 파견근로에 관한 고충을 제시한 경우에는 그 고충의 내용을 파견사업주에게 통지하고 신속하고 적절하게 고충을 처리하도록 하여야 한다.
② 제1항에 따른 고충의 처리 외에 사용사업주는 파견근로가 적정하게 이루어지도록 필요한 조치를 마련하여야 한다.

제32조 사용사업관리책임자

① 사용사업주는 파견근로자의 적절한 파견근로를 위하여 **사용사업관리책임자**를 선임하여야 한다.
② 사용사업관리책임자의 임무 등에 필요한 사항은 고용노동부령으로 정한다.

> 사용사업주는 파견근로자의 적절한 파견근로를 위하여 사용사업관리책임자를 선임하여야 한다.
> (○) **기출** 20
>
> 파견사업주는 파견근로자의 적절한 파견근로를 위하여 사용사업관리책임자를 선임하여야 한다.
> (×) **기출** 22

제33조 사용사업관리대장

① 사용사업주는 **사용사업관리대장**을 작성·보존하여야 한다.
② 제1항에 따른 사용사업관리대장의 기재사항 및 그 보존기간은 고용노동부령으로 정한다.

시행규칙 제17조(사용사업관리대장)
① 사용사업주는 법 제33조에 따라 사용사업관리대장을 사업장별로 작성·보존해야 한다.
② 사용사업관리대장에 기재해야 할 사항은 다음 각 호와 같다.
  1. 파견근로자의 성명
  2. 파견사업주 및 파견사업관리책임자의 성명
  3. 파견근로자의 파견기간
  4. 파견근로자의 업무내용
③ 사용사업주는 사용사업관리대장을 근로자파견이 끝난 날부터 3년간 보존해야 한다.

제4절 「근로기준법」 등의 적용에 관한 특례

제34조 「근로기준법」의 적용에 관한 특례

① 파견 중인 근로자의 파견근로에 관하여는 파견사업주 및 사용사업주를 「근로기준법」 제2조 제1항 제2호의 사용자로 보아 같은 법을 적용한다. 다만, 「근로기준법」 제15조부터 제36조까지, 제39조, 제41조부터 제43조까지, 제43조의2, 제43조의3, 제44조, 제44조의2, 제44조의3, 제45조부터 제48조까지, 제56조, 제60조, 제64조, 제66조부터 제68조까지 및 제78조부터 제92조까지의 규정을 적용할 때에는 **파견사업주를 사용자로** 보고, 같은 법 제50조부터 제55조까지, 제58조, 제59조, 제62조, 제63조, 제69조부터 제74조까지, 제74조의2 및 제75조를 적용할 때에는 **사용사업주를 사용자로** 본다.

② 파견사업주가 대통령령으로 정하는 **사용사업주의 귀책사유**로 근로자의 임금을 지급하지 못한 경우에는 **사용사업주**는 그 파견사업주와 **연대하여** 책임을 진다. 이 경우 「근로기준법」 제43조 및 제68조를 적용할 때에는 파견사업주 및 사용사업주를 같은 법 제2조 제1항 제2호의 사용자로 보아 같은 법을 적용한다.

③ 「근로기준법」 제55조, 제73조 및 제74조 제1항에 따라 사용사업주가 파견근로자에게 **유급휴일** 또는 **유급휴가**를 주는 경우 그 휴일 또는 휴가에 대하여 유급으로 지급되는 임금은 **파견사업주**가 지급하여야 한다.

④ 파견사업주와 사용사업주가 「근로기준법」을 위반하는 내용을 포함한 근로자파견계약을 체결하고 그 계약에 따라 파견근로자를 근로하게 함으로써 같은 법을 위반한 경우에는 그 계약 당사자 **모두**를 같은 법 제2조 제1항 제2호의 사용자로 보아 해당 벌칙규정을 적용한다.

근로기준법에 따라 사용사업주가 파견근로자에게 유급휴일을 주는 경우 그 휴일에 대하여 유급으로 지급되는 임금은 사용사업주가 지급하여야 한다.   (×) 기출 17

파견 중인 근로자의 파견근로에 관하여 근로기준법 제53조(연장 근로의 제한)를 적용할 때에는 사용사업주를 「근로기준법」 제2조 제1항 제2호의 사용자로 보아 같은 법을 적용한다.   (○) 기출 18

근로기준법의 적용 특례 기출 23

휴업수당의 지급에 대해서는 사용사업주를 사용자로 본다.   (×)

근로자 퇴직 시 금품청산에 대해서는 파견사업주를 사용자로 본다.   (○)

휴게시간의 부여에 대해서는 사용사업주를 사용자로 본다.   (○)

연차유급휴가의 부여에 대해서는 파견사업주를 사용자로 본다.   (○)

야간근로수당의 지급에 대해서는 파견사업주를 사용자로 본다.   (○)

사용사업주를 사용자로 간주하여 적용하는 근기법 규정

- 근로시간(제50조)
- 선택적 근로시간제(제52조)
- 휴게(제54조)
- 근로시간 계산의 특례(제58조)
- 유급휴가의 대체(제62조)
- 근로시간(제69조)
- 시간외근로(제71조)
- 생리휴가(제73조)
- 태아검진 시간의 허용 등(제74조의2)

- 탄력적 근로시간제(제51조)
- 연장근로의 제한(제53조)
- 휴일(제55조)
- 근로시간 및 휴게시간의 특례(제59조)
- 적용의 제외(제63조)
- 야간근로와 휴일근로의 제한(제70조)
- 갱내근로의 금지(제72조)
- 임산부의 보호(제74조)
- 육아시간(제75조)

시행령 제5조(사용사업주의 귀책사유)

법 제34조 제2항 전단에서 "대통령령으로 정하는 사용사업주의 귀책사유"란 다음 각 호의 어느 하나에 해당하는 사유를 말한다.

1. 사용사업주가 정당한 사유 없이 근로자파견계약을 해지한 경우
2. 사용사업주가 정당한 사유 없이 근로자파견계약에 따른 근로자파견의 대가를 지급하지 않은 경우

제35조 「산업안전보건법」의 적용에 관한 특례

① 파견 중인 근로자의 파견근로에 관하여는 사용사업주를 「산업안전보건법」 제2조 제4호의 사업주로 보아 같은 법을 적용한다. 이 경우 「산업안전보건법」 제29조 제2항을 적용할 때에는 "근로자를 채용할 때"를 "근로자파견의 역무를 제공받은 경우"로 본다.

② 제1항에도 불구하고 「산업안전보건법」 제5조, 제132조 제2항 단서, 같은 조 제4항(**작업장소 변경, 작업 전환** 및 **근로시간 단축**의 경우로 한정한다), 제157조 제3항을 적용할 때에는 파견사업주 및 사용사업주를 같은 법 제2조 제4호의 사업주로 본다.

③ **사용사업주**는 파견 중인 근로자에 대하여 「산업안전보건법」 제129조부터 제131조까지의 규정에 따른 **건강진단**을 실시하였을 때에는 같은 법 제132조 제2항에 따라 그 건강진단 결과를 설명하여야 하며, 그 건강진단 결과를 지체 없이 **파견사업주**에게 보내야 한다.

④ 제1항 및 제3항에도 불구하고 「산업안전보건법」 제129조 및 제130조에 따라 사업주가 정기적으로 실시하여야 하는 건강진단 중 고용노동부령으로 정하는 건강진단에 대해서는 **파견사업주**를 같은 법 제2조 제4호의 사업주로 본다.

⑤ **파견사업주**는 제4항에 따른 **건강진단**을 실시하였을 때에는 「산업안전보건법」 제132조 제2항에 따라 그 건강진단 결과를 설명하여야 하며, 그 건강진단 결과를 지체 없이 **사용사업주**에게 보내야 한다.

⑥ 파견사업주와 사용사업주가 「산업안전보건법」을 위반하는 내용을 포함한 근로자파견계약을 체결하고 그 계약에 따라 파견근로자를 근로하게 함으로써 같은 법을 위반한 경우에는 그 계약당사자 **모두**를 같은 법 제2조 제4호의 사업주로 보아 해당 벌칙규정을 적용한다.

제4장 보 칙

제36조   지도·조언 등

고용노동부장관은 이 법의 시행을 위하여 필요하다고 인정할 때에는 **파견사업주 및 사용사업주**에 대하여 근로자파견사업의 적정한 운영 또는 적정한 파견근로를 확보하는 데 필요한 지도 및 조언을 **할 수 있다.**

제37조   개선명령

고용노동부장관은 적정한 파견근로의 확보를 위하여 필요하다고 인정할 때에는 **파견사업주**에게 근로자파견사업의 운영 및 파견근로자의 고용관리 등에 관한 개선을 **명할 수 있다.**

제38조   보고와 검사

① 고용노동부장관은 이 법의 시행을 위하여 필요하다고 인정할 때에는 고용노동부령으로 정하는 바에 따라 파견사업주 및 사용사업주에 대하여 필요한 사항의 보고를 명할 수 있다.

② 고용노동부장관은 필요하다고 인정할 때에는 관계 공무원으로 하여금 파견사업주 및 사용사업주의 사업장이나 그 밖의 시설에 출입하여 장부·서류 또는 그 밖의 물건을 검사하거나 관계인에게 질문하게 할 수 있다.

③ 제2항에 따라 출입·검사를 하는 공무원은 그 권한을 표시하는 증표를 관계인에게 내보여야 한다.

제39조   자료의 요청

① **고용노동부장관**은 관계 행정기관이나 그 밖의 공공단체 등에 이 법의 시행에 필요한 자료의 제출을 **요청할 수 있다.**

② 제1항에 따라 자료 제출을 요청받은 자는 그 요청을 거부할 **정당한 사유**가 없으면 이에 **따라야 한다.**

제40조   수수료

제7조 및 제10조에 따른 허가를 받으려는 자는 고용노동부령으로 정하는 바에 따라 수수료를 내야 한다.

> **시행규칙 제20조(수수료)**
> 법 제40조에 따른 수수료의 금액은 다음 각 호와 같으며, 해당 수수료는 수입인지로 납부하여야 한다. 다만, 전자문서로 신청하는 경우 또는 2024년 7월 1일부터 2026년 6월 30일까지 신청하는 경우에는 무료로 한다.
>   1. 신규허가 : 3만원
>   2. 변경허가 : 2만원
>   3. 갱신허가 : 1만원

제41조 **권한의 위임**

이 법에 따른 고용노동부장관의 권한은 대통령령으로 정하는 바에 따라 그 일부를 지방고용노동관서의 장에게 위임할 수 있다.

제5장 벌 칙

제42조 **벌 칙**

① 다음 각 호의 어느 하나에 해당하는 업무에 취업시킬 목적으로 근로자파견을 한 자는 5년 이하의 징역 또는 5천만원 이하의 벌금에 처한다.
  1. 「성매매알선 등 행위의 처벌에 관한 법률」제2조 제1항 제1호에 따른 성매매 행위가 이루어지는 업무
  2. 「보건범죄 단속에 관한 특별조치법」제2조 제1항에 따른 부정식품 제조 등 행위가 이루어지는 업무
  3. 「보건범죄 단속에 관한 특별조치법」제3조 제1항에 따른 부정의약품 제조 등 행위가 이루어지는 업무
  4. 「보건범죄 단속에 관한 특별조치법」제4조 제1항에 따른 부정유독물 제조 등 행위가 이루어지는 업무
  5. 「보건범죄 단속에 관한 특별조치법」제5조에 따른 부정의료 행위가 이루어지는 업무
  6. 「식품위생법」제4조에 따른 위해식품등의 판매 등 행위가 이루어지는 업무
  7. 「식품위생법」제5조에 따른 병든 동물 고기 등의 판매 등 행위가 이루어지는 업무
  8. 그 밖에 제1호부터 제7호까지의 규정에 준하는 행위가 이루어지는 업무로서 대통령령으로 정하는 업무
② 제1항의 미수범은 처벌한다.

제43조 **벌 칙**

다음 각 호의 어느 하나에 해당하는 자는 3년 이하의 징역 또는 3천만원 이하의 벌금에 처한다.
  1. 제5조 제5항, 제6조 제1항·제2항·제4항 또는 제7조 제1항을 위반하여 근로자파견사업을 한 자
  2. 제5조 제5항, 제6조 제1항·제2항·제4항 또는 제7조 제3항을 위반하여 근로자파견의 역무를 제공받은 자
  3. 거짓이나 그 밖의 부정한 방법으로 제7조 제1항에 따른 허가 또는 제10조 제2항에 따른 갱신허가를 받은 자
  4. 제15조 또는 제34조 제2항을 위반한 자

제43조의2 벌 칙

제21조 제3항에 따라 준용되는「기간제 및 단시간근로자 보호 등에 관한 법률」제16조 제2호 또는 제3호를 위반한 자는 2년 이하의 징역 또는 1천만원 이하의 벌금에 처한다.

제44조 벌 칙

다음 각 호의 어느 하나에 해당하는 자는 1년 이하의 징역 또는 1천만원 이하의 벌금에 처한다.
1. 제12조 제1항에 따른 영업정지 명령을 위반하여 근로자파견사업을 계속한 자
2. 제16조를 위반한 자

제45조 양벌규정

법인의 대표자나 법인 또는 개인의 대리인, 사용인, 그 밖의 종업원이 그 법인 또는 개인의 업무에 관하여 제42조·제43조·제43조의2 또는 제44조의 위반행위를 하면 그 행위자를 벌하는 외에 그 법인 또는 개인에게도 해당 조문의 벌금형을 과한다. 다만, 법인 또는 개인이 그 위반행위를 방지하기 위하여 해당 업무에 관하여 상당한 주의와 감독을 게을리하지 아니한 경우에는 그러하지 아니하다.

제46조 과태료

① 제21조 제3항, 제21조의2 제4항 및 제21조의3 제2항에 따라 준용되는「기간제 및 단시간 근로자 보호 등에 관한 법률」제14조 제2항 또는 제3항에 따라 확정된 시정명령을 정당한 이유 없이 이행하지 아니한 자에게는 1억원 이하의 과태료를 부과한다.
② 제6조의2 제1항을 위반하여 파견근로자를 직접 고용하지 아니한 자에게는 3천만원 이하 의 과태료를 부과한다.
③ 제26조 제1항을 위반하여 근로자파견을 할 때에 미리 해당 파견근로자에게 제20조 제1 항 각 호의 사항 및 그 밖에 고용노동부령으로 정하는 사항을 서면으로 알리지 아니한 파견사업주에게는 1천만원 이하의 과태료를 부과한다.
④ 제21조 제3항, 제21조의2 제4항 및 제21조의3 제2항에 따라 준용되는「기간제 및 단시간 근로자 보호 등에 관한 법률」제15조 제1항에 따른 고용노동부장관의 이행상황 제출요구 를 정당한 이유 없이 따르지 아니한 자에게는 500만원 이하의 과태료를 부과한다.
⑤ 다음 각 호의 어느 하나에 해당하는 자에게는 300만원 이하의 과태료를 부과한다.
1. 제11조 제1항에 따른 신고를 하지 아니하거나 거짓으로 신고한 자
2. 제18조 또는 제38조 제1항에 따른 보고를 하지 아니하거나 거짓으로 보고한 자
3. 제26조 제3항을 위반한 자
4. 제27조, 제29조 또는 제33조를 위반한 자
5. 제35조 제3항 또는 제5항을 위반하여 해당 건강진단 결과를 파견사업주 또는 사용사 업주에게 보내지 아니한 자
6. 제37조의 개선명령을 위반한 자
7. 제38조 제2항에 따른 검사를 정당한 이유 없이 거부·방해 또는 기피한 자
⑥ 제1항부터 제5항까지에 따른 과태료는 대통령령으로 정하는 바에 따라 고용노동부장관 이 부과·징수한다.

04 기간제 및 단시간근로자 보호 등에 관한 법률

시행 2021.5.18. [법률 제18177호, 2021.5.18. 일부개정]

제1장 총 칙

제1조 목 적

이 법은 기간제근로자 및 단시간근로자에 대한 불합리한 차별을 시정하고 기간제근로자 및 단시간근로자의 근로조건 보호를 강화함으로써 노동시장의 건전한 발전에 이바지함을 목적으로 한다.

> 기간제 및 단시간근로자 보호 등에 관한 법률은 기간제근로자 및 단시간근로자에 대한 불합리한 차별을 시정하고 기간제근로자 및 단시간근로자의 근로조건 보호를 강화함으로써 노동시장의 건전한 발전에 이바지함을 목적으로 한다. (○) **기출** 16

제2조 정 의

이 법에서 사용하는 용어의 정의는 다음과 같다.

1. "기간제근로자"라 함은 **기간의 정함**이 있는 근로계약(이하 "기간제 근로계약"이라 한다)을 체결한 근로자를 말한다.
2. "단시간근로자"라 함은 「**근로기준법**」 제2조의 단시간근로자를 말한다.
3. "차별적 처우"라 함은 다음 각 목의 사항에서 합리적인 이유 없이 불리하게 처우하는 것을 말한다.
   가. 「근로기준법」 제2조 제1항 제5호에 따른 **임금**
   나. 정기상여금, 명절상여금 등 **정기적으로 지급되는 상여금**
   다. **경영성과에 따른 성과금**
   라. 그 밖에 **근로조건 및 복리후생 등에 관한 사항**

> "단시간근로자"란 1주 동안의 소정근로시간이 그 사업장에서 같은 종류의 업무에 종사하는 통상 근로자의 1주 동안의 소정근로시간에 비하여 짧은 근로자를 말한다. (○) **기출** 18
>
> 경영성과에 따른 성과금에 있어서 불리하게 처우하는 것은 합리적인 이유와 무관하게 차별적 처우에 해당하지 아니한다. (×) **기출** 17

제3조 **적용 범위**

① 이 법은 상시 5인 이상의 근로자를 사용하는 모든 사업 또는 사업장에 적용한다. 다만, 동거의 친족만을 사용하는 사업 또는 사업장과 가사사용인에 대하여는 적용하지 아니한다.
② 상시 4인 이하의 근로자를 사용하는 사업 또는 사업장에 대하여는 대통령령으로 정하는 바에 따라 이 법의 일부 규정을 적용할 수 있다.
③ 국가 및 지방자치단체의 기관에 대하여는 상시 사용하는 근로자의 수와 관계없이 이 법을 적용한다.

> 동거의 친족만을 사용하는 사업에 대하여는 적용하지 아니한다.　　　　(○) **기출** 20
>
> 상시 5인 이상의 동거의 친족만을 사용하는 사업 또는 사업장에 적용된다.　(×) **기출** 22
>
> 국가 및 지방자치단체의 기관에 대하여는 상시 사용하는 근로자의 수와 관계없이 기간제 및 단시간근로자 보호 등에 관한 법률을 적용한다.　　　　　　　　(○) **기출** 14・16・24

시행령 제2조(적용 범위)
「기간제 및 단시간근로자 보호 등에 관한 법률」(이하 "법"이라 한다) 제3조 제2항에 따라 상시 4명 이하의 근로자를 사용하는 사업 또는 사업장에 적용하는 법 규정은 [별표 1]과 같다.

■ **기단법 시행령 [별표 1]**

상시 4명 이하의 근로자를 사용하는 사업 또는 사업장에 적용하는 법 규정(시행령 제2조 관련)

구 분	적용 법규정
제1장 총 칙	• 목적(제1조) • 정의(제2조)
제2장 기간제근로자	• 기간의 정함이 없는 근로자로의 전환(제5조)
제3장 단시간근로자	• 통상근로자로의 전환(제7조)
제5장 보 칙	• 감독기관에 대한 통지로 인한 불리한 처우의 금지(제16조 제4호) • 제17조 제1호・제2호(휴게에 관한 사항에 한정)・제3호・제4호(휴일에 관한 사항에 한정)・제5호 • 감독기관에 대한 통지(제18조), 권한의 위임(제19조), 취업 촉진을 위한 국가 등의 노력(제20조)
제6장 벌 칙	• 벌칙(제21조) • 양벌규정(제23조) • 근로조건을 서면으로 명시하지 아니한 자에 대한 과태료 부과(제24조 제2항 제2호) • 과태료의 부과・징수(제24조 제3항)

제2장 기간제근로자

제4조 기간제근로자의 사용

① 사용자는 2년을 초과하지 아니하는 범위 안에서(기간제 근로계약의 반복갱신 등의 경우에는 그 계속근로한 총기간이 2년을 초과하지 아니하는 범위 안에서) 기간제근로자를 사용할 수 있다. 다만, 다음 각 호의 어느 하나에 해당하는 경우에는 2년을 초과하여 기간제근로자로 사용할 수 있다.

1. 사업의 완료 또는 특정한 업무의 완성에 필요한 기간을 정한 경우
2. 휴직·파견 등으로 결원이 발생하여 해당 근로자가 복귀할 때까지 그 업무를 대신할 필요가 있는 경우
3. 근로자가 학업, 직업훈련 등을 이수함에 따라 그 이수에 필요한 기간을 정한 경우
4. 「고령자고용촉진법」 제2조 제1호의 고령자와 근로계약을 체결하는 경우
5. 전문적 지식·기술의 활용이 필요한 경우와 정부의 복지정책·실업대책 등에 따라 일자리를 제공하는 경우로서 대통령령으로 정하는 경우
6. 그 밖에 제1호부터 제5호까지에 준하는 합리적인 사유가 있는 경우로서 대통령령으로 정하는 경우

② 사용자가 제1항 단서의 사유가 없거나 소멸되었음에도 불구하고 2년을 초과하여 기간제근로자로 사용하는 경우에는 그 기간제근로자는 기간의 정함이 없는 근로계약을 체결한 근로자로 본다.

특정한 업무의 완성에 필요한 기간을 정한 경우에는 2년을 초과하여 기간제근로자로 사용할 수 있다.　　(O) 기출 21

휴직·파견 등으로 결원이 발생하여 해당 근로자가 복귀할 때까지 그 업무를 대신할 필요가 있는 경우에는 2년을 초과하여 기간제근로자로 사용할 수 있다.　　(O) 기출 22·24

근로자가 학업, 직업훈련 등을 이수함에 따라 그 이수에 필요한 기간을 정한 경우 2년을 초과하여 기간제근로자로 사용할 수 있다.　　(O) 기출 24

고령자고용촉진법상 고령자와 근로계약을 체결하는 경우 2년을 초과하여 기간제근로자로 사용할 수 있다.　　(O) 기출 24

사용자가 57세인 고령자와 근로계약을 체결하는 경우에는 2년을 초과하여 기간제근로자로 사용할 수 있다.　　(O) 기출 14

사용자의 부당한 갱신거절로 인해 근로자가 실제로 근로를 제공하지 못한 기간도 계약갱신에 대한 정당한 기대권이 존속하는 범위에서는 기간제 및 단시간근로자 보호 등에 관한 법률에서 정한 2년의 사용제한기간에 포함된다.　　(O) 기출 23

기간제 및 단시간근로자 보호 등에 관한 법률은 총 사용기간을 2년으로 제한할 뿐 그 기간 중에 반복갱신의 횟수는 제한하고 있지 않다.　　(O) 기출 23

시행령 제3조(기간제근로자 사용기간 제한의 예외)

① 법 제4조 제1항 제5호에서 "전문적 지식·기술의 활용이 필요한 경우로서 대통령령이 정하는 경우"란 다음 각 호의 어느 하나에 해당하는 경우를 말한다.

1. 박사 학위(외국에서 수여받은 박사 학위를 포함한다)를 소지하고 해당 분야에 종사하는 경우
2. 「국가기술자격법」 제9조 제1항 제1호에 따른 기술사 등급의 국가기술자격을 소지하고 해당 분야에 종사하는 경우
3. [별표 2]에서 정한 전문자격을 소지하고 해당 분야에 종사하는 경우

② 법 제4조 제1항 제5호에서 "정부의 복지정책·실업대책 등에 의하여 일자리를 제공하는 경우로서 대통령령이 정하는 경우"란 다음 각 호의 어느 하나에 해당하는 경우를 말한다.

1. 「고용정책 기본법」, 「고용보험법」 등 다른 법령에 따라 국민의 직업능력 개발, 취업 촉진 및 사회적으로 필요한 서비스 제공 등을 위하여 일자리를 제공하는 경우
2. 「제대군인 지원에 관한 법률」 제3조에 따라 제대군인의 고용증진 및 생활안정을 위하여 일자리를 제공하는 경우
3. 「국가보훈기본법」 제19조 제2항에 따라 국가보훈대상자에 대한 복지증진 및 생활안정을 위하여 보훈도우미 등 복지지원 인력을 운영하는 경우

③ 법 제4조 제1항 제6호에서 "대통령령이 정하는 경우"란 다음 각 호의 어느 하나에 해당하는 경우를 말한다.

1. 다른 법령에서 기간제근로자의 사용 기간을 법 제4조 제1항과 달리 정하거나 별도의 기간을 정하여 근로계약을 체결할 수 있도록 한 경우
2. 국방부장관이 인정하는 군사적 전문적 지식·기술을 가지고 관련 직업에 종사하거나 「고등교육법」 제2조 제1호에 따른 대학에서 안보 및 군사학 과목을 강의하는 경우
3. 특수한 경력을 갖추고 국가안전보장, 국방·외교 또는 통일과 관련된 업무에 종사하는 경우
4. 「고등교육법」 제2조에 따른 학교(같은 법 제30조에 따른 대학원대학을 포함한다)에서 다음 각 목의 업무에 종사하는 경우
   가. 「고등교육법」 제14조에 따른 강사, 조교의 업무
   나. 「고등교육법 시행령」 제7조에 따른 명예교수, 겸임교원, 초빙교원 등의 업무
5. 「통계법」 제22조에 따라 고시한 한국표준직업분류의 대분류 1과 대분류 2 직업에 종사하는 자의 「소득세법」 제20조 제1항에 따른 근로소득(최근 2년간의 연평균근로소득을 말한다)이 고용노동부장관이 최근 조사한 고용형태별근로실태조사의 한국표준직업분류 대분류 2 직업에 종사하는 자의 근로소득 상위 100분의 25에 해당하는 경우
6. 「근로기준법」 제18조 제3항에 따른 1주 동안의 소정근로시간이 뚜렷하게 짧은 단시간근로자를 사용하는 경우
7. 「국민체육진흥법」 제2조 제4호에 따른 선수와 같은 조 제6호에 따른 체육지도자 업무에 종사하는 경우
8. 다음 각 목의 연구기관에서 연구업무에 직접 종사하는 경우 또는 실험·조사 등을 수행하는 등 연구업무에 직접 관여하여 지원하는 업무에 종사하는 경우
   가. 국공립연구기관
   나. 「정부출연연구기관 등의 설립·운영 및 육성에 관한 법률」 또는 「과학기술분야 정부출연연구기관 등의 설립·운영 및 육성에 관한 법률」에 따라 설립된 정부출연연구기관
   다. 「특정연구기관 육성법」에 따른 특정연구기관
   라. 「지방자치단체출연 연구원의 설립 및 운영에 관한 법률」에 따라 설립된 연구기관
   마. 「공공기관의 운영에 관한 법률」에 따른 공공기관의 부설 연구기관
   바. 기업 또는 대학의 부설 연구기관
   사. 「민법」 또는 다른 법률에 따라 설립된 법인인 연구기관

사용자는 외국에서 수여받은 박사 학위를 소지하고 해당 분야에 종사하는 근로자를 2년을 초과하여 기간제근로자로 사용할 수 있다. (○) [기출] 23

박사 학위를 소지하고 해당 분야에 종사하는 경우에는 2년을 초과하여 기간제근로자로 사용할 수 있다. (○) [기출] 21

사용자는 4주 동안을 평균하여 1주 동안의 소정근로시간이 15시간 미만인 근로자를 2년을 초과하여 기간제근로자로 사용할 수 없다. (×) [기출] 23

고령자고용법 제2조(정의)

이 법에서 사용하는 용어의 뜻은 다음과 같다.
1. "고령자"란 인구와 취업자의 구성 등을 고려하여 대통령령으로 정하는 연령 이상인 사람을 말한다.

동법 시행령 제2조(고령자 및 준고령자의 정의)

① 「고용상 연령차별금지 및 고령자고용촉진에 관한 법률」(이하 "법"이라 한다) 제2조 제1호에 따른 고령자는 55세 이상인 사람으로 한다.

제5조　기간의 정함이 없는 근로자로의 전환

사용자는 **기간의 정함이 없는 근로계약**을 체결하고자 하는 경우에는 해당 사업 또는 사업장의 동종 또는 유사한 업무에 종사하는 기간제근로자를 우선적으로 고용하도록 **노력하여야** 한다.

> 사용자는 기간의 정함이 없는 근로계약을 체결하려는 경우에 당해 사업 또는 사업장의 동종 또는 유사한 업무에 종사하는 기간제근로자를 우선적으로 고용하여야 한다. (×) [기출] 21
>
> 사용자는 기간의 정함이 없는 근로계약을 체결하고자 하는 경우에는 해당 사업 또는 사업장의 동종 또는 유사한 업무에 종사하는 기간제근로자를 우선적으로 고용하도록 노력하여야 한다. (○) [기출] 14·16·23

제3장　단시간근로자

제6조　단시간근로자의 초과근로 제한

① 사용자는 단시간근로자에 대하여 「근로기준법」 제2조의 소정근로시간을 초과하여 근로하게 하는 경우에는 해당 근로자의 **동의**를 얻어야 한다. 이 경우 **1주간에 12시간**을 초과하여 근로하게 할 수 없다.
② 단시간근로자는 사용자가 제1항의 규정에 따른 동의를 얻지 아니하고 초과근로를 하게 하는 경우에는 이를 **거부**할 수 있다.
③ 사용자는 제1항에 따른 초과근로에 대하여 **통상임금의 100분의 50 이상**을 가산하여 지급하여야 한다.

사용자는 단시간근로자에 대하여 근로기준법상 소정근로시간을 초과하여 근로하게 하는 경우에는 해당 근로자의 동의를 얻어야 한다. (O) 기출 18

단시간근로자의 동의를 받으면 소정근로시간을 초과하여 근로를 하게 할 수 있으나, 1주 12시간을 초과할 수는 없다. (O) 기출 23

사용자는 단시간근로자에 대하여 근로기준법에 따른 소정근로시간을 초과하여 근로하게 하는 경우에는 해당 근로자의 동의를 얻으면 1주간에 12시간을 초과하여 근로하게 할 수 있다. (X) 기출 17

단시간근로자의 초과근로에 대하여 사용자는 평균임금의 100분의 100 이상을 가산하여 지급하여야 한다. (X) 기출 22

제7조 통상근로자로의 전환 등

① 사용자는 통상근로자를 채용하고자 하는 경우에는 해당 사업 또는 사업장의 동종 또는 유사한 업무에 종사하는 단시간근로자를 우선적으로 고용하도록 노력하여야 한다.
② 사용자는 가사, 학업 그 밖의 이유로 근로자가 단시간근로를 신청하는 때에는 해당 근로자를 단시간근로자로 전환하도록 노력하여야 한다.

사용자는 통상근로자를 채용하고자 하는 경우에는 해당 사업 또는 사업장의 동종 또는 유사한 업무에 종사하는 단시간근로자를 우선적으로 고용하여야 한다. (X) 기출 18 · 22

사용자는 통상근로자를 채용하고자 하는 경우에는 해당 사업 또는 사업장의 동종 또는 유사한 업무에 종사하는 단시간근로자를 우선적으로 고용하도록 노력하여야 한다. (O) 기출 16

사용자는 가사를 이유로 근로자가 단시간근로를 신청하는 때에는 해당 근로자를 단시간근로자로 전환하도록 노력하여야 한다. (O) 기출 23

사용자는 가사, 학업 그 밖의 이유로 근로자가 단시간근로를 신청하는 때에는 해당 근로자를 단시간근로자로 전환하도록 노력하여야 한다. (O) 기출 18 · 20

사용자는 가사, 학업 그 밖의 이유로 근로자가 단시간근로를 신청하는 때에는 해당 근로자를 단시간근로자로 전환하여야 한다. (X) 기출 16

제4장 차별적 처우의 금지 및 시정

제8조 차별적 처우의 금지

① 사용자는 기간제근로자임을 이유로 해당 사업 또는 사업장에서 동종 또는 유사한 업무에 종사하는 기간의 정함이 없는 근로계약을 체결한 근로자에 비하여 차별적 처우를 하여서는 아니 된다.
② 사용자는 단시간근로자임을 이유로 해당 사업 또는 사업장의 동종 또는 유사한 업무에 종사하는 통상근로자에 비하여 차별적 처우를 하여서는 아니 된다.

> 사용자는 기간제근로자임을 이유로 해당 사업 또는 사업장에서 동종 또는 유사한 업무에 종사하는 기간의 정함이 없는 근로계약을 체결한 근로자에 비하여 차별적 처우를 하여서는 아니 된다. (O) **기출** 21
>
> 사용자는 단시간근로자임을 이유로 해당 사업 또는 사업장의 동종 또는 유사한 업무에 종사하는 통상근로자에 비하여 차별적 처우를 하여서는 아니 된다. (O) **기출** 18

제9조 **차별적 처우의 시정신청**

① 기간제근로자 또는 단시간근로자는 차별적 처우를 받은 경우 「노동위원회법」 제1조의 규정에 따른 노동위원회(이하 "노동위원회"라 한다)에 그 **시정**을 **신청**할 수 있다. 다만, 차별적 처우가 있은 날(계속되는 차별적 처우는 그 **종료일**)부터 **6개월**이 지난 때에는 그러하지 아니하다.

② 기간제근로자 또는 단시간근로자가 제1항의 규정에 따른 시정신청을 하는 때에는 차별적 처우의 내용을 **구체적으로** 명시하여야 한다.

③ 제1항 및 제2항의 규정에 따른 시정신청의 절차·방법 등에 관하여 필요한 사항은 「노동위원회법」 제2조 제1항의 규정에 따른 **중앙노동위원회**(이하 "중앙노동위원회"라 한다)가 따로 정한다.

④ 제8조 및 제1항부터 제3항까지의 규정과 관련한 분쟁에서 입증책임은 **사용자**가 부담한다.

> 기간제근로자는 차별적 처우를 받은 경우 노동위원회에 차별적 처우가 있은 날부터 6개월이 경과하기 전에 그 시정을 신청할 수 있다. (O) **기출** 15·19
>
> 기간제근로자는 차별적 처우를 받은 경우 그 종료일부터 3개월 이내에 그 시정을 신청하여야 한다. (×) **기출** 13
>
> 기간제근로자는 계속되는 차별적 처우를 받은 경우 차별적 처우의 종료일부터 3개월이 지난 때에는 노동위원회에 그 시정을 신청할 수 없다. (×) **기출** 24
>
> 기간제근로자가 차별적 처우의 시정신청을 하는 때에는 차별적 처우의 내용을 구체적으로 명시하여야 한다. (O) **기출** 14·19·24
>
> 단시간근로자에 대한 차별적 처우의 금지와 관련한 분쟁에 있어서 입증책임은 사용자가 부담한다. (O) **기출** 17·20
>
> 기간제근로자가 노동위원회에 차별적 처우의 시정신청을 하는 경우 차별적 처우와 관련한 분쟁의 입증책임은 근로자가 부담한다. (×) **기출** 14

제10조 **조사·심문 등**

① 노동위원회는 제9조의 규정에 따른 시정신청을 받은 때에는 지체 없이 필요한 조사와 관계 당사자에 대한 심문을 하여야 한다.

② 노동위원회는 제1항의 규정에 따른 심문을 하는 때에는 관계 당사자의 신청 또는 직권으로 증인을 출석하게 하여 필요한 사항을 질문할 수 있다.

③ 노동위원회는 제1항 및 제2항의 규정에 따른 심문을 할 때에는 관계 당사자에게 증거의 제출과 증인에 대한 반대심문을 할 수 있는 충분한 기회를 주어야 한다.

④ 제1항부터 제3항까지의 규정에 따른 조사·심문의 방법 및 절차 등에 관하여 필요한 사항은 **중앙노동위원회**가 따로 정한다.

⑤ 노동위원회는 차별시정사무에 관한 전문적인 조사·연구업무를 수행하기 위하여 전문위원을 둘 수 있다. 이 경우 전문위원의 수·자격 및 보수 등에 관하여 필요한 사항은 대통령령으로 정한다.

> **시행령 제4조(전문위원의 수 및 자격 등)**
> ① 법 제10조 제5항에 따라 「노동위원회법」 제2조 제1항에 따른 노동위원회(이하 "노동위원회"라 한다)에 두는 전문위원의 수는 10명 이내로 한다.
> ② 제1항에 따른 전문위원은 법학·경영학·경제학 등 노동문제와 관련된 학문 분야의 박사학위 소지자, 변호사·공인회계사·공인노무사 등 관련 자격증 소지자 중에서 「노동위원회법」 제2조 제1항에 따른 중앙노동위원회(이하 "중앙노동위원회"라 한다)의 위원장이 임명한다.
> ③ 제1항에 따른 전문위원의 보수에 관한 사항은 「공무원보수규정」[별표 34] 일반임기제공무원의 연봉등급 기준표를 준용하여 중앙노동위원회가 따로 정한다.

제11조 조정·중재

① 노동위원회는 제10조의 규정에 따른 심문의 과정에서 관계 당사자 **쌍방** 또는 **일방의 신청** 또는 **직권**에 의하여 **조정절차를 개시**할 수 있고, 관계 당사자가 미리 노동위원회의 중재결정에 따르기로 **합의**하여 중재를 신청한 경우에는 **중재**를 할 수 있다.

② 제1항의 규정에 따라 조정 또는 중재를 신청하는 경우에는 제9조의 규정에 따른 차별적 처우의 시정신청을 한 날부터 **14일 이내**에 하여야 한다. 다만, 노동위원회의 **승낙**이 있는 경우에는 14일 후에도 신청할 수 있다.

③ 노동위원회는 조정 또는 중재를 하는 경우 관계 당사자의 의견을 충분히 들어야 한다.

④ 노동위원회는 특별한 사유가 없으면 조정절차를 개시하거나 중재신청을 받은 때부터 **60일 이내**에 조정안을 제시하거나 중재결정을 하여야 한다.

⑤ 노동위원회는 관계 당사자 쌍방이 조정안을 수락한 경우에는 조정조서를 작성하고 중재결정을 한 경우에는 중재결정서를 작성하여야 한다.

⑥ 조정조서에는 관계 당사자와 조정에 관여한 위원전원이 서명·날인하여야 하고, 중재결정서에는 **관여한 위원전원**이 서명·날인하여야 한다.

⑦ 제5항 및 제6항의 규정에 따른 조정 또는 중재결정은 「민사소송법」의 규정에 따른 **재판상 화해**와 동일한 효력을 갖는다.

⑧ 제1항부터 제7항까지의 규정에 따른 조정·중재의 방법, 조정조서·중재결정서의 작성 등에 관한 사항은 **중앙노동위원회**가 따로 정한다.

> 노동위원회는 차별적 처우의 시정신청에 따른 심문의 과정에서 관계 당사자 쌍방 또는 일방의 신청 또는 직권에 의하여 조정(調停)절차를 개시할 수 있다.　　　　(○) 기출 19

제12조 **시정명령 등**

① 노동위원회는 제10조의 규정에 따른 조사·심문을 종료하고 차별적 처우에 해당된다고 판정한 때에는 사용자에게 **시정명령**을 내려야 하고, 차별적 처우에 해당하지 아니한다고 판정한 때에는 그 시정신청을 **기각하는 결정**을 하여야 한다.

② 제1항의 규정에 따른 판정·시정명령 또는 기각결정은 **서면**으로 하되 그 이유를 **구체적으로 명시하여** 관계 당사자에게 **각각 교부하여야** 한다. 이 경우 시정명령을 내리는 때에는 시정명령의 내용 및 이행기한 등을 **구체적으로 기재하여야** 한다.

제13조 **조정·중재 또는 시정명령의 내용**

① 제11조의 규정에 따른 조정·중재 또는 제12조의 규정에 따른 시정명령의 내용에는 차별적 행위의 중지, 임금 등 근로조건의 개선(취업규칙, 단체협약 등의 **제도개선 명령**을 포함한다) 또는 적절한 배상 등이 **포함될 수 있다.**

② 제1항에 따른 배상액은 차별적 처우로 인하여 기간제근로자 또는 단시간근로자에게 발생한 손해액을 기준으로 정한다. 다만, 노동위원회는 사용자의 차별적 처우에 **명백한 고의**가 인정되거나 차별적 처우가 **반복**되는 경우에는 손해액을 기준으로 **3배**를 넘지 아니하는 범위에서 배상을 명령할 수 있다.

> 노동위원회가 차별적 처우의 시정신청에 대하여 시정명령을 발하는 경우 그 시정명령의 내용에 취업규칙, 단체협약 등의 제도개선 명령은 포함될 수 없다. (×) 기출 15·17
>
> 시정명령의 내용에는 차별적 행위의 중지, 임금 등 근로조건의 개선 또는 적절한 배상 등이 포함될 수 있다. (○) 기출 13
>
> 노동위원회는 사용자의 차별적 처우에 명백한 고의가 인정되거나 차별적 처우가 반복되는 경우에는 손해액을 기준으로 3배를 넘지 아니하는 범위에서 배상을 명할 수 있다. (○) 기출 15·19·20·24

제14조 **시정명령 등의 확정**

① 지방노동위원회의 시정명령 또는 기각결정에 대하여 불복하는 관계 당사자는 시정명령서 또는 기각결정서의 송달을 받은 날부터 **10일 이내**에 중앙노동위원회에 재심을 신청할 수 있다.

② 제1항의 규정에 따른 중앙노동위원회의 재심결정에 대하여 불복하는 관계 당사자는 재심결정서의 송달을 받은 날부터 **15일 이내**에 행정소송을 제기할 수 있다.

③ 제1항에 규정된 기간 이내에 재심을 신청하지 아니하거나 제2항에 규정된 기간 이내에 행정소송을 제기하지 아니한 때에는 그 **시정명령·기각결정** 또는 **재심결정**은 확정된다.

제15조 **시정명령 이행상황의 제출요구 등**

① **고용노동부장관**은 확정된 시정명령에 대하여 사용자에게 이행상황을 제출할 것을 요구할 수 있다.

② 시정신청을 한 근로자는 사용자가 확정된 시정명령을 이행하지 아니하는 경우 이를 **고용노동부장관**에게 **신고할 수 있다.**

제15조의2   고용노동부장관의 차별적 처우 시정요구 등

① 고용노동부장관은 사용자가 제8조를 위반하여 차별적 처우를 한 경우에는 그 시정을 요구할 수 있다.

② 고용노동부장관은 사용자가 제1항에 따른 시정요구에 따르지 아니할 경우에는 차별적 처우의 내용을 구체적으로 명시하여 노동위원회에 통보하여야 한다. 이 경우 고용노동부장관은 해당 사용자 및 근로자에게 그 사실을 통지하여야 한다.

③ 노동위원회는 제2항에 따라 고용노동부장관의 통보를 받은 경우에는 지체 없이 차별적 처우가 있는지 여부를 심리하여야 한다. 이 경우 노동위원회는 해당 사용자 및 근로자에게 의견을 진술할 수 있는 기회를 부여하여야 한다.

④ 제3항에 따른 노동위원회의 심리 및 그 밖의 시정절차 등에 관하여는 제9조 제4항 및 제11조부터 제15조까지의 규정을 준용한다. 이 경우 "시정신청을 한 날"은 "통지를 받은 날"로, "기각결정"은 "차별적 처우가 없다는 결정"으로, "관계 당사자"는 "해당 사용자 또는 근로자"로, "시정신청을 한 근로자"는 "해당 근로자"로 본다.

⑤ 제3항 및 제4항에 따른 노동위원회의 심리 등에 관한 사항은 중앙노동위원회가 정한다.

제15조의3   확정된 시정명령의 효력 확대

① 고용노동부장관은 제14조(제15조의2 제4항에 따라 준용되는 경우를 포함한다)에 따라 확정된 시정명령을 이행할 의무가 있는 사용자의 사업 또는 사업장에서 해당 시정명령의 효력이 미치는 근로자 이외의 기간제근로자 또는 단시간근로자에 대하여 차별적 처우가 있는지를 조사하여 차별적 처우가 있는 경우에는 그 시정을 요구할 수 있다.

② 사용자가 제1항에 따른 시정요구에 따르지 아니하는 경우에는 제15조의2 제2항부터 제5항까지의 규정을 준용한다.

제5장 | 보 칙

제16조 불리한 처우의 금지

사용자는 기간제근로자 또는 단시간근로자가 다음 각 호의 어느 하나에 해당하는 행위를 한 것을 이유로 해고 그 밖의 불리한 처우를 하지 못한다.

1. 제6조 제2항의 규정에 따른 사용자의 부당한 초과근로 요구의 거부
2. 제9조의 규정에 따른 차별적 처우의 시정신청, 제10조의 규정에 따른 노동위원회에의 참석 및 진술, 제14조의 규정에 따른 재심신청 또는 행정소송의 제기
3. 제15조 제2항의 규정에 따른 시정명령 불이행의 신고
4. 제18조의 규정에 따른 통지

제17조 근로조건의 서면명시

사용자는 기간제근로자 또는 단시간근로자와 근로계약을 체결하는 때에는 다음 각 호의 모든 사항을 서면으로 명시하여야 한다. 다만, 제6호는 단시간근로자에 한정한다.

1. 근로계약기간에 관한 사항
2. 근로시간·휴게에 관한 사항
3. 임금의 구성항목·계산방법 및 지불방법에 관한 사항
4. 휴일·휴가에 관한 사항
5. 취업의 장소와 종사하여야 할 업무에 관한 사항
6. 근로일 및 근로일별 근로시간

> 사용자가 기간제근로자와 근로계약을 체결하는 때에는 근로시간·휴게에 관한 사항, 휴일·휴가에 관한 사항, 취업의 장소와 종사하여야 할 업무에 관한 사항을 서면으로 명시하여야 한다.
> (○) 기출 24
>
> 사용자는 단시간근로자와 근로계약을 체결하는 때에는 근로일 및 근로일별 근로시간을 서면으로 명시하여야 한다.
> (○) 기출 23
>
> 사용자는 기간제근로자와 근로계약을 체결하는 때에는 근로일 및 근로일별 근로시간을 서면으로 명시하여야 한다.
> (×) 기출 17·24
>
> 사용자는 단시간근로자와 근로계약을 체결할 때 근로일별 근로시간을 서면으로 명시하지 않아도 된다.
> (×) 기출 22

제18조 감독기관에 대한 통고

사업 또는 사업장에서 이 법 또는 이 법에 의한 명령을 위반한 사실이 있는 경우에는 근로자는 그 사실을 고용노동부장관 또는 근로감독관에게 통지할 수 있다.

> 사업장에서 기간제 및 단시간근로자 보호 등에 관한 법률을 위반한 사실이 있는 경우 근로자는 그 사실을 고용노동부장관 또는 근로감독관에게 통지할 수 있다. (○) 기출 23

제19조 권한의 위임

이 법의 규정에 따른 고용노동부장관의 권한은 그 일부를 대통령령으로 정하는 바에 따라 지방고용노동관서의 장에게 위임할 수 있다.

제20조 취업촉진을 위한 국가 등의 노력

국가 및 지방자치단체는 고용정보의 제공, 직업지도, 취업알선, 직업능력개발 등 기간제근로자 및 단시간근로자의 취업촉진을 위하여 필요한 조치를 우선적으로 취하도록 **노력하여야** 한다.

제6장 벌 칙

제21조 벌 칙

제16조의 규정을 위반하여 근로자에게 불리한 처우를 한 자는 2년 이하의 징역 또는 1천만원 이하의 벌금에 처한다.

제22조 벌 칙

제6조 제1항의 규정을 위반하여 단시간근로자에게 초과근로를 하게 한 자는 1천만원 이하의 벌금에 처한다.

제23조 양벌규정

사업주의 대리인·사용인 그 밖의 종업원이 사업주의 업무에 관하여 제21조 및 제22조의 규정에 해당하는 위반행위를 한 때에는 행위자를 벌하는 외에 그 사업주에 대하여도 해당 조의 벌금형을 과한다. 다만, 사업주가 그 위반행위를 방지하기 위하여 해당 업무에 관하여 상당한 주의와 감독을 게을리하지 아니한 경우에는 그러하지 아니하다.

제24조 과태료

① 제14조(제15조의2 제4항 및 제15조의3 제2항에 따라 준용되는 경우를 포함한다)에 따라 확정된 시정명령을 정당한 이유 없이 이행하지 아니한 자에게는 **1억원 이하의 과태료**를 부과한다.
② 다음 각 호의 어느 하나에 해당하는 자에게는 **500만원 이하의 과태료**를 부과한다.
  1. 제15조 제1항(제15조의2 제4항 및 제15조의3 제2항에 따라 준용되는 경우를 포함한다)을 위반하여 정당한 이유 없이 고용노동부장관의 이행상황 제출요구에 따르지 아니한 자
  2. 제17조의 규정을 위반하여 **근로조건을 서면으로 명시하지 아니한 자**

③ 제1항 및 제2항의 규정에 따른 과태료는 대통령령으로 정하는 바에 따라 고용노동부장관
    이 부과·징수한다.

> 기간제근로자와 근로계약을 체결할 때 근로계약기간 등 근로조건의 서면명시를 하지 않으면 500만원
> 이하의 벌금에 처한다. (×) **기출** 23
>
> 노동위원회는 차별시정명령을 받은 후 이행기한까지 시정명령을 이행하지 아니한 사용자에게 이행강
> 제금을 부과한다. (×) **기출** 20

05 산업안전보건법

시행 2024.5.17. [법률 제19591호, 2023.8.8. 타법개정]

제1장 총 칙

제1조 목 적

이 법은 산업 안전 및 보건에 관한 기준을 확립하고 그 책임의 소재를 명확하게 하여 산업재해를 예방하고 쾌적한 작업환경을 조성함으로써 노무를 제공하는 사람의 안전 및 보건을 유지·증진함을 목적으로 한다.

제2조 정 의

이 법에서 사용하는 용어의 뜻은 다음과 같다.
1. "산업재해"란 노무를 제공하는 사람이 업무에 관계되는 **건설물·설비·원재료·가스·증기·분진** 등에 의하거나 작업 또는 그 밖의 업무로 인하여 사망 또는 부상하거나 질병에 걸리는 것을 말한다.
2. "중대재해"란 산업재해 중 **사망** 등 재해 정도가 심하거나 **다수**의 재해자가 발생한 경우로서 고용노동부령으로 정하는 재해를 말한다.
3. "근로자"란 「**근로기준법**」 제2조 제1항 제1호에 따른 근로자를 말한다.
4. "사업주"란 **근로자**를 사용하여 사업을 하는 자를 말한다.
5. "근로자대표"란 근로자의 과반수로 조직된 노동조합이 있는 경우에는 그 노동조합을, 근로자의 과반수로 조직된 노동조합이 없는 경우에는 **근로자의 과반수를 대표하는** 자를 말한다.
6. "도급"이란 명칭에 관계없이 물건의 제조·건설·수리 또는 서비스의 제공, 그 밖의 업무를 타인에게 맡기는 계약을 말한다.
7. "도급인"이란 물건의 제조·건설·수리 또는 서비스의 제공, 그 밖의 업무를 도급하는 사업주를 말한다. 다만, **건설공사발주자**는 제외한다.
8. "수급인"이란 도급인으로부터 물건의 제조·건설·수리 또는 서비스의 제공, 그 밖의 업무를 도급받은 사업주를 말한다.
9. "관계수급인"이란 도급이 여러 단계에 걸쳐 체결된 경우에 **각 단계별로** 도급받은 사업주 **전부**를 말한다.

10. "건설공사발주자"란 건설공사를 도급하는 자로서 건설공사의 시공을 주도하여 **총괄·관리하지 아니하는** 자를 말한다. 다만, 도급받은 건설공사를 **다시 도급하는** 자는 제외한다.

11. "건설공사"란 다음 각 목의 어느 하나에 해당하는 공사를 말한다.
　　가. 「건설산업기본법」 제2조 제4호에 따른 건설공사
　　나. 「전기공사업법」 제2조 제1호에 따른 전기공사
　　다. 「정보통신공사업법」 제2조 제2호에 따른 정보통신공사
　　라. 「소방시설공사업법」에 따른 소방시설공사
　　마. 「국가유산수리 등에 관한 법률」에 따른 국가유산 수리공사

12. "**안전보건진단**"이란 산업재해를 예방하기 위하여 잠재적 위험성을 발견하고 그 개선대책을 수립할 목적으로 조사·평가하는 것을 말한다.

13. "**작업환경측정**"이란 작업환경 실태를 파악하기 위하여 해당 근로자 또는 작업장에 대하여 사업주가 유해인자에 대한 측정계획을 수립한 후 시료를 채취하고 분석·평가하는 것을 말한다.

산업재해란 노무를 제공하는 사람이 업무에 관계되는 건설물·설비·원재료·가스·증기·분진 등에 의하거나 작업 또는 그 밖의 업무로 인하여 사망 또는 부상하거나 질병에 걸리는 것을 말한다.
(O) **기출** 24

근로자가 업무에 관계되는 분진에 의하여 질병에 걸리는 것은 산업재해에 해당된다.
(O) **기출** 14

직업성 질병자가 동시에 2명 발생한 재해는 중대재해에 해당한다. (×) **기출** 22

1개월 이상의 요양이 필요한 부상자가 동시에 2명 이상 발생한 재해는 중대재해에 해당된다.
(×) **기출** 14

사업주란 근로자를 사용하여 사업을 하는 자를 말한다. (O) **기출** 14

도급인이란 물건의 제조·건설·수리 또는 서비스의 제공, 그 밖의 업무를 도급하는 사업주를 말한다. 다만, 건설공사발주자는 제외한다. (O) **기출** 24

관계수급인이란 도급이 여러 단계에 걸쳐 체결된 경우에 각 단계별로 도급받은 사업주 전부를 말한다.
(O) **기출** 24

건설공사발주자란 건설공사를 도급하는 자로서 건설공사의 시공을 주도하여 총괄·관리하지 아니하는 자를 말한다. 다만, 도급받은 건설공사를 다시 도급하는 자는 제외한다. (O) **기출** 24

작업환경측정이란 산업재해를 예방하기 위하여 잠재적 위험성을 발견하고 그 개선대책을 수립할 목적으로 조사·평가하는 것을 말한다. (×) **기출** 24

시행규칙 제3조(중대재해의 범위)

법 제2조 제2호에서 "고용노동부령으로 정하는 재해"란 다음 각 호의 어느 하나에 해당하는 재해를 말한다.
　1. 사망자가 1명 이상 발생한 재해
　2. 3개월 이상의 요양이 필요한 부상자가 동시에 2명 이상 발생한 재해
　3. 부상자 또는 직업성 질병자가 동시에 10명 이상 발생한 재해

제3조 **적용 범위**

이 법은 **모든 사업**에 적용한다. 다만, 유해·위험의 정도, 사업의 종류, 사업장의 상시근로자 수(건설공사의 경우에는 건설공사 금액을 말한다. 이하 같다) 등을 고려하여 대통령령으로 정하는 종류의 사업 또는 사업장에는 이 법의 **전부** 또는 **일부**를 적용하지 아니할 수 있다.

> 산업안전보건법은 국가·지방자치단체 및 공기업에는 적용하지 않는다.　　　　(×) 기출 19

제4조 **정부의 책무**

① **정부**는 이 법의 목적을 달성하기 위하여 다음 각 호의 사항을 성실히 이행할 책무를 진다.
  1. 산업 안전 및 보건 정책의 수립 및 집행
  2. 산업재해 예방 지원 및 지도
  3. 「근로기준법」 제76조의2에 따른 직장 내 괴롭힘 예방을 위한 조치기준 마련, 지도 및 지원
  4. 사업주의 자율적인 산업 안전 및 보건 경영체제 확립을 위한 지원
  5. 산업 안전 및 보건에 관한 의식을 북돋우기 위한 홍보·교육 등 **안전문화 확산 추진**
  6. 산업 안전 및 보건에 관한 기술의 연구·개발 및 시설의 설치·운영
  7. 산업재해에 관한 조사 및 통계의 유지·관리
  8. 산업 안전 및 보건 관련 단체 등에 대한 지원 및 지도·감독
  9. 그 밖에 노무를 제공하는 사람의 안전 및 건강의 보호·증진
② 정부는 제1항 각 호의 사항을 효율적으로 수행하기 위하여 「한국산업안전보건공단법」에 따른 한국산업안전보건공단(이하 "공단"이라 한다), 그 밖의 관련 단체 및 연구기관에 행정적·재정적 지원을 할 수 있다.

> 사업주는 안전·보건의식을 북돋우기 위한 홍보·교육 및 무재해운동 등 안전문화 추진을 성실히 이행할 책무를 진다.　　　　(×) 기출 18

제4조의2 **지방자치단체의 책무**

지방자치단체는 제4조 제1항에 따른 정부의 정책에 적극 협조하고, 관할 지역의 산업재해를 예방하기 위한 대책을 수립·시행하여야 한다.

제4조의3 **지방자치단체의 산업재해 예방 활동 등**

① **지방자치단체의 장**은 관할 지역 내에서의 산업재해 예방을 위하여 자체 계획의 수립, 교육, 홍보 및 안전한 작업환경 조성을 지원하기 위한 사업장 지도 등 필요한 조치를 할 수 있다.
② **정부**는 제1항에 따른 지방자치단체의 산업재해 예방 활동에 필요한 행정적·재정적 지원을 할 수 있다.
③ 제1항에 따른 산업재해 예방 활동에 필요한 사항은 지방자치단체가 조례로 정할 수 있다.

제5조 　 **사업주 등의 의무**

① **사업주**(제77조에 따른 특수형태근로종사자로부터 노무를 제공받는 자와 제78조에 따른 물건의 수거·배달 등을 중개하는 자를 **포함**한다. 이하 이 조 및 제6조에서 같다)는 다음 각 호의 사항을 이행함으로써 근로자(제77조에 따른 특수형태근로종사자와 제78조에 따른 물건의 수거·배달 등을 하는 사람을 **포함**한다. 이하 이 조 및 제6조에서 같다)의 안전 및 건강을 유지·증진시키고 국가의 산업재해 예방정책을 따라야 한다.
　1. 이 법과 이 법에 따른 명령으로 정하는 산업재해 예방을 위한 기준
　2. 근로자의 신체적 피로와 정신적 스트레스 등을 줄일 수 있는 쾌적한 작업환경의 조성 및 근로조건 개선
　3. 해당 사업장의 안전 및 보건에 관한 정보를 근로자에게 제공
② 다음 각 호의 어느 하나에 해당하는 자는 발주·설계·제조·수입 또는 건설을 할 때 이 법과 이 법에 따른 명령으로 정하는 기준을 지켜야 하고, 발주·설계·제조·수입 또는 건설에 사용되는 물건으로 인하여 발생하는 산업재해를 방지하기 위하여 필요한 조치를 하여야 한다.
　1. 기계·기구와 그 밖의 설비를 설계·제조 또는 수입하는 자
　2. 원재료 등을 제조·수입하는 자
　3. 건설물을 발주·설계·건설하는 자

제6조 　 **근로자의 의무**

근로자는 이 법과 이 법에 따른 명령으로 정하는 산업재해 예방을 위한 기준을 지켜야 하며, 사업주 또는 「근로기준법」 제101조에 따른 근로감독관, 공단 등 관계인이 실시하는 산업재해 예방에 관한 조치에 따라야 한다.

제7조 　 **산업재해 예방에 관한 기본계획의 수립·공표**

① **고용노동부장관**은 산업재해 예방에 관한 기본계획을 수립하여야 한다.
② 고용노동부장관은 제1항에 따라 수립한 기본계획을 「산업재해보상보험법」 제8조 제1항에 따른 산업재해보상보험 및 예방심의위원회의 **심의**를 거쳐 공표하여야 한다. 이를 **변경**하려는 경우에도 또한 같다.

> 산업재해 예방에 관한 기본계획은 고용노동부장관이 수립하며 산업재해보상보험 및 예방심의위원회의 심의를 거쳐 공표하여야 한다. 　　　　　　　　　　　　　　(○) 기출 20

제8조 　 **협조 요청 등**

① **고용노동부장관**은 제7조 제1항에 따른 기본계획을 효율적으로 시행하기 위하여 필요하다고 인정할 때에는 관계 행정기관의 장 또는 「공공기관의 운영에 관한 법률」 제4조에 따른 공공기관의 장에게 필요한 협조를 요청할 수 있다.
② **행정기관**(고용노동부는 제외한다. 이하 이 조에서 같다)의 장은 사업장의 안전 및 보건에 관하여 규제를 하려면 **미리 고용노동부장관과 협의하여야** 한다.

③ **행정기관의 장**은 고용노동부장관이 제2항에 따른 협의과정에서 해당 규제에 대한 변경을 요구하면 이에 따라야 하며, 고용노동부장관은 필요한 경우 **국무총리**에게 협의·조정 사항을 보고하여 **확정할 수 있다.**

④ 고용노동부장관은 산업재해 예방을 위하여 필요하다고 인정할 때에는 사업주, 사업주단체, 그 밖의 관계인에게 필요한 사항을 권고하거나 협조를 요청할 수 있다.

⑤ 고용노동부장관은 산업재해 예방을 위하여 중앙행정기관의 장과 지방자치단체의 장 또는 공단 등 관련 기관·단체의 장에게 다음 각 호의 정보 또는 자료의 제공 및 관계 전산망의 이용을 요청할 수 있다. 이 경우 요청을 받은 중앙행정기관의 장과 지방자치단체의 장 또는 관련 기관·단체의 장은 정당한 사유가 없으면 그 요청에 따라야 한다.

    1. 「부가가치세법」 제8조 및 「법인세법」 제111조에 따른 사업자등록에 관한 정보

    2. 「고용보험법」 제15조에 따른 근로자의 피보험자격의 취득 및 상실 등에 관한 정보

    3. 그 밖에 산업재해 예방사업을 수행하기 위하여 필요한 정보 또는 자료로서 대통령령으로 정하는 정보 또는 자료

제9조   산업재해 예방 통합정보시스템 구축·운영 등

① 고용노동부장관은 산업재해를 체계적이고 효율적으로 예방하기 위하여 산업재해 예방 통합정보시스템을 **구축·운영할 수 있다.**

② 고용노동부장관은 제1항에 따른 산업재해 예방 통합정보시스템으로 처리한 산업 안전 및 보건 등에 관한 정보를 고용노동부령으로 정하는 바에 따라 관련 행정기관과 공단에 **제공할 수 있다.**

③ 제1항에 따른 산업재해 예방 통합정보시스템의 구축·운영, 그 밖에 필요한 사항은 대통령령으로 정한다.

제10조   산업재해 발생건수 등의 공표

① **고용노동부장관**은 산업재해를 예방하기 위하여 대통령령으로 정하는 사업장의 근로자 산업재해 발생건수, 재해율 또는 그 순위 등(이하 "**산업재해발생건수등**"이라 한다)을 **공표하여야** 한다.

② 고용노동부장관은 도급인의 사업장(도급인이 제공하거나 지정한 경우로서 도급인이 지배·관리하는 대통령령으로 정하는 장소를 포함한다. 이하 같다) 중 대통령령으로 정하는 사업장에서 관계수급인 근로자가 작업을 하는 경우에 도급인의 산업재해발생건수등에 **관계수급인의 산업재해발생건수등을 포함**하여 제1항에 따라 공표하여야 한다.

③ 고용노동부장관은 제2항에 따라 산업재해발생건수등을 공표하기 위하여 도급인에게 관계수급인에 관한 자료의 제출을 요청할 수 있다. 이 경우 요청을 받은 자는 정당한 사유가 없으면 이에 따라야 한다.

④ 제1항 및 제2항에 따른 공표의 절차 및 방법, 그 밖에 필요한 사항은 고용노동부령으로 정한다.

> 고용노동부장관은 산업재해를 예방하기 위하여 대통령령으로 정하는 사업장의 근로자 산업재해 발생건수, 재해율 또는 그 순위 등을 공표하여야 한다. (O) 기출 20

제11조 **산업재해 예방시설의 설치·운영**

고용노동부장관은 산업재해 예방을 위하여 다음 각 호의 시설을 **설치·운영할 수 있다.**
  1. 산업 안전 및 보건에 관한 지도시설, 연구시설 및 교육시설
  2. 안전보건진단 및 작업환경측정을 위한 시설
  3. 노무를 제공하는 사람의 건강을 유지·증진하기 위한 시설
  4. 그 밖에 고용노동부령으로 정하는 산업재해 예방을 위한 시설

제12조 **산업재해 예방의 재원**

다음 각 호의 어느 하나에 해당하는 용도에 사용하기 위한 재원은 「산업재해보상보험법」
제95조 제1항에 따른 **산업재해보상보험 및 예방기금**에서 지원한다.
  1. 제11조 각 호에 따른 시설의 설치와 그 운영에 필요한 비용
  2. 산업재해 예방 관련 사업 및 비영리법인에 위탁하는 업무 수행에 필요한 비용
  3. 그 밖에 산업재해 예방에 필요한 사업으로서 고용노동부장관이 인정하는 사업의
     사업비

제13조 **기술 또는 작업환경에 관한 표준**

① 고용노동부장관은 산업재해 예방을 위하여 다음 각 호의 조치와 관련된 기술 또는 작업
   환경에 관한 표준을 정하여 사업주에게 지도·권고할 수 있다.
  1. 제5조 제2항 각 호의 어느 하나에 해당하는 자가 같은 항에 따라 산업재해를 방지하기
     위하여 하여야 할 조치
  2. 제38조 및 제39조에 따라 사업주가 하여야 할 조치
② 고용노동부장관은 제1항에 따른 표준을 정할 때 필요하다고 인정하면 해당 분야별로
   표준제정위원회를 구성·운영할 수 있다.
③ 제2항에 따른 표준제정위원회의 구성·운영, 그 밖에 필요한 사항은 고용노동부장관이
   정한다.

제1절 안전보건관리체제

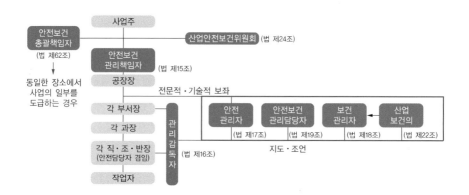

제14조 이사회 보고 및 승인 등

① 「상법」 제170조에 따른 주식회사 중 대통령령으로 정하는 회사의 **대표이사**는 대통령령으로 정하는 바에 따라 매년 회사의 안전 및 보건에 관한 계획을 수립하여 **이사회**에 보고하고 **승인을 받아야** 한다.

② 제1항에 따른 대표이사는 제1항에 따른 안전 및 보건에 관한 계획을 성실하게 이행하여야 한다.

③ 제1항에 따른 안전 및 보건에 관한 계획에는 안전 및 보건에 관한 비용, 시설, 인원 등의 사항을 포함하여야 한다.

> **시행령 제13조(이사회 보고ㆍ승인 대상 회사 등)**
> ① 법 제14조 제1항에서 "대통령령으로 정하는 회사"란 다음 각 호의 어느 하나에 해당하는 회사를 말한다.
>   1. 상시근로자 500명 이상을 사용하는 회사
>   2. 「건설산업기본법」 제23조에 따라 평가하여 공시된 시공능력(같은 법 시행령 [별표 1]의 종합공사를 시공하는 업종의 건설업종란 제3호에 따른 토목건축공사업에 대한 평가 및 공시로 한정한다)의 순위 상위 1천위 이내의 건설회사
> ② 법 제14조 제1항에 따른 회사의 대표이사(「상법」 제408조의2 제1항 후단에 따라 대표이사를 두지 못하는 회사의 경우에는 같은 법 제408조의5에 따른 대표집행임원을 말한다)는 회사의 정관에서 정하는 바에 따라 다음 각 호의 내용을 포함한 회사의 안전 및 보건에 관한 계획을 수립해야 한다.
>   1. 안전 및 보건에 관한 경영방침
>   2. 안전ㆍ보건관리 조직의 구성ㆍ인원 및 역할
>   3. 안전ㆍ보건 관련 예산 및 시설 현황
>   4. 안전 및 보건에 관한 전년도 활동실적 및 다음 연도 활동계획

제15조　안전보건관리책임자

① 사업주는 사업장을 **실질적으로 총괄하여 관리하는 사람**에게 해당 사업장의 다음 각 호의 업무를 총괄하여 관리하도록 하여야 한다.
  1. 사업장의 산업재해 예방계획의 수립에 관한 사항
  2. 제25조 및 제26조에 따른 안전보건관리규정의 작성 및 변경에 관한 사항
  3. 제29조에 따른 안전보건교육에 관한 사항
  4. 작업환경측정 등 작업환경의 점검 및 개선에 관한 사항
  5. 제129조부터 제132조까지에 따른 근로자의 건강진단 등 건강관리에 관한 사항
  6. 산업재해의 원인 조사 및 재발 방지대책 수립에 관한 사항
  7. 산업재해에 관한 통계의 기록 및 유지에 관한 사항
  8. 안전장치 및 보호구 구입 시 적격품 여부 확인에 관한 사항
  9. 그 밖에 근로자의 유해·위험 방지조치에 관한 사항으로서 고용노동부령으로 정하는 사항
② 제1항 각 호의 업무를 총괄하여 관리하는 사람(이하 "**안전보건관리책임자**"라 한다)은 제17조에 따른 **안전관리자**와 제18조에 따른 **보건관리자**를 지휘·감독한다.
③ 안전보건관리책임자를 두어야 하는 사업의 종류와 사업장의 상시근로자 수, 그 밖에 필요한 사항은 대통령령으로 정한다.

제16조　관리감독자

① 사업주는 사업장의 생산과 관련되는 업무와 그 소속 직원을 직접 지휘·감독하는 직위에 있는 사람(이하 "관리감독자"라 한다)에게 산업 안전 및 보건에 관한 업무로서 대통령령으로 정하는 업무를 수행하도록 하여야 한다.
② 관리감독자가 있는 경우에는 「건설기술 진흥법」 제64조 제1항 제2호에 따른 안전관리책임자 및 같은 항 제3호에 따른 안전관리담당자를 각각 둔 것으로 본다.

제17조　안전관리자

① 사업주는 사업장에 제15조 제1항 각 호의 사항 중 안전에 관한 기술적인 사항에 관하여 사업주 또는 안전보건관리책임자를 보좌하고 관리감독자에게 지도·조언하는 업무를 수행하는 사람(이하 "**안전관리자**"라 한다)**을 두어야** 한다.
② 안전관리자를 두어야 하는 사업의 종류와 사업장의 상시근로자 수, 안전관리자의 수·자격·업무·권한·선임방법, 그 밖에 필요한 사항은 대통령령으로 정한다.
③ 대통령령으로 정하는 사업의 종류 및 사업장의 상시근로자 수에 해당하는 사업장의 사업주는 안전관리자에게 그 업무만을 전담하도록 하여야 한다.
④ 고용노동부장관은 산업재해 예방을 위하여 필요한 경우로서 고용노동부령으로 정하는 사유에 해당하는 경우에는 사업주에게 안전관리자를 제2항에 따라 대통령령으로 정하는 수 이상으로 늘리거나 교체할 것을 명할 수 있다.
⑤ 대통령령으로 정하는 사업의 종류 및 사업장의 상시근로자 수에 해당하는 사업장의 사업주는 제21조에 따라 지정받은 안전관리 업무를 전문적으로 수행하는 기관(이하 "안전관리전문기관"이라 한다)에 안전관리자의 업무를 위탁할 수 있다.

제18조 　보건관리자

① 사업주는 사업장에 제15조 제1항 각 호의 사항 중 보건에 관한 기술적인 사항에 관하여 사업주 또는 안전보건관리책임자를 보좌하고 관리감독자에게 지도·조언하는 업무를 수행하는 사람(이하 "**보건관리자**"라 한다)을 **두어야** 한다.

② 보건관리자를 두어야 하는 사업의 종류와 사업장의 상시근로자 수, 보건관리자의 수·자격·업무·권한·선임방법, 그 밖에 필요한 사항은 대통령령으로 정한다.

③ 대통령령으로 정하는 사업의 종류 및 사업장의 상시근로자 수에 해당하는 사업장의 사업주는 보건관리자에게 그 업무만을 전담하도록 하여야 한다.

④ 고용노동부장관은 산업재해 예방을 위하여 필요한 경우로서 고용노동부령으로 정하는 사유에 해당하는 경우에는 사업주에게 보건관리자를 제2항에 따라 대통령령으로 정하는 수 이상으로 늘리거나 교체할 것을 명할 수 있다.

⑤ 대통령령으로 정하는 사업의 종류 및 사업장의 상시근로자 수에 해당하는 사업장의 사업주는 제21조에 따라 지정받은 보건관리 업무를 전문적으로 수행하는 기관(이하 "보건관리전문기관"이라 한다)에 보건관리자의 업무를 위탁할 수 있다.

제19조 　안전보건관리담당자

① 사업주는 사업장에 안전 및 보건에 관하여 사업주를 보좌하고 관리감독자에게 지도·조언하는 업무를 수행하는 사람(이하 "**안전보건관리담당자**"라 한다)을 **두어야** 한다. 다만, **안전관리자** 또는 **보건관리자**가 있거나 이를 두어야 하는 경우에는 그러하지 아니하다.

② 안전보건관리담당자를 두어야 하는 사업의 종류와 사업장의 상시근로자 수, 안전보건관리담당자의 수·자격·업무·권한·선임방법, 그 밖에 필요한 사항은 대통령령으로 정한다.

③ 고용노동부장관은 산업재해 예방을 위하여 필요한 경우로서 고용노동부령으로 정하는 사유에 해당하는 경우에는 사업주에게 안전보건관리담당자를 제2항에 따라 대통령령으로 정하는 수 이상으로 늘리거나 교체할 것을 명할 수 있다.

④ 대통령령으로 정하는 사업의 종류 및 사업장의 상시근로자 수에 해당하는 사업장의 사업주는 안전관리전문기관 또는 보건관리전문기관에 안전보건관리담당자의 업무를 위탁할 수 있다.

제20조 　안전관리자 등의 지도·조언

사업주, 안전보건관리책임자 및 관리감독자는 다음 각 호의 어느 하나에 해당하는 자가 제15조 제1항 각 호의 사항 중 안전 또는 보건에 관한 기술적인 사항에 관하여 지도·조언하는 경우에는 이에 상응하는 적절한 조치를 하여야 한다.

　1. 안전관리자
　2. 보건관리자
　3. 안전보건관리담당자
　4. 안전관리전문기관 또는 보건관리전문기관(해당 업무를 위탁받은 경우에 한정한다)

제21조   안전관리전문기관 등

① 안전관리전문기관 또는 보건관리전문기관이 되려는 자는 대통령령으로 정하는 인력·시설 및 장비 등의 요건을 갖추어 **고용노동부장관의 지정**을 받아야 한다.

② 고용노동부장관은 안전관리전문기관 또는 보건관리전문기관에 대하여 평가하고 그 결과를 **공개할 수 있다.** 이 경우 평가의 기준·방법 및 결과의 공개에 필요한 사항은 고용노동부령으로 정한다.

③ 안전관리전문기관 또는 보건관리전문기관의 지정 절차, 업무 수행에 관한 사항, 위탁받은 업무를 수행할 수 있는 지역, 그 밖에 필요한 사항은 고용노동부령으로 정한다.

④ 고용노동부장관은 안전관리전문기관 또는 보건관리전문기관이 다음 각 호의 어느 하나에 해당할 때에는 그 지정을 **취소**하거나 **6개월 이내의** 기간을 정하여 그 **업무의 정지를 명할 수 있다.** 다만, **제1호** 또는 **제2호**에 해당할 때에는 그 지정을 **취소하여야** 한다.

  1. **거짓**이나 그 밖의 **부정한 방법**으로 지정을 받은 경우
  2. **업무정지 기간** 중에 업무를 수행한 경우
  3. 제1항에 따른 지정 요건을 충족하지 못한 경우
  4. 지정받은 사항을 위반하여 업무를 수행한 경우
  5. 그 밖에 대통령령으로 정하는 사유에 해당하는 경우

⑤ 제4항에 따라 지정이 취소된 자는 지정이 취소된 날부터 **2년 이내**에는 각각 해당 안전관리전문기관 또는 보건관리전문기관으로 **지정받을 수 없다.**

제22조   산업보건의

① 사업주는 근로자의 건강관리나 그 밖에 보건관리자의 업무를 지도하기 위하여 사업장에 **산업보건의를 두어야** 한다. 다만, 「의료법」 제2조에 따른 의사를 보건관리자로 둔 경우에는 **그러하지 아니하다.**

② 제1항에 따른 산업보건의(이하 "산업보건의"라 한다)를 두어야 하는 사업의 종류와 사업장의 상시근로자 수 및 산업보건의의 자격·직무·권한·선임방법, 그 밖에 필요한 사항은 대통령령으로 정한다.

제23조   명예산업안전감독관

① 고용노동부장관은 산업재해 예방활동에 대한 참여와 지원을 촉진하기 위하여 근로자, 근로자단체, 사업주단체 및 산업재해 예방 관련 전문단체에 소속된 사람 중에서 명예산업안전감독관을 위촉할 수 있다.

② 사업주는 제1항에 따른 명예산업안전감독관(이하 "명예산업안전감독관"이라 한다)에 대하여 직무 수행과 관련한 사유로 불리한 처우를 해서는 아니 된다.

③ 명예산업안전감독관의 위촉 방법, 업무, 그 밖에 필요한 사항은 대통령령으로 정한다.

제24조   산업안전보건위원회

① **사업주**는 사업장의 안전 및 보건에 관한 중요 사항을 심의·의결하기 위하여 사업장에 **근로자위원과 사용자위원**이 같은 수로 구성되는 산업안전보건위원회를 **구성·운영하여야** 한다.

② 사업주는 다음 각 호의 사항에 대해서는 제1항에 따른 산업안전보건위원회(이하 "산업안전보건위원회"라 한다)의 심의·의결을 거쳐야 한다.

　1. 제15조 제1항 제1호부터 제5호까지 및 제7호에 관한 사항

　2. 제15조 제1항 제6호에 따른 사항 중 중대재해에 관한 사항

　3. 유해하거나 위험한 기계·기구·설비를 도입한 경우 안전 및 보건 관련 조치에 관한 사항

　4. 그 밖에 해당 사업장 근로자의 안전 및 보건을 유지·증진시키기 위하여 필요한 사항

③ 산업안전보건위원회는 대통령령으로 정하는 바에 따라 회의를 개최하고 그 결과를 **회의록**으로 작성하여 보존하여야 한다.

④ 사업주와 근로자는 제2항에 따라 산업안전보건위원회가 심의·의결한 사항을 성실하게 이행하여야 한다.

⑤ 산업안전보건위원회는 이 법, 이 법에 따른 명령, 단체협약, 취업규칙 및 제25조에 따른 안전보건관리규정에 반하는 내용으로 심의·의결해서는 아니 된다.

⑥ 사업주는 산업안전보건위원회의 위원에게 직무 수행과 관련한 사유로 불리한 처우를 해서는 아니 된다.

⑦ 산업안전보건위원회를 구성하여야 할 사업의 종류 및 사업장의 상시근로자 수, 산업안전보건위원회의 구성·운영 및 의결되지 아니한 경우의 처리방법, 그 밖에 필요한 사항은 대통령령으로 정한다.

> 사업주는 사업장에 근로자위원, 사용자위원 및 공익위원이 같은 수로 구성되는 산업안전보건위원회를 운영하여야 한다.　　　　　　　　　　　　　　　　　　　　　(×) **기출** 20

제2절   안전보건관리규정

제25조   안전보건관리규정의 작성

① 사업주는 사업장의 안전 및 보건을 유지하기 위하여 다음 각 호의 사항이 포함된 **안전보건관리규정**을 작성하여야 한다.

　1. 안전 및 보건에 관한 관리조직과 그 직무에 관한 사항

　2. 안전보건교육에 관한 사항

　3. 작업장의 안전 및 보건 관리에 관한 사항

　4. 사고 조사 및 대책 수립에 관한 사항

　5. 그 밖에 안전 및 보건에 관한 사항

② 제1항에 따른 안전보건관리규정(이하 "안전보건관리규정"이라 한다)은 단체협약 또는 취업규칙에 반할 수 없다. 이 경우 안전보건관리규정 중 **단체협약** 또는 **취업규칙**에 반하는 부분에 관하여는 그 단체협약 또는 취업규칙으로 정한 **기준**에 따른다.

③ 안전보건관리규정을 작성하여야 할 사업의 종류, 사업장의 상시근로자 수 및 안전보건관리규정에 포함되어야 할 세부적인 내용, 그 밖에 필요한 사항은 고용노동부령으로 정한다.

사고 조사 및 대책 수립에 관한 사항은 안전보건관리규정에 포함되어야 한다. (O) **기출** 24

안전보건관리규정 중 취업규칙에 반하는 부분에 관하여는 그 취업규칙으로 정한 기준에 따른다.
(O) **기출** 13

취업규칙은 안전보건관리규정에 반할 수 없다. 이 경우 취업규칙 중 안전보건관리규정에 반하는 부분에 관하여는 안전보건관리규정으로 정한 기준에 따른다. (×) **기출** 24

안전보건관리규정은 해당 사업장에 적용되는 단체협약에 반할 수 없다. (O) **기출** 13

상시근로자 수가 300명인 보험업 사업주는 안전보건관리규정을 작성하여야 한다.
(O) **기출** 24

시행규칙 제25조(안전보건관리규정의 작성)

① 법 제25조 제3항에 따라 안전보건관리규정을 작성해야 할 사업의 종류 및 상시근로자 수는 [별표 2]와 같다.

② 제1항에 따른 사업의 사업주는 안전보건관리규정을 작성해야 할 사유가 발생한 날부터 30일 이내에 [별표 3]의 내용을 포함한 안전보건관리규정을 작성해야 한다. 이를 변경할 사유가 발생한 경우에도 또한 같다.

③ 사업주가 제2항에 따라 안전보건관리규정을 작성할 때에는 소방·가스·전기·교통 분야 등의 다른 법령에서 정하는 안전관리에 관한 규정과 통합하여 작성할 수 있다.

■ 산안법 시행규칙 [별표 2]

안전보건관리규정을 작성해야 할 사업의 종류 및 상시근로자 수(시행규칙 제25조 제1항 관련)

사업의 종류	상시근로자 수
1. 농업 2. 어업 3. 소프트웨어 개발 및 공급업 4. 컴퓨터 프로그래밍, 시스템 통합 및 관리업 4의2. 영상·오디오물 제공 서비스업 5. 정보서비스업 6. 금융 및 보험업 7. 임대업; 부동산 제외 8. 전문, 과학 및 기술 서비스업(연구개발업은 제외한다) 9. 사업지원 서비스업 10. 사회복지 서비스업	300명 이상
11. 제1호부터 제4호까지, 제4호의2 및 제5호부터 제10호까지의 사업을 제외한 사업	100명 이상

제26조   안전보건관리규정의 작성 · 변경 절차

사업주는 안전보건관리규정을 작성하거나 변경할 때에는 **산업안전보건위원회의 심의 · 의결**을 거쳐야 한다. 다만, 산업안전보건위원회가 설치되어 있지 아니한 사업장의 경우에는 **근로자대표의 동의를 받아야** 한다.

> 산업안전보건위원회가 설치되어 있지 아니한 사업장의 사업주는 근로자대표의 동의를 받아 안전보건관리규정을 작성하여야 한다.   (○) **기출** 19
>
> 사업주는 안전보건관리규정을 작성하거나 변경할 때에는 근로자의 과반수의 의견을 들어야 한다.   (×) **기출** 13

제27조   안전보건관리규정의 준수

사업주와 근로자는 안전보건관리규정을 지켜야 한다.

> 근로자는 안전보건관리규정을 지켜야 한다.   (○) **기출** 24

제28조   다른 법률의 준용

안전보건관리규정에 관하여 이 법에서 규정한 것을 제외하고는 그 성질에 반하지 아니하는 범위에서 「근로기준법」 중 **취업규칙에 관한 규정**을 준용한다.

> 안전보건관리규정에 관하여는 산업안전보건법에서 규정한 것을 제외하고는 그 성질에 반하지 아니하는 범위에서 근로기준법의 취업규칙에 관한 규정을 준용한다.   (○) **기출** 13

제29조 근로자에 대한 안전보건교육

① 사업주는 소속 근로자에게 고용노동부령으로 정하는 바에 따라 정기적으로 안전보건교육을 하여야 한다.
② 사업주는 근로자를 채용할 때와 작업내용을 변경할 때에는 그 근로자에게 고용노동부령으로 정하는 바에 따라 해당 작업에 필요한 안전보건교육을 하여야 한다. 다만, 제31조 제1항에 따른 안전보건교육을 이수한 건설 일용근로자를 채용하는 경우에는 그러하지 아니하다.
③ 사업주는 근로자를 유해하거나 위험한 작업에 채용하거나 그 작업으로 작업내용을 변경할 때에는 제2항에 따른 안전보건교육 외에 고용노동부령으로 정하는 바에 따라 유해하거나 위험한 작업에 필요한 안전보건교육을 추가로 하여야 한다.
④ 사업주는 제1항부터 제3항까지의 규정에 따른 안전보건교육을 제33조에 따라 고용노동부장관에게 등록한 안전보건교육기관에 위탁할 수 있다.

제30조 근로자에 대한 안전보건교육의 면제 등

① 사업주는 제29조 제1항에도 불구하고 다음 각 호의 어느 하나에 해당하는 경우에는 같은 항에 따른 안전보건교육의 전부 또는 일부를 하지 아니할 수 있다.
  1. 사업장의 산업재해 발생 정도가 고용노동부령으로 정하는 기준에 해당하는 경우
  2. 근로자가 제11조 제3호에 따른 시설에서 건강관리에 관한 교육 등 고용노동부령으로 정하는 교육을 이수한 경우
  3. 관리감독자가 산업 안전 및 보건 업무의 전문성 제고를 위한 교육 등 고용노동부령으로 정하는 교육을 이수한 경우
② 사업주는 제29조 제2항 또는 제3항에도 불구하고 해당 근로자가 채용 또는 변경된 작업에 경험이 있는 등 고용노동부령으로 정하는 경우에는 같은 조 제2항 또는 제3항에 따른 안전보건교육의 전부 또는 일부를 하지 아니할 수 있다.

제31조 건설업 기초안전보건교육

① 건설업의 사업주는 건설 일용근로자를 채용할 때에는 그 근로자로 하여금 제33조에 따른 안전보건교육기관이 실시하는 안전보건교육을 이수하도록 하여야 한다. 다만, 건설 일용근로자가 그 사업주에게 채용되기 전에 안전보건교육을 이수한 경우에는 그러하지 아니하다.
② 제1항 본문에 따른 안전보건교육의 시간·내용 및 방법, 그 밖에 필요한 사항은 고용노동부령으로 정한다.

제32조 안전보건관리책임자 등에 대한 직무교육

① 사업주(제5호의 경우는 같은 호 각 목에 따른 기관의 장을 말한다)는 다음 각 호에 해당하는 사람에게 제33조에 따른 안전보건교육기관에서 직무와 관련한 안전보건교육을 이수하도록 하여야 한다. 다만, 다음 각 호에 해당하는 사람이 다른 법령에 따라 안전 및 보건에 관한 교육을 받는 등 고용노동부령으로 정하는 경우에는 안전보건교육의 전부 또는 일부를 하지 아니할 수 있다.

1. 안전보건관리책임자
2. 안전관리자
3. 보건관리자
4. 안전보건관리담당자
5. 다음 각 목의 기관에서 안전과 보건에 관련된 업무에 종사하는 사람
   가. 안전관리전문기관
   나. 보건관리전문기관
   다. 제74조에 따라 지정받은 건설재해예방전문지도기관
   라. 제96조에 따라 지정받은 안전검사기관
   마. 제100조에 따라 지정받은 자율안전검사기관
   바. 제120조에 따라 지정받은 석면조사기관

② 제1항 각 호 외의 부분 본문에 따른 안전보건교육의 시간·내용 및 방법, 그 밖에 필요한 사항은 고용노동부령으로 정한다.

제33조 안전보건교육기관

① 제29조 제1항부터 제3항까지의 규정에 따른 안전보건교육, 제31조 제1항 본문에 따른 안전보건교육 또는 제32조 제1항 각 호 외의 부분 본문에 따른 **안전보건교육을 하려는 자는** 대통령령으로 정하는 인력·시설 및 장비 등의 요건을 갖추어 **고용노동부장관에게 등록하여야** 한다. 등록한 사항 중 대통령령으로 정하는 중요한 사항을 **변경**할 때에도 또한 같다.

② 고용노동부장관은 제1항에 따라 등록한 자(이하 "안전보건교육기관"이라 한다)에 대하여 평가하고 그 결과를 **공개할 수 있다.** 이 경우 평가의 기준·방법 및 결과의 공개에 필요한 사항은 고용노동부령으로 정한다.

③ 제1항에 따른 등록 절차 및 업무 수행에 관한 사항, 그 밖에 필요한 사항은 고용노동부령으로 정한다.

④ 안전보건교육기관에 대해서는 제21조 제4항 및 제5항을 준용한다. 이 경우 "안전관리전문기관 또는 보건관리전문기관"은 "안전보건교육기관"으로, "지정"은 "등록"으로 본다.

제4장 | 유해 · 위험 방지 조치

제34조 법령 요지 등의 게시 등

사업주는 이 법과 이 법에 따른 **명령의 요지 및 안전보건관리규정**을 각 사업장의 근로자가 쉽게 볼 수 있는 장소에 **게시하거나 갖추어 두어** 근로자에게 널리 알려야 한다.

> 사업주는 산업안전보건법과 이 법에 따른 명령의 요지 및 안전보건관리규정을 각 사업장의 근로자가 쉽게 볼 수 있는 장소에 게시하거나 갖추어 두어 근로자에게 널리 알려야 한다. (○) **기출** 22

제35조 근로자대표의 통지 요청

근로자대표는 **사업주**에게 다음 각 호의 사항을 통지하여 줄 것을 요청할 수 있고, 사업주는 이에 성실히 따라야 한다.

1. 산업안전보건위원회(제75조에 따라 노사협의체를 구성 · 운영하는 경우에는 노사협의체를 말한다)가 의결한 사항
2. 제47조에 따른 안전보건진단 결과에 관한 사항
3. 제49조에 따른 안전보건개선계획의 수립 · 시행에 관한 사항
4. 제64조 제1항 각 호에 따른 도급인의 이행 사항
5. 제110조 제1항에 따른 **물질안전보건자료**에 관한 사항
6. 제125조 제1항에 따른 작업환경측정에 관한 사항
7. 그 밖에 고용노동부령으로 정하는 안전 및 보건에 관한 사항

제36조 위험성평가의 실시

① 사업주는 건설물, 기계 · 기구 · 설비, 원재료, 가스, 증기, 분진, 근로자의 작업행동 또는 그 밖의 업무로 인한 유해 · 위험 요인을 찾아내어 부상 및 질병으로 이어질 수 있는 위험성의 크기가 허용 가능한 범위인지를 **평가**하여야 하고, 그 결과에 따라 이 법과 이 법에 따른 명령에 따른 **조치**를 하여야 하며, 근로자에 대한 위험 또는 건강장해를 방지하기 위하여 필요한 경우에는 **추가적인 조치**를 하여야 한다.
② 사업주는 제1항에 따른 평가 시 고용노동부장관이 정하여 고시하는 바에 따라 해당 작업장의 근로자를 **참여시켜야** 한다.
③ 사업주는 제1항에 따른 평가의 결과와 조치사항을 고용노동부령으로 정하는 바에 따라 기록하여 보존하여야 한다.
④ 제1항에 따른 평가의 방법, 절차 및 시기, 그 밖에 필요한 사항은 고용노동부장관이 정하여 고시한다.

제37조 **안전보건표지의 설치·부착**

① 사업주는 유해하거나 위험한 장소·시설·물질에 대한 경고, 비상시에 대처하기 위한 지시·안내 또는 그 밖에 근로자의 안전 및 보건 의식을 고취하기 위한 사항 등을 그림, 기호 및 글자 등으로 나타낸 표지(이하 이 조에서 "**안전보건표지**"라 한다)를 근로자가 쉽게 알아 볼 수 있도록 **설치하거나 붙여야** 한다. 이 경우 「외국인근로자의 고용 등에 관한 법률」 제2조에 따른 외국인근로자(같은 조 단서에 따른 사람을 포함한다)를 사용하는 사업주는 안전보건표지를 고용노동부장관이 정하는 바에 따라 해당 외국인근로자의 **모국어로 작성하여야** 한다.

② 안전보건표지의 종류, 형태, 색채, 용도 및 설치·부착 장소, 그 밖에 필요한 사항은 고용노동부령으로 정한다.

제38조 **안전조치**

① 사업주는 다음 각 호의 어느 하나에 해당하는 위험으로 인한 **산업재해를 예방**하기 위하여 **필요한 조치를 하여야 한다.**
  1. 기계·기구, 그 밖의 설비에 의한 위험
  2. 폭발성, 발화성 및 인화성 물질 등에 의한 위험
  3. **전기, 열, 그 밖의 에너지에 의한 위험**

② 사업주는 굴착, 채석, 하역, 벌목, 운송, 조작, 운반, 해체, 중량물 취급, 그 밖의 작업을 할 때 불량한 작업방법 등에 의한 위험으로 인한 산업재해를 예방하기 위하여 필요한 조치를 하여야 한다.

③ 사업주는 근로자가 다음 각 호의 어느 하나에 해당하는 장소에서 작업을 할 때 발생할 수 있는 산업재해를 예방하기 위하여 필요한 조치를 하여야 한다.
  1. 근로자가 추락할 위험이 있는 장소
  2. 토사·구축물 등이 붕괴할 우려가 있는 장소
  3. 물체가 떨어지거나 날아올 위험이 있는 장소
  4. 천재지변으로 인한 위험이 발생할 우려가 있는 장소

④ 사업주가 제1항부터 제3항까지의 규정에 따라 하여야 하는 조치(이하 "안전조치"라 한다)에 관한 구체적인 사항은 고용노동부령으로 정한다.

> 사업주는 전기, 열, 그 밖의 에너지에 의한 위험으로 인한 산업재해를 예방하기 위하여 필요한 조치를 하여야 한다.　　　　　　　　　　　　　　　　　　　(○) **기출** 22

제39조 **보건조치**

① 사업주는 다음 각 호의 어느 하나에 해당하는 건강장해를 예방하기 위하여 필요한 조치(이하 "보건조치"라 한다)를 하여야 한다.
  1. 원재료·가스·증기·분진·흄(Fume, 열이나 화학반응에 의하여 형성된 고체증기가 응축되어 생긴 미세입자를 말한다)·미스트(Mist, 공기 중에 떠다니는 작은 액체방울을 말한다)·산소결핍·병원체 등에 의한 건강장해
  2. 방사선·유해광선·고온·저온·초음파·소음·진동·이상기압 등에 의한 건강장해

3. 사업장에서 배출되는 기체·액체 또는 찌꺼기 등에 의한 건강장해
4. 계측감시, 컴퓨터 단말기 조작, 정밀공작 등의 작업에 의한 건강장해
5. 단순반복작업 또는 인체에 과도한 부담을 주는 작업에 의한 건강장해
6. 환기·채광·조명·보온·방습·청결 등의 적정기준을 유지하지 아니하여 발생하
   는 건강장해
② 제1항에 따라 사업주가 하여야 하는 보건조치에 관한 구체적인 사항은 고용노동부령으
   로 정한다.

제40조 근로자의 안전조치 및 보건조치 준수

근로자는 제38조 및 제39조에 따라 사업주가 한 조치로서 고용노동부령으로 정하는 조치
사항을 지켜야 한다.

제41조 고객의 폭언 등으로 인한 건강장해 예방조치 등

① **사업주**는 주로 고객을 직접 대면하거나 「정보통신망 이용촉진 및 정보보호 등에 관한
   법률」 제2조 제1항 제1호에 따른 정보통신망을 통하여 상대하면서 상품을 판매하거나
   서비스를 제공하는 업무에 종사하는 고객응대근로자에 대하여 고객의 폭언, 폭행, 그
   밖에 적정 범위를 벗어난 신체적·정신적 고통을 유발하는 행위(이하 이 조에서 "폭언등"
   이라 한다)로 인한 건강장해를 예방하기 위하여 고용노동부령으로 정하는 바에 따라
   필요한 **조치를 하여야** 한다.
② 사업주는 업무와 관련하여 고객 등 제3자의 폭언등으로 근로자에게 **건강장해**가 발생하
   거나 발생할 **현저한 우려**가 있는 경우에는 업무의 일시적 중단 또는 전환 등 대통령령으
   로 정하는 필요한 조치를 하여야 한다.
③ 근로자는 사업주에게 제2항에 따른 조치를 요구할 수 있고, 사업주는 근로자의 요구를
   이유로 해고 또는 그 밖의 불리한 처우를 해서는 아니 된다.

> 사업주는 업무와 관련하여 고객 등 제3자의 폭언등으로 근로자에게 건강장해가 발생하거나 발생할
> 현저한 우려가 있는 경우에는 업무의 일시적 중단 또는 전환 등 대통령령으로 정하는 필요한 조치를
> 하여야 한다.   (O) **기출** 19

제42조 유해위험방지계획서의 작성·제출 등

① 사업주는 다음 각 호의 어느 하나에 해당하는 경우에는 이 법 또는 이 법에 따른 명령에서
   정하는 유해·위험 방지에 관한 사항을 적은 계획서(이하 "**유해위험방지계획서**"라 한다)
   를 작성하여 고용노동부령으로 정하는 바에 따라 **고용노동부장관**에게 제출하고 **심사를
   받아야** 한다. 다만, **제3호**에 해당하는 사업주 중 산업재해발생률 등을 고려하여 고용노
   동부령으로 정하는 기준에 해당하는 사업주는 **유해위험방지계획서를 스스로 심사하고**,
   그 심사결과서를 작성하여 고용노동부장관에게 **제출하여야** 한다.
   1. 대통령령으로 정하는 사업의 종류 및 규모에 해당하는 사업으로서 해당 제품의 생산
      공정과 직접적으로 관련된 건설물·기계·기구 및 설비 등 전부를 설치·이전하거
      나 그 주요 구조부분을 변경하려는 경우

2. 유해하거나 위험한 작업 또는 장소에서 사용하거나 건강장해를 방지하기 위하여 사용하는 기계·기구 및 설비로서 대통령령으로 정하는 기계·기구 및 설비를 설치·이전하거나 그 주요 구조부분을 변경하려는 경우

3. 대통령령으로 정하는 크기, 높이 등에 해당하는 건설공사를 착공하려는 경우

② **제1항 제3호**에 따른 건설공사를 착공하려는 사업주(제1항 각 호 외의 부분 단서에 따른 **사업주**는 제외한다)는 유해위험방지계획서를 작성할 때 건설안전 분야의 자격 등 고용노동부령으로 정하는 자격을 갖춘 자의 **의견을 들어야** 한다.

③ 제1항에도 불구하고 사업주가 제44조 제1항에 따라 **공정안전보고서**를 고용노동부장관에게 제출한 경우에는 해당 유해·위험설비에 대해서는 유해위험방지계획서를 제출한 것으로 본다.

④ 고용노동부장관은 제1항 각 호 외의 부분 본문에 따라 제출된 유해위험방지계획서를 고용노동부령으로 정하는 바에 따라 심사하여 그 결과를 사업주에게 서면으로 알려 주어야 한다. 이 경우 근로자의 안전 및 보건의 유지·증진을 위하여 필요하다고 인정하는 경우에는 해당 작업 또는 건설공사를 중지하거나 유해위험방지계획서를 변경할 것을 명할 수 있다.

⑤ 제1항에 따른 사업주는 같은 항 각 호 외의 부분 단서에 따라 스스로 심사하거나 제4항에 따라 고용노동부장관이 심사한 유해위험방지계획서와 그 심사결과서를 사업장에 갖추어 두어야 한다.

⑥ 제1항 제3호에 따른 건설공사를 착공하려는 사업주로서 제5항에 따라 유해위험방지계획서 및 그 심사결과서를 사업장에 갖추어 둔 사업주는 해당 건설공사의 공법의 변경 등으로 인하여 그 유해위험방지계획서를 변경할 필요가 있는 경우에는 이를 변경하여 갖추어 두어야 한다.

제43조 **유해위험방지계획서 이행의 확인 등**

① 제42조 제4항에 따라 유해위험방지계획서에 대한 심사를 받은 사업주는 고용노동부령으로 정하는 바에 따라 유해위험방지계획서의 이행에 관하여 **고용노동부장관의 확인을 받아야** 한다.

② 제42조 제1항 각 호 외의 부분 단서에 따른 사업주는 고용노동부령으로 정하는 바에 따라 유해위험방지계획서의 이행에 관하여 **스스로 확인하여야** 한다. 다만, 해당 건설공사 중에 **근로자가 사망**(교통사고 등 고용노동부령으로 정하는 경우는 제외한다)한 경우에는 고용노동부령으로 정하는 바에 따라 유해위험방지계획서의 이행에 관하여 **고용노동부장관의 확인을 받아야** 한다.

③ 고용노동부장관은 제1항 및 제2항 단서에 따른 확인 결과 유해위험방지계획서대로 유해·위험방지를 위한 조치가 되지 아니하는 경우에는 고용노동부령으로 정하는 바에 따라 시설 등의 개선, 사용중지 또는 작업중지 등 **필요한 조치**를 명할 수 있다.

④ 제3항에 따른 시설 등의 개선, 사용중지 또는 작업중지 등의 절차 및 방법, 그 밖에 필요한 사항은 고용노동부령으로 정한다.

제44조   공정안전보고서의 작성 · 제출

① 사업주는 사업장에 대통령령으로 정하는 유해하거나 위험한 설비가 있는 경우 그 설비로부터의 위험물질 누출, 화재 및 폭발 등으로 인하여 사업장 내의 근로자에게 즉시 피해를 주거나 사업장 인근 지역에 피해를 줄 수 있는 사고로서 대통령령으로 정하는 사고(이하 "중대산업사고"라 한다)를 예방하기 위하여 대통령령으로 정하는 바에 따라 **공정안전보고서**를 작성하고 고용노동부장관에게 제출하여 **심사**를 받아야 한다. 이 경우 공정안전보고서의 내용이 중대산업사고를 예방하기 위하여 적합하다고 통보받기 전에는 관련된 유해하거나 위험한 설비를 가동해서는 아니 된다.

② 사업주는 제1항에 따라 공정안전보고서를 작성할 때 **산업안전보건위원회의 심의를 거쳐야** 한다. 다만, 산업안전보건위원회가 설치되어 있지 아니한 사업장의 경우에는 **근로자대표의 의견을 들어야** 한다.

제45조   공정안전보고서의 심사 등

① 고용노동부장관은 공정안전보고서를 고용노동부령으로 정하는 바에 따라 심사하여 그 결과를 사업주에게 서면으로 알려 주어야 한다. 이 경우 근로자의 안전 및 보건의 유지 · 증진을 위하여 필요하다고 인정하는 경우에는 그 공정안전보고서의 변경을 명할 수 있다.

② 사업주는 제1항에 따라 심사를 받은 공정안전보고서를 사업장에 갖추어 두어야 한다.

제46조   공정안전보고서의 이행 등

① 사업주와 근로자는 제45조 제1항에 따라 심사를 받은 공정안전보고서(이 조 제3항에 따라 보완한 공정안전보고서를 포함한다)의 내용을 지켜야 한다.

② 사업주는 제45조 제1항에 따라 심사를 받은 공정안전보고서의 내용을 실제로 **이행하고** 있는지 여부에 대하여 고용노동부령으로 정하는 바에 따라 **고용노동부장관의 확인을 받아야** 한다.

③ 사업주는 제45조 제1항에 따라 심사를 받은 공정안전보고서의 내용을 변경하여야 할 사유가 발생한 경우에는 지체 없이 그 내용을 보완하여야 한다.

④ 고용노동부장관은 고용노동부령으로 정하는 바에 따라 공정안전보고서의 이행 상태를 정기적으로 평가할 수 있다.

⑤ 고용노동부장관은 제4항에 따른 평가 결과 제3항에 따른 보완 상태가 불량한 사업장의 사업주에게는 공정안전보고서의 변경을 명할 수 있으며, 이에 따르지 아니하는 경우 공정안전보고서를 다시 제출하도록 명할 수 있다.

제47조   안전보건진단

① 고용노동부장관은 추락 · 붕괴, 화재 · 폭발, 유해하거나 위험한 물질의 누출 등 산업재해 발생의 위험이 현저히 높은 사업장의 사업주에게 제48조에 따라 지정받은 기관(이하 "안전보건진단기관"이라 한다)이 실시하는 안전보건진단을 받을 것을 명할 수 있다.

② 사업주는 제1항에 따라 안전보건진단 명령을 받은 경우 고용노동부령으로 정하는 바에 따라 안전보건진단기관에 안전보건진단을 의뢰하여야 한다.

③ 사업주는 안전보건진단기관이 제2항에 따라 실시하는 안전보건진단에 적극 협조하여야 하며, 정당한 사유 없이 이를 거부하거나 방해 또는 기피해서는 아니 된다. 이 경우 **근로자대표가 요구**할 때에는 해당 안전보건진단에 근로자대표를 **참여**시켜야 한다.

④ 안전보건진단기관은 제2항에 따라 안전보건진단을 실시한 경우에는 안전보건진단 결과보고서를 고용노동부령으로 정하는 바에 따라 해당 사업장의 사업주 및 고용노동부장관에게 제출하여야 한다.

⑤ 안전보건진단의 종류 및 내용, 안전보건진단 결과보고서에 포함될 사항, 그 밖에 필요한 사항은 대통령령으로 정한다.

제48조　안전보건진단기관

① 안전보건진단기관이 되려는 자는 대통령령으로 정하는 인력·시설 및 장비 등의 요건을 갖추어 고용노동부장관의 지정을 받아야 한다.

② 고용노동부장관은 안전보건진단기관에 대하여 평가하고 그 결과를 공개할 수 있다. 이 경우 평가의 기준·방법 및 결과의 공개에 필요한 사항은 고용노동부령으로 정한다.

③ 안전보건진단기관의 지정 절차, 그 밖에 필요한 사항은 고용노동부령으로 정한다.

④ 안전보건진단기관에 관하여는 제21조 제4항 및 제5항을 준용한다. 이 경우 "안전관리전문기관 또는 보건관리전문기관"은 "안전보건진단기관"으로 본다.

제49조　안전보건개선계획의 수립·시행 명령

① 고용노동부장관은 다음 각 호의 어느 하나에 해당하는 사업장으로서 산업재해 예방을 위하여 종합적인 개선조치를 할 필요가 있다고 인정되는 사업장의 사업주에게 고용노동부령으로 정하는 바에 따라 그 사업장, 시설, 그 밖의 사항에 관한 안전 및 보건에 관한 개선계획(이하 "안전보건개선계획"이라 한다)을 수립하여 시행할 것을 명할 수 있다. 이 경우 대통령령으로 정하는 사업장의 사업주에게는 제47조에 따라 안전보건진단을 받아 안전보건개선계획을 수립하여 시행할 것을 명할 수 있다.

1. 산업재해율이 같은 업종의 규모별 평균 산업재해율보다 높은 사업장
2. 사업주가 필요한 안전조치 또는 보건조치를 이행하지 아니하여 중대재해가 발생한 사업장
3. 대통령령으로 정하는 수 이상의 직업성 질병자가 발생한 사업장
4. 제106조에 따른 유해인자의 노출기준을 초과한 사업장

② 사업주는 안전보건개선계획을 수립할 때에는 **산업안전보건위원회의 심의를 거쳐야** 한다. 다만, 산업안전보건위원회가 설치되어 있지 아니한 사업장의 경우에는 **근로자대표의 의견을 들어야** 한다.

제50조　안전보건개선계획서의 제출 등

① 제49조 제1항에 따라 안전보건개선계획의 수립·시행 명령을 받은 사업주는 고용노동부령으로 정하는 바에 따라 안전보건개선계획서를 작성하여 고용노동부장관에게 제출하여야 한다.

② 고용노동부장관은 제1항에 따라 제출받은 안전보건개선계획서를 고용노동부령으로 정하는 바에 따라 심사하여 그 결과를 사업주에게 서면으로 알려 주어야 한다. 이 경우 고용노동부장관은 근로자의 안전 및 보건의 유지·증진을 위하여 필요하다고 인정하는 경우 해당 안전보건개선계획서의 보완을 명할 수 있다.

③ 사업주와 근로자는 제2항 전단에 따라 심사를 받은 안전보건개선계획서(같은 항 후단에 따라 보완한 안전보건개선계획서를 포함한다)를 준수하여야 한다.

제51조 사업주의 작업중지

사업주는 산업재해가 발생할 급박한 위험이 있을 때에는 **즉시** 작업을 중지시키고 근로자를 작업장소에서 대피시키는 등 안전 및 보건에 관하여 **필요한 조치**를 하여야 한다.

> 사업주는 산업재해가 발생할 급박한 위험이 있을 때에는 즉시 작업을 중지시키고 근로자를 작업장소에서 대피시키는 등 안전 및 보건에 관하여 필요한 조치를 하여야 한다. (O) 기출 21 · 22

제52조 근로자의 작업중지

① **근로자**는 산업재해가 발생할 급박한 위험이 있는 경우에는 작업을 중지하고 대피할 수 있다.

② 제1항에 따라 작업을 중지하고 대피한 근로자는 지체 없이 그 사실을 관리감독자 또는 그 밖에 부서의 장(이하 "관리감독자등"이라 한다)에게 **보고**하여야 한다.

③ 관리감독자등은 제2항에 따른 보고를 받으면 안전 및 보건에 관하여 필요한 조치를 하여야 한다.

④ 사업주는 산업재해가 발생할 급박한 위험이 있다고 근로자가 믿을 만한 합리적인 이유가 있을 때에는 제1항에 따라 작업을 중지하고 대피한 근로자에 대하여 해고나 그 밖의 불리한 처우를 해서는 아니 된다.

> 근로자는 산업재해가 발생할 급박한 위험이 있는 경우에는 작업을 중지하고 대피할 수 있다. (O) 기출 20 · 21
>
> 사업주는 산업재해가 발생할 급박한 위험이 있다고 근로자가 믿을 만한 합리적인 이유가 있을 때에는 작업을 중지하고 대피한 근로자에 대하여 해고나 그 밖의 불리한 처우를 해서는 아니 된다. (O) 기출 21

제53조 고용노동부장관의 시정조치 등

① **고용노동부장관**은 사업주가 사업장의 건설물 또는 그 부속건설물 및 기계·기구·설비·원재료(이하 "기계·설비등"이라 한다)에 대하여 안전 및 보건에 관하여 고용노동부령으로 정하는 필요한 조치를 하지 아니하여 근로자에게 **현저한 유해·위험이 초래될 우려**가 있다고 판단될 때에는 해당 기계·설비등에 대하여 사용중지·대체·제거 또는 시설의 개선, 그 밖에 안전 및 보건에 관하여 고용노동부령으로 정하는 필요한 조치(이하 "**시정조치**"라 한다)를 **명할 수 있다.**

② 제1항에 따라 시정조치 명령을 받은 사업주는 해당 기계·설비등에 대하여 시정조치를 **완료할 때까지** 시정조치 명령 사항을 사업장 내에 근로자가 쉽게 볼 수 있는 장소에 게시하여야 한다.

③ 고용노동부장관은 사업주가 해당 기계·설비등에 대한 시정조치 명령을 이행하지 아니하여 유해·위험 상태가 해소 또는 개선되지 아니하거나 근로자에 대한 유해·위험이 현저히 높아질 우려가 있는 경우에는 해당 기계·설비등과 관련된 작업의 **전부** 또는 **일부의 중지**를 **명할 수 있다.**

④ 제1항에 따른 **사용중지 명령** 또는 제3항에 따른 **작업중지 명령**을 받은 사업주는 그 시정조치를 완료한 경우에는 고용노동부장관에게 제1항에 따른 사용중지 또는 제3항에 따른 작업중지의 **해제를 요청**할 수 있다.

⑤ **고용노동부장관**은 제4항에 따른 해제 요청에 대하여 시정조치가 완료되었다고 판단될 때에는 제1항에 따른 사용중지 또는 제3항에 따른 작업중지를 **해제하여야** 한다.

제54조 · 중대재해 발생 시 사업주의 조치

① 사업주는 중대재해가 발생하였을 때에는 **즉시** 해당 작업을 중지시키고 근로자를 작업장소에서 대피시키는 등 안전 및 보건에 관하여 **필요한 조치**를 하여야 한다.

② 사업주는 중대재해가 발생한 사실을 알게 된 경우에는 고용노동부령으로 정하는 바에 따라 **지체 없이 고용노동부장관**에게 **보고하여야** 한다. 다만, 천재지변 등 부득이한 사유가 발생한 경우에는 그 사유가 소멸되면 **지체 없이 보고하여야** 한다.

> 사업주는 중대재해가 발생하였을 때에는 즉시 해당 작업을 중지시키고 근로자를 작업장소에서 대피시키는 등 안전 및 보건에 관하여 필요한 조치를 하여야 한다. (○) **기출** 21

제55조 · 중대재해 발생 시 고용노동부장관의 작업중지 조치

① 고용노동부장관은 중대재해가 발생하였을 때 다음 각 호의 어느 하나에 해당하는 작업으로 인하여 해당 사업장에 산업재해가 다시 발생할 급박한 위험이 있다고 판단되는 경우에는 그 작업의 중지를 명할 수 있다.

1. 중대재해가 발생한 **해당 작업**
2. 중대재해가 발생한 작업과 **동일한 작업**

② 고용노동부장관은 토사·구축물의 붕괴, 화재·폭발, 유해하거나 위험한 물질의 누출 등으로 인하여 중대재해가 발생하여 그 재해가 발생한 장소 주변으로 산업재해가 확산될 수 있다고 판단되는 등 불가피한 경우에는 해당 사업장의 작업을 중지할 수 있다.

③ **고용노동부장관**은 사업주가 제1항 또는 제2항에 따른 작업중지의 **해제를 요청**한 경우에는 작업중지 해제에 관한 전문가 등으로 구성된 **심의위원회**의 **심의**를 거쳐 고용노동부령으로 정하는 바에 따라 제1항 또는 제2항에 따른 작업중지를 해제하여야 한다.

④ 제3항에 따른 작업중지 해제의 요청 절차 및 방법, 심의위원회의 구성·운영, 그 밖에 필요한 사항은 고용노동부령으로 정한다.

> 중대재해 발생으로 작업이 중지된 경우, 사업주는 작업중지 해제에 관한 전문가 등으로 구성된 심의위원회의 심의를 거쳐 작업중지를 해제하여야 한다. (×) **기출** 21

제56조   **중대재해 원인조사 등**

① 고용노동부장관은 중대재해가 발생하였을 때에는 그 원인 규명 또는 산업재해 예방대책 수립을 위하여 그 발생 원인을 조사할 수 있다.
② 고용노동부장관은 중대재해가 발생한 사업장의 사업주에게 안전보건개선계획의 수립ㆍ시행, 그 밖에 필요한 조치를 명할 수 있다.
③ 누구든지 중대재해 발생 현장을 훼손하거나 제1항에 따른 고용노동부장관의 원인조사를 방해해서는 아니 된다.
④ 중대재해가 발생한 사업장에 대한 원인조사의 내용 및 절차, 그 밖에 필요한 사항은 고용노동부령으로 정한다.

제57조   **산업재해 발생 은폐 금지 및 보고 등**

① 사업주는 산업재해가 발생하였을 때에는 그 발생 사실을 은폐해서는 아니 된다.
② 사업주는 고용노동부령으로 정하는 바에 따라 산업재해의 발생 원인 등을 기록하여 보존하여야 한다.
③ 사업주는 고용노동부령으로 정하는 산업재해에 대해서는 그 발생 개요ㆍ원인 및 보고 시기, 재발방지 계획 등을 고용노동부령으로 정하는 바에 따라 고용노동부장관에게 보고하여야 한다.

산안법상 명시된 유해ㆍ위험 방지 조치 중 사업주의 의무 `기출` 23

위험성평가의 실시(산업안전보건법 제36조)	(○)
공정안전보고서의 작성ㆍ제출(산업안전보건법 제44조)	(○)
중대재해 원인조사(산업안전보건법 제56조)	(×)
유해위험방지계획서의 작성ㆍ제출(산업안전보건법 제42조)	(○)
안전보건표지의 설치ㆍ부착(산업안전보건법 제37조)	(○)

제58조 유해한 작업의 도급금지

① 사업주는 근로자의 안전 및 보건에 유해하거나 위험한 작업으로서 다음 각 호의 어느 하나에 해당하는 작업을 도급하여 자신의 사업장에서 **수급인의 근로자**가 그 작업을 하도록 **해서는 아니 된다.**
  1. **도금작업**
  2. **수은, 납 또는 카드뮴을 제련, 주입, 가공 및 가열하는 작업**
  3. 제118조 제1항에 따른 **허가대상물질을 제조하거나 사용하는 작업**
② 사업주는 제1항에도 불구하고 다음 각 호의 어느 하나에 해당하는 경우에는 제1항 각 호에 따른 작업을 도급하여 자신의 사업장에서 수급인의 근로자가 그 작업을 하도록 할 수 있다.
  1. **일시·간헐적**으로 하는 작업을 도급하는 경우
  2. 수급인이 보유한 기술이 **전문적이고** 사업주(수급인에게 도급을 한 도급인으로서의 사업주를 말한다)의 사업 운영에 **필수 불가결**한 경우로서 **고용노동부장관의 승인**을 받은 경우
③ 사업주는 제2항 제2호에 따라 고용노동부장관의 승인을 받으려는 경우에는 고용노동부령으로 정하는 바에 따라 고용노동부장관이 실시하는 **안전 및 보건에 관한 평가**를 받아야 한다.
④ 제2항 제2호에 따른 승인의 유효기간은 **3년**의 범위에서 정한다.
⑤ 고용노동부장관은 제4항에 따른 유효기간이 만료되는 경우에 사업주가 유효기간의 연장을 신청하면 승인의 유효기간이 만료되는 날의 다음 날부터 **3년**의 범위에서 고용노동부령으로 정하는 바에 따라 그 기간의 연장을 승인할 수 있다. 이 경우 사업주는 제3항에 따른 **안전 및 보건에 관한 평가**를 받아야 한다.
⑥ 사업주는 제2항 제2호 또는 제5항에 따라 승인을 받은 사항 중 고용노동부령으로 정하는 사항을 변경하려는 경우에는 고용노동부령으로 정하는 바에 따라 **변경에 대한 승인**을 받아야 한다.
⑦ 고용노동부장관은 제2항 제2호, 제5항 또는 제6항에 따라 승인, 연장승인 또는 변경승인을 받은 자가 제8항에 따른 기준에 미달하게 된 경우에는 **승인, 연장승인 또는 변경승인을 취소하여야** 한다.
⑧ 제2항 제2호, 제5항 또는 제6항에 따른 승인, 연장승인 또는 변경승인의 기준·절차 및 방법, 그 밖에 필요한 사항은 고용노동부령으로 정한다.

제59조 　도급의 승인

① 사업주는 자신의 사업장에서 안전 및 보건에 유해하거나 위험한 작업 중 급성 독성, 피부 부식성 등이 있는 물질의 취급 등 대통령령으로 정하는 작업을 도급하려는 경우에는 **고용노동부장관의 승인**을 받아야 한다. 이 경우 사업주는 고용노동부령으로 정하는 바에 따라 **안전 및 보건에 관한 평가**를 받아야 한다.
② 제1항에 따른 승인에 관하여는 제58조 제4항부터 제8항까지의 규정을 준용한다.

제60조 　도급의 승인 시 하도급 금지

제58조 제2항 제2호에 따른 승인, 같은 조 제5항 또는 제6항(제59조 제2항에 따라 준용되는 경우를 포함한다)에 따른 연장승인 또는 변경승인 및 제59조 제1항에 따른 승인을 받은 작업을 도급받은 수급인은 그 작업을 **하도급할 수 없다.**

제61조 　적격 수급인 선정 의무

사업주는 **산업재해 예방을 위한 조치를 할 수 있는 능력을 갖춘 사업주에게 도급하여야** 한다.

> 사업주는 산업재해 예방을 위한 조치를 할 수 있는 능력을 갖춘 사업주에게 도급하여야 한다.
> (O) **기출** 22

제2절　도급인의 안전조치 및 보건조치

제62조 　안전보건총괄책임자

① 도급인은 관계수급인 근로자가 도급인의 사업장에서 작업을 하는 경우에는 그 사업장의 **안전보건관리책임자**를 도급인의 근로자와 관계수급인 근로자의 산업재해를 예방하기 위한 업무를 총괄하여 관리하는 **안전보건총괄책임자**로 지정하여야 한다. 이 경우 안전보건관리책임자를 두지 아니하여도 되는 사업장에서는 그 사업장에서 사업을 총괄하여 관리하는 사람을 안전보건총괄책임자로 지정하여야 한다.
② 제1항에 따라 안전보건총괄책임자를 지정한 경우에는 「건설기술 진흥법」 제64조 제1항 제1호에 따른 안전총괄책임자를 둔 것으로 본다.
③ 제1항에 따라 안전보건총괄책임자를 지정하여야 하는 사업의 종류와 사업장의 상시근로자 수, 안전보건총괄책임자의 직무·권한, 그 밖에 필요한 사항은 대통령령으로 정한다.

제63조 　도급인의 안전조치 및 보건조치

도급인은 관계수급인 근로자가 도급인의 사업장에서 작업을 하는 경우에 자신의 근로자와 관계수급인 근로자의 산업재해를 예방하기 위하여 안전 및 보건 시설의 설치 등 필요한 **안전조치 및 보건조치**를 하여야 한다. 다만, 보호구 착용의 지시 등 관계수급인 근로자의 작업행동에 관한 **직접적인 조치**는 제외한다.

제64조 　도급에 따른 산업재해 예방조치

① 도급인은 관계수급인 근로자가 도급인의 사업장에서 작업을 하는 경우 다음 각 호의 사항을 이행하여야 한다.
　　1. 도급인과 수급인을 구성원으로 하는 안전 및 보건에 관한 협의체의 구성 및 운영
　　2. 작업장 순회점검
　　3. 관계수급인이 근로자에게 하는 제29조 제1항부터 제3항까지의 규정에 따른 안전보건교육을 위한 장소 및 자료의 제공 등 지원
　　4. 관계수급인이 근로자에게 하는 제29조 제3항에 따른 안전보건교육의 실시 확인
　　5. 다음 각 목의 어느 하나의 경우에 대비한 경보체계 운영과 대피방법 등 훈련
　　　　가. 작업 장소에서 발파작업을 하는 경우
　　　　나. 작업 장소에서 화재·폭발, 토사·구축물 등의 붕괴 또는 지진 등이 발생한 경우
　　6. 위생시설 등 고용노동부령으로 정하는 시설의 설치 등을 위하여 필요한 장소의 제공 또는 도급인이 설치한 위생시설 이용의 협조
　　7. 같은 장소에서 이루어지는 도급인과 관계수급인 등의 작업에 있어서 관계수급인 등의 작업시기·내용, 안전조치 및 보건조치 등의 확인
　　8. 제7호에 따른 확인 결과 관계수급인 등의 작업 혼재로 인하여 화재·폭발 등 대통령령으로 정하는 위험이 발생할 우려가 있는 경우 관계수급인 등의 작업시기·내용 등의 조정
② 제1항에 따른 도급인은 고용노동부령으로 정하는 바에 따라 자신의 근로자 및 관계수급인 근로자와 함께 정기적으로 또는 수시로 작업장의 안전 및 보건에 관한 점검을 하여야 한다.
③ 제1항에 따른 안전 및 보건에 관한 협의체 구성 및 운영, 작업장 순회점검, 안전보건교육 지원, 그 밖에 필요한 사항은 고용노동부령으로 정한다.

제65조 　도급인의 안전 및 보건에 관한 정보 제공 등

① 다음 각 호의 작업을 도급하는 자는 그 작업을 수행하는 수급인 근로자의 산업재해를 예방하기 위하여 고용노동부령으로 정하는 바에 따라 **해당 작업 시작 전**에 수급인에게 안전 및 보건에 관한 정보를 **문서로 제공하여야** 한다.
　　1. 폭발성·발화성·인화성·독성 등의 유해성·위험성이 있는 화학물질 중 고용노동부령으로 정하는 화학물질 또는 그 화학물질을 포함한 혼합물을 제조·사용·운반 또는 저장하는 반응기·증류탑·배관 또는 저장탱크로서 고용노동부령으로 정하는 설비를 개조·분해·해체 또는 철거하는 작업
　　2. 제1호에 따른 설비의 내부에서 이루어지는 작업
　　3. 질식 또는 붕괴의 위험이 있는 작업으로서 대통령령으로 정하는 작업
② 도급인이 제1항에 따라 안전 및 보건에 관한 정보를 해당 작업 시작 전까지 제공하지 아니한 경우에는 수급인이 정보 제공을 요청할 수 있다.
③ 도급인은 수급인이 제1항에 따라 제공받은 안전 및 보건에 관한 정보에 따라 필요한 안전조치 및 보건조치를 하였는지를 확인하여야 한다.
④ 수급인은 제2항에 따른 요청에도 불구하고 도급인이 정보를 제공하지 아니하는 경우에는 해당 도급 작업을 하지 아니할 수 있다. 이 경우 수급인은 계약의 이행 지체에 따른 **책임을 지지 아니한다**.

제66조 **도급인의 관계수급인에 대한 시정조치**

① 도급인은 관계수급인 근로자가 도급인의 사업장에서 작업을 하는 경우에 관계수급인 또는 관계수급인 근로자가 도급받은 작업과 관련하여 이 법 또는 이 법에 따른 명령을 위반하면 관계수급인에게 그 위반행위를 시정하도록 필요한 조치를 할 수 있다. 이 경우 관계수급인은 정당한 사유가 없으면 그 조치에 따라야 한다.

② 도급인은 제65조 제1항 각 호의 작업을 도급하는 경우에 수급인 또는 수급인 근로자가 도급받은 작업과 관련하여 이 법 또는 이 법에 따른 명령을 위반하면 수급인에게 그 위반행위를 시정하도록 필요한 조치를 할 수 있다. 이 경우 수급인은 정당한 사유가 없으면 그 조치에 따라야 한다.

제3절 건설업 등의 산업재해 예방

제67조 **건설공사발주자의 산업재해 예방 조치**

① 대통령령으로 정하는 건설공사의 건설공사발주자는 산업재해 예방을 위하여 건설공사의 계획, 설계 및 시공 단계에서 다음 각 호의 구분에 따른 조치를 하여야 한다.
  1. 건설공사 계획단계 : 해당 건설공사에서 중점적으로 관리하여야 할 유해·위험요인과 이의 감소방안을 포함한 기본안전보건대장을 작성할 것
  2. 건설공사 설계단계 : 제1호에 따른 기본안전보건대장을 설계자에게 제공하고, 설계자로 하여금 유해·위험요인의 감소방안을 포함한 설계안전보건대장을 작성하게 하고 이를 확인할 것
  3. 건설공사 시공단계 : 건설공사발주자로부터 건설공사를 최초로 도급받은 수급인에게 제2호에 따른 설계안전보건대장을 제공하고, 그 수급인에게 이를 반영하여 안전한 작업을 위한 공사안전보건대장을 작성하게 하고 그 이행 여부를 확인할 것

② 제1항에 따른 건설공사발주자는 대통령령으로 정하는 안전보건 분야의 전문가에게 같은 항 각 호에 따른 대장에 기재된 내용의 적정성 등을 확인받아야 한다.

③ 제1항에 따른 건설공사발주자는 설계자 및 건설공사를 최초로 도급받은 수급인이 건설현장의 안전을 우선적으로 고려하여 설계·시공 업무를 수행할 수 있도록 적정한 비용과 기간을 계상·설정하여야 한다.

④ 제1항 각 호에 따른 대장에 포함되어야 할 구체적인 내용은 고용노동부령으로 정한다.

시행규칙 제86조(기본안전보건대장 등)

① 법 제67조 제1항 제1호에 따른 기본안전보건대장에는 다음 각 호의 사항이 포함되어야 한다.
  1. 건설공사 계획단계에서 예상되는 공사내용, 공사규모 등 공사 개요
  2. 공사현장 제반 정보
  3. 건설공사에 설치·사용 예정인 구조물, 기계·기구 등 고용노동부장관이 정하여 고시하는 유해·위험요인과 그에 대한 안전조치 및 위험성 감소방안
  4. 산업재해 예방을 위한 건설공사발주자의 법령상 주요 의무사항 및 이에 대한 확인

② 법 제67조 제1항 제2호에 따른 설계안전보건대장에는 다음 각 호의 사항이 포함되어야 한다. 다만, 건설공사발주자가 「건설기술 진흥법」 제39조 제3항 및 제4항에 따라 설계용역에 대하여 건설엔지니어링사업자로 하여금 건설사업관리를 하게 하고 해당 설계용역에 대하여 같은 법 시행령 제59조 제4항 제8호에 따른 공사기간 및 공사비의 적정성 검토가 포함된 건설사업관리 결과보고서를 작성·제출받은 경우에는 제1호를 포함하지 않을 수 있다.
  1. 안전한 작업을 위한 적정 공사기간 및 공사금액 산출서
  2. 건설공사 중 발생할 수 있는 유해·위험요인 및 시공단계에서 고려해야 할 유해·위험요인 감소방안
  3. 삭제〈2024.6.28.〉
  4. 삭제〈2024.6.28.〉
  5. 법 제72조 제1항에 따른 산업안전보건관리비(이하 "산업안전보건관리비"라 한다)의 산출 내역서
  6. 삭제〈2024.6.28.〉

③ 법 제67조 제1항 제3호에 따른 공사안전보건대장에 포함하여 이행여부를 확인해야 할 사항은 다음 각 호와 같다.
  1. 설계안전보건대장의 유해·위험요인 감소방안을 반영한 건설공사 중 안전보건 조치 이행계획
  2. 법 제42조 제1항에 따른 유해위험방지계획서의 심사 및 확인결과에 대한 조치내용
  3. 고용노동부장관이 정하여 고시하는 건설공사용 기계·기구의 안전성 확보를 위한 배치 및 이동계획
  4. 법 제73조 제1항에 따른 건설공사의 산업재해 예방 지도를 위한 계약 여부, 지도결과 및 조치내용

④ 제1항부터 제3항까지의 규정에 따른 기본안전보건대장, 설계안전보건대장 및 공사안전보건대장의 작성과 공사안전보건대장의 이행여부 확인 방법 및 절차 등에 관하여 필요한 사항은 고용노동부장관이 정하여 고시한다.

제68조 안전보건조정자

① 2개 이상의 건설공사를 도급한 건설공사발주자는 그 2개 이상의 건설공사가 같은 장소에서 행해지는 경우에 작업의 혼재로 인하여 발생할 수 있는 산업재해를 예방하기 위하여 건설공사 현장에 안전보건조정자를 두어야 한다.

② 제1항에 따라 안전보건조정자를 두어야 하는 건설공사의 금액, 안전보건조정자의 자격·업무, 선임방법, 그 밖에 필요한 사항은 대통령령으로 정한다.

시행령 제56조(안전보건조정자의 선임 등)

① 법 제68조 제1항에 따른 안전보건조정자(이하 "안전보건조정자"라 한다)를 두어야 하는 건설공사는 각 건설공사의 금액의 합이 50억원 이상인 경우를 말한다.

② 제1항에 따라 안전보건조정자를 두어야 하는 건설공사발주자는 제1호 또는 제4호부터 제7호까지에 해당하는 사람 중에서 안전보건조정자를 선임하거나 제2호 또는 제3호에 해당하는 사람 중에서 안전보건조정자를 지정해야 한다.

  1. 법 제143조 제1항에 따른 산업안전지도사 자격을 가진 사람

  2. 「건설기술 진흥법」 제2조 제6호에 따른 발주청이 발주하는 건설공사인 경우 발주청이 같은 법 제49조 제1항에 따라 선임한 공사감독자

  3. 다음 각 목의 어느 하나에 해당하는 사람으로서 해당 건설공사 중 주된 공사의 책임감리자

    가. 「건축법」 제25조에 따라 지정된 공사감리자

    나. 「건설기술 진흥법」 제2조 제5호에 따른 감리업무를 수행하는 사람

    다. 「주택법」 제44조 제1항에 따라 배치된 감리원

    라. 「전력기술관리법」 제12조의2에 따라 배치된 감리원

    마. 「정보통신공사업법」 제8조 제2항에 따라 해당 건설공사에 대하여 감리업무를 수행하는 사람

  4. 「건설산업기본법」 제8조에 따른 종합공사에 해당하는 건설현장에서 안전보건관리책임자로서 3년 이상 재직한 사람

  5. 「국가기술자격법」에 따른 건설안전기술사

  6. 「국가기술자격법」에 따른 건설안전기사 또는 산업안전기사 자격을 취득한 후 건설안전 분야에서 5년 이상의 실무경력이 있는 사람

  7. 「국가기술자격법」에 따른 건설안전산업기사 또는 산업안전산업기사 자격을 취득한 후 건설안전 분야에서 7년 이상의 실무경력이 있는 사람

③ 제1항에 따라 안전보건조정자를 두어야 하는 건설공사발주자는 분리하여 발주되는 공사의 착공일 전날까지 제2항에 따라 안전보건조정자를 선임하거나 지정하여 각각의 공사 도급인에게 그 사실을 알려야 한다.

시행령 제57조(안전보건조정자의 업무)

① 안건보건조정자의 업무는 다음 각 호와 같다.

  1. 법 제68조 제1항에 따라 같은 장소에서 이루어지는 각각의 공사 간에 혼재된 작업의 파악

  2. 제1호에 따른 혼재된 작업으로 인한 산업재해 발생의 위험성 파악

  3. 제1호에 따른 혼재된 작업으로 인한 산업재해를 예방하기 위한 작업의 시기·내용 및 안전보건 조치 등의 조정

  4. 각각의 공사 도급인의 안전보건관리책임자 간 작업 내용에 관한 정보 공유 여부의 확인

② 안전보건조정자는 제1항의 업무를 수행하기 위하여 필요한 경우 해당 공사의 도급인과 관계수급인에게 자료의 제출을 요구할 수 있다.

제69조 공사기간 단축 및 공법변경 금지

① 건설공사발주자 또는 건설공사도급인(건설공사발주자로부터 해당 건설공사를 최초로 도급받은 수급인 또는 건설공사의 시공을 주도하여 총괄·관리하는 자를 말한다. 이하 이 절에서 같다)은 설계도서 등에 따라 산정된 공사기간을 **단축해서는 아니 된다.**
② 건설공사발주자 또는 건설공사도급인은 공사비를 줄이기 위하여 위험성이 있는 공법을 사용하거나 정당한 사유 없이 정해진 공법을 **변경해서는 아니 된다.**

제70조 건설공사 기간의 연장

① 건설공사발주자는 다음 각 호의 어느 하나에 해당하는 사유로 건설공사가 지연되어 해당 건설공사도급인이 산업재해 예방을 위하여 공사기간의 연장을 요청하는 경우에는 특별한 사유가 없으면 공사기간을 연장하여야 한다.
  1. 태풍·홍수 등 악천후, 전쟁·사변, 지진, 화재, 전염병, 폭동, 그 밖에 계약 당사자가 통제할 수 없는 사태의 발생 등 불가항력의 사유가 있는 경우
  2. 건설공사발주자에게 책임이 있는 사유로 착공이 지연되거나 시공이 중단된 경우
② 건설공사의 관계수급인은 제1항 제1호에 해당하는 사유 또는 건설공사도급인에게 책임이 있는 사유로 착공이 지연되거나 시공이 중단되어 해당 건설공사가 지연된 경우에 산업재해 예방을 위하여 건설공사도급인에게 공사기간의 연장을 요청할 수 있다. 이 경우 건설공사도급인은 특별한 사유가 없으면 공사기간을 연장하거나 건설공사발주자에게 그 기간의 연장을 요청하여야 한다.
③ 제1항 및 제2항에 따른 건설공사 기간의 연장 요청 절차, 그 밖에 필요한 사항은 고용노동부령으로 정한다.

제71조 설계변경의 요청

① **건설공사도급인**은 해당 건설공사 중에 대통령령으로 정하는 가설구조물의 붕괴 등으로 산업재해가 발생할 위험이 있다고 판단되면 건축·토목 분야의 전문가 등 대통령령으로 정하는 전문가의 의견을 들어 **건설공사발주자**에게 해당 건설공사의 **설계변경을 요청할 수 있다.** 다만, 건설공사발주자가 **설계를 포함**하여 발주한 경우는 **그러하지 아니하다.**
② 제42조 제4항 후단에 따라 고용노동부장관으로부터 공사중지 또는 유해위험방지계획서의 변경 명령을 받은 건설공사도급인은 설계변경이 필요한 경우 건설공사발주자에게 **설계변경을 요청할 수 있다.**
③ 건설공사의 **관계수급인**은 건설공사 중에 제1항에 따른 가설구조물의 붕괴 등으로 산업재해가 발생할 위험이 있다고 판단되면 제1항에 따른 전문가의 의견을 들어 **건설공사도급인**에게 해당 건설공사의 **설계변경을 요청**할 수 있다. 이 경우 건설공사도급인은 그 요청받은 내용이 기술적으로 적용이 불가능한 명백한 경우가 아니면 이를 반영하여 해당 건설공사의 **설계를 변경하거나** 건설공사발주자에게 **설계변경을 요청하여야** 한다.
④ 제1항부터 제3항까지의 규정에 따라 설계변경 요청을 받은 건설공사발주자는 그 요청받은 내용이 기술적으로 적용이 불가능한 명백한 경우가 아니면 이를 **반영하여 설계를 변경하여야** 한다.
⑤ 제1항부터 제3항까지의 규정에 따른 설계변경의 요청 절차·방법, 그 밖에 필요한 사항은 고용노동부령으로 정한다. 이 경우 **미리 국토교통부장관과 협의하여야** 한다.

제72조 건설공사 등의 산업안전보건관리비 계상 등

① 건설공사발주자가 도급계약을 체결하거나 건설공사의 시공을 주도하여 총괄·관리하는 자(건설공사발주자로부터 건설공사를 **최초로 도급받은 수급인**은 제외한다)가 건설공사 사업 계획을 수립할 때에는 고용노동부장관이 정하여 고시하는 바에 따라 산업재해 예방을 위하여 사용하는 비용(이하 "산업안전보건관리비"라 한다)을 도급금액 또는 사업비에 계상하여야 한다.

② 고용노동부장관은 산업안전보건관리비의 효율적인 사용을 위하여 다음 각 호의 사항을 정할 수 있다.
  1. 사업의 규모별·종류별 계상 기준
  2. 건설공사의 진척 정도에 따른 사용비율 등 기준
  3. 그 밖에 산업안전보건관리비의 사용에 필요한 사항

③ 건설공사도급인은 산업안전보건관리비를 제2항에서 정하는 바에 따라 사용하고 고용노동부령으로 정하는 바에 따라 그 사용명세서를 작성하여 보존하여야 한다.

④ 선박의 건조 또는 수리를 최초로 도급받은 수급인은 사업 계획을 수립할 때에는 고용노동부장관이 정하여 고시하는 바에 따라 산업안전보건관리비를 사업비에 계상하여야 한다.

⑤ 건설공사도급인 또는 제4항에 따른 선박의 건조 또는 수리를 최초로 도급받은 수급인은 산업안전보건관리비를 산업재해 예방 외의 목적으로 사용해서는 아니 된다.

제73조 건설공사의 산업재해 예방 지도

① 대통령령으로 정하는 건설공사의 건설공사발주자 또는 건설공사도급인(건설공사발주자로부터 건설공사를 최초로 도급받은 수급인은 제외한다)은 해당 건설공사를 착공하려는 경우 제74조에 따라 지정받은 전문기관(이하 "건설재해예방전문지도기관"이라 한다)과 건설 산업재해 예방을 위한 지도계약을 체결하여야 한다.

② 건설재해예방전문지도기관은 건설공사도급인에게 산업재해 예방을 위한 지도를 실시하여야 하고, 건설공사도급인은 지도에 따라 적절한 조치를 하여야 한다.

③ 건설재해예방전문지도기관의 지도업무의 내용, 지도대상 분야, 지도의 수행방법, 그 밖에 필요한 사항은 대통령령으로 정한다.

제74조 건설재해예방전문지도기관

① 건설재해예방전문지도기관이 되려는 자는 대통령령으로 정하는 인력·시설 및 장비 등의 요건을 갖추어 고용노동부장관의 지정을 받아야 한다.

② 제1항에 따른 건설재해예방전문지도기관의 지정 절차, 그 밖에 필요한 사항은 대통령령으로 정한다.

③ 고용노동부장관은 건설재해예방전문지도기관에 대하여 평가하고 그 결과를 공개할 수 있다. 이 경우 평가의 기준·방법, 결과의 공개에 필요한 사항은 고용노동부령으로 정한다.

④ 건설재해예방전문지도기관에 관하여는 제21조 제4항 및 제5항을 준용한다. 이 경우 "안전관리전문기관 또는 보건관리전문기관"은 "건설재해예방전문지도기관"으로 본다.

제75조　안전 및 보건에 관한 협의체 등의 구성·운영에 관한 특례

① 대통령령으로 정하는 규모의 건설공사의 건설공사도급인은 해당 건설공사 현장에 근로자위원과 사용자위원이 같은 수로 구성되는 안전 및 보건에 관한 협의체(이하 "노사협의체"라 한다)를 대통령령으로 정하는 바에 따라 구성·운영할 수 있다.

② 건설공사도급인이 제1항에 따라 노사협의체를 구성·운영하는 경우에는 산업안전보건위원회 및 제64조 제1항 제1호에 따른 안전 및 보건에 관한 협의체를 각각 구성·운영하는 것으로 본다.

③ 제1항에 따라 노사협의체를 구성·운영하는 건설공사도급인은 제24조 제2항 각 호의 사항에 대하여 노사협의체의 심의·의결을 거쳐야 한다. 이 경우 노사협의체에서 의결되지 아니한 사항의 처리방법은 대통령령으로 정한다.

④ 노사협의체는 대통령령으로 정하는 바에 따라 회의를 개최하고 그 결과를 회의록으로 작성하여 보존하여야 한다.

⑤ 노사협의체는 산업재해 예방 및 산업재해가 발생한 경우의 대피방법 등 고용노동부령으로 정하는 사항에 대하여 협의하여야 한다.

⑥ 노사협의체를 구성·운영하는 건설공사도급인·근로자 및 관계수급인·근로자는 제3항에 따라 노사협의체가 심의·의결한 사항을 성실하게 이행하여야 한다.

⑦ 노사협의체에 관하여는 제24조 제5항 및 제6항을 준용한다. 이 경우 "산업안전보건위원회"는 "노사협의체"로 본다.

제76조　기계·기구 등에 대한 건설공사도급인의 안전조치

건설공사도급인은 자신의 사업장에서 타워크레인 등 대통령령으로 정하는 기계·기구 또는 설비 등이 설치되어 있거나 작동하고 있는 경우 또는 이를 설치·해체·조립하는 등의 작업이 이루어지고 있는 경우에는 필요한 안전조치 및 보건조치를 하여야 한다.

제4절　그 밖의 고용형태에서의 산업재해 예방

제77조　특수형태근로종사자에 대한 안전조치 및 보건조치 등

① 계약의 형식에 관계없이 근로자와 유사하게 노무를 제공하여 업무상의 재해로부터 보호할 필요가 있음에도 「근로기준법」 등이 적용되지 아니하는 사람으로서 다음 각 호의 요건을 모두 충족하는 사람(이하 "**특수형태근로종사자**"라 한다)의 노무를 제공받는 자는 특수형태근로종사자의 산업재해 예방을 위하여 필요한 안전조치 및 보건조치를 하여야 한다.

1. **대통령령으로 정하는 직종**에 종사할 것
2. 주로 **하나의 사업**에 노무를 **상시적으로 제공**하고 보수를 받아 생활할 것
3. 노무를 제공할 때 **타인**을 사용하지 아니할 것

② 대통령령으로 정하는 특수형태근로종사자로부터 노무를 제공받는 자는 고용노동부령으로 정하는 바에 따라 안전 및 보건에 관한 교육을 실시하여야 한다.

③ 정부는 특수형태근로종사자의 안전 및 보건의 유지·증진에 사용하는 비용의 일부 또는 전부를 지원할 수 있다.

시행령 제67조(특수형태근로종사자의 범위 등)

법 제77조 제1항 제1호에 따른 요건을 충족하는 사람은 다음 각 호의 어느 하나에 해당하는 사람으로 한다.

1. 보험을 모집하는 사람으로서 다음 각 목의 어느 하나에 해당하는 사람
   가. 「보험업법」 제83조 제1항 제1호에 따른 보험설계사
   나. 「우체국예금·보험에 관한 법률」에 따른 우체국보험의 모집을 전업(專業)으로 하는 사람
2. 「건설기계관리법」 제3조 제1항에 따라 등록된 건설기계를 직접 운전하는 사람
3. 「통계법」 제22조에 따라 통계청장이 고시하는 직업에 관한 표준분류(이하 "한국표준직업분류표"라 한다)의 세세분류에 따른 학습지 방문강사, 교육 교구 방문강사, 그 밖에 회원의 가정 등을 직접 방문하여 아동이나 학생 등을 가르치는 사람
4. 「체육시설의 설치·이용에 관한 법률」 제7조에 따라 직장체육시설로 설치된 골프장 또는 같은 법 제19조에 따라 체육시설업의 등록을 한 골프장에서 골프경기를 보조하는 골프장 캐디
5. 한국표준직업분류표의 세분류에 따른 택배원으로서 택배사업(소화물을 집화·수송 과정을 거쳐 배송하는 사업을 말한다)에서 집화 또는 배송 업무를 하는 사람
6. 한국표준직업분류표의 세분류에 따른 택배원으로서 고용노동부장관이 정하는 기준에 따라 주로 하나의 퀵서비스업자로부터 업무를 의뢰받아 배송 업무를 하는 사람
7. 「대부업 등의 등록 및 금융이용자 보호에 관한 법률」 제3조 제1항 단서에 따른 대출모집인
8. 「여신전문금융업법」 제14조의2 제1항 제2호에 따른 신용카드회원 모집인
9. 고용노동부장관이 정하는 기준에 따라 주로 하나의 대리운전업자로부터 업무를 의뢰받아 대리운전 업무를 하는 사람
10. 「방문판매 등에 관한 법률」 제2조 제2호 또는 제8호의 방문판매원이나 후원방문판매원으로서 고용노동부장관이 정하는 기준에 따라 상시적으로 방문판매업무를 하는 사람
11. 한국표준직업분류표의 세세분류에 따른 대여 제품 방문점검원
12. 한국표준직업분류표의 세분류에 따른 가전제품 설치 및 수리원으로서 가전제품을 배송, 설치 및 시운전하여 작동상태를 확인하는 사람
13. 「화물자동차 운수사업법」에 따른 화물차주로서 다음 각 목의 어느 하나에 해당하는 사람
    가. 「자동차관리법」 제3조 제1항 제4호의 특수자동차로 수출입 컨테이너를 운송하는 사람
    나. 「자동차관리법」 제3조 제1항 제4호의 특수자동차로 시멘트를 운송하는 사람
    다. 「자동차관리법」 제2조 제1호 본문의 피견인자동차나 「자동차관리법」 제3조 제1항 제3호의 일반형 화물자동차로 철강재를 운송하는 사람
    라. 「자동차관리법」 제3조 제1항 제3호의 일반형 화물자동차나 특수용도형 화물자동차로 「물류정책기본법」 제29조 제1항 각 호의 위험물질을 운송하는 사람
14. 「소프트웨어 진흥법」에 따른 소프트웨어사업에서 노무를 제공하는 소프트웨어기술자

시행령 제68조(안전 및 보건 교육 대상 특수형태근로종사자)

법 제77조 제2항에서 "대통령령으로 정하는 특수형태근로종사자"란 제67조 제2호, 제4호부터 제6호까지 및 제9호부터 제13호까지의 규정에 따른 사람을 말한다.

제78조 배달종사자에 대한 안전조치

「이동통신단말장치 유통구조 개선에 관한 법률」제2조 제4호에 따른 이동통신단말장치로 물건의 수거·배달 등을 중개하는 자는 그 중개를 통하여 「자동차관리법」제3조 제1항 제5호에 따른 이륜자동차로 물건을 수거·배달 등을 하는 사람의 산업재해 예방을 위하여 필요한 안전조치 및 보건조치를 하여야 한다.

제79조 가맹본부의 산업재해 예방 조치

① 「가맹사업거래의 공정화에 관한 법률」제2조 제2호에 따른 가맹본부 중 대통령령으로 정하는 가맹본부는 같은 조 제3호에 따른 가맹점사업자에게 가맹점의 설비나 기계, 원자재 또는 상품 등을 공급하는 경우에 가맹점사업자와 그 소속 근로자의 산업재해 예방을 위하여 다음 각 호의 조치를 하여야 한다.
  1. 가맹점의 안전 및 보건에 관한 프로그램의 마련·시행
  2. 가맹본부가 가맹점에 설치하거나 공급하는 설비·기계 및 원자재 또는 상품 등에 대하여 가맹점사업자에게 안전 및 보건에 관한 정보의 제공
② 제1항 제1호에 따른 안전 및 보건에 관한 프로그램의 내용·시행방법, 같은 항 제2호에 따른 안전 및 보건에 관한 정보의 제공방법, 그 밖에 필요한 사항은 고용노동부령으로 정한다.

제6장 유해·위험 기계 등에 대한 조치

제1절 유해하거나 위험한 기계 등에 대한 방호조치 등

제80조 유해하거나 위험한 기계·기구에 대한 방호조치

① **누구든지** 동력으로 작동하는 기계·기구로서 대통령령으로 정하는 것은 고용노동부령으로 정하는 유해·위험 방지를 위한 **방호조치**를 하지 아니하고는 양도, 대여, 설치 또는 사용에 제공하거나 양도·대여의 목적으로 진열해서는 아니 된다.
② **누구든지** 동력으로 작동하는 기계·기구로서 다음 각 호의 어느 하나에 해당하는 것은 고용노동부령으로 정하는 **방호조치**를 하지 아니하고는 양도, 대여, 설치 또는 사용에 제공하거나 양도·대여의 목적으로 진열해서는 아니 된다.
  1. 작동 부분에 돌기 부분이 있는 것
  2. 동력전달 부분 또는 속도조절 부분이 있는 것
  3. 회전기계에 물체 등이 말려 들어갈 부분이 있는 것
③ 사업주는 제1항 및 제2항에 따른 방호조치가 정상적인 기능을 발휘할 수 있도록 방호조치와 관련되는 장치를 상시적으로 점검하고 정비하여야 한다.
④ 사업주와 근로자는 제1항 및 제2항에 따른 방호조치를 해체하려는 경우 등 고용노동부령으로 정하는 경우에는 필요한 안전조치 및 보건조치를 하여야 한다.

제81조 기계 · 기구 등의 대여자 등의 조치

대통령령으로 정하는 기계 · 기구 · 설비 또는 건축물 등을 타인에게 대여하거나 대여받는
자는 필요한 안전조치 및 보건조치를 하여야 한다.

제82조 타워크레인 설치 · 해체업의 등록 등

① 타워크레인을 설치하거나 해체를 하려는 자는 대통령령으로 정하는 바에 따라 인력 · 시
설 및 장비 등의 요건을 갖추어 **고용노동부장관**에게 **등록하여야** 한다. 등록한 사항 중
대통령령으로 정하는 중요한 사항을 변경할 때에도 또한 같다.

② 사업주는 제1항에 따라 등록한 자로 하여금 타워크레인을 설치하거나 해체하는 작업을
하도록 하여야 한다.

③ 제1항에 따른 등록 절차, 그 밖에 필요한 사항은 고용노동부령으로 정한다.

④ 제1항에 따라 등록한 자에 대해서는 제21조 제4항 및 제5항을 준용한다. 이 경우 "안전관
리전문기관 또는 보건관리전문기관"은 "제1항에 따라 등록한 자"로, "지정"은 "등록"으로
본다.

제2절 안전인증

제83조 안전인증기준

① 고용노동부장관은 유해하거나 위험한 기계 · 기구 · 설비 및 방호장치 · 보호구(이하 "유
해 · 위험기계등"이라 한다)의 안전성을 평가하기 위하여 그 안전에 관한 성능과 제조자
의 기술 능력 및 생산 체계 등에 관한 기준(이하 "안전인증기준"이라 한다)을 정하여
고시하여야 한다.

② 안전인증기준은 유해 · 위험기계등의 종류별, 규격 및 형식별로 정할 수 있다.

제84조 안전인증

① 유해 · 위험기계등 중 근로자의 안전 및 보건에 위해를 미칠 수 있다고 인정되어 대통령령
으로 정하는 것(이하 "안전인증대상기계등"이라 한다)을 제조하거나 수입하는 자(고용노
동부령으로 정하는 안전인증대상기계등을 설치 · 이전하거나 주요 구조 부분을 변경하는
자를 포함한다. 이하 이 조 및 제85조부터 제87조까지의 규정에서 같다)는 안전인증대상기
계등이 안전인증기준에 맞는지에 대하여 **고용노동부장관**이 실시하는 **안전인증을 받아야**
한다.

② 고용노동부장관은 다음 각 호의 어느 하나에 해당하는 경우에는 고용노동부령으로 정하
는 바에 따라 제1항에 따른 **안전인증**의 전부 또는 일부를 **면제**할 수 있다.

1. **연구 · 개발**을 목적으로 제조 · 수입하거나 **수출**을 목적으로 제조하는 경우
2. 고용노동부장관이 정하여 고시하는 **외국**의 안전인증기관에서 인증을 받은 경우
3. 다른 법령에 따라 안전성에 관한 검사나 인증을 받은 경우로서 **고용노동부령**으로
정하는 경우

③ 안전인증대상기계등이 아닌 유해·위험기계등을 제조하거나 수입하는 자가 그 유해·위험기계등의 안전에 관한 성능 등을 평가받으려면 고용노동부장관에게 안전인증을 신청할 수 있다. 이 경우 고용노동부장관은 안전인증기준에 따라 안전인증을 할 수 있다.

④ 고용노동부장관은 제1항 및 제3항에 따른 안전인증(이하 "안전인증"이라 한다)을 받은 자가 안전인증기준을 지키고 있는지를 **3년** 이하의 범위에서 고용노동부령으로 정하는 주기마다 확인하여야 한다. 다만, 제2항에 따라 안전인증의 일부를 면제받은 경우에는 고용노동부령으로 정하는 바에 따라 확인의 전부 또는 일부를 생략할 수 있다.

⑤ 제1항에 따라 안전인증을 받은 자는 안전인증을 받은 안전인증대상기계등에 대하여 고용노동부령으로 정하는 바에 따라 제품명·모델명·제조수량·판매수량 및 판매처 현황 등의 사항을 기록하여 보존하여야 한다.

⑥ 고용노동부장관은 근로자의 안전 및 보건에 필요하다고 인정하는 경우 안전인증대상기계등을 제조·수입 또는 판매하는 자에게 고용노동부령으로 정하는 바에 따라 해당 안전인증대상기계등의 제조·수입 또는 판매에 관한 자료를 공단에 제출하게 할 수 있다.

⑦ 안전인증의 신청 방법·절차, 제4항에 따른 확인의 방법·절차, 그 밖에 필요한 사항은 고용노동부령으로 정한다.

시행규칙 제109조(안전인증의 면제)
① 법 제84조 제1항에 따른 안전인증대상기계등(이하 "안전인증대상기계등"이라 한다)이 다음 각 호의 어느 하나에 해당하는 경우에는 법 제84조 제1항에 따른 안전인증을 전부 면제한다.
  1. 연구·개발을 목적으로 제조·수입하거나 수출을 목적으로 제조하는 경우
  2. 「건설기계관리법」 제13조 제1항 제1호부터 제3호까지에 따른 검사를 받은 경우 또는 같은 법 제18조에 따른 형식승인을 받거나 같은 조에 따른 형식신고를 한 경우
  3. 「고압가스 안전관리법」 제17조 제1항에 따른 검사를 받은 경우
  4. 「광산안전법」 제9조에 따른 검사 중 광업시설의 설치공사 또는 변경공사가 완료되었을 때에 받는 검사를 받은 경우
  5. 「방위사업법」 제28조 제1항에 따른 품질보증을 받은 경우
  6. 「선박안전법」 제7조에 따른 검사를 받은 경우
  7. 「에너지이용 합리화법」 제39조 제1항 및 제2항에 따른 검사를 받은 경우
  8. 「원자력안전법」 제16조 제1항에 따른 검사를 받은 경우
  9. 「위험물안전관리법」 제8조 제1항 또는 제20조 제3항에 따른 검사를 받은 경우
  10. 「전기사업법」 제63조 또는 「전기안전관리법」 제9조에 따른 검사를 받은 경우
  11. 「항만법」 제33조 제1항 제1호·제2호 및 제4호에 따른 검사를 받은 경우
  12. 「소방시설 설치 및 관리에 관한 법률」 제37조 제1항에 따른 형식승인을 받은 경우
② 안전인증대상기계등이 다음 각 호의 어느 하나에 해당하는 인증 또는 시험을 받았거나 그 일부 항목이 법 제83조 제1항에 따른 안전인증기준(이하 "안전인증기준"이라 한다)과 같은 수준 이상인 것으로 인정되는 경우에는 해당 인증 또는 시험이나 그 일부 항목에 한정하여 법 제84조 제1항에 따른 안전인증을 면제한다.
  1. 고용노동부장관이 정하여 고시하는 외국의 안전인증기관에서 인증을 받은 경우
  2. 국제전기기술위원회(IEC)의 국제방폭전기기계·기구 상호인정제도(IECEx Scheme)에 따라 인증을 받은 경우
  3. 「국가표준기본법」에 따른 시험·검사기관에서 실시하는 시험을 받은 경우
  4. 「산업표준화법」 제15조에 따른 인증을 받은 경우
  5. 「전기용품 및 생활용품 안전관리법」 제5조에 따른 안전인증을 받은 경우

③ 법 제84조 제2항 제1호에 따라 안전인증이 면제되는 안전인증대상기계등을 제조하거나 수입하는 자는 해당 공산품의 출고 또는 통관 전에 별지 제43호서식의 안전인증 면제신청서에 다음 각 호의 서류를 첨부하여 안전인증기관에 제출해야 한다.
  1. 제품 및 용도설명서
  2. 연구·개발을 목적으로 사용되는 것임을 증명하는 서류
④ 안전인증기관은 제3항에 따라 안전인증 면제신청을 받으면 이를 확인하고 별지 제44호서식의 안전인증 면제확인서를 발급해야 한다.

제85조 안전인증의 표시 등

① 안전인증을 받은 자는 안전인증을 받은 유해·위험기계등이나 이를 담은 용기 또는 포장에 고용노동부령으로 정하는 바에 따라 안전인증의 표시(이하 "안전인증표시"라 한다)를 하여야 한다.
② 안전인증을 받은 유해·위험기계등이 아닌 것은 안전인증표시 또는 이와 유사한 표시를 하거나 안전인증에 관한 광고를 해서는 아니 된다.
③ 안전인증을 받은 유해·위험기계등을 제조·수입·양도·대여하는 자는 안전인증표시를 임의로 변경하거나 제거해서는 아니 된다.
④ 고용노동부장관은 다음 각 호의 어느 하나에 해당하는 경우에는 안전인증표시나 이와 유사한 표시를 제거할 것을 명하여야 한다.
  1. 제2항을 위반하여 안전인증표시나 이와 유사한 표시를 한 경우
  2. 제86조 제1항에 따라 안전인증이 취소되거나 안전인증표시의 사용 금지 명령을 받은 경우

제86조 안전인증의 취소 등

① 고용노동부장관은 안전인증을 받은 자가 다음 각 호의 어느 하나에 해당하면 안전인증을 **취소**하거나 **6개월 이내**의 기간을 정하여 안전인증표시의 사용을 **금지**하거나 안전인증기준에 맞게 **시정**하도록 명할 수 있다. 다만, **제1호**의 경우에는 안전인증을 **취소하여야** 한다.
  1. **거짓**이나 그 밖의 **부정한 방법**으로 안전인증을 받은 경우
  2. 안전인증을 받은 유해·위험기계등의 안전에 관한 성능 등이 안전인증기준에 맞지 아니하게 된 경우
  3. 정당한 사유 없이 제84조 제4항에 따른 확인을 거부, 방해 또는 기피하는 경우
② 고용노동부장관은 제1항에 따라 안전인증을 취소한 경우에는 고용노동부령으로 정하는 바에 따라 그 사실을 관보 등에 공고하여야 한다.
③ 제1항에 따라 안전인증이 취소된 자는 안전인증이 취소된 날부터 **1년 이내**에는 취소된 유해·위험기계등에 대하여 안전인증을 신청할 수 없다.

제87조   안전인증대상기계등의 제조 등의 금지 등

① 누구든지 다음 각 호의 어느 하나에 해당하는 안전인증대상기계등을 제조·수입·양도·대여·사용하거나 양도·대여의 목적으로 진열할 수 없다.
   1. 제84조 제1항에 따른 안전인증을 받지 아니한 경우(같은 조 제2항에 따라 안전인증이 전부 면제되는 경우는 제외한다)
   2. 안전인증기준에 맞지 아니하게 된 경우
   3. 제86조 제1항에 따라 안전인증이 취소되거나 안전인증표시의 사용 금지 명령을 받은 경우
② 고용노동부장관은 제1항을 위반하여 안전인증대상기계등을 제조·수입·양도·대여하는 자에게 고용노동부령으로 정하는 바에 따라 그 안전인증대상기계등을 수거하거나 파기할 것을 명할 수 있다.

제88조   안전인증기관

① 고용노동부장관은 제84조에 따른 안전인증 업무 및 확인 업무를 위탁받아 수행할 기관을 안전인증기관으로 지정할 수 있다.
② 제1항에 따라 안전인증기관으로 지정받으려는 자는 대통령령으로 정하는 인력·시설 및 장비 등의 요건을 갖추어 고용노동부장관에게 신청하여야 한다.
③ 고용노동부장관은 제1항에 따라 지정받은 안전인증기관(이하 "안전인증기관"이라 한다)에 대하여 평가하고 그 결과를 공개할 수 있다. 이 경우 평가의 기준·방법 및 결과의 공개에 필요한 사항은 고용노동부령으로 정한다.
④ 안전인증기관의 지정 신청 절차, 그 밖에 필요한 사항은 고용노동부령으로 정한다.
⑤ 안전인증기관에 관하여는 제21조 제4항 및 제5항을 준용한다. 이 경우 "안전관리전문기관 또는 보건관리전문기관"은 "안전인증기관"으로 본다.

제3절   자율안전확인의 신고

제89조   자율안전확인의 신고

① 안전인증대상기계등이 아닌 유해·위험기계등으로서 대통령령으로 정하는 것(이하 "자율안전확인대상기계등"이라 한다)을 제조하거나 수입하는 자는 자율안전확인대상기계등의 안전에 관한 성능이 고용노동부장관이 정하여 고시하는 안전기준(이하 "자율안전기준"이라 한다)에 맞는지 확인(이하 "자율안전확인"이라 한다)하여 **고용노동부장관**에게 **신고**(신고한 사항을 변경하는 경우를 포함한다)**하여야** 한다. 다만, 다음 각 호의 어느 하나에 해당하는 경우에는 신고를 면제할 수 있다.
   1. 연구·개발을 목적으로 제조·수입하거나 수출을 목적으로 제조하는 경우
   2. 제84조 제3항에 따른 안전인증을 받은 경우(제86조 제1항에 따라 안전인증이 취소되거나 안전인증표시의 사용 금지 명령을 받은 경우는 제외한다).
   3. 다른 법령에 따라 안전성에 관한 검사나 인증을 받은 경우로서 고용노동부령으로 정하는 경우

② 고용노동부장관은 제1항 각 호 외의 부분 본문에 따른 신고를 받은 경우 그 내용을 검토하여 이 법에 적합하면 신고를 수리하여야 한다.

③ 제1항 각 호 외의 부분 본문에 따라 신고를 한 자는 자율안전확인대상기계등이 자율안전기준에 맞는 것임을 증명하는 서류를 보존하여야 한다.

④ 제1항 각 호 외의 부분 본문에 따른 신고의 방법 및 절차, 그 밖에 필요한 사항은 고용노동부령으로 정한다.

제90조 　자율안전확인의 표시 등

① 제89조 제1항 각 호 외의 부분 본문에 따라 신고를 한 자는 자율안전확인대상기계등이나 이를 담은 용기 또는 포장에 고용노동부령으로 정하는 바에 따라 자율안전확인의 표시(이하 "자율안전확인표시"라 한다)를 하여야 한다.

② 제89조 제1항 각 호 외의 부분 본문에 따라 신고된 자율안전확인대상기계등이 아닌 것은 자율안전확인표시 또는 이와 유사한 표시를 하거나 자율안전확인에 관한 광고를 해서는 아니 된다.

③ 제89조 제1항 각 호 외의 부분 본문에 따라 신고된 자율안전확인대상기계등을 제조·수입·양도·대여하는 자는 자율안전확인표시를 임의로 변경하거나 제거해서는 아니 된다.

④ 고용노동부장관은 다음 각 호의 어느 하나에 해당하는 경우에는 자율안전확인표시나 이와 유사한 표시를 제거할 것을 명하여야 한다.

1. 제2항을 위반하여 자율안전확인표시나 이와 유사한 표시를 한 경우
2. 거짓이나 그 밖의 부정한 방법으로 제89조 제1항 각 호 외의 부분 본문에 따른 신고를 한 경우
3. 제91조 제1항에 따라 자율안전확인표시의 사용 금지 명령을 받은 경우

제91조 　자율안전확인표시의 사용 금지 등

① 고용노동부장관은 제89조 제1항 각 호 외의 부분 본문에 따라 신고된 자율안전확인대상기계등의 안전에 관한 성능이 자율안전기준에 맞지 아니하게 된 경우에는 같은 항 각 호 외의 부분 본문에 따라 신고한 자에게 **6개월 이내**의 기간을 정하여 자율안전확인표시의 사용을 **금지**하거나 자율안전기준에 맞게 **시정**하도록 명할 수 있다.

② 고용노동부장관은 제1항에 따라 자율안전확인표시의 사용을 금지하였을 때에는 그 사실을 관보 등에 공고하여야 한다.

③ 제2항에 따른 공고의 내용, 방법 및 절차, 그 밖에 필요한 사항은 고용노동부령으로 정한다.

제92조 　자율안전확인대상기계등의 제조 등의 금지 등

① 누구든지 다음 각 호의 어느 하나에 해당하는 자율안전확인대상기계등을 제조·수입·양도·대여·사용하거나 양도·대여의 목적으로 진열할 수 없다.

1. 제89조 제1항 각 호 외의 부분 본문에 따른 신고를 하지 아니한 경우(같은 항 각 호 외의 부분 단서에 따라 신고가 면제되는 경우는 제외한다)
2. 거짓이나 그 밖의 부정한 방법으로 제89조 제1항 각 호 외의 부분 본문에 따른 신고를 한 경우

3. 자율안전확인대상기계등의 안전에 관한 성능이 자율안전기준에 맞지 아니하게 된 경우

4. 제91조 제1항에 따라 자율안전확인표시의 사용 금지 명령을 받은 경우

② 고용노동부장관은 제1항을 위반하여 자율안전확인대상기계등을 제조·수입·양도·대여하는 자에게 고용노동부령으로 정하는 바에 따라 그 자율안전확인대상기계등을 수거하거나 파기할 것을 명할 수 있다.

제4절 안전검사

제93조 안전검사

① 유해하거나 위험한 기계·기구·설비로서 대통령령으로 정하는 것(이하 "안전검사대상기계등"이라 한다)을 사용하는 사업주(근로자를 **사용하지 아니하고** 사업을 하는 자를 **포함**한다. 이하 이 조, 제94조, 제95조 및 제98조에서 같다)는 안전검사대상기계등의 안전에 관한 성능이 고용노동부장관이 정하여 고시하는 검사기준에 맞는지에 대하여 고용노동부장관이 실시하는 검사(이하 "안전검사"라 한다)를 받아야 한다. 이 경우 안전검사대상기계등을 사용하는 사업주와 소유자가 다른 경우에는 안전검사대상기계등의 소유자가 안전검사를 받아야 한다.

② 제1항에도 불구하고 안전검사대상기계등이 다른 법령에 따라 안전성에 관한 검사나 인증을 받은 경우로서 고용노동부령으로 정하는 경우에는 안전검사를 면제할 수 있다.

③ 안전검사의 신청, 검사 주기 및 검사합격 표시방법, 그 밖에 필요한 사항은 고용노동부령으로 정한다. 이 경우 검사 주기는 안전검사대상기계등의 종류, 사용연한 및 위험성을 고려하여 정한다.

시행규칙 제125조(안전검사의 면제)

법 제93조 제2항에서 "고용노동부령으로 정하는 경우"란 다음 각 호의 어느 하나에 해당하는 경우를 말한다.

1. 「건설기계관리법」 제13조 제1항 제1호·제2호 및 제4호에 따른 검사를 받은 경우(안전검사 주기에 해당하는 시기의 검사로 한정한다)
2. 「고압가스 안전관리법」 제17조 제2항에 따른 검사를 받은 경우
3. 「광산안전법」 제9조에 따른 검사 중 광업시설의 설치·변경공사 완료 후 일정한 기간이 지날 때마다 받는 검사를 받은 경우
4. 「선박안전법」 제8조부터 제12조까지의 규정에 따른 검사를 받은 경우
5. 「에너지이용 합리화법」 제39조 제4항에 따른 검사를 받은 경우
6. 「원자력안전법」 제22조 제1항에 따른 검사를 받은 경우
7. 「위험물안전관리법」 제18조에 따른 정기점검 또는 정기검사를 받은 경우
8. 「전기안전관리법」 제11조에 따른 검사를 받은 경우
9. 「항만법」 제33조 제1항 제3호에 따른 검사를 받은 경우
10. 「소방시설 설치 및 관리에 관한 법률」 제22조 제1항에 따른 자체점검을 받은 경우
11. 「화학물질관리법」 제24조 제3항 본문에 따른 정기검사를 받은 경우

제94조   안전검사합격증명서 발급 등

① 고용노동부장관은 제93조 제1항에 따라 안전검사에 합격한 사업주에게 고용노동부령으로 정하는 바에 따라 안전검사합격증명서를 발급하여야 한다.
② 제1항에 따라 안전검사합격증명서를 발급받은 사업주는 그 증명서를 안전검사대상기계 등에 붙여야 한다.

제95조   안전검사대상기계등의 사용 금지

사업주는 다음 각 호의 어느 하나에 해당하는 안전검사대상기계등을 사용해서는 아니 된다.
   1. 안전검사를 받지 아니한 안전검사대상기계등(제93조 제2항에 따라 안전검사가 면제되는 경우는 제외한다)
   2. 안전검사에 불합격한 안전검사대상기계등

제96조   안전검사기관

① 고용노동부장관은 안전검사 업무를 위탁받아 수행하는 기관을 안전검사기관으로 지정할 수 있다.
② 제1항에 따라 안전검사기관으로 지정받으려는 자는 대통령령으로 정하는 인력·시설 및 장비 등의 요건을 갖추어 고용노동부장관에게 신청하여야 한다.
③ 고용노동부장관은 제1항에 따라 지정받은 안전검사기관(이하 "안전검사기관"이라 한다)에 대하여 평가하고 그 결과를 공개할 수 있다. 이 경우 평가의 기준·방법 및 결과의 공개에 필요한 사항은 고용노동부령으로 정한다.
④ 안전검사기관의 지정 신청 절차, 그 밖에 필요한 사항은 고용노동부령으로 정한다.
⑤ 안전검사기관에 관하여는 제21조 제4항 및 제5항을 준용한다. 이 경우 "안전관리전문기관 또는 보건관리전문기관"은 "안전검사기관"으로 본다.

제97조   안전검사기관의 보고의무

안전검사기관은 제95조 각 호의 어느 하나에 해당하는 안전검사대상기계등을 발견하였을 때에는 이를 고용노동부장관에게 지체 없이 보고하여야 한다.

제98조   자율검사프로그램에 따른 안전검사

① 제93조 제1항에도 불구하고 같은 항에 따라 안전검사를 받아야 하는 사업주가 근로자대표와 협의(근로자를 사용하지 아니하는 경우는 제외한다)하여 같은 항 전단에 따른 검사 기준, 같은 조 제3항에 따른 검사 주기 등을 충족하는 **검사프로그램**(이하 "자율검사프로그램"이라 한다)을 정하고 **고용노동부장관의 인정**을 받아 다음 각 호의 어느 하나에 해당하는 사람으로부터 자율검사프로그램에 따라 안전검사대상기계등에 대하여 안전에 관한 성능검사(이하 "자율안전검사"라 한다)를 받으면 안전검사를 받은 것으로 본다.
   1. 고용노동부령으로 정하는 안전에 관한 성능검사와 관련된 자격 및 경험을 가진 사람
   2. 고용노동부령으로 정하는 바에 따라 안전에 관한 성능검사 교육을 이수하고 해당 분야의 실무 경험이 있는 사람

② 자율검사프로그램의 유효기간은 2년으로 한다.

③ 사업주는 자율안전검사를 받은 경우에는 그 결과를 기록하여 보존하여야 한다.

④ 자율안전검사를 받으려는 사업주는 제100조에 따라 지정받은 검사기관(이하 "자율안전검사기관"이라 한다)에 자율안전검사를 위탁할 수 있다.

⑤ 자율검사프로그램에 포함되어야 할 내용, 자율검사프로그램의 인정 요건, 인정 방법 및 절차, 그 밖에 필요한 사항은 고용노동부령으로 정한다.

제99조 자율검사프로그램 인정의 취소 등

① 고용노동부장관은 자율검사프로그램의 인정을 받은 자가 다음 각 호의 어느 하나에 해당하는 경우에는 자율검사프로그램의 인정을 취소하거나 인정받은 자율검사프로그램의 내용에 따라 검사를 하도록 하는 등 시정을 명할 수 있다. 다만, **제1호**의 경우에는 인정을 **취소하여야** 한다.

1. **거짓**이나 그 밖의 **부정한 방법**으로 자율검사프로그램을 인정받은 경우
2. 자율검사프로그램을 인정받고도 검사를 하지 아니한 경우
3. 인정받은 자율검사프로그램의 내용에 따라 검사를 하지 아니한 경우
4. 제98조 제1항 각 호의 어느 하나에 해당하는 사람 또는 자율안전검사기관이 검사를 하지 아니한 경우

② 사업주는 제1항에 따라 자율검사프로그램의 인정이 취소된 안전검사대상기계등을 사용해서는 아니 된다.

제100조 자율안전검사기관

① 자율안전검사기관이 되려는 자는 대통령령으로 정하는 인력·시설 및 장비 등의 요건을 갖추어 고용노동부장관의 지정을 받아야 한다.

② 고용노동부장관은 자율안전검사기관에 대하여 평가하고 그 결과를 공개할 수 있다. 이 경우 평가의 기준·방법 및 결과의 공개에 필요한 사항은 고용노동부령으로 정한다.

③ 자율안전검사기관의 지정 절차, 그 밖에 필요한 사항은 고용노동부령으로 정한다.

④ 자율안전검사기관에 관하여는 제21조 제4항 및 제5항을 준용한다. 이 경우 "안전관리전문기관 또는 보건관리전문기관"은 "자율안전검사기관"으로 본다.

제5절 유해·위험기계등의 조사 및 지원 등

제101조 성능시험 등

고용노동부장관은 안전인증대상기계등 또는 자율안전확인대상기계등의 안전성능의 저하 등으로 근로자에게 피해를 주거나 줄 우려가 크다고 인정하는 경우에는 대통령령으로 정하는 바에 따라 유해·위험기계등을 제조하는 사업장에서 제품 제조 과정을 조사할 수 있으며, 제조·수입·양도·대여하거나 양도·대여의 목적으로 진열된 유해·위험기계등을 수거하여 안전인증기준 또는 자율안전기준에 적합한지에 대한 성능시험을 할 수 있다.

제102조 유해 · 위험기계등 제조사업 등의 지원

① 고용노동부장관은 다음 각 호의 어느 하나에 해당하는 자에게 유해 · 위험기계등의 품질 · 안전성 또는 설계 · 시공 능력 등의 향상을 위하여 예산의 범위에서 필요한 지원을 할 수 있다.

　　1. 다음 각 목의 어느 하나에 해당하는 것의 안전성 향상을 위하여 지원이 필요하다고 인정되는 것을 제조하는 자

　　　　가. 안전인증대상기계등

　　　　나. 자율안전확인대상기계등

　　　　다. 그 밖에 산업재해가 많이 발생하는 유해 · 위험기계등

　　2. 작업환경 개선시설을 설계 · 시공하는 자

② 제1항에 따른 지원을 받으려는 자는 고용노동부령으로 정하는 인력 · 시설 및 장비 등의 요건을 갖추어 **고용노동부장관**에게 **등록하여야** 한다.

③ 고용노동부장관은 제2항에 따라 등록한 자가 다음 각 호의 어느 하나에 해당하는 경우에는 그 등록을 취소하거나 1년의 범위에서 제1항에 따른 지원을 제한할 수 있다. 다만, **제1호**의 경우에는 등록을 **취소하여야** 한다.

　　1. **거짓**이나 그 밖의 **부정한 방법**으로 등록한 경우

　　2. 제2항에 따른 등록 요건에 적합하지 아니하게 된 경우

　　3. 제86조 제1항 제1호에 따라 안전인증이 취소된 경우

④ 고용노동부장관은 제1항에 따라 지원받은 자가 다음 각 호의 어느 하나에 해당하는 경우에는 지원한 금액 또는 지원에 상응하는 금액을 환수하여야 한다. 이 경우 제1호에 해당하면 지원한 금액에 상당하는 액수 이하의 금액을 추가로 환수할 수 있다.

　　1. 거짓이나 그 밖의 부정한 방법으로 지원받은 경우

　　2. 제1항에 따른 지원 목적과 다른 용도로 지원금을 사용한 경우

　　3. 제3항 제1호에 해당하여 등록이 취소된 경우

⑤ 고용노동부장관은 제3항에 따라 등록을 취소한 자에 대하여 등록을 취소한 날부터 2년 이내의 기간을 정하여 제2항에 따른 등록을 제한할 수 있다.

⑥ 제1항부터 제5항까지의 규정에 따른 지원내용, 등록 및 등록 취소, 환수 절차, 등록 제한 기준, 그 밖에 필요한 사항은 고용노동부령으로 정한다.

제103조 유해 · 위험기계등의 안전 관련 정보의 종합관리

① 고용노동부장관은 사업장의 유해 · 위험기계등의 보유현황 및 안전검사 이력 등 안전에 관한 정보를 종합관리하고, 해당 정보를 안전인증기관 또는 안전검사기관에 제공할 수 있다.

② 고용노동부장관은 제1항에 따른 정보의 종합관리를 위하여 안전인증기관 또는 안전검사기관에 사업장의 유해 · 위험기계등의 보유현황 및 안전검사 이력 등의 필요한 자료를 제출하도록 요청할 수 있다. 이 경우 요청을 받은 기관은 특별한 사유가 없으면 그 요청에 따라야 한다.

③ 고용노동부장관은 제1항에 따른 정보의 종합관리를 위하여 유해 · 위험기계등의 보유현황 및 안전검사 이력 등 안전에 관한 종합정보망을 구축 · 운영하여야 한다.

제7장 유해·위험물질에 대한 조치

제1절 유해·위험물질의 분류 및 관리

제104조 유해인자의 분류기준

고용노동부장관은 고용노동부령으로 정하는 바에 따라 근로자에게 건강장해를 일으키는 화학물질 및 물리적 인자 등(이하 "유해인자"라 한다)의 유해성·위험성 분류기준을 마련하여야 한다.

제105조 유해인자의 유해성·위험성 평가 및 관리

① 고용노동부장관은 유해인자가 근로자의 건강에 미치는 유해성·위험성을 평가하고 그 결과를 관보 등에 공표할 수 있다.
② 고용노동부장관은 제1항에 따른 평가 결과 등을 고려하여 고용노동부령으로 정하는 바에 따라 유해성·위험성 수준별로 유해인자를 구분하여 관리하여야 한다.
③ 제1항에 따른 유해성·위험성 평가대상 유해인자의 선정기준, 유해성·위험성 평가의 방법, 그 밖에 필요한 사항은 고용노동부령으로 정한다.

제106조 유해인자의 노출기준 설정

고용노동부장관은 제105조 제1항에 따른 유해성·위험성 평가 결과 등 고용노동부령으로 정하는 사항을 고려하여 유해인자의 노출기준을 정하여 고시하여야 한다.

제107조 유해인자 허용기준의 준수

① 사업주는 발암성 물질 등 근로자에게 중대한 건강장해를 유발할 우려가 있는 유해인자로서 대통령령으로 정하는 유해인자는 작업장 내의 그 노출 농도를 고용노동부령으로 정하는 허용기준 이하로 유지하여야 한다. 다만, 다음 각 호의 어느 하나에 해당하는 경우에는 그러하지 아니하다.
  1. 유해인자를 취급하거나 정화·배출하는 시설 및 설비의 설치나 개선이 현존하는 기술로 가능하지 아니한 경우
  2. 천재지변 등으로 시설과 설비에 중대한 결함이 발생한 경우
  3. 고용노동부령으로 정하는 임시 작업과 단시간 작업의 경우
  4. 그 밖에 대통령령으로 정하는 경우
② 사업주는 제1항 각 호 외의 부분 단서에도 불구하고 유해인자의 노출 농도를 제1항에 따른 허용기준 이하로 유지하도록 노력하여야 한다.

제108조 　신규화학물질의 유해성 · 위험성 조사

① 대통령령으로 정하는 화학물질 외의 화학물질(이하 "신규화학물질"이라 한다)을 제조하거나 수입하려는 자(이하 "신규화학물질제조자등"이라 한다)는 신규화학물질에 의한 근로자의 건강장해를 예방하기 위하여 고용노동부령으로 정하는 바에 따라 그 신규화학물질의 유해성 · 위험성을 조사하고 그 조사보고서를 고용노동부장관에게 **제출하여야** 한다. 다만, 다음 각 호의 어느 하나에 해당하는 경우에는 **그러하지 아니하다.**
1. 일반 소비자의 생활용으로 제공하기 위하여 신규화학물질을 수입하는 경우로서 고용노동부령으로 정하는 경우
2. 신규화학물질의 수입량이 소량이거나 그 밖에 위해의 정도가 적다고 인정되는 경우로서 고용노동부령으로 정하는 경우
② 신규화학물질제조자등은 제1항 각 호 외의 부분 본문에 따라 유해성 · 위험성을 조사한 결과 해당 신규화학물질에 의한 근로자의 건강장해를 예방하기 위하여 필요한 조치를 하여야 하는 경우 이를 즉시 시행하여야 한다.
③ 고용노동부장관은 제1항에 따라 신규화학물질의 유해성 · 위험성 조사보고서가 제출되면 고용노동부령으로 정하는 바에 따라 그 신규화학물질의 명칭, 유해성 · 위험성, 근로자의 건강장해 예방을 위한 조치 사항 등을 공표하고 관계 부처에 통보하여야 한다.
④ 고용노동부장관은 제1항에 따라 제출된 신규화학물질의 유해성 · 위험성 조사보고서를 검토한 결과 근로자의 건강장해 예방을 위하여 필요하다고 인정할 때에는 신규화학물질제조자등에게 시설 · 설비를 설치 · 정비하고 보호구를 갖추어 두는 등의 조치를 하도록 명할 수 있다.
⑤ 신규화학물질제조자등이 신규화학물질을 양도하거나 제공하는 경우에는 제4항에 따른 근로자의 건강장해 예방을 위하여 조치하여야 할 사항을 기록한 서류를 함께 제공하여야 한다.

제109조 　중대한 건강장해 우려 화학물질의 유해성 · 위험성 조사

① 고용노동부장관은 근로자의 건강장해를 예방하기 위하여 필요하다고 인정할 때에는 고용노동부령으로 정하는 바에 따라 암 또는 그 밖에 중대한 건강장해를 일으킬 우려가 있는 화학물질을 제조 · 수입하는 자 또는 사용하는 사업주에게 해당 화학물질의 유해성 · 위험성 조사와 그 결과의 제출 또는 제105조 제1항에 따른 유해성 · 위험성 평가에 필요한 자료의 제출을 명할 수 있다.
② 제1항에 따라 화학물질의 유해성 · 위험성 조사 명령을 받은 자는 유해성 · 위험성 조사 결과 해당 화학물질로 인한 근로자의 건강장해가 우려되는 경우 근로자의 건강장해를 예방하기 위하여 시설 · 설비의 설치 또는 개선 등 필요한 조치를 하여야 한다.
③ 고용노동부장관은 제1항에 따라 제출된 조사 결과 및 자료를 검토하여 근로자의 건강장해를 예방하기 위하여 필요하다고 인정하는 경우에는 해당 화학물질을 제105조 제2항에 따라 구분하여 관리하거나 해당 화학물질을 제조 · 수입한 자 또는 사용하는 사업주에게 근로자의 건강장해 예방을 위한 시설 · 설비의 설치 또는 개선 등 필요한 조치를 하도록 명할 수 있다.

제110조 물질안전보건자료의 작성 및 제출

① 화학물질 또는 이를 포함한 혼합물로서 제104조에 따른 분류기준에 해당하는 것(대통령령으로 정하는 것은 제외한다. 이하 "물질안전보건자료대상물질"이라 한다)을 제조하거나 수입하려는 자는 다음 각 호의 사항을 적은 자료(이하 "물질안전보건자료"라 한다)를 고용노동부령으로 정하는 바에 따라 작성하여 **고용노동부장관에게 제출하여야** 한다. 이 경우 **고용노동부장관**은 고용노동부령으로 물질안전보건자료의 기재 사항이나 작성 방법을 정할 때 「화학물질관리법」 및 「화학물질의 등록 및 평가 등에 관한 법률」과 관련된 사항에 대해서는 **환경부장관과 협의하여야** 한다.
1. 제품명
2. 물질안전보건자료대상물질을 구성하는 화학물질 중 제104조에 따른 분류기준에 해당하는 화학물질의 명칭 및 함유량
3. 안전 및 보건상의 취급 주의 사항
4. 건강 및 환경에 대한 유해성, 물리적 위험성
5. 물리·화학적 특성 등 고용노동부령으로 정하는 사항
② 물질안전보건자료대상물질을 제조하거나 수입하려는 자는 물질안전보건자료대상물질을 구성하는 화학물질 중 제104조에 따른 분류기준에 해당하지 아니하는 화학물질의 명칭 및 함유량을 **고용노동부장관에게 별도로 제출하여야** 한다. 다만, 다음 각 호의 어느 하나에 해당하는 경우는 **그러하지 아니하다**.
1. 제1항에 따라 제출된 물질안전보건자료에 이 항 각 호 외의 부분 본문에 따른 화학물질의 명칭 및 함유량이 전부 포함된 경우
2. 물질안전보건자료대상물질을 수입하려는 자가 물질안전보건자료대상물질을 국외에서 제조하여 우리나라로 수출하려는 자(이하 "국외제조자"라 한다)로부터 물질안전보건자료에 적힌 화학물질 외에는 제104조에 따른 분류기준에 해당하는 화학물질이 없음을 확인하는 내용의 서류를 받아 제출한 경우
③ 물질안전보건자료대상물질을 제조하거나 수입한 자는 제1항 각 호에 따른 사항 중 고용노동부령으로 정하는 사항이 변경된 경우 그 변경 사항을 반영한 물질안전보건자료를 고용노동부장관에게 제출하여야 한다.
④ 제1항부터 제3항까지의 규정에 따른 물질안전보건자료 등의 제출 방법·시기, 그 밖에 필요한 사항은 고용노동부령으로 정한다.

제111조 물질안전보건자료의 제공

① 물질안전보건자료대상물질을 **양도하거나 제공하는 자**는 이를 양도받거나 제공받는 자에게 물질안전보건자료를 제공하여야 한다.
② 물질안전보건자료대상물질을 **제조하거나 수입한 자**는 이를 양도받거나 제공받은 자에게 제110조 제3항에 따라 변경된 물질안전보건자료를 제공하여야 한다.
③ 물질안전보건자료대상물질을 **양도하거나 제공한 자**(물질안전보건자료대상물질을 **제조하거나 수입한 자**는 제외한다)는 제110조 제3항에 따른 물질안전보건자료를 제공받은 경우 이를 물질안전보건자료대상물질을 양도받거나 제공받은 자에게 제공하여야 한다.
④ 제1항부터 제3항까지의 규정에 따른 물질안전보건자료 또는 변경된 물질안전보건자료의 제공방법 및 내용, 그 밖에 필요한 사항은 고용노동부령으로 정한다.

제112조 물질안전보건자료의 일부 비공개 승인 등

① 제110조 제1항에도 불구하고 영업비밀과 관련되어 같은 항 제2호에 따른 화학물질의 명칭 및 함유량을 물질안전보건자료에 적지 아니하려는 자는 고용노동부령으로 정하는 바에 따라 **고용노동부장관에게 신청하여 승인**을 받아 해당 화학물질의 명칭 및 함유량을 대체할 수 있는 명칭 및 함유량(이하 "대체자료"라 한다)으로 적을 수 있다. 다만, 근로자에게 중대한 건강장해를 초래할 우려가 있는 화학물질로서「산업재해보상보험법」제8조 제1항에 따른 산업재해보상보험 및 예방심의위원회의 **심의를 거쳐 고용노동부장관이 고시**하는 것은 그러하지 아니하다.

② 고용노동부장관은 제1항 본문에 따른 승인 신청을 받은 경우 고용노동부령으로 정하는 바에 따라 화학물질의 명칭 및 함유량의 대체 필요성, 대체자료의 적합성 및 물질안전보건자료의 적정성 등을 검토하여 **승인 여부를 결정**하고 신청인에게 그 결과를 **통보**하여야 한다.

③ 고용노동부장관은 제2항에 따른 승인에 관한 기준을「산업재해보상보험법」제8조 제1항에 따른 산업재해보상보험 및 예방심의위원회의 심의를 거쳐 정한다.

④ 제1항에 따른 **승인의 유효기간**은 승인을 받은 날부터 **5년**으로 한다.

⑤ 고용노동부장관은 제4항에 따른 유효기간이 만료되는 경우에도 계속하여 대체자료로 적으려는 자가 그 유효기간의 **연장승인을 신청**하면 유효기간이 만료되는 다음 날부터 **5년 단위**로 그 기간을 계속하여 연장승인할 수 있다.

⑥ 삭제〈2023.8.8.〉

⑦ 삭제〈2023.8.8.〉

⑧ 고용노동부장관은 다음 각 호의 어느 하나에 해당하는 경우에는 제1항, 제5항 또는 제112조의2 제2항에 따른 승인 또는 연장승인을 취소할 수 있다. 다만, 제1호의 경우에는 그 승인 또는 연장승인을 취소하여야 한다.
1. 거짓이나 그 밖의 부정한 방법으로 제1항, 제5항 또는 제112조의2 제2항에 따른 승인 또는 연장승인을 받은 경우
2. 제1항, 제5항 또는 제112조의2 제2항에 따른 승인 또는 연장승인을 받은 화학물질이 제1항 단서에 따른 화학물질에 해당하게 된 경우

⑨ 제5항에 따른 연장승인과 제8항에 따른 승인 또는 연장승인의 취소 절차 및 방법, 그 밖에 필요한 사항은 고용노동부령으로 정한다.

⑩ 다음 각 호의 어느 하나에 해당하는 자는 근로자의 안전 및 보건을 유지하거나 직업성 질환 발생 원인을 규명하기 위하여 근로자에게 중대한 건강장해가 발생하는 등 고용노동부령으로 정하는 경우에는 물질안전보건자료대상물질을 제조하거나 수입한 자에게 제1항에 따라 대체자료로 적힌 화학물질의 명칭 및 함유량 정보를 제공할 것을 요구할 수 있다. 이 경우 정보 제공을 요구받은 자는 고용노동부장관이 정하여 고시하는 바에 따라 정보를 제공하여야 한다.
1. 근로자를 진료하는「의료법」제2조에 따른 의사
2. 보건관리자 및 보건관리전문기관
3. 산업보건의
4. 근로자대표

5. 제165조 제2항 제38호에 따라 제141조 제1항에 따른 역학조사 실시 업무를 위탁받은 기관

6. 「산업재해보상보험법」 제38조에 따른 업무상질병판정위원회

제112조의2   물질안전보건자료 일부 비공개 승인 등에 대한 이의신청 특례

① 제112조 제1항 또는 제5항에 따른 승인 또는 연장승인 결과에 이의가 있는 신청인은 그 결과 통보를 받은 날부터 30일 이내에 고용노동부령으로 정하는 바에 따라 고용노동부장관에게 이의신청을 할 수 있다.

② 고용노동부장관은 제1항에 따른 이의신청을 받은 날부터 14일(「행정기본법」 제36조 제2항 단서에 따라 결과 통지기간을 연장한 경우에는 그 연장한 기간을 말한다) 이내에 고용노동부령으로 정하는 바에 따라 승인 또는 연장승인 여부를 결정하고 그 결과를 신청인에게 통지하여야 한다.

③ 고용노동부장관은 제2항에 따른 승인 또는 연장승인 여부를 결정하기 위하여 필요한 경우 외부 전문가의 의견을 들을 수 있다. 이 경우 외부 전문가의 의견을 듣는 데 걸리는 기간은 제2항에 따른 결과 통지기간에 산입(算入)하지 아니한다.

제113조   국외제조자가 선임한 자에 의한 정보 제출 등

① 국외제조자는 고용노동부령으로 정하는 요건을 갖춘 자를 선임하여 물질안전보건자료대상물질을 수입하는 자를 갈음하여 다음 각 호에 해당하는 업무를 수행하도록 할 수 있다.

1. 제110조 제1항 또는 제3항에 따른 물질안전보건자료의 작성·제출

2. 제110조 제2항 각 호 외의 부분 본문에 따른 화학물질의 명칭 및 함유량 또는 같은 항 제2호에 따른 확인서류의 제출

3. 제112조 제1항에 따른 대체자료 기재 승인, 같은 조 제5항에 따른 유효기간 연장승인 또는 제112조의2에 따른 이의신청

② 제1항에 따라 선임된 자는 고용노동부장관에게 제110조 제1항 또는 제3항에 따른 물질안전보건자료를 제출하는 경우 그 물질안전보건자료를 해당 물질안전보건자료대상물질을 수입하는 자에게 제공하여야 한다.

③ 제1항에 따라 선임된 자는 고용노동부령으로 정하는 바에 따라 국외제조자에 의하여 선임되거나 해임된 사실을 고용노동부장관에게 신고하여야 한다.

④ 제2항에 따른 물질안전보건자료의 제출 및 제공 방법·내용, 제3항에 따른 신고 절차·방법, 그 밖에 필요한 사항은 고용노동부령으로 정한다.

제114조   물질안전보건자료의 게시 및 교육

① 물질안전보건자료대상물질을 취급하려는 사업주는 제110조 제1항 또는 제3항에 따라 작성하였거나 제111조 제1항부터 제3항까지의 규정에 따라 제공받은 물질안전보건자료를 고용노동부령으로 정하는 방법에 따라 물질안전보건자료대상물질을 취급하는 작업장 내에 이를 취급하는 근로자가 쉽게 볼 수 있는 장소에 게시하거나 갖추어 두어야 한다.

② 제1항에 따른 사업주는 물질안전보건자료대상물질을 취급하는 작업공정별로 고용노동부령으로 정하는 바에 따라 물질안전보건자료대상물질의 관리 요령을 게시하여야 한다.

③ 제1항에 따른 사업주는 물질안전보건자료대상물질을 취급하는 근로자의 안전 및 보건을 위하여 고용노동부령으로 정하는 바에 따라 해당 근로자를 교육하는 등 적절한 조치를 하여야 한다.

제115조 물질안전보건자료대상물질 용기 등의 경고표시

① 물질안전보건자료대상물질을 **양도하거나 제공하는 자**는 고용노동부령으로 정하는 방법에 따라 이를 담은 **용기 및 포장**에 경고표시를 하여야 한다. 다만, 용기 및 포장에 담는 방법 외의 방법으로 물질안전보건자료대상물질을 양도하거나 제공하는 경우에는 고용노동부장관이 정하여 고시한 바에 따라 **경고표시 기재 항목**을 적은 자료를 제공하여야 한다.

② **사업주**는 사업장에서 사용하는 물질안전보건자료대상물질을 담은 **용기**에 고용노동부령으로 정하는 방법에 따라 경고표시를 하여야 한다. 다만, 용기에 이미 경고표시가 되어 있는 등 고용노동부령으로 정하는 경우에는 그러하지 아니하다.

제116조 물질안전보건자료와 관련된 자료의 제공

고용노동부장관은 근로자의 안전 및 보건 유지를 위하여 필요하면 물질안전보건자료와 관련된 자료를 근로자 및 사업주에게 제공할 수 있다.

제117조 유해ㆍ위험물질의 제조 등 금지

① 누구든지 다음 각 호의 어느 하나에 해당하는 물질로서 대통령령으로 정하는 물질(이하 "제조등금지물질"이라 한다)을 제조ㆍ수입ㆍ양도ㆍ제공 또는 사용해서는 아니 된다.
  1. 직업성 암을 유발하는 것으로 확인되어 근로자의 건강에 특히 해롭다고 인정되는 물질
  2. 제105조 제1항에 따라 유해성ㆍ위험성이 평가된 유해인자나 제109조에 따라 유해성ㆍ위험성이 조사된 화학물질 중 근로자에게 중대한 건강장해를 일으킬 우려가 있는 물질

② 제1항에도 불구하고 시험ㆍ연구 또는 검사 목적의 경우로서 다음 각 호의 어느 하나에 해당하는 경우에는 제조등금지물질을 제조ㆍ수입ㆍ양도ㆍ제공 또는 사용할 수 있다.
  1. 제조ㆍ수입 또는 사용을 위하여 고용노동부령으로 정하는 요건을 갖추어 고용노동부장관의 승인을 받은 경우
  2. 「화학물질관리법」제18조 제1항 단서에 따른 금지물질의 판매 허가를 받은 자가 같은 항 단서에 따라 판매 허가를 받은 자나 제1호에 따라 사용 승인을 받은 자에게 제조등금지물질을 양도 또는 제공하는 경우

③ 고용노동부장관은 제2항 제1호에 따른 승인을 받은 자가 같은 호에 따른 승인요건에 적합하지 아니하게 된 경우에는 승인을 취소하여야 한다.

④ 제2항 제1호에 따른 승인 절차, 승인 취소 절차, 그 밖에 필요한 사항은 고용노동부령으로 정한다.

제118조 유해·위험물질의 제조 등 허가

① 제117조 제1항 각 호의 어느 하나에 해당하는 물질로서 대체물질이 개발되지 아니한 물질 등 대통령령으로 정하는 물질(이하 "허가대상물질"이라 한다)을 제조하거나 사용하려는 자는 고용노동부장관의 허가를 받아야 한다. 허가받은 사항을 변경할 때에도 또한 같다.

② 허가대상물질의 제조·사용설비, 작업방법, 그 밖의 허가기준은 고용노동부령으로 정한다.

③ 제1항에 따라 허가를 받은 자(이하 "허가대상물질제조·사용자"라 한다)는 그 제조·사용설비를 제2항에 따른 허가기준에 적합하도록 유지하여야 하며, 그 기준에 적합한 작업방법으로 허가대상물질을 제조·사용하여야 한다.

④ 고용노동부장관은 허가대상물질제조·사용자의 제조·사용설비 또는 작업방법이 제2항에 따른 허가기준에 적합하지 아니하다고 인정될 때에는 그 기준에 적합하도록 제조·사용설비를 수리·개조 또는 이전하도록 하거나 그 기준에 적합한 작업방법으로 그 물질을 제조·사용하도록 명할 수 있다.

⑤ 고용노동부장관은 허가대상물질제조·사용자가 다음 각 호의 어느 하나에 해당하면 그 허가를 취소하거나 6개월 이내의 기간을 정하여 영업을 정지하게 할 수 있다. 다만, 제1호에 해당할 때에는 그 허가를 취소하여야 한다.
1. 거짓이나 그 밖의 부정한 방법으로 허가를 받은 경우
2. 제2항에 따른 허가기준에 맞지 아니하게 된 경우
3. 제3항을 위반한 경우
4. 제4항에 따른 명령을 위반한 경우
5. 자체검사 결과 이상을 발견하고도 즉시 보수 및 필요한 조치를 하지 아니한 경우

⑥ 제1항에 따른 허가의 신청절차, 그 밖에 필요한 사항은 고용노동부령으로 정한다.

제2절 석면에 대한 조치

제119조 석면조사

① 건축물이나 설비를 철거하거나 해체하려는 경우에 해당 건축물이나 설비의 소유주 또는 임차인 등(이하 "건축물·설비소유주등"이라 한다)은 다음 각 호의 사항을 고용노동부령으로 정하는 바에 따라 조사(이하 "**일반석면조사**"라 한다)한 후 그 결과를 기록하여 보존하여야 한다.
1. 해당 건축물이나 설비에 석면이 포함되어 있는지 여부
2. 해당 건축물이나 설비 중 석면이 포함된 자재의 종류, 위치 및 면적

② 제1항에 따른 건축물이나 설비 중 대통령령으로 정하는 규모 이상의 건축물·설비소유주등은 제120조에 따라 지정받은 기관(이하 "석면조사기관"이라 한다)에 다음 각 호의 사항을 조사(이하 "**기관석면조사**"라 한다)하도록 한 후 그 결과를 기록하여 보존하여야 한다. 다만, 석면함유 여부가 명백한 경우 등 대통령령으로 정하는 사유에 해당하여 고용노동부령으로 정하는 절차에 따라 확인을 받은 경우에는 **기관석면조사를 생략**할 수 있다.

1. 제1항 각 호의 사항
2. 해당 건축물이나 설비에 포함된 석면의 종류 및 함유량
③ 건축물・설비소유주등이 「석면안전관리법」 등 다른 법률에 따라 건축물이나 설비에 대하여 석면조사를 실시한 경우에는 고용노동부령으로 정하는 바에 따라 일반석면조사 또는 기관석면조사를 실시한 것으로 본다.
④ 고용노동부장관은 건축물・설비소유주등이 일반석면조사 또는 기관석면조사를 하지 아니하고 건축물이나 설비를 철거하거나 해체하는 경우에는 다음 각 호의 조치를 명할 수 있다.
1. 해당 건축물・설비소유주등에 대한 일반석면조사 또는 기관석면조사의 이행 명령
2. 해당 건축물이나 설비를 철거하거나 해체하는 자에 대하여 제1호에 따른 이행 명령의 결과를 보고받을 때까지의 작업중지 명령
⑤ 기관석면조사의 방법, 그 밖에 필요한 사항은 고용노동부령으로 정한다.

제120조　석면조사기관

① 석면조사기관이 되려는 자는 대통령령으로 정하는 인력・시설 및 장비 등의 요건을 갖추어 **고용노동부장관의 지정을 받아야** 한다.
② 고용노동부장관은 기관석면조사의 결과에 대한 정확성과 정밀도를 확보하기 위하여 석면조사기관의 석면조사 능력을 확인하고, 석면조사기관을 지도하거나 교육할 수 있다. 이 경우 석면조사 능력의 확인, 석면조사기관에 대한 지도 및 교육의 방법, 절차, 그 밖에 필요한 사항은 고용노동부장관이 정하여 고시한다.
③ 고용노동부장관은 석면조사기관에 대하여 평가하고 그 결과를 공개(제2항에 따른 석면조사 능력의 확인 결과를 포함한다)할 수 있다. 이 경우 평가의 기준・방법 및 결과의 공개에 필요한 사항은 고용노동부령으로 정한다.
④ 석면조사기관의 지정 절차, 그 밖에 필요한 사항은 고용노동부령으로 정한다.
⑤ 석면조사기관에 관하여는 제21조 제4항 및 제5항을 준용한다. 이 경우 "안전관리전문기관 또는 보건관리전문기관"은 "석면조사기관"으로 본다.

제121조　석면해체・제거업의 등록 등

① 석면해체・제거를 업으로 하려는 자는 대통령령으로 정하는 인력・시설 및 장비를 갖추어 **고용노동부장관에게 등록하여야** 한다.
② 고용노동부장관은 제1항에 따라 등록한 자(이하 "석면해체・제거업자"라 한다)의 석면해체・제거작업의 안전성을 고용노동부령으로 정하는 바에 따라 평가하고 그 결과를 공개할 수 있다. 이 경우 평가의 기준・방법 및 결과의 공개에 필요한 사항은 고용노동부령으로 정한다.
③ 제1항에 따른 등록 절차, 그 밖에 필요한 사항은 고용노동부령으로 정한다.
④ 석면해체・제거업자에 관하여는 제21조 제4항 및 제5항을 준용한다. 이 경우 "안전관리전문기관 또는 보건관리전문기관"은 "석면해체・제거업자"로, "지정"은 "등록"으로 본다.

제122조 석면의 해체·제거

① 기관석면조사 대상인 건축물이나 설비에 대통령령으로 정하는 함유량과 면적 이상의 석면이 포함되어 있는 경우 해당 건축물·설비소유주등은 석면해체·제거업자로 하여금 그 석면을 **해체·제거**하도록 하여야 한다. 다만, 건축물·설비소유주등이 인력·장비 등에서 석면해체·제거업자와 동등한 능력을 갖추고 있는 경우 등 대통령령으로 정하는 사유에 해당할 경우에는 **스스로** 석면을 해체·제거할 수 있다.

② 제1항에 따른 석면해체·제거는 해당 건축물이나 설비에 대하여 **기관석면조사를 실시한 기관**이 해서는 아니 된다.

③ 석면해체·제거업자(제1항 단서의 경우에는 건축물·설비소유주등을 말한다. 이하 제124조에서 같다)는 제1항에 따른 석면해체·제거작업을 **하기 전에** 고용노동부령으로 정하는 바에 따라 고용노동부장관에게 **신고**하고, 제1항에 따른 석면해체·제거작업에 관한 서류를 **보존**하여야 한다.

④ 고용노동부장관은 제3항에 따른 신고를 받은 경우 그 내용을 검토하여 이 법에 적합하면 신고를 수리하여야 한다.

⑤ 제3항에 따른 신고 절차, 그 밖에 필요한 사항은 고용노동부령으로 정한다.

제123조 석면해체·제거 작업기준의 준수

① 석면이 포함된 건축물이나 설비를 철거하거나 해체하는 자는 고용노동부령으로 정하는 석면해체·제거의 작업기준을 준수하여야 한다.

② 근로자는 석면이 포함된 건축물이나 설비를 철거하거나 해체하는 자가 제1항의 작업기준에 따라 근로자에게 한 조치로서 고용노동부령으로 정하는 조치 사항을 준수하여야 한다.

제124조 석면농도기준의 준수

① 석면해체·제거업자는 제122조 제1항에 따른 석면해체·제거작업이 완료된 후 해당 작업장의 공기 중 석면농도가 고용노동부령으로 정하는 기준 이하가 되도록 하고, 그 증명자료를 고용노동부장관에게 제출하여야 한다.

② 제1항에 따른 공기 중 석면농도를 측정할 수 있는 자의 자격 및 측정방법에 관한 사항은 고용노동부령으로 정한다.

③ 건축물·설비소유주등은 석면해체·제거작업 완료 후에도 작업장의 공기 중 석면농도가 제1항의 기준을 초과한 경우 해당 건축물이나 설비를 철거하거나 해체해서는 아니 된다.

제1절 근로환경의 개선

제125조 작업환경측정

① **사업주**는 유해인자로부터 근로자의 건강을 보호하고 쾌적한 작업환경을 조성하기 위하여 인체에 해로운 작업을 하는 작업장으로서 고용노동부령으로 정하는 작업장에 대하여 고용노동부령으로 정하는 자격을 가진 자로 하여금 **작업환경측정**을 하도록 하여야 한다.

② 제1항에도 불구하고 도급인의 사업장에서 관계수급인 또는 관계수급인의 근로자가 작업을 하는 경우에는 **도급인**이 제1항에 따른 자격을 가진 자로 하여금 **작업환경측정**을 하도록 하여야 한다.

③ 사업주(**제2항에 따른 도급인**을 포함한다. 이하 이 조 및 제127조에서 같다)는 제1항에 따른 작업환경측정을 제126조에 따라 지정받은 기관(이하 "작업환경측정기관"이라 한다)에 위탁할 수 있다. 이 경우 필요한 때에는 작업환경측정 중 시료의 분석만을 위탁할 수 있다.

④ **사업주**는 근로자대표(관계수급인의 근로자대표를 포함한다. 이하 이 조에서 같다)가 요구하면 작업환경측정 시 **근로자대표**를 참석시켜야 한다.

⑤ 사업주는 작업환경측정 결과를 기록하여 보존하고 고용노동부령으로 정하는 바에 따라 고용노동부장관에게 보고하여야 한다. 다만, 제3항에 따라 사업주로부터 작업환경측정을 위탁받은 작업환경측정기관이 작업환경측정을 한 후 그 결과를 고용노동부령으로 정하는 바에 따라 고용노동부장관에게 제출한 경우에는 작업환경측정 결과를 보고한 것으로 본다.

⑥ 사업주는 작업환경측정 결과를 해당 작업장의 근로자(관계수급인 및 관계수급인 근로자를 포함한다. 이하 이 항, 제127조 및 제175조 제5항 제15호에서 같다)에게 알려야 하며, 그 결과에 따라 근로자의 건강을 보호하기 위하여 해당 시설·설비의 설치·개선 또는 건강진단의 실시 등의 조치를 하여야 한다.

⑦ 사업주는 산업안전보건위원회 또는 근로자대표가 요구하면 작업환경측정 결과에 대한 설명회 등을 개최하여야 한다. 이 경우 제3항에 따라 작업환경측정을 위탁하여 실시한 경우에는 작업환경측정기관에 작업환경측정 결과에 대하여 설명하도록 할 수 있다.

⑧ 제1항 및 제2항에 따른 작업환경측정의 방법·횟수, 그 밖에 필요한 사항은 고용노동부령으로 정한다.

> 도급인의 사업장에서 관계수급인의 근로자가 작업을 하는 경우에는 도급인이 법정 자격을 가진 자로 하여금 작업환경측정을 하도록 하여야 한다.　　　　　　　　　　　　　　(O) **기출** 24
>
> 사업주는 근로자대표(관계수급인의 근로자대표를 포함한다)가 요구하면 작업환경측정 시 근로자대표를 참석시켜야 한다.　　　　　　　　　　　　　　　　　　　(O) **기출** 24

제126조   작업환경측정기관

① 작업환경측정기관이 되려는 자는 대통령령으로 정하는 인력·시설 및 장비 등의 요건을 갖추어 고용노동부장관의 지정을 받아야 한다.

② 고용노동부장관은 작업환경측정기관의 측정·분석 결과에 대한 정확성과 정밀도를 확보하기 위하여 작업환경측정기관의 측정·분석능력을 확인하고, 작업환경측정기관을 지도하거나 교육할 수 있다. 이 경우 측정·분석능력의 확인, 작업환경측정기관에 대한 교육의 방법·절차, 그 밖에 필요한 사항은 고용노동부장관이 정하여 고시한다.

③ 고용노동부장관은 작업환경측정의 수준을 향상시키기 위하여 필요한 경우 작업환경측정기관을 평가하고 그 결과(제2항에 따른 측정·분석능력의 확인 결과를 포함한다)를 공개할 수 있다. 이 경우 평가기준·방법 및 결과의 공개, 그 밖에 필요한 사항은 고용노동부령으로 정한다.

④ 작업환경측정기관의 유형, 업무 범위 및 지정 절차, 그 밖에 필요한 사항은 고용노동부령으로 정한다.

⑤ 작업환경측정기관에 관하여는 제21조 제4항 및 제5항을 준용한다. 이 경우 "안전관리전문기관 또는 보건관리전문기관"은 "작업환경측정기관"으로 본다.

제127조   작업환경측정 신뢰성 평가

① 고용노동부장관은 제125조 제1항 및 제2항에 따른 작업환경측정 결과에 대하여 그 신뢰성을 평가할 수 있다.

② 사업주와 근로자는 고용노동부장관이 제1항에 따른 신뢰성을 평가할 때에는 적극적으로 협조하여야 한다.

③ 제1항에 따른 신뢰성 평가의 방법·대상 및 절차, 그 밖에 필요한 사항은 고용노동부령으로 정한다.

제128조   작업환경전문연구기관의 지정

① 고용노동부장관은 작업장의 유해인자로부터 근로자의 건강을 보호하고 작업환경관리방법 등에 관한 전문연구를 촉진하기 위하여 유해인자별·업종별 작업환경전문연구기관을 지정하여 예산의 범위에서 필요한 지원을 할 수 있다.

② 제1항에 따른 유해인자별·업종별 작업환경전문연구기관의 지정기준, 그 밖에 필요한 사항은 고용노동부장관이 정하여 고시한다.

제128조의2   휴게시설의 설치

① **사업주**는 근로자(관계수급인의 근로자를 포함한다. 이하 이 조에서 같다)가 신체적 피로와 정신적 스트레스를 해소할 수 있도록 휴식시간에 이용할 수 있는 **휴게시설**을 갖추어야 한다.

② 사업주 중 사업의 종류 및 사업장의 상시 근로자 수 등 대통령령으로 정하는 기준에 해당하는 사업장의 사업주는 제1항에 따라 휴게시설을 갖추는 경우 크기, 위치, 온도, 조명 등 고용노동부령으로 정하는 설치·관리기준을 준수하여야 한다.

사업주는 근로자(관계수급인의 근로자를 포함한다)가 신체적 피로와 정신적 스트레스를 해소할 수 있도록 휴식시간에 이용할 수 있는 휴게시설을 갖추어야 한다. (O) **기출** 24

시행령 제96조의2(휴게시설 설치 · 관리기준 준수 대상 사업장의 사업주)
법 제128조의2 제2항에서 "사업의 종류 및 사업장의 상시 근로자 수 등 대통령령으로 정하는 기준에 해당하는 사업장"이란 다음 각 호의 어느 하나에 해당하는 사업장을 말한다.
   1. 상시근로자(관계수급인의 근로자를 포함한다. 이하 제2호에서 같다) 20명 이상을 사용하는 사업장(건설업의 경우에는 관계수급인의 공사금액을 포함한 해당 공사의 총공사금액이 20억원 이상인 사업장으로 한정한다)
   2. 다음 각 목의 어느 하나에 해당하는 직종(「통계법」 제22조 제1항에 따라 통계청장이 고시하는 한국표준직업분류에 따른다)의 상시근로자가 2명 이상인 사업장으로서 상시근로자 10명 이상 20명 미만을 사용하는 사업장(건설업은 제외한다)
      가. 전화 상담원
      나. 돌봄 서비스 종사원
      다. 텔레마케터
      라. 배달원
      마. 청소원 및 환경미화원
      바. 아파트 경비원
      사. 건물 경비원

제2절   건강진단 및 건강관리

제129조   **일반건강진단**

① 사업주는 상시 사용하는 근로자의 건강관리를 위하여 건강진단(이하 "일반건강진단"이라 한다)을 실시하여야 한다. 다만, 사업주가 고용노동부령으로 정하는 건강진단을 실시한 경우에는 그 건강진단을 받은 근로자에 대하여 일반건강진단을 실시한 것으로 본다.
② 사업주는 제135조 제1항에 따른 특수건강진단기관 또는 「건강검진기본법」 제3조 제2호에 따른 건강검진기관(이하 "건강진단기관"이라 한다)에서 일반건강진단을 실시하여야 한다.
③ 일반건강진단의 주기 · 항목 · 방법 및 비용, 그 밖에 필요한 사항은 고용노동부령으로 정한다.

제130조   **특수건강진단 등**

① 사업주는 다음 각 호의 어느 하나에 해당하는 근로자의 건강관리를 위하여 건강진단(이하 "특수건강진단"이라 한다)을 실시하여야 한다. 다만, 사업주가 고용노동부령으로 정하는 건강진단을 실시한 경우에는 그 건강진단을 받은 근로자에 대하여 해당 유해인자에 대한 특수건강진단을 실시한 것으로 본다.
   1. 고용노동부령으로 정하는 유해인자에 노출되는 업무(이하 "특수건강진단대상업무"라 한다)에 종사하는 근로자

2. 제1호, 제3항 및 제131조에 따른 건강진단 실시 결과 직업병 소견이 있는 근로자로 판정받아 작업 전환을 하거나 작업 장소를 변경하여 해당 판정의 원인이 된 특수건강진단대상업무에 종사하지 아니하는 사람으로서 해당 유해인자에 대한 건강진단이 필요하다는 「의료법」 제2조에 따른 의사의 소견이 있는 근로자

② 사업주는 특수건강진단대상업무에 종사할 근로자의 배치 예정 업무에 대한 적합성 평가를 위하여 건강진단(이하 "배치전건강진단"이라 한다)을 실시하여야 한다. 다만, 고용노동부령으로 정하는 근로자에 대해서는 배치전건강진단을 실시하지 아니할 수 있다.

③ 사업주는 특수건강진단대상업무에 따른 유해인자로 인한 것이라고 의심되는 건강장해 증상을 보이거나 의학적 소견이 있는 근로자 중 보건관리자 등이 사업주에게 건강진단 실시를 건의하는 등 고용노동부령으로 정하는 근로자에 대하여 건강진단(이하 "수시건강진단"이라 한다)을 실시하여야 한다.

④ 사업주는 제135조 제1항에 따른 특수건강진단기관에서 제1항부터 제3항까지의 규정에 따른 건강진단을 실시하여야 한다.

⑤ 제1항부터 제3항까지의 규정에 따른 건강진단의 시기·주기·항목·방법 및 비용, 그 밖에 필요한 사항은 고용노동부령으로 정한다.

시행규칙 제200조(특수건강진단 실시의 인정)
법 제130조 제1항 단서에서 "고용노동부령으로 정하는 건강진단"이란 다음 각 호의 어느 하나에 해당하는 건강진단을 말한다.
1. 「원자력안전법」에 따른 건강진단(방사선만 해당한다)
2. 「진폐의 예방과 진폐근로자의 보호 등에 관한 법률」에 따른 정기 건강진단(광물성 분진만 해당한다)
3. 「진단용 방사선 발생장치의 안전관리에 관한 규칙」에 따른 건강진단(방사선만 해당한다)
3의2. 「동물 진단용 방사선발생장치의 안전관리에 관한 규칙」에 따른 건강진단(방사선만 해당한다)
4. 그 밖에 다른 법령에 따라 [별표 24]에서 정한 법 제130조 제1항에 따른 특수건강진단(이하 "특수건강진단"이라 한다)의 검사항목을 모두 포함하여 실시한 건강진단(해당하는 유해인자만 해당한다)

시행규칙 제203조(배치전건강진단 실시의 면제)
법 제130조 제2항 단서에서 "고용노동부령으로 정하는 근로자"란 다음 각 호의 어느 하나에 해당하는 근로자를 말한다.
1. 다른 사업장에서 해당 유해인자에 대하여 다음 각 목의 어느 하나에 해당하는 건강진단을 받고 6개월([별표 23] 제4호부터 제6호까지의 유해인자에 대하여 건강진단을 받은 경우에는 12개월로 한다)이 지나지 않은 근로자로서 건강진단 결과를 적은 서류(이하 "건강진단개인표"라 한다) 또는 그 사본을 제출한 근로자
   가. 법 제130조 제2항에 따른 배치전건강진단(이하 "배치전건강진단"이라 한다)
   나. 배치전건강진단의 제1차 검사항목을 포함하는 특수건강진단, 수시건강진단 또는 임시건강진단
   다. 배치전건강진단의 제1차 검사항목 및 제2차 검사항목을 포함하는 건강진단
2. 해당 사업장에서 해당 유해인자에 대하여 제1호 각 목의 어느 하나에 해당하는 건강진단을 받고 6개월([별표 23] 제4호부터 제6호까지의 유해인자에 대하여 건강진단을 받은 경우에는 12개월로 한다)이 지나지 않은 근로자

제131조 **임시건강진단 명령 등**

① 고용노동부장관은 같은 유해인자에 노출되는 근로자들에게 유사한 질병의 증상이 발생한 경우 등 고용노동부령으로 정하는 경우에는 근로자의 건강을 보호하기 위하여 사업주에게 특정 근로자에 대한 건강진단(이하 "임시건강진단"이라 한다)의 실시나 작업전환, 그 밖에 필요한 조치를 명할 수 있다.

② 임시건강진단의 항목, 그 밖에 필요한 사항은 고용노동부령으로 정한다.

제132조 **건강진단에 관한 사업주의 의무**

① 사업주는 제129조부터 제131조까지의 규정에 따른 건강진단을 실시하는 경우 **근로자대표**가 요구하면 근로자대표를 참석시켜야 한다.

② 사업주는 **산업안전보건위원회** 또는 **근로자대표가 요구**할 때에는 직접 또는 제129조부터 제131조까지의 규정에 따른 건강진단을 한 건강진단기관에 건강진단 결과에 대하여 설명하도록 하여야 한다. 다만, 개별 근로자의 건강진단 결과는 **본인의 동의** 없이 공개해서는 아니 된다.

③ 사업주는 제129조부터 제131조까지의 규정에 따른 건강진단의 결과를 근로자의 건강 보호 및 유지 외의 목적으로 사용해서는 아니 된다.

④ 사업주는 제129조부터 제131조까지의 규정 또는 다른 법령에 따른 건강진단의 결과 근로자의 건강을 유지하기 위하여 필요하다고 인정할 때에는 작업장소 변경, 작업 전환, 근로시간 단축, 야간근로(오후 10시부터 다음 날 오전 6시까지 사이의 근로를 말한다)의 제한, 작업환경측정 또는 시설·설비의 설치·개선 등 고용노동부령으로 정하는 바에 따라 적절한 조치를 하여야 한다.

⑤ 제4항에 따라 적절한 조치를 하여야 하는 사업주로서 고용노동부령으로 정하는 사업주는 그 조치 결과를 고용노동부령으로 정하는 바에 따라 고용노동부장관에게 제출하여야 한다.

> 사업주는 근로자대표가 요구할 때에는 근로자에 대한 건강진단 시 근로자대표를 참석시켜야 한다.
> (O) 기출 17·18·24
>
> 사업주는 산업안전보건법에 따른 건강진단 시 근로자대표가 요구할 때에는 근로자대표를 참석시켜야 한다.
> (O) 기출 19

제133조 **건강진단에 관한 근로자의 의무**

근로자는 제129조부터 제131조까지의 규정에 따라 사업주가 실시하는 건강진단을 받아야 한다. 다만, 사업주가 지정한 건강진단기관이 아닌 건강진단기관으로부터 이에 상응하는 건강진단을 받아 그 결과를 증명하는 서류를 사업주에게 제출하는 경우에는 사업주가 실시하는 건강진단을 받은 것으로 본다.

제134조　건강진단기관 등의 결과보고 의무

① 건강진단기관은 제129조부터 제131조까지의 규정에 따른 건강진단을 실시한 때에는 고용노동
부령으로 정하는 바에 따라 그 결과를 **근로자 및 사업주**에게 **통보**하고 **고용노동부장관**에게
보고하여야 한다.

② 제129조 제1항 단서에 따라 건강진단을 실시한 기관은 사업주가 근로자의 건강보호를
위하여 그 결과를 요청하는 경우 고용노동부령으로 정하는 바에 따라 그 결과를 **사업주**
에게 **통보**하여야 한다.

제135조　특수건강진단기관

① 「의료법」 제3조에 따른 의료기관이 특수건강진단, 배치전건강진단 또는 수시건강진단
을 수행하려는 경우에는 고용노동부장관으로부터 건강진단을 할 수 있는 기관(이하 "특
수건강진단기관"이라 한다)으로 지정받아야 한다.

② 특수건강진단기관으로 지정받으려는 자는 대통령령으로 정하는 요건을 갖추어 고용노
동부장관에게 신청하여야 한다.

③ 고용노동부장관은 제1항에 따른 특수건강진단기관의 진단·분석 결과에 대한 정확성과
정밀도를 확보하기 위하여 특수건강진단기관의 진단·분석능력을 확인하고, 특수건강
진단기관을 지도하거나 교육할 수 있다. 이 경우 진단·분석능력의 확인, 특수건강진단
기관에 대한 지도 및 교육의 방법, 절차, 그 밖에 필요한 사항은 고용노동부장관이 정하
여 고시한다.

④ 고용노동부장관은 특수건강진단기관을 평가하고 그 결과(제3항에 따른 진단·분석능력
의 확인 결과를 포함한다)를 공개할 수 있다. 이 경우 평가 기준·방법 및 결과의 공개,
그 밖에 필요한 사항은 고용노동부령으로 정한다.

⑤ 특수건강진단기관의 지정 신청 절차, 업무 수행에 관한 사항, 업무를 수행할 수 있는
지역, 그 밖에 필요한 사항은 고용노동부령으로 정한다.

⑥ 특수건강진단기관에 관하여는 제21조 제4항 및 제5항을 준용한다. 이 경우 "안전관리전
문기관 또는 보건관리전문기관"은 "특수건강진단기관"으로 본다.

시행규칙 제211조(특수건강진단기관의 지정신청 등)

① 법 제135조 제1항에 따라 특수건강진단기관으로 지정받으려는 자는 별지 제6호서식의 특수건
강진단기관 지정신청서에 다음 각 호의 구분에 따라 서류를 첨부하여 주된 사무소의 소재지를
관할하는 지방고용노동관서의 장에게 제출(전자문서로 제출하는 것을 포함한다)해야 한다.
1. 영 제97조 제1항에 따라 특수건강진단기관으로 지정받으려는 경우에는 다음 각 목의 서류
   가. 영 [별표 30]에 따른 인력기준에 해당하는 사람의 자격과 채용을 증명할 수 있는 자격증
   (국가기술자격증, 의료면허증 또는 전문의자격증은 제외한다), 경력증명서 및 재직증명
   서 등의 서류
   나. 건물임대차계약서 사본이나 그 밖에 사무실의 보유를 증명할 수 있는 서류와 시설·장
   비 명세서
   다. 최초 1년간의 건강진단사업계획서
   라. 법 제135조 제3항에 따라 최근 1년 이내에 건강진단기관의 건강진단·분석 능력 평가
   결과 적합판정을 받았음을 증명하는 서류(건강진단·분석 능력 평가 결과 적합판정을
   받은 건강진단기관과 생물학적 노출지표 분석의뢰계약을 체결한 경우에는 그 계약서를
   말한다)

2. 영 제97조 제2항에 따라 특수건강진단기관으로 지정을 받으려는 경우에는 다음 각 목의 서류
   가. 일반검진기관 지정서 및 일반검진기관으로서의 지정요건을 갖추었음을 입증할 수 있는 서류
   나. 영 제97조 제2항에 따른 인력기준에 해당하는 사람의 자격과 채용을 증명할 수 있는 자격증(의료면허증은 제외한다) 및 재직증명서 등의 서류
   다. 소속 의사가 특수건강진단과 관련하여 고용노동부장관이 정하는 교육을 이수하였음을 입증할 수 있는 서류
   라. 최초 1년간의 건강진단사업계획서
② ~ ④ 생략
⑤ 지방고용노동관서의 장은 제1항에 따른 지정신청을 받아 같은 항 제2호에 따른 특수건강진단 기관을 지정하는 경우에는 다음 각 호의 기준을 모두 갖추도록 해야 한다.
   1. 의사 1명당 연간 특수건강진단 실시 인원이 1만명을 초과하지 않을 것
   2. 의사 1명당 연간 특수건강진단 및 배치전건강진단의 실시 인원의 합이 1만 3천명을 초과하지 않을 것
⑥ ~ ⑦ 생략

제136조   유해인자별 특수건강진단 전문연구기관의 지정

① 고용노동부장관은 작업장의 유해인자에 관한 전문연구를 촉진하기 위하여 유해인자별 특수건강진단 전문연구기관을 지정하여 예산의 범위에서 필요한 지원을 할 수 있다.
② 제1항에 따른 유해인자별 특수건강진단 전문연구기관의 지정 기준 및 절차, 그 밖에 필요한 사항은 고용노동부장관이 정하여 고시한다.

제137조   건강관리카드

① 고용노동부장관은 고용노동부령으로 정하는 건강장해가 발생할 우려가 있는 업무에 종사하였거나 종사하고 있는 사람 중 고용노동부령으로 정하는 요건을 갖춘 사람의 직업병 조기발견 및 지속적인 건강관리를 위하여 건강관리카드를 발급하여야 한다.
② 건강관리카드를 발급받은 사람이 「산업재해보상보험법」 제41조에 따라 요양급여를 신청하는 경우에는 건강관리카드를 제출함으로써 해당 재해에 관한 의학적 소견을 적은 서류의 제출을 대신할 수 있다.
③ 건강관리카드를 발급받은 사람은 그 건강관리카드를 타인에게 양도하거나 대여해서는 아니 된다.
④ 건강관리카드를 발급받은 사람 중 제1항에 따라 건강관리카드를 발급받은 업무에 종사하지 아니하는 사람은 고용노동부령으로 정하는 바에 따라 특수건강진단에 준하는 건강진단을 받을 수 있다.
⑤ 건강관리카드의 서식, 발급 절차, 그 밖에 필요한 사항은 고용노동부령으로 정한다.

제138조 질병자의 근로 금지 · 제한

① 사업주는 감염병, 정신질환 또는 근로로 인하여 병세가 크게 악화될 우려가 있는 질병으로서 고용노동부령으로 정하는 질병에 걸린 사람에게는 「의료법」제2조에 따른 의사의 진단에 따라 근로를 금지하거나 제한하여야 한다.

② 사업주는 제1항에 따라 근로가 금지되거나 제한된 근로자가 건강을 회복하였을 때에는 지체 없이 근로를 할 수 있도록 하여야 한다.

제139조 유해 · 위험작업에 대한 근로시간 제한 등

① 사업주는 유해하거나 위험한 작업으로서 높은 기압에서 하는 작업 등 대통령령으로 정하는 작업에 종사하는 근로자에게는 1일 6시간, 1주 34시간을 초과하여 근로하게 해서는 아니 된다.

② 사업주는 대통령령으로 정하는 유해하거나 위험한 작업에 종사하는 근로자에게 필요한 안전조치 및 보건조치 외에 작업과 휴식의 적정한 배분 및 근로시간과 관련된 근로조건의 개선을 통하여 근로자의 건강 보호를 위한 조치를 하여야 한다.

사업주는 잠수 작업에 종사하는 근로자에게는 1일 5시간을 초과하여 근로하게 해서는 아니 된다. (×) 기출 24

사업주는 유해하거나 위험한 작업으로서 대통령령으로 정하는 작업에 종사하는 근로자에게는 1일 6시간, 1주 34시간을 초과하여 근로하게 하여서는 아니 된다. (O) 기출 16

시행령 제99조(유해 · 위험작업에 대한 근로시간 제한 등)

① 법 제139조 제1항에서 "높은 기압에서 하는 작업 등 대통령령으로 정하는 작업"이란 잠함(潛函) 또는 잠수 작업 등 높은 기압에서 하는 작업을 말한다.

② 제1항에 따른 작업에서 잠함 · 잠수 작업시간, 가압 · 감압방법 등 해당 근로자의 안전과 보건을 유지하기 위하여 필요한 사항은 고용노동부령으로 정한다.

③ 법 제139조 제2항에서 "대통령령으로 정하는 유해하거나 위험한 작업"이란 다음 각 호의 어느 하나에 해당하는 작업을 말한다.

1. 갱(坑) 내에서 하는 작업
2. 다량의 고열물체를 취급하는 작업과 현저히 덥고 뜨거운 장소에서 하는 작업
3. 다량의 저온물체를 취급하는 작업과 현저히 춥고 차가운 장소에서 하는 작업
4. 라듐방사선이나 엑스선, 그 밖의 유해 방사선을 취급하는 작업
5. 유리 · 흙 · 돌 · 광물의 먼지가 심하게 날리는 장소에서 하는 작업
6. 강렬한 소음이 발생하는 장소에서 하는 작업
7. 착암기(바위에 구멍을 뚫는 기계) 등에 의하여 신체에 강렬한 진동을 주는 작업
8. 인력(人力)으로 중량물을 취급하는 작업
9. 납 · 수은 · 크롬 · 망간 · 카드뮴 등의 중금속 또는 이황화탄소 · 유기용제, 그 밖에 고용노동부령으로 정하는 특정 화학물질의 먼지 · 증기 또는 가스가 많이 발생하는 장소에서 하는 작업

제140조 **자격 등에 의한 취업 제한 등**

① 사업주는 유해하거나 위험한 작업으로서 상당한 지식이나 숙련도가 요구되는 고용노동
부령으로 정하는 작업의 경우 그 작업에 필요한 자격·면허·경험 또는 기능을 가진
근로자가 아닌 사람에게 그 작업을 하게 해서는 아니 된다.

② 고용노동부장관은 제1항에 따른 자격·면허의 취득 또는 근로자의 기능 습득을 위하여
교육기관을 지정할 수 있다.

③ 제1항에 따른 자격·면허·경험·기능, 제2항에 따른 교육기관의 지정 요건 및 지정
절차, 그 밖에 필요한 사항은 고용노동부령으로 정한다.

④ 제2항에 따른 교육기관에 관하여는 제21조 제4항 및 제5항을 준용한다. 이 경우 "안전관
리전문기관 또는 보건관리전문기관"은 "제2항에 따른 교육기관"으로 본다.

제141조 **역학조사**

① 고용노동부장관은 직업성 질환의 진단 및 예방, 발생 원인의 규명을 위하여 필요하다고
인정할 때에는 근로자의 질환과 작업장의 유해요인의 상관관계에 관한 역학조사(이하
"**역학조사**"라 한다)를 할 수 있다. 이 경우 **사업주** 또는 **근로자대표**, 그 밖에 **고용노동부령**
으로 정하는 사람이 요구할 때 고용노동부령으로 정하는 바에 따라 역학조사에 참석하게
할 수 있다.

② 사업주 및 근로자는 고용노동부장관이 역학조사를 실시하는 경우 적극 협조하여야 하며,
정당한 사유 없이 역학조사를 거부·방해하거나 기피해서는 아니 된다.

③ 누구든지 제1항 후단에 따라 역학조사 참석이 허용된 사람의 역학조사 참석을 거부하거
나 방해해서는 아니 된다.

④ 제1항 후단에 따라 역학조사에 참석하는 사람은 역학조사 참석과정에서 알게 된 비밀을
누설하거나 도용해서는 아니 된다.

⑤ 고용노동부장관은 역학조사를 위하여 필요하면 제129조부터 제131조까지의 규정에 따
른 근로자의 건강진단 결과, 「국민건강보험법」에 따른 요양급여기록 및 건강검진 결과,
「고용보험법」에 따른 고용정보, 「암관리법」에 따른 질병정보 및 사망원인 정보 등을
관련 기관에 요청할 수 있다. 이 경우 자료의 제출을 요청받은 기관은 특별한 사유가
없으면 이에 따라야 한다.

⑥ 역학조사의 방법·대상·절차, 그 밖에 필요한 사항은 고용노동부령으로 정한다.

> 고용노동부장관은 역학조사를 하는 경우 근로자대표가 요구할 때 그를 역학조사에 참석하게 할 수
> 있다. (O) **기출** 20

제142조 **산업안전지도사 등의 직무**

① 산업안전지도사는 다음 각 호의 직무를 수행한다.
1. 공정상의 안전에 관한 평가·지도
2. 유해·위험의 방지대책에 관한 평가·지도
3. 제1호 및 제2호의 사항과 관련된 계획서 및 보고서의 작성
4. 그 밖에 산업안전에 관한 사항으로서 대통령령으로 정하는 사항

② 산업보건지도사는 다음 각 호의 직무를 수행한다.
1. 작업환경의 평가 및 개선 지도
2. 작업환경 개선과 관련된 계획서 및 보고서의 작성
3. 근로자 건강진단에 따른 사후관리 지도
4. 직업성 질병 진단(「의료법」 제2조에 따른 의사인 산업보건지도사만 해당한다) 및 예방 지도
5. 산업보건에 관한 조사·연구
6. 그 밖에 산업보건에 관한 사항으로서 대통령령으로 정하는 사항

③ 산업안전지도사 또는 산업보건지도사(이하 "지도사"라 한다)의 업무 영역별 종류 및 업무 범위, 그 밖에 필요한 사항은 대통령령으로 정한다.

제143조 **지도사의 자격 및 시험**

① 고용노동부장관이 시행하는 지도사 자격시험에 합격한 사람은 지도사의 자격을 가진다.
② 대통령령으로 정하는 산업안전 및 보건과 관련된 자격의 보유자에 대해서는 제1항에 따른 지도사 자격시험의 일부를 면제할 수 있다.
③ 고용노동부장관은 제1항에 따른 지도사 자격시험 실시를 대통령령으로 정하는 전문기관에 대행하게 할 수 있다. 이 경우 시험 실시에 드는 비용을 예산의 범위에서 보조할 수 있다.
④ 제3항에 따라 지도사 자격시험 실시를 대행하는 전문기관의 임직원은 「형법」 제129조부터 제132조까지의 규정을 적용할 때에는 공무원으로 본다.
⑤ 지도사 자격시험의 시험과목, 시험방법, 다른 자격 보유자에 대한 시험 면제의 범위, 그 밖에 필요한 사항은 대통령령으로 정한다.

제144조 **부정행위자에 대한 제재**

고용노동부장관은 지도사 자격시험에서 부정한 행위를 한 응시자에 대해서는 그 시험을 무효로 하고, 그 처분을 한 날부터 **5년간** 시험응시자격을 정지한다.

제145조 지도사의 등록

① 지도사가 그 직무를 수행하려는 경우에는 고용노동부령으로 정하는 바에 따라 **고용노동부장관에게 등록하여야** 한다.

② 제1항에 따라 등록한 지도사는 그 직무를 조직적·전문적으로 수행하기 위하여 법인을 설립할 수 있다.

③ 다음 각 호의 어느 하나에 해당하는 사람은 제1항에 따른 등록을 할 수 없다.

1. 피성년후견인 또는 피한정후견인
2. 파산선고를 받고 복권되지 아니한 사람
3. 금고 이상의 실형을 선고받고 그 집행이 끝나거나(집행이 끝난 것으로 보는 경우를 포함한다) 집행이 면제된 날부터 2년이 지나지 아니한 사람
4. 금고 이상의 형의 집행유예를 선고받고 그 유예기간 중에 있는 사람
5. 이 법을 위반하여 벌금형을 선고받고 1년이 지나지 아니한 사람
6. 제154조에 따라 **등록이 취소**(이 항 **제1호** 또는 **제2호**에 해당하여 등록이 취소된 경우는 제외한다)된 후 **2년**이 지나지 아니한 사람

④ 제1항에 따라 등록을 한 지도사는 고용노동부령으로 정하는 바에 따라 **5년**마다 **등록을 갱신**하여야 한다.

⑤ 고용노동부령으로 정하는 지도실적이 있는 지도사만이 제4항에 따른 갱신등록을 할 수 있다. 다만, 지도실적이 기준에 못 미치는 지도사는 고용노동부령으로 정하는 보수교육을 받은 경우 갱신등록을 할 수 있다.

⑥ 제2항에 따른 법인에 관하여는 「상법」 중 **합명회사에 관한 규정**을 적용한다.

제146조 지도사의 교육

지도사 자격이 있는 사람(제143조 제2항에 해당하는 사람 중 대통령령으로 정하는 실무경력이 있는 사람은 제외한다)이 직무를 수행하려면 제145조에 따른 등록을 하기 전 1년의 범위에서 고용노동부령으로 정하는 연수교육을 받아야 한다.

제147조 지도사에 대한 지도 등

고용노동부장관은 공단에 다음 각 호의 업무를 하게 할 수 있다.

1. 지도사에 대한 지도·연락 및 정보의 공동이용체제의 구축·유지
2. 제142조 제1항 및 제2항에 따른 지도사의 직무 수행과 관련된 사업주의 불만·고충의 처리 및 피해에 관한 분쟁의 조정
3. 그 밖에 지도사 직무의 발전을 위하여 필요한 사항으로서 고용노동부령으로 정하는 사항

제148조 손해배상의 책임

① 지도사는 직무 수행과 관련하여 고의 또는 과실로 의뢰인에게 손해를 입힌 경우에는 그 손해를 배상할 책임이 있다.

② 제145조 제1항에 따라 등록한 지도사는 제1항에 따른 손해배상책임을 보장하기 위하여 대통령령으로 정하는 바에 따라 보증보험에 가입하거나 그 밖에 필요한 조치를 하여야 한다.

제149조　유사명칭의 사용 금지

제145조 제1항에 따라 등록한 지도사가 아닌 사람은 산업안전지도사, 산업보건지도사 또는 이와 유사한 명칭을 사용해서는 아니 된다.

제150조　품위유지와 성실의무 등

① 지도사는 항상 품위를 유지하고 신의와 성실로써 공정하게 직무를 수행하여야 한다.
② 지도사는 제142조 제1항 또는 제2항에 따른 직무와 관련하여 작성하거나 확인한 서류에 기명·날인하거나 서명하여야 한다.

제151조　금지 행위

지도사는 다음 각 호의 행위를 해서는 아니 된다.
　　1. 거짓이나 그 밖의 부정한 방법으로 의뢰인에게 법령에 따른 의무를 이행하지 아니하게 하는 행위
　　2. 의뢰인에게 법령에 따른 신고·보고, 그 밖의 의무를 이행하지 아니하게 하는 행위
　　3. 법령에 위반되는 행위에 관한 지도·상담

제152조　관계 장부 등의 열람 신청

지도사는 제142조 제1항 및 제2항에 따른 직무를 수행하는 데 필요하면 사업주에게 관계 장부 및 서류의 열람을 신청할 수 있다. 이 경우 그 신청이 제142조 제1항 또는 제2항에 따른 직무의 수행을 위한 것이면 열람을 신청받은 사업주는 정당한 사유 없이 이를 거부해서는 아니 된다.

제153조　자격대여행위 및 대여알선행위 등의 금지

① 지도사는 다른 사람에게 자기의 성명이나 사무소의 명칭을 사용하여 지도사의 직무를 수행하게 하거나 그 자격증이나 등록증을 대여해서는 아니 된다.
② 누구든지 지도사의 자격을 취득하지 아니하고 그 지도사의 성명이나 사무소의 명칭을 사용하여 지도사의 직무를 수행하거나 자격증·등록증을 대여받아서는 아니 되며, 이를 알선하여서도 아니 된다.

제154조　등록의 취소 등

고용노동부장관은 지도사가 다음 각 호의 어느 하나에 해당하는 경우에는 그 **등록을 취소**하거나 **2년 이내의 기간**을 정하여 그 **업무의 정지**를 명할 수 있다. 다만, **제1호부터 제3호**까지의 규정에 해당할 때에는 그 **등록**을 **취소하여야** 한다.
　　1. **거짓**이나 그 밖의 **부정한 방법**으로 등록 또는 갱신등록을 한 경우
　　2. **업무정지 기간** 중에 업무를 수행한 경우
　　3. 업무 관련 서류를 **거짓으로 작성**한 경우
　　4. 제142조에 따른 직무의 수행과정에서 고의 또는 과실로 인하여 중대재해가 발생한 경우
　　5. 제145조 제3항 제1호부터 제5호까지의 규정 중 어느 하나에 해당하게 된 경우

6. 제148조 제2항에 따른 보증보험에 가입하지 아니하거나 그 밖에 필요한 조치를 하지 아니한 경우
7. 제150조 제1항을 위반하거나 같은 조 제2항에 따른 기명·날인 또는 서명을 하지 아니한 경우
8. 제151조, 제153조 제1항 또는 제162조를 위반한 경우

제10장 근로감독관 등

제155조 근로감독관의 권한

① 「근로기준법」 제101조에 따른 근로감독관(이하 "근로감독관"이라 한다)은 이 법 또는 이 법에 따른 명령을 시행하기 위하여 필요한 경우 다음 각 호의 장소에 출입하여 사업주, 근로자 또는 안전보건관리책임자 등(이하 "관계인"이라 한다)에게 질문을 하고, 장부, 서류, 그 밖의 물건의 검사 및 안전보건 점검을 하며, 관계 서류의 제출을 요구할 수 있다.
1. 사업장
2. 제21조 제1항, 제33조 제1항, 제48조 제1항, 제74조 제1항, 제88조 제1항, 제96조 제1항, 제100조 제1항, 제120조 제1항, 제126조 제1항 및 제129조 제2항에 따른 기관의 사무소
3. 석면해체·제거업자의 사무소
4. 제145조 제1항에 따라 등록한 지도사의 사무소
② 근로감독관은 기계·설비등에 대한 검사를 할 수 있으며, 검사에 필요한 한도에서 무상으로 제품·원재료 또는 기구를 수거할 수 있다. 이 경우 근로감독관은 해당 사업주 등에게 그 결과를 서면으로 알려야 한다.
③ 근로감독관은 이 법 또는 이 법에 따른 명령의 시행을 위하여 관계인에게 보고 또는 출석을 명할 수 있다.
④ 근로감독관은 이 법 또는 이 법에 따른 명령을 시행하기 위하여 제1항 각 호의 어느 하나에 해당하는 장소에 출입하는 경우에 그 신분을 나타내는 증표를 지니고 관계인에게 보여 주어야 하며, 출입 시 성명, 출입시간, 출입 목적 등이 표시된 문서를 관계인에게 내주어야 한다.

제156조 공단 소속 직원의 검사 및 지도 등

① 고용노동부장관은 제165조 제2항에 따라 공단이 위탁받은 업무를 수행하기 위하여 필요하다고 인정할 때에는 공단 소속 직원에게 사업장에 출입하여 산업재해 예방에 필요한 검사 및 지도 등을 하게 하거나, 역학조사를 위하여 필요한 경우 관계자에게 질문하거나 필요한 서류의 제출을 요구하게 할 수 있다.
② 제1항에 따라 공단 소속 직원이 검사 또는 지도업무 등을 하였을 때에는 그 결과를 고용노동부장관에게 보고하여야 한다.
③ 공단 소속 직원이 제1항에 따라 사업장에 출입하는 경우에는 제155조 제4항을 준용한다. 이 경우 "근로감독관"은 "공단 소속 직원"으로 본다.

제157조 **감독기관에 대한 신고**

① 사업장에서 이 법 또는 이 법에 따른 명령을 위반한 사실이 있으면 근로자는 그 사실을 고용노동부장관 또는 **근로감독관**에게 신고할 수 있다.

②「의료법」제2조에 따른 의사·치과의사 또는 한의사는 **3일** 이상의 입원치료가 필요한 부상 또는 질병이 환자의 업무와 관련성이 있다고 판단할 경우에는「의료법」제19조 제1항에도 불구하고 치료과정에서 알게 된 정보를 **고용노동부장관**에게 신고할 수 있다.

③ **사업주**는 제1항에 따른 신고를 이유로 해당 근로자에 대하여 해고나 그 밖의 불리한 처우를 해서는 아니 된다.

제11장 보 칙

제158조 **산업재해 예방활동의 보조·지원**

① 정부는 사업주, 사업주단체, 근로자단체, 산업재해 예방 관련 전문단체, 연구기관 등이 하는 산업재해 예방사업 중 대통령령으로 정하는 사업에 드는 경비의 전부 또는 일부를 예산의 범위에서 보조하거나 그 밖에 필요한 지원(이하 "보조·지원"이라 한다)을 할 수 있다. 이 경우 고용노동부장관은 보조·지원이 산업재해 예방사업의 목적에 맞게 효율적으로 사용되도록 관리·감독하여야 한다.

② 고용노동부장관은 보조·지원을 받은 자가 다음 각 호의 어느 하나에 해당하는 경우 보조·지원의 **전부 또는 일부를 취소하여야** 한다. 다만, **제1호 및 제2호**의 경우에는 보조·지원의 **전부를 취소하여야** 한다.

1. **거짓**이나 그 밖의 **부정한 방법**으로 보조·지원을 받은 경우
2. 보조·지원 대상자가 **폐업**하거나 **파산**한 경우
3. 보조·지원 대상을 임의매각·훼손·분실하는 등 지원 목적에 적합하게 유지·관리· 사용하지 아니한 경우
4. 제1항에 따른 산업재해 예방사업의 목적에 맞게 사용되지 아니한 경우
5. 보조·지원 대상 기간이 끝나기 전에 보조·지원 대상 시설 및 장비를 **국외로 이전**한 경우
6. 보조·지원을 받은 사업주가 필요한 안전조치 및 보건조치 의무를 위반하여 산업재 해를 발생시킨 경우로서 고용노동부령으로 정하는 경우

③ 고용노동부장관은 제2항에 따라 보조·지원의 전부 또는 일부를 취소한 경우, 같은 항 제1호 또는 제3호부터 제5호까지의 어느 하나에 해당하는 경우에는 해당 금액 또는 지원에 상응하는 금액을 환수하되 대통령령으로 정하는 바에 따라 지급받은 금액의 5배 이하의 금액을 추가로 환수할 수 있고, 같은 항 제2호(**파산**한 경우에는 환수하지 아니한 다) 또는 제6호에 해당하는 경우에는 해당 금액 또는 지원에 상응하는 금액을 환수한다.

④ 제2항에 따라 보조·지원의 전부 또는 일부가 취소된 자에 대해서는 고용노동부령으로 정하는 바에 따라 취소된 날부터 **5년 이내**의 기간을 정하여 보조·지원을 하지 아니할 수 있다.

⑤ 보조·지원의 대상·방법·절차, 관리 및 감독, 제2항 및 제3항에 따른 취소 및 환수 방법, 그 밖에 필요한 사항은 고용노동부장관이 정하여 고시한다.

제159조   영업정지의 요청 등

① 고용노동부장관은 사업주가 다음 각 호의 어느 하나에 해당하는 산업재해를 발생시킨 경우에는 관계 행정기관의 장에게 관계 법령에 따라 해당 사업의 영업정지나 그 밖의 제재를 할 것을 요청하거나 「공공기관의 운영에 관한 법률」 제4조에 따른 공공기관의 장에게 그 기관이 시행하는 사업의 발주 시 필요한 제한을 해당 사업자에게 할 것을 요청할 수 있다.

　　1. 제38조, 제39조 또는 제63조를 위반하여 많은 근로자가 사망하거나 사업장 인근지역 에 중대한 피해를 주는 등 대통령령으로 정하는 사고가 발생한 경우

　　2. 제53조 제1항 또는 제3항에 따른 명령을 위반하여 근로자가 업무로 인하여 사망한 경우

② 제1항에 따라 요청을 받은 관계 행정기관의 장 또는 공공기관의 장은 정당한 사유가 없으면 이에 따라야 하며, 그 조치 결과를 고용노동부장관에게 통보하여야 한다.

③ 제1항에 따른 영업정지 등의 요청 절차나 그 밖에 필요한 사항은 고용노동부령으로 정한다.

제160조   업무정지 처분을 대신하여 부과하는 과징금 처분

① 고용노동부장관은 제21조 제4항(제74조 제4항, 제88조 제5항, 제96조 제5항, 제126조 제5항 및 제135조 제6항에 따라 준용되는 경우를 포함한다)에 따라 업무정지를 명하여야 하는 경우에 그 업무정지가 이용자에게 **심한 불편**을 주거나 **공익을 해칠 우려**가 있다고 인정되면 업무정지 처분을 대신하여 **10억원 이하의 과징금**을 부과할 수 있다.

② 고용노동부장관은 제1항에 따른 과징금을 징수하기 위하여 필요한 경우에는 다음 각 호의 사항을 적은 문서로 관할 세무관서의 장에게 과세 정보 제공을 요청할 수 있다.

　　1. 납세자의 인적사항

　　2. 사용 목적

　　3. 과징금 부과기준이 되는 매출 금액

　　4. 과징금 부과사유 및 부과기준

③ **고용노동부장관**은 제1항에 따른 과징금 부과처분을 받은 자가 납부기한까지 과징금을 내지 아니하면 **국세 체납처분의 예**에 따라 이를 징수한다.

④ 제1항에 따라 과징금을 부과하는 위반행위의 종류 및 위반 정도 등에 따른 과징금의 금액, 그 밖에 필요한 사항은 대통령령으로 정한다.

제161조   도급금지 등 의무위반에 따른 과징금 부과

① 고용노동부장관은 사업주가 다음 각 호의 어느 하나에 해당하는 경우에는 10억원 이하의 과징금을 부과·징수할 수 있다.

　　1. 제58조 제1항을 위반하여 도급한 경우

　　2. 제58조 제2항 제2호 또는 제59조 제1항을 위반하여 승인을 받지 아니하고 도급한 경우

　　3. 제60조를 위반하여 승인을 받아 도급받은 작업을 재하도급한 경우

② 고용노동부장관은 제1항에 따른 과징금을 부과하는 경우에는 다음 각 호의 사항을 고려하여야 한다.
 1. 도급 금액, 기간 및 횟수 등
 2. 관계수급인 근로자의 산업재해 예방에 필요한 조치 이행을 위한 노력의 정도
 3. 산업재해 발생 여부
③ 고용노동부장관은 제1항에 따른 과징금을 내야 할 자가 납부기한까지 내지 아니하면 납부기한의 다음 날부터 과징금을 납부한 날의 전날까지의 기간에 대하여 내지 아니한 과징금의 연 100분의 6의 범위에서 대통령령으로 정하는 가산금을 징수한다. 이 경우 가산금을 징수하는 기간은 60개월을 초과할 수 없다.
④ 고용노동부장관은 제1항에 따른 과징금을 내야 할 자가 납부기한까지 내지 아니하면 기간을 정하여 독촉을 하고, 그 기간 내에 제1항에 따른 과징금 및 제3항에 따른 가산금을 내지 아니하면 국세 체납처분의 예에 따라 징수한다.
⑤ 제1항 및 제3항에 따른 과징금 및 가산금의 징수와 제4항에 따른 체납처분 절차, 그 밖에 필요한 사항은 대통령령으로 정한다.

> **시행령 제113조(도급금지 등 의무위반에 따른 과징금 및 가산금)**
> ① 법 제161조 제1항에 따라 부과하는 과징금의 금액은 같은 조 제2항 각 호의 사항을 고려하여 [별표 34]의 과징금 산정기준을 적용하여 산정한다.
> ② 법 제161조 제3항 전단에서 "대통령령으로 정하는 가산금"이란 과징금 납부기한이 지난 날부터 매 1개월이 지날 때마다 체납된 과징금의 1천분의 5에 해당하는 금액을 말한다.

제162조　비밀 유지

다음 각 호의 어느 하나에 해당하는 자는 업무상 알게 된 비밀을 누설하거나 도용해서는 아니 된다. 다만, 근로자의 건강장해를 예방하기 위하여 고용노동부장관이 필요하다고 인정하는 경우에는 그러하지 아니하다.
 1. 제42조에 따라 제출된 유해위험방지계획서를 검토하는 자
 2. 제44조에 따라 제출된 공정안전보고서를 검토하는 자
 3. 제47조에 따른 안전보건진단을 하는 자
 4. 제84조에 따른 안전인증을 하는 자
 5. 제89조에 따른 신고 수리에 관한 업무를 하는 자
 6. 제93조에 따른 안전검사를 하는 자
 7. 제98조에 따른 자율검사프로그램의 인정업무를 하는 자
 8. 제108조 제1항 및 제109조 제1항에 따라 제출된 유해성·위험성 조사보고서 또는 조사 결과를 검토하는 자
 9. 제110조 제1항부터 제3항까지의 규정에 따라 물질안전보건자료 등을 제출받은 자
 10. 제112조 제2항·제5항 및 제112조의2 제2항에 따라 대체자료의 승인, 연장승인 여부를 검토하는 자 및 제112조 제10항에 따라 물질안전보건자료의 대체자료를 제공받은 자
 11. 제129조부터 제131조까지의 규정에 따라 건강진단을 하는 자
 12. 제141조에 따른 역학조사를 하는 자
 13. 제145조에 따라 등록한 지도사

제163조　청문 및 처분기준

① 고용노동부장관은 다음 각 호의 어느 하나에 해당하는 처분을 하려면 **청문을 하여야**
　한다.
　1. 제21조 제4항(제48조 제4항, 제74조 제4항, 제88조 제5항, 제96조 제5항, 제100조
　　　제4항, 제120조 제5항, 제126조 제5항, 제135조 제6항 및 제140조 제4항에 따라
　　　준용되는 경우를 포함한다)에 따른 지정의 취소
　2. 제33조 제4항, 제82조 제4항, 제102조 제3항, 제121조 제4항 및 제154조에 따른
　　　등록의 취소
　3. 제58조 제7항(제59조 제2항에 따라 준용되는 경우를 포함한다. 이하 제2항에서 같
　　　다), 제112조 제8항 및 제117조 제3항에 따른 승인의 취소
　4. 제86조 제1항에 따른 안전인증의 취소
　5. 제99조 제1항에 따른 자율검사프로그램 인정의 취소
　6. 제118조 제5항에 따른 허가의 취소
　7. 제158조 제2항에 따른 보조 · 지원의 취소
② 제21조 제4항(제33조 제4항, 제48조 제4항, 제74조 제4항, 제82조 제4항, 제88조 제5
　항, 제96조 제5항, 제100조 제4항, 제120조 제5항, 제121조 제4항, 제126조 제5항,
　제135조 제6항 및 제140조 제4항에 따라 준용되는 경우를 포함한다), 제58조 제7항,
　제86조 제1항, 제91조 제1항, 제99조 제1항, 제102조 제3항, 제112조 제8항, 제117조
　제3항, 제118조 제5항 및 제154조에 따른 취소, 정지, 사용 금지 또는 시정명령의 기준
　은 고용노동부령으로 정한다.

제164조　서류의 보존

① 사업주는 다음 각 호의 서류를 **3년(제2호의 경우 2년**을 말한다) 동안 보존하여야 한다.
　다만, 고용노동부령으로 정하는 바에 따라 보존기간을 연장할 수 있다.
　1. 안전보건관리책임자 · 안전관리자 · 보건관리자 · 안전보건관리담당자 및 산업보건
　　　의의 선임에 관한 서류
　2. 제24조 제3항 및 제75조 제4항에 따른 회의록
　3. 안전조치 및 보건조치에 관한 사항으로서 고용노동부령으로 정하는 사항을 적은
　　　서류
　4. 제57조 제2항에 따른 산업재해의 발생 원인 등 기록
　5. 제108조 제1항 본문 및 제109조 제1항에 따른 화학물질의 유해성 · 위험성 조사에
　　　관한 서류
　6. 제125조에 따른 작업환경측정에 관한 서류
　7. 제129조부터 제131조까지의 규정에 따른 건강진단에 관한 서류
② 안전인증 또는 안전검사의 업무를 위탁받은 안전인증기관 또는 안전검사기관은 안전인
　증 · 안전검사에 관한 사항으로서 고용노동부령으로 정하는 서류를 **3년** 동안 보존하여야
　하고, 안전인증을 받은 자는 제84조 제5항에 따라 안전인증대상기계등에 대하여 기록한
　서류를 **3년** 동안 보존하여야 하며, 자율안전확인대상기계등을 제조하거나 수입하는 자
　는 자율안전기준에 맞는 것임을 증명하는 서류를 **2년** 동안 보존하여야 하고, 제98조
　제1항에 따라 자율안전검사를 받은 자는 자율검사프로그램에 따라 실시한 검사 결과에
　대한 서류를 **2년** 동안 보존하여야 한다.

③ 일반석면조사를 한 건축물·설비소유주등은 그 결과에 관한 서류를 그 건축물이나 설비에 대한 해체·제거작업이 **종료**될 때까지 보존하여야 하고, 기관석면조사를 한 건축물·설비소유주등과 석면조사기관은 그 결과에 관한 서류를 **3년** 동안 보존하여야 한다.

④ 작업환경측정기관은 작업환경측정에 관한 사항으로서 고용노동부령으로 정하는 사항을 적은 서류를 **3년** 동안 보존하여야 한다.

⑤ 지도사는 그 업무에 관한 사항으로서 고용노동부령으로 정하는 사항을 적은 서류를 **5년** 동안 보존하여야 한다.

⑥ 석면해체·제거업자는 제122조 제3항에 따른 석면해체·제거작업에 관한 서류 중 고용노동부령으로 정하는 서류를 **30년** 동안 보존하여야 한다.

⑦ 제1항부터 제6항까지의 경우 전산입력자료가 있을 때에는 그 서류를 대신하여 전산입력자료를 보존할 수 있다.

제165조 권한 등의 위임·위탁

① 이 법에 따른 고용노동부장관의 권한은 대통령령으로 정하는 바에 따라 그 일부를 지방고용노동관서의 장에게 위임할 수 있다.

② 고용노동부장관은 이 법에 따른 업무 중 다음 각 호의 업무를 대통령령으로 정하는 바에 따라 공단 또는 대통령령으로 정하는 비영리법인 또는 관계 전문기관에 위탁할 수 있다.
1. 제4조 제1항 제2호부터 제7호까지 및 제9호의 사항에 관한 업무
2. 제11조 제3호에 따른 시설의 설치·운영 업무
3. 제13조 제2항에 따른 표준제정위원회의 구성·운영
4. 제21조 제2항에 따른 기관에 대한 평가 업무
5. 제32조 제1항 각 호 외의 부분 본문에 따른 직무와 관련한 안전보건교육
6. 제33조 제1항에 따라 제31조 제1항 본문에 따른 안전보건교육을 실시하는 기관의 등록 업무
7. 제33조 제2항에 따른 평가에 관한 업무
8. 제42조에 따른 유해위험방지계획서의 접수·심사, 제43조 제1항 및 같은 조 제2항 본문에 따른 확인
9. 제44조 제1항 전단에 따른 공정안전보고서의 접수, 제45조 제1항에 따른 공정안전보고서의 심사 및 제46조 제2항에 따른 확인
10. 제48조 제2항에 따른 안전보건진단기관에 대한 평가 업무
11. 제58조 제3항 또는 제5항 후단(제59조 제2항에 따라 준용되는 경우를 포함한다)에 따른 안전 및 보건에 관한 평가
12. 제74조 제3항에 따른 건설재해예방전문지도기관에 대한 평가 업무
13. 제84조 제1항 및 제3항에 따른 안전인증
14. 제84조 제4항 본문에 따른 안전인증의 확인
15. 제88조 제3항에 따른 안전인증기관에 대한 평가 업무
16. 제89조 제1항 각 호 외의 부분 본문에 따른 자율안전확인의 신고에 관한 업무
17. 제93조 제1항에 따른 안전검사
18. 제96조 제3항에 따른 안전검사기관에 대한 평가 업무
19. 제98조 제1항에 따른 자율검사프로그램의 인정
20. 제98조 제1항 제2호에 따른 안전에 관한 성능검사 교육 및 제100조 제2항에 따른 자율안전검사기관에 대한 평가 업무

21. 제101조에 따른 조사, 수거 및 성능시험
22. 제102조 제1항에 따른 지원과 같은 조 제2항에 따른 등록
23. 제103조 제1항에 따른 유해·위험기계등의 안전에 관한 정보의 종합관리
24. 제105조 제1항에 따른 유해성·위험성 평가에 관한 업무
25. 제110조 제1항부터 제3항까지의 규정에 따른 물질안전보건자료 등의 접수 업무
26. 제112조 제1항·제2항·제5항 및 제112조의2에 따른 물질안전보건자료의 일부 비공개 승인 등에 관한 업무
27. 제116조에 따른 물질안전보건자료와 관련된 자료의 제공
28. 제120조 제2항에 따른 석면조사 능력의 확인 및 석면조사기관에 대한 지도·교육 업무
29. 제120조 제3항에 따른 석면조사기관에 대한 평가 업무
30. 제121조 제2항에 따른 석면해체·제거작업의 안전성 평가 업무
31. 제126조 제2항에 따른 작업환경측정·분석능력의 확인 및 작업환경측정기관에 대한 지도·교육 업무
32. 제126조 제3항에 따른 작업환경측정기관에 대한 평가 업무
33. 제127조 제1항에 따른 작업환경측정 결과의 신뢰성 평가 업무
34. 제135조 제3항에 따른 특수건강진단기관의 진단·분석능력의 확인 및 지도·교육 업무
35. 제135조 제4항에 따른 특수건강진단기관에 대한 평가 업무
36. 제136조 제1항에 따른 유해인자별 특수건강진단 전문연구기관 지정에 관한 업무
37. 제137조에 따른 건강관리카드에 관한 업무
38. 제141조 제1항에 따른 역학조사
39. 제145조 제5항 단서에 따른 지도사 보수교육
40. 제146조에 따른 지도사 연수교육
41. 제158조 제1항부터 제3항까지의 규정에 따른 보조·지원 및 보조·지원의 취소·환수 업무

③ 제2항에 따라 업무를 위탁받은 비영리법인 또는 관계 전문기관의 임직원은 「형법」 제129조부터 제132조까지의 규정을 적용할 때에는 공무원으로 본다.

제166조   **수수료 등**

① 다음 각 호의 어느 하나에 해당하는 자는 고용노동부령으로 정하는 바에 따라 수수료를 내야 한다.
1. 제32조 제1항 각 호의 사람에게 안전보건교육을 이수하게 하려는 사업주
2. 제42조 제1항 본문에 따라 유해위험방지계획서를 심사받으려는 자
3. 제44조 제1항 본문에 따라 공정안전보고서를 심사받으려는 자
4. 제58조 제3항 또는 같은 조 제5항 후단(제59조 제2항에 따라 준용되는 경우를 포함한다)에 따라 안전 및 보건에 관한 평가를 받으려는 자
5. 제84조 제1항 및 제3항에 따라 안전인증을 받으려는 자
6. 제84조 제4항에 따라 확인을 받으려는 자
7. 제93조 제1항에 따라 안전검사를 받으려는
8. 제98조 제1항에 따라 자율검사프로그램의 인정을 받으려는 자

9. 제112조 제1항 또는 제5항에 따라 물질안전보건자료의 일부 비공개 승인 또는 연장승인을 받으려는 자
10. 제118조 제1항에 따라 허가를 받으려는 자
11. 제140조에 따른 자격·면허의 취득을 위한 교육을 받으려는 사람
12. 제143조에 따른 지도사 자격시험에 응시하려는 사람
13. 제145조에 따라 지도사의 등록을 하려는 자
14. 그 밖에 산업 안전 및 보건과 관련된 자로서 대통령령으로 정하는 자
② 공단은 고용노동부장관의 승인을 받아 공단의 업무 수행으로 인한 수익자로 하여금 그 업무 수행에 필요한 비용의 전부 또는 일부를 부담하게 할 수 있다.

제166조의2 현장실습생에 대한 특례

제2조 제3호에도 불구하고 「직업교육훈련 촉진법」 제2조 제7호에 따른 현장실습을 받기 위하여 현장실습산업체의 장과 현장실습계약을 체결한 직업교육훈련생(이하 "현장실습생"이라 한다)에게는 제5조, 제29조, 제38조부터 제41조까지, 제51조부터 제57조까지, 제63조, 제114조 제3항, 제131조, 제138조 제1항, 제140조, 제155조부터 제157조까지를 준용한다. 이 경우 "사업주"는 "현장실습산업체의 장"으로, "근로"는 "현장실습"으로, "근로자"는 "현장실습생"으로 본다.

제12장 | 벌 칙

제167조 벌 칙

① 제38조 제1항부터 제3항까지(제166조의2에서 준용하는 경우를 포함한다), 제39조 제1항 (제166조의2에서 준용하는 경우를 포함한다) 또는 제63조(제166조의2에서 준용하는 경우를 포함한다)를 위반하여 근로자를 사망에 이르게 한 자는 7년 이하의 징역 또는 1억원 이하의 벌금에 처한다.
② 제1항의 죄로 형을 선고받고 그 형이 확정된 후 5년 이내에 다시 제1항의 죄를 저지른 자는 그 형의 2분의 1까지 가중한다.

제168조 벌 칙

다음 각 호의 어느 하나에 해당하는 자는 5년 이하의 징역 또는 5천만원 이하의 벌금에 처한다.
1. 제38조 제1항부터 제3항까지(제166조의2에서 준용하는 경우를 포함한다), 제39조 제1항(제166조의2에서 준용하는 경우를 포함한다), 제51조(제166조의2에서 준용하는 경우를 포함한다), 제54조 제1항(제166조의2에서 준용하는 경우를 포함한다), 제117조 제1항, 제118조 제1항, 제122조 제1항 또는 제157조 제3항(제166조의2에서 준용하는 경우를 포함한다)을 위반한 자
2. 제42조 제4항 후단, 제53조 제3항(제166조의2에서 준용하는 경우를 포함한다), 제55조 제1항(제166조의2에서 준용하는 경우를 포함한다)·제2항(제166조의2에서 준용하는 경우를 포함한다) 또는 제118조 제5항에 따른 명령을 위반한 자

제169조 **벌 칙**

다음 각 호의 어느 하나에 해당하는 자는 3년 이하의 징역 또는 3천만원 이하의 벌금에 처한다.

1. 제44조 제1항 후단, 제63조(제166조의2에서 준용하는 경우를 포함한다), 제76조, 제81조, 제82조 제2항, 제84조 제1항, 제87조 제1항, 제118조 제3항, 제123조 제1항, 제139조 제1항 또는 제140조 제1항(제166조의2에서 준용하는 경우를 포함한다)을 위반한 자
2. 제45조 제1항 후단, 제46조 제5항, 제53조 제1항(제166조의2에서 준용하는 경우를 포함한다), 제87조 제2항, 제118조 제4항, 제119조 제4항 또는 제131조 제1항(제166조의2에서 준용하는 경우를 포함한다)에 따른 명령을 위반한 자
3. 제58조 제3항 또는 같은 조 제5항 후단(제59조 제2항에 따라 준용되는 경우를 포함한다)에 따른 안전 및 보건에 관한 평가 업무를 제165조 제2항에 따라 위탁받은 자로서 그 업무를 거짓이나 그 밖의 부정한 방법으로 수행한 자
4. 제84조 제1항 및 제3항에 따른 안전인증 업무를 제165조 제2항에 따라 위탁받은 자로서 그 업무를 거짓이나 그 밖의 부정한 방법으로 수행한 자
5. 제93조 제1항에 따른 안전검사 업무를 제165조 제2항에 따라 위탁받은 자로서 그 업무를 거짓이나 그 밖의 부정한 방법으로 수행한 자
6. 제98조에 따른 자율검사프로그램에 따른 안전검사 업무를 거짓이나 그 밖의 부정한 방법으로 수행한 자

제170조 **벌 칙**

다음 각 호의 어느 하나에 해당하는 자는 1년 이하의 징역 또는 1천만원 이하의 벌금에 처한다.

1. 제41조 제3항(제166조의2에서 준용하는 경우를 포함한다)을 위반하여 해고나 그 밖의 불리한 처우를 한 자
2. 제56조 제3항(제166조의2에서 준용하는 경우를 포함한다)을 위반하여 중대재해 발생 현장을 훼손하거나 고용노동부장관의 원인조사를 방해한 자
3. 제57조 제1항(제166조의2에서 준용하는 경우를 포함한다)을 위반하여 산업재해 발생 사실을 은폐한 자 또는 그 발생 사실을 은폐하도록 교사(敎唆)하거나 공모한 자
4. 제65조 제1항, 제80조 제1항·제2항·제4항, 제85조 제2항·제3항, 제92조 제1항, 제141조 제4항 또는 제162조를 위반한 자
5. 제85조 제4항 또는 제92조 제2항에 따른 명령을 위반한 자
6. 제101조에 따른 조사, 수거 또는 성능시험을 방해하거나 거부한 자
7. 제153조 제1항을 위반하여 다른 사람에게 자기의 성명이나 사무소의 명칭을 사용하여 지도사의 직무를 수행하게 하거나 자격증·등록증을 대여한 사람
8. 제153조 제2항을 위반하여 지도사의 성명이나 사무소의 명칭을 사용하여 지도사의 직무를 수행하거나 자격증·등록증을 대여받거나 이를 알선한 사람

제170조의2 벌 칙

제174조 제1항에 따라 이수명령을 부과받은 사람이 보호관찰소의 장 또는 교정시설의 장의 이수명령 이행에 관한 지시에 따르지 아니하여「보호관찰 등에 관한 법률」또는「형의 집행 및 수용자의 처우에 관한 법률」에 따른 경고를 받은 후 재차 정당한 사유 없이 이수명령 이행에 관한 지시에 따르지 아니한 경우에는 다음 각 호에 따른다.
1. 벌금형과 병과된 경우는 500만원 이하의 벌금에 처한다.
2. 징역형 이상의 실형과 병과된 경우에는 1년 이하의 징역 또는 1천만원 이하의 벌금에 처한다.

제171조 벌 칙

다음 각 호의 어느 하나에 해당하는 자는 1천만원 이하의 벌금에 처한다.
1. 제69조 제1항·제2항, 제89조 제1항, 제90조 제2항·제3항, 제108조 제2항, 제109조 제2항 또는 제138조 제1항(제166조의2에서 준용하는 경우를 포함한다)·제2항을 위반한 자
2. 제90조 제4항, 제108조 제4항 또는 제109조 제3항에 따른 명령을 위반한 자
3. 제125조 제6항을 위반하여 해당 시설·설비의 설치·개선 또는 건강진단의 실시 등의 조치를 하지 아니한 자
4. 제132조 제4항을 위반하여 작업장소 변경 등의 적절한 조치를 하지 아니한 자

제172조 벌 칙

제64조 제1항 제1호부터 제5호까지, 제7호, 제8호 또는 같은 조 제2항을 위반한 자는 500만원 이하의 벌금에 처한다.

제173조 양벌규정

법인의 대표자나 법인 또는 개인의 대리인, 사용인, 그 밖의 종업원이 그 법인 또는 개인의 업무에 관하여 제167조 제1항 또는 제168조부터 제172조까지의 어느 하나에 해당하는 위반행위를 하면 그 행위자를 벌하는 외에 그 법인에게 다음 각 호의 구분에 따른 벌금형을, 그 개인에게는 해당 조문의 벌금형을 과(科)한다. 다만, 법인 또는 개인이 그 위반행위를 방지하기 위하여 해당 업무에 관하여 상당한 주의와 감독을 게을리하지 아니한 경우에는 그러하지 아니하다.
1. 제167조 제1항의 경우 : 10억원 이하의 벌금
2. 제168조부터 제172조까지의 경우 : 해당 조문의 벌금형

제174조 형벌과 수강명령 등의 병과

① 법원은 제38조 제1항부터 제3항까지(제166조의2에서 준용하는 경우를 포함한다), 제39조 제1항(제166조의2에서 준용하는 경우를 포함한다) 또는 제63조(제166조의2에서 준용하는 경우를 포함한다)를 위반하여 근로자를 사망에 이르게 한 사람에게 유죄의 판결(선고유예는 제외한다)을 선고하거나 약식명령을 고지하는 경우에는 200시간의 범위에서 산업재해 예방에 필요한 수강명령 또는 산업안전보건프로그램의 이수명령(이하 "이수명령"이라 한다)을 병과(倂科)할 수 있다.

② 제1항에 따른 **수강명령**은 형의 집행을 유예할 경우에 그 집행유예기간 내에서 병과하고, **이수명령**은 벌금 이상의 형을 선고하거나 약식명령을 고지할 경우에 병과한다.

③ 제1항에 따른 수강명령 또는 이수명령은 형의 **집행을 유예**할 경우에는 그 집행유예기간 내에, **벌금형**을 선고하거나 **약식명령**을 고지할 경우에는 형 확정일부터 6개월 이내에, 징역형 이상의 **실형(實刑)**을 선고할 경우에는 형기 내에 각각 집행한다.

④ 제1항에 따른 수강명령 또는 이수명령이 벌금형 또는 형의 집행유예와 병과된 경우에는 **보호관찰소의 장**이 집행하고, 징역형 이상의 실형과 병과된 경우에는 **교정시설의 장**이 집행한다. 다만, 징역형 이상의 실형과 병과된 이수명령을 모두 이행하기 전에 석방 또는 가석방되거나 미결구금일수 산입 등의 사유로 형을 집행할 수 없게 된 경우에는 **보호관찰소의 장**이 남은 이수명령을 집행한다.

⑤ 제1항에 따른 수강명령 또는 이수명령은 다음 각 호의 내용으로 한다.
  1. 안전 및 보건에 관한 교육
  2. 그 밖에 산업재해 예방을 위하여 필요한 사항

⑥ 수강명령 및 이수명령에 관하여 이 법에서 규정한 사항 외의 사항에 대해서는 「보호관찰 등에 관한 법률」을 준용한다.

제175조 과태료

① 다음 각 호의 어느 하나에 해당하는 자에게는 5천만원 이하의 과태료를 부과한다.
  1. 제119조 제2항에 따라 기관석면조사를 하지 아니하고 건축물 또는 설비를 철거하거나 해체한 자
  2. 제124조 제3항을 위반하여 건축물 또는 설비를 철거하거나 해체한 자

② 다음 각 호의 어느 하나에 해당하는 자에게는 3천만원 이하의 과태료를 부과한다.
  1. 제29조 제3항(제166조의2에서 준용하는 경우를 **포함**한다) 또는 제79조 제1항을 위반한 자
  2. 제54조 제2항(제166조의2에서 준용하는 경우를 **포함**한다)을 위반하여 중대재해 발생 사실을 보고하지 아니하거나 거짓으로 보고한 자

③ 다음 각 호의 어느 하나에 해당하는 자에게는 1천500만원 이하의 과태료를 부과한다.
  1. 제47조 제3항 전단을 위반하여 안전보건진단을 거부·방해하거나 기피한 자 또는 같은 항 후단을 위반하여 안전보건진단에 근로자대표를 참여시키지 아니한 자
  2. 제57조 제3항(제166조의2에서 준용하는 경우를 **포함**한다)에 따른 보고를 하지 아니하거나 거짓으로 보고한 자
  2의2. 제64조 제1항 제6호를 위반하여 위생시설 등 고용노동부령으로 정하는 시설의 설치 등을 위하여 필요한 장소의 제공을 하지 아니하거나 도급인이 설치한 위생시설 이용에 협조하지 아니한 자
  2의3. 제128조의2 제1항을 위반하여 휴게시설을 갖추지 아니한 자(같은 조 제2항에 따른 대통령령으로 정하는 기준에 해당하는 사업장의 사업주로 한정한다)
  3. 제141조 제2항을 위반하여 정당한 사유 없이 역학조사를 거부·방해하거나 기피한 자
  4. 제141조 제3항을 위반하여 역학조사 참석이 허용된 사람의 역학조사 참석을 거부하거나 방해한 자

④ 다음 각 호의 어느 하나에 해당하는 자에게는 1천만원 이하의 과태료를 부과한다.

1. 제10조 제3항 후단을 위반하여 관계수급인에 관한 자료를 제출하지 아니하거나 거짓으로 제출한 자
2. 제14조 제1항을 위반하여 안전 및 보건에 관한 계획을 이사회에 보고하지 아니하거나 승인을 받지 아니한 자
3. 제41조 제2항(제166조의2에서 준용하는 경우를 포함한다), 제42조 제1항·제5항·제6항, 제44조 제1항 전단, 제45조 제2항, 제46조 제1항, 제67조 제1항·제2항, 제70조 제1항, 제70조 제2항 후단, 제71조 제3항 후단, 제71조 제4항, 제72조 제1항·제3항·제5항(**건설공사도급인**만 해당한다), 제77조 제1항, 제78조, 제85조 제1항, 제93조 제1항 전단, 제95조, 제99조 제2항 또는 제107조 제1항 각 호 외의 부분 본문을 위반한 자
4. 제47조 제1항 또는 제49조 제1항에 따른 명령을 위반한 자
5. 제82조 제1항 전단을 위반하여 등록하지 아니하고 타워크레인을 설치·해체하는 자
6. 제125조 제1항·2항에 따라 작업환경측정을 하지 아니한 자
6의2. 제128조의2 제2항을 위반하여 휴게시설의 설치·관리기준을 준수하지 아니한 자
7. 제129조 제1항 또는 제130조 제1항부터 제3항까지의 규정에 따른 근로자 건강진단을 하지 아니한 자
8. 제155조 제1항(제166조의2에서 준용하는 경우를 포함한다) 또는 제2항(제166조의2에서 준용하는 경우를 포함한다)에 따른 근로감독관의 검사·점검 또는 수거를 거부·방해 또는 기피한 자

⑤ 다음 각 호의 어느 하나에 해당하는 자에게는 500만원 이하의 과태료를 부과한다.

1. 제15조 제1항, 제16조 제1항, 제17조 제1항·제3항, 제18조 제1항·제3항, 제19조 제1항 본문, 제22조 제1항 본문, 제24조 제1항·제4항, 제25조 제1항, 제26조, 제29조 제1항·제2항(제166조의2에서 준용하는 경우를 포함한다), 제31조 제1항, 제32조 제1항(제1호부터 제4호까지의 경우만 해당한다), 제37조 제1항, 제44조 제2항, 제49조 제2항, 제50조 제3항, 제62조 제1항, 제66조, 제68조 제1항, 제75조 제6항, 제77조 제2항, 제90조 제1항, 제94조 제2항, 제122조 제2항, 제124조 제1항(**증명자료의 제출**은 제외한다), 제125조 제7항, 제132조 제2항, 제137조 제3항 또는 제145조 제1항을 위반한 자
2. 제17조 제4항, 제18조 제4항 또는 제19조 제3항에 따른 명령을 위반한 자
3. 제34조 또는 제114조 제1항을 위반하여 이 법 및 이 법에 따른 명령의 요지, 안전보건관리규정 또는 물질안전보건자료를 게시하지 아니하거나 갖추어 두지 아니한 자
4. 제53조 제2항(제166조의2에서 준용하는 경우를 포함한다)을 위반하여 고용노동부장관으로부터 명령받은 사항을 게시하지 아니한 자
4의2. 제108조 제1항에 따른 유해성·위험성 조사보고서를 제출하지 아니하거나 제109조 제1항에 따른 유해성·위험성 조사 결과 또는 유해성·위험성 평가에 필요한 자료를 제출하지 아니한 자
5. 제110조 제1항부터 제3항까지의 규정을 위반하여 물질안전보건자료, 화학물질의 명칭·함유량 또는 변경된 물질안전보건자료를 제출하지 아니한 자

6. 제110조 제2항 제2호를 위반하여 국외제조자로부터 물질안전보건자료에 적힌 화학물질 외에는 제104조에 따른 분류기준에 해당하는 화학물질이 없음을 확인하는 내용의 서류를 거짓으로 제출한 자
7. 제111조 제1항을 위반하여 물질안전보건자료를 제공하지 아니한 자
8. 제112조 제1항 본문을 위반하여 승인을 받지 아니하고 화학물질의 명칭 및 함유량을 대체자료로 적은 자
9. 제112조 제1항 또는 제5항에 따른 비공개 승인 또는 연장승인 신청 시 영업비밀과 관련되어 보호사유를 거짓으로 작성하여 신청한 자
10. 제112조 제10항 각 호 외의 부분 후단을 위반하여 대체자료로 적힌 화학물질의 명칭 및 함유량 정보를 제공하지 아니한 자
11. 제113조 제1항에 따라 선임된 자로서 같은 항 각 호의 업무를 거짓으로 수행한 자
12. 제113조 제1항에 따라 선임된 자로서 같은 조 제2항에 따라 고용노동부장관에게 제출한 물질안전보건자료를 해당 물질안전보건자료대상물질을 수입하는 자에게 제공하지 아니한 자
13. 제125조 제1항 및 제2항에 따른 작업환경측정 시 고용노동부령으로 정하는 작업환경측정의 방법을 준수하지 아니한 사업주(같은 조 제3항에 따라 작업환경측정기관에 위탁한 경우는 제외한다)
14. 제125조 제4항 또는 제132조 제1항을 위반하여 근로자대표가 요구하였는데도 근로자대표를 참석시키지 아니한 자
15. 제125조 제6항을 위반하여 작업환경측정 결과를 해당 작업장 근로자에게 알리지 아니한 자
16. 제155조 제3항(제166조의2에서 준용하는 경우를 포함한다)에 따른 명령을 위반하여 보고 또는 출석을 하지 아니하거나 거짓으로 보고한 자

⑥ 다음 각 호의 어느 하나에 해당하는 자에게는 300만원 이하의 과태료를 부과한다.
1. 제32조 제1항(제5호의 경우만 해당한다)을 위반하여 소속 근로자로 하여금 같은 항 각 호 외의 부분 본문에 따른 안전보건교육을 이수하도록 하지 아니한 자
2. 제35조를 위반하여 근로자대표에게 통지하지 아니한 자
3. 제40조(제166조의2에서 준용하는 경우를 포함한다), 제108조 제5항, 제123조 제2항, 제132조 제3항, 제133조 또는 제149조를 위반한 자
4. 제42조 제2항을 위반하여 자격이 있는 자의 의견을 듣지 아니하고 유해위험방지계획서를 작성·제출한 자
5. 제43조 제1항 또는 제46조 제2항을 위반하여 확인을 받지 아니한 자
6. 제73조 제1항을 위반하여 지도계약을 체결하지 아니한 자
6의2. 제73조 제2항을 위반하여 지도를 실시하지 아니한 자 또는 지도에 따라 적절한 조치를 하지 아니한 자
7. 제84조 제6항에 따른 자료 제출 명령을 따르지 아니한 자
8. 삭제 〈2021.5.18.〉
9. 제111조 제2항 또는 제3항을 위반하여 물질안전보건자료의 변경 내용을 반영하여 제공하지 아니한 자

10. 제114조 제3항(제166조의2에서 준용하는 경우를 포함한다)을 위반하여 해당 근로자를 교육하는 등 적절한 조치를 하지 아니한 자
11. 제115조 제1항 또는 같은 조 제2항 본문을 위반하여 경고표시를 하지 아니한 자
12. 제119조 제1항에 따라 일반석면조사를 하지 아니하고 건축물이나 설비를 철거하거나 해체한 자
13. 제122조 제3항을 위반하여 고용노동부장관에게 신고하지 아니한 자
14. 제124조 제1항에 따른 증명자료를 제출하지 아니한 자
15. 제125조 제5항, 제132조 제5항 또는 제134조 제1항·제2항에 따른 보고, 제출 또는 통보를 하지 아니하거나 거짓으로 보고, 제출 또는 통보한 자
16. 제155조 제1항(제166조의2에서 준용하는 경우를 포함한다)에 따른 질문에 대하여 답변을 거부·방해 또는 기피하거나 거짓으로 답변한 자
17. 제156조 제1항(제166조의2에서 준용하는 경우를 포함한다)에 따른 검사·지도 등을 거부·방해 또는 기피한 자
18. 제164조 제1항부터 제6항까지의 규정을 위반하여 서류를 보존하지 아니한 자
⑦ 제1항부터 제6항까지의 규정에 따른 과태료는 대통령령으로 정하는 바에 따라 고용노동부장관이 부과·징수한다.

06 직업안정법

시행 2024.7.24. [법률 제20121호, 2024.1.23. 일부개정]

제1장 총 칙

제1조 목 적

이 법은 모든 근로자가 각자의 능력을 계발·발휘할 수 있는 직업에 취업할 기회를 제공하고, 정부와 민간부문이 협력하여 각 산업에서 필요한 노동력이 원활하게 수급되도록 지원함으로써 근로자의 직업안정을 도모하고 국민경제의 균형있는 발전에 이바지함을 목적으로 한다.

제2조 균등처우

누구든지 성별, 연령, 종교, 신체적 조건, 사회적 신분 또는 혼인 여부 등을 이유로 직업소개 또는 직업지도를 받거나 고용관계를 결정할 때 차별대우를 받지 아니한다.

> 누구든지 성별, 연령, 종교, 신체적 조건, 사회적 신분 또는 혼인 여부 등을 이유로 직업소개 또는 직업지도를 받거나 고용관계를 결정할 때 차별대우를 받지 아니한다. (○) 기출 19

제2조의2 정 의

이 법에서 사용하는 용어의 뜻은 다음 각 호와 같다.

1. "**직업안정기관**"이란 직업소개, 직업지도 등 직업안정업무를 수행하는 지방고용노동행정기관을 말한다.
2. "**직업소개**"란 구인 또는 구직의 신청을 받아 구직자 또는 구인자를 탐색하거나 구직자를 모집하여 구인자와 구직자 간에 고용계약이 성립되도록 알선하는 것을 말한다.
3. "**직업지도**"란 취업하려는 사람이 그 능력과 소질에 알맞은 직업을 쉽게 선택할 수 있도록 하기 위한 직업적성검사, 직업정보의 제공, 직업상담, 실습, 권유 또는 조언, 그 밖에 직업에 관한 지도를 말한다.
4. "**무료직업소개사업**"이란 수수료, 회비 또는 그 밖의 어떠한 금품도 받지 아니하고 하는 직업소개사업을 말한다.
5. "유료직업소개사업"이란 무료직업소개사업이 아닌 직업소개사업을 말한다.
6. "모집"이란 근로자를 고용하려는 자가 취업하려는 사람에게 피고용인이 되도록 권유하거나 다른 사람으로 하여금 권유하게 하는 것을 말한다.

7. "**근로자공급사업**"이란 공급계약에 따라 근로자를 타인에게 사용하게 하는 사업을 말한다. 다만, 「파견근로자 보호 등에 관한 법률」 제2조 제2호에 따른 **근로자파견사업**은 제외한다.
8. "**직업정보제공사업**"이란 신문, 잡지, 그 밖의 간행물 또는 유선·무선방송이나 컴퓨터통신 등으로 구인·구직 정보 등 직업정보를 제공하는 사업을 말한다.
9. "**고용서비스**"란 구인자 또는 구직자에 대한 고용정보의 제공, 직업소개, 직업지도 또는 직업능력개발 등 고용을 지원하는 서비스를 말한다.

직업안정기관이란 직업소개, 직업지도 등 직업안정업무를 수행하는 지방고용노동행정기관을 말한다.
(O) 기출 20

직업소개란 구인 또는 구직의 신청을 받아 구직자 또는 구인자(求人者)를 탐색하거나 구직자를 모집하여 구인자와 구직자 간에 고용계약이 성립되도록 알선하는 것을 말한다. (O) 기출 20

무료직업소개사업이란 수수료, 회비 또는 그 밖의 어떠한 금품도 받지 아니하고 하는 직업소개사업을 말한다. (O) 기출 20

근로자공급사업이란 근로자파견사업을 포함하여 공급계약에 따라 근로자를 타인에게 사용하게 하는 사업을 말한다. (X) 기출 20

고용서비스란 구인자 또는 구직자에 대한 고용정보의 제공, 직업소개, 직업지도 또는 직업능력개발 등 고용을 지원하는 서비스를 말한다. (O) 기출 20

제3조 **정부의 업무**

① 정부는 이 법의 목적을 달성하기 위하여 다음 각 호의 업무를 수행한다.
1. 노동력의 수요와 공급을 적절히 조절하는 업무
2. 구인자, 구직자에게 국내외의 직업을 소개하는 업무
3. 구직자에 대한 직업지도 업무
4. 고용정보를 수집·정리 또는 제공하는 업무
5. 구직자에 대한 직업훈련 또는 재취업을 지원하는 업무
6. 직업소개사업, 직업정보제공사업, 근로자 모집 또는 근로자공급사업의 지도·감독에 관한 업무
7. 노동시장에서 취업이 특히 곤란한 사람에 대한 고용을 촉진하는 업무
8. 직업안정기관, 지방자치단체 및 민간 고용서비스 제공기관과의 업무 연계·협력과 고용서비스 시장의 육성에 관한 업무
② 정부는 제1항 제2호부터 제5호까지 및 제7호의 업무에 관한 사업을 다음 각 호의 자와 공동으로 하거나 다음 각 호의 자에게 위탁할 수 있다.
1. 제18조에 따라 무료직업소개사업을 하는 자
2. 제19조에 따라 유료직업소개사업을 하는 자
3. 제23조에 따라 직업정보제공사업을 하는 자
4. 그 밖에 제1항 제2호부터 제5호까지 및 제7호의 업무와 관련된 전문기관으로서 대통령령으로 정하는 기관

③ 제2항에 따른 사업에 드는 비용은 대통령령으로 정하는 지원대상 및 지원방법에 따라 일반회계 또는 「고용보험법」에 따른 고용보험기금에서 지원할 수 있다.

시행령 제2조의3(민간과의 공동사업 등의 지원)
① 법 제3조 제2항 제4호에서 "**대통령령으로 정하는 기관**"이란 다음 각 호의 기관을 말한다.
  1. 사업주단체·근로자단체 또는 각각의 그 연합체
  2. 「초·중등교육법」 제2조 제4호에 따른 고등학교·고등기술학교 및 「고등교육법」 제2조에 따른 학교
  3. 「비영리민간단체지원법」에 따른 비영리민간단체로서 해당 사업을 실시할 능력이 있다고 **고용노동부장관**이 정하여 고시하는 조직 및 인력 기준을 갖춘 단체
② 고용노동부장관은 법 제3조 제3항에 따른 지원의 대상이 되는 사업(이하 "지원대상사업"이라 한다)의 종류·내용, 지원의 수준·방법 등을 미리 공고하여야 한다.
③ 제2항에 따른 공고 후에 법 제3조 제2항에 따라 지원대상사업을 공동으로 실시하거나 수탁받아 실시하는 자(이하 "공동실시자등"이라 한다)가 법 제3조 제3항에 따른 지원을 신청하는 경우 고용노동부장관은 다음 각 호의 사항을 고려하여 지원대상사업의 공동실시자등을 선정하여야 한다.
  1. 공동실시자등이 법 제4조의5에 따른 고용서비스 우수기관 인증을 받았는지 여부
  2. 공동실시자등이 법 제36조에 따른 행정처분을 받은 사실이 있는지 여부
  3. 공동실시자등이 법 제38조에 따른 결격사유에 해당하는지 여부
④ 고용노동부장관은 제3항에 따라 선정된 지원대상사업의 공동실시자 등이 해당 지원대상사업을 실시하면서 구인자나 구직자로부터 직업소개행위 등에 대한 대가를 받는 경우에는 지원을 하지 아니할 수 있다.

제4조의2   지방자치단체의 국내 직업소개 업무 등

① **지방자치단체의 장**은 필요한 경우 구인자·구직자에 대한 국내 직업소개, 직업지도, 직업정보제공 업무를 할 수 있다.
② 지방자치단체의 장은 제1항에 따른 업무를 수행하는 데에 필요한 전문인력을 둘 수 있다.
③ **고용노동부장관**은 제3조에 따른 업무를 원활하게 수행하기 위하여 필요하다고 인정하면 지방자치단체의 장과 공동으로 구인자·구직자에 대한 국내 직업소개, 직업지도, 직업정보제공 업무를 할 수 있다.
④ 지방자치단체의 장이 제1항에 따라 구인자·구직자에 대한 국내 직업소개 업무 등을 수행하는 경우에 관하여는 제2장(제5조 및 제7조는 제외한다)을 준용한다.

제4조의4   민간직업상담원

① 고용노동부장관은 직업안정기관에 직업소개, 직업지도 및 고용정보 제공 등의 업무를 담당하는 **공무원이 아닌 직업상담원**(이하 "민간직업상담원"이라 한다)을 **배치할 수 있다.**
② 민간직업상담원의 배치기준과 그 밖에 필요한 사항은 고용노동부령으로 정한다.

> 고용노동부장관은 직업안정기관에 직업소개, 직업지도 및 고용정보 제공 등의 업무를 담당하는 민간직업상담원을 배치하여야 한다.   (×) **기출** 23

제4조의5 　 고용서비스 우수기관 인증

① 고용노동부장관은 제3조 제2항 각 호의 어느 하나에 해당하는 자로서 구인자·구직자가 편리하게 이용할 수 있는 시설과 장비를 갖추고 직업소개 또는 취업정보 제공 등의 방법으로 구인자·구직자에 대한 고용서비스 향상에 기여하는 기관을 고용서비스 우수기관으로 인증할 수 있다.

② 고용노동부장관은 제1항에 따른 고용서비스 우수기관 인증업무를 대통령령으로 정하는 전문기관에 위탁할 수 있다.

③ 고용노동부장관은 제1항에 따라 고용서비스 우수기관으로 인증을 받은 기관에 대하여는 제3조 제2항에 따른 공동사업을 하거나 위탁할 수 있는 사업에 우선적으로 참여하게 하는 등 필요한 지원을 할 수 있다.

④ 고용노동부장관은 제1항에 따라 고용서비스 우수기관으로 인증을 받은 자가 다음 각 호의 어느 하나에 해당하면 인증을 취소할 수 있다.

　1. 거짓이나 그 밖의 부정한 방법으로 인증을 받은 경우

　2. 정당한 사유 없이 1년 이상 계속 사업 실적이 없는 경우

　3. 제7항에 따른 인증기준을 충족하지 못하게 된 경우

　4. 고용서비스 우수기관으로 인증을 받은 자가 폐업한 경우

⑤ 고용서비스 우수기관 인증의 유효기간은 인증일부터 3년으로 한다.

⑥ 고용서비스 우수기관으로 인증을 받은 자가 제5항에 따른 인증의 유효기간이 지나기 전에 다시 인증을 받으려면 대통령령으로 정하는 바에 따라 고용노동부장관에게 재인증을 신청하여야 한다.

⑦ 고용서비스 우수기관의 인증기준, 인증방법 및 재인증에 필요한 사항은 고용노동부령으로 정한다.

제2장 직업안정기관의 장이 하는 직업소개 및 직업지도 등

제1절 통 칙

제5조 업무 담당기관

제3조에 따른 업무의 일부는 직업안정기관의 장이 수행한다.

제6조 담당직원의 전문성 확보 등

① 정부는 직업안정기관의 장이 직업소개, 직업지도 등의 업무를 전문적으로 수행할 수 있도록 전담 공무원을 양성하고 배치하는 등 담당직원의 전문성 확보에 노력하여야 한다.
② 고용노동부장관은 소속 공무원 중에서 직업소개, 직업지도 등을 담당할 직업지도관을 지명할 수 있다.
③ 제2항에 따른 직업지도관의 자격 등에 관한 사항은 고용노동부장관이 정한다.

제7조 시장·군수 등의 협력

특별자치도지사·시장·군수 및 구청장(자치구의 구청장을 말한다. 이하 같다)은 다음 각 호의 업무에 관하여 직업안정기관의 장이 요청할 때에는 협조하여야 한다.
  1. 구인자 또는 구직자의 신원증명이나 그 밖의 조회에 관한 회답
  2. 구인·구직에 관한 중계 또는 공보

제2절 직업소개

제8조 구인의 신청

직업안정기관의 장은 구인신청의 수리를 거부하여서는 아니 된다. 다만, 다음 각 호의 어느 하나에 해당하는 경우에는 그러하지 아니하다.
  1. 구인신청의 내용이 법령을 위반한 경우
  2. 구인신청의 내용 중 임금, 근로시간, 그 밖의 근로조건이 통상적인 근로조건에 비하여 현저하게 부적당하다고 인정되는 경우
  3. 구인자가 구인조건을 밝히기를 거부하는 경우
  4. 구인자가 구인신청 당시 「근로기준법」 제43조의2에 따라 명단이 공개 중인 체불사업주인 경우

> 직업안정기관의 장은 구인자가 구인조건을 밝히기를 거부하는 경우 구인신청의 수리(受理)를 거부할 수 있다. (○) 기출 17·22

① 법 제8조의 규정에 의한 구인신청은 구인자의 사업장소재지를 관할하는 직업안정기관에 하여야 한다. 다만, 사업장소재지 관할 직업안정기관에 신청하는 것이 적절하지 아니하다고 인정되는 경우에는 인근의 다른 직업안정기관에 신청할 수 있다.
② 직업안정기관의 장이 구인신청을 접수한 때에는 신청자의 신원과 구인자의 사업자등록내용등의 확인을 요구할 수 있다.
③ 구인자는 구인신청 후 신청내용이 변경된 경우에는 즉시 이를 직업안정기관의 장에게 통보하여야 한다.
④ 직업안정기관의 장이 법 제8조 단서의 규정에 의하여 구인신청을 수리하지 아니하는 경우에는 구인자에게 그 이유를 설명하여야 한다.

제9조　구직의 신청

① 직업안정기관의 장은 구직신청의 수리를 거부하여서는 아니 된다. 다만, 그 신청 내용이 법령을 위반한 경우에는 그러하지 아니하다.
② 직업안정기관의 장은 구직자의 요청이 있거나 필요하다고 인정하여 구직자의 동의를 받은 경우에는 직업상담 또는 직업적성검사를 할 수 있다.

> 직업안정기관의 장이 필요하다고 인정하면 구직자의 동의가 없어도 직업적성검사를 할 수 있다.
> (×) 기출 19
>
> 직업안정기관의 장은 구직신청 내용이 법령을 위반한 경우에도 구직신청의 수리를 거부하여서는 아니 된다.
> (×) 기출 23

① 직업안정기관의 장은 법 제9조의 규정에 의하여 구직신청을 접수할 경우에는 구직자의 신원을 확인하여야 한다. 다만, 신원이 확실한 경우에는 이를 생략할 수 있다.
② 직업안정기관의 장이 법 제9조 제1항 단서의 규정에 의하여 구직신청의 수리를 거부하는 경우에는 구직자에게 그 이유를 설명하여야 한다.
③ 고용노동부장관은 일용근로자등 상시근무하지 아니하는 근로자에 대하여는 그 구직신청 및 소개에 관하여는 따로 절차를 정할 수 있다.
④ 직업안정기관의 장이 구직신청을 수리한 때에는 해당 구직자가 「고용보험법」 제43조 제1항에 따른 구직급여의 수급자격이 있는지를 확인하여 수급자격이 있다고 인정되는 경우에는 구직급여 지급을 위하여 필요한 조치를 취하여야 한다.

제10조　근로조건의 명시 등

구인자가 직업안정기관의 장에게 구인신청을 할 때에는 구직자가 취업할 업무의 내용과 근로조건을 구체적으로 밝혀야 하며, 직업안정기관의 장은 이를 구직자에게 알려 주어야 한다.

제11조 **직업소개의 원칙**

① 직업안정기관의 장은 구직자에게는 그 능력에 알맞은 직업을 소개하고, 구인자에게는 구인조건에 적합한 구직자를 소개하도록 **노력하여야** 한다.
② 직업안정기관의 장은 가능하면 구직자가 통근할 수 있는 지역에서 직업을 소개하도록 **노력하여야** 한다.

제12조 **광역 직업소개**

직업안정기관의 장은 통근할 수 있는 지역에서 **구직자에게 그 희망과 능력에 알맞은 직업을 소개할 수 없을 경우** 또는 구인자가 희망하는 구직자나 구인 인원을 채울 수 없을 경우에는 광범위한 지역에 걸쳐 직업소개를 할 수 있다.

> 직업안정기관의 장은 통근할 수 있는 지역에서 구직자에게 그 희망과 능력에 알맞은 직업을 소개할 수 없을 경우에는 광범위한 지역에 걸쳐 직업소개를 할 수 있다. (O) **기출** 22

제13조 **훈련기관 알선**

직업안정기관의 장은 구직자의 취업을 위하여 직업능력개발훈련을 받는 것이 필요하다고 인정되면 구직자가 「국민 평생 직업능력 개발법」에 따른 직업능력개발훈련시설 등에서 직업능력개발훈련을 받도록 알선할 수 있다.

제3절 **직업지도**

제14조 **직업지도**

① **직업안정기관의 장**은 다음 각 호의 어느 하나에 해당하는 사람에게 직업지도를 **하여야** 한다.
  1. **새로 취업**하려는 사람
  2. **신체 또는 정신에 장애**가 있는 사람
  3. 그 밖에 취업을 위하여 **특별한 지도**가 필요한 사람
② 제1항에 따른 직업지도의 방법·절차 등에 관하여 필요한 사항은 고용노동부장관이 정한다.

> 직업안정기관의 장은 새로 취업하려는 사람에게 직업지도를 하여야 한다. (O) **기출** 16
> 고용노동부장관은 새로 취업하려는 사람에게 직업지도를 하여야 한다. (×) **기출** 23

제15조 **직업안정기관의 장과 학교의 장 등의 협력**

직업안정기관의 장은 필요하다고 인정하는 경우에는 「초·중등교육법」 및 「고등교육법」에 따른 각급 학교의 장이나 「국민 평생 직업능력 개발법」에 따른 공공직업훈련시설의 장이 실시하는 무료직업소개사업에 협력하여야 하며, 이들이 요청하는 경우에는 학생 또는 직업훈련생에게 직업지도를 할 수 있다.

제4절 고용정보의 제공

제16조 **고용정보의 수집 · 제공 등**

① 직업안정기관의 장은 관할 지역의 각종 고용정보를 수시로 또는 정기적으로 수집하고 정리하여 구인자, 구직자, 그 밖에 고용정보가 필요한 자에게 적극적으로 제공하여야 한다.

② 직업안정기관의 장은 고용정보를 수집하여 분석한 결과 관할 지역에서 노동력의 수요와 공급에 급격한 변동이 있거나 현저한 불균형이 발생하였다고 판단되는 경우에는 적절한 대책을 수립하여 추진하여야 한다.

> **시행령 제12조(고용정보제공의 내용등)**
> ① 법 제16조 제1항의 규정에 의하여 직업안정기관의 장이 수집·제공하여야 할 고용정보는 다음 각 호와 같다.
>   1. 경제 및 산업동향
>   2. 노동시장, 고용·실업동향
>   3. 임금, 근로시간등 근로조건
>   4. 직업에 관한 정보
>   5. 채용·승진등 고용관리에 관한 정보
>   6. 직업능력개발훈련에 관한 정보
>   7. 고용 관련 각종 지원 및 보조제도
>   8. 구인·구직에 관한 정보
> ② 법 제16조 제1항의 규정에 의하여 직업안정기관의 장으로부터 구인·구직정보를 제공받은 자는 당해 정보를 구인·구직 및 취업알선목적 외에 사용하여서는 아니 된다.

제17조 **구인 · 구직의 개척**

직업안정기관의 장은 구직자의 취업 기회를 확대하고 산업에 부족한 인력의 수급을 지원하기 위하여 구인·구직의 개척에 노력하여야 한다.

> 직업안정기관의 장은 구직자의 취업 기회를 확대하고 산업에 부족한 인력의 수급을 지원하기 위하여 구인·구직의 개척에 노력하여야 한다.　　　　　　　　(O) 기출 17

제18조 | 무료직업소개사업

① 무료직업소개사업은 소개대상이 되는 근로자가 취업하려는 장소를 기준으로 하여 국내 무료직업소개사업과 국외 무료직업소개사업으로 구분하되, 국내 무료직업소개사업을 하려는 자는 주된 사업소의 소재지를 관할하는 **특별자치도지사·시장·군수 및 구청장**에게 **신고**하여야 하고, 국외 무료직업소개사업을 하려는 자는 **고용노동부장관**에게 **신고**하여야 한다. 신고한 사항을 **변경**하려는 경우에도 또한 같다.

② 제1항에 따라 무료직업소개사업을 하려는 자는 대통령령으로 정하는 **비영리법인** 또는 **공익단체**이어야 한다.

③ 제1항에 따른 신고 사항, 신고 절차, 그 밖에 신고에 필요한 사항은 대통령령으로 정한다.

④ 제1항에도 불구하고 다음 각 호의 어느 하나에 해당하는 직업소개의 경우에는 **신고**를 하지 아니하고 **무료직업소개사업**을 할 수 있다.

1. 「한국산업인력공단법」에 따른 **한국산업인력공단**이 하는 직업소개
2. 「장애인고용촉진 및 직업재활법」에 따른 **한국장애인고용공단**이 장애인을 대상으로 하는 직업소개
3. 교육 관계법에 따른 **각급 학교의 장**, 「국민 평생 직업능력 개발법」에 따른 **공공직업 훈련시설의 장**이 재학생·졸업생 또는 훈련생·수료생을 대상으로 하는 직업소개
4. 「산업재해보상보험법」에 따른 **근로복지공단**이 업무상 재해를 입은 근로자를 대상으로 하는 직업소개

⑤ 제1항 및 제4항에 따라 무료직업소개사업을 하는 자 및 그 종사자는 구인자가 구인신청 당시 「근로기준법」 제43조의2에 따라 **명단이 공개 중인 체불사업주**인 경우 그 사업주에게 직업소개를 하지 아니하여야 한다.

> 국외 무료직업소개사업을 하려는 자는 고용노동부장관에게 신고하여야 한다. (O) **기출** 24
>
> 국외 무료직업소개사업을 하려는 자는 고용노동부장관의 허가를 받아야 한다. (×) **기출** 13·19
>
> 국내 무료직업소개사업을 하려는 자는 주된 사업소의 소재지를 관할하는 특별자치도지사·시장·군수 및 구청장에게 신고하여야 한다. (O) **기출** 13
>
> 무료직업소개사업을 하려는 자는 대통령령으로 정하는 비영리법인 또는 공익단체이어야 한다. (O) **기출** 15
>
> 근로복지공단이 업무상 재해를 입은 근로자를 대상으로 하는 직업소개의 경우 신고를 하지 아니하고 무료직업소개사업을 할 수 있다. (O) **기출** 24
>
> 한국장애인고용공단이 장애인을 대상으로 하는 직업소개의 경우에는 신고를 하지 아니하고 무료직업소개사업을 할 수 있다. (O) **기출** 22

시행령 제14조(무료직업소개사업의 신고)

① 법 제18조 제1항의 규정에 의한 무료직업소개사업의 신고를 할 수 있는 자는 그 설립목적 및 사업내용이 무료직업소개사업에 적합하고, 당해 사업의 유지·운영에 필요한 조직 및 자산을 갖춘 비영리법인 또는 공익단체로 한다.

② 제1항의 규정에 의한 비영리법인 중 법 제26조의 규정에 의하여 직업소개사업과의 겸업이 금지되어 있는 영업을 하는 자를 구성원으로 하는 비영리법인은 고용노동부령이 정하는 요건에 해당하는 법인에 한한다.

③ 제1항의 규정에 의한 공익단체는 법인이 아닌 단체 중 그 설립에 관하여 행정기관의 인·허가를 받았거나 행정기관에 신고를 한 단체로서 활동의 공공성·사회성이 인정된 단체를 말한다.

④ 무료직업소개사업의 신고절차 등에 관하여 필요한 사항은 고용노동부령으로 정한다.

제19조   유료직업소개사업

① 유료직업소개사업은 소개대상이 되는 근로자가 취업하려는 장소를 기준으로 하여 국내 유료직업소개사업과 국외 유료직업소개사업으로 구분하되, 국내 유료직업소개사업을 하려는 자는 주된 사업소의 소재지를 관할하는 특별자치도지사·시장·군수 및 구청장에게 등록하여야 하고, 국외 유료직업소개사업을 하려는 자는 고용노동부장관에게 등록하여야 한다. 등록한 사항을 변경하려는 경우에도 또한 같다.

② 제1항에 따라 등록을 하고 유료직업소개사업을 하려는 자는 둘 이상의 사업소를 둘 수 없다. 다만, 사업소별로 직업소개 또는 직업상담에 관한 경력, 자격 또는 소양이 있다고 인정되는 사람 등 대통령령으로 정하는 사람을 1명 이상 고용하는 경우에는 그러하지 아니하다.

③ 제1항에 따른 등록을 하고 유료직업소개사업을 하는 자는 고용노동부장관이 결정·고시한 요금 외의 금품을 받아서는 아니 된다. 다만, 고용노동부령으로 정하는 고급·전문인력을 소개하는 경우에는 당사자 사이에 정한 요금을 구인자로부터 받을 수 있다.

④ 고용노동부장관이 제3항에 따른 요금을 결정하려는 경우에는 「고용정책 기본법」에 따른 고용정책심의회(이하 "고용정책심의회"라 한다)의 심의를 거쳐야 한다.

⑤ 제1항에 따른 유료직업소개사업의 등록기준이 되는 인적·물적 요건과 그 밖에 유료직업소개사업에 관한 사항은 대통령령으로 정한다.

⑥ 제1항에 따른 등록을 하고 유료직업소개사업을 하는 자 및 그 종사자는 다음 각 호의 사항을 준수하여야 한다.

  1. 구인자가 구인신청 당시 「근로기준법」 제43조의2에 따라 명단이 공개 중인 체불사업주인 경우 구직자에게 그 사실을 고지할 것

  2. 구인자의 사업이 행정관청의 허가·신고·등록 등이 필요한 사업인 경우에는 그 허가·신고·등록 등의 여부를 확인할 것

  3. 그 밖에 대통령령으로 정하는 사항

> 국내 유료직업소개사업을 하려는 자는 주된 사업소의 소재지를 관할하는 관청에 신고하여야 한다.
>
> (×) **기출** 19
>
> 국내 유료직업소개사업을 하려는 자는 주된 사업소의 소재지를 관할하는 특별자치도지사·시장·군수 및 구청장의 허가를 받아야 한다.
>
> (×) **기출** 15

국내 유료직업소개사업을 하려는 자는 고용노동부장관에게 등록하여야 한다.　　　(×) 기출 24

국외 유료직업소개사업을 하려는 자는 고용노동부장관에게 등록하여야 한다.　　　(○) 기출 13

국내 유료직업소개사업을 하려는 자는 주된 사업소의 소재지를 관할하는 특별자치도지사·시장·군수 및 구청장에게 등록하여야 한다.　　　(○) 기출 13

유료직업소개사업을 하는 자는 고용노동부령으로 정하는 고급·전문인력을 소개하는 경우 고용노동부장관이 결정·고시한 요금 외의 금품을 받아서는 아니 된다.　　　(×) 기출 15

시행령 제21조(유료직업소개사업의 등록요건 등)

① 법 제19조 제1항에 따른 유료직업소개사업의 등록을 할 수 있는 자는 다음 각 호의 어느 하나에 해당하는 자에 한정한다. 다만, 법인의 경우에는 직업소개사업을 목적으로 설립된 「상법」상 회사 또는 「협동조합 기본법」 제2조 제1호에 따른 협동조합(같은 조 제3호에 따른 사회적 협동조합은 제외한다)으로서 납입자본금이 5천만원(둘 이상의 사업소를 설치하는 경우에는 추가하는 사업소 1개소당 2천만원을 가산한 금액) 이상이고 임원 2명 이상이 다음 각 호의 어느 하나에 해당하는 자 또는 「국민 평생 직업능력 개발법」에 따른 직업능력개발훈련법인으로서 임원 2명 이상이 다음 각 호의 어느 하나에 해당하는 자에 한정한다.
  1. 「국가기술자격법」에 의한 직업상담사 1급 또는 2급의 국가기술자격이 있는 자
  2. 직업소개사업의 사업소, 「국민 평생 직업능력 개발법」에 의한 직업능력개발훈련시설, 「초·중등교육법」 및 「고등교육법」에 의한 학교, 「청소년기본법」에 의한 청소년단체에서 직업상담·직업지도·직업훈련 기타 직업소개와 관련이 있는 상담업무에 2년 이상 종사한 경력이 있는 자
  3. 「공인노무사법」 제3조의 규정에 의한 공인노무사 자격을 가진 자
  4. 조합원이 100인 이상인 단위노동조합, 산업별 연합단체인 노동조합 또는 총연합단체인 노동조합에서 노동조합업무전담자로 2년 이상 근무한 경력이 있는 자
  5. 상시사용근로자 300인 이상인 사업 또는 사업장에서 노무관리업무전담자로 2년 이상 근무한 경력이 있는 자
  6. 국가공무원 또는 지방공무원으로서 2년 이상 근무한 경력이 있는 자
  7. 「초·중등교육법」에 의한 교원자격증을 가지고 있는 자로서 교사근무경력이 2년 이상인 자
  8. 「사회복지사업법」에 따른 사회복지사 자격증을 가진 사람
② 법 제19조 제2항 단서에서 "직업소개 또는 직업상담에 관한 경력, 자격 또는 소양이 있다고 인정되는 사람 등 대통령령으로 정하는 사람"이란 제1항 각 호의 어느 하나에 해당하는 사람을 말한다.
⑤ 제19조의 규정에 의한 유료직업소개사업의 등록을 하고자 하는 자는 고용노동부령이 정하는 시설을 갖추어야 한다.
⑥ 법 제19조 제1항에 따른 국내 유료직업소개사업의 등록 및 지도·감독에 관하여는 제18조를 준용한다.

시행령 제25조(유료직업소개사업자의 준수사항)

법 제19조 제6항에 따라 유료직업소개사업자 및 그 종사자는 다음 각 호의 사항을 준수하여야 한다.
  1. 직업소개사업자(법인의 경우에는 제21조 제1항의 규정에 의한 등록요건에 해당하는 자)는 사업소에 근무하면서 종사자를 직접 관리·감독하여 직업소개행위와 관련된 비위사실이 발생하지 아니하도록 할 것

3. 구인자의 사업이 행정관청의 허가·신고·등록등을 필요로 하는 사업인 경우에는 그 허가·신고·등록등의 여부를 확인할 것
4. 직업소개사업의 광고를 할 때에는 직업소개소의 명칭·전화번호·위치 및 등록번호를 기재할 것
6. 법 제19조 제3항에 따른 요금은 구직자의 근로계약이 체결된 후에 받을 것. 다만, 회비형식으로 요금을 받고 일용근로자를 소개하는 경우 또는 법 제19조 제3항 단서에 따라 고용노동부령으로 정하는 고급·전문인력을 소개하는 경우에는 그러하지 아니하다.
7. 제7조 각 호의 사항
8. 기타 사업소의 부착물 등 고용노동부령이 정하는 사항

제21조 　명의대여 등의 금지

제19조 제1항에 따라 유료직업소개사업을 등록한 자는 타인에게 자기의 성명 또는 상호를 사용하여 직업소개사업을 하게 하거나 그 등록증을 대여하여서는 아니 된다.

> 유료직업소개사업을 등록한 자는 그 등록증을 대여하여서는 아니 된다.　(O) 기출 24
>
> 유료직업소개사업을 하는 자는 직업안정법에 따라 타인에게 자기의 성명 또는 상호를 사용하여 직업소개업을 하게 할 수 있다.　(×) 기출 15

제21조의2 　선급금의 수령 금지

제19조 제1항에 따라 등록을 하고 유료직업소개사업을 하는 자 및 그 종사자는 구직자에게 제공하기 위하여 구인자로부터 선급금을 받아서는 아니 된다.

> 유료직업소개사업을 하는 자는 구직자에게 제공하기 위하여 구인자로부터 선급금을 받아서는 아니 된다.　(O) 기출 24
>
> 유료직업소개사업의 등록을 하고 유료직업소개사업을 하는 자는 구직자에게 제공하기 위하여 구인자로부터 선급금을 받을 수 있다.　(×) 기출 22
>
> 이 법에 따라 등록을 하고 유료직업소개사업을 하는 자 및 그 종사자는 구직자에게 제공하기 위하여 구인자로부터 선급금을 받을 수 있다.　(×) 기출 13·17

제21조의3 　연소자에 대한 직업소개의 제한

① 제18조 및 제19조에 따라 무료직업소개사업 또는 유료직업소개사업을 하는 자와 그 종사자(이하 이 조에서 "직업소개사업자등"이라 한다)는 구직자의 연령을 확인하여야 하며, 18세 미만의 구직자를 소개하는 경우에는 친권자나 후견인의 취업동의서를 받아야 한다.

② 직업소개사업자등은 18세 미만의 구직자를 「근로기준법」 제65조에 따라 18세 미만자의 사용이 금지되는 직종의 업소에 소개하여서는 아니 된다.

③ 직업소개사업자등은 「청소년 보호법」 제2조 제1호에 따른 청소년인 구직자를 같은 조 제5호에 따른 청소년유해업소에 소개하여서는 아니 된다.

> 이 법에 따라 무료직업소개사업을 하는 자와 그 종사자는 18세 미만의 구직자를 소개하는 경우 친권자나 후견인의 취업동의서를 받아야 한다. (O) **기출** 17

제22조　유료직업소개사업의 종사자 등

① 제19조 제1항에 따른 등록을 하고 유료직업소개사업을 하는 자는 제38조 제1호 · 제2호 · 제4호 또는 제6호에 해당하는 사람을 고용하여서는 아니 된다.

② 제19조 제1항에 따른 등록을 하고 유료직업소개사업을 하는 자는 사업소별로 고용노동부령으로 정하는 자격을 갖춘 직업상담원을 1명 이상 고용하여야 한다. 다만, 유료직업소개사업을 하는 사람과 동거하는 가족이 본문에 따른 직업상담원의 자격을 갖추고 특정 사업소에서 상시 근무하는 경우에 해당 사업소에 직업상담원을 고용한 것으로 보며, 유료직업소개사업을 하는 자가 직업상담원 자격을 갖추고 특정 사업소에서 상시 근무하는 경우에 해당 사업소에는 직업상담원을 고용하지 아니할 수 있다.

③ 유료직업소개사업의 종사자 중 제2항에 따른 직업상담원이 아닌 사람은 직업소개에 관한 사무를 담당하여서는 아니 된다.

제23조　직업정보제공사업의 신고

① 직업정보제공사업을 하려는 자(제18조에 따라 무료직업소개사업을 하는 자와 제19조에 따라 유료직업소개사업을 하는 자는 제외한다)는 고용노동부장관에게 신고하여야 한다. 신고 사항을 변경하는 경우에도 또한 같다.

② 제1항에 따른 신고 사항, 신고 절차, 그 밖에 신고에 필요한 사항은 대통령령으로 정한다.

제25조　직업정보제공사업자의 준수 사항

제18조에 따라 무료직업소개사업을 하는 자 또는 제19조에 따라 유료직업소개사업을 하는 자로서 직업정보제공사업을 하는 자와 제23조에 따라 직업정보제공사업을 하는 자는 다음 각 호의 사항을 준수하여야 한다.

1. 구인자가 구인신청 당시 「근로기준법」 제43조의2에 따라 명단이 공개 중인 체불사업주인 경우 그 사실을 구직자가 알 수 있도록 게재할 것
2. 「최저임금법」 제10조에 따라 결정 · 고시된 최저임금에 미달되는 구인정보를 제공하지 아니할 것
3. 그 밖에 대통령령으로 정하는 사항

시행령 제28조(직업정보제공사업자의 준수사항)

법 제25조 제3호에서 "대통령령으로 정하는 사항"이란 다음 각 호의 사항을 말한다.

1. 구인자의 업체명, 성명 또는 사업자등록증 등을 확인할 수 없거나 구인자의 연락처가 사서함 등으로 표시되어 구인자의 신원 또는 정보가 확실하지 않은 구인광고를 게재하지 않을 것
2. 직업정보제공매체의 구인 · 구직의 광고에는 구인 · 구직자의 주소 또는 전화번호를 기재하고, 직업정보제공사업자의 주소 또는 전화번호는 기재하지 아니할 것
3. 직업정보제공매체 또는 직업정보제공사업의 광고문에 "(무료)취업상담" · "취업추천" · "취업지원"등의 표현을 사용하지 아니할 것

4. 구직자의 이력서 발송을 대행하거나 구직자에게 **취업추천서**를 발부하지 아니할 것
5. 직업정보제공매체에 정보이용자들이 알아보기 쉽게 법 제23조에 따른 신고로 부여받은 신고번호(직업소개사업을 겸하는 경우에는 법 제18조에 따른 신고로 부여받은 신고번호 또는 법 제19조에 따른 등록으로 부여받은 등록번호를 포함한다)를 표시할 것
6. 「최저임금법」 제10조에 따라 결정 고시된 최저임금에 미달되는 구인정보, 「성매매알선 등 행위의 처벌에 관한 법률」 제4조에 따른 금지행위가 행하여지는 업소에 대한 구인광고를 게재하지 아니할 것

제26조 겸업 금지

직업소개사업자(법인의 임원도 포함한다) 또는 그 종사자는 다음 각 호의 어느 하나에 해당하는 사업을 경영할 수 없다.
1. 「결혼중개업의 관리에 관한 법률」 제2조 제2호의 **결혼중개업**
2. 「공중위생관리법」 제2조 제1항 제2호의 **숙박업**
3. 「식품위생법」 제36조 제1항 제3호의 **식품접객업** 중 대통령령으로 정하는 영업

시행령 제29조(겸업 금지)

법 제26조 제3호에서 "대통령령으로 정하는 영업"이란 다음 각 호의 어느 하나에 해당하는 영업을 말한다.
1. 「식품위생법 시행령」 제21조 제8호 가목의 휴게음식점영업 중 주로 다류(茶類)를 조리 · 판매하는 영업(영업자 또는 종업원이 영업장을 벗어나 다류를 배달 · 판매하면서 소요 시간에 따라 대가를 받는 형태로 운영하는 경우로 한정한다)
2. 「식품위생법 시행령」 제21조 제8호 다목의 **단란주점영업**
3. 「식품위생법 시행령」 제21조 제8호 라목의 **유흥주점영업**

제27조 준 용

제18조에 따른 무료직업소개사업 또는 제19조에 따른 유료직업소개사업에 관하여는 제8조부터 제12조까지의 규정을 준용한다.

제2절 근로자의 모집

제28조 근로자의 모집

근로자를 고용하려는 자는 광고, **문서 또는 정보통신망** 등 다양한 매체를 활용하여 자유롭게 근로자를 모집할 수 있다.

> 근로자를 고용하려는 자는 광고, 문서 또는 정보통신망 등 다양한 매체를 활용하여 자유롭게 근로자를 모집할 수 있다.　　　　　(○)　기출 16 · 22

제30조 **국외 취업자의 모집**

① 누구든지 국외에 취업할 근로자를 모집한 경우에는 **고용노동부장관**에게 **신고**하여야 한다.
② 제1항에 따른 신고에 필요한 사항은 대통령령으로 정한다.

> 누구든지 국외에 취업할 근로자를 모집한 경우에는 고용노동부장관에게 신고하여야 한다.
>
> (O) **기출** 16 · 23

제31조 **모집방법 등의 개선 권고**

① 고용노동부장관은 건전한 모집질서를 확립하기 위하여 필요하다고 인정하는 경우에는 제28조 또는 제30조에 따른 근로자 모집방법 등의 **개선을 권고할 수 있다.**
② 고용노동부장관이 제1항에 따른 권고를 하려는 경우에는 **고용정책심의회의 심의를 거쳐야** 한다.
③ 제1항에 따른 권고에 필요한 사항은 대통령령으로 정한다.

시행령 제32조(모집방법등의 서면권고)
고용노동부장관이 법 제31조 제1항의 규정에 의하여 모집방법등의 개선을 권고할 때에는 권고사항, 개선기한등을 명시하여 서면으로 하여야 한다.

제32조 **금품 등의 수령 금지**

근로자를 모집하려는 자와 그 모집업무에 종사하는 자는 어떠한 명목으로든 응모자로부터 그 모집과 관련하여 금품을 받거나 그 밖의 이익을 취하여서는 아니 된다. 다만, 제19조에 따라 **유료직업소개사업**을 하는 자가 구인자의 의뢰를 받아 구인자가 **제시한 조건에 맞는** 자를 모집하여 직업소개한 경우에는 **그러하지 아니하다.**

제3절 근로자공급사업

제33조 **근로자공급사업**

① 누구든지 **고용노동부장관**의 **허가**를 받지 아니하고는 근로자공급사업을 하지 못한다.
② 근로자공급사업 허가의 **유효기간은 3년**으로 하되, 유효기간이 끝난 후 계속하여 근로자공급사업을 하려는 자는 고용노동부령으로 정하는 바에 따라 **연장허가를 받아야** 한다. 이 경우 **연장허가의 유효기간**은 연장 전 허가의 유효기간이 끝나는 날부터 3년으로 한다.
③ 근로자공급사업은 공급대상이 되는 근로자가 취업하려는 장소를 기준으로 국내 근로자공급사업과 국외 근로자공급사업으로 구분하며, 각각의 사업의 허가를 받을 수 있는 자의 범위는 다음 각 호와 같다.

1. 국내 근로자공급사업의 경우는 「노동조합 및 노동관계조정법」에 따른 **노동조합**
2. 국외 근로자공급사업의 경우는 **국내**에서 **제조업·건설업·용역업**, 그 밖의 **서비스업**을 하고 있는 자. 다만, **연예인**을 대상으로 하는 국외 근로자공급사업의 허가를 받을 수 있는 자는 「민법」 제32조에 따른 **비영리법인**으로 한다.

④ 고용노동부장관이 제3항에 따라 근로자공급사업을 허가하는 경우 국내 근로자공급사업에 대하여는 노동조합의 업무범위와 해당 지역별·직종별 인력수급상황 및 고용관계 안정유지 등을, 국외 근로자공급사업에 대하여는 해당 직종별 인력수급상황, 고용관계 안정유지 및 근로자취업질서 등을 종합적으로 고려하여야 한다.

⑤ 제3항 제2호에 해당하는 자로서 국외 근로자공급사업을 하려는 자는 대통령령으로 정하는 **자산과 시설**을 갖추어야 한다.

⑥ 근로자공급사업 허가의 기준, 허가의 신청, 국외 공급 근로자의 보호, 국외 근로자공급사업의 관리, 국외 공급 연예인의 심사·선발 및 그 밖에 근로자공급사업의 허가 절차에 관하여 필요한 사항은 **고용노동부령**으로 정한다.

누구든지 고용노동부장관의 허가를 받지 아니하고는 근로자공급사업을 하지 못한다.
(O) 기출 16·17·21

고용노동부장관에게 등록을 신청하면 누구든지 근로자공급사업을 할 수 있다. (X) 기출 19

근로자공급사업 연장허가의 유효기간은 연장 전 허가의 유효기간이 끝나는 날부터 3년으로 한다.
(O) 기출 18

근로자공급사업은 공급대상이 되는 근로자가 취업하려는 장소를 기준으로 국내 근로자공급사업과 국외 근로자공급사업으로 구분한다. (O) 기출 21

「파견근로자 보호 등에 관한 법률」에 따른 파견사업주는 국내 근로자공급사업의 허가를 받을 수 있다. (X) 기출 21

국내에서 제조업을 하고 있는 자는 국외 근로자공급사업의 허가를 받을 수 있다. (O) 기출 21

국내에서 용역업을 하고 있는 자는 근로자공급사업의 허가를 받을 수 있다. (X) 기출 18

연예인을 대상으로 하는 국외 근로자공급사업의 허가를 받을 수 있는 자는 민법상 비영리법인으로 한다. (O) 기출 18·21

노동조합 및 노동관계조정법에 따른 노동조합이 아니더라도 국내 근로자공급사업의 허가를 받을 수 있다. (X) 기출 15

시행령 제33조(근로자공급사업)

① 법 제33조 제1항에 따라 근로자공급사업을 하려는 자는 다음 각 호의 사항을 기재한 허가신청서에 고용노동부령으로 정하는 서류를 첨부하여 고용노동부장관에게 제출하여야 한다. 허가받은 사항 중 공급 직종, 업무구역 등 고용노동부령으로 정하는 중요 사항을 변경하고자 할 때에도 또한 같다.
1. 사업소의 명칭·소재지 및 대표자
2. 근로자 공급계획
3. 공급대상사업체수

② 근로자공급사업을 하는 자는 허가받은 사항 중 다음 각 호의 어느 하나에 해당하는 사항이 변경된 경우에는 그 사실을 고용노동부령으로 정하는 바에 따라 고용노동부장관에게 알려야 한다.

    1. 사업자의 명칭

    2. 사업소의 소재지

③ 법 제33조 제5항에 따라 국외 근로자공급사업을 하려는 자는 다음 각 호의 자산 및 시설을 모두 갖추어야 한다.

    1. 1억원 이상의 자본금(비영리법인의 경우에는 재무상태표의 자본총계를 말한다)

    2. 국내에 소재하고, 2명 이상이 상담할 수 있는 독립된 공간을 갖춘 사무실

제4장　보 칙

제34조　거짓 구인광고 등 금지

① 제18조 · 제19조 · 제28조 · 제30조 또는 제33조에 따른 직업소개사업, 근로자 모집 또는 근로자공급사업을 하는 자나 이에 종사하는 사람은 거짓 구인광고를 하거나 거짓 구인조건을 제시하여서는 아니 된다.

② 제1항에 따른 거짓 구인광고의 범위에 관한 사항은 대통령령으로 정한다.

> **시행령 제34조(거짓 구인광고의 범위 등)**
>
> 법 제34조에 따른 거짓 구인광고 또는 거짓 구인조건 제시의 범위는 신문 · 잡지, 그 밖의 간행물, 유선 · 무선방송, 컴퓨터통신, 간판, 벽보 또는 그 밖의 방법에 의하여 광고를 하는 행위 중 다음 각 호의 어느 하나에 해당하는 것으로 한다.
>
>   1. 구인을 가장하여 물품판매 · 수강생모집 · 직업소개 · 부업알선 · 자금모금등을 행하는 광고
>
>   2. 거짓 구인을 목적으로 구인자의 신원(업체명 또는 성명)을 표시하지 아니하는 광고
>
>   3. 구인자가 제시한 직종 · 고용형태 · 근로조건등이 응모할 때의 그것과 현저히 다른 광고
>
>   4. 기타 광고의 중요내용이 사실과 다른 광고

제34조의2　손해배상책임의 보장

① 제19조 제1항에 따라 등록을 하고 유료직업소개사업을 하는 자 또는 제33조 제1항에 따라 허가를 받고 국외 근로자공급사업을 하는 자(이하 "유료직업소개사업자등"이라 한다)는 직업소개, 근로자 공급을 할 때 고의 또는 과실로 근로자 또는 근로자를 소개 · 공급받은 자에게 손해를 발생하게 한 경우에는 그 손해를 배상할 책임이 있다.

② 제1항에 따른 손해배상책임을 보장하기 위하여 유료직업소개사업자등은 대통령령으로 정하는 바에 따라 보증보험 또는 제3항에 따른 공제에 가입하거나 예치금을 금융기관에 예치하여야 한다.

③ 제45조의2에 따른 **사업자협회**는 제1항에 따른 손해배상책임을 보장하기 위하여 고용노동부장관이 정하는 바에 따라 **공제사업을 할 수 있다.**

④ 제45조의2에 따른 사업자협회가 제3항의 공제사업을 하려면 공제규정을 제정하여 **고용노동부장관의 승인을 받아야** 한다. 공제규정을 변경할 때에도 또한 같다.

⑤ 제4항의 공제규정에는 다음 각 호의 사항이 포함되어야 한다.

1. 공제사업의 범위
2. 공제계약의 내용
3. 공제금
4. 공제료
5. 공제금에 충당하기 위한 책임준비금
6. 그 밖에 공제사업의 운영에 필요한 사항

제35조　허가 · 등록 또는 신고 사업의 폐업신고

제18조 · 제19조 · 제23조 또는 제33조에 따라 신고 또는 등록을 하거나 허가를 받고 사업을 하는 자가 그 사업을 폐업한 경우에는 폐업한 날부터 7일 이내에 고용노동부장관 또는 특별자치도지사 · 시장 · 군수 · 구청장에게 신고하여야 한다.

제36조　등록 · 허가 등의 취소 등

① 고용노동부장관 또는 특별자치도지사 · 시장 · 군수 · 구청장은 제18조 · 제19조 · 제23조 또는 제33조에 따라 신고 또는 등록을 하거나 허가를 받고 사업을 하는 자가 **공익을 해칠 우려가 있는 경우로서** 다음 각 호의 어느 하나에 해당하는 경우에는 **6개월 이내의** 기간을 정하여 그 사업을 **정지하게 하거나** 등록 또는 허가를 **취소할 수 있다.** 다만, **제2호에 해당할 때에는 등록 또는 허가를 취소하여야** 한다.

1. 거짓이나 그 밖의 부정한 방법으로 신고 · 등록하였거나 허가를 받은 경우
2. 제38조 각 호의 어느 하나에 해당하게 된 경우
3. 이 법 또는 이 법에 따른 명령을 위반한 경우

② 고용노동부장관 또는 특별자치도지사 · 시장 · 군수 · 구청장은 제38조 제7호에 해당하는 사유로 등록 또는 허가를 취소하여야 할 때에는 미리 해당 임원을 바꾸어 임명할 기간을 1개월 이상 주어야 한다.

③ 제1항에 따른 정지 또는 취소의 기준은 고용노동부령으로 정한다.

제36조의2　사업자의 지위승계 등

① 제35조에 따른 폐업신고(신고하지 아니하고 폐업한 경우를 포함한다. 이하 같다)를 한 자가 다시 제18조 · 제19조 · 제23조 또는 제33조에 따라 신고 · 등록을 하거나 허가를 받은 경우(이하 이 조에서 "재신고등"이라 한다) 재신고등을 한 사업자는 **폐업신고 전의 사업자의 지위를 승계한다.**

② 제1항의 경우 고용노동부장관 또는 특별자치도지사·시장·군수·구청장은 재신고등을 한 사업자에 대하여 폐업신고 전의 위반행위를 사유로 제36조 제1항의 행정처분을 할 수 있다. 다만, 다음 각 호의 어느 하나에 해당하는 경우는 그러하지 아니하다.
  1. 위반행위가 사업의 정지처분 기준에 해당하는 경우로서 폐업신고를 한 날부터 재신고등을 한 날까지의 기간이 1년을 초과한 경우
  2. 위반행위가 등록·허가의 취소처분 기준에 해당하는 경우로서 폐업신고를 한 날부터 재신고등을 한 날까지의 기간이 5년을 초과한 경우
③ 고용노동부장관 또는 특별자치도지사·시장·군수·구청장은 제2항에 따라 행정처분을 하는 경우에 폐업기간, 폐업의 사유 및 행정처분의 사유가 된 위반행위의 존속 여부 등을 고려하여야 한다.

제36조의3 청 문

고용노동부장관 또는 특별자치도지사·시장·군수·구청장은 제36조에 따라 등록 또는 허가를 취소하려면 청문을 하여야 한다.

제37조 폐쇄조치

① 고용노동부장관 또는 특별자치도지사·시장·군수·구청장은 제18조·제19조·제23조 또는 제33조에 따른 신고 또는 등록을 하지 아니하거나 허가를 받지 아니하고 사업을 하거나 제36조 제1항에 따른 정지 또는 취소의 명령을 받고도 사업을 계속하는 경우에는 관계 공무원으로 하여금 다음 각 호의 조치를 하게 할 수 있다.
  1. 해당 사업소 또는 사무실의 간판이나 그 밖의 영업표지물의 제거 또는 삭제
  2. 해당 사업이 위법한 것임을 알리는 안내문 등의 게시
  3. 해당 사업의 운영을 위하여 반드시 필요한 기구 또는 시설물을 사용할 수 없게 하는 봉인
② 제1항에 따라 조치를 하는 관계 공무원은 그 권한을 표시하는 증표를 지니고 이를 관계인에게 보여주어야 한다.

> **시행령 제36조(서면통지)**
> 고용노동부장관 또는 특별자치도지사·시장·군수·구청장은 법 제37조에 따른 폐쇄조치를 하려는 경우에는 미리 이를 해당 사업을 하는 자 또는 그 대리인에게 문서(해당 사업을 하는 자 또는 그 대리인이 원하는 경우에는 「전자문서 및 전자거래 기본법」 제2조 제1호에 따른 전자문서를 포함한다)로 알려주어야 한다. 다만, 긴급한 사유가 있는 경우에는 그러하지 아니하다.

제38조 결격사유

다음 각 호의 어느 하나에 해당하는 자는 직업소개사업의 신고·등록을 하거나 근로자공급사업의 허가를 받을 수 없다.
  1. 미성년자, 피성년후견인 및 피한정후견인
  2. 파산선고를 받고 복권되지 아니한 자
  3. 금고 이상의 실형을 선고받고 그 집행이 끝나거나 집행을 하지 아니하기로 확정된 날부터 2년이 지나지 아니한 자

4. 이 법, 「성매매알선 등 행위의 처벌에 관한 법률」, 「풍속영업의 규제에 관한 법률」 또는 「청소년 보호법」을 위반하거나 직업소개사업과 관련된 행위로 「선원법」을 위반한 자로서 다음 각 목의 어느 하나에 해당하는 자
   가. 금고 이상의 실형을 선고받고 그 집행이 끝나거나 집행을 하지 아니하기로 확정된 날부터 3년이 지나지 아니한 자
   나. 금고 이상의 형의 집행유예를 선고받고 그 유예기간이 끝난 날부터 3년이 지나지 아니한 자
   다. 벌금형이 확정된 후 2년이 지나지 아니한 자
5. 금고 이상의 형의 집행유예를 선고받고 그 유예기간 중에 있는 자
6. 제36조에 따라 해당 사업의 등록이나 허가가 취소된 후 5년이 지나지 아니한 자
7. 임원 중에 제1호부터 제6호까지의 어느 하나에 해당하는 자가 있는 법인

> 금고 이상의 형의 집행유예를 선고받고 그 유예기간이 도과한 후 2년이 지나지 아니한 자는 근로자공급사업의 허가를 받을 수 있다. (O) 기출 14

제39조 장부 등의 작성 · 비치

제19조에 따라 등록을 하거나 제33조에 따라 허가를 받은 자는 고용노동부령으로 정하는 바에 따라 장부 · 대장이나 그 밖에 필요한 서류를 작성하여 갖추어 두어야 한다. 이 경우 장부 · 대장은 전자적 방법으로 작성 · 관리할 수 있다.

제40조의2 직업소개사업을 하는 자 등에 대한 교육훈련

① 고용노동부장관 또는 특별자치도지사 · 시장 · 군수 · 구청장은 직업소개사업을 하는 자 및 그 종사자가 직업소개, 직업상담 등을 할 때 필요한 전문지식 및 직업윤리의식을 향상시킬 수 있도록 교육훈련을 하여야 한다.
② 제1항에 따른 교육훈련의 내용 · 방법 및 그 밖에 필요한 사항은 고용노동부령으로 정한다.

제41조 보고 및 조사

① 고용노동부장관 또는 특별자치도지사 · 시장 · 군수 · 구청장은 필요하다고 인정하면 제18조 · 제19조 · 제23조 또는 제33조에 따라 신고 또는 등록을 하거나 허가를 받고 사업을 하는 자에게 이 법 시행에 필요한 자료를 제출하게 하거나 필요한 사항을 보고하게 할 수 있다.
② 고용노동부장관 또는 특별자치도지사 · 시장 · 군수 · 구청장은 법 위반 사실의 확인 등을 위하여 필요하면 소속 공무원으로 하여금 이 법을 적용받는 사업의 사업장이나 그 밖의 시설에 출입하여 서류 · 장부 또는 그 밖의 물건을 조사하고 관계인에게 질문하게 할 수 있다.
③ 고용노동부장관 또는 특별자치도지사 · 시장 · 군수 · 구청장은 제2항에 따른 조사를 하려면 미리 조사 일시, 조사 이유 및 조사 내용 등의 조사계획을 조사 대상자에게 알려야 한다. 다만, 긴급히 조사하여야 하거나 사전에 알리면 증거인멸 등으로 조사목적을 달성할 수 없다고 인정하는 경우에는 그러하지 아니하다.

④ 제2항에 따라 출입·조사를 하는 관계 공무원은 그 권한을 표시하는 증표를 지니고 이를 관계인에게 보여주어야 한다.

⑤ 고용노동부장관은 이 법의 목적달성을 위하여 필요하다고 인정하면 특별자치도지사·시장·군수 및 구청장 등 관계 행정기관의 장과 합동으로 제18조·제19조·제23조 또는 제33조에 따라 신고 또는 등록을 하거나 허가를 받고 사업을 하는 자를 지도·감독할 수 있다.

제41조의2 자료 협조의 요청

고용노동부장관 또는 특별자치도지사·시장·군수·구청장은 필요하다고 인정하면 관계 행정기관의 장에게 이 법 시행에 필요한 자료 협조를 요청할 수 있다.

제42조 비밀보장 의무

직업소개사업, 직업정보제공사업, 근로자 모집 또는 근로자공급사업에 관여하였거나 관여하고 있는 자는 업무상 알게 된 근로자 또는 사용자에 관한 비밀을 누설하여서는 아니 된다.

제43조 수수료

제19조에 따라 유료직업소개사업의 등록을 하려는 자는 고용노동부령으로 정하는 바에 따라 수수료를 내야 한다. 등록한 사항을 변경하는 경우에도 또한 같다.

시행규칙 제45조(수수료)
법 제43조에 따라 국내 유료직업소개사업의 등록을 하려는 자는 3만원의 수수료를 내야 하며, 다음 각 호의 어느 하나에 해당하는 경우에는 수수료를 무료로 한다. 이 경우 국내 유료직업소개사업의 등록에 관한 수수료는 관할 지방자치단체의 수입증지로 내거나 정보통신망을 이용한 전자화폐·전자결제 등의 방법으로 납부해야 한다.
1. 국내 유료직업소개사업의 변경등록을 하려는 경우
2. 국외 유료직업소개사업의 등록 및 변경등록을 하려는 경우
3. 2024년 7월 1일부터 2026년 6월 30일까지 국내 유료직업소개사업의 등록을 하려는 경우

제44조 권한의 위임

이 법에 따른 고용노동부장관의 권한은 그 일부를 대통령령으로 정하는 바에 따라 직업안정기관의 장이나 특별자치도지사·시장·군수 또는 구청장에게 위임할 수 있다.

제45조 국고보조

고용노동부장관은 제18조에 따른 <u>무료직업소개사업 경비의 전부 또는 일부를 보조할 수 있다.</u>

고용노동부장관은 무료직업소개사업 경비의 전부 또는 일부를 보조하여야 한다. (×) **기출** 23

제45조의2 사업자협회의 설립 등

① 제18조·제19조·제23조 또는 제33조에 따라 신고 또는 등록을 하거나 허가를 받고 사업을 하는 자는 직업소개사업, 직업정보제공사업 또는 근로자공급사업의 건전한 발전 등을 위하여 대통령령으로 정하는 바에 따라 사업자협회를 설립할 수 있다.

② 제1항에 따른 사업자협회는 법인으로 한다.

③ 제1항에 따른 사업자협회에 관하여 이 법에 특별한 규정이 있는 것을 제외하고는 「민법」 중 사단법인에 관한 규정을 준용한다.

제45조의3 포상금

① 고용노동부장관 또는 특별자치도지사·시장·군수·구청장은 제34조를 위반한 자 또는 제46조 제1항 제1호 및 제2호에 해당하는 자를 신고하거나 수사기관에 고발한 사람에게 예산의 범위에서 포상금을 지급할 수 있다.

② 제1항에 따른 포상금의 지급에 필요한 사항은 고용노동부령으로 정한다.

제5장 벌 칙

제46조 벌 칙

① 다음 각 호의 어느 하나에 해당하는 자는 7년 이하의 징역 또는 7천만원 이하의 벌금에 처한다.

1. 폭행·협박 또는 감금이나 그 밖에 정신·신체의 자유를 부당하게 구속하는 것을 수단으로 직업소개, 근로자 모집 또는 근로자공급을 한 자

2. 「성매매알선 등 행위의 처벌에 관한 법률」 제2조 제1항 제1호에 따른 성매매 행위나 그 밖의 음란한 행위가 이루어지는 업무에 취업하게 할 목적으로 직업소개, 근로자 모집 또는 근로자공급을 한 자

② 제1항의 미수범은 처벌한다.

제47조 벌 칙

다음 각 호의 어느 하나에 해당하는 자는 5년 이하의 징역 또는 5천만원 이하의 벌금에 처한다.

1. 제19조 제1항에 따른 등록을 하지 아니하거나 제33조 제1항에 따른 허가를 받지 아니하고 유료직업소개사업 또는 근로자공급사업을 한 자

2. 거짓이나 그 밖의 부정한 방법으로 제19조 제1항에 따른 등록을 하거나 제33조 제1항에 따른 허가를 받은 자

3. 제21조를 위반하여 성명 등을 대여한 자와 그 상대방

4. 제21조의3 제2항 및 제3항을 위반한 자

5. 제32조를 위반하여 금품이나 그 밖의 이익을 취한 자

6. 제34조를 위반하여 거짓 구인광고를 하거나 거짓 구인조건을 제시한 자

제48조 **벌 칙**

다음 각 호의 어느 하나에 해당하는 자는 1년 이하의 징역 또는 1천만원 이하의 벌금에 처한다.

1. 제18조 제1항 또는 제23조 제1항에 따른 신고를 하지 아니하고 무료직업소개사업 또는 직업정보제공사업을 한 자
2. 거짓이나 그 밖의 부정한 방법으로 제18조 제1항 또는 제23조 제1항에 따른 신고를 한 자
3. 제36조에 따른 정지기간에 사업을 한 자
4. 제42조를 위반하여 비밀을 누설한 자

제49조 **양벌규정**

법인의 대표자나 법인 또는 개인의 대리인, 사용인, 그 밖의 종업원이 그 법인 또는 개인의 업무에 관하여 제46조부터 제48조까지의 어느 하나에 해당하는 위반행위를 하면 그 행위자를 벌하는 외에 그 법인 또는 개인에게도 해당 조문의 벌금형을 과한다. 다만, 법인 또는 개인이 그 위반행위를 방지하기 위하여 해당 업무에 관하여 상당한 주의와 감독을 게을리하지 아니한 경우에는 그러하지 아니하다.

제50조 **과태료**

① 다음 각 호의 어느 하나에 해당하는 자에게는 1천만원 이하의 과태료를 부과한다.
1. 제19조 제3항을 위반하여 고용노동부장관이 고시한 요금 외의 금품을 받은 자
2. 제21조의2를 위반하여 선급금을 받은 자
3. 제21조의3 제1항을 위반하여 18세 미만의 구직자를 소개하는 경우에 친권자나 후견인의 취업동의서를 받지 아니한 자
4. 제22조 제3항을 위반하여 직업소개에 관한 사무를 담당한 자
② 다음 각 호의 어느 하나에 해당하는 자에게는 100만원 이하의 과태료를 부과한다.
1. 제30조 제1항 또는 제35조를 위반하여 국외 취업 모집신고를 하지 아니하거나 허가·등록 또는 신고 사업의 폐업신고를 하지 아니한 자
2. 제39조를 위반하여 장부나 그 밖의 서류를 작성하지 아니하거나 갖추어 두지 아니한 자
3. 제41조 제1항에 따른 보고를 하지 아니하거나 거짓으로 보고한 자
4. 제41조 제2항에 따른 관계 공무원의 출입·조사를 거부·방해 또는 기피한 자
③ 제1항과 제2항에 따른 과태료는 대통령령으로 정하는 바에 따라 고용노동부장관 또는 특별자치도지사·시장·군수·구청장이 부과·징수한다.

07 남녀고용평등과 일 · 가정 양립 지원에 관한 법률

시행 2022.5.19. [법률 제18178호, 2021.5.18. 일부개정]

제1장 총 칙

제1조 목 적

이 법은 「대한민국헌법」의 평등이념에 따라 고용에서 남녀의 평등한 기회와 대우를 보장하고 모성 보호와 여성 고용을 촉진하여 남녀고용평등을 실현함과 아울러 근로자의 일과 가정의 양립을 지원함으로써 모든 국민의 삶의 질 향상에 이바지하는 것을 목적으로 한다.

제2조 정 의

이 법에서 사용하는 용어의 뜻은 다음과 같다.

1. "**차별**"이란 사업주가 근로자에게 성별, 혼인, 가족 안에서의 지위, 임신 또는 출산 등의 사유로 합리적인 이유 없이 채용 또는 근로의 조건을 다르게 하거나 그 밖의 불리한 조치를 하는 경우[사업주가 채용조건이나 근로조건은 동일하게 적용하더라도 그 조건을 충족할 수 있는 남성 또는 여성이 다른 한 성에 비하여 현저히 적고 그에 따라 특정 성에게 불리한 결과를 초래하며 그 조건이 정당한 것임을 증명할 수 없는 경우를 **포함**한다]를 말한다. 다만, 다음 각 목의 어느 하나에 해당하는 경우는 **제외**한다.
   가. 직무의 성격에 비추어 **특정 성**이 불가피하게 요구되는 경우
   나. 여성근로자의 임신 · 출산 · 수유 등 **모성보호**를 위한 조치를 하는 경우
   다. 그 밖에 이 법 또는 다른 법률에 따라 **적극적 고용개선조치**를 하는 경우
2. "**직장 내 성희롱**"이란 사업주 · 상급자 또는 근로자가 직장 내의 지위를 이용하거나 업무와 관련하여 다른 근로자에게 성적 언동 등으로 **성적 굴욕감** 또는 **혐오감**을 느끼게 하거나 성적 언동 또는 그 밖의 요구 등에 따르지 아니하였다는 이유로 **근로조건 및 고용에서 불이익**을 주는 것을 말한다.
3. "**적극적 고용개선조치**"란 현존하는 남녀 간의 고용차별을 없애거나 고용평등을 촉진하기 위하여 잠정적으로 특정 성을 우대하는 조치를 말한다.
4. "**근로자**"란 사업주에게 고용된 사람과 취업할 의사를 가진 사람을 말한다.

근로자가 직장 내의 지위를 이용하여 다른 근로자에게 성적 언동 등으로 성적 굴욕감을 느끼게 하는
것은 직장 내 성희롱에 해당한다. (O) 기출 14

적극적 고용개선조치란 현존하는 남녀 간의 고용차별을 없애거나 고용평등을 촉진하기 위하여 잠정적
으로 특정 성을 우대하는 조치를 말한다. (O) 기출 17·22

근로자란 사업주에게 고용된 자와 취업할 의사를 가진 자를 말한다. (O) 기출 17

남녀고용평등과 일·가정 양립 지원에 관한 법률에서의 근로자의 정의는 근로기준법과 다르다.
(O) 기출 15

제3조 　적용 범위

① 이 법은 근로자를 사용하는 모든 사업 또는 사업장(이하 "사업"이라 한다)에 적용한다.
다만, 대통령령으로 정하는 사업에 대하여는 이 법의 전부 또는 일부를 적용하지 아니할
수 있다.
② 남녀고용평등의 실현과 일·가정의 양립에 관하여 다른 법률에 특별한 규정이 있는
경우 외에는 이 법에 따른다.

시행령 제2조(적용범위)
① 「남녀고용평등과 일·가정 양립 지원에 관한 법률」(이하 "법"이라 한다) 제3조 제1항 단서에
따라 동거하는 친족만으로 이루어지는 사업 또는 사업장(이하 "사업"이라 한다)과 가사사용인
에 대하여는 법의 전부를 적용하지 아니한다.

제4조 　국가와 지방자치단체의 책무

① 국가와 지방자치단체는 이 법의 목적을 실현하기 위하여 국민의 관심과 이해를 증진시키
고 여성의 직업능력 개발 및 고용 촉진을 지원하여야 하며, 남녀고용평등의 실현에 방해
가 되는 모든 요인을 없애기 위하여 필요한 노력을 하여야 한다.
② 국가와 지방자치단체는 일·가정의 양립을 위한 근로자와 사업주의 노력을 지원하여야
하며 일·가정의 양립 지원에 필요한 재원을 조성하고 여건을 마련하기 위하여 노력하여야
한다.

제5조 　근로자 및 사업주의 책무

① 근로자는 상호 이해를 바탕으로 남녀가 동등하게 존중받는 직장문화를 조성하기 위하여
노력하여야 한다.
② 사업주는 해당 사업장의 남녀고용평등의 실현에 방해가 되는 관행과 제도를 개선하여
남녀근로자가 동등한 여건에서 자신의 능력을 발휘할 수 있는 근로환경을 조성하기 위하
여 노력하여야 한다.
③ 사업주는 일·가정의 양립을 방해하는 사업장 내의 관행과 제도를 개선하고 일·가정의
양립을 지원할 수 있는 근무환경을 조성하기 위하여 노력하여야 한다.

제6조　정책의 수립 등

① **고용노동부장관**은 남녀고용평등과 일·가정의 양립을 실현하기 위하여 다음 각 호의 정책을 수립·시행하여야 한다.
1. 남녀고용평등 의식 확산을 위한 홍보
2. 남녀고용평등 우수기업(제17조의4에 따른 적극적 고용개선조치 우수기업을 포함한다)의 선정 및 행정적·재정적 지원
3. 남녀고용평등 강조 기간의 설정·추진
4. 남녀차별 개선과 여성취업 확대를 위한 조사·연구
5. 모성보호와 일·가정 양립을 위한 제도개선 및 행정적·재정적 지원
6. 그 밖에 남녀고용평등의 실현과 일·가정의 양립을 지원하기 위하여 필요한 사항
② **고용노동부장관**은 제1항에 따른 정책의 수립·시행을 위하여 관계자의 의견을 반영하도록 **노력하여야** 하며 필요하다고 인정되는 경우 관계 행정기관 및 지방자치단체, 그 밖의 공공단체의 장에게 협조를 **요청할 수 있다.**

제6조의2　기본계획 수립

① 고용노동부장관은 남녀고용평등 실현과 일·가정의 양립에 관한 기본계획(이하 "기본계획"이라 한다)을 **5년마다** 수립하여야 한다.
② 기본계획에는 다음 각 호의 사항이 포함되어야 한다.
1. 여성취업의 촉진에 관한 사항
2. 남녀의 평등한 기회보장 및 대우에 관한 사항
3. 동일 가치 노동에 대한 동일 임금 지급의 정착에 관한 사항
4. 여성의 직업능력 개발에 관한 사항
5. 여성근로자의 모성 보호에 관한 사항
6. 일·가정의 양립 지원에 관한 사항
7. 여성근로자를 위한 복지시설의 설치 및 운영에 관한 사항
8. 직전 기본계획에 대한 평가
9. 그 밖에 남녀고용평등의 실현과 일·가정의 양립 지원을 위하여 고용노동부장관이 필요하다고 인정하는 사항
③ **고용노동부장관**은 필요하다고 인정하면 관계 행정기관 또는 공공기관의 장에게 기본계획 수립에 필요한 자료의 제출을 **요청할 수 있다.**
④ **고용노동부장관**이 기본계획을 수립한 때에는 지체 없이 **소관 상임위원회에 보고하여야** 한다.

제6조의3　실태조사 실시

① 고용노동부장관은 사업 또는 사업장의 남녀차별개선, 모성보호, 일·가정의 양립 실태를 파악하기 위하여 정기적으로 조사를 실시하여야 한다.
② 제1항에 따른 실태조사의 대상, 시기, 내용 등 필요한 사항은 고용노동부령으로 정한다.

제2장 | 고용에 있어서 남녀의 평등한 기회보장 및 대우등

제1절 | 남녀의 평등한 기회보장 및 대우

제7조 모집과 채용

① 사업주는 근로자를 모집하거나 채용할 때 남녀를 차별하여서는 아니 된다.
② 사업주는 근로자를 모집·채용할 때 그 직무의 수행에 필요하지 아니한 용모·키·체중 등의 신체적 조건, 미혼 조건, 그 밖에 고용노동부령으로 정하는 조건을 제시하거나 요구하여서는 아니 된다.

> 사업주는 근로자를 모집하거나 채용할 때 남녀를 차별하여서는 아니 된다. (O) 기출 19
>
> 사업주는 근로자를 모집·채용할 때 그 직무의 수행에 필요하지 아니한 용모·키·체중 등의 신체적 조건, 미혼 조건을 제시하거나 요구하여서는 아니 된다. (O) 기출 22

제8조 임금

① 사업주는 동일한 사업 내의 동일 가치 노동에 대하여는 동일한 임금을 지급하여야 한다.
② 동일 가치 노동의 기준은 직무 수행에서 요구되는 기술, 노력, 책임 및 작업 조건 등으로 하고, 사업주가 그 기준을 정할 때에는 제25조에 따른 노사협의회의 근로자를 대표하는 위원의 의견을 들어야 한다.
③ 사업주가 임금차별을 목적으로 설립한 별개의 사업은 동일한 사업으로 본다.

> 사업주가 동일 가치 노동의 기준을 정할 때에는 노사협의회의 근로자를 대표하는 위원의 의견을 들어야 한다. (O) 기출 24
>
> 사업주가 임금차별을 목적으로 설립한 별개의 사업은 동일한 사업으로 본다. (O) 기출 17·22

제9조 임금 외의 금품 등

사업주는 임금 외에 근로자의 생활을 보조하기 위한 금품의 지급 또는 자금의 융자 등 복리후생에서 남녀를 차별하여서는 아니 된다.

제10조 교육·배치 및 승진

사업주는 근로자의 교육·배치 및 승진에서 남녀를 차별하여서는 아니 된다.

제11조 정년·퇴직 및 해고

① 사업주는 근로자의 정년·퇴직 및 해고에서 남녀를 차별하여서는 아니 된다.
② 사업주는 여성근로자의 혼인, 임신 또는 출산을 퇴직 사유로 예정하는 근로계약을 체결하여서는 아니 된다.

제2절 | 직장 내 성희롱의 금지 및 예방

제12조 | 직장 내 성희롱의 금지

사업주, 상급자 또는 근로자는 직장 내 성희롱을 하여서는 아니 된다.

> 사업주, 상급자 또는 근로자는 직장 내 성희롱을 하여서는 아니 된다.　　　(○) **기출** 16

제13조 | 직장 내 성희롱 예방 교육 등

① 사업주는 직장 내 성희롱을 예방하고 근로자가 안전한 근로환경에서 일할 수 있는 여건을 조성하기 위하여 직장 내 성희롱의 예방을 위한 교육(이하 "성희롱 예방 교육"이라한다)을 매년 실시하여야 한다.
② 사업주 및 근로자는 제1항에 따른 성희롱 예방 교육을 받아야 한다.
③ 사업주는 성희롱 예방 교육의 내용을 근로자가 자유롭게 열람할 수 있는 장소에 항상게시하거나 갖추어 두어 근로자에게 널리 알려야 한다.
④ 사업주는 고용노동부령으로 정하는 기준에 따라 직장 내 성희롱 예방 및 금지를 위한조치를 하여야 한다.
⑤ 제1항 및 제2항에 따른 성희롱 예방 교육의 내용·방법 및 횟수 등에 관하여 필요한사항은 대통령령으로 정한다.

> 사업주는 직장 내 성희롱 예방 교육을 연 2회 이상 받아야 한다.　　　(×) **기출** 16
>
> 사업주 및 근로자는 직장 내 성희롱 예방 교육을 받아야 한다.　　　(○) **기출** 14

시행령 제3조(직장 내 성희롱 예방 교육)
① 사업주는 법 제13조에 따라 직장 내 성희롱 예방을 위한 교육을 연 1회 이상 하여야 한다.
② 제1항에 따른 예방 교육에는 다음 각 호의 내용이 포함되어야 한다.
　1. 직장 내 성희롱에 관한 법령
　2. 해당 사업장의 직장 내 성희롱 발생 시의 처리 절차와 조치 기준
　3. 해당 사업장의 직장 내 성희롱 피해 근로자의 고충상담 및 구제 절차
　4. 그 밖에 직장 내 성희롱 예방에 필요한 사항
③ 제1항에 따른 예방 교육은 사업의 규모나 특성 등을 고려하여 직원연수·조회·회의, 인터넷등 정보통신망을 이용한 사이버 교육 등을 통하여 실시할 수 있다. 다만, 단순히 교육자료 등을배포·게시하거나 전자우편을 보내거나 게시판에 공지하는 데 그치는 등 근로자에게 교육 내용이 제대로 전달되었는지 확인하기 곤란한 경우에는 예방 교육을 한 것으로 보지 아니한다.
④ 제2항 및 제3항에도 불구하고 다음 각 호의 어느 하나에 해당하는 사업의 사업주는 제2항 제1호부터 제4호까지의 내용을 근로자가 알 수 있도록 교육자료 또는 홍보물을 게시하거나 배포하는 방법으로 직장 내 성희롱 예방 교육을 할 수 있다.
　1. 상시 10명 미만의 근로자를 고용하는 사업
　2. 사업주 및 근로자 모두가 남성 또는 여성 중 어느 한 성(性)으로 구성된 사업
⑤ 사업주가 소속 근로자에게 「국민 평생 직업능력 개발법」 제24조에 따라 인정받은 훈련과정중 제2항 각 호의 내용이 포함되어 있는 훈련과정을 수료하게 한 경우에는 그 훈련과정을 마친근로자에게는 제1항에 따른 예방 교육을 한 것으로 본다.

성희롱 예방 교육의 위탁

① 사업주는 성희롱 예방 교육을 **고용노동부장관이 지정하는 기관**(이하 "성희롱 예방 교육
  기관"이라 한다)에 **위탁하여** 실시할 수 있다.

② 사업주가 성희롱 예방 교육기관에 위탁하여 성희롱 예방 교육을 하려는 경우에는 제13조
  제5항에 따라 대통령령으로 정하는 내용을 성희롱 예방 교육기관에 **미리 알려** 그 사항이
  포함되도록 하여야 한다.

③ 성희롱 예방 교육기관은 고용노동부령으로 정하는 기관 중에서 지정하되, 고용노동부령
  으로 정하는 강사를 **1명 이상** 두어야 한다.

④ 성희롱 예방 교육기관은 고용노동부령으로 정하는 바에 따라 교육을 실시하고 교육이수
  증이나 이수자 명단 등 교육 실시 관련 자료를 보관하며 사업주나 교육대상자에게 그
  자료를 내주어야 한다.

⑤ 고용노동부장관은 성희롱 예방 교육기관이 다음 각 호의 어느 하나에 해당하면 그 지정
  을 **취소할 수 있다.**
  1. **거짓이나** 그 밖의 **부정한 방법**으로 지정을 받은 경우
  2. 정당한 사유 없이 제3항에 따른 강사를 **3개월 이상** 계속하여 두지 아니한 경우
  3. **2년** 동안 직장 내 성희롱 **예방 교육 실적**이 없는 경우

⑥ 고용노동부장관은 제5항에 따라 성희롱 예방 교육기관의 지정을 취소하려면 **청문을
  하여야** 한다.

> 사업주는 직장 내 성희롱 예방 교육을 고용노동부장관이 지정하는 기관에 위탁하여 실시할 수 있다.
> (○) **기출** 16

제14조 **직장 내 성희롱 발생 시 조치**

① 누구든지 직장 내 성희롱 발생 사실을 알게 된 경우 그 사실을 **해당 사업주에게 신고할
  수 있다.**

② **사업주는** 제1항에 따른 신고를 받거나 직장 내 성희롱 발생 사실을 알게 된 경우에는
  지체 없이 그 사실 확인을 위한 **조사를 하여야** 한다. 이 경우 사업주는 직장 내 성희롱과
  관련하여 피해를 입은 근로자 또는 피해를 입었다고 주장하는 근로자(이하 "피해근로자
  등"이라 한다)가 조사 과정에서 성적 수치심 등을 느끼지 아니하도록 하여야 한다.

③ 사업주는 제2항에 따른 조사 기간 동안 피해근로자등을 보호하기 위하여 필요한 경우
  해당 피해근로자등에 대하여 근무장소의 변경, 유급휴가 명령 등 적절한 조치를 하여야
  한다. 이 경우 사업주는 **피해근로자등의 의사에 반하는 조치**를 하여서는 아니 된다.

④ 사업주는 제2항에 따른 조사 결과 직장 내 성희롱 발생 사실이 확인된 때에는 피해근로자
  가 요청하면 근무장소의 변경, 배치전환, 유급휴가 명령 등 **적절한 조치를 하여야** 한다.

⑤ 사업주는 제2항에 따른 조사 결과 직장 내 성희롱 발생 사실이 확인된 때에는 지체
  없이 직장 내 성희롱 행위를 한 사람에 대하여 징계, 근무장소의 변경 등 **필요한 조치를
  하여야** 한다. 이 경우 사업주는 징계 등의 조치를 하기 전에 그 조치에 대하여 직장
  내 **성희롱 피해**를 입은 근로자의 **의견을 들어야** 한다.

⑥ 사업주는 성희롱 발생 사실을 신고한 근로자 및 피해근로자등에게 다음 각 호의 어느 하나에 해당하는 불리한 처우를 하여서는 아니 된다.

1. 파면, 해임, 해고, 그 밖에 신분상실에 해당하는 불이익 조치
2. 징계, 정직, 감봉, 강등, 승진 제한 등 부당한 인사조치
3. 직무 미부여, 직무 재배치, 그 밖에 본인의 의사에 반하는 인사조치
4. 성과평가 또는 동료평가 등에서 차별이나 그에 따른 임금 또는 상여금 등의 차별 지급
5. 직업능력 개발 및 향상을 위한 교육훈련 기회의 제한
6. 집단 따돌림, 폭행 또는 폭언 등 정신적·신체적 손상을 가져오는 행위를 하거나 그 행위의 발생을 방치하는 행위
7. 그 밖에 신고를 한 근로자 및 피해근로자등의 의사에 반하는 불리한 처우

⑦ 제2항에 따라 직장 내 성희롱 발생 사실을 조사한 사람, 조사 내용을 보고 받은 사람 또는 그 밖에 조사 과정에 참여한 사람은 해당 조사 과정에서 알게 된 비밀을 피해근로자등의 의사에 반하여 다른 사람에게 누설하여서는 아니 된다. 다만, 조사와 관련된 내용을 사업주에게 보고하거나 관계 기관의 요청에 따라 필요한 정보를 제공하는 경우는 제외한다.

> 누구든지 직장 내 성희롱 발생 사실을 알게 된 경우 그 사실을 해당 사업주에게 신고할 수 있다.
> (○) 기출 14 · 22
>
> 사업주는 직장 내 성희롱 발생 사실을 알게 된 경우에는 지체 없이 그 사실 확인을 위한 조사를 하여야 한다.
> (○) 기출 14

제14조의2   고객 등에 의한 성희롱 방지

① 사업주는 고객 등 업무와 밀접한 관련이 있는 사람이 업무수행 과정에서 성적인 언동 등을 통하여 근로자에게 성적 굴욕감 또는 혐오감 등을 느끼게 하여 해당 근로자가 그로 인한 고충 해소를 요청할 경우 근무 장소 변경, 배치전환, 유급휴가의 명령 등 적절한 조치를 하여야 한다.

② 사업주는 근로자가 제1항에 따른 피해를 주장하거나 고객 등으로부터의 성적 요구 등에 따르지 아니하였다는 것을 이유로 해고나 그 밖의 불이익한 조치를 하여서는 아니 된다.

제3절   여성의 직업능력 개발 및 고용 촉진

제15조   직업 지도

「직업안정법」 제2조의2 제1호에 따른 직업안정기관은 여성이 적성, 능력, 경력 및 기능의 정도에 따라 직업을 선택하고, 직업에 적응하는 것을 쉽게 하기 위하여 고용정보와 직업에 관한 조사·연구 자료를 제공하는 등 직업 지도에 필요한 조치를 하여야 한다.

제16조   직업능력 개발

국가, 지방자치단체 및 사업주는 여성의 직업능력 개발 및 향상을 위하여 모든 직업능력 개발 훈련에서 남녀에게 평등한 기회를 보장하여야 한다.

> 사업주는 여성의 직업능력 개발 및 향상을 위하여 모든 직업능력 개발 훈련에서 남녀에게 평등한 기회를 보장하여야 한다.　　　　　　　　　　　　　　　　　　(○) **기출** 17

제17조   여성 고용 촉진

① 고용노동부장관은 여성의 고용 촉진을 위한 시설을 설치 · 운영하는 비영리법인과 단체에 대하여 필요한 비용의 전부 또는 일부를 지원할 수 있다.
② 고용노동부장관은 여성의 고용 촉진을 위한 사업을 실시하는 사업주 또는 여성휴게실과 수유시설을 설치하는 등 사업장 내의 고용환경을 개선하고자 하는 사업주에게 필요한 비용의 전부 또는 일부를 지원할 수 있다.

제17조의2   경력단절여성의 능력개발과 고용촉진지원

① 고용노동부장관은 임신 · 출산 · 육아 등의 이유로 직장을 그만두었으나 재취업할 의사가 있는 경력단절여성(이하 "경력단절여성"이라 한다)을 위하여 취업유망 직종을 선정하고, 특화된 훈련과 고용촉진프로그램을 개발하여야 한다.
② 고용노동부장관은 「직업안정법」 제2조의2 제1호에 따른 직업안정기관을 통하여 경력단절여성에게 직업정보, 직업훈련정보 등을 제공하고 전문화된 직업지도, 직업상담 등의 서비스를 제공하여야 한다.

제4절   적극적 고용개선조치

제17조의3   적극적 고용개선조치 시행계획의 수립 · 제출 등

① 고용노동부장관은 다음 각 호의 어느 하나에 해당하는 사업주로서 고용하고 있는 직종별 여성근로자의 비율이 산업별 · 규모별로 고용노동부령으로 정하는 고용 기준에 미달하는 사업주에 대하여는 차별적 고용관행 및 제도 개선을 위한 적극적 고용개선조치 시행계획(이하 "시행계획"이라 한다)을 수립하여 제출할 것을 요구할 수 있다. 이 경우 해당 사업주는 시행계획을 제출하여야 한다.
　1. 대통령령으로 정하는 공공기관 · 단체의 장
　2. 대통령령으로 정하는 규모 이상의 근로자를 고용하는 사업의 사업주
② 제1항 각 호의 어느 하나에 해당하는 사업주는 직종별 · 직급별 남녀 근로자 현황과 남녀 근로자 임금 현황을 고용노동부장관에게 제출하여야 한다.
③ 제1항 각 호의 어느 하나에 해당하지 아니하는 사업주로서 적극적 고용개선조치를 하려는 사업주는 직종별 · 직급별 남녀 근로자 현황, 남녀 근로자 임금 현황과 시행계획을 작성하여 고용노동부장관에게 제출할 수 있다.

④ 고용노동부장관은 제1항과 제3항에 따라 제출된 시행계획을 심사하여 그 내용이 명확하지 아니하거나 차별적 고용관행을 개선하려는 노력이 부족하여 시행계획으로서 적절하지 아니하다고 인정되면 해당 사업주에게 시행계획의 보완을 요구할 수 있다.

⑤ 제1항과 제2항에 따른 시행계획과 남녀 근로자 현황, 남녀 근로자 임금 현황의 기재 사항, 제출 시기, 제출 절차 등에 관하여 필요한 사항은 고용노동부령으로 정한다.

시행령 제4조(적극적 고용개선조치 시행계획 수립·제출의무 등의 부과대상 사업)

① 법 제17조의3 제1항 제1호에서 "대통령령으로 정하는 공공기관·단체"란 「공공기관의 운영에 관한 법률」 제4조에 따른 공공기관, 「지방공기업법」 제49조에 따른 지방공사 및 같은 법 제76조에 따른 지방공단을 말한다.

② 법 제17조의3 제1항 제2호에서 "대통령령으로 정하는 규모 이상의 근로자를 고용하는 사업"이란 다음 각 호의 어느 하나에 해당하는 사업을 말한다.
1. 「독점규제 및 공정거래에 관한 법률」 제31조 제1항 및 같은 법 시행령 제38조 제1항에 따라 지정된 공시대상기업집단의 사업의 경우에는 상시 300명 이상의 근로자를 고용하는 사업
2. 제1호 외의 사업의 경우에는 상시 500명 이상의 근로자를 고용하는 사업

③ 제2항을 적용할 때 상시 고용하는 근로자의 수는 전년도에 매월 고용한 월평균 근로자 수의 연간 합계를 전년도의 조업월수로 나누어 산정(算定)한다.

시행규칙 제11조의2(시행계획의 제출 요구 유예)

지방고용노동관서의 장은 사업 개시 이후 최초로 법 제17조의3 제1항 각 호의 어느 하나에 해당하게 된 사업주가 다음 각 호의 요건을 모두 갖춘 경우에는 같은 조 제2항에 따른 직종별·직급별 남녀 근로자 현황 및 남녀 임금 현황을 제출한 첫해에 한정하여 시행계획의 제출 요구를 하지 않을 수 있다.
1. 시행계획의 제출 여부에 대하여 「고용정책기본법」 제10조에 따른 고용정책심의회의 심의·의결을 거칠 것
2. 법 제17조의9 제1항에 따라 고용노동부장관이 실시하는 적극적 고용개선조치에 관한 교육사업에 참여한 실적이 있을 것

제17조의4 **이행실적의 평가 및 지원 등**

① 제17조의3 제1항 및 제3항에 따라 시행계획을 제출한 자는 그 이행실적을 고용노동부장관에게 제출하여야 한다.

② 고용노동부장관은 제1항에 따라 제출된 이행실적을 평가하고, 그 결과를 사업주에게 통보하여야 한다.

③ 고용노동부장관은 제2항에 따른 평가 결과 이행실적이 우수한 기업(이하 "적극적 고용개선조치 우수기업"이라 한다)에 표창을 할 수 있다.

④ 국가와 지방자치단체는 적극적 고용개선조치 우수기업에 행정적·재정적 지원을 할 수 있다.

⑤ 고용노동부장관은 제2항에 따른 평가 결과 이행실적이 부진한 사업주에게 시행계획의 이행을 촉구할 수 있다.

⑥ 고용노동부장관은 제2항에 따른 평가 업무를 대통령령으로 정하는 기관이나 단체에 위탁할 수 있다.

⑦ 제1항에 따른 이행실적의 기재 사항, 제출 시기 및 제출 절차와 제2항에 따른 평가 결과의 통보 절차 등에 관하여 필요한 사항은 고용노동부령으로 정한다.

제17조의5 적극적 고용개선조치 미이행 사업주 명단 공표

① 고용노동부장관은 명단 공개 기준일 이전에 3회 연속하여 제17조의3 제1항의 기준에 미달한 사업주로서 제17조의4 제5항의 이행촉구를 받고 이에 따르지 아니한 경우 그 명단을 공표할 수 있다. 다만, 사업주의 사망·기업의 소멸 등 대통령령으로 정하는 사유가 있는 경우에는 그러하지 아니하다.

② 제1항에 따른 공표의 구체적인 기준·내용 및 방법 등 공표에 필요한 사항은 대통령령으로 정한다.

시행령 제6조(명단 공표 제외 사유)

① 법 제17조의5 제1항 단서에서 "사업주의 사망·기업의 소멸 등 대통령령으로 정하는 사유가 있는 경우"란 다음 각 호의 어느 하나에 해당하는 경우를 말한다.
　1. 사업주가 사망한 경우
　2. 사업장이 폐업하거나 소멸한 경우
　3. 「채무자 회생 및 파산에 관한 법률」에 따른 회생절차개시 결정을 받거나 파산선고를 받은 경우 등 중대한 경영상의 이유로 법 제17조의3에 따른 시행계획(이하 "시행계획"이라 한다)의 이행이 어려운 경우
　4. 사업주가 여성근로자의 채용 또는 여성 관리자(사업장의 단위 부서의 책임자로서 해당 부서의 사업을 기획·지휘하는 업무를 수행하고 부서 구성원을 감독·평가하는 자를 말한다. 이하 같다)의 임용 등 시행계획의 이행을 위하여 실질적인 노력을 하고 있는 경우

② 고용노동부장관은 사업주가 제1항 각 호의 어느 하나에 해당하는지 여부를 결정할 때에는 법 제17조의8 제5호에 따라 고용정책심의회의 심의를 거쳐야 한다.

시행령 제7조(명단 공표의 내용·방법 등)

① 고용노동부장관은 법 제17조의5 제1항 본문에 따라 명단을 공표하려는 경우 명단 공표 대상 사업주에게 공표 결정 사실, 공표 내용 등을 서면으로 통지하여야 한다.

② 고용노동부장관은 제1항에 따른 통지를 받은 날부터 30일 이상의 기간을 정하여 사업주가 소명 자료를 제출하거나 의견을 진술할 수 있도록 기회를 주어야 한다.

③ 법 제17조의5 제2항에 따른 공표의 내용은 다음 각 호와 같다.
　1. 해당 사업주의 성명, 사업장의 명칭·주소. 이 경우 해당 사업주가 법인인 경우에는 그 대표자의 성명 및 법인의 명칭·주소를 말한다.
　2. 해당 연도의 전체 근로자 수, 여성근로자 수 및 그 비율, 전체 관리자 수, 여성 관리자 수 및 그 비율, 해당 업종의 여성근로자의 고용기준

④ 법 제17조의5 제2항에 따른 공표 방법은 관보에 게재하거나 고용노동부의 홈페이지에 6개월 간 게시하는 것으로 한다.

제17조의6 시행계획 등의 게시

제17조의3 제1항에 따라 시행계획을 제출한 사업주는 시행계획 및 제17조의4 제1항에 따른 이행실적을 근로자가 열람할 수 있도록 게시하는 등 필요한 조치를 하여야 한다.

제17조의7 적극적 고용개선조치에 관한 협조

고용노동부장관은 적극적 고용개선조치의 효율적 시행을 위하여 필요하다고 인정하면 관계 행정기관의 장에게 차별의 시정 또는 예방을 위하여 필요한 조치를 하여 줄 것을 요청할 수 있다. 이 경우 관계 행정기관의 장은 특별한 사유가 없으면 요청에 따라야 한다.

제17조의8 적극적 고용개선조치에 관한 중요 사항 심의

적극적 고용개선조치에 관한 다음 각 호의 사항은 「고용정책 기본법」 제10조에 따른 고용정책 심의회의 심의를 거쳐야 한다.

1. 제17조의3 제1항에 따른 여성근로자 고용기준에 관한 사항
2. 제17조의3 제4항에 따른 시행계획의 심사에 관한 사항
3. 제17조의4 제2항에 따른 적극적 고용개선조치 이행실적의 평가에 관한 사항
4. 제17조의4 제3항 및 제4항에 따른 적극적 고용개선조치 우수기업의 표창 및 지원에 관한 사항
5. 제17조의5 제1항에 따른 공표 여부에 관한 사항
6. 그 밖에 적극적 고용개선조치에 관하여 고용정책심의회의 위원장이 회의에 부치는 사항

제17조의9 적극적 고용개선조치의 조사 · 연구 등

① 고용노동부장관은 적극적 고용개선조치에 관한 업무를 효율적으로 수행하기 위하여 조사 · 연구 · 교육 · 홍보 등의 사업을 할 수 있다.
② 고용노동부장관은 필요하다고 인정하면 제1항에 따른 업무의 일부를 대통령령으로 정하는 자에게 위탁할 수 있다.

제3장 모성 보호

제18조 출산전후휴가 등에 대한 지원

① 국가는 제18조의2에 따른 배우자 출산휴가, 「근로기준법」 제74조에 따른 출산전후휴가 또는 유산 · 사산 휴가를 사용한 근로자 중 일정한 요건에 해당하는 사람에게 그 휴가기간에 대하여 통상임금에 상당하는 금액(이하 "출산전후휴가급여등"이라 한다)을 지급할 수 있다.
② 제1항에 따라 지급된 출산전후휴가급여등은 그 금액의 한도에서 제18조의2 제1항 또는 「근로기준법」 제74조 제4항에 따라 사업주가 지급한 것으로 본다.
③ 출산전후휴가급여등을 지급하기 위하여 필요한 비용은 국가재정이나 「사회보장기본법」에 따른 사회보험에서 분담할 수 있다.
④ 근로자가 출산전후휴가급여등을 받으려는 경우 사업주는 관계 서류의 작성 · 확인 등 모든 절차에 적극 협력하여야 한다.
⑤ 출산전후휴가급여등의 지급요건, 지급기간 및 절차 등에 관하여 필요한 사항은 따로 법률로 정한다.

① 사업주는 근로자가 배우자의 출산을 이유로 휴가(이하 "배우자 출산휴가"라 한다)를 청구하는 경우에 10일의 휴가를 주어야 한다. 이 경우 사용한 휴가기간은 유급으로 한다.
② 제1항 후단에도 불구하고 출산전후휴가급여등이 지급된 경우에는 그 금액의 한도에서 지급의 책임을 면한다.
③ 배우자 출산휴가는 근로자의 배우자가 출산한 날부터 90일이 지나면 청구할 수 없다.
④ 배우자 출산휴가는 1회에 한정하여 나누어 사용할 수 있다.
⑤ 사업주는 배우자 출산휴가를 이유로 근로자를 해고하거나 그 밖의 불리한 처우를 하여서는 아니 된다.

사업주는 근로자가 배우자의 출산을 이유로 휴가를 청구하는 경우에 10일의 휴가를 주어야 한다.
(○) 기출 24

사업주는 근로자가 배우자의 출산을 이유로 출산일로부터 30일 내에 휴가를 청구하는 경우 5일의 유급휴가를 주어야 한다.
(×) 기출 15 · 17

사업주는 근로자가 배우자의 출산을 이유로 휴가를 청구하는 경우에 5일의 범위에서 3일 이상의 휴가를 주어야 한다.
(×) 기출 16 · 20

배우자 출산휴가를 사용한 휴가기간 중 3일은 유급으로 한다.
(×) 기출 20

배우자 출산휴가는 2회에 한정하여 나누어 사용할 수 있다.
(×) 기출 20

배우자 출산휴가는 근로자의 배우자가 출산한 날부터 90일이 지나면 청구할 수 없다.
(○) 기출 20 · 24

출산전후휴가급여가 지급되었더라도 배우자 출산휴가에 대한 급여는 전액 지급되어야 한다.
(×) 기출 20

제18조의3   난임치료휴가

① 사업주는 근로자가 인공수정 또는 체외수정 등 난임치료를 받기 위하여 휴가(이하 "난임치료휴가"라 한다)를 청구하는 경우에 연간 3일 이내의 휴가를 주어야 하며, 이 경우 최초 1일은 유급으로 한다. 다만, 근로자가 청구한 시기에 휴가를 주는 것이 정상적인 사업 운영에 중대한 지장을 초래하는 경우에는 근로자와 협의하여 그 시기를 변경할 수 있다.
② 사업주는 난임치료휴가를 이유로 해고, 징계 등 불리한 처우를 하여서는 아니 된다.
③ 난임치료휴가의 신청방법 및 절차 등은 대통령령으로 정한다.

사업주는 근로자가 인공수정 등 난임치료를 받기 위하여 휴가를 청구하는 경우에 연간 3일 이내의 휴가를 주어야 하며, 이 경우 최초 1일은 유급으로 한다.
(○) 기출 24

제19조 **육아휴직**

① 사업주는 임신 중인 여성 근로자가 모성을 보호하거나 근로자가 만 8세 이하 또는 초등학교 2학년 이하의 자녀(입양한 자녀를 포함한다. 이하 같다)를 양육하기 위하여 휴직(이하 "육아휴직"이라 한다)을 신청하는 경우에 이를 허용하여야 한다. 다만, 대통령령으로 정하는 경우에는 그러하지 아니하다.

② 육아휴직의 기간은 1년 이내로 한다.

③ 사업주는 육아휴직을 이유로 해고나 그 밖의 불리한 처우를 하여서는 아니 되며, 육아휴직 기간에는 그 근로자를 해고하지 못한다. 다만, 사업을 계속할 수 없는 경우에는 그러하지 아니하다.

④ 사업주는 육아휴직을 마친 후에는 휴직 전과 같은 업무 또는 같은 수준의 임금을 지급하는 직무에 복귀시켜야 한다. 또한 제2항의 육아휴직 기간은 근속기간에 포함한다.

⑤ 기간제근로자 또는 파견근로자의 육아휴직 기간은 「기간제 및 단시간근로자 보호 등에 관한 법률」 제4조에 따른 사용기간 또는 「파견근로자 보호 등에 관한 법률」 제6조에 따른 근로자파견기간에서 제외한다.

⑥ 육아휴직의 신청방법 및 절차 등에 관하여 필요한 사항은 대통령령으로 정한다.

> 사업주는 근로자가 초등학교 2학년 이하의 자녀(입양한 자녀를 제외한다)를 양육하기 위하여 휴직을 신청하는 경우에 이를 허용하여야 한다. (X) **기출** 18
>
> 육아휴직의 기간은 1년 이내로 한다. (O) **기출** 16
>
> 사업주는 사업을 계속할 수 없는 경우에도 육아휴직 중인 근로자를 육아휴직 기간에 해고하지 못한다. (X) **기출** 18
>
> 육아기 근로시간 단축 기간은 근속기간에 포함되나, 육아휴직 기간은 근속기간에 포함되지 않는다. (X) **기출** 18
>
> 사업주는 육아휴직을 마친 근로자를 휴직 전과 같은 업무 또는 같은 수준의 임금을 지급하는 직무에 복귀시켜야 한다. (O) **기출** 15

시행령 제10조(육아휴직의 적용 제외)
법 제19조 제1항 단서에서 "대통령령으로 정하는 경우"란 육아휴직을 시작하려는 날(이하 "휴직개시예정일"이라 한다)의 전날까지 해당 사업에서 계속 근로한 기간이 6개월 미만인 근로자가 신청한 경우를 말한다.

시행령 제11조(육아휴직의 신청 등)
① 법 제19조 제1항 본문에 따라 육아휴직을 신청하려는 근로자는 휴직개시예정일의 30일 전까지 신청서에 다음 각 호의 사항을 적어 사업주에게 제출해야 한다.
1. 신청인의 성명, 생년월일 등 인적사항
2. 육아휴직 대상인 영유아의 성명·생년월일(임신 중인 여성근로자가 육아휴직을 신청하는 경우에는 영유아의 성명을 적지 않으며, 생년월일 대신 출산 예정일을 적어야 한다)
3. 휴직개시예정일

4. 육아휴직을 종료하려는 날(이하 "휴직종료예정일"이라 한다)
5. 육아휴직 신청 연월일
② 제1항에도 불구하고 다음 각 호의 어느 하나에 해당하는 경우에는 휴직개시예정일 7일 전까지 육아휴직을 신청할 수 있다.
  1. 임신 중인 여성 근로자에게 유산 또는 사산의 위험이 있는 경우
  2. 출산 예정일 이전에 자녀가 출생한 경우
  3. 배우자의 사망, 부상, 질병 또는 신체적·정신적 장애나 배우자와의 이혼 등으로 해당 영유아를 양육하기 곤란한 경우
③ 사업주는 근로자가 제1항에 따른 기한이 지난 뒤에 육아휴직을 신청한 경우에는 그 신청일부터 30일 이내에, 제2항에 따른 기한이 지난 뒤에 육아휴직을 신청한 경우에는 그 신청일부터 7일 이내에 육아휴직 개시일을 지정하여 육아휴직을 허용하여야 한다.
④ 사업주는 제1항 또는 제2항에 따라 육아휴직을 신청한 근로자에게 임신 중인 사실을 증명할 수 있는 서류나 해당 자녀의 출생 등을 증명할 수 있는 서류의 제출을 요구할 수 있다.

시행령 제14조(육아휴직의 종료)

① 육아휴직 중인 근로자는 다음 각 호의 구분에 따른 사유가 발생하면 그 사유가 발생한 날부터 7일 이내에 그 사실을 사업주에게 알려야 한다.
  1. 임신 중인 여성 근로자가 육아휴직 중인 경우 : 유산 또는 사산
  2. 제1호 외의 근로자가 육아휴직 중인 경우
    가. 해당 영유아의 사망
    나. 해당 영유아와 동거하지 않고 영유아의 양육에도 기여하지 않게 된 경우
② 사업주는 제1항에 따라 육아휴직 중인 근로자로부터 영유아의 사망 등에 대한 사실을 통지받은 경우에는 통지받은 날부터 30일 이내로 근무개시일을 지정하여 그 근로자에게 알려야 한다.
③ 근로자는 다음 각 호의 어느 하나에 해당하는 날에 육아휴직이 끝난 것으로 본다.
  1. 제1항에 따라 통지를 하고 제2항에 따른 근무개시일을 통지받은 경우에는 그 근무개시일의 전날
  2. 제1항에 따라 통지를 하였으나 제2항에 따른 근무개시일을 통지받지 못한 경우에는 제1항의 통지를 한 날부터 30일이 되는 날
  3. 제1항에 따른 통지를 하지 아니한 경우에는 영유아의 사망 등의 사유가 발생한 날부터 37일이 되는 날
④ 육아휴직 중인 근로자가 새로운 육아휴직을 시작하거나 「근로기준법」 제74조 제1항에 따른 출산전후휴가 또는 법 제19조의2에 따른 육아기 근로시간 단축(이하 "육아기 근로시간 단축"이라 한다)을 시작하는 경우에는 그 새로운 육아휴직, 출산전후휴가 또는 육아기 근로시간 단축 개시일의 전날에 육아휴직이 끝난 것으로 본다.

제19조의2   육아기 근로시간 단축

① 사업주는 근로자가 만 8세 이하 또는 초등학교 2학년 이하의 자녀를 양육하기 위하여 근로시간의 단축(이하 "육아기 근로시간 단축"이라 한다)을 신청하는 경우에 이를 허용하여야 한다. 다만, 대체인력 채용이 불가능한 경우, 정상적인 사업 운영에 중대한 지장을 초래하는 경우 등 대통령령으로 정하는 경우에는 그러하지 아니하다.
② 제1항 단서에 따라 사업주가 육아기 근로시간 단축을 허용하지 아니하는 경우에는 해당 근로자에게 그 사유를 서면으로 통보하고 육아휴직을 사용하게 하거나 출근 및 퇴근 시간 조정 등 다른 조치를 통하여 지원할 수 있는지를 해당 근로자와 협의하여야 한다.

③ 사업주가 제1항에 따라 해당 근로자에게 육아기 근로시간 단축을 허용하는 경우 단축 후 근로시간은 주당 15시간 이상이어야 하고 35시간을 넘어서는 아니 된다.

④ 육아기 근로시간 단축의 기간은 1년 이내로 한다. 다만, 제19조 제1항에 따라 육아휴직을 신청할 수 있는 근로자가 제19조 제2항에 따른 육아휴직 기간 중 사용하지 아니한 기간이 있으면 그 기간을 가산한 기간 이내로 한다.

⑤ 사업주는 육아기 근로시간 단축을 이유로 해당 근로자에게 해고나 그 밖의 불리한 처우를 하여서는 아니 된다.

⑥ 사업주는 근로자의 육아기 근로시간 단축기간이 끝난 후에 그 근로자를 육아기 근로시간 단축 전과 같은 업무 또는 같은 수준의 임금을 지급하는 직무에 복귀시켜야 한다.

⑦ 육아기 근로시간 단축의 신청방법 및 절차 등에 관하여 필요한 사항은 대통령령으로 정한다.

사업주는 정상적인 사업 운영에 중대한 지장을 초래하는 경우에는 육아기 근로시간 단축을 허용하지 아니할 수 있다. (O) 기출 21

사업주는 정상적인 사업 운영에 중대한 지장을 초래하는 경우에는 육아휴직 및 육아기 근로시간 단축을 허용하지 아니할 수 있다. (X) 기출 18

사업주가 육아기 근로시간 단축을 허용하지 아니하는 경우에는 해당 근로자에게 그 사유를 서면으로 통보하여야 한다. (O) 기출 24

사업주가 육아기 근로시간 단축을 허용하는 경우 단축 후 근로시간은 주당 10시간 이상이어야 하고 30시간을 넘어서는 아니 된다. (X) 기출 24

사업주가 해당 근로자에게 육아기 근로시간 단축을 허용하는 경우 단축 후 근로시간은 주당 15시간 이상이어야 하고 35시간을 넘어서는 아니 된다. (O) 기출 21

사업주가 근로자에게 육아기 근로시간 단축을 허용하는 경우 단축 후 근로시간은 주당 15시간 이상이어야 하고 30시간을 넘어서는 아니 된다. (X) 기출 13 · 15

사업주는 근로자의 육아기 근로시간 단축기간이 끝난 후에 그 근로자를 육아기 근로시간 단축 전과 같은 업무 또는 같은 수준의 임금을 지급하는 직무에 복귀시켜야 한다. (O) 기출 21 · 24

시행령 제15조(육아기 근로시간 단축의 신청 등)

① 법 제19조의2 제1항 본문에 따라 육아기 근로시간 단축을 신청하려는 근로자는 육아기 근로시간 단축을 시작하려는 날(이하 "단축개시예정일"이라 한다)의 30일 전까지 육아기 근로시간 단축기간 중 양육하는 대상인 자녀의 성명, 생년월일, 단축개시예정일, 육아기 근로시간 단축을 종료하려는 날(이하 "단축종료예정일"이라 한다), 육아기 근로시간 단축 중 근무개시시각 및 근무종료시각, 육아기 근로시간 단축 신청 연월일, 신청인 등에 대한 사항을 적은 문서(전자문서를 포함한다)를 사업주에게 제출하여야 한다.

② 사업주는 근로자가 제1항에 따른 기한이 지난 뒤에 육아기 근로시간 단축을 신청한 경우에는 그 신청일부터 30일 이내로 육아기 근로시간 단축 개시일을 지정하여 육아기 근로시간 단축을 허용하여야 한다.

③ 사업주는 제1항 및 제2항에 따라 육아기 근로시간 단축을 신청한 근로자에게 해당 자녀의 출생 등을 증명할 수 있는 서류의 제출을 요구할 수 있다.

시행령 제15조의2(육아기 근로시간 단축의 허용 예외)

법 제19조의2 제1항 단서에서 "대통령령으로 정하는 경우"란 다음 각 호의 어느 하나에 해당하는 경우를 말한다.

    1. 단축개시예정일의 전날까지 해당 사업에서 계속 근로한 기간이 6개월 미만인 근로자가 신청한 경우

    2. 삭제 〈2019.12.24.〉

    3. 사업주가 「직업안정법」 제2조의2 제1호에 따른 직업안정기관(이하 "직업안정기관"이라 한다)에 구인신청을 하고 14일 이상 대체인력을 채용하기 위하여 노력하였으나 대체인력을 채용하지 못한 경우. 다만, 직업안정기관의 장의 직업소개에도 불구하고 정당한 이유 없이 2회 이상 채용을 거부한 경우는 제외한다.

    4. 육아기 근로시간 단축을 신청한 근로자의 업무 성격상 근로시간을 분할하여 수행하기 곤란하거나 그 밖에 육아기 근로시간 단축이 정상적인 사업 운영에 중대한 지장을 초래하는 경우로서 사업주가 이를 증명하는 경우

시행령 제15조의3(육아기 근로시간 단축의 종료)

① 육아기 근로시간 단축 중인 근로자는 그 영유아가 사망한 경우 또는 그 영유아와 동거하지 않게 된 경우(영유아의 양육에 기여하지 않는 경우로 한정한다)에는 그 사유가 발생한 날부터 7일 이내에 그 사실을 사업주에게 알려야 한다.

② 사업주는 제1항에 따라 육아기 근로시간 단축 중인 근로자로부터 영유아의 사망 등에 대한 사실을 통지받은 경우에는 통지받은 날부터 30일 이내로 육아기 근로시간 단축 전 직무 복귀일을 지정하여 그 근로자에게 알려야 한다.

③ 근로자는 다음 각 호의 어느 하나에 해당하는 날에 육아기 근로시간 단축이 끝난 것으로 본다.

    1. 제1항에 따라 통지를 하고 제2항에 따른 육아기 근로시간 단축 전 직무 복귀일을 통지받은 경우에는 그 육아기 근로시간 단축 전 직무 복귀일의 전날

    2. 제1항에 따라 통지를 하였으나 제2항에 따른 육아기 근로시간 단축 전 직무 복귀일을 통지받지 못한 경우에는 제1항의 통지를 한 날부터 30일이 되는 날

    3. 제1항에 따른 통지를 하지 아니한 경우에는 영유아의 사망 등 육아기 근로시간 단축의 종료 사유가 발생한 날부터 37일이 되는 날

④ 육아기 근로시간 단축 중인 근로자가 새로운 육아기 근로시간 단축을 시작하거나 육아휴직 또는 「근로기준법」 제74조에 따른 출산전후휴가를 시작하는 경우에는 그 새로운 육아기 근로시간 단축, 육아휴직 또는 출산전후휴가 개시일의 전날에 육아기 근로시간 단축이 끝난 것으로 본다.

제19조의3   육아기 근로시간 단축 중 근로조건 등

① 사업주는 제19조의2에 따라 육아기 근로시간 단축을 하고 있는 근로자에 대하여 근로시간에 비례하여 적용하는 경우 외에는 육아기 근로시간 단축을 이유로 그 근로조건을 불리하게 하여서는 아니 된다.

② 제19조의2에 따라 육아기 근로시간 단축을 한 근로자의 근로조건(육아기 근로시간 단축 후 근로시간을 포함한다)은 사업주와 그 근로자 간에 서면으로 정한다.

③ 사업주는 제19조의2에 따라 육아기 근로시간 단축을 하고 있는 근로자에게 단축된 근로시간 외에 연장근로를 요구할 수 없다. 다만, 그 근로자가 명시적으로 청구하는 경우에는 사업주는 주 12시간 이내에서 연장근로를 시킬 수 있다.

④ 육아기 근로시간 단축을 한 근로자에 대하여 「근로기준법」 제2조 제6호에 따른 평균임금을 산정하는 경우에는 그 근로자의 육아기 근로시간 단축 기간을 평균임금 산정기간에서 제외한다.

> 사업주는 육아기 근로시간 단축을 하고 있는 근로자에게 단축된 근로시간 외에 연장근로를 요구할 수 없다. 다만, 그 근로자가 명시적으로 청구하는 경우에는 사업주는 주 12시간 이내에서 연장근로를 시킬 수 있다. (O) 기출 21
>
> 사업주는 육아기 근로시간 단축을 하고 있는 근로자의 명시적 청구가 있으면 단축된 근로시간 외에 주 12시간 이내에서 연장근로를 시킬 수 있다. (O) 기출 18
>
> 사업주는 육아기 근로시간 단축을 하고 있는 근로자에게 단축된 근로시간 외에 연장근로를 요구할 수 없다. (O) 기출 15
>
> 육아기 근로시간 단축을 한 근로자의 평균임금을 산정하는 경우에는 그 근로자의 육아기 근로시간 단축 기간을 평균임금 산정기간에서 제외한다. (O) 기출 24
>
> 육아기 근로시간 단축을 한 근로자에 대하여 「근로기준법」에 따른 평균임금을 산정하는 경우에는 그 근로자의 육아기 근로시간 단축기간은 평균임금 산정기간에 포함한다. (×) 기출 21

제19조의4 육아휴직과 육아기 근로시간 단축의 사용형태

① 근로자는 육아휴직을 2회에 한정하여 나누어 사용할 수 있다. 이 경우 임신 중인 여성근로자가 모성보호를 위하여 육아휴직을 사용한 횟수는 육아휴직을 나누어 사용한 횟수에 포함하지 아니한다.

② 근로자는 육아기 근로시간 단축을 나누어 사용할 수 있다. 이 경우 나누어 사용하는 1회의 기간은 3개월(근로계약기간의 만료로 3개월 이상 근로시간 단축을 사용할 수 없는 기간제근로자에 대해서는 남은 근로계약기간을 말한다) 이상이 되어야 한다.

> 근로자는 육아기 근로시간 단축을 나누어 사용할 수 있다. (O) 기출 24

제19조의5 육아지원을 위한 그 밖의 조치

① 사업주는 만 8세 이하 또는 초등학교 2학년 이하의 자녀를 양육하는 근로자의 육아를 지원하기 위하여 다음 각 호의 어느 하나에 해당하는 조치를 하도록 노력하여야 한다.
   1. 업무를 시작하고 마치는 시간 조정
   2. 연장근로의 제한
   3. 근로시간의 단축, 탄력적 운영 등 근로시간 조정
   4. 그 밖에 소속 근로자의 육아를 지원하기 위하여 필요한 조치
② 고용노동부장관은 사업주가 제1항에 따른 조치를 할 경우 고용 효과 등을 고려하여 필요한 지원을 할 수 있다.

제19조의6 직장복귀를 위한 사업주의 지원

사업주는 이 법에 따라 육아휴직 중인 근로자에 대한 직업능력 개발 및 향상을 위하여 노력하여야 하고 출산전후휴가, 육아휴직 또는 육아기 근로시간 단축을 마치고 복귀하는 근로자가 쉽게 직장생활에 적응할 수 있도록 지원하여야 한다.

제20조 일 · 가정의 양립을 위한 지원

① 국가는 사업주가 근로자에게 육아휴직이나 육아기 근로시간 단축을 허용한 경우 그 근로자의 생계비용과 사업주의 고용유지비용의 일부를 지원할 수 있다.
② 국가는 소속 근로자의 일 · 가정의 양립을 지원하기 위한 조치를 도입하는 사업주에게 세제 및 재정을 통한 지원을 할 수 있다.

제21조 직장어린이집 설치 및 지원 등

① 사업주는 근로자의 취업을 지원하기 위하여 수유 · 탁아 등 육아에 필요한 어린이집(이하 "직장어린이집"이라 한다)을 설치하여야 한다.
② 직장어린이집을 설치하여야 할 사업주의 범위 등 직장어린이집의 설치 및 운영에 관한 사항은 「영유아보육법」에 따른다.
③ 고용노동부장관은 근로자의 고용을 촉진하기 위하여 직장어린이집의 설치 · 운영에 필요한 지원 및 지도를 하여야 한다.
④ 사업주는 직장어린이집을 운영하는 경우 근로자의 고용형태에 따라 차별해서는 아니 된다.

제21조의2 그 밖의 보육 관련 지원

고용노동부장관은 제21조에 따라 직장어린이집을 설치하여야 하는 사업주 외의 사업주가 직장어린이집을 설치하려는 경우에는 직장어린이집의 설치 · 운영에 필요한 정보 제공, 상담 및 비용의 일부 지원 등 필요한 지원을 할 수 있다.

제22조 공공복지시설의 설치

① 국가 또는 지방자치단체는 여성근로자를 위한 교육 · 육아 · 주택 등 공공복지시설을 설치할 수 있다.
② 제1항에 따른 공공복지시설의 기준과 운영에 필요한 사항은 고용노동부장관이 정한다.

제22조의2 근로자의 가족 돌봄 등을 위한 지원

① 사업주는 근로자가 조부모, 부모, 배우자, 배우자의 부모, 자녀 또는 손자녀(이하 "가족"이라 한다)의 질병, 사고, 노령으로 인하여 그 가족을 돌보기 위한 휴직(이하 "가족돌봄휴직"이라 한다)을 신청하는 경우 이를 허용하여야 한다. 다만, 대체인력 채용이 불가능한 경우, 정상적인 사업 운영에 중대한 지장을 초래하는 경우, 본인 외에도 조부모의 직계비속 또는 손자녀의 직계존속이 있는 경우 등 대통령령으로 정하는 경우에는 그러하지 아니하다.
② 사업주는 근로자가 가족(조부모 또는 손자녀의 경우 근로자 본인 외에도 직계비속 또는 직계존속이 있는 등 대통령령으로 정하는 경우는 제외한다)의 질병, 사고, 노령 또는 자녀의 양육으로 인하여 긴급하게 그 가족을 돌보기 위한 휴가(이하 "가족돌봄휴가"라 한다)를 신청하는 경우 이를 허용하여야 한다. 다만, 근로자가 청구한 시기에 가족돌봄 휴가를 주는 것이 정상적인 사업 운영에 중대한 지장을 초래하는 경우에는 근로자와 협의하여 그 시기를 변경할 수 있다.

③ 제1항 단서에 따라 사업주가 가족돌봄휴직을 허용하지 아니하는 경우에는 해당 근로자에게 그 사유를 서면으로 통보하고, 다음 각 호의 어느 하나에 해당하는 조치를 하도록 노력하여야 한다.
  1. 업무를 시작하고 마치는 시간 조정
  2. 연장근로의 제한
  3. 근로시간의 단축, 탄력적 운영 등 근로시간의 조정
  4. 그 밖에 사업장 사정에 맞는 지원조치
④ 가족돌봄휴직 및 가족돌봄휴가의 사용기간과 분할횟수 등은 다음 각 호에 따른다.
  1. 가족돌봄휴직 기간은 연간 최장 90일로 하며, 이를 나누어 사용할 수 있을 것. 이 경우 나누어 사용하는 1회의 기간은 30일 이상이 되어야 한다.
  2. 가족돌봄휴가 기간은 연간 최장 10일[제3호에 따라 가족돌봄휴가 기간이 연장되는 경우 20일(「한부모가족지원법」 제4조 제1호의 모 또는 부에 해당하는 근로자의 경우 25일) 이내]로 하며, 일단위로 사용할 수 있을 것. 다만, 가족돌봄휴가 기간은 가족돌봄휴직 기간에 포함된다.
  3. 고용노동부장관은 감염병의 확산 등을 원인으로 「재난 및 안전관리 기본법」 제38조에 따른 심각단계의 위기경보가 발령되거나, 이에 준하는 대규모 재난이 발생한 경우로서 근로자에게 가족을 돌보기 위한 특별한 조치가 필요하다고 인정되는 경우 「고용정책 기본법」 제10조에 따른 고용정책심의회의 심의를 거쳐 가족돌봄휴가 기간을 연간 10일(「한부모가족지원법」 제4조 제1호에 따른 모 또는 부에 해당하는 근로자의 경우 15일)의 범위에서 연장할 수 있을 것. 이 경우 고용노동부장관은 지체 없이 기간 및 사유 등을 고시하여야 한다.
⑤ 제4항 제3호에 따라 연장된 가족돌봄휴가는 다음 각 호의 어느 하나에 해당하는 경우에만 사용할 수 있다.
  1. 감염병 확산을 사유로 「재난 및 안전관리 기본법」 제38조에 따른 심각단계의 위기경보가 발령된 경우로서 가족이 위기경보가 발령된 원인이 되는 감염병의 「감염병의 예방 및 관리에 관한 법률」 제2조 제13호부터 제15호까지의 감염병환자, 감염병의사환자, 병원체보유자인 경우 또는 같은 법 제2조 제15호의2의 감염병의심자 중 유증상자 등으로 분류되어 돌봄이 필요한 경우
  2. 자녀가 소속된 「초·중등교육법」 제2조의 학교, 「유아교육법」 제2조 제2호의 유치원 또는 「영유아보육법」 제2조 제3호의 어린이집(이하 이 조에서 "학교등"이라 한다)에 대한 「초·중등교육법」 제64조에 따른 휴업명령 또는 휴교처분, 「유아교육법」 제31조에 따른 휴원 또는 휴원 명령이나 「영유아보육법」 제43조의2에 따른 휴원명령으로 자녀의 돌봄이 필요한 경우
  3. 자녀가 제1호에 따른 감염병으로 인하여 「감염병의 예방 및 관리에 관한 법률」 제42조 제2항 제1호에 따른 자가(自家) 격리 대상이 되거나 학교등에서 등교 또는 등원 중지 조치를 받아 돌봄이 필요한 경우
  4. 그 밖에 근로자의 가족돌봄에 관하여 고용노동부장관이 정하는 사유에 해당하는 경우
⑥ 사업주는 가족돌봄휴직 또는 가족돌봄휴가를 이유로 해당 근로자를 해고하거나 근로조건을 악화시키는 등 불리한 처우를 하여서는 아니 된다.

⑦ 가족돌봄휴직 및 가족돌봄휴가 기간은 <u>근속기간</u>에 포함한다. 다만, 「근로기준법」 제2조 제1항 제6호에 따른 <u>평균임금 산정기간</u>에서는 제외한다.
⑧ 사업주는 소속 근로자가 건전하게 직장과 가정을 유지하는 데에 도움이 될 수 있도록 필요한 심리상담 서비스를 제공하도록 <u>노력하여야</u> 한다.
⑨ 고용노동부장관은 사업주가 제1항 또는 제2항에 따른 조치를 하는 경우에는 고용 효과 등을 고려하여 <u>필요한 지원</u>을 할 수 있다.
⑩ 가족돌봄휴직 및 가족돌봄휴가의 신청방법 및 절차 등에 관하여 필요한 사항은 대통령령으로 정한다.

가족돌봄휴직 기간은 연간 최장 90일로 한다. (O) **기출** 24

가족돌봄휴직 기간은 연간 최장 60일로 하며, 이를 나누어 사용할 수 있다. (×) **기출** 19

가족돌봄휴직 기간은 근로기준법상 평균임금 산정기간에서는 제외되고 근속기간에는 포함된다.
(O) **기출** 15

시행령 제16조의2(가족돌봄휴직 및 가족돌봄휴가의 신청 등)
① 법 제22조의2 제1항 본문에 따라 가족돌봄휴직을 신청하려는 근로자는 가족돌봄휴직을 시작하려는 날(이하 "돌봄휴직개시예정일"이라 한다)의 30일 전까지 가족돌봄휴직 기간 중 돌보는 대상인 가족의 성명, 생년월일, 돌봄이 필요한 사유, 돌봄휴직개시예정일, 가족돌봄휴직을 종료하려는 날(이하 "돌봄휴직종료예정일"이라 한다), 가족돌봄휴직 신청 연월일, 신청인 등에 대한 사항을 적은 <u>문서</u>(전자문서를 포함한다)를 사업주에게 제출하여야 한다.
② 사업주는 근로자가 제1항에 따른 기한이 지난 뒤에 가족돌봄휴직을 신청한 경우에는 그 <u>신청일부터 30일 이내</u>로 가족돌봄휴직 개시일을 지정하여 가족돌봄휴직을 허용하여야 한다.
③ 사업주는 가족돌봄휴직을 신청한 근로자에게 돌봄이 필요한 가족의 건강 상태, 신청인 외의 가족 등의 돌봄 가능 여부 등 근로자의 가족돌봄휴직의 필요성을 확인할 수 있는 <u>서류의 제출을 요구</u>할 수 있다.
④ 법 제22조의2 제2항 본문에 따라 가족돌봄휴가를 신청하려는 근로자는 가족돌봄휴가를 사용하려는 날, 가족돌봄휴가 중 돌보는 대상인 가족의 성명·생년월일, 가족돌봄휴가 신청 연월일, 신청인 등에 대한 사항을 적은 <u>문서</u>(전자문서를 포함한다)를 사업주에게 제출해야 한다.

시행령 제16조의3(가족돌봄휴직 및 가족돌봄휴가의 허용 예외)
① 법 제22조의2 제1항 단서에서 "대통령령으로 정하는 경우"란 다음 각 호의 어느 하나에 해당하는 경우를 말한다.
  1. 돌봄휴직개시예정일의 전날까지 해당 사업에서 계속 근로한 기간이 <u>6개월 미만</u>인 근로자가 신청한 경우
  2. 부모, 배우자, 자녀 또는 배우자의 부모를 돌보기 위하여 가족돌봄휴직을 신청한 근로자 외에도 돌봄이 필요한 가족의 부모, 자녀, 배우자 등이 돌봄이 필요한 가족을 돌볼 수 있는 경우
  3. 조부모 또는 손자녀를 돌보기 위하여 가족돌봄휴직을 신청한 근로자 외에도 <u>조부모의 직계비속 또는 손자녀의 직계존속</u>이 있는 경우. 다만, 조부모의 직계비속 또는 손자녀의 직계존속에게 질병, 노령, 장애 또는 미성년 등의 사유가 있어 신청한 근로자가 돌봐야 하는 경우는 제외한다.

4. 사업주가 직업안정기관에 구인신청을 하고 14일 이상 대체인력을 채용하기 위하여 노력하였으나 대체인력을 채용하지 못한 경우. 다만, 직업안정기관의 장의 직업소개에도 불구하고 정당한 이유 없이 2회 이상 채용을 거부한 경우는 제외한다.

5. 근로자의 가족돌봄휴직으로 인하여 정상적인 사업 운영에 중대한 지장이 초래되는 경우로서 사업주가 이를 증명하는 경우

② 법 제22조의2 제2항 본문에서 "조부모 또는 손자녀의 경우 근로자 본인 외에도 직계비속 또는 직계존속이 있는 등 대통령령으로 정하는 경우"란 조부모 또는 손자녀를 돌보기 위하여 가족돌봄휴가를 신청한 근로자 외에도 조부모의 직계비속 또는 손자녀의 직계존속이 있는 경우를 말한다. 다만, 조부모의 직계비속 또는 손자녀의 직계존속에게 질병, 노령, 장애 또는 미성년 등의 사유가 있어 신청한 근로자가 돌봐야 하는 경우는 제외한다.

시행령 제16조의4(가족돌봄휴직 신청의 철회 등)

① 가족돌봄휴직을 신청한 근로자는 돌봄휴직개시예정일의 7일 전까지 사유를 밝혀 그 신청을 철회할 수 있다.

② 근로자가 가족돌봄휴직을 신청한 후 돌봄휴직개시예정일 전에 돌봄이 필요한 가족이 사망하거나 질병 등이 치유된 경우에는 그 신청은 없었던 것으로 본다. 이 경우 근로자는 지체 없이 그 사실을 사업주에게 알려야 한다.

시행령 제16조의5(가족돌봄휴직의 종료)

① 가족돌봄휴직 중인 근로자는 돌봄이 필요한 가족이 사망하거나 질병 등이 치유된 경우에는 그 사유가 발생한 날부터 7일 이내에 그 사실을 사업주에게 알려야 한다.

② 사업주는 제1항에 따라 통지를 받은 경우 통지받은 날부터 30일 이내로 근무개시일을 지정하여 그 근로자에게 알려야 한다.

③ 근로자는 다음 각 호의 어느 하나에 해당하는 날에 가족돌봄휴직이 끝난 것으로 본다.

1. 제1항에 따라 통지를 하고 제2항에 따른 근무개시일을 통지받은 경우에는 그 근무개시일의 전날

2. 제1항에 따라 통지를 했으나 제2항에 따른 근무개시일을 통지받지 못한 경우에는 제1항의 통지를 한 날부터 30일이 되는 날

3. 제1항에 따른 통지를 하지 않은 경우에는 제1항에 따른 사유가 발생한 날부터 37일이 되는 날

제22조의3   가족돌봄 등을 위한 근로시간 단축

① 사업주는 근로자가 다음 각 호의 어느 하나에 해당하는 사유로 근로시간의 단축을 신청하는 경우에 이를 허용하여야 한다. 다만, 대체인력 채용이 불가능한 경우, 정상적인 사업 운영에 중대한 지장을 초래하는 경우 등 대통령령으로 정하는 경우에는 그러하지 아니하다.

1. 근로자가 가족의 질병, 사고, 노령으로 인하여 그 가족을 돌보기 위한 경우

2. 근로자 자신의 질병이나 사고로 인한 부상 등의 사유로 자신의 건강을 돌보기 위한 경우

3. 55세 이상의 근로자가 은퇴를 준비하기 위한 경우

4. 근로자의 학업을 위한 경우

② 제1항 단서에 따라 사업주가 근로시간 단축을 허용하지 아니하는 경우에는 해당 근로자에게 그 사유를 서면으로 통보하고 휴직을 사용하게 하거나 그 밖의 조치를 통하여 지원할 수 있는지를 해당 근로자와 협의하여야 한다.

③ 사업주가 제1항에 따라 해당 근로자에게 근로시간 단축을 허용하는 경우 단축 후 근로시간은 주당 15시간 이상이어야 하고 30시간을 넘어서는 아니 된다.

④ 근로시간 단축의 기간은 1년 이내로 한다. 다만, 제1항 제1호부터 제3호까지의 어느 하나에 해당하는 근로자는 합리적 이유가 있는 경우에 추가로 2년의 범위 안에서 근로시간 단축의 기간을 연장할 수 있다.

⑤ 사업주는 근로시간 단축을 이유로 해당 근로자에게 해고나 그 밖의 불리한 처우를 하여서는 아니 된다.

⑥ 사업주는 근로자의 근로시간 단축기간이 끝난 후에 그 근로자를 근로시간 단축 전과 같은 업무 또는 같은 수준의 임금을 지급하는 직무에 복귀시켜야 한다.

⑦ 근로시간 단축의 신청방법 및 절차 등에 필요한 사항은 대통령령으로 정한다.

사업주가 근로시간 단축을 허용하지 아니하는 경우에는 해당 근로자에게 그 사유를 서면으로 통보하고 그 밖의 조치를 통하여 지원할 수 있는지를 해당 사업장의 근로자대표와 서면으로 협의하여야 한다. (×) **기출** 23

사업주가 가족돌봄을 위한 근로시간 단축을 허용하는 경우 단축 후 근로시간은 주당 15시간 이상이어야 하고 30시간을 넘어서는 아니 된다. (○) **기출** 24

사업주가 해당 근로자에게 근로시간 단축을 허용하는 경우 단축 후 근로시간은 주당 15시간 이상이어야 하고 30시간을 넘어서는 아니 된다. (○) **기출** 23

근로자는 근로자의 학업을 위한 경우에는 근로시간 단축의 기간을 연장할 수 없다. (○) **기출** 23

시행령 제16조의7(가족돌봄 등을 위한 근로시간 단축의 신청 등)

① 법 제22조의3 제1항에 따라 가족돌봄 등을 위한 근로시간 단축(이하 "가족돌봄등근로시간단축"이라 한다)을 신청하려는 근로자는 가족돌봄등근로시간단축을 시작하려는 날(이하 "가족돌봄등단축개시예정일"이라 한다)의 30일 전까지 가족돌봄등근로시간단축 신청사유, 가족돌봄등단축개시예정일, 가족돌봄등근로시간단축을 종료하려는 날(이하 "가족돌봄등단축종료예정일"이라 한다), 가족돌봄등근로시간단축 기간 중 근무개시시각·근무종료시각, 가족돌봄등근로시간단축 신청 연월일 및 신청인 등에 대한 사항을 적은 문서(전자문서를 포함한다)를 사업주에게 제출해야 한다.

② 사업주는 근로자가 제1항에 따른 기한이 지난 후에 가족돌봄등근로시간단축을 신청한 경우 그 신청일부터 30일 이내로 가족돌봄등근로시간단축 개시일을 지정하여 가족돌봄등근로시간단축을 허용해야 한다.

③ 제1항 및 제2항에 따라 근로자가 가족돌봄등근로시간단축을 신청했음에도 불구하고 그 신청일부터 30일 이내에 사업주로부터 가족돌봄등근로시간단축 허용 여부에 대하여 통지를 받지 못한 경우에는 근로자가 신청한 내용대로 사업주가 가족돌봄등근로시간단축을 허용한 것으로 본다.

④ 사업주는 제1항 및 제2항에 따라 가족돌봄등근로시간단축을 신청한 근로자에게 가족의 질병 등 해당 사유를 증명할 수 있는 서류의 제출을 요구할 수 있다.

시행령 제16조의8(가족돌봄등근로시간단축의 허용 예외)

법 제22조의3 제1항 각 호 외의 부분 단서에서 "대체인력 채용이 불가능한 경우, 정상적인 사업 운영에 중대한 지장을 초래하는 경우 등 대통령령으로 정하는 경우"란 다음 각 호의 어느 하나에 해당하는 경우를 말한다.

1. 가족돌봄단축개시예정일의 전날까지 해당 사업에서 계속 근로한 기간이 6개월 미만의 근로자가 신청한 경우
2. 사업주가 직업안정기관에 구인신청을 하고 14일 이상 대체인력을 채용하기 위하여 노력했으나 대체인력을 채용하지 못한 경우. 다만, 직업안정기관의 장의 직업소개에도 불구하고 정당한 이유 없이 2회 이상 채용을 거부한 경우는 제외한다.
3. 가족돌봄등근로시간단축을 신청한 근로자의 업무 성격상 근로시간을 분할하여 수행하기 곤란하거나 그 밖에 가족돌봄등근로시간단축이 정상적인 사업 운영에 중대한 지장을 초래하는 경우로서 사업주가 이를 증명하는 경우
4. 가족돌봄등근로시간단축 종료일부터 2년이 지나지 않은 근로자가 신청한 경우

시행령 제16조의9(가족돌봄등근로시간단축의 기간 연장 신청 등)

① 가족돌봄등근로시간단축 기간을 연장하려는 근로자는 가족돌봄등단축종료예정일 30일 전까지 가족돌봄등근로시간단축 기간 연장 사유, 당초 가족돌봄등단축종료예정일, 가족돌봄등근로시간단축 기간 연장에 따른 가족돌봄등단축종료예정일, 연장된 가족돌봄등근로시간단축 기간 중 근무개시시각·근무종료시각, 가족돌봄등근로시간단축 기간 연장 신청 연월일 및 신청인 등에 대한 사항을 적은 문서(전자문서를 포함한다)를 사업주에게 제출해야 한다.
② 사업주는 근로자가 제1항에 따른 기한이 지난 후에 가족돌봄등근로시간단축 기간 연장을 신청한 경우 그 신청일부터 30일 이내에 가족돌봄등근로시간단축을 연장하는 기간을 지정하여 가족돌봄등근로시간단축을 허용해야 한다.
③ 제1항 및 제2항에 따른 기간의 연장은 1회로 한정한다.
④ 제1항 및 제2항에 따라 근로자가 가족돌봄등근로시간단축 기간 연장을 신청했음에도 불구하고 그 신청일부터 30일 이내에 사업주로부터 가족돌봄등근로시간단축 기간 연장 허용 여부에 대하여 통지를 받지 못한 경우에는 근로자가 신청한 내용대로 사업주가 가족돌봄등근로시간단축 기간 연장을 허용한 것으로 본다.
⑤ 사업주는 제1항 및 제2항에 따라 가족돌봄등근로시간단축 기간 연장을 신청한 근로자에게 가족의 질병 등 해당 사유를 증명할 수 있는 서류의 제출을 요구할 수 있다.

시행령 제16조의10(가족돌봄등근로시간단축 신청의 철회 등)

① 가족돌봄등근로시간단축을 신청한 근로자는 가족돌봄등단축개시예정일의 7일 전까지 사유를 밝혀 그 신청을 철회할 수 있다.
② 근로자가 가족돌봄등근로시간단축을 신청한 후 가족돌봄등단축개시예정일 전에 다음 각 호의 구분에 따른 사유가 발생하면 그 신청은 없었던 것으로 본다. 이 경우 근로자는 지체 없이 그 사실을 사업주에게 알려야 한다.

1. 법 제22조의3 제1항 제1호의 사유로 신청한 경우 : 해당 가족의 사망 또는 질병 등의 치유
2. 법 제22조의3 제1항 제2호의 사유로 신청한 경우 : 해당 질병 또는 부상 등의 치유
3. 법 제22조의3 제1항 제3호 또는 제4호의 사유로 신청한 경우 : 사정 변경으로 인한 은퇴준비 또는 학업에 관한 계획의 취소

시행령 제16조의11(가족돌봄등근로시간단축의 종료)

① 가족돌봄등근로시간단축 중인 근로자는 다음 각 호의 구분에 따른 사유가 발생한 경우에는 그 사유가 발생한 날부터 7일 이내에 그 사실을 사업주에게 알려야 한다.
   1. 법 제22조의3 제1항 제1호의 사유로 단축 중인 경우 : 해당 가족의 사망 또는 질병 등의 치유
   2. 법 제22조의3 제1항 제2호의 사유로 단축 중인 경우 : 해당 질병 또는 부상 등의 치유
   3. 법 제22조의3 제1항 제3호 또는 제4호의 사유로 단축 중인 경우 : 사정 변경으로 인한 은퇴준비 또는 학업의 중단
② 사업주는 제1항에 따라 통지를 받은 경우 통지받은 날부터 30일 이내로 가족돌봄등근로시간단축 전 직무 복귀일을 지정하여 그 근로자에게 알려야 한다.
③ 근로자는 다음 각 호의 어느 하나에 해당하는 날에 가족돌봄등근로시간단축이 끝난 것으로 본다.
   1. 제1항에 따라 통지를 하고 제2항에 따른 가족돌봄등근로시간단축 전 직무 복귀일을 통지받은 경우에는 그 가족돌봄등근로시간단축 전 직무 복귀일의 전날
   2. 제1항에 따라 통지를 했으나 제2항에 따른 가족돌봄등근로시간단축 전 직무 복귀일을 통지받지 못한 경우에는 제1항의 통지를 한 날부터 30일이 되는 날
   3. 제1항에 따른 통지를 하지 않은 경우에는 제1항 각 호의 구분에 따른 사유가 발생한 날부터 37일이 되는 날

제22조의4 **가족돌봄 등을 위한 근로시간 단축 중 근로조건 등**

① 사업주는 제22조의3에 따라 근로시간 단축을 하고 있는 근로자에게 근로시간에 비례하여 적용하는 경우 외에는 가족돌봄 등을 위한 근로시간 단축을 이유로 그 근로조건을 불리하게 하여서는 아니 된다.
② 제22조의3에 따라 근로시간 단축을 한 근로자의 근로조건(근로시간 단축 후 근로시간을 포함한다)은 사업주와 그 근로자 간에 서면으로 정한다.
③ 사업주는 제22조의3에 따라 근로시간 단축을 하고 있는 근로자에게 단축된 근로시간 외에 연장근로를 요구할 수 없다. 다만, 그 근로자가 명시적으로 청구하는 경우에는 사업주는 주 12시간 이내에서 연장근로를 시킬 수 있다.
④ 근로시간 단축을 한 근로자에 대하여 「근로기준법」 제2조 제6호에 따른 평균임금을 산정하는 경우에는 그 근로자의 근로시간 단축 기간을 평균임금 산정기간에서 제외한다.

> 근로시간 단축을 한 근로자의 근로조건은 사업주와 그 근로자 간에 서면으로 정한다.
> (○) **기출** 23
>
> 사업주는 55세 이상의 근로자에게 은퇴를 준비하기 위한 근로시간 단축을 허용한 경우에 그 근로자가 단축된 근로시간 외에 연장근로를 명시적으로 청구하면 주 12시간 이내에서 연장근로를 시킬 수 있다.
> (○) **기출** 24
>
> 사업주는 근로시간 단축을 하고 있는 근로자가 명시적으로 청구하는 경우에는 단축된 근로시간 외에 주 12시간 이내에서 연장근로를 시킬 수 있다.
> (○) **기출** 23

제22조의5   일·가정 양립 지원 기반 조성

① 고용노동부장관은 일·가정 양립프로그램의 도입·확산, 모성보호 조치의 원활한 운영 등을 지원하기 위하여 조사·연구 및 홍보 등의 사업을 하고, 전문적인 상담 서비스와 관련 정보 등을 사업주와 근로자에게 제공하여야 한다.

② 고용노동부장관은 제1항에 따른 업무와 제21조와 제21조의2에 따른 직장보육시설 설치·운영의 지원에 관한 업무를 대통령령으로 정하는 바에 따라 공공기관 또는 민간에 위탁하여 수행할 수 있다.

③ 고용노동부장관은 제2항에 따라 업무를 위탁받은 기관에 업무수행에 사용되는 경비를 지원할 수 있다.

제4장   분쟁의 예방과 해결

제23조   상담지원

① 고용노동부장관은 차별, 직장 내 성희롱, 모성보호 및 일·가정 양립 등에 관한 상담을 실시하는 민간단체에 필요한 비용의 일부를 예산의 범위에서 지원할 수 있다.

② 제1항에 따른 단체의 선정요건, 비용의 지원기준과 지원절차 및 지원의 중단 등에 필요한 사항은 고용노동부령으로 정한다.

제24조   명예고용평등감독관

① **고용노동부장관은** 사업장의 남녀고용평등 이행을 촉진하기 위하여 그 사업장 소속 근로자 중 **노사가 추천하는 사람을** 명예고용평등감독관(이하 "명예감독관"이라 한다)으로 위촉할 수 있다.

② 명예감독관은 다음 각 호의 업무를 수행한다.
  1. 해당 사업장의 차별 및 직장 내 성희롱 발생 시 피해 근로자에 대한 상담·조언
  2. 해당 사업장의 고용평등 이행상태 자율점검 및 지도 시 참여
  3. 법령위반 사실이 있는 사항에 대하여 사업주에 대한 개선 건의 및 감독기관에 대한 신고
  4. 남녀고용평등 제도에 대한 홍보·계몽
  5. 그 밖에 남녀고용평등의 실현을 위하여 고용노동부장관이 정하는 업무

③ 사업주는 명예감독관으로서 정당한 임무 수행을 한 것을 이유로 해당 근로자에게 인사상 불이익 등의 불리한 조치를 하여서는 아니 된다.

④ 명예감독관의 위촉과 해촉 등에 필요한 사항은 고용노동부령으로 정한다.

> 사업주는 사업장의 남녀고용평등 이행을 촉진하기 위하여 그 사업장 소속 근로자 중 노사협의회가 추천하는 사람을 명예고용평등감독관으로 위촉하여야 한다.   (×) 기출 24

시행규칙 제16조(명예고용평등감독관의 위촉·운영 등)

① 법 제24조에 따라 명예고용평등감독관(이하 이 조에서 "명예감독관"이라 한다)으로 위촉할 수 있는 사람은 다음 각 호와 같다.
  1. 「근로자참여 및 협력증진에 관한 법률」에 따른 노사협의회(이하 "노사협의회"라 한다)의 위원 또는 고충처리위원
  2. 노동조합의 임원 또는 인사·노무 담당부서의 관리자
  3. 차별 및 직장 내 성희롱에 관한 상담, 고충처리, 교육 또는 훈련 업무를 수행한 경험이 있는 사람
  4. 그 밖에 해당 사업의 남녀고용평등을 실현하기 위하여 활동하기에 적합하다고 인정하는 사람
② 명예감독관의 임기는 3년으로 하되, 연임할 수 있다.
③ 명예감독관은 법 제24조 제2항에 따른 업무를 수행하는 경우에 노사의 협의를 통하여 해결할 필요가 있다고 판단되는 사안은 노사협의회의 토의에 부쳐 처리하게 할 수 있다.
④ 명예감독관은 업무 수행 중에 알게 된 비밀을 누설하여서는 아니 된다.
⑤ 명예감독관이 법 제24조 제2항에 따른 업무를 수행하는 경우에는 비상근, 무보수로 함을 원칙으로 한다.
⑥ 고용노동부장관은 명예감독관이 다음 각 호의 어느 하나에 해당하는 경우 그 명예감독관을 해촉할 수 있다.
  1. 근로자인 명예감독관이 퇴직 등의 사유로 해당 사업의 근로자 지위를 상실한 경우
  2. 명예감독관이 업무 수행 중에 알게 된 비밀을 누설하거나 그 밖에 업무와 관련하여 부정한 행위를 한 경우
  3. 사업의 폐지 등으로 명예감독관을 둘 필요가 없게 된 경우
  4. 그 밖에 명예감독관으로 활동하기에 부적합한 사유가 있어 해당 사업의 노사 대표가 공동으로 해촉을 요청한 경우
⑦ 그 밖에 명예감독관의 위촉·해촉 및 운영 등에 필요한 사항은 고용노동부장관이 정한다.

제25조 분쟁의 자율적 해결

사업주는 제7조부터 제13조까지, 제13조의2, 제14조, 제14조의2, 제18조 제4항, 제18조의2, 제19조, 제19조의2부터 제19조의6까지, 제21조 및 제22조의2에 따른 사항에 관하여 근로자가 고충을 신고하였을 때에는 「근로자참여 및 협력증진에 관한 법률」에 따라 해당 사업장에 설치된 노사협의회에 고충의 처리를 위임하는 등 자율적인 해결을 위하여 노력하여야 한다.

제26조 차별적 처우등의 시정신청

① 근로자는 사업주로부터 다음 각 호의 어느 하나에 해당하는 차별적 처우 등(이하 "차별적 처우등"이라 한다)을 받은 경우 「노동위원회법」 제1조에 따른 노동위원회(이하 "노동위원회"라 한다)에 그 시정을 신청할 수 있다. 다만, 차별적 처우등을 받은 날(제1호 및 제3호에 따른 차별적 처우등이 계속되는 경우에는 그 종료일)부터 6개월이 지난 때에는 그러하지 아니하다.
  1. 제7조부터 제11조까지 중 어느 하나를 위반한 행위(이하 "차별적 처우"라 한다)
  2. 제14조 제4항 또는 제14조의2 제1항에 따른 적절한 조치를 하지 아니한 행위
  3. 제14조 제6항을 위반한 불리한 처우 또는 제14조의2 제2항을 위반한 해고나 그 밖의 불이익한 조치

② 근로자가 제1항에 따른 시정신청을 하는 경우에는 **차별적 처우등의 내용을 구체적으로 명시하여야** 한다.

③ 제1항 및 제2항에 따른 시정신청의 절차·방법 등에 관하여 필요한 사항은 「노동위원회법」 제2조 제1항에 따른 중앙노동위원회(이하 "중앙노동위원회"라 한다)가 따로 정하여 고시한다.

> 근로자는 사업주로부터 차별적 처우등을 받은 경우 노동위원회에 차별적 처우등을 받은 날(차별적 처우등이 계속되는 경우에는 그 종료일)부터 6개월 이내에 그 시정을 신청할 수 있다.
> (O) 기출 23
>
> 근로자가 노동위원회에 차별적 처우등의 시정신청을 하는 경우에는 차별적 처우등의 내용을 구체적으로 명시하여야 한다.
> (O) 기출 23

제27조   조사·심문 등

① 노동위원회는 제26조에 따른 시정신청을 받은 때에는 지체 없이 필요한 조사와 관계 당사자에 대한 심문을 하여야 한다.

② 노동위원회는 제1항에 따른 심문을 하는 때에는 관계 당사자의 신청 또는 직권으로 증인을 출석하게 하여 필요한 사항을 질문할 수 있다.

③ 노동위원회는 제1항 및 제2항에 따른 심문을 할 때에는 관계 당사자에게 증거의 제출과 증인에 대한 반대심문을 할 수 있는 충분한 기회를 주어야 한다.

④ 제1항부터 제3항까지에 따른 조사·심문의 방법 및 절차 등에 관하여 필요한 사항은 중앙노동위원회가 따로 정하여 고시한다.

⑤ 노동위원회는 차별적 처우등 시정사무에 관한 전문적인 조사·연구업무를 수행하기 위하여 전문위원을 둘 수 있다. 이 경우 전문위원의 수·자격 및 보수 등에 관하여 필요한 사항은 대통령령으로 정한다.

제28조   조정·중재

① 노동위원회는 제27조에 따른 심문 과정에서 관계 당사자 쌍방 또는 일방의 신청이나 직권으로 조정(調停)절차를 개시할 수 있고, 관계 당사자가 미리 노동위원회의 중재(仲裁)결정에 따르기로 합의하여 중재를 신청한 경우에는 중재를 할 수 있다.

② 제1항에 따른 조정 또는 중재의 신청은 제26조에 따른 시정신청을 한 날부터 14일 이내에 하여야 한다. 다만, 노동위원회가 정당한 사유로 그 기간에 신청할 수 없었다고 인정하는 경우에는 14일 후에도 신청할 수 있다.

③ 노동위원회는 조정 또는 중재를 하는 경우 관계 당사자의 의견을 충분히 들어야 한다.

④ 노동위원회는 특별한 사유가 없으면 조정절차를 개시하거나 중재신청을 받은 날부터 60일 이내에 조정안을 제시하거나 중재결정을 하여야 한다.

⑤ 노동위원회는 관계 당사자 쌍방이 조정안을 받아들이기로 한 경우에는 조정조서를 작성하여야 하고, 중재결정을 한 경우에는 중재결정서를 작성하여야 한다.

⑥ 조정조서에는 관계 당사자와 조정에 관여한 위원 전원이 서명 또는 날인을 하여야 하고, 중재결정서에는 관여한 위원 전원이 서명 또는 날인을 하여야 한다.

⑦ 제5항 및 제6항에 따른 조정 또는 중재결정은 「민사소송법」에 따른 재판상 화해와 동일한 효력을 갖는다.

⑧ 제1항부터 제7항까지에 따른 조정·중재의 방법, 조정조서·중재결정서의 작성 등에 필요한 사항은 중앙노동위원회가 따로 정하여 고시한다.

제29조 　시정명령 등

① 노동위원회는 제27조에 따른 조사·심문을 끝내고 차별적 처우등에 해당된다고 판정한 때에는 해당 사업주에게 시정명령을 하여야 하고, 차별적 처우등에 해당하지 아니한다고 판정한 때에는 그 시정신청을 기각하는 결정을 하여야 한다.
② 제1항에 따른 판정, 시정명령 또는 기각결정은 서면으로 하되, 그 이유를 구체적으로 명시하여 관계 당사자에게 각각 통보하여야 한다. 이 경우 시정명령을 하는 때에는 시정명령의 내용 및 이행기한 등을 구체적으로 적어야 한다.

제29조의2 　조정·중재 또는 시정명령의 내용

① 제28조에 따른 조정·중재 또는 제29조에 따른 시정명령의 내용에는 차별적 처우등의 중지, 임금 등 근로조건의 개선(취업규칙, 단체협약 등의 제도개선 명령을 포함한다) 또는 적절한 배상 등의 시정조치 등을 포함할 수 있다.
② 제1항에 따라 배상을 하도록 한 경우 그 배상액은 차별적 처우등으로 근로자에게 발생한 손해액을 기준으로 정한다. 다만, 노동위원회는 사업주의 차별적 처우등에 명백한 고의가 인정되거나 차별적 처우등이 반복되는 경우에는 <u>그 손해액을 기준으로 3배를 넘지 아니하는 범위에서 배상을 명령할 수 있다.</u>

> 노동위원회는 사업주의 차별적 처우등이 반복되는 경우에는 손해액을 기준으로 3배를 넘지 아니하는 범위에서 배상을 명령할 수 있다. 　　　　　　　　　(○) 기출 23

제29조의3 　시정명령 등의 확정

① 「노동위원회법」 제2조 제1항에 따른 지방노동위원회의 시정명령 또는 기각결정에 불복하는 관계 당사자는 시정명령서 또는 기각결정서를 송달받은 날부터 10일 이내에 중앙노동위원회에 재심을 신청할 수 있다.
② 제1항에 따른 중앙노동위원회의 재심결정에 불복하는 관계 당사자는 재심결정서를 송달받은 날부터 15일 이내에 행정소송을 제기할 수 있다.
③ 제1항에 따른 기간에 재심을 신청하지 아니하거나 제2항에 따른 기간에 행정소송을 제기하지 아니한 때에는 그 시정명령, 기각결정 또는 재심결정은 확정된다.

제29조의4 　시정명령 이행상황의 제출요구 등

① <u>고용노동부장관</u>은 확정된 시정명령에 대하여 사업주에게 이행상황을 제출할 것을 요구할 수 있다.
② 시정신청을 한 근로자는 사업주가 확정된 시정명령을 이행하지 아니하는 경우 이를 고용노동부장관에게 신고할 수 있다.

> 노동위원회는 확정된 시정명령에 대하여 사업주에게 이행상황을 제출할 것을 요구할 수 있다. 　　　　　　　　　　　　　　　　　　(×) 기출 23

제29조의5　고용노동부장관의 차별적 처우 시정요구 등

① **고용노동부장관**은 사업주가 차별적 처우를 한 경우에는 그 **시정을 요구**할 수 있다.

② 고용노동부장관은 사업주가 제1항에 따른 시정요구에 따르지 아니할 경우에는 차별적 처우의 내용을 구체적으로 명시하여 노동위원회에 통보하여야 한다. 이 경우 고용노동부장관은 해당 사업주 및 근로자에게 그 사실을 알려야 한다.

③ 노동위원회는 제2항에 따라 고용노동부장관의 통보를 받은 때에는 지체 없이 차별적 처우가 있는지 여부를 심리하여야 한다. 이 경우 노동위원회는 해당 사업주 및 근로자에게 의견을 진술할 수 있는 기회를 주어야 한다.

④ 제3항에 따른 노동위원회의 심리, 시정절차 및 노동위원회 결정에 대한 효력 등에 관하여는 제26조부터 제29조까지 및 제29조의2부터 제29조의4까지를 준용한다. 이 경우 "시정신청을 한 날"은 "통보를 받은 날"로, "기각결정"은 "차별적 처우가 없다는 결정"으로, "관계 당사자"는 "해당 사업주 또는 근로자"로, "시정신청을 한 근로자"는 "해당 근로자"로 본다.

⑤ 제3항 및 제4항에 따른 노동위원회의 심리 등에 관하여 필요한 사항은 중앙노동위원회가 따로 정하여 고시한다.

> 고용노동부장관은 사업주가 차별적 처우를 한 경우에는 그 시정을 요구할 수 있다.
> (○) 기출 23

제29조의6　확정된 시정명령의 효력 확대

① 고용노동부장관은 제29조의3(제29조의5 제4항에 따라 준용되는 경우를 포함한다)에 따라 확정된 시정명령을 이행할 의무가 있는 사업주의 사업 또는 사업장에서 해당 시정명령의 효력이 미치는 근로자 외의 근로자에 대해서도 차별적 처우가 있는지를 조사하여 차별적 처우가 있는 경우에는 그 시정을 요구할 수 있다.

② 고용노동부장관은 사업주가 제1항에 따른 시정요구에 따르지 아니하는 경우 노동위원회에 통보하여야 하고, 노동위원회는 지체 없이 차별적 처우가 있는지 여부를 심리하여야 한다.

③ 제2항에 따른 통보 및 심리에 관하여는 제29조의5 제2항부터 제5항까지를 준용한다.

제29조의7　차별적 처우등의 시정신청 등으로 인한 불리한 처우의 금지

사업주는 근로자가 다음 각 호의 어느 하나에 해당하는 행위를 한 것을 이유로 해고나 그 밖의 불리한 처우를 하지 못한다.

　　1. 제26조에 따른 차별적 처우등의 시정신청, 제27조에 따른 노동위원회에의 참석 및 진술, 제29조의3에 따른 재심신청 또는 행정소송의 제기
　　2. 제29조의4 제2항에 따른 시정명령 불이행의 신고

제30조　입증책임

이 법과 관련한 분쟁해결(제26조부터 제29조까지 및 제29조의2부터 제29조의7까지를 포함한다)에서 입증책임은 **사업주가 부담**한다.

> 이 법과 관련한 분쟁에서 입증책임은 사업주와 근로자가 각각 부담한다.
> (×) 기출 22

제5장 보 칙

제31조 보고 및 검사 등

① 고용노동부장관은 이 법 시행을 위하여 필요한 경우에는 사업주에게 보고와 관계 서류의 제출을 명령하거나 관계 공무원이 사업장에 출입하여 관계인에게 질문하거나 관계 서류를 검사하도록 할 수 있다.
② 제1항의 경우에 관계 공무원은 그 권한을 표시하는 증표를 지니고 이를 관계인에게 내보여야 한다.

제31조의2 자료 제공의 요청

① 고용노동부장관은 다음 각 호의 업무를 수행하기 위하여 보건복지부장관 또는 「국민건강보험법」에 따른 국민건강보험공단에 같은 법 제50조에 따른 임신·출산 진료비의 신청과 관련된 자료의 제공을 요청할 수 있다. 이 경우 해당 자료의 제공을 요청받은 기관의 장은 정당한 사유가 없으면 그 요청에 따라야 한다.
1. 제3장에 따른 모성 보호에 관한 업무
2. 제3장의2에 따른 일·가정의 양립 지원에 관한 업무
3. 제3장에 따른 모성 보호, 제3장의2에 따른 일·가정의 양립 지원에 관한 안내
4. 제31조에 따른 보고 및 검사 등
② 고용노동부장관은 제1항에 따라 제공받은 자료를 「고용정책 기본법」 제15조의2 제1항에 따른 고용정보시스템을 통하여 처리할 수 있다.

제32조 고용평등 이행실태 등의 공표

고용노동부장관은 이 법 시행의 실효성을 확보하기 위하여 필요하다고 인정하면 고용평등 이행실태나 그 밖의 조사결과 등을 공표할 수 있다. 다만, 다른 법률에 따라 공표가 제한되어 있는 경우에는 그러하지 아니하다.

제33조 관계 서류의 보존

사업주는 이 법의 규정에 따른 사항에 관하여 대통령령으로 정하는 서류를 3년간 보존하여야 한다. 이 경우 대통령령으로 정하는 서류는 「전자문서 및 전자거래 기본법」 제2조 제1호에 따른 전자문서로 작성·보존할 수 있다.

제34조 파견근로에 대한 적용

「파견근로자 보호 등에 관한 법률」에 따라 파견근로가 이루어지는 사업장에 제13조 제1항을 적용할 때에는 「파견근로자 보호 등에 관한 법률」 제2조 제4호에 따른 사용사업주를 이 법에 따른 사업주로 본다.

제35조 경비보조

① 국가, 지방자치단체 및 공공단체는 여성의 취업촉진과 복지증진에 관련되는 사업에 대하여 예산의 범위에서 그 경비의 전부 또는 일부를 보조할 수 있다.

② 국가, 지방자치단체 및 공공단체는 제1항에 따라 보조를 받은 자가 다음 각 호의 어느 하나에 해당하면 보조금 지급결정의 전부 또는 일부를 취소하고, 지급된 보조금의 전부 또는 일부를 반환하도록 명령할 수 있다.

  1. 사업의 목적 외에 보조금을 사용한 경우
  2. 보조금의 지급결정의 내용(그에 조건을 붙인 경우에는 그 조건을 포함한다)을 위반한 경우
  3. 거짓이나 그 밖의 부정한 방법으로 보조금을 받은 경우

제36조 권한의 위임 및 위탁

고용노동부장관은 대통령령으로 정하는 바에 따라 이 법에 따른 권한의 일부를 지방고용노동행정기관의 장 또는 지방자치단체의 장에게 위임하거나 공공단체에 위탁할 수 있다.

시행령 제21조(권한의 위임 및 위탁)

① 법 제36조에 따라 고용노동부장관은 다음 각 호의 권한을 지방고용노동관서의 장에게 위임한다.
  1. 법 제13조의2에 따른 성희롱 예방 교육기관의 지정 및 지정의 취소
  2. 법 제17조에 따른 여성 고용 촉진을 위한 시설의 설치·운영 및 사업시행 비용의 지원
  3. 법 제17조의3에 따른 시행계획의 제출 요구, 접수, 보완 요구 및 남녀 근로자 현황의 접수
  4. 법 제17조의4에 따른 이행실적의 접수, 이행실적 평가 결과의 통보 및 시행계획 이행의 촉구
  5. 법 제21조 제3항 및 법 제21조의2에 따른 직장어린이집의 설치·운영에 필요한 지원·지도, 정보 제공 및 상담
  6. 법 제23조에 따라 상담을 실시하는 민간단체에 대한 지원
  7. 법 제24조에 따른 명예고용평등감독관의 위촉 및 해촉(解囑)
  8. 법 제31조에 따른 보고와 관계 서류의 제출 명령, 사업장 출입, 관계인에 대한 질문 및 관계 서류의 검사
  9. 법 제39조에 따른 과태료의 부과·징수
② 고용노동부장관은 법 제36조에 따라 법 제6조의3에 따른 실태조사 업무를 다음 각 호의 어느 하나에 해당하는 공공단체에 위탁할 수 있다.
  1. 「공공기관의 운영에 관한 법률」 제4조에 따른 공공기관
  2. 「정부출연연구기관 등의 설립·운영 및 육성에 관한 법률」 제8조에 따라 설립된 정부출연연구기관
  3. 그 밖에 고용노동부장관이 위탁 업무를 수행할 수 있는 인력·시설·장비를 갖추었다고 인정하는 공공단체
③ 고용노동부장관은 법 제36조에 따라 다음 각 호의 업무를 「고용정책 기본법」 제18조에 따른 한국고용정보원에 위탁한다.
  1. 법 제31조의2 제1항에 따른 임신·출산 진료비의 신청과 관련된 자료 제공의 요청
  2. 법 제31조의2 제2항에 따른 제공받은 자료의 고용정보시스템을 통한 처리
④ 고용노동부장관은 제2항에 따라 업무를 위탁하는 경우 위탁받는 공공단체 및 위탁업무의 내용을 고시해야 한다.

제36조의2 　규제의 재검토

고용노동부장관은 제31조의2에 따른 임신·출산 진료비의 신청과 관련된 자료 제공의 요청에 대하여 2016년 1월 1일을 기준으로 **5년마다**(매 5년이 되는 해의 1월 1일 전까지를 말한다) 그 타당성을 검토하여 개선 등의 조치를 하여야 한다.

제6장 　벌 칙

제37조 　벌 칙

① 사업주가 제11조를 위반하여 근로자의 정년·퇴직 및 해고에서 남녀를 차별하거나 여성 근로자의 혼인, 임신 또는 출산을 퇴직사유로 예정하는 근로계약을 체결하는 경우에는 5년 이하의 징역 또는 3천만원 이하의 벌금에 처한다.

② 사업주가 다음 각 호의 어느 하나에 해당하는 위반행위를 한 경우에는 3년 이하의 징역 또는 3천만원 이하의 벌금에 처한다.

1. 제8조 제1항을 위반하여 동일한 사업 내의 동일 가치의 노동에 대하여 동일한 임금을 지급하지 아니한 경우

2. 제14조 제6항을 위반하여 직장 내 성희롱 발생 사실을 신고한 근로자 및 피해근로자 등에게 불리한 처우를 한 경우

2의2. 제18조의2 제5항을 위반하여 배우자 출산휴가를 이유로 해고나 그 밖의 불리한 처우를 한 경우

3. 제19조 제3항을 위반하여 육아휴직을 이유로 해고나 그 밖의 불리한 처우를 하거나, 같은 항 단서의 사유가 없는데도 육아휴직 기간동안 해당 근로자를 해고한 경우

4. 제19조의2 제5항을 위반하여 육아기 근로시간 단축을 이유로 해당 근로자에 대하여 해고나 그 밖의 불리한 처우를 한 경우

5. 제19조의3 제1항을 위반하여 육아기 근로시간 단축을 하고 있는 근로자에 대하여 근로시간에 비례하여 적용하는 경우 외에 육아기 근로시간 단축을 이유로 그 근로조건을 불리하게 한 경우

6. 제22조의2 제6항을 위반하여 가족돌봄휴직 또는 가족돌봄휴가(같은 조 제4항 제3호에 따라 기간이 연장된 경우를 포함한다)를 이유로 해당 근로자를 해고하거나 근로조건을 악화시키는 등 불리한 처우를 한 경우

7. 제22조의3 제5항을 위반하여 근로시간 단축을 이유로 해당 근로자에게 해고나 그 밖의 불리한 처우를 한 경우

8. 제22조의4 제1항을 위반하여 근로시간 단축을 하고 있는 근로자에게 근로시간에 비례하여 적용하는 경우 외에 가족돌봄 등을 위한 근로시간 단축을 이유로 그 근로조건을 불리하게 한 경우

9. 제29조의7을 위반하여 근로자에게 해고나 그 밖의 불리한 처우를 한 경우

③ 사업주가 제19조의3 제3항 또는 제22조의4 제3항을 위반하여 해당 근로자가 명시적으로 청구하지 아니하였는데도 육아기 또는 가족돌봄 등을 위한 근로시간 단축을 하고 있는 근로자에게 단축된 근로시간 외에 연장근로를 요구한 경우에는 1천만원 이하의 벌금에 처한다.
④ 사업주가 다음 각 호의 어느 하나에 해당하는 위반행위를 한 경우에는 500만원 이하의 벌금에 처한다.
  1. 제7조를 위반하여 근로자의 모집 및 채용에서 남녀를 차별하거나, 근로자를 모집·채용할 때 그 직무의 수행에 필요하지 아니한 용모·키·체중 등의 신체적 조건, 미혼 조건 등을 제시하거나 요구한 경우
  2. 제9조를 위반하여 임금 외에 근로자의 생활을 보조하기 위한 금품의 지급 또는 자금의 융자 등 복리후생에서 남녀를 차별한 경우
  3. 제10조를 위반하여 근로자의 교육·배치 및 승진에서 남녀를 차별한 경우
  4. 제19조 제1항·제4항을 위반하여 근로자의 육아휴직 신청을 받고 육아휴직을 허용하지 아니하거나, 육아휴직을 마친 후 휴직 전과 같은 업무 또는 같은 수준의 임금을 지급하는 직무에 복귀시키지 아니한 경우
  5. 제19조의2 제6항을 위반하여 육아기 근로시간 단축기간이 끝난 후에 육아기 근로시간 단축 전과 같은 업무 또는 같은 수준의 임금을 지급하는 직무에 복귀시키지 아니한 경우
  6. 제24조 제3항을 위반하여 명예감독관으로서 정당한 임무 수행을 한 것을 이유로 해당 근로자에게 인사상 불이익 등의 불리한 조치를 한 경우

제38조 양벌규정

법인의 대표자나 법인 또는 개인의 대리인, 사용인, 그 밖의 종업원이 그 법인 또는 개인의 업무에 관하여 제37조의 위반행위를 하면 그 행위자를 벌하는 외에 그 법인 또는 개인에게도 해당 조문의 벌금형을 과한다. 다만, 법인 또는 개인이 그 위반행위를 방지하기 위하여 해당 업무에 관하여 상당한 주의와 감독을 게을리하지 아니한 경우에는 그러하지 아니하다.

제39조 과태료

① 사업주가 제29조의3(제29조의5 제4항 및 제29조의6 제3항에 따라 준용되는 경우를 포함한다)에 따라 확정된 시정명령을 정당한 이유 없이 이행하지 아니한 경우에는 1억원 이하의 과태료를 부과한다.
② 사업주가 제12조를 위반하여 직장 내 성희롱을 한 경우에는 1천만원 이하의 과태료를 부과한다.
③ 사업주가 다음 각 호의 어느 하나에 해당하는 위반행위를 한 경우에는 500만원 이하의 과태료를 부과한다.
  1의2. 제13조 제1항을 위반하여 성희롱 예방 교육을 하지 아니한 경우
  1의3. 제13조 제3항을 위반하여 성희롱 예방 교육의 내용을 근로자가 자유롭게 열람할 수 있는 장소에 항상 게시하거나 갖추어 두지 아니한 경우
  1의4. 제14조 제2항 전단을 위반하여 직장 내 성희롱 발생 사실 확인을 위한 조사를 하지 아니한 경우
  1의5. 제14조 제4항을 위반하여 근무장소의 변경 등 적절한 조치를 하지 아니한 경우

1의6. 제14조 제5항 전단을 위반하여 징계, 근무장소의 변경 등 필요한 조치를 하지 아니한 경우

1의7. 제14조 제7항을 위반하여 직장 내 성희롱 발생 사실 조사 과정에서 알게 된 비밀을 다른 사람에게 누설한 경우

2. 제14조의2 제2항을 위반하여 근로자가 고객 등에 의한 성희롱 피해를 주장하거나 고객 등으로부터의 성적 요구 등에 따르지 아니하였다는 이유로 해고나 그 밖의 불이익한 조치를 한 경우

3. 제18조의2 제1항을 위반하여 근로자가 배우자의 출산을 이유로 휴가를 청구하였는데도 휴가를 주지 아니하거나 근로자가 사용한 휴가를 유급으로 하지 아니한 경우

3의2. 제18조의3 제1항을 위반하여 난임치료휴가를 주지 아니한 경우

4. 제19조의2 제2항을 위반하여 육아기 근로시간 단축을 허용하지 아니하였으면서도 해당 근로자에게 그 사유를 서면으로 통보하지 아니하거나, 육아휴직의 사용 또는 그 밖의 조치를 통한 지원 여부에 관하여 해당 근로자와 협의하지 아니한 경우

5. 제19조의3 제2항을 위반하여 육아기 근로시간 단축을 한 근로자의 근로조건을 서면으로 정하지 아니한 경우

6. 제19조의2 제1항을 위반하여 육아기 근로시간 단축 신청을 받고 육아기 근로시간 단축을 허용하지 아니한 경우

7. 제22조의2 제1항을 위반하여 가족돌봄휴직의 신청을 받고 가족돌봄휴직을 허용하지 아니한 경우

8. 제22조의2 제2항(같은 조 제4항 제3호에 따라 기간이 연장된 경우를 포함한다)을 위반하여 가족돌봄휴가의 신청을 받고 가족돌봄휴가를 허용하지 아니한 경우

9. 제29조의4 제1항(제29조의5 제4항 및 제29조의6 제3항에 따라 준용되는 경우를 포함한다)을 위반하여 정당한 이유 없이 고용노동부장관의 시정명령에 대한 이행상황의 제출요구에 따르지 아니한 경우

④ 다음 각 호의 어느 하나에 해당하는 자에게는 300만원 이하의 과태료를 부과한다.

1의2. 제14조의2 제1항을 위반하여 근무 장소 변경, 배치전환, 유급휴가의 명령 등 적절한 조치를 하지 아니한 경우

2. 제17조의3 제1항을 위반하여 시행계획을 제출하지 아니한 자

3. 제17조의3 제2항을 위반하여 남녀 근로자 현황을 제출하지 아니하거나 거짓으로 제출한 자

4. 제17조의4 제1항을 위반하여 이행실적을 제출하지 아니하거나 거짓으로 제출한 자 (제17조의3 제3항에 따라 시행계획을 제출한 자가 이행실적을 제출하지 아니하는 경우는 제외한다)

5. 제18조 제4항을 위반하여 관계 서류의 작성·확인 등 모든 절차에 적극 협력하지 아니한 자

6. 제31조 제1항에 따른 보고 또는 관계 서류의 제출을 거부하거나 거짓으로 보고 또는 제출한 자

7. 제31조 제1항에 따른 검사를 거부, 방해 또는 기피한 자

8. 제33조를 위반하여 관계 서류를 3년간 보존하지 아니한 자

⑤ 제1항부터 제4항까지의 규정에 따른 과태료는 대통령령으로 정하는 바에 따라 고용노동부장관이 부과·징수한다.

08 최저임금법

시행 2020.5.26. [법률 제17326호, 2020.5.26. 타법개정]

제1장 총 칙

제1조 목 적

이 법은 근로자에 대하여 임금의 최저수준을 보장하여 근로자의 생활안정과 노동력의 질적 향상을 꾀함으로써 국민경제의 건전한 발전에 이바지하는 것을 목적으로 한다.

제2조 정 의

이 법에서 "근로자", "사용자" 및 "임금"이란 「근로기준법」 제2조에 따른 근로자, 사용자 및 임금을 말한다.

제3조 적용 범위

① 이 법은 근로자를 사용하는 모든 사업 또는 사업장(이하 "사업"이라 한다)에 적용한다. 다만, 동거하는 친족만을 사용하는 사업과 가사사용인에게는 적용하지 아니한다.

② 이 법은 「선원법」의 적용을 받는 선원과 선원을 사용하는 선박의 소유자에게는 적용하지 아니한다.

> 최저임금법은 선원법의 적용을 받는 선원과 선원을 사용하는 선박의 소유자에게는 적용하지 아니한다. (○) 기출 14 · 18 · 20 · 22

제2장 최저임금

제4조 최저임금의 결정기준과 구분

① 최저임금은 근로자의 생계비, 유사 근로자의 임금, 노동생산성 및 소득분배율 등을 고려하여 정한다. 이 경우 사업의 종류별로 구분하여 정할 수 있다.

② 제1항에 따른 사업의 종류별 구분은 제12조에 따른 <u>최저임금위원회의 심의를</u> 거쳐 고용노동부장관이 정한다.

> 최저임금은 근로자의 생계비, 유사 근로자의 임금, 노동생산성 및 소득분배율 등을 고려하여 정한다. 이 경우 사업의 종류별로 구분하여 정할 수 있다.　　　　(〇)　**기출** 14 · 17 · 19 · 22

제5조　　최저임금액

① 최저임금액(최저임금으로 정한 금액을 말한다. 이하 같다)은 <u>시간 · 일 · 주 또는 월을</u> 단위로 하여 정한다. 이 경우 <u>일 · 주 또는 월</u>을 단위로 하여 최저임금액을 정할 때에는 <u>시간급</u>으로도 표시하여야 한다.

② <u>1년 이상의 기간</u>을 정하여 근로계약을 체결하고 수습 중에 있는 근로자로서 <u>수습을 시작한 날부터 3개월 이내인 사람</u>에 대하여는 대통령령으로 정하는 바에 따라 제1항에 따른 최저임금액과 다른 금액으로 최저임금액을 정할 수 있다. 다만, <u>단순노무업무로</u> 고용노동부장관이 정하여 고시한 직종에 종사하는 근로자는 제외한다.

③ 임금이 통상적으로 <u>도급제나</u> 그 밖에 <u>이와 비슷한 형태로</u> 정하여져 있는 경우로서 제1항에 따라 최저임금액을 정하는 것이 적당하지 아니하다고 인정되면 대통령령으로 정하는 바에 따라 최저임금액을 <u>따로 정할 수 있다.</u>

> 최저임금액은 시간 · 일(日) · 주(週) · 월(月) 또는 연(年)을 단위로 하여 정한다.　(×)　**기출** 22
>
> 최저임금액을 일(日) · 주(週) 또는 월(月)을 단위로 하여 정할 때에는 시간급(時間給)으로도 표시하여야 한다.　　　　　　　　　　　　　(〇)　**기출** 14 · 19
>
> 1년 미만의 기간을 정하여 근로계약을 체결하고 수습 중에 있는 근로자로서 수습을 시작한 날부터 6개월 이내인 사람에 대하여는 고용노동부장관에 의해 고시된 최저임금액보다 적은 최저임금액을 정할 수 있다.　　　　　　　　　　　(×)　**기출** 21
>
> 1년 이상의 기간을 정하여 근로계약을 체결하고 수습 중에 있는 근로자로서 수습을 시작한 날부터 6개월 이내인 자에 대하여는 최저임금액과 다른 금액으로 최저임금액을 정할 수 있다.　　　　　　　　　　　(×)　**기출** 17

시행령 제3조(수습 중에 있는 근로자에 대한 최저임금액)

「최저임금법」(이하 "법"이라 한다) 제5조 제2항 본문에 따라 1년 이상의 기간을 정하여 근로계약을 체결하고 수습 중에 있는 근로자로서 수습을 시작한 날부터 3개월 이내인 사람에 대해서는 같은 조 제1항 후단에 따른 시간급 최저임금액(최저임금으로 정한 금액을 말한다. 이하 같다)에서 100분의 10을 뺀 금액을 그 근로자의 시간급 최저임금액으로 한다.

시행령 제4조(도급제 등의 경우 최저임금액 결정의 특례)

법 제5조 제3항에 따라 임금이 도급제나 그 밖에 이와 비슷한 형태로 정해진 경우에 근로시간을 파악하기 어렵거나 그 밖에 같은 조 제1항에 따라 최저임금액을 정하는 것이 적합하지 않다고 인정되면 해당 근로자의 생산고(生産高) 또는 업적의 일정 단위에 의하여 최저임금액을 정한다.

제5조의2　최저임금의 적용을 위한 임금의 환산

최저임금의 적용 대상이 되는 근로자의 임금을 정하는 단위기간이 제5조 제1항에 따른 최저임금의 단위기간과 다른 경우에 해당 근로자의 임금을 최저임금의 단위기간에 맞추어 환산하는 방법은 대통령령으로 정한다.

제6조　최저임금의 효력

① 사용자는 최저임금의 적용을 받는 근로자에게 최저임금액 이상의 임금을 지급하여야 한다.

② 사용자는 이 법에 따른 최저임금을 이유로 **종전의 임금수준**을 낮추어서는 아니 된다.

③ 최저임금의 적용을 받는 근로자와 사용자 사이의 근로계약 중 최저임금액에 미치지 못하는 금액을 임금으로 정한 부분은 **무효**로 하며, 이 경우 무효로 된 부분은 이 법으로 정한 최저임금액과 **동일한 임금**을 지급하기로 한 것으로 본다.

④ 제1항과 제3항에 따른 임금에는 **매월 1회** 이상 **정기적으로 지급하는 임금**을 산입한다. 다만, 다음 각 호의 어느 하나에 해당하는 임금은 **산입하지 아니한다**.
  1. 「근로기준법」 제2조 제1항 제8호에 따른 소정근로시간(이하 "소정근로시간"이라 한다) 또는 소정의 근로일에 대하여 지급하는 임금 외의 임금으로서 **고용노동부령으로** 정하는 임금
  2. 상여금, 그 밖에 이에 준하는 것으로서 고용노동부령으로 정하는 임금의 월 지급액 중 해당 연도 시간급 최저임금액을 기준으로 산정된 **월 환산액의 100분의 25**에 해당하는 부분
  3. 식비, 숙박비, 교통비 등 근로자의 **생활 보조** 또는 **복리후생**을 위한 성질의 임금으로서 다음 각 목의 어느 하나에 해당하는 것
    가. **통화 이외의 것**으로 지급하는 임금
    나. 통화로 지급하는 임금의 월 지급액 중 해당 연도 시간급 최저임금액을 기준으로 산정된 **월 환산액의 100분의 7**에 해당하는 부분

⑤ 제4항에도 불구하고 「여객자동차 운수사업법」 제3조 및 같은 법 시행령 제3조 제2호 다목에 따른 일반택시운송사업에서 운전업무에 종사하는 근로자의 최저임금에 산입되는 임금의 범위는 **생산고에 따른 임금을 제외**한 대통령령으로 정하는 임금으로 한다.

⑥ 제1항과 제3항은 다음 각 호의 어느 하나에 해당하는 사유로 근로하지 아니한 시간 또는 일에 대하여 사용자가 임금을 지급할 것을 강제하는 것은 아니다.
  1. 근로자가 자기의 사정으로 소정근로시간 또는 소정의 근로일의 근로를 하지 아니한 경우
  2. 사용자가 정당한 이유로 근로자에게 소정근로시간 또는 소정의 근로일의 근로를 시키지 아니한 경우

⑦ 도급으로 사업을 행하는 경우 도급인이 책임져야 할 사유로 수급인이 근로자에게 최저임금액에 미치지 못하는 임금을 지급한 경우 **도급인은 해당 수급인과 연대**하여 책임을 진다.

⑧ 제7항에 따른 도급인이 책임져야 할 사유의 범위는 다음 각 호와 같다.
  1. 도급인이 도급계약 체결 당시 인건비 단가를 최저임금액에 미치지 못하는 금액으로 결정하는 행위

2. 도급인이 도급계약 기간 중 인건비 단가를 최저임금액에 미치지 못하는 금액으로 낮춘 행위

⑨ 두 차례 이상의 도급으로 사업을 행하는 경우에는 제7항의 "수급인"은 "하수급인"으로 보고, 제7항과 제8항의 "도급인"은 "직상 수급인(하수급인에게 직접 하도급을 준 수급인)"으로 본다.

사용자는 최저임금법에 따른 최저임금을 이유로 종전의 임금수준을 낮출 수 있다.

(×) **기출** 14 · 17 · 19

최저임금의 적용을 받는 근로자와 사용자 사이의 근로계약 중 최저임금액에 미치지 못하는 금액을 임금으로 정한 부분은 무효이다. (○) **기출** 19

단체협약에 임금항목으로서 지급근거가 명시되어 있는 임금 또는 수당은 최저임금법령상 최저임금에 산입하는 임금의 범위에 포함된다. (○) **기출** 16

일반택시운송사업에서 운전업무에 종사하는 근로자의 최저임금에 산입되는 임금의 범위에서 생산고에 따른 임금은 제외된다. (○) **기출** 15

도급으로 사업을 행하는 경우 도급인이 책임져야 할 사유로 수급인이 근로자에게 최저임금액에 미치지 못하는 임금을 지급한 경우 도급인은 해당 수급인과 연대(連帶)하여 책임을 진다.

(○) **기출** 17 · 19

시행령 제5조의2(월 환산액의 산정)

법 제6조 제4항 제2호 및 같은 항 제3호 나목에 따른 월 환산액은 해당 연도 시간급 최저임금액에 제5조 제1항 제3호에 따른 1개월의 최저임금 적용기준 시간 수를 곱하여 산정한다.

시행령 제5조의3(일반택시운송사업 운전 근로자의 최저임금에 산입되는 임금의 범위)

법 제6조 제5항에서 "대통령령으로 정하는 임금"이란 단체협약, 취업규칙, 근로계약에 정해진 지급조건과 지급률에 따라 매월 1회 이상 지급하는 임금을 말한다. 다만, 다음 각 호의 어느 하나에 해당하는 임금은 산입(算入)하지 아니한다.
1. 소정근로시간 또는 소정의 근로일에 대하여 지급하는 임금 외의 임금
2. 근로자의 생활 보조와 복리후생을 위하여 지급하는 임금

시행규칙 제2조(최저임금의 범위)

① 「최저임금법」(이하 "법"이라 한다) 제6조 제4항 제1호에서 "고용노동부령으로 정하는 임금"이란 다음 각 호의 어느 하나에 해당하는 것을 말한다.
1. 연장근로 또는 휴일근로에 대한 임금 및 연장 · 야간 또는 휴일 근로에 대한 가산임금
2. 「근로기준법」 제60조에 따른 연차 유급휴가의 미사용수당
3. 유급으로 처리되는 휴일(「근로기준법」 제55조 제1항에 따른 유급휴일은 제외한다)에 대한 임금
4. 그 밖에 명칭에 관계없이 제1호부터 제3호까지의 규정에 준하는 것으로 인정되는 임금
② 법 제6조 제4항 제2호에서 "고용노동부령으로 정하는 임금"이란 다음 각 호의 어느 하나에 해당하는 것을 말한다.
1. 1개월을 초과하는 기간에 걸친 해당 사유에 따라 산정하는 상여금, 장려가급, 능률수당 또는 근속수당
2. 1개월을 초과하는 기간의 출근성적에 따라 지급하는 정근수당

제6조의2 **최저임금 산입을 위한 취업규칙 변경절차의 특례**

사용자가 제6조 제4항에 따라 산입되는 임금에 포함시키기 위하여 1개월을 초과하는 주기로 지급하는 임금을 총액의 변동 없이 매월 지급하는 것으로 취업규칙을 변경하려는 경우에는 「근로기준법」 제94조 제1항에도 불구하고 해당 사업 또는 사업장에 근로자의 과반수로 조직된 노동조합이 있는 경우에는 그 노동조합, 근로자의 과반수로 조직된 노동조합이 없는 경우에는 근로자의 과반수의 의견을 들어야 한다.

제7조 **최저임금의 적용 제외**

다음 각 호의 어느 하나에 해당하는 사람으로서 사용자가 대통령령으로 정하는 바에 따라 고용노동부장관의 인가를 받은 사람에 대하여는 제6조를 적용하지 아니한다.

1. 정신장애나 신체장애로 근로능력이 현저히 낮은 사람
2. 그 밖에 최저임금을 적용하는 것이 적당하지 아니하다고 인정되는 사람

> 신체장애로 근로능력이 현저히 낮은 사람으로서 사용자가 고용노동부장관의 인가를 받은 사람에 대하여는 최저임금을 적용하지 아니한다. (○) **기출** 13 · 17

시행령 제6조(최저임금 적용 제외의 인가 기준)
사용자가 법 제7조에 따라 고용노동부장관의 인가를 받아 최저임금의 적용을 제외할 수 있는 자는 정신 또는 신체의 장애가 업무 수행에 직접적으로 현저한 지장을 주는 것이 명백하다고 인정되는 사람으로 한다.

> 사용자가 고용노동부장관의 인가를 받아 최저임금의 적용을 제외할 수 있는 자는 정신 또는 신체의 장애가 업무수행에 직접적으로 현저한 지장을 주는 것이 명백하다고 인정되는 사람으로 한다.
> (○) **기출** 21

시행규칙 제3조(최저임금 적용 제외의 인가)
① 법 제7조 및 「최저임금법 시행령」(이하 "영"이라 한다) 제6조에 따른 최저임금 적용 제외의 인가 기준은 [별표 3]과 같다.

■ **최임법 시행규칙 [별표 3]**

최저임금 적용 제외의 인가 기준(시행규칙 제3조 제1항 관련)

구 분	인가 기준
근로자의 정신 또는 신체의 장애가 그 근로자를 종사시키려는 업무를 수행하는 데에 직접적으로 현저한 지장을 주는 것이 명백하다고 인정되는 사람	1. 정신 또는 신체 장애인으로서 담당하는 업무를 수행하는 경우에 그 정신 또는 신체의 장애로 같거나 유사한 직종에서 최저임금을 받는 다른 근로자 중 가장 낮은 근로능력자의 평균작업능력에도 미치지 못하는 사람(작업능력은 「장애인고용촉진 및 직업재활법」 제43조에 따른 한국장애인고용공단의 의견을 들어 판단하여야 한다)을 말한다. 2. 인가기간은 1년을 초과할 수 없다.

제3장 | 최저임금의 결정

제8조 | 최저임금의 결정

① 고용노동부장관은 매년 8월 5일까지 최저임금을 결정하여야 한다. 이 경우 고용노동부장관은 대통령령으로 정하는 바에 따라 제12조에 따른 **최저임금위원회**(이하 "위원회"라 한다)에 심의를 요청하고, 위원회가 심의하여 의결한 최저임금안에 따라 최저임금을 결정하여야 한다.

② 위원회는 제1항 후단에 따라 고용노동부장관으로부터 최저임금에 관한 심의 요청을 받은 경우 이를 심의하여 최저임금안을 의결하고 심의 요청을 받은 날부터 90일 이내에 고용노동부장관에게 제출하여야 한다.

③ 고용노동부장관은 제2항에 따라 위원회가 심의하여 제출한 최저임금안에 따라 최저임금을 결정하기가 어렵다고 인정되면 20일 이내에 그 이유를 밝혀 위원회에 10일 이상의 기간을 정하여 재심의를 요청할 수 있다.

④ 위원회는 제3항에 따라 재심의 요청을 받은 때에는 그 기간 내에 재심의하여 그 결과를 고용노동부장관에게 제출하여야 한다.

⑤ 고용노동부장관은 위원회가 제4항에 따른 재심의에서 재적위원 과반수의 출석과 출석위원 3분의 2 이상의 찬성으로 제2항에 따른 당초의 최저임금안을 재의결한 경우에는 그에 따라 최저임금을 결정하여야 한다.

> 고용노동부장관은 최저임금위원회가 심의하여 의결한 최저임금안에 따라 최저임금을 결정하여야 한다.
> (O) 기출 22
>
> 고용노동부장관은 매년 8월 5일까지 최저임금을 결정하여야 한다. (O) 기출 21·24
>
> 최저임금은 매년 12월 31일까지 결정하여 고시한다. (X) 기출 20
>
> 최저임금위원회는 고용노동부장관으로부터 최저임금에 관한 심의 요청을 받은 경우 이를 심의하여 최저임금안을 의결하고 심의 요청을 받은 날부터 90일 이내에 고용노동부장관에게 제출하여야 한다.
> (O) 기출 24
>
> 고용노동부장관은 최저임금위원회가 심의하여 제출한 최저임금안에 따라 최저임금을 결정하기가 어렵다고 인정되면 20일 이내에 그 이유를 밝혀 위원회에 10일 이상의 기간을 정하여 재심의를 요청할 수 있다. (O) 기출 24

시행령 제7조(최저임금위원회에의 심의 요청)

고용노동부장관은 법 제8조 제1항에 따라 매년 3월 31일까지 최저임금위원회(이하 "위원회"라 한다)에 최저임금에 관한 심의를 요청하여야 한다.

> 고용노동부장관은 매년 3월 31일까지 최저임금위원회에 최저임금에 관한 심의를 요청하여야 한다.
> (O) 기출 24

제9조 최저임금안에 대한 이의 제기

① 고용노동부장관은 제8조 제2항에 따라 위원회로부터 최저임금안을 제출받은 때에는 대통령령으로 정하는 바에 따라 **최저임금안을 고시하여야** 한다.

② 근로자를 대표하는 자나 사용자를 대표하는 자는 제1항에 따라 고시된 최저임금안에 대하여 이의가 있으면 고시된 날부터 **10일 이내**에 대통령령으로 정하는 바에 따라 **고용노동부장관**에게 이의를 제기할 수 있다. 이 경우 근로자를 대표하는 자나 사용자를 대표하는 자의 범위는 대통령령으로 정한다.

③ 고용노동부장관은 제2항에 따른 이의가 이유 있다고 인정되면 그 내용을 밝혀 제8조 제3항에 따라 위원회에 최저임금안의 **재심의를 요청하여야** 한다.

④ 고용노동부장관은 제3항에 따라 재심의를 요청한 최저임금안에 대하여 제8조 제4항에 따라 위원회가 재심의하여 의결한 최저임금안이 제출될 때까지는 최저임금을 **결정하여서는 아니 된다.**

> 사용자를 대표하는 자는 고시된 최저임금안에 대하여 이의가 있으면 고시된 날부터 30일 이내에 고용노동부장관에게 이의를 제기할 수 있다.　　　　　　　(×) **기출** 24

시행령 제9조(최저임금안에 대한 이의 제기)
법 제9조 제2항 전단에 따라 최저임금안에 대하여 이의를 제기할 때에는 다음 각 호의 사항을 분명하게 적은 이의제기서를 고용노동부장관에게 제출하여야 한다.
　1. 이의 제기자의 성명, 주소, 소속 및 직위
　2. 이의 제기 대상 업종의 최저임금안의 요지
　3. 이의 제기의 사유와 내용

시행령 제10조(이의 제기를 할 수 있는 노·사 대표자의 범위)
법 제9조 제2항 후단에 따라 근로자를 대표하는 자는 **총연합단체인 노동조합의 대표자 및 산업별 연합단체인 노동조합의 대표자**로 하고, 사용자를 대표하는 자는 전국적 규모의 사용자단체로서 **고용노동부장관이 지정하는** 단체의 대표자로 한다.

제10조 최저임금의 고시와 효력발생

① **고용노동부장관**은 최저임금을 결정한 때에는 **지체 없이** 그 내용을 고시하여야 한다.

② 제1항에 따라 고시된 최저임금은 **다음 연도 1월 1일**부터 효력이 발생한다. 다만, 고용노동부장관은 **사업의 종류별로** 임금교섭시기 등을 고려하여 필요하다고 인정하면 효력발생 시기를 **따로 정할 수** 있다.

> 고용노동부장관은 최저임금을 결정한 때에는 지체 없이 그 내용을 고시하여야 한다. (○) **기출** 22
>
> 최저임금위원회는 매년 8월 5일까지 최저임금을 결정하고 이를 지체 없이 고시하여야 한다.
> 　　　　　　　　　　　　　　　　　　　　　　　　　　　　　　　(×) **기출** 14

제11조 주지 의무

최저임금의 적용을 받는 사용자는 대통령령으로 정하는 바에 따라 해당 최저임금을 그 사업의 근로자가 쉽게 볼 수 있는 장소에 게시하거나 그 외의 적당한 방법으로 근로자에게 널리 알려야 한다.

시행령 제11조(주지 의무)

① 법 제11조에 따라 사용자가 근로자에게 주지시켜야 할 최저임금의 내용은 다음 각 호와 같다.
1. 적용을 받는 근로자의 최저임금액
2. 법 제6조 제4항에 따라 최저임금에 산입하지 아니하는 임금
3. 법 제7조에 따라 해당 사업에서 최저임금의 적용을 제외할 근로자의 범위
4. 최저임금의 효력발생 연월일
② 사용자는 제1항에 따른 최저임금의 내용을 법 제10조 제2항에 따른 최저임금의 효력발생일 전날까지 근로자에게 주지시켜야 한다.

근로자에게 주지시켜야 할 최저임금의 내용 기출 23

적용을 받는 근로자의 최저임금액	(O)
최저임금에 산입하지 아니하는 임금	(O)
해당 사업에서 최저임금의 적용을 제외할 근로자의 범위	(O)
최저임금의 효력발생 연월일	(O)

제4장 최저임금위원회

제12조 최저임금위원회의 설치

최저임금에 관한 심의와 그 밖에 최저임금에 관한 중요 사항을 심의하기 위하여 고용노동부에 최저임금위원회를 둔다.

> 최저임금에 관한 중요 사항을 심의하기 위하여 대통령 직속의 최저임금위원회를 둔다.
> (×) 기출 18·20

제13조 위원회의 기능

위원회는 다음 각 호의 기능을 수행한다.
1. 최저임금에 관한 심의 및 재심의
2. 최저임금 적용 사업의 종류별 구분에 관한 심의
3. 최저임금제도의 발전을 위한 연구 및 건의
4. 그 밖에 최저임금에 관한 중요 사항으로서 고용노동부장관이 회의에 부치는 사항의 심의

제14조 **위원회의 구성 등**

① 위원회는 다음 각 호의 위원으로 구성한다.
  1. 근로자를 대표하는 위원(이하 "근로자위원"이라 한다) 9명
  2. 사용자를 대표하는 위원(이하 "사용자위원"이라 한다) 9명
  3. 공익을 대표하는 위원(이하 "공익위원"이라 한다) 9명
② 위원회에 2명의 상임위원을 두며, 상임위원은 공익위원이 된다.
③ 위원의 임기는 3년으로 하되, 연임할 수 있다.
④ 위원이 궐위되면 그 보궐위원의 임기는 전임자 임기의 남은 기간으로 한다.
⑤ 위원은 임기가 끝났더라도 후임자가 임명되거나 위촉될 때까지 계속하여 직무를 수행한다.
⑥ 위원의 자격과 임명·위촉 등에 관하여 필요한 사항은 대통령령으로 정한다.

> 최저임금위원회는 근로자와 사용자 및 정부를 각각 대표하는 위원으로 구성한다. (×) **기출** 15
>
> 위원회에 2명의 상임위원을 두며, 상임위원은 근로자위원과 사용자위원 각 1명으로 한다.
> (×) **기출** 24
>
> 위원의 임기는 3년으로 하되, 연임할 수 있다. (O) **기출** 24
>
> 위원은 임기가 끝났더라도 후임자가 임명되거나 위촉될 때까지 계속하여 직무를 수행한다.
> (O) **기출** 24

제15조 **위원장과 부위원장**

① 위원회에 위원장과 부위원장 각 1명을 둔다.
② 위원장과 부위원장은 공익위원 중에서 위원회가 선출한다.
③ 위원장은 위원회의 사무를 총괄하며 위원회를 대표한다.
④ 위원장이 불가피한 사유로 직무를 수행할 수 없을 때에는 부위원장이 직무를 대행한다.

> 위원장과 부위원장은 공익위원 중에서 위원회가 선출한다. (O) **기출** 24

제16조 **특별위원**

① 위원회에는 관계 행정기관의 공무원 중에서 3명 이내의 특별위원을 둘 수 있다.
② 특별위원은 위원회의 회의에 출석하여 발언할 수 있다.
③ 특별위원의 자격 및 위촉 등에 관하여 필요한 사항은 대통령령으로 정한다.

> 최저임금위원회에는 관계 행정기관의 공무원 중에서 3명 이내의 특별위원을 둘 수 있다.
> (O) **기출** 21

제17조 회 의

① 위원회의 회의는 다음 각 호의 경우에 위원장이 소집한다.
　1. 고용노동부장관이 소집을 요구하는 경우
　2. 재적위원 3분의 1 이상이 소집을 요구하는 경우
　3. 위원장이 필요하다고 인정하는 경우
② 위원장은 위원회 회의의 의장이 된다.
③ 위원회의 회의는 이 법으로 따로 정하는 경우 외에는 재적위원 과반수의 출석과 출석위원 과반수의 찬성으로 의결한다.
④ 위원회가 제3항에 따른 의결을 할 때에는 근로자위원과 사용자위원 각 3분의 1 이상의 출석이 있어야 한다. 다만, 근로자위원이나 사용자위원이 2회 이상 출석요구를 받고도 정당한 이유 없이 출석하지 아니하는 경우에는 그러하지 아니하다.

> 위원회의 회의는 이 법으로 따로 정하는 경우 외에는 재적위원 과반수의 출석과 출석위원 과반수의 찬성으로 의결한다. (O) 기출 24

제18조 의견 청취

위원회는 그 업무를 수행할 때에 필요하다고 인정하면 관계 근로자와 사용자, 그 밖의 관계인의 의견을 들을 수 있다.

제19조 전문위원회

① 위원회는 필요하다고 인정하면 사업의 종류별 또는 특정 사항별로 전문위원회를 둘 수 있다.
② 전문위원회는 위원회 권한의 일부를 위임받아 제13조 각 호의 위원회 기능을 수행한다.
③ 전문위원회는 근로자위원, 사용자위원 및 공익위원 각 5명 이내의 같은 수로 구성한다.
④ 전문위원회에 관하여는 위원회의 운영 등에 관한 제14조 제3항부터 제6항까지, 제15조, 제17조 및 제18조를 준용한다. 이 경우 "위원회"를 "전문위원회"로 본다.

> 최저임금위원회는 필요하다고 인정하면 사업의 종류별 또는 특정 사항별로 전문위원회를 둘 수 있다. (O) 기출 21

제20조 사무국

① 위원회에 그 사무를 처리하게 하기 위하여 사무국을 둔다.
② 사무국에는 최저임금의 심의 등에 필요한 전문적인 사항을 조사·연구하게 하기 위하여 3명 이내의 연구위원을 둘 수 있다.
③ 연구위원의 자격·위촉 및 수당과 사무국의 조직·운영 등에 필요한 사항은 대통령령으로 정한다.

제21조 **위원의 수당 등**

위원회 및 전문위원회의 위원에게는 대통령령으로 정하는 바에 따라 수당과 여비를 지급할 수 있다.

제22조 **운영규칙**

위원회는 이 법에 어긋나지 아니하는 범위에서 위원회 및 전문위원회의 운영에 관한 규칙을 제정할 수 있다.

제5장 보 칙

제23조 **생계비 및 임금실태 등의 조사**

고용노동부장관은 근로자의 생계비와 임금실태 등을 매년 조사하여야 한다.

> 고용노동부장관은 근로자의 생계비와 임금실태 등을 매년 조사하여야 한다.　(○) **기출** 18·20

제24조 **정부의 지원**

정부는 근로자와 사용자에게 최저임금제도를 원활하게 실시하는 데에 필요한 자료를 제공하거나 그 밖에 필요한 지원을 하도록 최대한 노력하여야 한다.

제25조 **보 고**

고용노동부장관은 이 법의 시행에 필요한 범위에서 근로자나 사용자에게 임금에 관한 사항을 보고하게 할 수 있다.

제26조 **근로감독관의 권한**

① 고용노동부장관은 「근로기준법」 제101조에 따른 근로감독관에게 대통령령으로 정하는 바에 따라 이 법의 시행에 관한 사무를 관장하도록 한다.
② 근로감독관은 제1항에 따른 권한을 행사하기 위하여 사업장에 출입하여 장부와 서류의 제출을 요구할 수 있으며 그 밖의 물건을 검사하거나 관계인에게 질문할 수 있다.
③ 제2항에 따라 출입·검사를 하는 근로감독관은 그 신분을 표시하는 증표를 지니고 이를 관계인에게 내보여야 한다.
④ 근로감독관은 이 법 위반의 죄에 관하여 「사법경찰관리의 직무를 행할 자와 그 직무범위에 관한 법률」로 정하는 바에 따라 사법경찰관의 직무를 행한다.

제26조의2 권한의 위임

이 법에 따른 고용노동부장관의 권한은 대통령령으로 정하는 바에 따라 그 일부를 지방고용노동관서의 장에게 위임할 수 있다.

제6장   벌 칙

제28조   벌 칙

① 제6조 제1항 또는 제2항을 위반하여 최저임금액보다 적은 임금을 지급하거나 최저임금을 이유로 종전의 임금을 낮춘 자는 3년 이하의 징역 또는 2천만원 이하의 벌금에 처한다. 이 경우 징역과 벌금은 병과할 수 있다.
② 도급인에게 제6조 제7항에 따라 연대책임이 발생하여 근로감독관이 그 연대책임을 이행하도록 시정지시하였음에도 불구하고 도급인이 시정기한 내에 이를 이행하지 아니한 경우 2년 이하의 징역 또는 1천만원 이하의 벌금에 처한다.
③ 제6조의2를 위반하여 의견을 듣지 아니한 자는 500만원 이하의 벌금에 처한다.

제30조   양벌규정

① 법인의 대표자, 대리인, 사용인, 그 밖의 종업원이 그 법인의 업무에 관하여 제28조의 위반행위를 하면 그 행위자를 벌할 뿐만 아니라 그 법인에도 해당 조문의 벌금형을 과한다.
② 개인의 대리인, 사용인, 그 밖의 종업원이 그 개인의 업무에 관하여 제28조의 위반행위를 하면 그 행위자를 벌할 뿐만 아니라 그 개인에게도 해당 조문의 벌금형을 과한다.

제31조   과태료

① 다음 각 호의 어느 하나에 해당하는 자에게는 100만원 이하의 과태료를 부과한다.
　　1. 제11조를 위반하여 근로자에게 해당 최저임금을 같은 조에서 규정한 방법으로 널리 알리지 아니한 자
　　2. 제25조에 따른 임금에 관한 사항의 보고를 하지 아니하거나 거짓 보고를 한 자
　　3. 제26조 제2항에 따른 근로감독관의 요구 또는 검사를 거부·방해 또는 기피하거나 질문에 대하여 거짓 진술을 한 자
② 제1항에 따른 과태료는 대통령령으로 정하는 바에 따라 고용노동부장관이 부과·징수한다.
③ 제2항에 따른 과태료 처분에 불복하는 자는 그 처분을 고지받은 날부터 30일 이내에 고용노동부장관에게 이의를 제기할 수 있다.
④ 제2항에 따른 과태료 처분을 받은 자가 제3항에 따라 이의를 제기하면 고용노동부장관은 지체 없이 관할 법원에 그 사실을 통보하여야 하며, 그 통보를 받은 관할 법원은 「비송사건절차법」에 따른 과태료 재판을 한다.
⑤ 제3항에 따른 기간에 이의를 제기하지 아니하고 과태료를 내지 아니하면 국세 체납처분의 예에 따라 징수한다.

09 근로자퇴직급여 보장법

시행 2022.7.12. [법률 제18752호, 2022.1.11. 일부개정]

제1장 총 칙

제1조 목 적

이 법은 근로자 퇴직급여제도의 설정 및 운영에 필요한 사항을 정함으로써 근로자의 안정적인 노후생활 보장에 이바지함을 목적으로 한다.

제2조 정 의

이 법에서 사용하는 용어의 뜻은 다음과 같다.
1. "근로자"란 「근로기준법」 제2조 제1항 제1호에 따른 근로자를 말한다.
2. "사용자"란 「근로기준법」 제2조 제1항 제2호에 따른 사용자를 말한다.
3. "임금"이란 「근로기준법」 제2조 제1항 제5호에 따른 임금을 말한다.
4. "평균임금"이란 「근로기준법」 제2조 제1항 제6호에 따른 평균임금을 말한다.
5. "급여"란 퇴직급여제도나 제25조에 따른 개인형퇴직연금제도에 의하여 근로자에게 지급되는 연금 또는 일시금을 말한다.
6. "퇴직급여제도"란 확정급여형퇴직연금제도, 확정기여형퇴직연금제도, 중소기업퇴직연금기금제도 및 제8조에 따른 퇴직금제도를 말한다.
7. "퇴직연금제도"란 확정급여형퇴직연금제도, 확정기여형퇴직연금제도 및 개인형퇴직연금제도를 말한다.
8. "확정급여형퇴직연금제도"란 근로자가 받을 급여의 수준이 사전에 결정되어 있는 퇴직연금제도를 말한다.
9. "확정기여형퇴직연금제도"란 급여의 지급을 위하여 사용자가 부담하여야 할 부담금의 수준이 사전에 결정되어 있는 퇴직연금제도를 말한다.
10. "개인형퇴직연금제도"란 가입자의 선택에 따라 가입자가 납입한 일시금이나 사용자 또는 가입자가 납입한 부담금을 적립·운용하기 위하여 설정한 퇴직연금제도로서 급여의 수준이나 부담금의 수준이 확정되지 아니한 퇴직연금제도를 말한다.

11. "가입자"란 퇴직연금제도 또는 중소기업퇴직연금기금제도에 가입한 사람을 말한다.

12. "적립금"이란 가입자의 퇴직 등 지급사유가 발생할 때에 급여를 지급하기 위하여 사용자 또는 가입자가 납입한 부담금으로 적립된 자금을 말한다.

13. "퇴직연금사업자"란 퇴직연금제도의 운용관리업무 및 자산관리업무를 수행하기 위하여 제26조에 따라 등록한 자를 말한다.

14. "중소기업퇴직연금기금제도"란 중소기업(상시 30명 이하의 근로자를 사용하는 사업에 한정한다. 이하 같다) 근로자의 안정적인 노후생활 보장을 지원하기 위하여 둘 이상의 중소기업 사용자 및 근로자가 납입한 부담금 등으로 공동의 기금을 조성・운영하여 근로자에게 급여를 지급하는 제도를 말한다.

15. "사전지정운용제도"란 가입자가 적립금의 운용방법을 스스로 선정하지 아니한 경우 사전에 지정한 운용방법으로 적립금을 운용하는 제도를 말한다.

16. "사전지정운용방법"이란 사전지정운용제도에 따라 적립금을 운용하기 위하여 제21조의2 제1항에 따라 승인을 받은 운용방법을 말한다.

> 퇴직급여제도란 확정급여형퇴직연금제도, 확정기여형퇴직연금제도, 중소기업퇴직연금기금제도 및 퇴직금제도를 말한다. (○) **기출** 19
>
> 확정급여형퇴직연금제도란 급여의 지급을 위하여 사용자가 부담하여야 할 부담금의 수준이 사전에 결정되어 있는 퇴직연금제도를 말한다. (×) **기출** 21
>
> 확정기여형퇴직연금제도란 근로자가 받을 급여의 수준이 사전에 결정되어 있는 퇴직연금제도를 말한다. (×) **기출** 16・21
>
> 확정급여형퇴직연금제도란 근로자가 받을 급여의 수준이 사전에 결정되어 있는 퇴직연금제도를 말한다. (○) **기출** 14

제3조 **적용 범위**

이 법은 근로자를 사용하는 모든 사업 또는 사업장(이하 "사업"이라 한다)에 적용한다. 다만, 동거하는 친족만을 사용하는 사업 및 가구 내 고용활동에는 적용하지 아니한다.

> 근로자퇴직급여 보장법은 동거하는 친족만을 사용하는 사업 및 가구 내 고용활동에는 적용하지 아니한다. (○) **기출** 16
>
> 이 법은 상시 5명 미만의 근로자를 사용하는 사업 또는 사업장에는 적용하지 아니한다. (×) **기출** 14

제4조 **퇴직급여제도의 설정**

① 사용자는 퇴직하는 근로자에게 급여를 지급하기 위하여 퇴직급여제도 중 하나 이상의 제도를 설정하여야 한다. 다만, 계속근로기간이 1년 미만인 근로자, 4주간을 평균하여 1주간의 소정근로시간이 15시간 미만인 근로자에 대하여는 그러하지 아니하다.

② 제1항에 따라 퇴직급여제도를 설정하는 경우에 하나의 사업에서 급여 및 부담금 산정방법의 적용 등에 관하여 차등을 두어서는 아니 된다.

③ 사용자가 퇴직급여제도를 설정하거나 설정된 퇴직급여제도를 다른 종류의 퇴직급여제도로 변경하려는 경우에는 근로자의 과반수가 가입한 노동조합이 있는 경우에는 그 노동조합, 근로자의 과반수가 가입한 노동조합이 없는 경우에는 근로자 과반수(이하 "근로자대표"라 한다)의 동의를 받아야 한다.

④ 사용자가 제3항에 따라 설정되거나 변경된 퇴직급여제도의 내용을 변경하려는 경우에는 근로자대표의 의견을 들어야 한다. 다만, 근로자에게 불리하게 변경하려는 경우에는 근로자대표의 동의를 받아야 한다.

사용자는 계속근로기간이 1년 미만인 근로자에 대하여는 퇴직급여제도를 설정하지 않아도 된다.
(○) **기출** 24

사용자는 계속근로기간이 1년 미만인 근로자에 대하여도 퇴직급여제도를 설정하여야 한다.
(×) **기출** 21

사용자는 계속근로기간이 1년 미만인 근로자, 4주간을 평균하여 1주간의 소정근로시간이 15시간 미만인 근로자에 대하여는 퇴직급여제도를 설정하지 않아도 된다.　　(○) **기출** 15 · 17 · 19

사용자는 계속근로기간이 1년 미만인 근로자에 대하여 퇴직급여제도 중 하나 이상의 제도를 설정하여야 한다.
(×) **기출** 16

사용자는 퇴직급여제도를 설정하는 경우에 하나의 사업에서 급여 및 부담금 산정방법의 적용 등에 관하여 차등을 두어서는 아니 된다.　　(○) **기출** 19 · 24

사용자가 퇴직급여제도를 다른 종류의 퇴직급여제도로 변경하려는 경우에는 근로자의 과반수를 대표하는 자와 사전협의를 하여야 한다.
(×) **기출** 24

사용자가 퇴직급여제도를 설정하거나 설정된 퇴직급여제도를 다른 종류의 퇴직급여제도로 변경하려는 경우 근로자의 과반수가 가입한 노동조합이 없는 경우에는 근로자 과반수의 동의를 받아야 한다.
(○) **기출** 19

사용자가 퇴직급여제도를 설정하려는 경우에 근로자 과반수가 가입한 노동조합이 있는 경우에는 그 노동조합의 동의를 받아야 한다.
(○) **기출** 22

제5조 **새로 성립된 사업의 퇴직급여제도**

법률 제10967호 근로자퇴직급여 보장법 전부개정법률 시행일 이후 새로 성립(합병 · 분할된 경우는 제외한다)된 사업의 사용자는 근로자대표의 의견을 들어 사업의 성립 후 1년 이내에 확정급여형퇴직연금제도나 확정기여형퇴직연금제도를 설정하여야 한다.

제6조　　**가입자에 대한 둘 이상의 퇴직연금제도 설정**

① 사용자가 가입자에 대하여 확정급여형퇴직연금제도 및 확정기여형퇴직연금제도를 함께 설정하는 경우 제15조 및 제20조 제1항에도 불구하고 확정급여형퇴직연금제도의 급여 및 확정기여형퇴직연금제도의 부담금 수준은 다음 각 호에 따른다.

1. 확정급여형퇴직연금제도의 급여 : 제15조에 따른 급여 수준에 확정급여형퇴직연금 규약으로 정하는 설정 비율을 곱한 금액
2. 확정기여형퇴직연금제도의 부담금 : 제20조 제1항의 부담금의 부담 수준에 확정기여 형퇴직연금규약으로 정하는 설정 비율을 곱한 금액

② 사용자는 제1항 제1호 및 제2호에 따른 각각의 설정 비율의 합이 1 이상이 되도록 퇴직연금규약을 정하여 퇴직연금제도를 설정하여야 한다.

제7조　　**수급권의 보호**

① 퇴직연금제도(중소기업퇴직연금기금제도를 포함한다. 이하 이 조에서 같다)의 급여를 받을 권리는 양도 또는 압류하거나 담보로 제공할 수 없다.

② 제1항에도 불구하고 가입자는 주택구입 등 대통령령으로 정하는 사유와 요건을 갖춘 경우에는 대통령령으로 정하는 한도에서 퇴직연금제도의 급여를 받을 권리를 담보로 제공할 수 있다. 이 경우 제26조에 따라 등록한 퇴직연금사업자[중소기업퇴직연금기금 제도의 경우「산업재해보상보험법」제10조에 따른 근로복지공단(이하 "공단"이라 한다) 을 말한다]는 제공된 급여를 담보로 한 대출이 이루어지도록 협조하여야 한다.

> 중소기업퇴직연금기금제도의 급여를 받을 권리는 양도 또는 압류할 수 없다.　　(○) **기출** 22
>
> 퇴직연금제도의 급여를 받을 권리는 양도할 수 없다.　　(○) **기출** 20

시행령 제2조(퇴직연금제도 수급권의 담보제공 사유 등)

① 「근로자퇴직급여 보장법」(이하 "법"이라 한다) 제7조 제2항 전단에서 "주택구입 등 대통령령으로 정하는 사유와 요건을 갖춘 경우"란 다음 각 호의 어느 하나에 해당하는 경우를 말한다.

1. 무주택자인 가입자가 본인 명의로 주택을 구입하는 경우

1의2. 무주택자인 가입자가 주거를 목적으로 「민법」제303조에 따른 전세금 또는 「주택임대차 보호법」제3조의2에 따른 보증금을 부담하는 경우. 이 경우 가입자가 하나의 사업 또는 사업장(이하 "사업"이라 한다)에 근로하는 동안 1회로 한정한다.

2. 가입자가 6개월 이상 요양을 필요로 하는 다음 각 목의 어느 하나에 해당하는 사람의 질병이 나 부상에 대한 의료비(「소득세법 시행령」제118조의5 제1항 및 제2항에 따른 의료비를 말한다. 이하 같다)를 부담하는 경우

가. 가입자 본인

나. 가입자의 배우자

다. 가입자 또는 그 배우자의 부양가족(「소득세법」제50조 제1항 제3호에 따른 부양가족을 말한다. 이하 같다)

3. 담보를 제공하는 날부터 거꾸로 계산하여 5년 이내에 가입자가 「채무자 회생 및 파산에 관한 법률」에 따라 파산선고를 받은 경우

4. 담보를 제공하는 날부터 거꾸로 계산하여 5년 이내에 가입자가 「채무자 회생 및 파산에 관한 법률」에 따라 개인회생절차개시 결정을 받은 경우

4의2. 다음 각 목의 어느 하나에 해당하는 사람의 대학등록금, 혼례비 또는 장례비를 가입자가 부담하는 경우

　가. 가입자 본인

　나. 가입자의 배우자

　다. 가입자 또는 그 배우자의 부양가족

5. 사업주의 휴업 실시로 근로자의 임금이 감소하거나 재난(「재난 및 안전관리 기본법」 제3조 제1호에 따른 재난을 말한다. 이하 같다)으로 피해를 입은 경우로서 고용노동부장관이 정하여 고시하는 사유와 요건에 해당하는 경우

② 법 제7조 제2항 전단에서 "대통령령으로 정하는 한도"란 다음 각 호의 구분에 따른 한도를 말한다.

1. 제1항 제1호, 제1호의2, 제2호부터 제4호까지 및 제4호의2의 경우 : 가입자별 적립금의 100분의 50

2. 제1항 제5호의 경우 : 임금 감소 또는 재난으로 입은 가입자의 피해 정도 등을 고려하여 고용노동부장관이 정하여 고시하는 한도

> 가입자의 부양가족의 혼례비를 가입자가 부담하는 경우에는 퇴직연금제도의 급여를 받을 권리는 담보로 제공할 수 없다.　　　　　　　　　　　　　　　　　　　　　　(×) 기출 23
>
> 무주택자인 가입자가 본인 명의로 주택을 구입하는 경우 가입자별 적립금의 100분의 50 한도에서 퇴직연금제도의 급여를 받을 권리를 담보로 제공할 수 있다.　　　　　　　(○) 기출 23

제8조　퇴직금제도의 설정 등

① 퇴직금제도를 설정하려는 사용자는 계속근로기간 1년에 대하여 30일분 이상의 평균임금을 퇴직금으로 퇴직 근로자에게 지급할 수 있는 제도를 설정하여야 한다.

② 제1항에도 불구하고 사용자는 주택구입 등 대통령령으로 정하는 사유로 근로자가 요구하는 경우에는 근로자가 퇴직하기 전에 해당 근로자의 계속근로기간에 대한 퇴직금을 미리 정산하여 지급할 수 있다. 이 경우 미리 정산하여 지급한 후의 퇴직금 산정을 위한 계속근로기간은 정산시점부터 새로 계산한다.

> 퇴직금제도를 설정하려는 사용자는 계속근로기간이 1년에 대하여 30일분 이상의 통상임금을 퇴직금으로 퇴직 근로자에게 지급할 수 있는 제도를 설정하여야 한다.　　　　(×) 기출 19
>
> 퇴직금제도를 설정하려는 사용자는 계속근로기간 1년에 대하여 30일분 이상의 평균임금을 퇴직금으로 퇴직 근로자에게 지급할 수 있는 제도를 설정하여야 한다.　　　(○) 기출 14·20
>
> 사용자는 무주택자인 근로자가 본인 명의로 주택을 구입하기 위해 퇴직금중간정산을 요구하는 경우 근로자가 퇴직하기 전에 해당 근로자의 계속근로기간에 대한 퇴직금을 미리 정산하여 지급할 수 있다.　　　　　　　　　　　　　　　　　　　　　(○) 기출 17·22
>
> 퇴직금을 중간정산하여 지급한 후의 퇴직금 산정을 위한 계속근로기간은 정산시점부터 새로 계산한다.　　　　　　　　　　　　　　　　　　　　　　　　　　　(○) 기출 23

시행령 제3조(퇴직금의 중간정산 사유)

① 법 제8조 제2항 전단에서 "주택구입 등 대통령령으로 정하는 사유"란 다음 각 호의 어느 하나에 해당하는 경우를 말한다.

1. 무주택자인 근로자가 본인 명의로 주택을 구입하는 경우
2. 무주택자인 근로자가 주거를 목적으로 「민법」 제303조에 따른 전세금 또는 「주택임대차보호법」 제3조의2에 따른 보증금을 부담하는 경우. 이 경우 근로자가 하나의 사업에 근로하는 동안 1회로 한정한다.
3. 근로자가 6개월 이상 요양을 필요로 하는 다음 각 목의 어느 하나에 해당하는 사람의 질병이나 부상에 대한 의료비를 해당 근로자가 본인 연간 임금총액의 1천분의 125를 초과하여 부담하는 경우
   가. 근로자 본인
   나. 근로자의 배우자
   다. 근로자 또는 그 배우자의 부양가족
4. 퇴직금 중간정산을 신청하는 날부터 거꾸로 계산하여 5년 이내에 근로자가 「채무자 회생 및 파산에 관한 법률」에 따라 파산선고를 받은 경우
5. 퇴직금 중간정산을 신청하는 날부터 거꾸로 계산하여 5년 이내에 근로자가 「채무자 회생 및 파산에 관한 법률」에 따라 개인회생절차개시 결정을 받은 경우
6. 사용자가 기존의 정년을 연장하거나 보장하는 조건으로 단체협약 및 취업규칙 등을 통하여 일정 나이, 근속시점 또는 임금액을 기준으로 임금을 줄이는 제도를 시행하는 경우
6의2. 사용자가 근로자와의 합의에 따라 소정근로시간을 1일 1시간 또는 1주 5시간 이상 단축함으로써 단축된 소정근로시간에 따라 근로자가 3개월 이상 계속 근로하기로 한 경우
6의3. 법률 제15513호 근로기준법 일부개정법률의 시행에 따른 근로시간의 단축으로 근로자의 퇴직금이 감소되는 경우
7. 재난으로 피해를 입은 경우로서 고용노동부장관이 정하여 고시하는 사유에 해당하는 경우

② 사용자는 제1항 각 호의 사유에 따라 퇴직금을 미리 정산하여 지급한 경우 근로자가 퇴직한 후 5년이 되는 날까지 관련 증명 서류를 보존하여야 한다.

사용자가 근로자와의 합의에 따라 연장근로시간을 1일 1시간 또는 1주 5시간 이상 단축한 경우는 퇴직금의 중간정산 사유에 해당하지 아니한다. (○) **기출** 18

6개월 이상 요양을 필요로 하는 근로자의 부상의료비를 근로자 본인 연간 임금총액의 1천분의 125를 초과하여 부담하는 경우 퇴직금을 미리 정산하여 지급할 수 있다. (○) **기출** 23

경영 악화를 방지하기 위한 사업의 합병을 위하여 근로자의 과반수의 동의를 얻은 경우는 퇴직금의 중간정산 사유에 해당하지 아니한다. (○) **기출** 13

사용자는 퇴직금을 미리 정산하여 지급한 경우 근로자가 퇴직한 후 5년이 되는 날까지 관련 증명서류를 보존하여야 한다. (○) **기출** 23

제9조 퇴직금의 지급

① 사용자는 근로자가 퇴직한 경우에는 그 지급사유가 발생한 날부터 **14일 이내**에 퇴직금을 지급하여야 한다. 다만, 특별한 사정이 있는 경우에는 **당사자 간의 합의**에 따라 지급기일을 연장할 수 있다.

② 제1항에 따른 퇴직금은 근로자가 지정한 개인형퇴직연금제도의 계정 또는 제23조의8에 따른 계정(이하 "개인형퇴직연금제도의 계정등"이라 한다)으로 **이전하는 방법**으로 지급하여야 한다. 다만, 근로자가 **55세** 이후에 퇴직하여 급여를 받는 경우 등 대통령령으로 정하는 사유가 있는 경우에는 그러하지 아니하다.

③ 근로자가 제2항에 따라 개인형퇴직연금제도의 계정등을 지정하지 아니한 경우에는 근로자 명의의 개인형퇴직연금제도의 계정으로 **이전**한다.

> 사용자는 근로자가 퇴직한 경우에는 그 지급사유가 발생한 날부터 14일 이내에 퇴직금을 지급하여야 하지만, 특별한 사정이 있는 경우에는 당사자 간의 합의에 따라 퇴직금의 지급기일을 연장할 수 있다.
> (○) **기출** 21 · 24

시행령 제3조의2(퇴직금의 개인형퇴직연금제도 계정 등으로의 이전 예외 사유)

① 법 제9조 제2항 단서에서 "근로자가 55세 이후에 퇴직하여 급여를 받는 경우 등 대통령령으로 정하는 사유가 있는 경우"란 다음 각 호의 경우를 말한다.
  1. 근로자가 55세 이후에 퇴직하여 급여를 받는 경우
  2. 급여가 고용노동부장관이 정하여 고시하는 금액 이하인 경우
  3. 근로자가 사망한 경우
  4. 「출입국관리법 시행령」 제23조 제1항에 따라 취업활동을 할 수 있는 체류자격으로 국내에서 근로를 제공하고 퇴직한 근로자가 퇴직 후 국외로 출국한 경우
  5. 다른 법령에서 급여의 전부 또는 일부를 공제하도록 한 경우

② 제1항 제5호의 사유로 급여에서 일부를 공제한 경우 남은 금액은 근로자가 지정한 개인형퇴직연금제도의 계정 또는 법 제23조의8에 따른 계정(이하 "개인형퇴직연금계정등"이라 한다)으로 이전해야 한다.

제10조 퇴직금의 시효

이 법에 따른 퇴직금을 받을 권리는 **3년간** 행사하지 아니하면 시효로 인하여 소멸한다.

> 근로자퇴직급여 보장법에 따른 퇴직금을 받을 권리는 1년간 행사하지 아니하면 시효로 인하여 소멸한다.
> (×) **기출** 16
>
> 퇴직금을 받을 권리는 3년간 행사하지 아니하면 시효로 인하여 소멸한다.
> (○) **기출** 14 · 20 · 22 · 24

제11조 퇴직급여제도의 미설정에 따른 처리

제4조 제1항 본문 및 제5조에도 불구하고 사용자가 퇴직급여제도나 제25조 제1항에 따른 개인형퇴직연금제도를 설정하지 아니한 경우에는 제8조 제1항에 따른 **퇴직금제도**를 설정한 것으로 본다.

제12조 **퇴직급여등의 우선변제**

① 사용자에게 지급의무가 있는 퇴직금, 제15조에 따른 확정급여형퇴직연금제도의 급여, 제20조 제3항에 따른 확정기여형퇴직연금제도의 부담금 중 미납입 부담금 및 미납입 부담금에 대한 지연이자, 제23조의7 제1항에 따른 중소기업퇴직연금기금제도의 부담금 중 미납입 부담금 및 미납입 부담금에 대한 지연이자, 제25조 제2항 제4호에 따른 개인형 퇴직연금제도의 부담금 중 미납입 부담금 및 미납입 부담금에 대한 지연이자(이하 "퇴직 급여등"이라 한다)는 사용자의 총재산에 대하여 질권 또는 저당권에 의하여 담보된 채권을 제외하고는 조세·공과금 및 다른 채권에 **우선하여 변제되어야** 한다. 다만, 질권 또는 저당권에 우선하는 **조세·공과금**에 대하여는 그러하지 아니하다.

② 제1항에도 불구하고 **최종 3년간의 퇴직급여등**은 사용자의 총재산에 대하여 질권 또는 저당권에 의하여 담보된 채권, 조세·공과금 및 다른 채권에 **우선하여 변제되어야** 한다.

③ 퇴직급여등 중 퇴직금, 제15조에 따른 **확정급여형퇴직연금제도**의 급여는 **계속근로기간 1년**에 대하여 **30일분의 평균임금**으로 계산한 금액으로 한다.

④ 퇴직급여등 중 제20조 제1항에 따른 **확정기여형퇴직연금제도**의 부담금, 제23조의7 제1항에 따른 **중소기업퇴직연금기금제도**의 부담금 및 제25조 제2항 제2호에 따른 **개인형퇴직연금제도**의 부담금은 가입자의 **연간 임금총액의 12분의 1**에 해당하는 금액으로 계산한 금액으로 한다.

제3장 확정급여형퇴직연금제도

제13조 **확정급여형퇴직연금제도의 설정**

확정급여형퇴직연금제도를 설정하려는 사용자는 제4조 제3항 또는 제5조에 따라 **근로자대표의 동의**를 얻거나 **의견**을 들어 다음 각 호의 사항을 포함한 확정급여형퇴직연금규약을 작성하여 **고용노동부장관**에게 **신고**하여야 한다.

1. 퇴직연금사업자 선정에 관한 사항
2. 가입자에 관한 사항
3. 가입기간에 관한 사항
4. 급여 수준에 관한 사항
5. 급여 지급능력 확보에 관한 사항
6. 급여의 종류 및 수급요건 등에 관한 사항
7. 제28조에 따른 운용관리업무 및 제29조에 따른 자산관리업무의 수행을 내용으로 하는 계약의 체결 및 해지와 해지에 따른 계약의 이전에 관한 사항
8. 운용현황의 통지에 관한 사항
9. 가입자의 퇴직 등 급여 지급사유 발생과 급여의 지급절차에 관한 사항
10. 퇴직연금제도의 폐지·중단 사유 및 절차 등에 관한 사항
10의2. 부담금의 산정 및 납입에 관한 사항
11. 그 밖에 확정급여형퇴직연금제도의 운영을 위하여 대통령령으로 정하는 사항

제14조　가입기간

① 제13조 제3호에 따른 가입기간은 퇴직연금제도의 설정 이후 해당 사업에서 근로를 제공하는 기간으로 한다.

② 해당 퇴직연금제도의 설정 전에 해당 사업에서 제공한 근로기간에 대하여도 가입기간으로 할 수 있다. 이 경우 제8조 제2항에 따라 퇴직금을 미리 정산한 기간은 제외한다.

> **시행령 제5조(확정급여형퇴직연금제도의 최소적립금 수준)**
> ① 법 제16조 제1항 각 호 외의 부분 본문에서 "대통령령으로 정하는 비율"이란 100분의 80 이상으로서 고용노동부령으로 정하는 비율을 말한다.
> ② 법 제16조 제1항 각 호 외의 부분 단서에서 "대통령령으로 정하는 비율"이란 법 제14조 제2항에 따라 해당 퇴직연금제도의 설정 전에 해당 사업에서 제공한 근로기간(이하 "과거근로기간"이라 한다)을 가입기간에 포함시키는 경우 해당 근로기간에 대한 법 제16조 제1항 각 호 외의 부분 본문의 기준책임준비금(이하 "기준책임준비금"이라 한다) 대비 적립금 비율로서 과거근로기간의 연수(年數)와 가입 후 연차(年次)의 구분에 따라 고용노동부장관이 정하여 고시하는 비율을 말한다.

제15조　급여수준

제13조 제4호의 급여 수준은 가입자의 퇴직일을 기준으로 산정한 일시금이 계속근로기간 1년에 대하여 30일분 이상의 평균임금이 되도록 하여야 한다.

제16조　급여 지급능력 확보 등

① 확정급여형퇴직연금제도를 설정한 사용자는 급여 지급능력을 확보하기 위하여 매 사업연도 말 다음 각 호에 해당하는 금액 중 더 큰 금액(이하 "기준책임준비금"이라 한다)에 100분의 60 이상으로 대통령령으로 정하는 비율을 곱하여 산출한 금액(이하 "최소적립금"이라 한다) 이상을 적립금으로 적립하여야 한다. 다만, 제14조 제2항에 따라 해당 퇴직연금제도 설정 이전에 해당 사업에서 근로한 기간을 가입기간에 포함시키는 경우 대통령령으로 정하는 비율에 따른다.

　1. 매 사업연도 말일 현재를 기준으로 산정한 가입자의 예상 퇴직시점까지의 가입기간에 대한 급여에 드는 비용 예상액의 현재가치에서 장래 근무기간분에 대하여 발생하는 부담금 수입 예상액의 현재가치를 뺀 금액으로서 고용노동부령으로 정하는 방법에 따라 산정한 금액

　2. 가입자와 가입자였던 사람의 해당 사업연도 말일까지의 가입기간에 대한 급여에 드는 비용 예상액을 고용노동부령으로 정하는 방법에 따라 산정한 금액

② 확정급여형퇴직연금제도의 운용관리업무를 수행하는 퇴직연금사업자는 매 사업연도 종료 후 6개월 이내에 고용노동부령으로 정하는 바에 따라 산정된 적립금이 최소적립금을 넘고 있는지 여부를 확인하여 그 결과를 대통령령으로 정하는 바에 따라 사용자에게 알려야 한다. 다만, 최소적립금보다 적은 경우에는 그 확인 결과를 근로자대표에게도 알려야 한다.

③ 사용자는 제2항에 따른 확인 결과 적립금이 대통령령으로 정하는 수준에 미치지 못하는 경우에는 대통령령으로 정하는 바에 따라 적립금 부족을 해소하여야 한다.

④ 제2항에 따른 확인 결과 매 사업연도 말 적립금이 기준책임준비금을 초과한 경우 사용자는 그 초과분을 향후 납입할 부담금에서 상계할 수 있으며, 매 사업연도 말 적립금이 기준책임준비금의 100분의 150을 초과하고 사용자가 반환을 요구하는 경우 퇴직연금사업자는 그 초과분을 사용자에게 반환할 수 있다.

시행령 제7조(적립금 부족의 판단기준 및 해소방안)

① 법 제16조 제3항에서 "대통령령으로 정하는 수준"이란 최소적립금의 100분의 95를 말한다.

② 사용자는 법 제16조 제3항에 따라 적립금이 제1항의 수준에 미치지 못하는 경우 부담금 납입 등을 통해 최소적립금 대비 부족분 비율의 3분의 1 이상을 직전 사업연도 종료 후 1년 이내에 해소해야 한다.

제17조 급여 종류 및 수급요건 등

① 확정급여형퇴직연금제도의 급여 종류는 연금 또는 일시금으로 하되, 수급요건은 다음 각 호와 같다.

1. 연금은 55세 이상으로서 가입기간이 10년 이상인 가입자에게 지급할 것. 이 경우 연금의 지급기간은 5년 이상이어야 한다.

2. 일시금은 연금수급 요건을 갖추지 못하거나 일시금 수급을 원하는 가입자에게 지급할 것

② 사용자는 가입자의 퇴직 등 제1항에 따른 급여를 지급할 사유가 발생한 날부터 14일 이내에 퇴직연금사업자로 하여금 적립금의 범위에서 지급의무가 있는 급여 전액(사업의 도산 등 대통령령으로 정하는 경우에는 제16조 제1항 제2호에 따른 금액에 대한 적립금의 비율에 해당하는 금액)을 지급하도록 하여야 한다. 다만, 퇴직연금제도 적립금으로 투자된 운용자산 매각이 단기간에 이루어지지 아니하는 등 특별한 사정이 있는 경우에는 사용자, 가입자 및 퇴직연금사업자 간의 합의에 따라 지급기일을 연장할 수 있다.

③ 사용자는 제2항에 따라 퇴직연금사업자가 지급한 급여수준이 제15조에 따른 급여수준에 미치지 못할 때에는 급여를 지급할 사유가 발생한 날부터 14일 이내에 그 부족한 금액을 해당 근로자에게 지급하여야 한다. 이 경우 특별한 사정이 있는 경우에는 당사자 간의 합의에 따라 지급기일을 연장할 수 있다.

④ 제2항 및 제3항에 따른 급여의 지급은 가입자가 지정한 개인형퇴직연금제도의 계정등으로 이전하는 방법으로 한다. 다만, 가입자가 55세 이후에 퇴직하여 급여를 받는 경우 등 대통령령으로 정하는 사유가 있는 경우에는 그러하지 아니하다.

⑤ 가입자가 제4항에 따라 개인형퇴직연금제도의 계정등을 지정하지 아니하는 경우에는 가입자 명의의 개인형퇴직연금제도의 계정으로 이전한다. 이 경우 가입자가 해당 퇴직연금사업자에게 개인형퇴직연금제도를 설정한 것으로 본다.

> 확정급여형퇴직연금제도의 경우 55세 이상으로서 가입기간이 10년 이상인 가입자에게 연금으로 지급하되 연금의 지급기간은 10년 이상이어야 한다. (×) 기출 17

시행령 제8조(급여 전액지급 예외 사유)

법 제17조 제2항 본문에서 "사업의 도산 등 대통령령으로 정하는 경우"란 다음 각 호의 경우를 말한다.

1. 사업주가 「채무자 회생 및 파산에 관한 법률」에 따른 파산선고를 받은 경우
2. 사업주가 「채무자 회생 및 파산에 관한 법률」에 따른 회생절차개시 결정을 받은 경우
3. 사업주가 「임금채권보장법 시행령」 제5조 제1항 제2호 또는 제3호에 해당하는 경우
4. 법 제16조 제2항에 따른 확인결과 기준책임준비금 중 적립금의 비율이 제5조 제1항에 따른 비율보다 낮은 경우. 이 경우 과거근로기간을 가입기간에 포함시키는 경우에도 제5조 제1항에 따른 비율을 적용한다.
5. 다음 값이 고용노동부장관이 정하여 고시한 비율 이상인 경우

$$\frac{\text{사업연도개시일 이후 해당 사업의 가입자에게 지급한 퇴직급여의 누계액}}{\text{사업연도개시일의 적립금 + 사업연도개시일 이후 납입된 부담금의 합계액}}$$

6. 그 밖에 급여를 전액 지급하면 다른 근로자의 수급이 제한되는 경우로서 고용노동부령으로 정하는 경우

시행령 제9조(급여의 개인형퇴직연금계정등으로 이전 예외 사유)

법 제17조 제4항 단서에서 "가입자가 55세 이후에 퇴직하여 급여를 받는 경우 등 대통령령으로 정하는 사유가 있는 경우"란 다음 각 호의 경우를 말한다.

1. 가입자가 55세 이후에 퇴직하여 급여를 받는 경우
2. 가입자가 법 제7조 제2항에 따라 급여를 담보로 대출받은 금액 등을 상환하기 위한 경우. 이 경우 가입자가 지정한 개인형퇴직연금계정등으로 이전하지 않은 금액은 담보대출 채무 상환 금액을 초과할 수 없다.
3. 급여가 고용노동부장관이 정하는 금액 이하인 경우
4. 제3조의2 제3호부터 제5호까지의 규정에 해당하는 경우

임채법 시행령 제5조(도산등사실인정의 요건ㆍ절차)

① 법 제7조 제1항 제3호에서 "대통령령으로 정한 요건과 절차에 따라 미지급 임금등을 지급할 능력이 없다고 인정하는 경우"란 사업주로부터 임금등을 지급받지 못하고 퇴직한 근로자의 신청이 있는 경우로서 해당 사업주가 다음 각 호의 요건에 모두 해당되어 미지급 임금등을 지급할 능력이 없다고 고용노동부장관이 인정(이하 "도산등사실인정"이라 한다)하는 경우를 말한다.

1. [별표 1]의 방법에 따라 산정한 상시 사용하는 근로자의 수(이하 "상시근로자수"라 한다)가 300명 이하일 것
2. 사업이 폐지되었거나 다음 각 목의 어느 하나의 사유로 사업이 폐지되는 과정에 있을 것
   가. 그 사업의 생산 또는 영업활동이 중단된 상태에서 주된 업무시설이 압류 또는 가압류되거나 채무 변제를 위하여 양도된 경우(「민사집행법」에 따른 경매가 진행 중인 경우를 포함한다)
   나. 그 사업에 대한 인가ㆍ허가ㆍ등록 등이 취소되거나 말소된 경우
   다. 그 사업의 주된 생산 또는 영업활동이 1개월 이상 중단된 경우

3. 임금등을 지급할 능력이 없거나 다음 각 목의 어느 하나의 사유로 임금등의 지급이 현저히
   곤란할 것
   가. 도산등사실인정일 현재 1개월 이상 사업주의 소재를 알 수 없는 경우
   나. 사업주의 재산을 환가하거나 회수하는 데 도산등사실인정 신청일부터 3개월 이상 걸릴
      것으로 인정되는 경우
   다. 사업주(상시근로자수가 10명 미만인 사업의 사업주로 한정한다)가 도산등사실인정을
      신청한 근로자에게 「근로기준법」 제36조에 따른 금품 청산 기일이 지난 날부터 3개월
      이내에 임금등을 지급하지 못한 경우

제18조 운용현황의 통지

퇴직연금사업자는 매년 1회 이상 적립금액 및 운용수익률 등을 고용노동부령으로 정하는
바에 따라 가입자에게 알려야 한다.

> 퇴직연금사업자는 매년 2회 이상 적립금액 및 운용수익률 등을 고용노동부령으로 정하는 바에 따라
> 가입자에게 알려야 한다.   (×) 기출 16
>
> 퇴직연금사업자는 매분기당 1회 이상 적립금액 및 운용수익률 등을 고용노동부령으로 정하는 바에
> 따라 가입자에게 알려야 한다.   (×) 기출 22

제18조의2 적립금운용위원회 구성 등

① 상시 300명 이상의 근로자를 사용하는 사업의 사용자는 퇴직연금제도 적립금의 합리적
   인 운용을 위하여 대통령령으로 정하는 바에 따라 적립금운용위원회를 구성하여야 한다.
② 제1항의 사용자는 적립금운용위원회의 심의를 거친 적립금운용계획서에 따라 적립금을
   운용하여야 한다. 이 경우 적립금운용계획서는 적립금 운용 목적 및 방법, 목표수익률,
   운용성과 평가 등 대통령령으로 정하는 내용을 포함하여 매년 1회 이상 작성하여야 한다.

제4장 확정기여형퇴직연금제도

제19조 확정기여형퇴직연금제도의 설정

① 확정기여형퇴직연금제도를 설정하려는 사용자는 제4조 제3항 또는 제5조에 따라 근로
   자대표의 동의를 얻거나 의견을 들어 다음 각 호의 사항을 포함한 확정기여형퇴직연금규
   약을 작성하여 고용노동부장관에게 신고하여야 한다.
   1. 부담금의 부담에 관한 사항
   2. 부담금의 산정 및 납입에 관한 사항
   3. 적립금의 운용에 관한 사항
   4. 적립금의 운용방법 및 정보의 제공 등에 관한 사항
   4의2. 사전지정운용제도에 관한 사항
   5. 적립금의 중도인출에 관한 사항
   6. 제13조 제1호부터 제3호까지 및 제6호부터 제10호까지의 사항
   7. 그 밖에 확정기여형퇴직연금제도의 운영에 필요한 사항으로서 대통령령으로 정하는 사항

② 제1항에 따라 확정기여형퇴직연금제도를 설정하는 경우 가입기간에 관하여는 제14조를, 급여의 종류, 수급요건과 급여 지급의 절차·방법에 관하여는 제17조 제1항, 제4항 및 제5항을, 운용현황의 통지에 관하여는 제18조를 준용한다. 이 경우 제14조 제1항 중 "제13조 제3호"는 "제19조 제6호"로, 제17조 제1항 중 "확정급여형퇴직연금제도"는 "확정기여형퇴직연금제도"로 본다.

제20조 **부담금의 부담수준 및 납입 등**

① 확정기여형퇴직연금제도를 설정한 사용자는 가입자의 **연간 임금총액의 12분의 1 이상**에 해당하는 부담금을 **현금**으로 가입자의 확정기여형퇴직연금제도 계정에 납입하여야 한다.

② 가입자는 제1항에 따라 사용자가 부담하는 부담금 외에 스스로 부담하는 추가 부담금을 가입자의 확정기여형퇴직연금 계정에 납입할 수 있다.

③ 사용자는 **매년 1회 이상 정기적으로** 제1항에 따른 부담금을 가입자의 확정기여형퇴직연금제도 계정에 납입하여야 한다. 이 경우 사용자가 정하여진 기일(확정기여형퇴직연금 규약에서 납입 기일을 연장할 수 있도록 한 경우에는 그 연장된 기일)까지 부담금을 납입하지 아니한 경우 그 다음 날부터 부담금을 납입한 날까지 지연 일수에 대하여 **연 100분의 40 이내**의 범위에서 「은행법」에 따른 은행이 적용하는 연체금리, 경제적 여건 등을 고려하여 대통령령으로 정하는 이율에 따른 **지연이자**를 납입하여야 한다.

④ 제3항은 사용자가 천재지변, 그 밖에 대통령령으로 정하는 사유에 따라 부담금 납입을 지연하는 경우 그 사유가 존속하는 기간에 대하여는 적용하지 아니한다.

⑤ 사용자는 확정기여형퇴직연금제도 가입자의 퇴직 등 대통령령으로 정하는 사유가 발생한 때에 그 가입자에 대한 부담금을 미납한 경우에는 그 사유가 발생한 날부터 **14일 이내**에 제1항에 따른 부담금 및 제3항 후단에 따른 지연이자를 해당 가입자의 확정기여형퇴직연금제도 계정에 납입하여야 한다. 다만, 특별한 사정이 있는 경우에는 당사자 간의 합의에 따라 납입 기일을 연장할 수 있다.

⑥ 가입자는 퇴직할 때에 받을 급여를 갈음하여 그 운용 중인 자산을 가입자가 설정한 개인형퇴직연금제도의 계정으로 이전해 줄 것을 해당 퇴직연금사업자에게 요청할 수 있다.

⑦ 제6항에 따른 가입자의 요청이 있는 경우 퇴직연금사업자는 그 운용 중인 자산을 가입자의 개인형퇴직연금제도 계정으로 이전하여야 한다. 이 경우 확정기여형퇴직연금제도 운영에 따른 가입자에 대한 급여는 지급된 것으로 본다.

> 확정기여형퇴식언금제도를 설정한 사용자는 가입자의 연간 임금총액의 12분의 1 이상에 해당하는 부담금을 현금으로 가입자의 확정기여형퇴직연금제도 계정에 납입하여야 한다. (○) **기출** 17

제21조 **적립금 운용방법 및 정보제공**

① 확정기여형퇴직연금제도의 가입자는 적립금의 운용방법을 스스로 선정할 수 있고, 반기마다 1회 이상 적립금의 운용방법을 변경할 수 있다.

② 퇴직연금사업자는 반기마다 1회 이상 위험과 수익구조가 서로 다른 세 가지 이상의 적립금 운용방법을 제시하여야 한다.

③ 퇴직연금사업자는 운용방법별 이익 및 손실의 가능성에 관한 정보 등 가입자가 적립금의 운용방법을 선정하는 데 필요한 정보를 제공하여야 한다.

제21조의2　사전지정운용제도의 설정

① 운용관리업무를 수행하는 퇴직연금사업자는 사전지정운용방법에 다음 각 호 중 하나 이상의 운용유형을 포함하여 고용노동부장관의 승인을 받아야 한다.
1. 적립금의 원리금이 보장되는 운용유형
2. 「자본시장과 금융투자업에 관한 법률」 제229조에 따른 집합투자기구의 집합투자증권으로서 투자설명서상 다음 각 목의 어느 하나에 해당하는 운용내용이 운용계획에 명시되는 등 대통령령으로 정하는 요건을 충족하는 운용유형
    가. 투자목표시점이 사전에 결정되고 운용기간이 경과함에 따라 투자위험이 낮은 자산의 비중을 증가시키는 방향으로 자산배분을 변경하거나 위험수준을 조절하는 운용내용
    나. 투자위험이 상이한 다양한 자산에 분산투자하고 금융시장 상황 및 각 집합투자재산의 가치변동 등을 고려하여 주기적으로 자산배분을 조정함으로써 집합투자재산의 위험을 관리하고 장기 가치 상승을 추구하는 운용내용
    다. 단기금융상품 등에 투자하여 집합투자재산의 손실가능성을 최소화하고 단기 안정적인 수익을 추구하는 운용내용
    라. 「사회기반시설에 대한 민간투자법」 등 관련 법령에 따라 국가 및 지방자치단체가 추진하는 공공투자계획, 관련 사업 및 정책에 따른 사회기반시설사업 등에 투자하는 등 고용노동부령으로 정하는 요건을 충족하는 운용내용
    마. 그 밖에 대통령령으로 정하는 운용내용
② 퇴직연금사업자가 제1항에 따라 고용노동부장관의 승인을 받고자 하는 경우 퇴직연금 관련 전문가로서 퇴직연금 및 자산운용에 관한 학식과 경험이 풍부하다고 인정되는 사람을 포함하는 등 고용노동부령으로 정하는 요건에 따라 구성된 고용노동부장관 소속 심의위원회의 사전심의를 받아야 한다.
③ 운용관리업무를 수행하는 퇴직연금사업자는 사전지정운용방법을 사용자에게 고용노동부령으로 정하는 방법에 따라 제시하여야 한다.
④ 제1항 제2호에 따른 운용유형은 손실가능성과 예상수익이 중·장기적으로 합리적 균형을 이루고 수수료 등의 비용이 예상되는 수익에 비해 과다하여서는 아니 된다.
⑤ 제3항에 따라 사전지정운용방법을 제시받은 사용자는 사업 또는 사업장 단위로 사전지정운용방법을 설정하여 근로자대표의 동의를 받아 확정기여형퇴직연금규약에 반영하여야 한다.

시행령 제13조(사전지정운용방법의 승인 요건)

① 법 제21조의2 제1항 제2호 각 목 외의 부분에서 "대통령령으로 정하는 요건"이란 다음 각 호의 요건을 말한다.
1. 투자설명서상 법 제21조의2 제1항 제2호 각 목의 어느 하나에 해당하는 운용내용이 주요 운용내용으로 운용계획에 명시되어 있을 것
2. 자산 배분이 적절하고 투자전략이 단순하며 이해하기 쉬울 것
3. 물가, 금리 또는 환율의 변동 등 경제의 중·장기 변동에 따른 손실가능성이 가입자 집단의 속성에 비추어 허용되는 범위일 것
4. 예상수익이 금리·환율 등 금융시장의 상황에 비추어 합리적 수준으로 확보될 것
5. 손실가능성과 예상수익이 중·장기적으로 합리적 균형을 이룰 것

6. 수수료 등의 비용이 예상되는 수익에 비해 과다하지 않을 것
7. 상시 가입이 가능하고 특별한 사정이 없다면 환매를 신청한 날부터 14일 이내에 환매가 가능할 것

② 제1항 각 호의 요건에 관한 세부기준은 고용노동부장관이 정하여 고시한다.

제21조의3 **사전지정운용제도의 운영**

① 운용관리업무를 수행하는 퇴직연금사업자는 사전지정운용제도를 설정한 사업의 가입자에게 다음 각 호의 사항에 관한 정보를 대통령령으로 정하는 바에 따라 제공하여야 한다.
　1. 해당 사전지정운용방법의 자산배분 현황 및 위험·수익 구조
　2. 제2항부터 제5항까지에 관한 사항
　3. 그 밖에 사전지정운용제도의 운영에 관한 사항으로서 대통령령으로 정하는 사항

② 가입자는 제1항에 따라 정보를 제공받은 사전지정운용방법 중 하나를 본인이 적용받을 사전지정운용방법으로 선정하여야 한다. 다만, 제21조의2 제1항 제2호의 운용유형만 사전지정운용방법으로 선정하는 경우에는 같은 호 가목 또는 나목의 운용내용이 포함되어야 한다.

③ 운용관리업무를 수행하는 퇴직연금사업자는 가입자가 다음 각 호에 해당하는 때에 운용방법을 스스로 선정하지 아니하는 경우 가입자에게 사전지정운용방법에 따라 적립금이 운용됨을 통지하여야 한다.
　1. 가입자가 확정기여형퇴직연금제도에 가입하였을 때
　2. 가입자가 제21조 제1항에 따라 스스로 선정한 적립금 운용방법의 기간 만료일부터 4주가 지났을 때

④ 가입자가 제3항에 따른 통지를 받은 후 2주 이내에 운용방법을 스스로 선정하지 아니할 경우 운용관리업무를 수행하는 퇴직연금사업자는 해당 가입자의 적립금을 사전지정운용방법으로 운용한다. 이 경우 가입자가 스스로 운용방법을 사전지정운용방법으로 선정한 것으로 본다.

⑤ 사전지정운용방법으로 적립금을 운용하는 가입자는 언제든지 제21조 제1항에 따라 적립금의 운용방법을 스스로 선정할 수 있다.

⑥ 운용관리업무를 수행하는 퇴직연금사업자는 고용노동부장관의 승인을 받아 사전지정운용방법을 변경할 수 있다. 이 경우 해당 사전지정운용방법에 따라 운용되는 가입자의 적립금은 가입자에 대한 통지 등 대통령령으로 정하는 절차를 거쳐 변경된 사전지정운용방법에 따라 운용할 수 있다.

⑦ 사전지정운용방법의 운용현황 및 수익률의 공시, 해지방법의 고지, 승인취소 및 그에 따른 적립금의 이전, 그 밖에 사전지정운용제도의 운용을 위하여 필요한 사항은 대통령령으로 정한다.

시행령 제13조의4(사전지정운용방법의 변경)
① 법 제21조의3 제6항에 따라 사전지정운용방법을 변경하려는 퇴직연금사업자는 법 제21조의2 제2항에 따른 심의위원회(이하 "심의위원회"라 한다)의 사전심의를 거쳐 고용노동부장관에게 변경 승인을 신청해야 한다.
② 퇴직연금사업자는 제1항의 신청에 따라 사전지정운용방법의 변경 승인을 받았을 때에는 그 사실을 변경 승인을 받은 날부터 7일 이내에 해당 사전지정운용방법을 본인이 적용받을 사전지정운용방법으로 선정하였거나 해당 사전지정운용방법으로 적립금이 운용되고 있는 가입자에게 제13조의2 제3항 각 호의 어느 하나에 해당하는 방법으로 통지해야 한다.

③ 제2항에 따른 통지에는 다음 각 호의 사항이 포함되어야 한다.
1. 사전지정운용방법의 변경 사유
2. 변경된 사전지정운용방법에 관한 정보로서 법 제21조의3 제1항 제1호 및 이 영 제13조의2 제1항 각 호의 사항에 관한 정보
3. 법 제21조의3 제6항 후단 및 이 조 제4항에 따라 변경 승인을 받은 후 14일이 지난 날부터 가입자의 적립금이 변경된 사전지정운용방법에 따라 운용될 수 있다는 사실
4. 가입자가 희망하는 경우 변경된 사전지정운용방법이 아닌 다른 운용방법을 선정할 수 있다는 사실
5. 적립금이 변경된 사전지정운용방법으로 운용된 이후에도 가입자는 법 제21조 제1항 및 제21조의3 제5항에 따라 다른 운용방법을 스스로 선정할 수 있다는 사실
④ 퇴직연금사업자는 제2항 및 제3항에 따른 통지를 받은 가입자가 변경된 사전지정운용방법이 아닌 다른 운용방법을 선정하지 않은 경우에는 제1항에 따른 변경 승인을 받은 후 14일이 지난 날부터 가입자의 적립금을 변경된 사전지정운용방법으로 운용할 수 있다.

시행령 제13조의6(사전지정운용방법의 승인 취소 등)
① 고용노동부장관은 사전지정운용방법이 다음 각 호의 어느 하나에 해당하는 경우에는 심의위원회의 사전심의를 거쳐 사전지정운용방법의 승인을 취소할 수 있다. 다만, 제1호에 해당하는 경우에는 승인을 취소해야 한다.
1. 거짓이나 그 밖의 부정한 방법으로 사전지정운용방법의 승인을 받은 경우
2. 제13조 제1항 각 호의 승인 요건을 갖추지 못하게 된 경우
3. 사전지정운용방법으로 인하여 가입자의 적립금에 현저한 손해가 발생하였거나 발생할 우려가 있다고 명백히 인정되는 경우
② 퇴직연금사업자는 제1항에 따라 사전지정운용방법의 승인이 취소된 경우에는 해당 사전지정운용방법을 본인이 적용받을 사전지정운용방법으로 선정하였거나 해당 사전지정운용방법으로 적립금이 운용되고 있는 가입자에게 다음 각 호의 사항을 통지해야 한다.
1. 승인 취소 사유
2. 승인 취소된 사전지정운용방법의 해지 방법・절차에 관한 사항
3. 다른 사전지정운용방법을 포함한 3가지 이상의 운용방법에 관한 정보로서 법 제21조의3 제1항 제1호 및 이 영 제13조의2 제1항 각 호의 사항에 관한 정보
③ 퇴직연금사업자는 제2항에 따른 통지를 받은 가입자가 다른 운용방법을 선정한 경우에는 가입자의 적립금을 가입자가 선정한 다른 운용방법으로 이전하여 운용해야 한다.
④ 제3항에 따라 적립금을 이전하여 운용하는 퇴직연금사업자는 적립금을 이전한 운용방법에 관한 정보로서 법 제21조의3 제1항 제1호 및 이 영 제13조의2 제1항 각 호의 사항에 관한 정보를 가입자에게 제공해야 한다.
⑤ 퇴직연금사업자는 제2항에 따른 통지를 받은 가입자가 해당 사전지정운용방법을 해지하지 않거나 다른 운용방법을 선정하지 않은 경우에는 가입자의 적립금을 종전의 사전지정운용방법과 같은 위험등급의 다른 사전지정운용방법으로 이전하여 운용할 수 있다.
⑥ 제5항에 따라 적립금을 이전하여 운용하는 퇴직연금사업자는 해당 가입자에게 다음 각 호의 사항을 통지해야 한다.
1. 적립금을 이전하여 운용한다는 사실
2. 적립금을 이전한 운용방법에 관한 정보로서 법 제21조의3 제1항 제1호 및 이 영 제13조의2 제1항 각 호의 사항에 관한 정보
⑦ 제3항 또는 제5항에 따라 적립금을 이전하여 운용하는 경우 퇴직연금사업자는 가입자에게 해지 수수료 등 적립금의 이전과 관련된 비용을 요구할 수 없다.

시행령 제13조의6(사전지정운용방법의 승인 취소 등)

① 고용노동부장관은 사전지정운용방법이 다음 각 호의 어느 하나에 해당하는 경우에는 심의위원회의 사전심의를 거쳐 사전지정운용방법의 승인을 취소할 수 있다. 다만, 제1호에 해당하는 경우에는 승인을 취소해야 한다.

  1. 거짓이나 그 밖의 부정한 방법으로 사전지정운용방법의 승인을 받은 경우

  2. 제13조 제1항 각 호의 승인 요건을 갖추지 못하게 된 경우

  3. 사전지정운용방법으로 인하여 가입자의 적립금에 현저한 손해가 발생하였거나 발생할 우려가 있다고 명백히 인정되는 경우

② 퇴직연금사업자는 제1항에 따라 사전지정운용방법의 승인이 취소된 경우에는 해당 사전지정운용방법을 본인이 적용받을 사전지정운용방법으로 선정하였거나 해당 사전지정운용방법으로 적립금이 운용되고 있는 가입자에게 다음 각 호의 사항을 통지해야 한다.

  1. 승인 취소 사유

  2. 승인 취소된 사전지정운용방법의 해지 방법·절차에 관한 사항

  3. 다른 사전지정운용방법을 포함한 3가지 이상의 운용방법에 관한 정보로서 법 제21조의3 제1항 제1호 및 이 영 제13조의2 제1항 각 호의 사항에 관한 정보

③ 퇴직연금사업자는 제2항에 따른 통지를 받은 가입자가 다른 운용방법을 선정한 경우에는 가입자의 적립금을 가입자가 선정한 다른 운용방법으로 이전하여 운용해야 한다.

④ 제3항에 따라 적립금을 이전하여 운용하는 퇴직연금사업자는 적립금을 이전한 운용방법에 관한 정보로서 법 제21조의3 제1항 제1호 및 이 영 제13조의2 제1항 각 호의 사항에 관한 정보를 가입자에게 제공해야 한다.

⑤ 퇴직연금사업자는 제2항에 따른 통지를 받은 가입자가 해당 사전지정운용방법을 해지하지 않거나 다른 운용방법을 선정하지 않은 경우에는 가입자의 적립금을 종전의 사전지정운용방법과 같은 위험등급의 다른 사전지정운용방법으로 이전하여 운용할 수 있다.

⑥ 제5항에 따라 적립금을 이전하여 운용하는 퇴직연금사업자는 해당 가입자에게 다음 각 호의 사항을 통지해야 한다.

  1. 적립금을 이전하여 운용한다는 사실

  2. 적립금을 이전한 운용방법에 관한 정보로서 법 제21조의3 제1항 제1호 및 이 영 제13조의2 제1항 각 호의 사항에 관한 정보

⑦ 제3항 또는 제5항에 따라 적립금을 이전하여 운용하는 경우 퇴직연금사업자는 가입자에게 해지 수수료 등 적립금의 이전과 관련된 비용을 요구할 수 없다.

제21조의4　　**가입자의 사전지정운용방법 선정**

① 사전지정운용방법으로 적립금을 운용하고 있지 아니하는 확정기여형퇴직연금제도의 가입자는 운용관리업무를 수행하는 퇴직연금사업자의 사전지정운용방법 중 제21조의2 제1항 각 호의 어느 하나의 운용유형을 사전지정운용방법으로 선정할 수 있다. 다만, 제21조의2 제1항 제2호의 운용유형만 사전지정운용방법으로 선정하는 경우에는 같은 호 가목 또는 나목의 운용내용이 포함되어야 한다.

② 제1항에 따라 가입자가 선정한 사전지정운용방법이 제21조의3 제6항 전단에 따라 변경될 경우 운용관리업무를 수행하는 퇴직연금사업자는 가입자에 대한 통지 등 대통령령으로 정하는 절차를 거쳐 가입자의 적립금을 변경된 사전지정운용방법에 따라 운용할 수 있다.

제22조　**적립금의 중도인출**

확정기여형퇴직연금제도에 가입한 근로자는 주택구입 등 대통령령으로 정하는 사유가 발생하면 적립금을 중도인출할 수 있다.

> 확정기여형 퇴직연금제도에 가입한 근로자는 주택구입 등 대통령령으로 정하는 사유가 발생하면 적립금을 중도인출할 수 있다.　　　　　　　　　　　　　　(O) **기출** 14·20

시행령 제14조(확정기여형퇴직연금제도의 중도인출 사유)

① 법 제22조에서 "주택구입 등 대통령령으로 정하는 사유"란 다음 각 호의 어느 하나에 해당하는 경우를 말한다.
　1. 제2조 제1항 제1호·제1호의2 또는 제5호(재난으로 피해를 입은 경우로 한정한다)에 해당하는 경우
　1의2. 제2조 제1항 제2호에 해당하는 경우로서 가입자가 본인 연간 임금총액의 1천분의 125를 초과하여 의료비를 부담하는 경우
　2. 중도인출을 신청한 날부터 거꾸로 계산하여 5년 이내에 가입자가 「채무자 회생 및 파산에 관한 법률」에 따라 파산선고를 받은 경우
　3. 중도인출을 신청한 날부터 거꾸로 계산하여 5년 이내에 가입자가 「채무자 회생 및 파산에 관한 법률」에 따라 개인회생절차개시 결정을 받은 경우
　4. 법 제7조 제2항 후단에 따라 퇴직연금제도의 급여를 받을 권리를 담보로 제공하고 대출을 받은 가입자가 그 대출 원리금을 상환하기 위한 경우로서 고용노동부장관이 정하여 고시하는 사유에 해당하는 경우
② 제1항 제4호에 해당하는 사유로 적립금을 중도인출하는 경우 그 중도인출 금액은 대출 원리금의 상환에 필요한 금액 이하로 한다.

> 무주택자인 가입자가 본인 명의로 주택을 구입하는 경우 근로자퇴직급여 보장법령상 확정기여형 퇴직연금제도에 가입한 근로자가 적립금을 중도인출할 수 있다.　　　(O) **기출** 24
>
> 무주택자인 가입자가 주거를 목적으로 주택임대차보호법 제3조의2에 따른 보증금을 부담하는 경우(가입자가 하나의 사업 또는 사업장에 근로하는 동안 1회로 한정한다) 근로자퇴직급여 보장법령상 확정기여형퇴직연금제도에 가입한 근로자가 적립금을 중도인출할 수 있다.　　　(O) **기출** 24
>
> 가입자 배우자의 부양가족의 장례비를 가입자가 부담하는 경우 근로자퇴직급여 보장법령상 확정기여형퇴직연금제도에 가입한 근로자가 적립금을 중도인출할 수 있다.　(×) **기출** 24

제23조　**둘 이상의 사용자가 참여하는 확정기여형퇴직연금제도 설정**

퇴직연금사업자가 둘 이상의 사용자를 대상으로 하나의 확정기여형퇴직연금제도 설정을 제안하려는 경우에는 다음 각 호의 사항에 대하여 고용노동부장관의 승인을 받아야 한다.
　1. 다음 각 목의 사항이 포함된 확정기여형퇴직연금제도의 표준규약
　　가. 제19조 제1항 각 호의 사항
　　나. 그 밖에 대통령령으로 정하는 사항
　2. 대통령령으로 정하는 사항이 포함된 운용관리업무 및 자산관리업무에 관한 표준계약서

제23조의2　　**중소기업퇴직연금기금제도의 운영**

① 중소기업퇴직연금기금제도는 공단에서 운영한다.

② 중소기업퇴직연금기금제도 운영과 관련한 주요 사항을 심의·의결하기 위하여 공단에 **중소기업퇴직연금기금제도운영위원회**(이하 "운영위원회"라 한다)를 둔다.

③ 운영위원회의 위원장은 **공단 이사장**으로 한다.

④ 운영위원회는 위원장, 퇴직연금 관계 업무를 담당하는 고용노동부의 고위공무원단에 속하는 일반직공무원 및 위원장이 위촉하는 다음 각 호의 위원으로 구성한다. 이 경우 위원장을 포함한 위원의 수는 **10명 이상 15명 이내**로 구성하되, 제2호와 제3호에 해당하는 위원의 수는 같아야 한다.

　1. 공단의 상임이사

　2. 근로자를 대표하는 사람

　3. 사용자를 대표하는 사람

　4. 퇴직연금 관련 전문가로서 퇴직연금 및 자산운용에 관한 학식과 경험이 풍부한 사람

⑤ 제4항 제2호부터 제4호까지에 해당하는 사람으로서 위원장이 위촉한 위원의 임기는 **3년**으로 하되, 연임할 수 있다. 다만, 위원의 사임 등으로 새로 위촉된 위원의 임기는 전임 위원 **임기의 남은 기간**으로 한다.

⑥ 운영위원회는 다음 각 호의 사항을 심의·의결한다.

　1. 중소기업퇴직연금기금 운용계획 및 지침에 관한 사항

　2. 제23조의5에 따른 중소기업퇴직연금기금표준계약서의 작성 및 변경에 관한 사항

　3. 제23조의6 제2항에 따른 수수료 수준에 관한 사항

　4. 그 밖에 위원장이 중소기업퇴직연금기금제도 운영과 관련한 주요 사항에 관하여 운영위원회의 회의에 부치는 사항

⑦ 위원장은 중소기업퇴직연금기금 운용 등과 관련하여 운영위원회를 지원하기 위한 자문 위원회를 **구성할 수 있다**.

⑧ 그 밖에 운영위원회의 구성 및 운영 등에 필요한 사항은 대통령령으로 정한다.

제23조의3　　**중소기업퇴직연금기금의 관리 및 운용**

① 공단은 중소기업퇴직연금기금의 안정적 운용 및 수익성 증대를 위하여 대통령령으로 정하는 방법에 따라 중소기업퇴직연금기금을 관리·운용하여야 한다.

② 공단은 중소기업퇴직연금기금을 공단의 **다른 회계와 구분**하여야 한다.

제23조의4　　**자료의 활용**

① 공단은 다음 각 호의 사무를 원활히 수행하기 위하여 대통령령으로 정하는 범위에서 「고용보험법」, 「고용보험 및 산업재해보상보험의 보험료징수 등에 관한 법률」 및 「근로복지기본법」에 따라 수집된 자료를 활용할 수 있다.

　1. 중소기업퇴직연금기금제도 가입 대상 사업장에 대한 가입 안내 업무

　2. 제23조의5 제1항 각 호에 따른 업무 중 사용자 및 근로자의 편의를 도모하기 위하여 대통령령으로 정하는 업무

② 고용노동부장관은 공단이 제23조의14에 따른 업무수행을 위하여 제13조 및 제19조에 따른 퇴직연금규약 신고, 제38조에 따른 퇴직연금규약 폐지 신고 여부에 대한 자료를 요청하는 경우 해당 자료를 제공할 수 있다.

제23조의5 중소기업퇴직연금기금표준계약서의 기재사항 등

① 공단은 다음 각 호의 사항을 기재한 계약서(이하 "중소기업퇴직연금기금표준계약서"라 한다)를 작성하여 **고용노동부장관의 승인**을 받아야 한다.
1. 제13조 제2호, 제3호, 제6호 및 제8호부터 제10호까지의 사항
2. 제19조 제1항 제1호부터 제3호까지 및 제5호의 사항
3. 제23조의3에 따른 중소기업퇴직연금기금의 관리·운용 업무에 관한 사항
4. 적립금 운용현황의 기록·보관·통지 업무에 관한 사항
5. 계좌의 설정 및 관리, 부담금의 수령, 적립금의 보관 및 관리, 급여의 지급 업무에 관한 사항
6. 그 밖에 중소기업퇴직연금기금제도의 운영을 위하여 대통령령으로 정하는 사항
② 공단은 제1항에 따라 승인받은 중소기업퇴직연금기금표준계약서를 변경하는 경우에는 **고용노동부장관의 승인**을 받아야 한다. 다만, 변경하는 내용이 사용자 및 가입자에게 불리하지 아니한 경우에는 **고용노동부장관에게 신고함**으로써 중소기업퇴직연금기금표준계약서를 변경할 수 있다.
③ 제1항 및 제2항에 따른 승인 또는 변경승인의 방법 및 절차 등에 필요한 사항은 대통령령으로 정한다.

제23조의6 중소기업퇴직연금기금제도의 설정

① 중소기업의 사용자는 제23조의5에 따른 중소기업퇴직연금기금표준계약서에서 정하고 있는 사항에 관하여 제4조 제3항 또는 제5조에 따라 **근로자대표의 동의**를 얻거나 **의견**을 들어 공단과 계약을 체결함으로써 중소기업퇴직연금기금제도를 설정할 수 있다.
② 공단은 제23조의5 제1항 제3호부터 제5호까지 및 제23조의15 제1항의 업무수행에 따른 수수료를 **사용자** 및 **가입자**에게 부과할 수 있다.
③ 공단은 제23조의5 제1항 제3호부터 제6호까지의 업무 중 대통령령으로 정하는 업무를 인적·물적 요건 등 대통령령으로 정하는 요건을 갖춘 자에게 처리하게 할 수 있다.

제23조의7 부담금의 부담수준 및 납입 등

① 중소기업퇴직연금기금제도를 설정한 사용자는 **매년 1회 이상** 정기적으로 가입자의 연간 임금총액의 **12분의 1 이상**에 해당하는 부담금(이하 "사용자부담금"이라 한다)을 현금으로 가입자의 중소기업퇴직연금기금제도 계정(이하 "기금제도사용자부담금계정"이라 한다)에 납입하여야 한다. 이 경우 사용자가 정하여진 기일(중소기업퇴직연금기금표준계약서에서 납입 기일을 연장할 수 있도록 한 경우에는 그 연장된 기일을 말한다)까지 부담금을 납입하지 아니한 경우에는 그 다음 날부터 부담금을 납입한 날까지 지연 일수에 대하여 제20조 제3항 후단에 따라 대통령령으로 정하는 이율에 따른 지연이자를 납입하여야 한다.

② 사용자는 중소기업퇴직연금기금제도 가입자의 퇴직 등 대통령령으로 정하는 사유가 발생한 때에 그 가입자에 대한 부담금을 미납한 경우에는 그 사유가 발생한 날부터 **14일 이내**에 제1항에 따른 부담금과 지연이자를 해당 가입자의 기금제도사용자부담금계정에 납입하여야 한다. 다만, 특별한 사정이 있는 경우에는 **당사자 간의 합의**에 따라 납입 기일을 연장할 수 있다.

③ 제1항 및 제2항의 지연이자에 대한 적용제외 사유는 제20조 제4항을 준용한다.

④ 그 밖에 사용자부담금의 납입 방법 · 절차 등에 필요한 사항은 대통령령으로 정한다.

제23조의8 중소기업퇴직연금기금제도 가입자부담금 계정의 설정 등

중소기업퇴직연금기금제도의 가입자 중 다음 각 호의 어느 하나에 해당하는 사람은 가입자 명의의 부담금 계정(이하 "기금제도가입자부담금계정"이라 한다)을 설정할 수 있다. 이 경우 공단은 가입자의 기금제도사용자부담금계정과 구분하여 관리하여야 한다.

1. 중소기업퇴직연금기금제도의 급여를 일시금으로 수령하려는 사람
2. 사용자부담금 외에 자기의 부담으로 추가 부담금(이하 "가입자부담금"이라 한다)을 납입하려는 사람

제23조의9 가입기간

중소기업퇴직연금기금제도를 설정하는 경우 가입기간에 관하여는 제14조를 준용한다. 다만, 기금제도가입자부담금계정은 해당 계정이 설정된 날부터 급여가 전액 지급된 날까지로 한다.

제23조의10 기금 운용정보 제공

공단은 중소기업퇴직연금기금 운용에 따라 발생하는 이익 및 손실 가능성 등의 정보를 대통령령으로 정하는 방법에 따라 중소기업퇴직연금기금제도 가입자에게 제공하여야 한다.

제23조의11 운용현황의 통지

중소기업퇴직연금기금제도의 가입자별 운용현황의 통지에 관하여는 제18조를 준용한다. 이 경우 "퇴직연금사업자"는 "공단"으로 본다.

제23조의12 급여의 종류 및 수급요건 등

① 중소기업퇴직연금기금제도의 급여 종류 및 수급요건은 다음 각 호에 따른다.

1. 기금제도사용자부담금계정에 관하여는 제17조 제1항을 준용한다. 이 경우 "확정급여형퇴직연금제도"는 "중소기업퇴직연금기금제도"로 본다.
2. 기금제도가입자부담금계정에 관하여는 대통령령으로 정한다.

② 기금제도사용자부담금계정에서 가입자에 대한 급여의 지급은 가입자가 지정한 개인형퇴직연금제도의 계정등으로 **이전하는 방법**으로 한다. 다만, 가입자가 개인형퇴직연금제도의 계정등을 지정하지 아니하는 경우에는 가입자 명의의 개인형퇴직연금제도의 계정으로 **이전**한다.

③ 그 밖에 급여의 지급 등에 필요한 사항은 대통령령으로 정한다.

제23조의13　적립금의 중도인출

중소기업퇴직연금기금제도의 적립금 중도인출에 관한 사항은 다음 각 호에 따른다.

1. 기금제도사용자부담금계정에 관하여는 제22조를 준용한다. 이 경우 "확정기여형퇴직연금제도"는 "중소기업퇴직연금기금제도"로 본다.
2. 기금제도가입자부담금계정에 관하여는 제24조 제5항을 준용한다. 이 경우 "개인형퇴직연금제도"는 "중소기업퇴직연금기금제도"로 본다.

제23조의14　국가의 지원

① 국가는 중소기업퇴직연금기금제도에 가입하는 사업의 재정적 부담을 경감하고, 근로자의 중소기업퇴직연금 가입을 촉진하기 위하여 고용노동부장관이 정하는 요건에 해당하는 경우 사용자부담금, 가입자부담금 또는 중소기업퇴직연금기금제도 운영에 따른 비용의 일부 등을 예산의 범위에서 **지원할 수 있다.**

② 제1항에 따른 지원대상, 지원수준 및 절차 등에 필요한 사항은 대통령령으로 정한다.

③ **고용노동부장관**은 제1항에 따라 국가의 지원을 받은 자가 다음 각 호의 어느 하나에 해당하는 경우에는 지원금의 전부 또는 일부를 대통령령으로 정하는 바에 따라 **환수할 수 있다.** 다만, 환수할 지원금액(이하 "환수금"이라 한다)이 대통령령으로 정하는 금액 미만인 경우에는 환수하지 아니할 수 있다.

1. 거짓이나 그 밖의 부정한 방법으로 지원금을 받은 경우
2. 지원금이 잘못 지급된 경우
3. 사용자가 도산 등 대통령령으로 정하는 정당한 사유 없이 중소기업퇴직연금기금제도를 폐지한 경우

④ 공단은 제3항에 따른 환수금을 국세강제징수의 예에 따라 징수할 수 있다.

⑤ 공단은 제3항에 따른 환수금 징수를 위하여 「지방세법」에 따른 재산세 과세자료 등 대통령령으로 정하는 자료의 제공 또는 관련 전산망의 이용을 관계 기관의 장에게 요청할 수 있다. 이 경우 관계 기관의 장은 정당한 사유가 없으면 그 요청에 따라야 한다.

⑥ 제5항에 따라 공단에 제공되는 자료에 대해서는 수수료 또는 사용료 등을 면제한다.

제23조의15　공단의 책무

① 공단은 중소기업퇴직연금기금제도 가입자에 대하여 중소기업퇴직연금기금제도 운영 상황 등 대통령령으로 정하는 사항에 대하여 **매년 1회 이상** 교육을 실시하여야 한다.

② 공단은 매년 중소기업퇴직연금기금제도의 취급실적, 운용현황 및 수익률 등을 대통령령으로 정하는 바에 따라 공시하여야 한다.

③ 공단은 중소기업퇴직연금기금표준계약서 내용이 변경된 때에는 고용노동부장관이 정하는 바에 따라 사용자 및 가입자에게 그 변경 사항을 통보하여야 한다.

④ 그 밖에 공단의 책무에 관한 사항은 제33조 제1항부터 제4항까지를 준용한다. 이 경우 "퇴직연금사업자"는 "공단"으로, "제28조 제1항 및 제29조 제1항에 따른 계약의 내용"은 "제23조의5 제1항 각 호에 따른 계약의 내용"으로, "제28조 제1항에 따른 운용관리업무의 수행계약 체결을 거부하는 행위" 및 "제29조 제1항에 따른 자산관리업무의 수행계약 체결을 거부하는 행위"는 각각 "제23조의6에 따른 계약의 체결을 거부하는 행위"로 본다.

제23조의16 지도·감독 등

고용노동부장관은 중소기업퇴직연금기금제도의 원활한 운영을 위하여 공단이 다음 각 호의 사항을 보고하게 하거나 소속 공무원으로 하여금 그 장부·서류 또는 그 밖의 물건을 검사하게 할 수 있으며, 필요하다고 인정하는 경우에는 대통령령으로 정하는 바에 따라 그 운영 등에 시정을 명할 수 있다.
    1. 공단의 중소기업퇴직연금기금제도 관리 및 운영 실태에 관한 사항
    2. 제23조의3에 따른 중소기업퇴직연금기금의 관리·운용에 관한 사항

제5장 개인형퇴직연금제도

제24조 개인형퇴직연금제도의 설정 및 운영 등

① 퇴직연금사업자는 개인형퇴직연금제도를 운영할 수 있다.
② 다음 각 호의 어느 하나에 해당하는 사람은 개인형퇴직연금제도를 설정할 수 있다.
    1. **퇴직급여제도의 일시금을 수령한 사람**
    2. **확정급여형퇴직연금제도, 확정기여형퇴직연금제도** 또는 **중소기업퇴직연금기금제도**의 가입자로서 자기의 부담으로 개인형퇴직연금제도를 추가로 설정하려는 사람
    3. 자영업자 등 안정적인 **노후소득 확보**가 필요한 사람으로서 대통령령으로 정하는 사람
③ 제2항에 따라 개인형퇴직연금제도를 설정한 사람은 자기의 부담으로 개인형퇴직연금제도의 부담금을 납입한다. 다만, 대통령령으로 정하는 **한도를 초과하여** 부담금을 납입할 수 없다.
④ 개인형퇴직연금제도 적립금의 운용방법 및 운용에 관한 정보제공에 관하여는 제21조 및 제21조의2부터 제21조의4까지를 준용한다. 이 경우 "확정기여형퇴직연금제도"는 "개인형퇴직연금제도"로 본다.
⑤ 개인형퇴직연금제도의 급여의 종류별 수급요건 및 중도인출에 관하여는 대통령령으로 정한다.

> 퇴직급여제도의 일시금을 수령한 사람은 개인형퇴직연금제도를 설정할 수 없다.
> (×) **기출** 15·21
>
> 확정급여형퇴직연금제도 또는 확정기여형퇴직연금제도의 가입자는 개인형퇴직연금제도를 추가로 설정할 수 없다. (×) **기출** 15

시행령 제17조(개인형퇴직연금제도의 설정 대상)

법 제24조 제2항 제3호에서 "자영업자 등 안정적인 노후소득 확보가 필요한 사람으로서 대통령령으로 정하는 사람"이란 다음 각 호의 사람을 말한다.

1. 자영업자
2. 법 제4조 제1항 단서에 따라 퇴직급여제도가 설정되어 있지 아니한 다음 각 목의 어느 하나에 해당하는 근로자
   가. 계속근로기간이 1년 미만인 근로자
   나. 4주간을 평균하여 1주간의 소정근로시간이 15시간 미만인 근로자
3. 법 제8조 제1항에 따른 퇴직금제도를 적용받고 있는 근로자
4. 「공무원연금법」의 적용을 받는 공무원
5. 「군인연금법」의 적용을 받는 군인
6. 「사립학교교직원 연금법」의 적용을 받는 교직원
7. 「별정우체국법」의 적용을 받는 별정우체국 직원

시행령 제17조의2(개인형퇴직연금제도의 부담금 납입한도)

법 제24조 제3항 단서에서 "대통령령으로 정하는 한도"란 이전 사업에서 받은 퇴직급여제도의 일시금 등을 제외한 금액으로 「소득세법 시행령」 제40조의2 제2항 제1호에 따른 금액(개인형퇴직연금제도의 계정이 여러 개인 경우에는 부담금의 합계액)을 말한다.

제25조 **10명 미만을 사용하는 사업에 대한 특례**

① 상시 10명 미만의 근로자를 사용하는 사업의 경우 제4조 제1항 및 제5조에도 불구하고 사용자가 개별 근로자의 동의를 받거나 근로자의 요구에 따라 개인형퇴직연금제도를 설정하는 경우에는 해당 근로자에 대하여 퇴직급여제도를 설정한 것으로 본다.

② 제1항에 따라 개인형퇴직연금제도를 설정하는 경우에는 다음 각 호의 사항은 준수되어야 한다.

1. 사용자가 퇴직연금사업자를 선정하는 경우에 개별 근로자의 동의를 받을 것. 다만, 근로자가 요구하는 경우에는 스스로 퇴직연금사업자를 선정할 수 있다.
2. 사용자는 가입자별로 연간 임금총액의 12분의 1 이상에 해당하는 부담금을 현금으로 가입자의 개인형퇴직연금제도 계정에 납입할 것
3. 사용자가 부담하는 부담금 외에 가입자의 부담으로 추가 부담금을 납입할 수 있을 것
4. 사용자는 매년 1회 이상 정기적으로 제2호에 따른 부담금을 가입자의 개인형퇴직연금제도 계정에 납입할 것. 이 경우 납입이 지연된 부담금에 대한 지연이자의 납입에 관하여는 제20조 제3항 후단 및 제4항을 준용한다.
5. 그 밖에 근로자의 급여 수급권의 안정적인 보호를 위하여 대통령령으로 정하는 사항

③ 사용자는 개인형퇴직연금제도 가입자의 퇴직 등 대통령령으로 정하는 사유가 발생한 때에 해당 가입자에 대한 제2항 제2호에 따른 부담금을 납입하지 아니한 경우에는 그 사유가 발생한 날부터 14일 이내에 그 부담금과 같은 항 제4호 후단에 따른 지연이자를 해당 가입자의 개인형퇴직연금제도의 계정에 납입하여야 한다. 다만, 특별한 사정이 있는 경우에는 당사자 간의 합의에 따라 납입 기일을 연장할 수 있다.

시행령 제18조(개인형퇴직연금제도의 급여 종류별 수급요건 및 중도인출)

① 법 제24조 제5항에 따른 개인형퇴직연금제도의 급여 종류별 수급요건은 다음 각 호의 구분과 같다.

   1. 연금 : 55세 이상인 가입자에게 지급. 이 경우 연금 지급기간은 5년 이상이어야 한다.

   2. 일시금 : 55세 이상으로서 일시금 수급을 원하는 가입자에게 지급

② 가입자가 다음 각 호에 해당하는 경우에는 법 제24조 제5항에 따라 개인형퇴직연금제도의 적립금을 중도인출할 수 있다.

   1. 제2조 제1항 제1호에 해당하는 경우

   2. 제2조 제1항 제1호의2 전단에 해당하는 경우. 다만, 법 제25조에 따른 개인형퇴직연금제도 가입자의 경우에는 하나의 사업에 근로하는 동안 중도인출 횟수를 1회로 한정한다.

   3. 제2조 제1항 제2호에 해당하는 경우. 다만, 법 제25조에 따른 개인형퇴직연금제도 가입자의 경우에는 가입자가 본인 연간 임금총액의 1천분의 125를 초과하여 의료비를 부담하는 경우로 한정한다.

   4. 제2조 제1항 제5호에 해당하는 경우(재난으로 피해를 입은 경우로 한정한다)

   5. 중도인출을 신청한 날부터 거꾸로 계산하여 5년 이내에 가입자가 「채무자 회생 및 파산에 관한 법률」에 따라 파산선고를 받은 경우

   6. 중도인출을 신청한 날부터 거꾸로 계산하여 5년 이내에 가입자가 「채무자 회생 및 파산에 관한 법률」에 따라 개인회생절차개시 결정을 받은 경우

   7. 제14조 제1항 제4호에 해당하는 경우

③ 제2항 제7호에 해당하는 사유로 적립금을 중도인출하는 경우 중도인출 금액은 대출 원리금의 상환에 필요한 금액 이하로 한다.

시행령 제19조(10명 미만을 사용하는 사업에 대한 특례)

① 법 제25조에 따른 개인형퇴직연금제도의 급여 종류별 수급요건은 법 제17조 제1항 각 호와 같다.

② 법 제25조 제2항 제2호에 따라 사용자가 납입하는 부담금에 대한 수수료는 사용자가 부담하고, 같은 항 제3호에 따라 가입자가 추가로 납입하는 추가 부담금에 대한 수수료는 가입자가 부담한다.

③ 법 제25조 제3항 본문에서 "대통령령으로 정하는 사유"란 가입자가 해당 사업에서 퇴직하는 경우를 말한다.

제6장 | 퇴직연금사업자 및 업무의 수행

제26조 퇴직연금사업자의 등록

다음 각 호의 어느 하나에 해당하는 자로서 퇴직연금사업자가 되려는 자는 재무건전성 및 인적·물적 요건 등 대통령령으로 정하는 요건을 갖추어 **고용노동부장관**에게 **등록**하여야 한다.

1. 「자본시장과 금융투자업에 관한 법률」에 따른 투자매매업자, 투자중개업자 또는 집합투자업자
2. 「보험업법」 제2조 제6호에 따른 보험회사
3. 「은행법」 제2조 제1항 제2호에 따른 은행
4. 「신용협동조합법」 제2조 제2호에 따른 신용협동조합중앙회
5. 「새마을금고법」 제2조 제3항에 따른 새마을금고중앙회
6. 공단(공단의 퇴직연금사업 대상은 상시 30명 이하의 근로자를 사용하는 사업에 한정한다)
7. 그 밖에 제1호부터 제6호까지에 준하는 자로서 대통령령으로 정하는 자

제27조 퇴직연금사업자에 대한 등록취소 및 이전명령

① 고용노동부장관은 퇴직연금사업자가 다음 각 호의 어느 하나에 해당되는 경우에는 고용노동부령으로 정하는 바에 따라 시정을 명하거나 등록을 취소할 수 있다. 다만, **제1호 및 제2호**에 해당하는 경우에는 등록을 **취소하여야** 한다.
  1. 해산한 경우
  2. 거짓이나 그 밖의 부정한 방법으로 제26조에 따른 등록을 한 경우
  3. 제26조에 따른 등록요건을 갖추지 못하게 된 경우
  4. 제36조에 따른 고용노동부장관 또는 금융위원회의 명령에 따르지 아니한 경우
② 제1항에 따라 등록이 취소된 퇴직연금사업자는 등록이 취소된 날부터 **3년간** 퇴직연금사업자 등록을 할 수 없다.
③ 퇴직연금제도 관련 업무를 중단하려는 퇴직연금사업자는 고용노동부장관에게 등록의 말소를 신청하여야 한다. 이 경우 등록이 말소된 퇴직연금사업자는 말소된 날부터 **2년간** 퇴직연금사업자 등록을 할 수 없다.
④ 제1항 또는 제3항에 따라 등록취소 처분을 받거나 등록말소를 신청한 퇴직연금사업자는 설정된 퇴직연금제도의 이전에 필요한 조치 등 대통령령으로 정하는 가입자 보호조치를 하여야 한다.
⑤ 고용노동부장관은 제1항 또는 제3항에 따라 등록을 취소하거나 말소하는 경우에 근로자의 퇴직급여등 수급권 보호를 위하여 필요하다고 인정하면 등록이 취소되거나 말소되는 퇴직연금사업자에게 그 업무의 전부 또는 일부를 다른 퇴직연금사업자에게 이전할 것을 명할 수 있다. 이 경우 고용노동부장관은 그 업무의 전부 또는 일부를 이전받는 퇴직연금사업자의 동의를 받아야 한다.

제28조　**운용관리업무에 관한 계약의 체결**

① 퇴직연금제도를 설정하려는 사용자 또는 가입자는 퇴직연금사업자와 다음 각 호의 업무
(이하 "운용관리업무"라 한다)를 하는 것을 내용으로 하는 계약을 체결하여야 한다. 다
만, 제1호의2의 업무는 확정기여형퇴직연금제도를 설정할 때에만 해당하고, 제2호의
업무는 확정급여형퇴직연금제도를 설정할 때에만 해당한다.
　1. 사용자 또는 가입자에 대한 적립금 운용방법 및 운용방법별 정보의 제공
　1의2. 사전지정운용제도의 설정 및 운영에 관한 업무
　2. 연금제도 설계 및 연금 회계처리
　3. 적립금 운용현황의 기록·보관·통지
　4. 사용자 또는 가입자가 선정한 운용방법을 제29조 제1항에 따른 자산관리업무를 수행
　　하는 퇴직연금사업자에게 전달하는 업무
　5. 그 밖에 운용관리업무의 적절한 수행을 위하여 대통령령으로 정하는 업무
② 제1항에 따라 운용관리업무를 수행하는 퇴직연금사업자는 대통령령으로 정하는 일부
업무를 인적·물적 요건 등 대통령령으로 정하는 요건을 갖춘 자에게 처리하게 할 수
있다.

제29조　**자산관리업무에 관한 계약의 체결**

① 퇴직연금제도를 설정한 사용자 또는 가입자는 다음 각 호의 업무(이하 "자산관리업무"라
한다)의 수행을 내용으로 하는 계약을 퇴직연금사업자와 체결하여야 한다.
　1. 계좌의 설정 및 관리
　2. 부담금의 수령
　3. 적립금의 보관 및 관리
　4. 운용관리업무를 수행하는 퇴직연금사업자가 전달하는 적립금 운용지시의 이행
　5. 급여의 지급
　6. 그 밖에 자산관리업무의 적절한 수행을 위하여 대통령령으로 정하는 업무
② 사용자 또는 가입자가 제1항에 따른 계약을 체결하려는 경우에는 근로자 또는 가입자를
피보험자 또는 수익자로 하여 대통령령으로 정하는 보험계약 또는 신탁계약의 방법으로
하여야 한다.

제29조의2　**수수료**

① 퇴직연금사업자가 운용관리업무, 자산관리업무 및 그 밖에 대통령령으로 정하는 업무의
수행에 따라 사용자 및 가입자로부터 받는 수수료는 해당 업무의 수행에 따라 발생되는
비용과 적립금의 운용 손익 등을 고려하여 합리적으로 정하여야 한다.
② 제1항에 따라 사용자 및 가입자로부터 받는 수수료는 대통령령으로 정하는 부과기준
등을 준수하여야 한다.
③ 고용노동부장관은 가입자의 수급권 보호를 위하여 퇴직연금사업자에게 수수료 부과기
준 등 대통령령으로 정하는 자료의 제출을 요구할 수 있다.

제30조　운용관리업무의 수행

① 퇴직연금사업자는 선량한 관리자로서의 주의의무를 다하여야 한다.

② 퇴직연금사업자는 적립금의 운용방법을 제시하는 경우에 다음 각 호의 요건을 갖춘 운용방법을 제시하여야 한다.

　1. 운용방법에 관한 정보의 취득과 이해가 쉬울 것

　2. 운용방법 간의 변경이 쉬울 것

　3. 적립금 운용결과의 평가 방법과 절차가 투명할 것

　4. 확정기여형퇴직연금제도와 개인형퇴직연금제도의 경우에는 대통령령으로 정하는 원리금보장 운용방법이 하나 이상 포함될 것

　5. 적립금의 중장기 안정적 운용을 위하여 분산투자 등 대통령령으로 정하는 운용방법 및 기준 등에 따를 것

제31조　모집업무의 위탁

① 퇴직연금사업자는 다음 각 호의 요건을 모두 갖춘 자(이하 "퇴직연금제도 모집인")에게 퇴직연금제도를 설정하거나 가입할 자를 모집하는 업무(이하 "모집업무")로서 대통령령으로 정하는 업무를 위탁할 수 있다.

　1. 제2항에 따라 고용노동부장관에게 등록된 자가 아닐 것

　2. 퇴직연금제도에 대한 전문 지식이 있는 자로서 대통령령으로 정하는 요건을 갖출 것

　3. 제6항에 따라 등록이 취소된 경우 그 등록이 취소된 날부터 3년이 지났을 것

② 퇴직연금사업자는 제1항에 따라 퇴직연금제도 모집업무를 위탁한 경우에는 위탁받은 자를 고용노동부장관에게 등록하여야 한다. 이 경우 고용노동부장관은 그 등록업무를 대통령령으로 정하는 바에 따라 고용노동부장관이 정하는 기관에 위탁할 수 있다.

③ 제1항에 따라 퇴직연금제도 모집업무를 위탁받은 자는 제2항에 따른 등록을 하지 아니하고는 퇴직연금제도 모집업무를 수행하여서는 아니 된다.

④ 퇴직연금사업자는 제2항에 따라 등록한 퇴직연금제도 모집인 이외의 자에게 모집업무를 위탁하여서는 아니 된다.

⑤ 제2항에 따른 등록 신청, 방법, 절차 및 그 밖에 등록을 위하여 필요한 사항은 고용노동부장관이 정한다.

⑥ 고용노동부장관은 다음 각 호의 어느 하나에 해당하는 경우 제2항의 퇴직연금제도 모집인에 대한 등록을 취소하거나 6개월 이내에서 모집업무를 정지할 수 있다.

　1. 제1항 각 호의 요건을 갖추지 못한 경우

　2. 제7항 각 호의 위탁받은 자의 준수사항을 위반한 경우

⑦ 제1항에 따라 업무를 위탁한 경우 위탁받은 자는 다음 각 호의 사항을 지켜야 한다.

　1. 위탁한 업무를 다른 자에게 다시 위탁하지 아니할 것

　2. 허위 정보에 의한 모집행위 금지 등 퇴직연금제도의 적절한 운영을 위하여 필요한 사항으로서 대통령령으로 정하는 사항

⑧ 퇴직연금사업자는 제1항에 따라 모집업무를 위탁받은 자가 제7항 각 호에 따른 준수사항을 지키지 아니한 경우에는 모집업무의 위탁을 취소하여야 한다.

⑨ 퇴직연금사업자는 퇴직연금제도 모집인이 퇴직연금제도 모집업무를 수행할 때 법령을 준수하고 건전한 거래질서를 해하는 일이 없도록 성실히 관리하여야 하며, 이를 위한 퇴직연금제도 모집업무수행기준을 정하여야 한다.

⑩ 「민법」 제756조는 퇴직연금제도 모집인이 모집업무를 수행하면서 사용자 또는 가입자에게 손해를 끼친 경우에 준용한다.

시행령 제28조(퇴직연금제도 모집인의 요건)

① 법 제31조 제1항 제2호에서 "대통령령으로 정하는 요건"이란 다음 각 호의 요건을 말한다.

  1. 퇴직연금사업자의 임직원이 아닌 자로서 퇴직연금사업자와 서면 계약으로 모집업무를 위탁받은 자일 것

  2. 다음 각 목의 어느 하나에 해당하는 자로서 고용노동부장관이 정하는 교육과정을 이수할 것. 이 경우 교육과정 및 이수에 대한 세부사항은 [별표 1]과 같다.

    가. 「보험업법」 제84조 및 제87조에 따라 금융위원회에 등록된 보험설계사와 개인인 보험대리점

    나. 「자본시장과 금융투자업에 관한 법률」 제51조에 따라 한국금융투자협회에 등록한 투자권유대행인

    다. 그 밖에 고용노동부장관이 퇴직연금제도에 관한 전문성이 있다고 인정하는 자

② 제1항 제2호에 따른 교육은 고용노동부장관이 정하는 인력·시설 및 장비를 갖춘 기관에 위탁하여 시행하고, 교육과정 이수, 교육비 및 [별표 1]에 따른 검정시험의 수수료 등에 관하여 필요한 사항은 고용노동부장관이 정한다.

③ 퇴직연금사업자는 법 제31조 제2항에 따라 등록한 퇴직연금제도 모집인(이하 "퇴직연금제도 모집인"이라 한다)이 등록한 날부터 기산하여 매 2년이 되는 날부터 6개월 이내에 [별표 2]에 따른 보수교육을 받도록 하여야 한다.

제7장 | 책무 및 감독

제32조 사용자의 책무

① 사용자는 법령, 퇴직연금규약 또는 중소기업퇴직연금기금표준계약서를 준수하고 가입자 등을 위하여 대통령령으로 정하는 사항에 관하여 성실하게 이 법에 따른 의무를 이행하여야 한다.

② 확정급여형퇴직연금제도 또는 확정기여형퇴직연금제도를 설정한 사용자는 매년 1회 이상 가입자에게 해당 사업의 퇴직연금제도 운영 상황 등 대통령령으로 정하는 사항에 관한 교육을 하여야 한다. 이 경우 사용자는 퇴직연금사업자 또는 대통령령으로 정하는 요건을 갖춘 전문기관에 그 교육의 실시를 위탁할 수 있다.

③ 제2항에 따른 교육 내용 및 방법 등에 필요한 사항은 대통령령으로 정한다.

④ 퇴직연금제도를 설정한 사용자는 다음 각 호의 어느 하나에 해당하는 행위를 하여서는 아니 된다.

  1. 자기 또는 제3자의 이익을 도모할 목적으로 운용관리업무 및 자산관리업무의 수행계약을 체결하는 행위

2. 그 밖에 퇴직연금제도의 적절한 운영을 방해하는 행위로서 대통령령으로 정하는 행위

⑤ 확정급여형퇴직연금제도 또는 퇴직금제도를 설정한 사용자는 다음 각 호의 어느 하나에 해당하는 사유가 있는 경우 근로자에게 퇴직급여가 감소할 수 있음을 미리 알리고 근로자대표와의 협의를 통하여 확정기여형퇴직연금제도나 중소기업퇴직연금기금제도로의 변경, 퇴직급여 산정기준의 개선 등 근로자의 퇴직급여 감소를 예방하기 위하여 필요한 조치를 하여야 한다.

1. 사용자가 단체협약 및 취업규칙 등을 통하여 일정한 연령, 근속시점 또는 임금액을 기준으로 근로자의 임금을 조정하고 근로자의 정년을 연장하거나 보장하는 제도를 시행하려는 경우

2. 사용자가 근로자와 합의하여 소정근로시간을 1일 1시간 이상 또는 1주 5시간 이상 단축함으로써 단축된 소정근로시간에 따라 근로자가 3개월 이상 계속 근로하기로 한 경우

3. 법률 제15513호 근로기준법 일부개정법률 시행에 따라 근로시간이 단축되어 근로자의 임금이 감소하는 경우

4. 그 밖에 임금이 감소되는 경우로서 고용노동부령으로 정하는 경우

> 퇴직연금제도를 설정한 사용자는 자산관리업무의 수행을 내용으로 하는 계약을 개별근로자와 체결하여야 한다.　　　　　　　　　　　　　　　　　　　　　　　(×) 기출 15

제33조　퇴직연금사업자의 책무

① 퇴직연금사업자는 이 법을 준수하고 가입자를 위하여 성실하게 그 업무를 하여야 한다.
② 퇴직연금사업자는 제28조 제1항 및 제29조 제1항에 따른 계약의 내용을 지켜야 한다.
③ 퇴직연금사업자는 정당한 사유 없이 다음 각 호의 어느 하나에 해당하는 행위를 하여서는 아니 된다.

1. 제28조 제1항에 따른 운용관리업무의 수행계약 체결을 거부하는 행위
2. 제29조 제1항에 따른 자산관리업무의 수행계약 체결을 거부하는 행위
3. 특정 퇴직연금사업자와 계약을 체결할 것을 강요하는 행위
4. 그 밖에 사용자 또는 가입자의 이익을 침해할 우려가 있는 행위로서 대통령령으로 정하는 행위

④ 운용관리업무를 수행하는 퇴직연금사업자는 다음 각 호의 어느 하나에 해당하는 행위를 하여서는 아니 된다.

1. 계약체결 시 가입자 또는 사용자의 손실의 전부 또는 일부를 부담하거나 부담할 것을 약속하는 행위
2. 가입자 또는 사용자에게 경제적 가치가 있는 과도한 부가적 서비스를 제공하거나 가입자 또는 사용자가 부담하여야 할 경비를 퇴직연금사업자가 부담하는 등 대통령령으로 정하는 특별한 이익을 제공하거나 제공할 것을 약속하는 행위
3. 가입자의 성명·주소 등 개인정보를 퇴직연금제도의 운용과 관련된 업무수행에 필요한 범위를 벗어나서 사용하는 행위
4. 자기 또는 제3자의 이익을 도모할 목적으로 특정 운용 방법을 가입자 또는 사용자에게 제시하는 행위

⑤ 제24조 제1항에 따라 개인형퇴직연금제도를 운영하는 퇴직연금사업자는 해당 사업의 퇴직연금제도 운영 상황 등 대통령령으로 정하는 사항에 대하여 매년 1회 이상 가입자에게 교육을 하여야 한다.

⑥ 퇴직연금사업자는 고용노동부령으로 정하는 바에 따라 퇴직연금제도의 취급실적을 사용자(개인형퇴직연금제도의 취급실적은 제외한다), 고용노동부장관 및 금융감독원장에게 제출하여야 한다.

⑦ 퇴직연금사업자는 제28조 제1항 및 제29조 제1항에 따른 계약 체결과 관련된 약관 또는 표준계약서(이하 "약관등"이라 한다)를 제정하거나 변경하려는 경우에는 미리 **금융감독원장에게 보고하여야** 한다. 다만, 근로자 또는 사용자의 권익이나 의무에 불리한 영향을 주지 아니하는 경우로서 금융위원회가 정하는 경우에는 약관등의 제정 또는 변경 후 10일 이내에 **금융감독원장에게 보고할 수 있다.**

⑧ 퇴직연금사업자는 매년 말 적립금 운용 수익률 및 수수료 등을 금융위원회가 정하는 바에 따라 공시하여야 한다.

> 퇴직연금사업자는 자산관리업무에 관한 계약 체결과 관련된 약관을 변경하려는 경우 미리 고용노동부장관에게 보고하여야 한다. (×) 기출 20

시행령 제34조(퇴직연금사업자의 금지행위)

① 법 제33조 제3항 제4호에서 "대통령령으로 정하는 행위"란 다음 각 호의 행위를 말한다.
  1. 사용자 또는 가입자의 운용지시 등 업무수행과 관련하여 알게 된 정보를 자기 또는 제3자의 이익을 위하여 이용하는 행위
  2. 기존 대출을 연장하거나 신규 대출을 제공하는 등 사용자, 가입자 또는 이들의 이해관계인에게 금융거래상의 혜택을 주는 조건으로 퇴직연금계약의 체결을 요구하는 행위
  3. 사용자 또는 가입자에게 특정한 운용방법의 선택을 강요하는 행위
  4. 사용자 또는 가입자에게 특정한 운용방법의 가치상승 또는 하락에 대한 단정적이거나 합리적 근거가 없는 판단을 제공하는 행위
  5. 적립금 운용방법 등에 있어 통상적인 조건을 벗어나 현저히 유리한 조건을 제시하는 행위
  6. 원리금 지급을 보장하는 운용방법의 금리 등을 사용자 또는 가입자에 따라 합리적 이유 없이 차등 적용하는 행위
  7. 사용자 또는 가입자에게 확정되지 않은 운용방법의 수익을 확정적으로 제시하는 행위
  8. 사전지정운용방법에 의한 적립금 운용과 관련된 다음 각 목의 행위
     가. 거짓이나 그 밖의 부정한 방법으로 사전지정운용방법의 승인을 받아 운용하는 행위
     나. 특정 가입자를 우대하여 수익률 차이가 크게 나도록 하는 등 가입자를 차별하는 행위
     다. 거짓이나 그 밖의 부정한 방법으로 법 제21조의3 제1항에 따른 정보를 제공하거나 이 영 제13조의3 제1항 또는 제13조의4 제2항에 따른 통지를 하는 행위
② 제1항 각 호의 구체적 기준은 고용노동부장관과 협의하여 금융위원회가 정하여 고시한다.

제34조   정부의 책무 등

① 정부는 퇴직연금제도가 활성화될 수 있도록 지원방안을 마련하여야 한다.

② 정부는 퇴직연금제도의 건전한 정착 및 발전을 위하여 다음 각 호의 조치를 할 수 있다.
  1. 노사단체, 퇴직연금업무 유관기관·단체와의 공동 연구사업 및 행정적·재정적 지원
  2. 퇴직연금제도 운영과 관련한 퇴직연금사업자 평가

3. 건전하고 효율적인 퇴직연금제도 운영을 위한 전문 강사 육성 및 교재의 지원
4. 그 밖에 근로자의 안정적인 노후생활 보장을 위하여 대통령령으로 정하는 사항
③ 제2항 제2호에 따른 평가는 퇴직연금사업자의 운용성과, 운용역량, 수수료의 적정성 등을 대상으로 하며, 그 밖에 평가절차 및 방법 등에 필요한 사항은 대통령령으로 정한다.
④ 정부는 퇴직연금제도의 급여 지급 보장을 위한 장치 마련 등 근로자의 급여 수급권 보호를 위한 방안을 강구하도록 노력하여야 한다.

제35조 사용자에 대한 감독

① 고용노동부장관은 사용자가 퇴직연금제도의 설정 또는 그 운영 등에 관하여 이 법 또는 퇴직연금규약 및 중소기업퇴직연금기금표준계약서에 위반되는 행위를 한 경우에는 기간을 정하여 그 위반의 시정을 명할 수 있다.
② 고용노동부장관은 사용자가 제1항에 따른 기간 이내에 시정명령에 따르지 아니하는 경우에는 퇴직연금제도 운영의 중단을 명할 수 있다.

제36조 퇴직연금사업자에 대한 감독

① 고용노동부장관은 퇴직연금사업자가 이 법을 위반하는 행위를 한 경우에는 기간을 정하여 그 위반의 시정을 명할 수 있다.
② 고용노동부장관은 퇴직연금사업자가 제1항에 따른 시정명령에 따르지 아니하는 경우에는 이 법에 따라 수행하는 업무를 다른 퇴직연금사업자에게 이전할 것을 명할 수 있다.
③ 금융위원회는 퇴직연금제도의 안정적 운영과 근로자의 수급권 보호를 위하여 대통령령으로 정하는 업무에 관하여 퇴직연금사업자를 감독하고, 퇴직연금사업자가 제33조를 위반하는 경우 다음 각 호의 조치를 할 수 있다.
1. 퇴직연금사업자에 대한 주의, 그 임원에 대한 주의 또는 그 직원에 대한 주의·견책· 감봉·정직·면직의 요구
2. 해당 위반행위에 대한 시정명령
3. 임원의 해임권고 또는 직무정지요구
4. 6개월 이내의 영업의 일부정지
④ 금융감독원장은 퇴직연금사업자의 업무 및 재산상황 등을 검사할 수 있고, 제33조 제7항에 따라 퇴직연금사업자가 보고한 약관등이 이 법에 위배될 경우에는 변경·보완을 명할 수 있다.

제37조 금융거래정보의 제공 요청 등

① 고용노동부장관은 사용자가 제16조에 따른 급여 지급능력을 확보하였는지 등 퇴직연금제도 운영을 감독하기 위하여 필요한 경우「금융실명거래 및 비밀보장에 관한 법률」제4조 및「신용정보의 이용 및 보호에 관한 법률」제33조에도 불구하고 자산관리업무 및 운용관리업무 계약을 체결한 사업에 관한 다음 각 호의 금융거래에 관한 정보 또는 자료(이하 "금융거래정보"라 한다)의 제공을 퇴직연금사업자에게 요청할 수 있다.
1. 가입자 현황
2. 급여 지급 현황
3. 부담금 납입 현황
4. 적립금 운용현황에 관한 정보

② 고용노동부장관이 제1항에 따라 금융거래정보를 요청할 때에는 다음 각 호의 사항을 적은 문서로 요청하여야 한다.
1. 요청대상 거래기간
2. 요청의 법적 근거
3. 사용목적
4. 요청하는 금융거래정보의 내용
③ 제1항에 따른 금융거래정보의 요청은 퇴직연금제도 운영의 건전성 감독을 위하여 필요한 최소한도에 그쳐야 한다.
④ 제2항에 따라 퇴직연금사업자가 고용노동부장관에게 금융거래정보를 제공하는 경우에는 그 퇴직연금사업자는 금융거래정보를 제공한 날부터 10일 이내에 제공한 금융거래정보의 주요 내용, 사용목적, 제공받은 자 및 제공일자 등을 해당 사용자 또는 가입자에게 서면으로 알려야 한다. 이 경우 통지에 드는 비용에 관하여는 「금융실명거래 및 비밀보장에 관한 법률」 제4조의2 제4항을 준용한다.
⑤ 고용노동부장관은 제1항에 따라 퇴직연금사업자에게 금융거래정보를 요구하는 경우에는 그 사실을 기록하여야 하며, 금융거래정보를 요구한 날부터 5년간 그 기록을 보관하여야 한다.
⑥ 제1항에 따라 금융거래정보를 제공받아 알게 된 자는 그 알게 된 금융거래정보를 타인에게 제공 또는 누설하거나 그 목적 외의 용도로 이용하여서는 아니 된다.

제8장 ｜ 보 칙

제38조 ｜ 퇴직연금제도의 폐지 · 중단 시의 처리

① 퇴직연금제도가 폐지되거나 운영이 중단된 경우에는 폐지된 이후 또는 중단된 기간에 대하여는 제8조 제1항에 따른 퇴직금제도를 적용한다.
② 사용자는 퇴직연금제도가 폐지된 경우 지체 없이 적립금으로 급여를 지급하는 데에 필요한 조치로서 미납 부담금의 납입 등 대통령령으로 정하는 조치를 하여야 한다.
③ 사용자와 퇴직연금사업자는 제35조 제2항에 따른 사유 등으로 퇴직연금제도가 중단된 경우에 적립금 운용에 필요한 업무 등 대통령령으로 정하는 기본적인 업무를 유지하여야 한다.
④ 사용자와 퇴직연금사업자는 퇴직연금제도가 폐지되어 가입자에게 급여를 지급하는 경우에 가입자가 지정한 개인형퇴직연금제도의 계정으로 이전하는 방법으로 지급하여야 한다. 다만, 가입자가 개인형퇴직연금제도의 계정을 지정하지 아니한 경우에는 제17조 제5항을 준용한다.
⑤ 가입자가 제4항에 따라 급여를 받은 경우에는 제8조 제2항에 따라 중간정산되어 받은 것으로 본다. 이 경우 중간정산 대상기간의 산정 등에 필요한 사항은 대통령령으로 정한다.

제39조 **업무의 협조**

고용노동부장관은 이 법의 시행을 위하여 필요한 경우에 금융위원회 등 관련 기관에 자료의 제출을 요청할 수 있다. 이 경우 자료의 제출을 요청받은 기관은 정당한 사유가 없으면 이를 거부하여서는 아니 된다.

제40조 **보고 및 조사**

① 고용노동부장관은 이 법 시행에 필요한 범위에서 사용자 및 퇴직연금사업자에게 퇴직연금제도의 실시 상황 등에 관한 보고, 관계 서류의 제출 또는 관계인의 출석을 요구할 수 있다.
② 고용노동부장관은 이 법의 시행을 위하여 필요하다고 인정하는 경우에는 소속 직원으로 하여금 퇴직연금제도를 실시하는 사업장 및 해당 퇴직연금사업자의 사업장에 출입하여 사용자 및 퇴직연금사업자 등 관계인에 대하여 질문하거나 장부 등 서류를 조사하게 할 수 있다.
③ 제2항에 따라 사업장 및 해당 퇴직연금사업자의 사업장에 출입하여 관계인에 대하여 질문하거나 장부 등 서류를 조사하려는 직원은 그 권한을 나타내는 증표를 지니고 이를 관계인에게 내보여야 한다.

제41조 **청 문**

고용노동부장관은 제27조 제1항에 따른 등록취소 또는 제36조 제2항에 따른 이전명령을 하려는 경우에는 청문을 하여야 한다.

제42조 **권한의 위임 · 위탁**

① 이 법에 따른 고용노동부장관의 권한은 대통령령으로 정하는 바에 따라 그 일부를 금융위원회, 금융감독원장 또는 공단(제23조의14에 따른 지원 및 환수와 환수금 징수업무, 제34조 제2항 각 호의 업무로 한정한다)에 위탁하거나 지방고용노동관서의 장에게 위임할 수 있다.
② 이 법에 따른 금융위원회의 권한은 대통령령으로 정하는 바에 따라 그 일부를 금융감독원장에게 위탁할 수 있다.

제9장 벌 칙

제43조 **벌 칙**

제37조 제6항을 위반한 자는 5년 이하의 징역 또는 5천만원 이하의 벌금에 처한다.

제44조 **벌 칙**

다음 각 호의 어느 하나에 해당하는 자는 3년 이하의 징역 또는 3천만원 이하의 벌금에 처한다. 다만, 제1호 및 제2호의 경우 피해자의 명시적인 의사에 반하여 공소를 제기할 수 없다.

1. 제9조 제1항을 위반하여 퇴직금을 지급하지 아니한 자
2. 근로자가 퇴직할 때에 제17조 제2항·제3항, 제20조 제5항, 제23조의7 제2항 또는 제25조 제3항을 위반하여 급여를 지급하지 아니하거나 부담금 또는 지연이자를 납입하지 아니한 자
3. 제27조 제4항을 위반하여 가입자 보호조치를 하지 아니한 퇴직연금사업자
4. 제33조 제3항 및 제4항을 위반한 퇴직연금사업자

제45조 **벌 칙**

다음 각 호의 어느 하나에 해당하는 자는 2년 이하의 징역 또는 2천만원 이하의 벌금에 처한다.

1. 제4조 제2항을 위반하여 하나의 사업 안에 퇴직급여제도를 차등하여 설정한 자
2. 제31조 제3항을 위반하여 고용노동부장관에 등록하지 아니하고 퇴직연금제도 모집 업무를 수행한 자
3. 제31조 제4항을 위반하여 퇴직연금제도 모집인 이외의 자에게 모집업무를 위탁한 퇴직연금사업자
4. 제32조 제4항 제1호에 따른 책무를 위반한 사용자

제46조 **벌 칙**

다음 각 호의 어느 하나에 해당하는 자는 500만원 이하의 벌금에 처한다.

1. 제4조 제3항·제4항 또는 제25조 제1항 및 제2항 제1호를 위반하여 근로자대표 또는 개별 근로자의 동의를 받지 아니하거나 의견을 듣지 아니한 사용자
1의2. 제23조의14 제3항 제1호에 따라 거짓이나 그 밖의 부정한 방법으로 지원금을 받은 자
2. 제31조 제7항을 위반한 자
3. 제32소 제5항을 위반하여 근로자에게 퇴직급여가 감소할 수 있음을 알리지 아니하거나 퇴직급여의 감소 예방을 위하여 필요한 조치를 하지 아니한 사용자

제47조 **양벌규정**

법인의 대표자나 법인 또는 개인의 대리인, 사용인, 그 밖의 종업원이 그 법인 또는 개인의 업무에 관하여 제44조부터 제46조까지의 어느 하나에 해당하는 위반행위를 하면 그 행위자를 벌하는 외에 그 법인 또는 개인에게도 해당 조문의 벌금형을 과한다. 다만, 법인 또는 개인이 그 위반행위를 방지하기 위하여 해당 업무에 관하여 상당한 주의와 감독을 게을리하지 아니한 경우에는 그러하지 아니하다.

제48조　　**과태료**

① 다음 각 호의 어느 하나에 해당하는 자에게는 1천만원 이하의 과태료를 부과한다.

　1. 제16조 제2항을 위반하여 적립금이 최소적립금을 넘고 있는지 확인하여 그 결과를 사용자에게 알리지 아니하거나, 적립금이 최소적립금보다 적은 경우 그 확인 결과를 근로자대표에게 알리지 아니한 퇴직연금사업자

　2. 제16조 제3항에 따른 적립금 부족을 해소하지 아니한 사용자

　3. 제32조 제2항에 따라 매년 1회 이상 교육을 하지 아니한 사용자

　4. 제33조 제5항에 따라 매년 1회 이상 교육을 하지 아니한 퇴직연금사업자

② 다음 각 호의 어느 하나에 해당하는 자에게는 500만원 이하의 과태료를 부과한다.

　1. 제13조에 따른 확정급여형퇴직연금규약 또는 제19조에 따른 확정기여형퇴직연금규약을 신고하지 아니한 사용자

　1의2. 제18조의2 제1항에 따른 적립금운용위원회를 구성하지 아니한 사용자

　1의3. 제18조의2 제2항에 따른 적립금운용계획서를 작성하지 아니한 사용자

　1의4. 제29조의2 제3항에 따른 자료의 제출 요구에 따르지 아니한 퇴직연금사업자

　2. 제32조 제4항 제2호에 따른 책무를 위반한 사용자

　3. 제33조 제2항에 따른 책무를 위반한 퇴직연금사업자

　4. 제33조 제6항을 위반하여 퇴직연금제도 취급실적을 제출하지 아니하거나 거짓으로 작성하여 제출한 퇴직연금사업자

　5. 제35조에 따른 시정명령을 이행하지 아니한 사용자

③ 제1항 및 제2항에 따른 과태료는 대통령령으로 정하는 바에 따라 고용노동부장관이 부과·징수한다.

10 임금채권보장법

시행 2024.8.7. [법률 제20233호, 2024.2.6. 일부개정]

제1장 총 칙

제1조 목 적

이 법은 경기 변동과 산업구조 변화 등으로 사업을 계속하는 것이 불가능하거나 기업의 경영이 불안정하여, 임금등을 지급받지 못하고 퇴직한 근로자 등에게 그 지급을 보장하는 조치를 마련함으로써 근로자의 생활안정에 이바지하는 것을 목적으로 한다.

제2조 정 의

이 법에서 사용하는 용어의 뜻은 다음과 같다.
1. "근로자"란 「근로기준법」 제2조에 따른 근로자를 말한다.
2. "사업주"란 근로자를 사용하여 사업을 하는 자를 말한다.
3. "임금등"이란 「근로기준법」 제2조·제34조·제46조 및 제74조 제4항에 따른 임금·퇴직금·휴업수당 및 출산전후휴가기간 중 급여를 말한다.
4. "보수"란 「고용보험 및 산업재해보상보험의 보험료징수 등에 관한 법률」 제2조 제3호에 따른 보수를 말한다.

제3조 적용 범위

이 법은 「산업재해보상보험법」 제6조에 따른 사업 또는 사업장(이하 "사업"이라 한다)에 적용한다. 다만, 국가와 지방자치단체가 직접 수행하는 사업은 그러하지 아니하다.

이 법은 국가와 지방자치단체가 직접 수행하는 사업에 적용하지 아니한다.　　　　(○) 기출 24
이 법은 국가와 지방자치단체가 직접 수행하는 사업에 적용된다.　　　　(×) 기출 17
대지급금에 관한 규정은 국가와 지방자치단체가 직접 수행하는 사업에 적용된다. (×) 기출 22

제4조 준 용

임금채권보장관계에는 「고용보험 및 산업재해보상보험의 보험료징수 등에 관한 법률」(이하 "고용산재보험료징수법"이라 한다) 제3조, 제5조 제4항·제5항, 제6조 제2항부터 제4항까지 및 제8조를 준용한다.

제5조 국고의 부담

국가는 매 회계연도 예산의 범위에서 이 법에 따른 임금채권보장을 위한 사무집행에 드는 비용의 일부를 일반회계에서 부담하여야 한다.

> 국가는 매 회계연도 예산의 범위에서 임금채권보장법에 따른 임금채권보장을 위한 사무집행에 드는 비용의 일부를 일반회계에서 부담하여야 한다. (○) **기출** 16

제6조 임금채권보장기금심의위원회

① 제17조에 따른 임금채권보장기금의 관리·운용에 관한 중요사항을 심의하기 위하여 고용노동부에 임금채권보장기금심의위원회(이하 "위원회"라 한다)를 둔다.
② 위원회는 근로자를 대표하는 사람, 사업주를 대표하는 사람 및 공익을 대표하는 사람으로 구성하되, 각각 같은 수로 한다.

> 임금채권보장기금의 관리·운용에 관한 중요사항을 심의하기 위하여 고용노동부에 임금채권보장기금심의위원회를 둔다. (○) **기출** 21
>
> 임금채권보장기금심의위원회는 근로자를 대표하는 자, 사업주를 대표하는 자 및 공익을 대표하는 자로 구성하되, 각각 같은 수로 한다. (○) **기출** 16

③ 위원회의 조직과 운영에 필요한 사항은 대통령령으로 정한다.

시행령 제2조(임금채권보장기금심의위원회의 기능)
「임금채권보장법」(이하 "법"이라 한다) 제6조에 따른 임금채권보장기금심의위원회(이하 "위원회"라 한다)는 다음 각 호의 사항을 심의한다.
1. 법 제9조 제2항에 따른 부담금비율의 결정에 관한 사항
2. 법 제10조에 따른 부담금 경감기준의 결정에 관한 사항
3. 법 제17조에 따른 임금채권보장기금(이하 "기금"이라 한다)의 운용계획 수립에 관한 사항
4. 그 밖에 기금의 관리·운용과 관련하여 중요하다고 인정하여 고용노동부장관이 회의에 부치는 사항

제2장 임금채권의 지급보장

제7조 퇴직한 근로자에 대한 대지급금의 지급

① 고용노동부장관은 사업주가 다음 각 호의 어느 하나에 해당하는 경우에 퇴직한 근로자가 지급받지 못한 임금등의 지급을 청구하면 제3자의 변제에 관한 「민법」 제469조에도 불구하고 그 근로자의 미지급 임금등을 사업주를 대신하여 지급한다.
1. 「채무자 회생 및 파산에 관한 법률」에 따른 회생절차개시의 결정이 있는 경우
2. 「채무자 회생 및 파산에 관한 법률」에 따른 파산선고의 결정이 있는 경우
3. 고용노동부장관이 대통령령으로 정한 요건과 절차에 따라 미지급 임금등을 지급할 능력이 없다고 인정하는 경우

4. 사업주가 근로자에게 미지급 임금등을 지급하라는 다음 각 목의 어느 하나에 해당하는 판결, 명령, 조정 또는 결정 등이 있는 경우
　가. 「민사집행법」 제24조에 따른 확정된 종국판결
　나. 「민사집행법」 제56조 제3호에 따른 확정된 지급명령
　다. 「민사집행법」 제56조 제5호에 따른 소송상 화해, 청구의 인낙(認諾) 등 확정판결과 같은 효력을 가지는 것
　라. 「민사조정법」 제28조에 따라 성립된 조정
　마. 「민사조정법」 제30조에 따른 확정된 조정을 갈음하는 결정
　바. 「소액사건심판법」 제5조의7 제1항에 따른 확정된 이행권고결정
5. 고용노동부장관이 근로자에게 제12조에 따라 체불임금등과 체불사업주 등을 증명하는 서류(이하 "체불 임금등 · 사업주 확인서"라 한다)를 발급하여 사업주의 미지급임금등이 확인된 경우
② 제1항에 따라 고용노동부장관이 사업주를 대신하여 지급하는 체불 임금등 대지급금(이하 "대지급금"이라 한다)의 범위는 다음 각 호와 같다. 다만, 대통령령으로 정하는 바에 따라 제1항 제1호부터 제3호까지의 규정에 따른 대지급금의 상한액과 같은 항 제4호 및 제5호에 따른 대지급금의 상한액은 근로자의 퇴직 당시의 연령 등을 고려하여 **따로 정할 수 있으며** 대지급금이 적은 경우에는 **지급하지 아니할 수 있다.**
1. 「근로기준법」 제38조 제2항 제1호에 따른 임금 및 「근로자퇴직급여 보장법」 제12조 제2항에 따른 **최종 3년간의 퇴직급여등**
2. 「근로기준법」 제46조에 따른 **휴업수당(최종 3개월분으로 한정한다)**
3. 「근로기준법」 제74조 제4항에 따른 **출산전후휴가기간 중 급여(최종 3개월분으로** 한정한다)
③ 제2항 각 호에 따른 근무기간, 휴업기간 또는 출산전후휴가기간에 대한 대지급금의 지급은 다음 각 호의 구분에 따른다.
1. 제1항 제1호부터 제3호까지에 해당하여 지급하는 대지급금의 경우에는 중복하여 지급하지 아니할 것
2. 제1항 제4호 및 제5호에 해당하여 지급하는 대지급금의 경우에는 중복하여 지급하지 아니할 것
3. 제1항 제1호부터 제3호까지 중 어느 하나에 해당하여 대지급금을 지급한 경우에는 그에 해당하는 금액을 공제하고, 같은 항 제4호 또는 제5호에 해당하는 대지급금을 지급할 것
4. 제1항 제4호 또는 제5호에 해당하여 대지급금을 지급한 경우에는 그에 해당하는 금액을 공제하고, 같은 항 제1호부터 제3호까지 중 어느 하나에 해당하는 대지급금을 지급할 것
④ 대지급금의 지급대상이 되는 퇴직한 근로자와 사업주의 기준은 대통령령으로 정한다.
⑤ 사업장 규모 등 고용노동부령으로 정하는 기준에 해당하는 퇴직한 근로자가 제1항에 따라 대지급금을 청구하는 경우 고용노동부령으로 정하는 공인노무사로부터 대지급금 청구서 작성, 사실확인 등에 관한 **지원을 받을 수 있다.**

⑥ **고용노동부장관**은 퇴직한 근로자가 제5항에 따라 공인노무사로부터 지원을 받은 경우 그에 드는 **비용의 전부 또는 일부를 지원**할 수 있으며, 지원금액 및 구체적인 지급방법 등에 관한 사항은 고용노동부령으로 정한다.

⑦ 고용노동부장관은 제1항에 따른 대지급금의 지급 여부에 관하여 고용노동부령으로 정하는 바에 따라 해당 **사업주**(대지급금을 지급하기로 한 경우로 한정한다) 및 **근로자**에게 통지하여야 한다.

⑧ 그 밖에 퇴직한 근로자에 대한 대지급금의 지급 등에 필요한 사항은 대통령령으로 정한다.

대지급금의 범위에는 재해보상금이 포함되지 않는다. (○) **기출** 14·15·17

대지급금은 근로기준법에 따른 휴업수당을 포함하지 않는다. (×) **기출** 20

근로기준법에 따른 휴업수당 중 최종 3개월분은 퇴직한 근로자에 대한 대지급금 범위에 든다. (○) **기출** 22

사업장 규모 등 고용노동부령으로 정하는 기준에 해당하는 퇴직한 근로자가 대지급금을 청구하는 경우 고용노동부령으로 정하는 공인노무사로부터 대지급금 청구서 작성, 사실확인 등에 관한 지원을 받을 수 있다. (○) **기출** 19

시행령 제6조(체불 임금등 대지급금 상한액의 결정·고시)

① 법 제7조 제항 및 제7조의2 제1항에 따라 고용노동부장관이 사업주를 대신하여 지급하는 체불 임금등 대지급금(이하 "대지급금"이라 한다)의 종류는 다음 각 호와 같다.
  1. 법 제7조 제1항 제호부터 제3호까지의 규정에 따른 대지급금(이하 "도산대지급금"이라 한다)
  2. 법 제7조 제1항 제4호·제5호 및 법 제7조의2 제1항에 따른 대지급금(이하 "간이대지급금" 이라 한다)

② 대지급금의 상한액은 법 제7조 제2항 단서 및 제7조의2 제3항에 따라 **근로자의 임금**이나 **소득 수준, 물가상승률, 기금의 재정상황** 및 근로자의 퇴직 당시 연령(근로자의 퇴직 당시 연령은 법 제7조 제항에 따른 대지급금의 상한액을 정하는 경우만 해당한다) 등을 고려하여 고용노동 부장관이 기획재정부장관과 **협의**하여 정한다.

③ 고용노동부장관은 제2항에 따라 정한 대지급금 상한액의 내용을 관보 및 인터넷 홈페이지에 고시해야 한다.

시행령 제7조(대지급금 지급대상 근로자)

① 도산대지급금은 다음 각 호의 구분에 따른 날의 **1년 전**이 되는 날 이후부터 **3년 이내**에 해당 사업 또는 사업장(이하 "사업"이라 한다)에서 퇴직한 근로자에게 지급한다.
  1. 법 제7조 제1항 제1호 또는 제2호에 따른 회생절차개시의 결정 또는 파산선고의 결정(이하 "파산선고등"이라 한다)이 있는 경우에는 그 신청일
  2. 「채무자 회생 및 파산에 관한 법률」에 따른 회생절차개시 신청 후 법원이 직권으로 파산선 고를 한 경우에는 그 신청일 또는 선고일
  3. 도산등사실인정이 있는 경우에는 그 도산등사실인정 신청일(제5조 제2항에 따른 신청기간 의 말일이 공휴일이어서 공휴일 다음 날 신청한 경우에는 그 신청기간의 말일을 말하며, 도산등사실인정의 기초가 된 하나의 사실관계에 대해 둘 이상의 신청이 있는 경우에는 최초 의 신청일을 말한다. 이하 같다)

② 간이대지급금 중 법 제7조 제1항 제4호 및 제5호에 따른 대지급금은 다음 각 호의 구분에 따른 퇴직 근로자에게 지급한다.
　1. 법 제7조 제1항 제4호에 따른 대지급금 : 사업에서 퇴직한 날의 다음 날부터 2년 이내에 법 제7조 제1항 제4호 각 목에 해당하는 판결, 명령, 조정 또는 결정 등(이하 "판결등"이라 한다)에 관한 소송 등(이하 "소송등"이라 한다)을 제기한 근로자
　2. 법 제7조 제1항 제5호에 따른 대지급금 : 사업에서 퇴직한 날의 다음 날부터 1년 이내에 임금등의 체불을 이유로 해당 사업주에 대한 진정·청원·탄원·고소 또는 고발 등(이하 "진정등"이라 한다)을 제기한 근로자
③ 간이대지급금 중 법 제7조의2 제1항에 따른 대지급금은 다음 각 호의 기준을 모두 충족한 재직 근로자에게 지급한다.
　1. 소송등 또는 진정등을 제기한 당시 해당 사업주와의 근로계약이 종료되지 않은 근로자(근로계약기간이 1개월 미만인 일용근로자는 제외한다)일 것
　2. 해당 사업주와 근로계약에서 정한 임금액이 고용노동부장관이 정하여 고시하는 금액 미만일 것
　3. 다음 각 목의 구분에 따른 기간 이내에 사업주에 대한 소송등이나 진정등을 제기했을 것
　　가. 사업주가 법 제7조 제1항 제4호에 해당하는 경우 : 소송등을 제기한 날 이전 맨 나중의 임금등 체불이 발생한 날의 다음 날부터 2년 이내
　　나. 사업주가 법 제7조 제1항 제5호에 해당하는 경우 : 진정등을 제기한 날 이전 맨 나중의 임금등 체불이 발생한 날의 다음 날부터 1년 이내

시행령 제8조(사업주의 기준)
① 근로자가 도산대지급금을 받을 수 있는 사업주는 법 제3조에 따라 법의 적용 대상이 되어 6개월 이상 해당 사업을 한 후에 법 제7조 제1항 제호부터 제3호까지의 어느 하나에 해당하는 사유가 발생한 사업주로 한다.
② 법 제7조 제1항 제4호에 따른 대지급금은 다음 각 호의 기준을 모두 충족한 사업주에게 고용되었던 퇴직 근로자로 한정하여 지급한다.
　1. 법 제3조에 따라 법의 적용 대상이 되어 해당 근로자가 퇴직한 날까지 6개월 이상 해당 사업을 했을 것
　2. 해당 근로자에게 임금등을 지급하지 못하여 판결등을 받았을 것
③ 법 제7조 제1항 제5호에 따른 대지급금은 다음 각 호의 기준을 모두 충족한 사업주에게 고용되었던 퇴직 근로자로 한정하여 지급한다.
　1. 법 제3조에 따라 법의 적용 대상이 되어 해당 근로자가 퇴직한 날까지 6개월 이상 해당 사업을 했을 것
　2. 법 제12조에 따라 고용노동부장관으로부터 발급받은 체불 임금등·사업주 확인서(이하 "체불임금등·사업주확인서"라 한다)로 미지급 임금등이 확인되었을 것
④ 법 제7조의2 제1항에 따른 대지급금은 다음 각 호의 기준을 모두 충족한 사업주에게 고용된 재직 근로자로 한정하여 지급한다.
　1. 법 제3조에 따라 법의 적용 대상이 되어 해당 근로자가 소송등이나 진정등을 제기한 날 이전 맨 나중의 임금등 체불이 발생한 날까지 6개월 이상 해당 사업을 했을 것
　2. 해당 근로자에게 임금등을 지급하지 못하여 판결등을 받았거나 법 제12조에 따라 고용노동부장관으로부터 발급받은 체불임금등·사업주확인서로 미지급 임금등이 확인되었을 것

⑤ 제2항 제1호, 제3항 제1호 및 제4항 제1호에도 불구하고 「근로기준법」 제44조의2 제1항에 따른 건설업 공사도급의 하수급인(이하 이 항에서 "건설사업자가 아닌 하수급인"이라 한다)인 사업주가 해당 근로자의 퇴직일(재직 근로자의 경우에는 소송등이나 진정등을 제기한 날 이전 맨 나중의 임금등 체불이 발생한 날을 말한다. 이하 이 항에서 같다)까지 6개월 이상 해당 사업을 하지 않은 경우에는 건설사업자가 아닌 하수급인의 직상(直上) 수급인(직상 수급인이 「건설산업기본법」 제2조 제7호의 건설사업자가 아닌 경우에는 그 상위 수급인 중에서 최하위의 같은 호에 따른 건설사업자를 말한다)이 해당 근로자의 퇴직일까지 6개월 이상 해당 사업을 한 경우로 한다.

시행령 제9조(대지급금의 청구와 지급)

① 대지급금을 지급받으려는 사람은 다음 각 호의 구분에 따른 기간 이내에 고용노동부장관에게 대지급금의 지급을 청구해야 한다.
  1. 도산대지급금의 경우 : 파산선고등 또는 도산등사실인정이 있은 날부터 2년 이내
  2. 법 제7조 제1항 제4호에 따른 대지급금의 경우 : 판결등이 있은 날부터 1년 이내
  3. 법 제7조 제1항 제5호에 따른 대지급금의 경우 : 체불임금등·사업주확인서가 최초로 발급된 날부터 6개월 이내
  4. 법 제7조의2 제1항에 따른 대지급금의 경우 : 판결등이 있은 날부터 1년 이내 또는 체불임금등·사업주확인서가 최초로 발급된 날부터 6개월 이내
② 제1항에서 규정한 사항 외에 대지급금의 청구 및 지급 등에 필요한 사항은 고용노동부령으로 정한다.

도산대지급금을 지급받으려는 사람은 도산등사실인정이 있은 날부터 3년 이내에 근로복지공단에 직접 대지급금의 지급을 청구해야 한다. (×) **기출** 24

도산대지급금의 경우 도산등 사실인정이 있은 날부터 1년 이내 고용노동부장관에게 대지급금 지급을 청구해야 한다. (×) **기출** 23

제7조의2   재직 근로자에 대한 대지급금의 지급

① 고용노동부장관은 사업주가 제7조 제1항 제4호 또는 제5호에 해당하는 경우 해당 사업주와 근로계약이 종료되지 아니한 근로자(이하 "재직 근로자"라 한다)가 지급받지 못한 임금등의 지급을 청구하면 제3자의 변제에 관한 「민법」 제469조에도 불구하고 대지급금을 지급한다.
② 제1항에 따라 고용노동부장관이 지급하는 대지급금의 범위는 다음 각 호와 같다.
  1. 재직 근로자가 체불 임금에 대하여 제7조 제1항 제4호에 따른 판결, 명령, 조정 또는 결정 등을 위한 소송 등을 제기하거나 해당 사업주에 대하여 진정·청원·탄원·고소 또는 고발 등을 제기한 날을 기준으로 맨 나중의 임금 체불이 발생한 날부터 소급하여 3개월 동안에 지급되어야 할 임금 중 지급받지 못한 임금
  2. 제1호와 같은 기간 동안에 지급되어야 할 휴업수당 중 지급받지 못한 휴업수당
  3. 제1호와 같은 기간 동안에 지급되어야 할 출산전후휴가기간 중 급여에서 지급받지 못한 급여
③ 대지급금의 지급대상이 되는 재직 근로자와 사업주의 기준 및 대지급금의 상한액은 해당 근로자의 임금이나 소득 수준 및 그 밖의 생활 여건 등을 고려하여 대통령령으로 정한다.

④ 재직 근로자에 대한 대지급금은 해당 근로자가 하나의 사업에 근로하는 동안 **1회만 지급**한다.

⑤ 제1항에 따라 대지급금을 지급받은 근로자가 퇴직 후 같은 근무기간, 같은 휴업기간 또는 같은 출산전후휴가기간에 대하여 제7조에 따른 대지급금의 지급을 청구한 경우 그 지급에 관하여는 다음 각 호의 구분에 따른다.

1. 제7조 제1항 제1호부터 제3호까지의 규정 중 어느 하나에 해당하여 대지급금의 지급을 청구한 경우에는 제1항 및 제2항에 따라 지급받은 대지급금에 해당하는 금액을 공제하고 지급할 것

2. 제7조 제1항 제4호 또는 제5호에 해당하여 대지급금의 지급을 청구한 경우에는 지급하지 아니할 것

⑥ 고용노동부장관은 제1항에 따른 대지급금의 지급 여부에 관하여 고용노동부령으로 정하는 바에 따라 해당 **사업주**(대지급금을 지급하기로 한 경우로 한정한다) 및 **근로자**에게 통지하여야 한다.

⑦ 그 밖에 재직 근로자에 대한 대지급금의 지급 등에 필요한 사항은 대통령령으로 정한다.

> 재직 근로자에 대한 대지급금은 해당 근로자가 하나의 사업에 근로하는 동안 1회만 지급한다.
> (○) **기출** 23 · 24

제7조의3   체불 임금등 및 생계비 융자

① 고용노동부장관은 사업주가 근로자에게 임금등을 지급하지 못한 경우에 **사업주의 신청**에 따라 체불 임금등을 지급하는 데 필요한 비용을 융자할 수 있다.

② 고용노동부장관은 사업주로부터 임금등을 지급받지 못한 근로자(퇴직한 근로자를 포함한다)의 생활안정을 위하여 **근로자의 신청**에 따라 생계비에 필요한 비용을 융자할 수 있다.

③ 제1항 및 제2항에 따른 융자금액은 고용노동부장관이 해당 근로자에게 **직접 지급하여야**한다.

④ 제1항 및 제2항에 따른 체불 임금등 및 생계비 비용 융자의 구체적인 기준, 금액, 기간 및 절차 등은 고용노동부령으로 정한다.

> 고용노동부장관은 사업주로부터 임금등을 지급받지 못한 근로자의 생활안정을 위하여 근로자의 신청에 따라 생계비에 필요한 비용을 융자할 수 있다.
> (○) **기출** 24
>
> 고용노동부장관이 사업주의 신청에 따라 체불 임금등을 지급하는 데 필요한 비용을 융자하는 경우, 융자금액은 고용노동부장관이 해당 근로자에게 직접 지급하여야 한다.
> (○) **기출** 19

제8조   미지급 임금등의 청구권의 대위

① 고용노동부장관은 제7조 또는 제7조의2에 따라 근로자에게 대지급금을 지급하였을 때에는 그 지급한 금액의 한도에서 그 근로자가 해당 사업주에 대하여 미지급 임금등을 청구할 수 있는 권리를 **대위**한다.

② 「근로기준법」 제38조에 따른 임금채권 우선변제권 및 「근로자퇴직급여 보장법」 제12조 제2항에 따른 퇴직급여등 채권 우선변제권은 제1항에 따라 **대위되는 권리에 존속**한다.

제9조 **사업주의 부담금**

① 고용노동부장관은 제7조 또는 제7조의2에 따른 대지급금의 지급이나 제7조의3에 따른 체불 임금등 및 생계비의 융자 등 임금채권보장사업에 드는 비용에 충당하기 위하여 사업주로부터 부담금을 징수한다.

② 제1항에 따라 사업주가 부담하여야 하는 부담금은 그 사업에 종사하는 근로자의 보수총액에 1천분의 2의 범위에서 위원회의 심의를 거쳐 고용노동부장관이 정하는 부담금비율을 곱하여 산정한 금액으로 한다.

③ 보수총액을 결정하기 곤란한 경우에는 고용산재보험료징수법 제13조 제6항에 따라 고시하는 노무비율에 따라 보수총액을 결정한다.

④ 도급사업의 일괄적용에 관한 고용산재보험료징수법 제9조는 제1항의 부담금 징수에 관하여 준용한다. 이 경우 같은 법 제9조 제1항 단서 중 "공단"을 "고용노동부장관"으로 본다.

⑤ 이 법은 사업주의 부담금에 관하여 다른 법률에 우선하여 적용한다.

제10조 **부담금의 경감**

고용노동부장관은 다음 각 호의 어느 하나에 해당하는 사업주에 대하여는 제9조에 따른 부담금을 경감할 수 있다. 이 경우 그 경감기준은 고용노동부장관이 위원회의 심의를 거쳐 정한다.

1. 삭제 〈2014.3.24.〉
2. 「근로기준법」 또는 「근로자퇴직급여 보장법」에 따라 퇴직금을 미리 정산하여 지급한 사업주
3. 법률 제7379호 근로자퇴직급여 보장법 부칙 제2조 제1항에 따른 퇴직보험등에 가입한 사업주, 「근로자퇴직급여 보장법」 제3장에 따른 확정급여형퇴직연금제도, 같은 법 제4장에 따른 확정기여형퇴직연금제도, 같은 법 제4장의2에 따른 중소기업퇴직연금기금제도 또는 같은 법 제25조에 따른 개인형퇴직연금제도를 설정한 사업주
4. 「외국인근로자의 고용 등에 관한 법률」 제13조에 따라 외국인근로자 출국만기보험·신탁에 가입한 사업주

근로기준법 또는 근로자퇴직급여 보장법에 따라 퇴직금을 미리 정산하여 지급한 사업주에 대하여는 부담금을 경감할 수 있다. (O) 기출 24

외국인근로자의 고용 등에 관한 법률에 따라 외국인근로자 출국만기보험·신탁에 가입한 사업주에 대하여는 부담금을 경감할 수 있다. (O) 기출 24

시행령 제14조(부담금 경감 대상 사업주의 기준)
② 법 제10조 제2호부터 제4호까지의 규정에 따른 부담금 경감 대상 사업주인지의 판단은 전년도 말일을 기준으로 한다.

제11조 대지급금수급계좌

① 고용노동부장관은 근로자의 신청이 있는 경우에는 제7조 또는 제7조의2에 따른 대지급금을 해당 근로자 명의의 지정된 계좌(이하 "대지급금수급계좌"라 한다)로 입금하여야 한다. 다만, 정보통신장애나 그 밖에 대통령령으로 정하는 불가피한 사유로 대지급금을 대지급금수급계좌로 이체할 수 없을 때에는 현금 지급 등 대통령령으로 정하는 바에 따라 대지급금을 지급할 수 있다.
② 대지급금수급계좌의 해당 금융기관은 이 법에 따른 대지급금만이 대지급금수급계좌에 입금되도록 관리하여야 한다.
③ 제1항에 따른 신청 방법 및 절차와 제2항에 따른 대지급금수급계좌의 관리에 필요한 사항은 대통령령으로 정한다.

제11조의2 수급권의 보호

① 제7조 또는 제7조의2에 따른 대지급금을 지급받을 권리는 양도 또는 압류하거나 담보로 제공할 수 없다.
② 대지급금의 수령은 대통령령으로 정하는 바에 따라 위임할 수 있다.
③ 미성년자인 근로자는 독자적으로 대지급금의 지급을 청구할 수 있다.
④ 대지급금수급계좌의 예금에 관한 채권은 압류할 수 없다.

대지급금을 지급받을 권리는 담보로 제공할 수 있다. (×) 기출 21

대지급금을 지급받을 권리는 양도 또는 압류할 수 없다. (O) 기출 20

대지급금을 지급받을 권리는 양도할 수 있으나 담보로 제공할 수는 없다. (×) 기출 13·14·16

대지급금의 수령은 대통령령으로 정하는 바에 따라 위임할 수 있다. (O) 기출 16

미성년자인 근로자는 독자적으로 대지급금의 지급을 청구할 수 있다. (O) 기출 21·22

미성년자인 근로자는 독자적으로 대지급금의 지급을 청구할 수 없다. (×) 기출 14·16·19

대지급금수급계좌의 예금에 관한 채권은 압류할 수 없다. (O) 기출 22·23

퇴직한 근로자의 대지급금을 지급받을 권리는 양도 또는 압류하거나 담보로 제공할 수 없다. (O) 기출 23

시행령 제18조(대지급금수급계좌)

① 법 제11조 제1항 단서에서 "정보통신장애나 그 밖에 대통령령으로 정하는 불가피한 사유"란 같은 항 본문에 따른 대지급금수급계좌(이하 "대지급금수급계좌"라 한다)가 개설된 금융기관이 폐업, 업무정지 또는 정보통신장애 등으로 정상영업이 불가능하거나 이에 준하는 불가피한 사유로 대지급금을 그 지급 결정일부터 14일 이내에 대지급금수급계좌로 이체할 수 없는 경우를 말한다.

② 고용노동부장관은 법 제11조 제1항 단서에 따라 대지급금을 대지급금수급계좌로 이체할 수 없을 때에는 해당 대지급금을 지급받을 권리가 있는 사람에게 직접 현금으로 지급할 수 있다.

시행령 제18조의2(대지급금의 수령 위임)

① 대지급금을 받을 권리가 있는 사람이 부상 또는 질병으로 대지급금을 수령할 수 없는 경우에는 법 제11조의2 제2항에 따라 그 가족에게 수령을 위임할 수 있다.

② 제1항에 따라 대지급금 수령을 위임받은 사람이 대지급금을 지급받으려면 그 위임 사실 및 가족관계를 증명할 수 있는 서류를 제출해야 한다.

대지급금을 받을 권리가 있는 사람이 부상으로 대지급금을 수령할 수 없는 경우에는 그 가족에게 수령을 위임할 수 있다.   (○) **기출** 23

대지급금을 받을 권리가 있는 사람이 부상 또는 질병으로 대지급금을 수령할 수 없는 경우에는 그 가족에게 수령을 위임할 수 있다.   (○) **기출** 14 · 20

대지급금의 수령은 가족의 동의를 얻어 제3자에게 위임할 수 있다.   (×) **기출** 13

제12조   **체불 임금등의 확인**

① 임금등을 지급받지 못한 근로자는 다음 각 호의 어느 하나에 해당하는 경우 고용노동부장관에게 체불 임금등·사업주 확인서의 발급을 신청할 수 있다.
   1. 제7조 제1항 제4호·제5호 또는 제7조의2 제1항에 따른 대지급금의 지급 청구 절차를 진행하기 위하여 필요한 경우
   2. 「법률구조법」 제22조에 따른 법률구조의 절차 등에 따라 소송 제기를 위하여 필요한 경우

② 제1항에 따른 신청이 있을 경우 고용노동부장관은 근로감독사무 처리과정에서 확인된 체불 임금등·사업주 확인서를 제1항의 근로자, 「산업재해보상보험법」 제10조에 따른 근로복지공단 또는 「법률구조법」 제8조에 따른 대한법률구조공단에 발급할 수 있다.

③ 제2항에 따른 서류의 발급절차 및 발급방법 등에 관하여 필요한 사항은 고용노동부령으로 정한다.

제13조   **재산목록의 제출명령**

① 고용노동부장관은 제7조 또는 제7조의2에 따라 근로자에게 대지급금을 지급하려는 경우에는 대통령령으로 정하는 바에 따라 해당 사업주에게 재산 관계를 구체적으로 밝힌 재산목록의 제출을 명할 수 있다.

② 제1항에 따른 재산목록 제출명령을 받은 사업주는 특별한 사유가 없으면 7일 이내에 고용노동부장관에게 재산 관계를 구체적으로 밝힌 재산목록을 제출하여야 한다.

제14조　　**부당이득의 환수**

① 고용노동부장관은 거짓이나 그 밖의 부정한 방법으로 제7조, 제7조의2 및 제7조의3에 따라 대지급금 또는 융자금을 받으려 한 자에게는 대통령령으로 정하는 바에 따라 신청한 대지급금 또는 융자금의 전부 또는 일부를 지급 또는 융자하지 **아니할 수 있다.**

② 고용노동부장관은 제7조, 제7조의2 및 제7조의3에 따라 대지급금 또는 융자금을 이미 받은 자가 다음 각 호의 어느 하나에 해당하는 경우 대통령령으로 정하는 방법에 따라 그 대지급금 또는 융자금의 전부 또는 일부를 **환수하여야** 한다.

　　1.　거짓이나 그 밖의 부정한 방법으로 대지급금 또는 융자금을 받은 경우

　　2.　그 밖에 잘못 지급된 대지급금 또는 융자금이 있는 경우

③ 제2항에 따라 대지급금을 환수하는 경우 고용노동부령으로 정하는 기준에 따라 거짓이나 그 밖의 부정한 방법으로 지급받은 대지급금의 5배 이하의 금액을 추가하여 **징수할 수 있다.**

④ 제2항과 제3항의 경우에 대지급금의 지급 또는 융자가 거짓의 보고·진술·증명·서류제출 등 위계의 방법에 의한 것이면 그 행위를 한 자는 대지급금 또는 융자금을 받은 자와 연대하여 책임을 진다.

> **시행령 제20조(부당이득의 환수 등)**
>
> ① 고용노동부장관은 법 제14조 제1항 및 제2항에 따라 거짓이나 그 밖의 부정한 방법으로 대지급금 또는 융자금을 받으려 하거나 이미 받은 사람, 그 밖에 잘못 지급된 대지급금 또는 융자금을 이미 받은 사람에 대해서는 다음 각 호의 구분에 따라 지급신청한 금액을 지급 또는 융자하지 않거나 지급받은 금액을 환수해야 한다.
>
> 　1.　대지급금 또는 융자금 지급요건을 충족하고 있지 않은 경우 : 신청금액 또는 지급금액의 전부
>
> 　2.　대지급금 또는 융자금 지급요건을 충족하고 있는 경우 : 신청금액 또는 지급금액의 일부(거짓이나 그 밖의 부정한 방법으로 받으려 했거나 이미 받은 대지급금 또는 융자금이나 잘못 지급된 대지급금 또는 융자금에 상당하는 금액을 말한다)
>
> ② 고용노동부장관은 제1항에 따라 받은 대지급금 또는 융자금의 환수(법 제14조 제3항에 따른 추가징수를 포함한다. 이하 같다)를 결정했을 때에는 납부의무가 있는 사람에게 그 금액의 납부를 통지해야 한다.
>
> ③ 제2항에 따른 통지를 받은 사람은 그 통지를 받은 날부터 30일 이내에 통지된 금액을 납부해야 한다.
>
> ④ 제1항부터 제3항까지에서 규정한 사항 외에 대지급금 및 융자금의 부지급(不支給) 또는 환수 절차, 그 밖에 부정수급 처리에 필요한 사항은 고용노동부장관이 정한다.

제15조　　**포상금의 지급**

거짓이나 그 밖의 부정한 방법으로 제7조 또는 제7조의2에 따른 대지급금이 지급된 사실을 지방고용노동관서 또는 수사기관에 신고하거나 고발한 자에게는 대통령령으로 정하는 기준에 따라 포상금을 **지급할 수 있다.**

> 거짓으로 대지급금이 지급된 사실을 지방고용노동관서 또는 수사기관에 신고하거나 고발한 자에게는 대통령령으로 정하는 기준에 따라 포상금을 지급할 수 있다.　　　(O)　기출 13·21

제16조 **준 용**

이 법에 따른 부담금이나 그 밖의 징수금의 납부 및 징수(제14조 제2항부터 제4항까지에 따른 대지급금의 환수 및 추가 징수를 포함한다)에 관하여는 고용산재보험료징수법 제16조의2부터 제16조의11까지, 제17조부터 제19조까지, 제19조의2, 제20조, 제22조의2, 제22조의3, 제23조, 제23조의2, 제24조, 제25조, 제26조의2, 제27조, 제27조의2, 제27조의3, 제28조, 제28조의2부터 제28조의7까지, 제29조, 제29조의2, 제29조의3, 제30조, 제32조부터 제37조까지, 제39조 및 제50조를 준용한다. 이 경우 "보험가입자"는 "사업주"로, "보험료"는 "부담금"으로, "보험"은 "임금채권보장"으로, "보험사무"는 "임금채권보장사무"로, "공단" 또는 "건강보험공단"은 "고용노동부장관(이 법 제27조에 따라 그 권한을 위탁받은 경우에는 그 위탁받은 자를 말한다)"으로, "개산보험료"는 "개산부담금"으로, "보험연도"는 "회계연도"로, "보험관계"는 "임금채권보장관계"로, "보험료율"은 "부담금비율"로, "확정보험료"는 "확정부담금"으로, 「고용정책 기본법」 제10조에 따른 고용정책심의회 또는 「산업재해보상보험법」 제8조에 따른 산업재해보상보험 및 예방심의위원회"는 "위원회"로 본다.

제3장 | 임금채권보장기금

제17조 **기금의 설치**

고용노동부장관은 제7조 또는 제7조의2에 따른 **대지급금의 지급**이나 제7조의3에 따른 **체불임금등 및 생계비의 융자등** 임금채권보장사업에 충당하기 위하여 **임금채권보장기금**(이하 "기금"이라 한다)을 설치한다.

> 고용노동부장관은 대지급금의 지급에 충당하기 위하여 임금채권보장기금을 설치한다.
> (○) **기출** 14 · 20

제18조 **기금의 조성**

① 기금은 다음 각 호의 재원으로 조성한다.
  1. 제8조에 따른 사업주의 변제금
  2. 제9조에 따른 사업주의 부담금
  3. 제2항에 따른 차입금
  4. 기금의 운용으로 생기는 수익금
  5. 그 밖의 수입금
② 고용노동부장관은 기금을 운용하는 데에 필요하면 기금의 부담으로 금융기관이나 다른 기금 등으로부터 차입할 수 있다.

제19조　기금의 용도

기금은 다음 각 호의 용도에 사용한다.

1. 제7조 또는 제7조의2에 따른 대지급금의 지급과 잘못 납부한 금액 등의 반환
2. 제7조 제6항에 따른 공인노무사 지원 비용의 지급
3. 제7조의3에 따른 체불 임금등 및 생계비 지급을 위한 사업주 및 근로자 융자
4. 제27조에 따라 업무를 위탁받은 자에 대한 출연
5. 차입금 및 그 이자의 상환
6. 임금등 체불 예방과 청산 지원 등 임금채권보장제도 관련 연구
7. 「법률구조법」에 따른 대한법률구조공단에 대한 출연. 다만, 임금등이 체불된 근로자에 대한 법률구조사업 지원에 한정한다.
8. 그 밖에 임금채권보장사업과 기금의 관리·운용

제20조　기금의 관리·운용

① 기금은 고용노동부장관이 관리·운용한다.
② 기금의 관리·운용 등에 관하여는 「산업재해보상보험법」 제97조 제2항부터 제4항까지, 제98조부터 제100조까지 및 제102조를 준용한다. 이 경우 같은 법 중 "보험급여"는 "대지급금"으로, "보험료수입"은 "부담금수입"으로 본다.

> 임금채권보장기금은 고용노동부장관이 관리·운용한다.　　　　(O) 기출 24

제21조　회계연도

기금의 회계연도는 정부의 회계연도에 따른다.

제4장　보 칙

제22조　보고 등

고용노동부장관은 대통령령으로 정하는 바에 따라 이 법을 적용받는 사업의 사업주나 그 사업에 종사하는 근로자 등 관계 당사자에게 다음 각 호의 사항을 위하여 필요한 보고나 관계 서류의 제출을 요구할 수 있다.

1. 기금의 관리·운용
2. 제7조 또는 제7조의2에 따른 대지급금의 지급

제23조　　관계 기관 등에 대한 협조요청

① 고용노동부장관은 제7조 또는 제7조의2에 따른 대지급금의 지급, 제7조의3에 따른 체불임금등 및 생계비의 융자, 제8조에 따른 미지급 임금등의 청구권의 대위, 제12조에 따른 체불 임금등의 확인, 제14조에 따른 부당이득의 환수 등 이 법에 따른 업무를 수행하기 위하여 다음 각 호의 어느 하나에 해당하는 자료의 제공 또는 관계 전산망의 이용(이하 "자료제공등"이라 한다)을 해당 각 호의 자에게 각각 요청할 수 있다. 이 경우 자료제공등을 요청받은 자는 정당한 사유가 없으면 그 요청에 따라야 한다.

1. 법원행정처장에게 체불사업주, 부당이득자 및 연대책임자(이하 "체불사업주등"이라 한다)의 재산에 대한 건물등기사항증명서, 토지등기사항증명서, 법인등기사항증명서 및 「공탁법」 제4조에 따라 납입된 공탁물에 관한 자료

2. 행정안전부장관에게 체불사업주등의 주민등록 등본·초본

3. 국토교통부장관에게 체불사업주등 명의의 부동산 및 자동차·건설기계·항공기·요트 등 재산 자료(등록원부를 포함한다)

3의2. 해양수산부장관에게 체불사업주등 명의의 선박 자료(등록원부를 포함한다)

3의3. 관계 중앙행정기관의 장 또는 피감독기관인 공제조합의 장에게 해당 체불사업주등 명의의 출자증권 자료

4. 국세청장에게 체불사업주등 명의의 골프(콘도) 회원권, 무체재산권(특허권, 저작권 등), 서화, 골동품, 영업권 및 사업자등록(「부가가치세법」 제8조, 「소득세법」 제168조 및 「법인세법」 제111조에 따른 사업자등록을 말한다)에 관한 자료

5. 지방자치단체의 장에게 체불사업주등의 가족관계등록부(가족관계증명서, 혼인관계증명서, 기본증명서), 재산에 대한 지방세 과세증명원, 일반(집합) 건축물대장, 토지(임야)대장, 체불사업주등 명의의 임차권·전세권·가압류 등 권리등기 및 등록에 따른 등록면허세 과세자료

6. 「법률구조법」 제8조에 따른 대한법률구조공단의 이사장에게 근로자와 체불사업주등 사이의 체불 임금등에 관한 소송, 보전처분, 강제집행 등 민사상 재판절차에 관계된 서류(소장, 신청서, 판결문, 결정문 등의 서류를 포함한다)

7. 「국민건강보험법」 제13조에 따른 국민건강보험공단의 이사장에게 체불사업주등에 대한 건강보험·국민연금·산업재해보상보험·고용보험의 보험료 납부 자료(체납자료를 포함한다) 및 「국민건강보험법」 제47조에 따라 체불사업주등인 요양기관이 청구한 요양급여비용

7의2. 「산업재해보상보험법」 제10조에 따른 근로복지공단에 체불사업주등 및 대지급금 청구 근로자에 대한 다음 각 목에 해당하는 자료

　가. 「고용보험법」 제13조에 따른 피보험자격 취득 자료

　나. 「고용보험법」 제15조에 따른 피보험자격 신고 자료

　다. 고용산재보험료징수법 제7조 및 제10조에 따른 고용보험 및 산업재해보상보험 관계의 성립 및 소멸에 관한 자료(체불사업주등의 주소 및 전화번호를 포함한다)

　라. 고용산재보험료징수법 제16조의3에 따른 근로자 개인별 월별보험료의 산정에 관한 자료

　마. 고용산재보험료징수법 제16조의10 제3항 및 제4항에 따른 근로자의 고용 및 고용관계 종료의 신고에 관한 자료

바. 고용산재보험료징수법 제23조에 따른 보험료등 과납액의 충당 및 반환에 관한 자료
사. 「산업재해보상보험법」 제45조에 따라 청구된 진료비에 관한 자료(체불사업주등이 「산업재해보상보험법」 제43조에 따른 산재보험 의료기관인 경우로 한정한다)
아. 「근로자퇴직급여 보장법」 제2조 제14호에 따른 중소기업퇴직연금기금제도 가입 여부, 가입기간, 적립금액 또는 부담금액, 지급금액 등 중소기업퇴직연금기금제도에 관한 자료(대지급금 지급 대상 기간으로 한정한다)
7의3. 「고용정책 기본법」 제18조에 따른 한국고용정보원에 체불사업주등 및 대지급금 청구 근로자에 대한 다음 각 목에 해당하는 자료
가. 「고용보험법」 제20조부터 제23조까지에 따른 지원에 관한 자료
나. 「고용보험법」 제42조 및 제44조에 따른 실업 신고 및 실업 인정에 관한 자료
다. 「고용보험법」 제75조에 따른 출산전후휴가 급여 등에 관한 자료
8. 「근로자퇴직급여 보장법」 제26조에 따른 퇴직연금사업자에게 대지급금 청구 근로자의 퇴직연금 가입 여부, 가입기간, 적립금액 또는 부담금액, 지급금액 등 퇴직연금에 관한 정보 자료(대지급금 지급 대상 기간에 한정한다)
9. 「보험업법」에 따른 보험회사에게 대지급금 청구 외국인 근로자의 출국만기보험·신탁 및 보증보험 가입 및 납입자료(대지급금 지급대상기간의 정보에 한정한다)
10. 「신용보증기금법」 제4조에 따른 신용보증기금의 이사장 및 「기술보증기금법」 제12조에 따른 기술보증기금의 이사장에게 체불사업주등 명의의 질권 및 근저당권 설정 자료
11. 「보험업법」 제4조 제1항 제2호 라목에 따라 보증보험 허가를 받은 자에게 체불사업주등 명의의 질권 및 근저당권 설정 자료
12. 조달청장에게 「전자조달의 이용 및 촉진에 관한 법률」 제16조 제1항에 따라 관리되는 체불사업주등의 계약 관련 정보
② 제1항에 따른 자료제공등을 요청할 때에는 다음 각 호의 사항을 적은 문서 또는 정보통신망(「정보통신망 이용촉진 및 정보보호 등에 관한 법률」 제2조 제1항 제1호에 따른 정보통신망을 말한다)으로 요청하여야 한다.
1. 체불사업주, 대지급금 청구 근로자, 부당이득자(연대책임자를 포함한다)의 인적사항
2. 사용목적
3. 제공요청 자료의 목록
③ 제1항에 따라 제공되는 자료에 대해서는 수수료 및 사용료 등을 면제한다.

제23조의2 개인정보의 보호

① 고용노동부장관은 제23조 제1항 각 호의 자료의 제공을 요청할 때에는 업무에 필요한 최소한의 정보만 요청하여야 한다.
② 고용노동부장관은 제23조 제1항 각 호의 자료를 이용할 때에는 보안교육 등 사업주 또는 근로자 등의 개인정보에 대한 보호대책을 마련하여야 한다.

③ 고용노동부장관은 제23조 제1항 제8호 및 제9호에 따른 자료의 제공을 요청할 경우에는 사전에 정보주체의 동의를 받아야 한다.

④ 고용노동부장관은 제23조 제1항 각 호의 자료를 이용할 때에는 체불 임금등의 지급, 미지급 임금등의 청구권의 대위 등 목적을 달성한 경우 지체 없이 파기하여야 한다.

⑤ 제23조 제1항 각 호의 개인정보는 고용노동부 또는 고용노동부장관으로부터 권한을 위임받은 기관에서 같은 항 각 호 외의 부분 본문에 따른 업무를 담당하는 자 중 해당 기관의 장으로부터 개인정보 취급승인을 받은 자만 취급할 수 있다.

⑥ 임금채권보장 업무에 종사하거나 종사하였던 자는 누구든지 업무 수행과 관련하여 알게 된 사업주 또는 근로자 등의 정보를 누설하거나 다른 용도로 사용하여서는 아니 된다.

⑦ 제2항에 따른 보안교육 등 개인정보 보호대책 마련, 제3항에 따른 정보주체에 대한 사전 동의 방법, 제4항에 따른 목적을 달성한 정보의 파기 시기 및 방법, 제5항에 따른 개인정보 취급승인의 절차 등에 필요한 세부적인 사항은 고용노동부장관이 정한다.

제23조의3 미회수된 대지급금 자료의 제공

① 고용노동부장관은 「신용정보의 이용 및 보호에 관한 법률」 제25조 제2항 제1호에 따른 종합신용정보집중기관(이하 이 조에서 "종합신용정보집중기관"이라 한다)이 제7조 또는 제7조의2에 따라 지급된 대지급금 중 다음 각 호의 요건을 모두 충족하는 미회수금과 해당 사업주의 인적사항 등에 관한 자료(이하 "미회수자료"라 한다)를 요구할 때에는 대지급금의 회수를 위하여 필요하다고 인정하는 경우 그 자료를 제공할 수 있다. 다만, 해당 사업주의 사망·폐업으로 미회수자료 제공의 실효성이 없는 경우 등 대통령령으로 정하는 사유가 있는 경우에는 그러하지 아니하다.

1. 미회수된 대지급금의 합계가 500만원 이상으로서 대통령령으로 정하는 금액 이상일 것
2. 미회수된 대지급금 지급일의 다음 날부터 1년 이상의 기간으로서 대통령령으로 정하는 기간이 지났을 것

② 고용노동부장관은 제1항에 따라 미회수자료를 종합신용정보집중기관에 제공하기 전에 고용노동부령으로 정하는 바에 따라 해당 사업주에게 그 사실을 미리 알려야 하며, 미회수자료를 제공한 경우 해당 사업주에게 그 제공 사실을 지체 없이 알려야 한다.

③ 제1항에 따라 미회수자료를 제공받은 자는 이를 신용도·신용거래능력 판단과 관련한 업무 외의 목적으로 이용·제공 또는 누설하여서는 아니 된다.

④ 제1항부터 제3항까지에서 규정한 사항 외에 미회수자료의 제공 절차 및 방법 등에 관하여 필요한 사항은 고용노동부령으로 정한다.

제24조 검 사

① 고용노동부장관은 이 법을 시행하기 위하여 필요하다고 인정하면 관계 공무원 또는 제27조에 따라 권한을 위탁받은 기관에 소속된 직원(위탁받은 업무 처리에 필요한 사항으로 한정한다)으로 하여금 이 법을 적용받는 사업장에 출입하여 관계 서류를 검사하거나 관계인에게 질문하게 할 수 있다.

② 제1항에 따라 출입·검사를 하는 공무원 또는 제27조에 따라 권한을 위탁받은 기관에 소속된 직원은 그 권한을 표시하는 증표를 지니고 이를 관계인에게 내보여야 한다.

제25조 신 고

사업주가 이 법 또는 이 법에 따른 명령을 위반하는 사실이 있으면 근로자는 그 사실을 근로감독관에게 신고하여 시정을 위한 조치를 요구할 수 있다.

제26조 소멸시효

① 부담금이나 그 밖에 이 법에 따른 징수금을 징수하거나 대지급금·부담금을 반환받을 권리는 3년간 행사하지 아니하면 시효로 소멸한다.

② 제1항에 따른 소멸시효에 관하여는 이 법에 규정된 것 외에는 「민법」에 따른다.

③ 소멸시효의 중단 등에 관하여는 고용산재보험료징수법 제42조 및 제43조를 준용한다.

> 고용노동부장관이 사업주로부터 부담금을 징수할 권리는 3년간 행사하지 아니하면 시효로 소멸한다.
> (O) 기출 21

제27조 권한의 위임·위탁

이 법에 따른 고용노동부장관의 권한은 대통령령으로 정하는 바에 따라 그 일부를 지방고용노동관서의 장에게 위임하거나 「산업재해보상보험법」에 따른 근로복지공단, 「국민건강보험법」에 따른 국민건강보험공단 및 「한국자산관리공사 설립 등에 관한 법률」에 따른 한국자산관리공사에 위탁할 수 있다.

제5장 벌 칙

제27조의2 벌 칙

다음 각 호의 어느 하나에 해당하는 자는 10년 이하의 징역 또는 1억원 이하의 벌금에 처한다.

　　1. 제23조의2 제6항을 위반하여 정보를 누설하거나 다른 용도로 사용한 자
　　2. 제23조의3 제3항을 위반하여 미회수자료를 이용·제공하거나 누설한 자

> 임금채권보장 업무에 종사하였던 자로서 업무 수행과 관련하여 알게 된 사업주 또는 근로자 등의 정보를 누설한 자는 10년 이하의 징역 또는 1억원 이하의 벌금에 처한다. (O) 기출 18

제28조 벌 칙

① 다음 각 호의 어느 하나에 해당하는 자는 3년 이하의 징역 또는 3천만원 이하의 벌금에 처한다.

　　1. 거짓이나 그 밖의 부정한 방법으로 제7조·제7조의2에 따른 대지급금 또는 제7조의3에 따른 융자를 받은 자
　　2. 거짓이나 그 밖의 부정한 방법으로 다른 사람으로 하여금 제7조·제7조의2에 따른 대지급금 또는 제7조의3에 따른 융자를 받게 한 자
　　3. 삭제 〈2021.4.13.〉

② 다음 각 호의 어느 하나에 해당하는 자는 2년 이하의 징역 또는 2천만원 이하의 벌금에 처한다.

 1. 부당하게 제7조·제7조의2에 따른 대지급금 또는 제7조의3에 따른 융자를 받기 위하여 거짓의 보고·증명 또는 서류제출을 한 자
 2. 다른 사람으로 하여금 부당하게 제7조·제7조의2에 따른 대지급금 또는 제7조의3에 따른 융자를 받게 하기 위하여 거짓의 보고·증명 또는 서류제출을 한 자

제29조 양벌규정

법인의 대표자나 법인 또는 개인의 대리인, 사용인, 그 밖의 종업원이 그 법인 또는 개인의 업무에 관하여 제28조의 위반행위를 하면 그 행위자를 벌하는 외에 그 법인 또는 개인에게도 해당 조문의 벌금형을 과한다. 다만, 법인 또는 개인이 그 위반행위를 방지하기 위하여 해당 업무에 관하여 상당한 주의와 감독을 게을리하지 아니한 경우에는 그러하지 아니하다.

제30조 과태료

① 다음 각 호의 어느 하나에 해당하는 자에게는 1천만원 이하의 과태료를 부과한다.

 1의2. 정당한 사유 없이 제13조에 따른 재산목록의 제출을 거부하거나 거짓의 재산목록을 제출한 자
 2. 정당한 사유 없이 제22조에 따른 보고나 관계 서류의 제출요구에 따르지 아니한 자 또는 거짓 보고를 하거나 거짓 서류를 제출한 자
 3. 정당한 사유 없이 제24조 제1항에 따른 관계 공무원 또는 제27조에 따라 권한을 위탁받은 기관에 소속된 직원의 질문에 답변을 거부하거나 검사를 거부·방해 또는 기피한 자

② 제1항에 따른 과태료는 대통령령으로 정하는 바에 따라 고용노동부장관이 부과·징수한다.

11 근로복지기본법

시행 2023.6.11. [법률 제18926호, 2022.6.10. 일부개정]

제1장 총칙

제1조 목적

이 법은 근로복지정책의 수립 및 복지사업의 수행에 필요한 사항을 규정함으로써 근로자의 삶의 질을 향상시키고 국민경제의 균형 있는 발전에 이바지함을 목적으로 한다.

제2조 정의

이 법에서 사용하는 용어의 뜻은 다음과 같다.
1. "**근로자**"란 직업의 종류와 관계없이 임금을 목적으로 사업이나 사업장에 근로를 제공하는 사람을 말한다.
2. "**사용자**"란 사업주 또는 사업 경영 담당자, 그 밖에 근로자에 관한 사항에 대하여 사업주를 위하여 행위하는 자를 말한다.
3. "**주택사업자**"란 근로자에게 분양 또는 임대하는 것을 목적으로 주택을 건설하거나 구입하는 자를 말한다.
4. "**우리사주조합**"이란 주식회사의 소속 근로자가 그 주식회사의 주식을 취득·관리하기 위하여 이 법에서 정하는 요건을 갖추어 설립한 단체를 말한다.
5. "**우리사주**"란 주식회사의 소속 근로자 등이 그 주식회사에 설립된 우리사주조합을 통하여 취득하는 그 주식회사의 주식을 말한다.

제3조 근로복지정책의 기본원칙

① 근로복지(임금·근로시간 등 기본적인 근로조건은 제외한다. 이하 같다)정책은 근로자의 경제·사회활동의 참여기회 확대, 근로의욕의 증진 및 삶의 질 향상을 목적으로 하여야 한다.
② 근로복지정책을 수립·시행할 때에는 근로자가 성별, 나이, 신체적 조건, 고용형태, 신앙 또는 사회적 신분 등에 따른 차별을 받지 아니하도록 배려하고 지원하여야 한다.

③ 이 법에 따른 근로자의 복지향상을 위한 지원을 할 때에는 **중소·영세기업 근로자**, **기간제 근로자**(「기간제 및 단시간근로자 보호 등에 관한 법률」 제2조 제1호에 따른 기간제근로자를 말한다), **단시간근로자**(「근로기준법」 제2조 제1항 제9호에 따른 단시간근로자를 말한다), **파견근로자**(「파견근로자 보호 등에 관한 법률」 제2조 제5호에 따른 파견근로자를 말한다. 이하 같다), **하수급인**(「고용보험 및 산업재해보상보험의 보험료징수 등에 관한 법률」 제2조 제5호에 따른 하수급인을 말한다)이 고용하는 **근로자**, **저소득근로자** 및 **장기근속근로자**가 우대될 수 있도록 하여야 한다.

> 수습 사용 중인 근로자는 근로복지기본법상 근로복지정책에 따른 근로자 복지향상 지원의 우대 대상이 아니다. (○) **기출** 15
>
> **근로자의 복지향상지원 시 우대근로자** **기출** 23
> 중소·영세기업 근로자 (○)
> 저소득근로자 (○)
> 장기근속근로자 (○)
> 파견근로자 보호 등에 관한 법률에 따른 파견근로자 (○)

제4조 국가 또는 지방자치단체의 책무

국가 또는 지방자치단체는 근로복지정책을 수립·시행하는 경우 제3조의 근로복지정책의 기본원칙에 따라 예산·기금·세제·금융상의 지원을 하여 근로자의 복지증진이 이루어질 수 있도록 노력하여야 한다.

제5조 사업주 및 노동조합의 책무

① **사업주**(근로자를 사용하여 사업을 행하는 자를 말한다. 이하 같다)는 해당 사업장 근로자의 복지증진을 위하여 노력하고 근로복지정책에 **협력하여야** 한다.
② **노동조합 및 근로자**는 근로의욕 증진을 통하여 생산성 향상에 노력하고 근로복지정책에 **협력하여야** 한다.

> 노동조합 및 근로자는 근로의욕 증진을 통하여 생산성 향상에 노력하고 근로복지정책에 협력하여야 한다. (○) **기출** 16
>
> 노동조합 및 근로자가 생산성 향상과 근로복지정책에 협력하도록 사용자는 임금 수준 상향의 조치를 취하여야 한다. (×) **기출** 22

제6조 목적 외 사용금지

누구든지 국가 또는 지방자치단체가 근로자의 주거안정, 생활안정 및 재산형성 등 근로복지를 위하여 이 법에 따라 보조 또는 융자한 자금을 그 목적사업에만 사용하여야 한다.

> 누구든지 국가 또는 지방자치단체가 근로자의 주거안정, 생활안정 및 재산형성 등 근로복지를 위하여 이 법에 따라 보조 또는 융자한 자금을 그 목적사업 외에도 사용할 수 있다. (×) **기출** 21
>
> 국가가 근로자의 근로복지를 위하여 근로복지기본법에 따라 보조 또는 융자한 자금은 그 목적 외 사업에 사용될 수 있다. (×) **기출** 22

제7조 　재원의 조성 등

① 국가 또는 지방자치단체는 이 법에 따른 근로복지사업에 필요한 재원의 조성에 적극 노력하여야 한다.

② 제1항에 따라 조성한 재원은 근로자 복지증진을 위하여 필요한 경우 제87조에 따른 근로복지진흥기금에 출연하거나 융자할 수 있다.

제8조 　근로복지증진에 관한 중요사항 심의

이 법에 따른 근로복지에 관한 다음 각 호의 사항은 「고용정책 기본법」 제10조에 따른 고용정책심의회(이하 "고용정책심의회"라 한다)의 심의를 거쳐야 한다.

1. 제9조 제1항에 따른 근로복지증진에 관한 기본계획
2. 근로복지사업에 드는 재원 조성에 관한 사항
3. 그 밖에 고용정책심의회 위원장이 근로복지정책에 관하여 회의에 부치는 사항

제9조 　기본계획의 수립

① 고용노동부장관은 관계 중앙행정기관의 장과 협의하여 근로복지증진에 관한 기본계획(이하 "기본계획"이라 한다)을 5년마다 수립하여야 한다.

② 기본계획에는 다음 각 호의 사항이 포함되어야 한다.

1. 근로자의 주거안정에 관한 사항
2. 근로자의 생활안정에 관한 사항
3. 근로자의 재산형성에 관한 사항
4. 우리사주제도에 관한 사항
5. 사내근로복지기금제도에 관한 사항
6. 선택적 복지제도 지원에 관한 사항
7. 근로자지원프로그램 운영에 관한 사항
8. 근로자를 위한 복지시설의 설치 및 운영에 관한 사항
9. 근로복지사업에 드는 재원 조성에 관한 사항
10. 직전 기본계획에 대한 평가
11. 그 밖에 근로복지증진을 위하여 고용노동부장관이 필요하다고 인정하는 사항

③ 고용노동부장관은 기본계획을 수립한 때에는 지체 없이 국회 소관 상임위원회에 보고하고 이를 공표하여야 한다.

제10조 　자료 제공 및 전산망 이용

① 고용노동부장관은 제19조에 따른 생활안정자금 지원 및 제22조에 따른 신용보증 지원 등 이 법에 따른 근로복지사업을 수행하기 위하여 법원·행정안전부·보건복지부·국토교통부·국세청 등 국가기관과 지방자치단체의 장 및 관련 기관·단체에 다음 각 호의 자료의 제공 및 관계 전산망의 이용을 요청할 수 있다. 이 경우 자료의 제공 등을 요청받은 국가기관과 지방자치단체의 장, 관련 기관·단체는 정당한 사유가 없으면 이에 따라야 한다.
   1. 소득금액증명(종합소득세 신고자용, 연말정산한 사업소득자용, 근로소득자용)
   2. 주민등록표 등본·초본
   3. 가족관계등록부(가족관계증명서, 혼인관계증명서, 기본증명서)
   4. 지방세 세목별 과세증명원
   5. 자동차 및 건설기계 등록 원부
   6. 건물 및 토지 등기부 등본
   7. 법인 등기사항증명서
② 제1항에 따라 고용노동부장관에게 제공되는 자료 및 전산망 이용에 대하여는 수수료 또는 사용료 등을 면제한다.
③ 고용노동부장관은 제1항에 따른 자료의 제공 및 관계 전산망의 이용을 요청할 경우 사전에 당사자의 동의를 받아야 한다.

제11조 　근로복지사업 추진 협의

지방자치단체, 국가의 보조를 받는 비영리법인이 근로복지사업을 추진하는 경우에는 고용노동부장관과 협의하여야 한다. 다만, 지방자치단체가 관할 구역 안에서 해당 지방자치단체의 예산으로만 근로복지사업을 추진하는 경우에는 협의를 거치지 아니할 수 있다.

> 국가의 보조를 받는 비영리법인이 근로복지사업을 추진하는 경우에는 고용노동부장관의 허가를 받아야 한다. 　　　　　　　　　　　　　　　　　　　　　　　　　　　　(×) **기출** 21
>
> 지방자치단체, 국가의 보조를 받는 비영리법인이 근로복지사업을 추진하는 경우에는 고용노동부장관과 협의하여야 한다. 　　　　　　　　　　　　　　　　　　　　(○) **기출** 16

제12조 　융자업무취급기관

① 국가 또는 지방자치단체는 다음 각 호의 금융회사 등(이하 "융자업무취급기관"이라 한다)으로 하여금 이 법에 따른 융자업무를 취급하게 할 수 있다.
   1. 「은행법」 제8조 제1항에 따라 설립한 은행
   2. 그 밖에 대통령령으로 정하는 금융회사 등
② 고용노동부장관 및 지방자치단체의 장은 근로자를 우대하는 융자업무취급기관에 대하여 이 법에 따른 융자업무의 취급 등을 우선하게 할 수 있다.

제13조 　세제 지원

국가 또는 지방자치단체는 이 법에 따른 주거안정·생활안정·재산형성, 근로복지시설 및 근로복지진흥기금의 설치·운영, 우리사주제도 및 사내근로복지기금제도의 활성화 등 근로자의 복지증진을 위하여 조세에 관한 법률에서 정하는 바에 따라 세제상의 지원을 할 수 있다.

제14조 　근로복지종합정보시스템 운영

① 고용노동부장관은 근로복지정책을 효과적으로 수행하기 위하여 근로복지종합정보시스템을 구축하여 운영할 수 있다.
② 고용노동부장관은 제1항의 근로복지종합정보시스템을 통하여 근로자지원프로그램 및 선택적 복지제도의 운영을 지원할 수 있다.

제2장 　공공근로복지

제1절 　근로자의 주거안정

제15조 　근로자주택공급제도의 운영

① 국가 또는 지방자치단체는 근로자의 주택취득 또는 임차 등을 지원하기 위하여 주택사업자가 근로자에게 주택을 우선하여 분양 또는 임대(이하 "공급"이라 한다)하도록 하는 제도를 운영할 수 있다.
② 국토교통부장관은 「주거기본법」 제5조에 따른 주거종합계획에 제1항에 따라 근로자에게 공급하는 주택(이하 "근로자주택"이라 한다)의 공급계획을 포함하여야 한다.
③ 근로자주택의 종류, 규모, 공급대상 근로자, 공급방법과 그 밖에 필요한 사항은 국토교통부장관이 고용노동부장관과 협의하여 정한다.

> 근로자주택의 종류, 규모, 공급대상 근로자, 공급방법과 그 밖에 필요한 사항은 고용노동부장관이 정한다. (×) **기출** 21

제16조 **근로자주택자금의 융자**

① 국가는 다음 각 호의 어느 하나에 해당하는 경우에는 주택사업자 또는 근로자가 그 필요한 자금(이하 "근로자주택자금"이라 한다)을 융자받을 수 있도록 「주택도시기금법」에 따른 주택도시기금으로 지원할 수 있다.
  1. 주택사업자가 근로자주택을 건설하거나 구입하는 경우
  2. 근로자가 주택사업자로부터 근로자주택을 취득하는 경우
② 근로자주택자금의 융자대상 및 절차와 그 밖에 지원에 필요한 사항은 국토교통부장관이 고용노동부장관과 협의하여 정한다.

제17조 **주택구입자금등의 융자**

① 국가는 근로자의 주거안정을 위하여 근로자가 주택을 구입 또는 신축하거나 임차하는 경우 그에 필요한 자금(이하 "주택구입자금등"이라 한다)을 융자받을 수 있도록 「주택도시기금법」에 따른 주택도시기금으로 지원할 수 있다.
② 국가 또는 지방자치단체는 융자업무취급기관으로 하여금 주택구입자금등을 일반대출 이자율보다 낮은 이자율로 근로자에게 융자하게 하고 그 이자 차액을 보전할 수 있다.
③ 주택구입자금등의 융자대상 및 절차와 그 밖에 지원에 필요한 사항은 국토교통부장관이 고용노동부장관과 협의하여 정한다.

제18조 **근로자의 이주 등에 대한 지원**

국가는 취업 또는 근무지 변경 등으로 이주하거나 가족과 떨어져 생활하는 근로자의 주거안정을 위하여 필요한 지원을 할 수 있다.

제2절 근로자의 생활안정 및 재산형성

제19조 **생활안정자금의 지원**

① 국가는 근로자의 생활안정을 지원하기 위하여 근로자 및 그 가족의 의료비·혼례비·장례비 등의 융자 등 필요한 지원을 하여야 한다.
② 국가는 경제상황 및 근로자의 생활안정자금이 필요한 시기 등을 고려하여 임금을 받지 못한 근로자 등의 생활안정을 위한 생계비의 융자 등 필요한 지원을 할 수 있다.
③ 제1항 및 제2항에 따른 의료비·혼례비·장례비·생계비 등의 지원대상 및 절차 등에 관하여 필요한 사항은 고용노동부령으로 정한다.

> 국가는 근로자의 생활안정을 지원하기 위하여 근로자 및 그 가족의 의료비·혼례비·장례비 등의 융자 등 필요한 지원을 하여야 한다. (O) **기출** 21

제20조　학자금의 지원 등

① 국가는 근로자 및 그 자녀의 교육기회를 확대하기 위하여 장학금의 지급 또는 학자금의 융자 등 필요한 지원을 할 수 있다.

② 제1항에 따른 장학금의 지급과 학자금의 융자대상 및 절차 등에 관하여 필요한 사항은 고용노동부령으로 정한다.

제21조　근로자우대저축

국가는 근로자의 재산형성을 지원하기 위하여 근로자를 우대하는 저축에 관한 제도를 **운영하여야** 한다.

> 사용자는 근로자의 재산형성을 지원하기 위하여 근로자를 우대하는 저축에 관한 제도를 운영하여야 한다.　　　　　　　　　　　　　　　　　　(×) **기출** 14 · 16

제3절　근로자 신용보증 지원

제22조　신용보증 지원 및 대상

① 「산업재해보상보험법」에 따른 근로복지공단(이하 "공단"이라 한다)은 담보능력이 미약한 근로자(구직신청한 실업자 및 「산업재해보상보험법」에 따른 재해근로자를 포함한다. 이하 이 장에서 같다)가 금융회사 등에서 생활안정자금 및 학자금 등의 융자를 받음으로써 부담하는 금전채무에 대하여 해당 금융회사 등과의 계약에 따라 그 금전채무를 보증할 수 있다. 이 경우 보증대상 융자사업 및 보증대상 근로자는 고용노동부령으로 정한다.

② 제1항에 따른 공단과 금융회사 등과의 계약에는 다음 각 호의 사항을 포함하여야 한다.
　1. 제1항에 따른 채무를 보증한다는 내용
　2. 신용보증 대상 융자사업 및 근로자
　3. 근로자 1명당 신용보증 지원 한도
　4. 보증채무의 이행청구 사유 · 시기 및 방법
　5. 대위변제 심사 · 범위 및 결손금에 대한 금융회사 등과의 분담비율
　6. 금융회사 등이 공단에 신용보증 지원사업 운영과 관련하여 통지하여야 할 사항
　7. 그 밖에 근로자 신용보증 지원을 위하여 필요한 사항

③ 공단이 제1항의 계약을 체결하거나 변경하려는 경우에는 고용노동부장관의 승인을 받아야 한다.

제23조　보증관계

① 공단이 제22조에 따라 근로자에 대하여 신용보증을 하기로 결정하였을 때에는 그 뜻을 해당 근로자와 그 근로자가 융자를 받으려는 금융회사 등에 통지하여야 한다.

② 신용보증관계는 제1항에 따른 통지를 받은 금융회사 등이 융자금을 해당 근로자에게 지급한 때에 성립한다.

328　공인노무사 노동법 관계법령집

제24조　보증료

공단은 제22조에 따라 신용을 보증받은 근로자로부터 보증금액에 대하여 연이율 100분의 1의 범위에서 대통령령으로 정하는 바에 따라 보증료를 받을 수 있다.

제25조　통지의무

제23조에 따라 통지받은 금융회사 등은 다음 각 호의 어느 하나에 해당하는 경우에는 지체 없이 그 사실을 공단에 통지하여야 한다.
1. 주된 채무관계가 성립한 경우
2. 주된 채무의 전부 또는 일부가 소멸한 경우
3. 근로자가 채무를 이행하지 아니한 경우
4. 근로자가 기한의 이익을 상실한 경우
5. 그 밖에 보증채무에 영향을 미칠 우려가 있는 사유가 발생한 경우

제26조　보증채무의 이행 등

① 제22조 제1항에 따라 융자사업을 대행하는 금융회사 등은 같은 조의 계약 내용에 정하여진 보증채무의 이행청구 사유가 발생한 경우에는 공단에 보증채무 이행을 청구할 수 있다.
② 공단은 제1항에 따라 금융회사 등의 보증채무의 이행청구가 있는 경우에는 제22조 제2항의 계약 내용에 따라 대위변제금을 지급하여야 한다.
③ 공단은 제2항에 따라 보증채무를 이행하였을 때에는 구상권을 직접 행사하거나 금융회사 등에 그 구상권의 행사를 위탁할 수 있다.
④ 제3항에 따른 구상권의 행사를 위탁받은 금융회사 등은 그 구상권 행사에 관하여 공단을 갈음하여 모든 재판상 또는 재판 외의 행위를 할 수 있다.

제27조　지연이자

공단이 보증채무를 이행하였을 때에는 해당 근로자로부터 그 지급한 대위변제금에 대하여 연이율 100분의 20을 초과하지 아니하는 범위에서 대통령령으로 정하는 바에 따라 이행일부터 근로자가 변제하는 날까지의 지연이자를 징수할 수 있다. 이 경우 지연이자는 대위변제금을 초과할 수 없다.

시행령 제7조(지연이자)
① 법 제27조에 따른 지연이자는 공단이 보증채무를 이행할 당시 해당 금융회사의 대출금 연체이자율의 최고이율(최고이율이 연이율의 100분의 20을 초과할 때에는 연이율의 100분의 20으로 한다)을 적용한다.
② 고용노동부장관은 시장이자율, 고용 상황 등을 고려하여 제1항에 따른 연체이자율의 최고 한도를 하향 조정할 수 있다.

제28조 **근로복지시설 설치 등의 지원**

① 국가 또는 지방자치단체는 근로자를 위한 복지시설(이하 "근로복지시설"이라 한다)의 설치·운영을 위하여 노력하여야 한다.

② 고용노동부장관은 사업의 종류 및 사업장 근로자의 수 등을 고려하여 근로복지시설의 설치기준을 정하고 사업주에게 이의 설치를 권장할 수 있다.

③ 국가 또는 지방자치단체는 사업주(사업주단체를 포함한다. 이하 이 조에서 같다)·노동 조합(지부·분회 등을 포함한다. 이하 같다)·공단 또는 비영리법인이 근로복지시설을 설치·운영하는 경우에는 필요한 지원을 할 수 있다.

④ 국가 또는 지방자치단체는 근로복지시설을 설치·운영하는 지방자치단체·사업주·노동조합·공단 또는 비영리법인에 그 비용의 일부를 예산의 범위에서 지원할 수 있다.

제29조 **근로복지시설의 운영위탁**

① 국가 또는 지방자치단체는 제28조 제1항에 따라 설치한 근로복지시설을 효율적으로 운영하기 위하여 필요한 경우에는 공단 또는 비영리단체에 운영을 위탁할 수 있다.

② 국가 또는 지방자치단체는 제1항에 따라 근로복지시설의 운영을 위탁한 경우에는 예산의 범위에서 운영에 필요한 경비의 일부를 보조할 수 있다.

제30조 **이용료 등**

근로복지시설을 설치·운영하는 자는 근로자의 소득수준, 가족관계 등을 고려하여 근로복지시설의 이용자를 <u>제한</u>하거나 이용료를 <u>차등하여 받을 수 있다.</u>

> 근로복지시설을 설치·운영하는 자는 근로자의 소득수준, 가족관계 등을 고려하여 근로복지시설의 이용자를 제한하거나 이용료를 차등하여 받을 수 없다. (×) **기출** 17·24

제31조 **민간복지시설 이용비용의 지원**

① 국가는 제3조 제3항에 따른 근로자가 제28조 제1항에 따라 국가 또는 지방자치단체가 설치한 근로복지시설을 이용하기가 곤란하여 민간이 운영하는 복지시설을 이용하는 경우 비용의 일부를 지원할 수 있다.

② 제1항에 따른 지원대상 및 절차 등 필요한 사항은 고용노동부령으로 정한다.

제3장 │ 기업근로복지

제1절 │ 우리사주제도

제32조 │ 우리사주제도의 목적

우리사주제도는 근로자로 하여금 우리사주조합을 통하여 해당 우리사주조합이 설립된 주식회사(이하 "우리사주제도 실시회사"라 한다)의 주식을 취득·보유하게 함으로써 근로자의 경제·사회적 지위향상과 노사협력 증진을 도모함을 목적으로 한다.

제33조 │ 우리사주조합의 설립

① 우리사주조합을 설립하려는 주식회사의 소속 근로자는 제34조에 따른 우리사주조합원의 자격을 가진 근로자 2명 이상의 동의를 받아 우리사주조합설립준비위원회를 구성하여 대통령령으로 정하는 바에 따라 우리사주조합을 설립할 수 있다. 이 경우 우리사주조합설립준비위원회는 우리사주조합의 설립에 대한 회사의 지원에 관한 사항 등 고용노동부령으로 정하는 사항을 미리 해당 회사와 협의하여야 한다.

② 우리사주조합의 설립 및 운영에 관하여 이 법에서 규정한 사항을 제외하고는 「민법」 중 사단법인에 관한 규정을 준용한다.

> 우리사주조합의 설립 및 운영에 관하여 근로복지기본법에서 규정한 사항을 제외하고는 민법 중 사단법인에 관한 규정을 준용한다. (○) 기출 14

시행령 제8조(우리사주조합의 설립 등)

① 법 제33조 제1항에 따른 우리사주조합설립준비위원회(이하 "조합설립준비위원회"라 한다)는 다음 각 호의 업무를 수행한다.
   1. 규약안의 작성
   2. 고용노동부령으로 정하는 사항에 관한 회사와의 협의
   3. 우리사주조합(이하 "조합"이라 한다) 창립총회의 개최
   4. 그 밖에 조합 설립에 필요한 업무

② 조합설립준비위원회는 근로자 과반수가 참석한 조합 창립총회를 개최하여 조합의 규약을 확정하고 대표자 등 임원을 선출하여야 한다.

③ 조합설립준비위원회는 제2항에 따른 절차를 완료한 후 3주 이내에 법 제43조 제1항에 따른 수탁기관과 우리사주 관리위탁계약을 체결하여야 한다.

④ 조합설립준비위원회는 제3항에 따라 수탁기관과 우리사주 관리위탁계약을 체결한 후 3주 이내에 제1항에 따른 규약 등을 첨부하여 고용노동부령으로 정하는 바에 따라 고용노동부장관에게 알려야 한다.

⑤ 고용노동부장관은 제4항에 따라 조합설립준비위원회가 알린 사실에 대하여 고용노동부령으로 정하는 바에 따라 확인서를 조합에 발급할 수 있다.

제34조　**우리사주조합원의 자격 등**

① 우리사주제도 실시회사의 우리사주조합에 조합원으로 가입할 수 있는 근로자는 다음 각 호와 같다.

1. 우리사주제도 실시회사의 소속 근로자
2. 우리사주제도 실시회사가 대통령령으로 정하는 바에 따라 해당 발행주식 총수의 100분의 50 이상의 소유를 통하여 지배하고 있는 주식회사(이하 "지배관계회사"라 한다)의 소속 근로자 또는 우리사주제도 실시회사로부터 도급받아 직전 연도 연간 총매출액의 100분의 50 이상을 거래하는 주식회사(이하 "수급관계회사"라 한다)의 소속 근로자로서 다음 각 목의 요건을 모두 갖춘 근로자

　가. 지배관계회사 또는 수급관계회사의 경우에는 각각 소속 근로자 전원의 과반수로부터 동의를 받을 것
　나. 해당 우리사주제도 실시회사의 우리사주조합으로부터 동의를 받을 것
　다. 해당 지배관계회사 또는 해당 수급관계회사 자체에 우리사주조합이 설립되어 있는 경우 자체 우리사주조합이 해산될 것. 다만, 제47조 제1항 제4호 단서에 해당하는 경우는 제외한다.

② 근로자가 다음 각 호의 어느 하나에 해당하는 경우에는 우리사주제도 실시회사의 우리사주조합원이 될 수 없으며, 우리사주조합원이 다음 각 호의 어느 하나에 해당하게 되는 경우에는 우리사주제도 실시회사의 우리사주조합원의 자격을 상실한다. 다만, 제1호에 해당하는 근로자는 제37조에 따라 배정받은 해당 우리사주제도 실시회사의 주식과 제39조에 따라 부여된 우리사주매수선택권에 한정하여 우리사주조합원의 자격을 유지할 수 있다.

1. 해당 우리사주제도 실시회사, 지배관계회사 및 수급관계회사의 주주총회에서 임원으로 선임된 사람
2. 해당 우리사주제도 실시회사, 지배관계회사, 수급관계회사의 소속 근로자로서 주주. 다만, 대통령령으로 정하는 소액주주인 경우는 제외한다.
3. 지배관계회사 또는 수급관계회사의 근로자가 해당 우리사주제도 실시회사의 우리사주조합에 가입한 후 소속 회사에 우리사주조합을 설립하게 되는 경우의 그 지배관계회사 또는 수급관계회사의 근로자
4. 그 밖에 근로기간 및 근로관계의 특수성 등에 비추어 우리사주조합원의 자격을 인정하기 곤란한 근로자로서 대통령령으로 정하는 사람

③ 우리사주조합원은 자유로이 우리사주조합에서 탈퇴할 수 있다. 다만, 우리사주조합은 탈퇴한 우리사주조합원에 대하여 2년을 초과하지 아니하는 범위에서 제35조 제2항 제1호에 따른 규약에서 정하는 기간 동안 재가입을 제한할 수 있다.

④ 근로자의 소속 회사가 다음 각 호의 어느 하나에 해당하게 되어 우리사주제도 실시회사의 우리사주조합원의 자격에 변동이 생기면 제37조에 따라 배정받은 우리사주제도 실시회사의 주식과 제39조에 따라 부여된 우리사주매수선택권에 한정하여 변경 전 우리사주제도 실시회사의 우리사주조합의 우리사주조합원 자격을 유지한다.

1. 지배관계회사로의 편입 또는 지배관계회사에서 제외되는 경우
2. 수급관계회사로의 편입 또는 수급관계회사에서 제외되는 경우

시행령 제9조(지배관계회사)

법 제34조 제1항 제2호에 따른 지배관계회사(이하 "지배관계회사"라 한다)는 다음 각 호의 어느 하나에 해당하는 자로 한다.

    1. 조합이 설립된 주식회사(이하 "우리사주제도 실시회사"라 한다)가 발행주식 총수의 100분의 50 이상을 소유하고 있는 비상장법인
    2. 제1호의 비상장법인이 발행주식 총수의 100분의 50 이상을 소유하고 있는 비상장법인

시행령 제10조(우리사주조합원의 자격)

① 법 제34조 제2항 제2호 단서에서 "대통령령으로 정하는 소액주주"란 해당 우리사주제도 실시회사, 지배관계회사 또는 법 제34조 제1항 제2호에 따른 수급관계회사 소속 근로자로서 해당 발행주식 총액의 100분의 1(「중소기업기본법」 제2조 제1항에 따른 중소기업 소속 근로자인 경우에는 100분의 3)에 해당하는 금액과 3억원 중 적은 금액 미만의 주식을 소유하는 주주를 말한다. 이 경우 금액은 권면액을 기준으로 산정(算定)한다.
② 법 제34조 제2항 제4호에서 "대통령령으로 정하는 사람"이란 다음 각 호의 사람을 말한다.
    1. 「금융회사의 지배구조에 관한 법률」 제2조 제6호 가목에 따른 최대주주. 이 경우 "금융회사"는 "회사"로 본다.
    2. 「금융회사의 지배구조에 관한 법률 시행령」 제3조 제1항 제1호 가목부터 사목까지의 규정에 따른 최대주주의 특수관계인
    3. 「소득세법 시행령」 제20조에 따른 일용근로자

제35조   우리사주조합의 운영 등

① 우리사주조합은 전체 우리사주조합원의 의사를 반영하여 민주적으로 운영되어야 한다.
② 다음 각 호의 사항은 우리사주조합원총회의 의결을 거쳐야 한다.
    1. 규약의 제정과 변경에 관한 사항
    2. 제36조에 따른 우리사주조합기금의 조성에 관한 사항
    3. 예산 및 결산에 관한 사항
    4. 우리사주조합의 대표자 등 임원 선출
    5. 그 밖에 우리사주조합의 운영에 관하여 중요한 사항
③ 우리사주조합은 규약으로 우리사주조합원총회를 갈음할 대의원회를 둘 수 있다. 다만, 제2항 제1호에 관한 사항은 반드시 우리사주조합원총회의 의결을 거쳐야 한다.
④ 우리사주조합의 대표자는 대통령령으로 정하는 바에 따라 우리사주조합원총회 또는 대의원회를 개최하여야 한다.
⑤ 우리사주조합의 대표자 등 임원과 대의원은 우리사주조합원의 직접·비밀·무기명 투표로 선출한다.
⑥ 우리사주제도 실시회사와 우리사주조합은 우리사주조합에 대한 지원내용, 지원조건 등을 협의하기 위하여 대통령령으로 정하는 바에 따라 우리사주제도 실시회사와 우리사주조합을 각각 대표하는 같은 수의 위원으로 우리사주운영위원회를 둘 수 있다.
⑦ 우리사주조합의 대표자는 우리사주조합원이 열람할 수 있도록 다음 각 호의 장부와 서류를 작성하여 그 주된 사무소에 갖추어 두고, 이를 10년간 보존하여야 한다. 이 경우 그 장부와 서류를 「전자문서 및 전자거래 기본법」 제2조 제1호에 따른 전자문서(이하 "전자문서"라 한다)로 작성·보관할 수 있다.

1. 우리사주조합원 명부
2. 규약
3. 우리사주조합의 임원 및 대의원의 성명과 주소록
4. 회계에 관한 장부 및 서류
5. 우리사주조합 및 우리사주조합원의 우리사주 취득·관리에 관한 장부 및 서류
⑩ 우리사주조합원총회 및 우리사주조합의 구체적인 운영방법과 그 밖에 필요한 사항은 대통령령으로 정한다.

우리사주조합의 규약 제정과 변경에 관한 사항은 반드시 우리사주조합원총회의 의결을 거쳐야 한다.
(O) 기출 24

규약의 제정과 변경에 관한 사항은 우리사주조합원총회의 의결을 거쳐야 한다. (O) 기출 18

우리사주조합의 대표자 등 임원과 대의원은 우리사주조합원의 직접·비밀·무기명 투표로 선출한다.
(O) 기출 14

우리사주제도 실시회사와 우리사주조합은 우리사주조합에 대한 지원내용, 지원조건 등을 협의하기 위하여 우리사주제도 실시회사와 우리사주조합을 각각 대표하는 같은 수의 위원으로 우리사주운영위원회를 둘 수 있다.
(O) 기출 14

우리사주조합의 대표자는 우리사주조합원 명부 등 관련 장부와 서류를 3년간 보존하여야 한다.
(×) 기출 14

제36조 **우리사주조합기금의 조성 및 사용**

① 우리사주조합은 우리사주 취득 등을 위하여 다음 각 호의 재원으로 우리사주조합기금을 조성할 수 있다.
  1. 우리사주제도 실시회사, 지배관계회사, 수급관계회사 또는 그 주주 등이 출연한 금전과 물품. 이 경우 우리사주제도 실시회사, 지배관계회사 및 수급관계회사는 매년 직전 사업연도의 법인세 차감 전 순이익의 일부를 우리사주조합기금에 출연할 수 있다.
  2. 우리사주조합원이 출연한 금전
  3. 제42조 제1항에 따른 차입금
  4. 제37조에 따른 조합계정의 우리사주에서 발생한 배당금
  5. 그 밖에 우리사주조합기금에서 발생하는 이자 등 수입금
② 우리사주조합은 제1항에 따라 조성한 우리사주조합기금을 대통령령으로 정하는 금융회사 등에 보관 또는 예치하는 방법으로 관리하여야 한다.
③ 제1항에 따라 조성된 우리사주조합기금은 대통령령으로 정하는 바에 따라 다음 각 호의 용도로 사용하여야 한다. 이 경우 제4호의 용도로는 제45조 제4항 각 호 외의 부분 전단에 따른 출연금만을 사용하여야 한다.
  1. 우리사주의 취득
  2. 제42조 제1항에 따른 차입금 상환 및 그 이자의 지급
  3. 제43조의2에 따른 손실보전거래
  4. 제37조에 따른 우리사주조합원의 계정의 우리사주 환매수
④ 우리사주조합은 제1항 제1호 및 제3호에 따라 회사 또는 회사의 주주가 제공한 재원으로 취득하게 된 우리사주를 해당 회사 소속 근로자인 우리사주조합원에게 배정되도록 운영하여야 한다.

⑤ 제3항 제2호에 따라 우리사주조합기금을 차입금 상환 및 그 이자의 지급에 사용하려는 경우에는 다음 각 호의 방법에 따라야 한다.

　1. 제1항 제1호에 따른 금전과 물품 및 제4호에 따른 배당금은 제42조 제2항의 약정에 따라 상환하기로 되어 있는 차입금의 상환에만 사용하여야 한다.

　2. 제1항 제2호에 따른 우리사주조합원이 출연한 금전은 제42조 제2항의 약정에 따라 상환하기로 되어 있는 차입금의 상환에 사용할 수 없다.

시행령 제14조(조합의 운영)

① 법 제36조 제4항, 제37조 및 제38조에 따라 우리사주를 배정하거나 법 제39조에 따라 우리사주매수선택권(이하 "우리사주매수선택권"이라 한다)을 부여하는 경우에는 저소득 근로자 및 장기근속 근로자를 우대하여야 한다.

② 조합은 법 제36조 제1항 제1호의 재원으로 취득한 우리사주를 그 재원의 출연자와의 약정을 통하여 다음 각 호의 어느 하나에 해당하는 조합원에게 우선적으로 배정할 수 있다.

　1. 장기근속 우수인력에 해당하는 조합원

　2. 회사의 설립, 경영 및 기술혁신 등에 기여하였거나 기여할 수 있는 조합원

　3. 그 밖에 회사의 생산성·매출액 증가 등에 기여한 조합원

③ 법 제39조에 따라 우리사주매수선택권을 부여하는 경우로서 다음 각 호의 어느 하나에 해당하는 경우에는 해당 조합원에게 우리사주매수선택권을 우선적으로 부여할 수 있다.

　1. 우수인력의 장기근속을 장려하기 위한 경우

　2. 회사의 설립, 경영 및 기술혁신 등에 기여하거나 기여할 수 있는 경우

　3. 그 밖에 회사의 생산성·매출액의 증가 등에 기여한 경우로서 우리사주제도 실시회사와 우리사주조합이 제13조 제1항에 따른 우리사주운영위원회에서 협의한 경우

④ 조합의 회계연도는 해당 우리사주제도 실시회사의 회계연도에 따른다.

시행령 제19조(조합의 우리사주 배정)

① 조합이 법 제37조에 따라 취득한 우리사주를 배정하려는 경우에는 다음 각 호의 기준에 따라야 한다.

　1. 다음 각 목에 해당하는 우리사주는 취득 즉시 조합원의 계정에 배정할 것

　　가. 회사·주주 등의 우리사주 출연과 법 제36조 제1항 제1호·제2호 및 제5호의 재원으로 취득한 우리사주

　　나. 법 제36조 제1항 제3호의 재원 중 법 제42조 제2항에 따른 약정을 체결하지 아니하고 차입(借入)한 차입금으로 취득한 우리사주

　　다. 조합원의 계정에 배정된 우리사주에 대한 무상증자를 통하여 취득한 우리사주

　2. 법 제36조 제1항 제3호의 재원 중 법 제42조 제2항에 따른 약정을 체결하고 차입한 차입금으로 취득한 우리사주 및 해당 우리사주에 대한 무상증자를 통하여 취득한 우리사주는 조합의 계정에 보유하되, 차입금이 상환된 경우에는 상환액에 상당하는 우리사주를 즉시 조합원의 계정에 배정할 것

　3. 법 제36조 제1항 제4호의 재원으로 취득한 우리사주는 조합의 계정에 보유하되, 최초로 상환시기에 이른 차입금을 상환한 경우에는 차입금 상환액에 해당하는 우리사주에 합산하여 조합원의 계정에 배정할 것

② 법 제36조 제1항 제1호 및 제5호의 재원으로 취득한 우리사주를 배정할 때 해당 기금이 조성될 당시의 조합원이 우리사주 취득일 전에 정년 등 고용노동부령으로 정하는 사유로 퇴직하는 경우에는 그 조합원에게도 우리사주를 배정하여야 한다.

제37조 **우리사주 취득에 따른 계정 관리**

우리사주조합은 우리사주제도 실시회사의 주식의 직접 매입 또는 신주의 배정 등을 통하여 우리사주제도 실시회사의 주식을 취득하는 경우 그 취득한 우리사주를 우리사주조합원의 계정(이하 "조합원계정"이라 한다)과 우리사주조합의 계정(이하 "조합계정"이라 한다)으로 구분하여 배정하고, 대통령령으로 정하는 재원별 계정 처리방법에 따라 관리하여야 한다.

제38조 **우리사주조합원에 대한 우선배정의 범위**

① 「자본시장과 금융투자업에 관한 법률」 제9조 제15항 제3호에 따른 주권상장법인으로서 대통령령으로 정하는 주권상장법인 또는 주권을 대통령령으로 정하는 증권시장에 상장하려는 법인이 같은 법에 따라 주권을 모집 또는 매출하는 경우에 우리사주조합원은 같은 법 제165조의7 제1항에 따라 모집 또는 매출하는 <u>주식 총수의 100분의 20</u>의 범위에서 우선적으로 배정받을 권리가 있다.

② 제1항의 법인 외의 법인이 「자본시장과 금융투자업에 관한 법률」에 따라 모집 또는 매출하거나 유상증자를 하는 경우 그 모집 등을 하는 <u>주식 총수의 100분의 20</u>의 범위에서 「상법」 제418조에도 불구하고 우리사주조합원에게 해당 주식을 우선적으로 배정할 수 있다.

> **시행령 제19조의2(우리사주조합원에 대한 우선배정의 범위)**
> ① 법 제38조 제1항에서 "대통령령으로 정하는 주권상장법인"이란 「자본시장과 금융투자업에 관한 법률 시행령」 제176조의9 제1항에 따른 유가증권시장(이하 이 조에서 "유가증권시장"이라 한다)에 주권을 상장한 법인을 말한다.
> ② 법 제38조 제1항에서 "대통령령으로 정하는 증권시장"이란 유가증권시장을 말한다.

제39조 **우리사주매수선택권의 부여의 범위 등**

① 우리사주제도 실시회사는 <u>발행주식총수의 100분의 20</u>의 범위에서 정관으로 정하는 바에 따라 <u>주주총회의 결의</u>로 우리사주조합원에게 그 결의된 기간(이하 "제공기간"이라 한다) 이내에 미리 정한 가격(이하 "행사가격"이라 한다)으로 신주를 인수하거나 해당 우리사주제도 실시회사가 보유하고 있는 자기주식을 매수할 수 있는 권리(이하 "우리사주매수선택권"이라 한다)를 부여할 수 있다. 다만, <u>발행주식총수의 100분의 10</u>의 범위에서 우리사주매수선택권을 부여하는 경우에는 정관으로 정하는 바에 따라 <u>이사회 결의</u>로 우리사주매수선택권을 부여할 수 있다.

② 우리사주매수선택권을 부여하려는 우리사주제도 실시회사는 정관에 다음 각 호의 사항을 정하여야 한다.
  1. 우리사주조합원에게 우리사주매수선택권을 부여할 수 있다는 내용
  2. 우리사주매수선택권의 행사에 따라 발행하거나 양도할 주식의 종류와 수
  3. 이미 부여한 우리사주매수선택권을 이사회의 결의를 통하여 취소할 수 있다는 내용 및 취소 사유
  4. 우리사주매수선택권 부여를 위한 이사회 및 주주총회의 결의 요건

③ 우리사주매수선택권을 부여하려는 우리사주제도 실시회사가 제1항에 따른 주주총회의 결의 또는 이사회의 결의를 하는 경우에는 다음 각 호의 사항을 포함하여야 한다.
  1. 우리사주매수선택권의 부여방법
  2. 우리사주매수선택권의 행사가격과 그 조정에 관한 사항
  3. 우리사주매수선택권의 제공기간 및 행사기간
  4. 우리사주매수선택권의 행사에 따라 발행하거나 양도할 주식의 종류와 수
④ 제공기간은 제3항에 따른 주주총회 또는 이사회가 정하는 우리사주매수선택권 부여일부터 6개월 이상 2년 이하의 기간으로 한다.
⑤ 우리사주매수선택권을 부여한 우리사주제도 실시회사는 제공기간 중 또는 제공기간 종료 후 별도로 행사기간을 정하여 우리사주매수선택권을 행사하게 할 수 있다. 이 경우 행사기간을 제공기간 종료 후로 정한 경우에는 제4항에도 불구하고 제공기간을 연장한 것으로 본다.
⑥ 우리사주매수선택권을 부여하려는 우리사주제도 실시회사는 3년의 범위에서 대통령령으로 정하는 근속기간 미만인 우리사주조합원에게는 우리사주매수선택권을 부여하지 아니할 수 있다.
⑦ 우리사주매수선택권은 타인에게 양도할 수 없다. 다만, 우리사주매수선택권을 부여받은 사람이 사망한 경우에는 상속인이 이를 부여받은 것으로 본다.
⑧ 우리사주매수선택권을 부여한 우리사주제도 실시회사는 「상법」 제341조에도 불구하고 우리사주조합원이 우리사주매수선택권을 행사하는 경우 그에 따라 교부할 목적으로 자기의 주식을 취득할 수 있다. 다만, 그 취득금액은 같은 법 제462조 제1항에 규정된 이익배당이 가능한 한도 이내여야 하며, 이를 초과하여 자기의 주식을 취득하는 경우에는 대통령령으로 정하는 기간 내에 자기의 주식을 처분하여야 한다.
⑨ 우리사주매수선택권의 행사로 인하여 신주를 발행하는 경우에는 「상법」 제350조 제2항, 제351조, 제516조의9 제1항·제3항·제4항 및 제516조의10 전단을 준용한다.
⑩ 우리사주매수선택권의 부여절차, 행사가격, 행사기간 등 우리사주매수선택권 제도의 운영에 필요한 사항은 대통령령으로 정한다.

시행령 제20조(우리사주매수선택권)
① 법 제39조 제1항 본문에 따라 우리사주매수선택권을 부여할 수 있는 주식의 총한도를 산정하는 경우에는 다음 각 호의 주식 수를 포함하여 계산한다.
  1. 법 제39조 제1항 단서에 따라 부여한 주식 수
  2. 법 제39조 제1항 본문 및 단서에 따른 결의일 전에 부여한 우리사주매수선택권 중 그 결의일 현재 행사하지 아니한 우리사주매수선택권을 행사할 경우에 발행하거나 양도할 주식 수
② 법 제39조 제6항에서 "대통령령으로 정하는 근속기간"이란 1년을 말한다.
③ 법 제39조 제8항 단서에서 "대통령령으로 정하는 기간"이란 주식을 취득한 날부터 3년을 말한다.
④ 우리사주매수선택권을 부여하려는 회사(이하 "우리사주매수선택권 부여회사"라 한다)는 다음 각 호의 사항을 포함하여 조합과 계약을 체결하여야 한다. 이 경우 조합은 해당 계약서를 조합원이 열람할 수 있도록 갖추어 두고, 계약의 주요 내용과 조합원별 우리사주매수선택권 부여 수량 등을 개별 조합원에게 통지하여야 한다.

1. 우리사주매수선택권의 부여대상 조합원에 관한 사항
2. 우리사주매수선택권의 행사가격과 그 조정에 관한 사항
3. 우리사주매수선택권의 제공기간 및 행사기간
4. 우리사주매수선택권의 행사방법 및 절차
5. 우리사주매수선택권의 양도 및 담보 제공 등이 제한된다는 뜻
6. 우리사주매수선택권 행사에 따른 우리사주매수선택권 부여회사의 이행기한
7. 우리사주매수선택권 행사로 발행하거나 양도할 주식의 종류와 수
8. 우리사주매수선택권 부여 취소에 관한 사항

⑤ 우리사주매수선택권의 행사가격은 고용노동부령으로 정하는 평가가격의 100분의 70 이상으로 정하여야 한다. 다만, 주식을 발행하여 지급하는 경우로서 행사가격이 해당 주식의 권면액보다 낮을 때에는 그 권면액을 행사가격으로 한다.

⑥ 우리사주매수선택권 부여회사는 제공기간을 3개월, 6개월 또는 1년 단위로 나누어 단위기간별로 행사기간을 정할 수 있으며, 행사기간은 제공기간의 마지막 날 또는 단위기간의 마지막 날부터 7일 이내의 기간으로 하여야 한다.

⑦ 조합원의 행사기간별 우리사주매수선택권 행사 수량은 해당 제공기간에 부여된 우리사주매수선택권 수량을 균등하게 나눈 수량으로 한다. 이 경우 해당 행사기간에 행사하지 아니한 수량은 이월(移越)할 수 없다.

⑧ 조합원이 그 자격을 상실하는 경우에는 우리사주매수선택권을 행사할 수 없다.

⑨ 우리사주매수선택권 부여회사는 조합원이 우리사주매수선택권 행사에 필요한 자금을 급여공제 등의 방법으로 조합기금에 적립할 수 있도록 지원할 수 있다.

제40조　우리사주매수선택권 부여의 취소

우리사주매수선택권을 부여한 우리사주제도 실시회사는 다음 각 호의 어느 하나에 해당하는 경우에는 우리사주매수선택권의 부여를 취소할 수 있다. 다만, 제2호 및 제3호의 경우에는 해당 우리사주제도 실시회사의 정관으로 정하는 바에 따라 이사회의 의결에 따라야 한다.

1. 해당 우리사주제도 실시회사가 파산·해산 등으로 우리사주매수선택권의 행사에 응할 수 없는 경우
2. 우리사주매수선택권을 부여받은 우리사주조합원이 고의 또는 과실로 해당 우리사주제도 실시회사에 중대한 손해를 끼친 경우
3. 우리사주매수선택권을 부여하는 계약서에서 정한 취소 사유가 발생한 경우

제41조　우리사주의 우선배정 및 우리사주매수선택권 부여의 제한

우리사주제도 실시회사는 제38조 및 제39조에 따라 우리사주를 우선배정하거나 우리사주매수선택권을 부여할 때에는 다음의 제1호가 제2호의 100분의 20을 넘지 아니하도록 하여야 한다.

1. 우리사주조합이 관리하고 있는 우리사주제도 실시회사의 주식, 신규로 발행하는 우선배정 주식 및 우리사주매수선택권을 행사할 때에 취득할 우리사주제도 실시회사의 주식을 합산한 주식 수
2. 우리사주제도 실시회사가 신규로 발행하는 주식 및 우리사주 매수선택권을 행사할 때에 취득할 우리사주제도 실시회사의 주식과 이미 발행한 주식을 합산한 주식 총수

제42조 **우리사주조합의 차입을 통한 우리사주의 취득**

① 우리사주조합은 우리사주제도 실시회사, 지배관계회사, 수급관계회사, 그 회사의 주주 및 대통령령으로 정하는 금융회사 등으로부터 우리사주 취득자금을 차입하여 우리사주 를 취득할 수 있다.

② 우리사주제도 실시회사, 지배관계회사, 수급관계회사 및 그 회사의 주주는 제1항의 차입 금의 상환을 위하여 우리사주조합에 금전과 물품을 출연할 것을 해당 우리사주조합과 약정할 수 있다.

③ 우리사주조합은 제1항에 따른 차입금으로 취득한 우리사주를 해당 차입금을 융자하거나 융자보증한 우리사주제도 실시회사 및 금융회사 등에 담보로 제공할 수 있다. 이 경우 차입금 상환액에 해당하는 우리사주에 대하여는 상환 즉시 담보권을 해지할 것을 조건으 로 하여야 한다.

④ 우리사주제도 실시회사가 우리사주조합이 제1항에 따른 차입금으로 취득한 우리사주를 제3항에 따라 담보로 받는 경우에는 그 담보로 받는 주식만큼 우리사주제도 실시회사에 대하여 「상법」 제341조의3을 적용하지 아니한다.

⑤ 우리사주조합의 차입 규모, 차입 기간, 상환방법 및 차입금으로 취득한 주식의 배정방법 등 우리사주조합의 차입에 관한 구체적인 사항은 대통령령으로 정한다.

> 우리사주조합은 지배관계회사로부터 우리사주 취득자금을 차입하여 우리사주를 취득할 수 없다.
>
> (✕) **기출** 17

시행령 제21조(조합차입)

① 법 제42조 제1항에서 "대통령령으로 정하는 금융회사 등"이란 다음 각 호와 같다.
1. 「은행법」에 따른 은행
2. 「보험업법」에 따른 보험회사
3. 「자본시장과 금융투자업에 관한 법률」에 따른 증권금융회사
4. 「상호저축은행법」에 따른 상호저축은행
5. 법 제52조 제2항에 따른 사내근로복지기금법인(이하 "기금법인"이라 한다) 및 법 제86조의3 에 따른 공동근로복지기금법인(이하 "공동기금법인"이라 한다)
6. 그 밖에 여수신(與受信) 업무를 할 수 있도록 관련 법률에 따라 설립된 금융회사

② 조합은 법 제42조 제2항에 따라 차입을 할 때에는 다음 각 호의 모든 요건을 준수하여야 한다.
1. 우리사주제도 실시회사와 조합 간에 차입 및 그 상환에 관한 사항을 서면으로 약정할 것. 이 경우 미리 우리사주제도 실시회사 이사회의 결의를 거쳐야 한다.
2. 차입금의 총액은 직전 회계연도 기준으로 조합원의 급여총액(소득세 과세대상 급여액을 말 한다. 이하 이 호에서 같다)을 초과해서는 아니 되며, 한 회계연도의 차입금은 회사의 직전 회계연도 기준으로 조합원 급여총액의 100분의 10에 제3호에 따른 해당 차입금의 차입기간 (연수로 계산하되, 1년에 미달하는 기간은 1년으로 계산한다)을 곱한 금액을 초과하지 아니 할 것
3. 차입기간은 3년 이상 7년 이하의 기간으로 하고, 기존 차입금의 상환을 위하여 신규로 차입 하는 경우에도 그 차입기간은 기존 차입금의 남은 차입기간을 초과하지 아니할 것
4. 차입금은 차입기간에 걸쳐 매년 직전 회계연도 말 차입금 잔액의 100분의 10 이상을 상환할 것

제42조의2 **우리사주 취득 강요금지 등**

① 우리사주제도 실시회사(지배관계회사 또는 수급관계회사를 포함한다)의 사용자는 제38조에 따라 우리사주조합원에게 주식을 우선배정하는 경우 다음 각 호의 어느 하나에 해당하는 행위를 하여서는 아니 된다.

   1. 우리사주조합원의 의사에 반하여 우리사주의 취득을 지시하는 행위

   2. <u>우리사주조합원의 의사에 반하여 우리사주조합원을 소속, 계급 등 일정한 기준으로 분류하여 우리사주를 할당하는 행위</u>

   3. 우리사주를 취득하지 아니한다는 이유로 우리사주조합원에 대하여 해고나 그 밖의 불리한 처우를 하는 행위

   4. 그 밖에 우리사주조합원의 의사에 반하여 우리사주를 취득·보유하게 함으로써 제32조에 따른 우리사주제도의 목적에 어긋나는 행위로서 대통령령으로 정하는 행위

② 사용자는 제1항의 위반 사실을 신고하거나 그에 관한 증언을 하거나 증거를 제출하였다는 이유로 우리사주조합원에 대하여 해고나 그 밖의 불리한 처우를 하여서는 아니 된다.

> 사용자는 우리사주조합원의 의사와 무관하게 우리사주조합원을 소속, 계급 등 일정한 기준으로 분류하여 우리사주를 할당할 수 있다. (×) **기출** 22

제43조 **우리사주의 예탁 등**

① 우리사주조합은 우리사주를 취득하는 경우 대통령령으로 정하는 수탁기관에 예탁하여야 한다.

② 우리사주조합은 제1항에 따라 예탁한 우리사주를 다음 각 호의 구분에 따른 기간의 범위에서 대통령령으로 정하는 기간 동안 계속 예탁하여야 한다.

   1. 우리사주제도 실시회사 또는 그 주주 등이 출연한 금전과 물품 등으로 취득한 우리사주 : 8년

   2. 우리사주조합원이 출연한 금전으로 취득한 우리사주 : 1년. 다만, 우리사주조합원의 출연에 협력하여 우리사주제도 실시회사가 대통령령으로 정하는 금액 이상으로 출연하는 경우 우리사주조합원이 출연한 금전으로 취득한 우리사주에 대하여는 5년으로 한다.

   3. 제36조 제1항 제3호부터 제5호까지의 금전으로 취득한 우리사주 : 금전의 출연주체 및 차입대상자를 기준으로 우리사주를 나누어 제1호 및 제2호의 구분에 준하는 기간으로 한다.

③ 우리사주조합 또는 우리사주조합원은 제1항에 따라 예탁된 우리사주를 다음 각 호의 어느 하나에 해당하는 경우 이외에는 양도하거나 담보로 제공할 수 없다.

   1. 제43조의3에 따른 우리사주 대여

   2. 대통령령으로 정한 우리사주조합원의 금융·경제생활에 필요한 경우

④ 제3항 제2호에 따라 우리사주를 담보로 제공받은 권리자는 제2항에 정한 예탁기간 중에는 권리를 행사할 수 없다.

⑤ 제43조의3에 따라 대여된 우리사주는 그 대여기간 동안 이 법에 따라 예탁된 것으로 본다.

⑥ 조합원 계정에 배정된 주식에 대한 대여이익은 해당 계정의 조합원에게 지급되어야 하며, 조합 계정에 배정된 주식에 대한 대여이익은 조합에 귀속한다.

⑦ 제1항에 따른 수탁기관은 우리사주조합에 대한 업무 지원 등 우리사주제도의 활성화에 필요한 업무로서 대통령령으로 정하는 업무를 수행할 수 있다.

제43조의2   예탁 우리사주의 손실보전거래

① 우리사주조합은 대통령령으로 정하는 금융회사와 제43조에 따라 예탁된 우리사주의 손실보전 목적에 한정하여 대통령령으로 정하는 거래(이하 "손실보전거래"라 한다)를 할 수 있다.

② 우리사주조합이 손실보전거래를 하는 경우에는 우리사주제도 실시회사에서 이에 소요되는 비용을 지원할 수 있다.

③ 우리사주조합과 금융회사 간의 손실보전거래는 다음 각 호의 요건을 모두 갖춘 경우에 할 수 있다.

1. 손실보전거래의 대상인 우리사주의 매도 또는 그 취득자금의 대출을 조건으로 하지 아니할 것
2. 최소 손실보전비율이 손실보전거래 대상 우리사주 취득가액의 100분의 50 이상에서 대통령령으로 정한 비율 이상일 것
3. 우리사주조합원의 의사에 반하여 손실보전거래를 하지 아니할 것
4. 기타 우리사주조합 및 우리사주조합원 보호를 위하여 대통령령으로 정하는 요건

④ 조합원의 계정에 배정된 주식에 대한 손실보전거래의 보전금액은 해당 계정의 조합원에게 지급하고, 조합의 계정에 배정된 주식에 대한 손실보전거래의 보전금액은 조합에 귀속한다.

제43조의3   예탁 우리사주 대여

우리사주조합 또는 우리사주조합원은 다음 각 호의 요건을 모두 갖춘 경우에 예탁된 우리사주를 제43조 제1항에 따른 수탁기관을 통하여 제3자에게 대여할 수 있다.

1. 대여하는 우리사주(이하 "대여우리사주"라 한다)에서 발생하는 다음 각 목의 권리를 보장할 것
   가. 의결권
   나. 신주인수권 및 무상증자 주식
   다. 배당금(주식배당 포함) 수령권
   라. 그 밖에 「상법」 등 다른 법률에서 주주의 권리로 인정되는 것으로서 이 법에서 제한하거나 금지하지 아니한 권리
2. 대통령령으로 정하는 대차거래 중개·주선업무를 영위하는 금융회사가 대여우리사주의 상환을 보장하고, 차입자로부터 담보를 받을 것
3. 그 밖에 대통령령으로 정하는 우리사주 대여방법, 대여한도 및 대여기간 등에 관한 사항을 준수할 것

제44조　　우리사주의 인출 등

① 우리사주조합원은 제43조 제2항에도 불구하고 우리사주조합이 해산하거나 우리사주조 합원이 사망한 경우 등 대통령령으로 정하는 사유가 발생한 경우에는 같은 항의 예탁기 간 중임에도 불구하고 우리사주조합을 통하여 우리사주를 인출할 수 있다.

② 우리사주조합원이 우리사주를 인출하는 경우 우리사주조합은 규약에 따라 우리사주조 합, 우리사주조합원 순서로 우선하여 매입하도록 할 수 있다.

제45조　　비상장법인의 우리사주의 처분

① 국가는 「자본시장과 금융투자업에 관한 법률」 제8조의2 제4항 제1호에 따른 증권시장에 주권이 상장되지 아니한 법인(이하 "비상장법인"이라 한다)인 우리사주제도 실시회사의 우리사주조합원이 우리사주를 불가피하게 처분하려는 경우 환금을 보장하기 위하여 주 식의 거래 등에 관하여 필요한 조치를 하도록 노력하여야 한다.

② 비상장법인인 우리사주제도 실시회사는 우리사주의 환금을 보장하기 위하여 필요한 경 우 「상법」 제341조에도 불구하고 우리사주조합원 또는 퇴직하는 우리사주조합원의 우 리사주를 자기의 계산으로 취득할 수 있다. 이 경우 취득한 주식은 다음 각 호의 방법으로 처분하여야 한다.

1. 우리사주조합에의 출연
2. 「상법」 제342조에 따른 처분
3. 「상법」 제343조에 따른 소각

③ 비상장법인인 우리사주제도 실시회사는 제2항에 따른 우리사주의 취득에 필요한 자금을 마련하기 위하여 매년 준비금을 적립할 수 있다.

④ 비상장법인인 우리사주제도 실시회사는 우리사주조합이 해당 우리사주제도 실시회사를 대신하여 조합원계정의 우리사주를 매입할 수 있도록 우리사주조합기금에 출연할 수 있다. 이 경우 해당 우리사주제도 실시회사는 우리사주조합과 다음 각 호의 사항이 포함 된 약정을 체결할 수 있다.

1. 매입 대상이 되는 조합원계정의 우리사주의 범위
2. 매입 가격의 결정 방법

제45조의2　　비상장법인의 우리사주 환매수

① 비상장법인으로서 대통령령으로 정하는 규모 이상의 우리사주제도 실시회사(이하 이 조에서 "의무적 환매수 대상 회사"라 한다)의 우리사주조합원은 우리사주가 다음 각 호의 요건을 모두 갖춘 경우에는 의무적 환매수 대상 회사에 해당 우리사주의 환매수를 요청할 수 있다. 다만, 우리사주조합원은 정년퇴직, 그 밖에 대통령령으로 정하는 사유 가 발생하는 경우에는 제2호에 따른 예탁기간과 관계없이 환매수를 요청할 수 있다.

1. 우리사주조합이 우리사주조합원의 출연금으로 대통령령으로 정하는 방법에 따라 취득한 우리사주일 것
2. 제43조 제2항 제2호에 따른 예탁기간 외에 추가로 7년의 범위에서 대통령령으로 정하는 기간 동안 예탁되었을 것

② 의무적 환매수 대상 회사는 우리사주조합원의 제1항에 따른 환매수 요청권이 적절하게 행사될 수 있도록 우리사주조합이 우리사주를 취득하기 전에 우리사주조합과 다음 각 호의 사항이 포함된 약정을 미리 체결하여야 한다.
 1. 환매수 준비금 적립 여부 및 적립 방법
 2. 환매수 가격의 결정 방법
 3. 환매수 절차
 4. 분할 환매수 방법
 5. 그 밖에 대통령령으로 정하는 사항
③ 우리사주조합원은 제1항에 따른 환매수 요청권을 같은 항 제2호에 따른 예탁기간이 지난 날 또는 같은 항 각 호 외의 부분 단서에 따른 사유가 발생한 날부터 6개월 이내에 행사하여야 한다.
④ 의무적 환매수 대상 회사는 제1항에 따른 환매수 요청을 받은 날부터 30일 이내에 「상법」 제341조에도 불구하고 해당 우리사주를 자기의 계산으로 취득하여야 한다. 다만, 의무적 환매수 대상 회사의 경영악화 등으로 환매수를 하기 곤란한 사정이 있거나 우리사주에 대한 환금성이 확보되는 등 대통령령으로 정하는 사유가 있는 경우에는 대통령령으로 정하는 바에 따라 환매수 요청에 따르지 아니하거나 환매수 요청을 받은 날부터 3년의 범위에서 분할하여 환매수할 수 있다.
⑤ 의무적 환매수 대상 회사는 제4항에 따라 취득한 우리사주를 제45조 제2항 각 호의 어느 하나의 방법으로 처분하여야 한다.
⑥ 우리사주조합은 제4항에도 불구하고 의무적 환매수 대상 회사를 대신하여 제45조 제4항 각 호 외의 부분 전단에 따른 우리사주조합기금에의 출연금으로 해당 우리사주를 매입할 수 있다.
⑦ 의무적 환매수 대상 회사가 제45조 제4항 각 호 외의 부분 전단에 따라 우리사주조합기금에 출연한 경우에는 해당 출연금의 한도에서 제4항에 따른 해당 우리사주의 취득의무를 이행한 것으로 본다.

제46조   우리사주 보유에 따른 주주총회의 의결권 행사

① 우리사주조합의 대표자는 우리사주조합원의 의사표시에 대하여 주주총회 의안에 대한 의결권을 행사하여야 한다. 의결권 행사의 구체적인 방법은 대통령령으로 정한다.
② 제1항에도 불구하고 우리사주조합의 대표자는 우리사주조합원이 의결권 행사의 위임을 요청한 경우에는 해당 우리사주조합원의 주식보유분에 대한 의결권의 행사를 그 우리사주조합원에게 위임하여야 한다.

제47조   우리사주조합의 해산

① 우리사주조합은 다음 각 호의 어느 하나에 해당하는 사유가 발생한 경우에 해산한다. 이 경우 우리사주조합의 청산인은 대통령령으로 정하는 바에 따라 해산 사유를 명시하여 고용노동부장관에게 보고하여야 한다.
 1. 해당 우리사주제도 실시회사의 파산
 2. 사업의 폐지를 위한 해당 우리사주제도 실시회사의 해산
 3. 사업의 합병·분할·분할합병 등을 위한 해당 우리사주제도 실시회사의 해산

4. 지배관계회사 또는 수급관계회사의 근로자가 해당 우리사주제도 실시회사의 우리사주조합에 가입하는 경우. 다만, 지배관계회사 또는 수급관계회사 자체에 설립된 우리사주조합이 우리사주를 예탁하고 있거나, 우리사주조합원이 우리사주매수선택권을 부여받은 경우에는 대통령령으로 정하는 기간 동안은 해산하지 아니한다.
5. 우리사주조합의 임원이 없고 최근 3 회계연도의 기간 동안 계속하여 우리사주 및 우리사주 취득 재원의 조성 등으로 자산을 보유하지 아니하였으며 우리사주조합의 해산에 대하여 고용노동부령으로 정하는 바에 따라 우리사주조합의 조합원에게 의견 조회를 한 결과 존속의 의사표명이 없는 경우
② 제1항에 따라 우리사주조합이 해산하는 경우 우리사주조합의 재산은 규약으로 정하는 바에 따라 우리사주조합원에게 귀속한다. 다만, 우리사주조합이 채무가 있는 경우에는 그 채무를 청산하고 남은 재산만 우리사주조합원에게 귀속한다.

> 사업의 합병을 위한 해당 우리사주제도 실시회사의 해산은 우리사주조합의 해산사유에 해당한다.
> (O) 기출 17

제48조 우리사주제도 활성화 지원

국가는 우리사주제도의 활성화를 위하여 우리사주조합원의 우리사주 보유, 우리사주제도 실시회사 등의 우리사주조합에 대한 지원, 비상장법인의 우리사주에 대한 환금성 보장 등에 필요한 지원을 할 수 있다.

제49조 근로자의 회사인수 지원

국가는 회사의 도산 등으로 인하여 해당 회사의 근로자가 우리사주조합을 통하여 해당 회사를 인수할 경우 그 주식취득에 필요한 자금 등을 지원할 수 있다.

제49조의2 우리사주조합을 통한 회사인수에 관한 특례

① 우리사주조합이 대통령령으로 정하는 방법으로 해당 우리사주제도 실시회사를 인수한 경우 우리사주조합원은 제34조 제2항 제2호에도 불구하고 그 인수로 인하여 취득한 우리사주의 금액과 관계없이 우리사주조합원의 자격을 유지할 수 있다.
② 우리사주조합이 제1항에 따른 회사인수를 위하여 우리사주 취득자금을 차입하는 경우에는 제42조 제5항에 따른 차입 규모 및 차입 기간의 제한에 관한 사항을 적용하지 아니한다. 다만, 다음 각 호의 금액의 합계액은 우리사주제도 실시회사의 자기자본(직전 사업연도말 재무상태표의 자산총액에서 부채총액을 뺀 금액을 말한다)의 100분의 25를 초과하여서는 아니 된다.
1. 우리사주제도 실시회사 또는 지배관계회사로부터의 차입금
2. 우리사주조합 차입금의 상환을 위하여 우리사주제도 실시회사 또는 지배관계회사가 우리사주조합에 출연하기로 약정한 금전·물품의 가액
3. 우리사주조합의 차입금에 대한 우리사주제도 실시회사 또는 지배관계회사의 보증 한도액

제2절 사내근로복지기금제도

제50조 사내근로복지기금제도의 목적

사내근로복지기금제도는 사업주로 하여금 사업 이익의 일부를 재원으로 사내근로복지기금을 설치하여 효율적으로 관리·운용하게 함으로써 근로자의 생활안정과 복지증진에 이바지하게 함을 목적으로 한다.

제51조 근로자의 권익보호와 근로조건의 유지

사용자는 이 법에 따른 사내근로복지기금의 설립 및 출연을 이유로 근로관계 당사자 간에 정하여진 근로조건을 낮출 수 없다.

> 사용자는 근로복지기본법에 따른 사내근로복지기금의 설립 및 출연을 이유로 근로관계 당사자 간에 정하여진 근로조건을 저하시킬 수 없다. (○) **기출** 16
>
> 사용자는 사내근로복지기금의 설립 및 출연을 이유로 근로관계 당사자 간에 정하여진 근로조건을 낮출 수 있다. (×) **기출** 22

제52조 법인격 및 설립

① 사내근로복지기금은 법인으로 한다.

② 사내근로복지기금법인(이하 "기금법인"이라 한다)을 설립하려는 경우에는 해당 사업 또는 사업장(이하 "사업"이라 한다)의 사업주가 기금법인설립준비위원회(이하 "준비위원회"라 한다)를 구성하여 설립에 관한 사무와 설립 당시의 이사 및 감사의 선임에 관한 사무를 담당하게 하여야 한다.

③ 준비위원회의 구성방법에 관하여는 제55조를 준용한다.

④ 준비위원회는 대통령령으로 정하는 바에 따라 기금법인의 정관을 작성하여 고용노동부장관의 설립인가를 받아야 한다.

⑤ 준비위원회가 제4항에 따른 설립인가를 받으려는 경우 기금법인 설립인가신청서에 대통령령으로 정하는 서류를 첨부하여 고용노동부장관에게 제출하여야 한다.

⑥ 고용노동부장관은 제5항에 따른 신청을 받은 때에는 다음 각 호의 어느 하나에 해당하는 경우를 제외하고는 설립인가를 하여야 한다.

  1. 제4항에 따른 정관의 기재사항을 빠뜨린 경우
  2. 제4항에 따른 정관의 내용이 제50조, 제51조 및 제62조에 위반되는 경우
  3. 제5항에 따라 제출하여야 하는 서류를 제출하지 아니하거나 거짓으로 제출한 경우

⑦ 준비위원회는 제4항에 따라 설립인가를 받았을 때에는 설립인가증을 받은 날부터 3주 이내에 기금법인의 주된 사무소의 소재지에서 기금법인의 설립등기를 하여야 하며, 기금법인은 설립등기를 함으로써 성립한다.

⑧ 기금법인의 설립등기와 그 밖의 다른 등기에 관하여 구체적으로 필요한 사항은 대통령령으로 정한다.

⑨ 준비위원회는 제7항에 따라 법인이 성립됨과 동시에 제55조에 따라 최초로 구성된 사내
  근로복지기금협의회(이하 "복지기금협의회"라 한다)로 본다.
⑩ 준비위원회는 기금법인의 설립등기를 한 후 지체 없이 기금법인의 이사에게 사무를 인계
  하여야 한다.

> 사내근로복지기금은 법인으로 한다.   (O) 기출 22

시행령 제30조(기금법인의 설립인가 신청 등)
① 법 제52조 제5항에서 "대통령령으로 정하는 서류"란 다음 각 호의 서류를 말한다.
  1. 정관
  2. 기금법인설립준비위원회(이하 "준비위원회"라 한다) 위원의 재직증명서나 그 밖에 신분을
     증명하는 서류
  3. 사내근로복지기금 출연확인서 또는 재산목록
  4. 사업계획서 및 예산서
  5. 삭제 〈2023.9.27.〉
② 고용노동부장관은 법 제52조 제6항에 따라 기금법인의 설립을 인가한 경우에 다음 각 호의
  사항을 기금법인 설립인가대장에 적고, 신청인에게 기금법인 설립인가증을 내주어야 한다.
  1. 인가번호 및 인가 연월일
  2. 기금법인의 명칭 및 사무소의 소재지
  3. 사내근로복지기금협의회(이하 "복지기금협의회"라 한다) 위원의 성명 및 직책
  4. 그 밖에 고용노동부장관이 필요하다고 인정한 사항
③ 기금법인 설립인가신청서는 접수일부터 20일 이내에 처리하여야 한다.
④ 제2항에 따른 기금법인 설립인가대장은 전자적 처리를 할 수 없는 특별한 사유가 있는 경우가
  아니면 전자적 방법으로 작성·관리하여야 한다.

제53조   정관변경

기금법인의 정관을 변경하려는 때에는 대통령령으로 정하는 바에 따라 고용노동부장관의
인가를 받아야 한다.

제54조   기금법인의 기관

기금법인에는 복지기금협의회, 이사 및 감사를 둔다.

제55조   복지기금협의회의 구성

① 복지기금협의회는 근로자와 사용자를 대표하는 같은 수의 위원으로 구성하며, 각 2명
  이상 10명 이하로 한다.
② 근로자를 대표하는 위원은 대통령령으로 정하는 바에 따라 근로자가 선출하는 사람이
  된다.
③ 사용자를 대표하는 위원은 해당 사업의 대표자와 그 대표자가 위촉하는 사람이 된다.
④ 제2항과 제3항에도 불구하고 「근로자참여 및 협력증진에 관한 법률」에 따른 노사협의회
  가 구성되어 있는 사업의 경우에는 그 노사협의회의 위원이 복지기금협의회의 위원이
  될 수 있다.

제56조　**복지기금협의회의 기능**

① 복지기금협의회는 다음 사항을 협의·결정한다.
　　1. 사내근로복지기금 조성을 위한 출연금액의 결정
　　2. 이사 및 감사의 선임과 해임
　　3. 사업계획서 및 감사보고서의 승인
　　4. 정관의 변경
　　5. 사업 내의 다른 근로복지제도와의 통합운영 여부 결정
　　6. 기금법인의 합병 및 분할·분할합병
② 복지기금협의회의 운영에 관한 사항은 대통령령으로 정한다.

제57조　**회의록의 작성 및 보관**

기금법인은 다음 각 호의 사항을 기록한 복지기금협의회의 회의록을 작성하여 출석위원
전원의 서명 또는 날인을 받아야 하며, 작성일부터 10년간 이를 보관하여야 한다. 이 경우
그 회의록을 전자문서로 작성·보관할 수 있다.
　　1. 개최 일시 및 장소
　　2. 출석위원
　　3. 협의내용 및 결정사항
　　4. 그 밖의 토의사항

제58조　**이사 및 감사**

① 기금법인에 근로자와 사용자를 대표하는 같은 수의 각 3명 이내의 이사와 각 1명의
　 감사를 둔다.
② 이사는 정관으로 정하는 바에 따라 기금법인을 대표하며, 다음 각 호의 사항에 대한
　 사무를 집행한다.
　　1. 기금법인의 관리·운영에 대한 사항
　　2. 예산의 편성 및 결산에 대한 사항
　　3. 사업보고서의 작성에 대한 사항
　　4. 정관으로 정하는 사항
　　5. 그 밖에 이사가 집행하도록 복지기금협의회가 협의·결정하는 사항
③ 기금법인의 사무집행은 이사의 과반수로써 결정한다.
④ 감사는 기금법인의 사무 및 회계에 관한 감사를 한다.

제60조　**이사 등의 신분**

① 복지기금협의회의 위원, 이사 및 감사는 비상근·무보수로 한다.
② 사용자는 복지기금협의회의 위원, 이사 및 감사에 대하여 기금법인에 관한 직무수행을
　 이유로 불이익한 처우를 하여서는 아니 된다.
③ 복지기금협의회의 위원, 이사 및 감사의 기금법인 업무수행에 필요한 시간에 대하여는
　 근로한 것으로 본다.

제61조 **사내근로복지기금의 조성**

① 사업주는 직전 사업연도의 법인세 또는 소득세 차감 전 순이익의 100분의 5를 기준으로 복지기금협의회가 협의·결정하는 금액을 대통령령으로 정하는 바에 따라 사내근로복지기금의 재원으로 출연할 수 있다.

② 사업주 또는 사업주 외의 자는 제1항에 따른 출연 외에 유가증권, 현금, 그 밖에 대통령령으로 정하는 재산을 출연할 수 있다.

제62조 **기금법인의 사업**

① 기금법인은 그 수익금으로 대통령령으로 정하는 바에 따라 다음 각 호의 사업을 시행할 수 있다.

　1. 주택구입자금등의 보조, 우리사주 구입의 지원 등 근로자 재산형성을 위한 지원
　2. 장학금·재난구호금의 지급, 그 밖에 근로자의 생활원조
　3. 모성보호 및 일과 가정생활의 양립을 위하여 필요한 비용 지원
　4. 기금법인 운영을 위한 경비지급
　5. 근로복지시설로서 고용노동부령으로 정하는 시설에 대한 출자·출연 또는 같은 시설의 구입·설치 및 운영
　6. 해당 사업으로부터 직접 도급받는 업체의 소속 근로자 및 해당 사업에의 파견근로자의 복리후생 증진
　6의2. 제86조의2 제1항에 따른 공동근로복지기금 지원
　7. 사용자가 임금 및 그 밖의 법령에 따라 근로자에게 지급할 의무가 있는 것 외에 대통령령으로 정하는 사업

② 기금법인은 제61조 제1항 및 제2항에 따라 출연받은 재산 및 복지기금협의회에서 출연재산으로 편입할 것을 의결한 재산(이하 "기본재산"이라 한다) 중에서 대통령령으로 정하는 바에 따라 산정되는 금액을 제1항 각 호의 사업(이하 "사내근로복지기금사업"이라 한다)에 사용할 수 있다. 이 경우 기금법인의 사업이 다음 각 호의 어느 하나에 해당하는 때에는 대통령령으로 정하는 범위에서 정관으로 정하는 바에 따라 그 산정되는 금액을 높일 수 있다.

　1. 제82조 제3항에 따라 선택적 복지제도를 활용하여 운영하는 경우
　2. 사내근로복지기금사업에 사용하는 금액 중 고용노동부령으로 정하는 바에 따라 산정되는 금액 이상을 해당 사업으로부터 직접 도급받는 업체의 소속 근로자 및 해당 사업에의 파견근로자의 복리후생 증진에 사용하는 경우
　3. 「중소기업기본법」 제2조 제1항 및 제3항에 따른 기업에 설립된 기금법인이 사내근로복지기금사업을 시행하는 경우

③ 기금법인은 근로자의 생활안정 및 재산형성 지원을 위하여 필요하다고 인정되어 대통령령으로 정하는 경우에는 근로자에게 필요한 자금을 기본재산 중에서 대부할 수 있다.

> 사업주의 체불임금 지급에 필요한 비용 지원은 사내근로복지기금법인이 그 수익금으로 시행할 수 있는 사업에 해당한다. (×) 기출 19

시행령 제46조(기금법인의 사업 및 수혜대상)

① 법 제62조 제1항 및 제3항에 따른 기금법인의 사업은 근로자 전체에게 혜택을 줄 수 있도록 하되, 저소득 근로자가 우대될 수 있도록 하여야 한다.

② 법 제62조 제1항 제7호에서 "대통령령으로 정하는 사업"이란 다음 각 호의 사업을 말한다.

1. 근로자의 체육·문화활동의 지원

2. 근로자의 날 행사의 지원

3. 그 밖에 근로자의 재산 형성 지원 및 생활 원조를 위한 사업으로서 정관에서 정하는 사업

③ 기금법인은 법 제62조 제1항에 따른 사업을 시행하는 경우에 정관으로 정하는 바에 따라 각 근로자가 여러 가지 복지항목 중에서 자신의 선호와 필요에 따라 자율적으로 선택하여 복지혜택을 받는 제도(이하 "선택적 복지제도"라 한다)로 운영할 수 있다.

④ 기금법인은 법 제62조 제2항에 따라 다음 각 호의 구분에 따른 금액이나 제6항 또는 제7항에 따른 금액을 사내근로복지기금사업에 사용할 수 있다. 다만, 제2호의 금액은 자본금이 있는 사업의 경우만 해당한다.

1. 사업주 등이 사내근로복지기금의 해당 회계연도에 사내근로복지기금에 출연한 금액(이하 이 호에서 "출연금"이라 한다)이 있으면 그 출연금에 100분의 50을 초과하지 않는 범위에서 복지기금협의회가 정하는 비율을 곱한 금액. 다만, 다음 각 목의 어느 하나에 해당하는 경우에는 해당 목에서 정하는 비율을 초과하지 않는 범위에서 복지기금협의회가 정하는 비율을 곱한 금액으로 한다.

   가. 법 제62조 제2항 제1호 또는 제3호의 경우 : 100분의 80

   나. 법 제62조 제2항 제2호의 경우 : 100분의 80. 다만, 법 제62조 제2항 제2호에 따라 출연금에서 해당 사업으로부터 직접 도급받는 업체의 소속 근로자 및 해당 사업에의 파견근로자의 복리후생 증진에 사용된 금액이 고용노동부령으로 정하는 금액을 초과하는 경우에는 100분의 90으로 한다.

2. 기본재산의 총액이 해당 사업의 자본금의 100분의 50을 초과하는 경우에는 그 초과액의 범위에서 복지기금협의회가 정하는 금액

3. 직전 회계연도 기준 기본재산 총액을 해당 기금법인이 설립된 사업 소속 근로자 수로 나눈 금액이 200만원 이상인 경우로서 법 제62조 제2항 제2호에 해당하는 경우에는 직전 회계연도 기준 기본재산 총액의 100분의 30 이하의 범위에서 같은 호에 따라 해당 사업으로부터 직접 도급받는 업체의 소속 근로자 및 해당 사업에의 파견근로자의 복리후생 증진에 사용된 금액별로 고용노동부령으로 정하는 범위에서 복지기금협의회가 5년마다 정하는 금액

⑤ 삭제 〈2023.9.27.〉

⑥ 기금법인은 제4항 제3호에도 불구하고 같은 호에 따라 복지기금협의회가 사내근로복지기금사업에 사용할 금액(이하 이 항에서 "종전금액"이라 한다)을 정한 후 5년이 지나지 않은 경우로서 같은 호에 따라 사내근로복지기금사업에 사용할 금액을 상향하여 정한 때에는 그 금액에서 종전금액을 뺀 나머지 금액을 같은 호에 따라 종전금액을 정한 날부터 5년이 되는 날까지 사내근로복지기금사업에 사용할 수 있다.

⑦ 기금법인은 기본재산의 총액의 범위에서 복지기금협의회가 정하는 금액을 법 제62조 제1항 제6호의2에 따른 공동근로복지기금 지원 사업에 사용할 수 있다. 이 경우 그 지원 금액의 100분의 50 범위에서 복지기금협의회가 정하는 금액을 사내근로복지기금사업(공동근로복지기금 지원 사업은 제외한다)에 추가로 사용할 수 있다.

⑧ 법 제62조 제3항에서 "대통령령으로 정하는 경우"란 다음 각 호의 경우를 말한다.

1. 근로자가 주택을 신축·구입하거나 임차하는 경우

2. 우리사주 주식을 구입하는 경우

3. 근로자 생활 안정을 위한 경우

4. 그 밖에 제1호부터 제3호까지의 규정에 준하는 경우로서 정관으로 정하는 경우

시행규칙 제26조의2(수혜범위 확대의 기준)

① 법 제62조 제2항 제2호에서 "고용노동부령으로 정하는 바에 따라 산정되는 금액"이란 다음 각 호의 구분에 따른 금액을 말한다.

1. 영 제46조 제4항 제1호 나목의 경우 : 사업주 등이 법 제61조 제1항 및 제2항에 따라 사내근로복지기금의 해당 회계연도에 출연한 금액(이하 이 조에서 "해당회계연도출연금"이라 한다)의 100분의 10을 초과하고 100분의 20 이하인 금액[법 제62조 제1항 제5호에 따른 근로복지시설의 구입·설치 금액과 다음 각 목의 어느 하나에 해당하는 사람(이하 이 조에서 "협력업체근로자"라 한다)에게 대부하는 금액은 제외한다. 이하 이 조에서 "복지시설비및대부금"이라 한다]으로서 사내근로복지기금협의회(이하 이 조에서 "복지기금협의회"라 한다)가 정하는 금액을 말한다.
   가. 해당 사업으로부터 직접 도급받는 업체의 소속 근로자
   나. 해당 사업에의 파견근로자(「파견근로자 보호 등에 관한 법률」 제2조 제5호에 따른 파견근로자를 말한다)

2. 영 제46조 제4항 제3호의 경우 : 협력업체근로자의 복리후생 증진에 사용된 금액(이하 이 조에서 "수혜금액"이라 한다)이 협력업체근로자 1명당 수혜금액이 해당 기금법인이 설립된 사업 소속 근로자(이하 이 조에서 "소속근로자"라 한다) 1명당 수혜금액의 100분의 25 이상이 되는 금액으로서 복지기금협의회가 제3항에 따른 기준을 고려하여 정하는 금액

3. 삭제 〈2023.10.6.〉

② 영 제46조 제4항 제1호 나목 단서에서 "고용노동부령으로 정하는 금액"이란 해당회계연도출연금의 100분의 20을 초과하는 금액(복지시설비 및 대부금은 제외한다)으로서 복지기금협의회가 정하는 금액을 말한다.

③ 영 제46조 제4항 제3호에서 "해당 사업으로부터 직접 도급받는 업체의 소속 근로자 및 해당 사업에의 파견근로자의 복리 후생 증진에 사용된 금액별로 고용노동부령으로 정하는 범위"란 다음 각 호의 구분에 따른 범위를 말한다.

1. 협력업체근로자 1명당 수혜금액이 소속근로자 1명당 수혜금액의 100분의 25 이상 100분의 35 미만이 되는 금액으로서 복지기금협의회가 정하는 금액인 경우 : 기본재산(직전 회계연도를 기준으로 한다. 이하 이 항에서 같다) 총액의 100분의 20 이하를 범위로 한다.

2. 협력업체근로자 1명당 수혜금액이 소속근로자 1명당 수혜금액의 100분의 35 이상 100분의 50 미만이 되는 금액으로서 복지기금협의회가 정하는 금액인 경우 : 기본재산 총액의 100분의 25 이하를 범위로 한다.

3. 협력업체근로자 1명당 수혜금액이 소속근로자 1명당 수혜금액의 100분의 50 이상이 되는 금액으로서 복지기금협의회가 정하는 금액인 경우 : 기본재산 총액의 100분의 30을 범위로 한다.

제63조   사내근로복지기금의 운용

사내근로복지기금은 다음 각 호의 방법으로 운용한다.
1. 금융회사 등에의 예입 및 금전신탁
2. 투자신탁 등의 수익증권 매입
3. 국가, 지방자치단체 또는 금융회사 등이 직접 발행하거나 채무이행을 보증하는 유가 증권의 매입
4. 사내근로복지기금이 그 회사 주식을 출연받아 보유하게 된 경우에 대통령령으로 정하는 한도 내에서 그 보유주식 수에 따라 그 회사 주식의 유상증자에 참여
5. 그 밖에 사내근로복지기금의 운용을 위하여 대통령령으로 정하는 사업

제64조   사내근로복지기금의 회계

① 사내근로복지기금의 회계연도는 사업주의 회계연도에 따른다. 다만, 정관으로 달리 정한 경우에는 그러하지 아니하다.
② 기금법인은 자금차입을 할 수 없다.
③ 매 회계연도의 결산 결과 사내근로복지기금의 손실금이 발생한 경우에는 다음 회계연도로 이월하며, 잉여금이 발생한 경우에는 이월손실금을 보전한 후 사내근로복지기금에 전입한다.
④ 사내근로복지기금의 회계 관리에 필요한 사항은 대통령령으로 정한다.

> 사내근로복지기금법인은 자금차입을 할 수 있다.   (×) **기출** 17

제65조   기금법인의 관리 · 운영 서류의 작성 및 보관

기금법인은 다음 각 호의 서류를 대통령령으로 정하는 바에 따라 작성하여야 하며, 작성일부터 5년간 이를 보관하여야 한다. 이 경우 그 서류를 전자문서로 작성·보관할 수 있다.
1. 사업보고서
2. 재무상태표
3. 손익계산서
4. 감사보고서

제66조   기금법인의 관리 · 운영사항 공개

기금법인은 제65조 각 호의 서류 및 복지기금협의회의 회의록을 대통령령으로 정하는 바에 따라 공개하여야 하며, 항상 근로자가 열람할 수 있게 하여야 한다. 이 경우 전자문서로 작성·보관하는 서류에 대해서는 정보통신망을 이용하는 등 전자적 방법으로 공개하고 열람하게 할 수 있다.

제67조   기금법인의 부동산 소유

기금법인은 업무수행을 위하여 필요한 경우를 제외하고는 부동산을 소유할 수 없다.

제68조　다른 복지와의 관계

① 사용자는 기금법인의 설치를 이유로 기금법인 설치 당시에 운영하고 있는 근로복지제도
또는 근로복지시설의 운영을 중단하거나, 이를 감축하여서는 아니 된다.

② 사용자는 기금법인 설치 당시에 기금법인의 사업을 시행하고 있을 때에는 다른 법률에
따라 설치·운영할 의무가 있는 것을 제외하고는 복지기금협의회의 협의·결정에 의하
여 기금법인에 통합하여 운영할 수 있다.

> 사용자는 사내근로복지기금법인의 설치를 이유로 그 설치 당시에 운영하고 있는 근로복지시설의 운영
> 을 중단할 수 있다.　　　　　　　　　　　　　　　　　　　　　　　　　(×) 기출 17

제69조　시정명령

고용노동부장관은 사용자 또는 기금법인이 제60조 제2항, 제64조 및 제66조를 위반한 경우
에는 상당한 기간을 정하여 시정을 명할 수 있다.

제70조　기금법인의 해산 사유

기금법인은 다음 각 호의 사유로 해산한다. 다만, 제4호의 경우 기금법인이 그 존속을 원하
는 경우에는 그러하지 아니하다.

　　1. 해당 사업주의 사업 폐지
　　2. 제72조에 따른 기금법인의 합병
　　3. 제75조에 따른 기금법인의 분할·분할합병
　　4. 해당 사업주의 제86조의2 제1항 또는 제86조의7 제1항에 따른 공동근로복지기금의
　　　조성 참여 또는 중간 참여

제71조　해산한 기금법인의 재산처리

① 사업의 폐지로 인하여 해산한 기금법인의 재산은 대통령령으로 정하는 바에 따라 사업주
가 해당 사업을 경영할 때에 근로자에게 미지급한 임금, 퇴직금, 그 밖에 근로자에게
지급할 의무가 있는 금품을 지급하는 데에 우선 사용하여야 하며, 잔여재산이 있는 경우
에는 그 100분의 50을 초과하지 아니하는 범위에서 정관에서 정하는 바에 따라 소속
근로자의 생활안정자금으로 지원할 수 있다.

② 제1항에 따른 사용 후 잔여재산이 있는 경우에는 그 잔여재산은 정관에서 지정한 자에게
귀속한다. 다만, 정관에서 지정한 자가 없는 경우에는 대통령령으로 정하는 바에 따라
제87조에 따른 근로복지진흥기금에 귀속한다.

③ 제70조 제4호의 사유로 해산한 기금법인의 재산은 해당 사업주가 참여한 제86조의3에
따른 공동근로복지기금법인에 귀속한다.

제72조 기금법인의 합병

① 기금법인은 사업의 합병·양수 등에 따라 합병할 수 있다.
② 기금법인이 합병을 하는 경우에는 다음 각 호의 사항이 포함된 합병계약서를 작성하여 복지기금협의회의 의결을 거쳐야 한다.
  1. 합병 전 각 기금법인의 재산과 합병 후 기금법인의 재산의 변동
  2. 합병 대상인 각 기금법인의 근로자에 대한 합병 후 지원수준
  3. 합병의 추진 일정
  4. 그 밖에 합병에 관한 중요 사항
③ 제2항 제2호에 따른 지원수준은 합병 전 각 기금법인의 근로자별 평균 기금잔액, 합병 후 사업주의 출연예정액 등을 고려하여 합병 후 3년을 초과하지 아니하는 범위에서 합병 전 각 기금법인의 근로자별로 달리 정할 수 있다.

제73조 합병에 의한 기금법인의 설립 및 등기

① 기금법인의 합병으로 인하여 기금법인을 설립하는 경우에는 사업의 합병으로 인하여 설립되는 사업의 사업주가 준비위원회를 구성하여 제52조에 따른 기금법인의 설립절차를 거쳐야 한다.
② 기금법인의 합병으로 인하여 존속하는 기금법인은 변경등기를, 소멸하는 기금법인은 해산등기를 하여야 한다.

제74조 합병의 효력발생·효과

① 기금법인의 합병은 합병으로 인하여 설립되는 기금법인의 설립등기 또는 존속하는 기금법인의 변경등기를 함으로써 그 효력이 생긴다.
② 합병으로 인하여 설립되거나 존속하는 기금법인은 합병으로 인하여 소멸되는 기금법인의 권리·의무를 승계한다.

제75조 기금법인의 분할·분할합병

① 기금법인은 사업의 분할·분할합병 등에 따라 분할 또는 분할합병(이하 "분할등"이라 한다)을 할 수 있다.
② 기금법인이 분할을 하는 경우에는 다음 각 호의 사항이 포함된 분할계획서를 작성하여 복지기금협의회의 의결을 거쳐야 한다.
  1. 기금법인 재산의 배분
  2. 분할의 추진 일정
  3. 그 밖에 분할에 관한 중요 사항
③ 기금법인이 분할합병을 하는 경우에는 다음 각 호의 사항이 포함된 분할합병계약서를 작성하여 복지기금협의회의 의결을 거쳐야 한다.
  1. 기금법인 재산의 배분 및 합병에 따른 기금법인 재산의 변동
  2. 분할합병 대상인 각 기금법인의 근로자에 대한 합병 후 지원수준
  3. 분할합병의 추진 일정
  4. 그 밖에 분할합병에 관한 중요 사항

④ 제2항 제1호 및 제3항 제1호에 따른 재산배분을 할 때에는 원칙적으로 근로자 수를 기준으로 배분하되, 분할 전 사업별 사내근로복지기금 조성의 기여도 등을 고려하여 배분할 수 있다.

⑤ 제3항 제2호의 지원수준의 결정에 관하여는 제72조 제3항을 준용한다. 이 경우 "합병"은 "분할합병"으로 본다.

제76조 분할등에 의한 기금법인의 설립 및 등기

① 기금법인의 분할등으로 인하여 기금법인을 설립하는 경우에는 사업의 분할·분할합병 등으로 인하여 설립되는 사업의 사업주가 준비위원회를 구성하여 제52조에 따른 기금법인의 설립절차를 거쳐야 한다.

② 기금법인의 분할등으로 인하여 존속하는 기금법인은 변경등기를, 소멸하는 기금법인은 해산등기를 하여야 한다.

제77조 분할등의 효력발생·효과

① 기금법인의 분할등은 분할등으로 인하여 설립되는 기금법인의 설립등기 또는 존속하는 기금법인의 변경등기를 함으로써 그 효력이 생긴다.

② 분할등으로 인하여 설립되거나 존속하는 기금법인은 분할계획서 또는 분할합병계약서에서 정하는 바에 따라 분할되는 기금법인의 권리·의무를 승계한다.

제78조 비밀유지 등

복지기금협의회의 위원, 이사 및 감사는 그 직무수행과 관련하여 알게 된 비밀을 누설하여서는 아니 되며, 사내근로복지기금사업과 관련하여 겸직 또는 자기거래를 할 수 없다.

제80조 「민법」의 준용

기금법인에 관하여 이 법에 규정한 것을 제외하고는 「민법」 중 재단법인에 관한 규정을 준용한다.

제3절 선택적 복지제도 및 근로자지원프로그램 등

제81조 선택적 복지제도 실시

① 사업주는 근로자가 여러 가지 복지항목 중에서 자신의 선호와 필요에 따라 자율적으로 선택하여 복지혜택을 받는 제도(이하 "선택적 복지제도"라 한다)를 설정하여 실시할 수 있다.

② 사업주는 선택적 복지제도를 실시할 때에는 해당 사업 내의 모든 근로자가 공평하게 복지혜택을 받을 수 있도록 하여야 한다. 다만, 근로자의 직급, 근속연수, 부양가족 등을 고려하여 합리적인 기준에 따라 수혜 수준을 달리할 수 있다.

사업주는 선택적 복지제도를 실시할 때에는 근로자의 직급, 근속연수, 부양가족 등을 고려하여 합리적인 기준에 따라 수혜 수준을 달리할 수 있다. (○) 기출 24

사업주는 근로자가 여러 가지 복지항목 중에서 자신의 선호와 필요에 따라 자율적으로 선택하여 복지혜택을 받는 제도를 설정하여 실시하여야 한다. (×) 기출 13

사업주는 근로자의 직급, 근속연수, 부양가족 등을 고려하여 합리적인 기준에 따라 수혜수준을 달리할수 있다. (○) 기출 13

제82조 선택적 복지제도의 설계 · 운영 등

① 사업주는 선택적 복지제도를 설계하는 경우 근로자의 사망 · 장해 · 질병 등에 관한 기본적 생활보장항목과 건전한 여가 · 문화 · 체육활동 등을 지원할 수 있는 개인별 추가선택항목을 균형 있게 반영할 수 있도록 노력하여야 한다.

② 사업주는 근로자가 선택적 복지제도의 복지항목을 선택하고 사용하는 데 불편이 없도록 전산관리서비스를 직접 제공하거나 제3자에게 위탁하여 제공될 수 있도록 노력하여야 한다.

③ 선택적 복지제도는 사내근로복지기금사업을 하는 데 활용할 수 있다.

④ 제1항과 제2항에 따른 선택적 복지제도의 설계 및 운영에 필요한 구체적인 사항은 고용노동부령으로 정한다.

사업주는 기본적 생활보장항목과 개인별 추가선택항목을 균형 있게 반영할 수 있도록 노력하여야한다. (○) 기출 13

사업주는 근로자가 선택적 복지제도의 복지항목을 선택하고 사용하는 데 불편이 없도록 전산관리서비스를 직접 제공하거나 제3자에게 위탁하여 제공될 수 있도록 노력하여야 한다. (○) 기출 13

선택적 복지제도는 사내근로복지기금사업을 하는 데 활용할 수 있다. (○) 기출 13

제83조 근로자지원프로그램

① 사업주는 근로자의 업무수행 또는 일상생활에서 발생하는 스트레스, 개인의 고충 등 업무저해요인의 해결을 지원하여 근로자를 보호하고, 생산성 향상을 위한 전문가 상담 등 일련의 서비스를 제공하는 근로자지원프로그램을 시행하도록 노력하여야 한다.

② 사업주와 근로자지원프로그램 참여자는 제1항에 따른 조치를 시행하는 과정에서 대통령령으로 정하는 경우를 제외하고는 근로자의 비밀이 침해받지 않도록 익명성을 보장하여야 한다.

제84조 성과 배분

사업주는 해당 사업의 근로자와 협의하여 정한 해당 연도 이익 등의 경영목표가 초과 달성된 경우 그 초과된 성과를 근로자에게 지급하거나 근로자의 복지증진을 위하여 사용하도록 노력하여야 한다.

제85조 발명·제안 등에 대한 보상

사업주는 해당 사업의 근로자가 직무와 관련하여 발명 또는 제안하거나 새로운 지식·정보·기술을 개발하여 해당 사업의 생산성·매출액 등의 증가에 이바지한 경우 이에 따라 적절한 보상을 하도록 노력하여야 한다. 이 경우 구체적인 보상기준은 「근로자참여 및 협력증진에 관한 법률」에 따른 노사협의회 등을 통하여 정한다.

제86조 국가 또는 지방자치단체의 지원

국가 또는 지방자치단체는 선택적 복지제도, 근로자지원프로그램, 성과 배분, 발명·제안 등에 대한 보상을 활성화하기 위하여 필요한 지원을 할 수 있다.

제4절 공동근로복지기금 제도

제86조의2 공동근로복지기금의 조성

① 둘 이상의 사업주는 제62조 제1항에 따른 사업을 시행하기 위하여 공동으로 이익금의 일부를 출연하여 공동근로복지기금(이하 "공동기금"이라 한다)을 조성할 수 있다.

② 공동기금 사업주 또는 사업주 이외의 자는 제1항에 따른 출연 외에 유가증권, 현금, 그 밖에 대통령령으로 정하는 재산을 출연할 수 있다.

제86조의3 공동근로복지기금법인 설립준비위원회 구성

공동근로복지기금법인(이하 "공동기금법인"이라 한다)을 설립하려는 사업주는 공동으로 각 사업주 또는 사업주가 위촉하는 사람으로 설립준비위원회를 구성하여 설립에 관한 사무와 설립 당시의 이사 및 감사의 선임에 관한 사무를 담당하게 할 수 있다.

제86조의4 공동근로복지기금협의회의 구성

① 공동기금법인은 기금의 운용에 관한 주요사항을 협의·결정하기 위하여 공동근로복지기금협의회(이하 "공동기금협의회"라 한다)를 둔다.

② 공동기금협의회는 각 기업별 근로자와 사용자를 대표하는 각 1인의 위원으로 구성한다. 이 경우 근로자를 대표하는 위원은 제55조 제2항을 준용하여 선출하고, 사용자를 대표하는 위원은 해당 사업의 대표자 또는 그 대표자가 위촉하는 사람이 된다.

제86조의5 공동기금제도의 촉진

공동기금법인이 제62조 제1항에 따른 사업을 시행하는 경우에는 근로복지진흥기금에서 대통령령으로 정하는 바에 따라 필요한 비용을 지원할 수 있다.

제86조의6 **기본재산의 공동기금 사업에의 사용**

① 공동기금법인은 제86조의2에 따라 출연받은 재산 또는 공동기금협의회에서 출연재산으로 편입할 것을 의결한 재산(이하 이 조에서 "공동기금법인의 기본재산"이라 한다)을 사내근로복지기금사업에 **사용할 수 있다.** 이 경우 공동기금법인의 기본재산 중 사용할 수 있는 금액의 산정에 관하여는 제62조 제2항을 준용한다.

② 제1항에도 불구하고 다음 각 호의 어느 하나에 해당하는 공동기금법인은 공동기금법인의 기본재산을 사내근로복지기금사업에 사용하는 경우 대통령령으로 정하는 범위에서 정관으로 정하는 바에 따라 그 산정되는 금액을 **높일 수 있다.**
  1. 「중소기업기본법」 제2조에 따른 중소기업의 사업주(이하 이 항에서 "중소기업 사업주"라 한다)와 「대·중소기업 상생협력 촉진에 관한 법률」 제2조 제2호에 따른 대기업의 사업주가 설립한 공동기금법인
  2. 둘 이상의 중소기업 사업주가 설립한 공동기금법인

제86조의7 **공동기금법인에의 중간 참여**

① 공동기금법인 설립 당시 참여하지 아니한 사업주는 참여하려는 공동기금법인의 **공동기금협의회**의 협의·결정을 거쳐 그 공동기금법인에 참여할 수 있다.

② 제1항에 따라 공동기금법인에 참여하는 사업주의 출연금 규모 등 중간 참여에 필요한 사항은 **공동기금협의회**가 협의·결정한다.

제86조의8 **공동기금법인의 탈퇴 및 재산처리**

① 제86조의3 및 제86조의7에 따라 공동기금법인에 참여한 사업주는 도급인·수급인 관계의 종료 등 대통령령으로 정하는 사유가 발생하는 경우 공동기금법인에서 **탈퇴**할 수 있다.

② 제1항에 따라 참여한 사업주가 공동기금법인에서 탈퇴하는 경우(제86조의11 제1호에 따른 해산사유에 해당하는 경우는 제외한다)에 공동기금법인은 **탈퇴 시**를 기준으로 해당 사업주가 공동기금법인에 출연한 비율에 따라 고용노동부령으로 정하는 방법에 의하여 산정되는 재산을 해당 사업주에게 **배분**하여야 한다.

③ 제2항에 따라 재산을 배분받은 사업주는 그 재산으로 사내근로복지기금을 **설치**하거나 사내근로복지기금의 재원으로 **출연**하여야 한다.

④ 제1항에 따른 공동기금법인의 탈퇴 절차 및 방법 등에 관하여 필요한 사항은 대통령령으로 정한다.

제86조의9 **개별 참여 사업주의 사업 폐지에 따른 재산처리**

① 공동기금법인은 공동기금법인에 참여한 사업주가 사업을 폐지하는 경우(제86조의11 제1호에 따른 해산사유에 해당하는 경우는 제외한다)에 **사업 폐지 시**를 기준으로 해당 사업주가 공동기금법인에 출연한 비율에 따라 고용노동부령으로 정하는 방법에 의하여 산정되는 재산을 제71조 제1항을 준용하여 처리하여야 한다.

② 제1항에 따른 사용 후 잔여재산이 있는 경우에는 그 잔여재산은 **공동기금에 귀속**한다.

제86조의10 공동기금법인의 분쟁조정

공동기금법인에서 공동기금 운용방식, 사용용도, 출연금 규모 등에 관하여 분쟁이 발생하는 경우에는 정관으로 정하는 바에 따라 처리한다.

제86조의11 공동기금법인의 해산사유

공동기금법인은 다음 각 호의 사유로 해산한다.
1. 공동기금법인 참여 사업주 중 과반수 사업주의 사업 폐지나 탈퇴
2. 제86조의13에 따른 공동기금법인의 합병
3. 제86조의14에 따른 공동기금법인의 분할·분할합병

제86조의12 해산한 공동기금법인의 재산처리

제86조의11 제1호의 사유로 공동기금법인이 해산하는 경우에는 제86조의2 및 제86조의7에 따라 공동기금법인에 출연한 비율에 따라 참여한 사업주에게 배분하여야 하며, 잔여재산이 있는 경우에는 정관으로 정하는 바에 따라 처리한다.

제86조의13 공동기금법인의 합병

① 공동기금법인은 참여 사업주 중 과반수 사업주의 사업의 합병·양수 등에 따라 합병할 수 있다.
② 공동기금법인의 합병 절차 등에 관하여는 제72조 제2항 및 제3항을 준용한다.

제86조의14 공동기금법인의 분할·분할합병

① 공동기금법인은 참여 사업주 중 과반수 사업주의 사업의 분할·분할합병 등에 따라 분할 또는 분할합병을 할 수 있다.
② 공동기금법인의 분할·분할합병 절차 등에 관하여는 제75조 제2항부터 제5항까지를 준용한다.

제86조의15 준 용

공동기금제도에 관하여는 제50조부터 제54조까지, 제56조부터 제58조까지, 제60조, 제62조(제2항은 제외한다), 제63조부터 제69조까지, 제73조, 제74조, 제76조부터 제78조까지, 제80조, 제93조를 준용한다. 이 경우 제50조부터 제52조까지, 제56조, 제63조, 제64조 중 "사내근로복지기금"은 "공동기금"으로 보고, 제52조부터 제54조까지, 제56조부터 제58조까지, 제60조, 제62조, 제64조부터 제69조까지, 제73조, 제74조, 제76조, 제77조, 제80조, 제93조 중 "기금법인"은 "공동기금법인"으로 보며, 제54조, 제56조부터 제58조까지, 제60조, 제62조, 제66조, 제68조, 제78조 중 "복지기금협의회"는 "공동기금협의회"로 보고, 제62조, 제78조 중 "사내근로복지기금사업"은 "공동기금사업"으로 본다.

제4장 | 근로복지진흥기금

제87조 근로복지진흥기금의 설치

고용노동부장관은 근로복지사업에 필요한 재원을 확보하기 위하여 근로복지진흥기금을 설치한다.

제88조 근로복지진흥기금의 조성

① 근로복지진흥기금은 다음 각 호의 재원으로 조성한다.
1. 국가 또는 지방자치단체의 출연금
2. 국가 또는 지방자치단체 외의 자가 출연하는 현금·물품과 그 밖의 재산
3. 다른 기금(제36조에 따른 **우리사주조합기금** 및 제52조에 따른 **사내근로복지기금은 제외**한다)으로부터의 전입금
4. 제2항에 따른 차입금
5. 제24조, 제26조 및 제27조에 따른 보증료, 구상금, 지연이자
6. 「복권 및 복권기금법」 제23조 제1항에 따라 배분된 복권수익금
7. 제71조에 따라 기금법인 해산 시 정관으로 근로복지진흥기금에 귀속하도록 정한 재산
8. 사업주 및 사업주단체의 기부금
9. 「고용정책 기본법」 제35조에 따라 조성된 자금
10. 근로복지진흥기금의 운용으로 생기는 수익금
11. 그 밖의 수입금
② 근로복지진흥기금의 운용에 필요한 경우에는 근로복지진흥기금의 부담으로 금융회사 또는 다른 기금 등으로부터 차입할 수 있다.

제89조 근로복지진흥기금의 회계연도

근로복지진흥기금의 회계연도는 국가의 회계연도에 따른다.

제90조 근로복지진흥기금의 관리·운용

① 근로복지진흥기금은 공단이 관리·운용한다.
② 공단은 근로복지진흥기금을 운용할 때 공단의 다른 회계와 구분하여 회계처리하여야 한다.
③ 근로복지진흥기금의 관리·운용 등에 필요한 사항은 대통령령으로 정한다.

제91조 근로복지진흥기금의 용도

근로복지진흥기금은 다음 각 호의 용도에 사용한다.
1. 근로자에 대한 주택구입자금등에 대한 융자
2. 근로자의 생활안정을 위한 자금의 융자
3. 근로자 또는 그 자녀에 대한 장학금의 지급 및 학자금의 융자

4. 제14조에 따른 근로복지종합정보시스템 운영
5. 제22조에 따른 신용보증 지원에 필요한 사업비
6. 우리사주제도 관련 지원
7. 사내근로복지기금제도 및 공동기금제도 관련 지원
8. 근로복지시설 설치·운영자금 지원
9. 근로자 정서함양을 위한 문화·체육활동 지원
10. 선택적 복지제도 관련 지원
11. 근로자지원프로그램 관련 지원
12. 근로자 건강증진을 위한 의료사업에 필요한 사업비
13. 근로복지사업 연구·개발에 필요한 경비
14. 「고용정책 기본법」 제34조에 따른 실업대책사업의 실시·운영에 필요한 사업비
15. 근로복지진흥기금의 운용을 위한 수익사업에의 투자
16. 근로복지진흥기금의 조성·관리·운용에 필요한 경비
17. 그 밖에 근로자의 복지증진을 위하여 대통령령으로 정하는 사업에 필요한 지원

제92조　회계처리의 구분 등

① 제88조 제1항 제5호 및 제9호에 따른 자금은 근로복지진흥기금 중 다른 사업목적으로 조성·운용되는 자금과 각각 구분하여 회계처리하여야 한다.
② 제88조 제1항 제5호 및 제9호에 따른 자금은 각각 제91조 제5호 및 제14호에 따른 사업비에 사용하여야 한다.
③ 제1항과 제2항에도 불구하고 제91조 제5호에 따른 사업비를 위하여 공단은 고용노동부장관의 승인을 받아 근로복지진흥기금 내에서 구분하여 회계처리하는 자금 간에 상호 전용하여 사용할 수 있다.

제5장　보 칙

제93조　지도·감독 등

① 고용노동부장관은 근로자 등의 복지증진을 위하여 필요한 경우 다음 각 호의 사항을 보고하게 하거나 소속 공무원으로 하여금 그 장부·서류 또는 그 밖의 물건을 검사하게 할 수 있으며, 필요하다고 인정하는 경우에는 대통령령으로 정하는 바에 따라 그 운영 등에 시정을 명할 수 있다.
1. 공단의 근로복지진흥기금 관리 및 운용 실태에 관한 사항
2. 제29조 제1항에 따라 근로복지시설을 수탁·운영하는 비영리단체의 업무·회계·재산에 관한 사항
2의2. 제95조의2 제4항에 따라 휴게시설을 수탁·운영하는 법인 또는 단체의 업무·회계·재산에 관한 사항

3. 제52조에 따른 기금법인의 업무·회계·재산에 관한 사항

② 국가 또는 지방자치단체는 사업주, 융자업무취급기관, 우리사주조합, 제43조에 따른 수탁기관 및 보조 또는 융자받은 자를 감독하기 위하여 필요한 경우에는 이 법에 따른 업무에 관하여 대통령령으로 정하는 바에 따라 보고 또는 자료 제출을 하게 하거나 그 밖에 필요한 명령을 할 수 있으며, 소속 공무원으로 하여금 관계인에게 질문하거나 관련 장부·서류 등을 조사 또는 검사하게 할 수 있다.

③ 제1항 및 제2항에 따라 조사를 하는 공무원은 그 권한을 표시하는 증표를 지니고 이를 관계인에게 보여주어야 한다.

④ 제1항 및 제2항에 따라 조사를 하는 경우에는 조사대상자에게 7일 전에 조사 일시, 조사 내용 등 필요한 사항을 알려야 한다. 다만, 긴급하거나 미리 알릴 경우 그 목적을 달성할 수 없다고 인정되는 경우에는 그러하지 아니하다.

⑤ 고용노동부장관 등은 제1항 및 제2항에 따른 조사 결과를 조사대상자에게 서면으로 알려야 한다.

제94조   위임 및 위탁

① 이 법에 따른 고용노동부장관의 권한은 그 일부를 대통령령으로 정하는 바에 따라 지방 노동관서의 장에게 위임할 수 있다.

② 이 법에 따른 고용노동부장관의 업무는 그 일부를 대통령령으로 정하는 바에 따라 근로 복지와 관련된 기관 또는 단체에 위탁할 수 있다.

제95조   반환명령

① 국가 또는 지방자치단체는 제6조를 위반한 자에게 대통령령으로 정하는 바에 따라 보조 또는 융자받은 금액의 전부 또는 일부의 반환을 명할 수 있다.

② 국가 또는 지방자치단체는 거짓이나 그 밖의 부정한 방법으로 이 법에 따라 보조 또는 융자를 받은 자에게 대통령령으로 정하는 바에 따라 보조 또는 융자받은 금액의 전부 또는 일부의 반환을 명할 수 있다.

③ 제1항 및 제2항에 따라 반환명령을 받은 자는 상환기간 전이라도 반환명령을 받은 금액 을 상환하여야 한다.

제95조의2   특수형태근로종사자 등에 대한 특례

① 국가 또는 지방자치단체는 다음 각 호의 어느 하나에 해당하는 사람을 대상으로 근로복 지사업을 실시할 수 있다.

1. 근로자가 아니면서 자신이 아닌 다른 사람의 사업을 위하여 다른 사람을 사용하지 아니하고 자신이 직접 노무를 제공하여 해당 사업주 또는 노무수령자로부터 대가를 얻는 사람

2. 「산업재해보상보험법」 제124조 제1항에 따른 중·소기업 사업주(근로자를 사용하는 사업주는 제외한다)

② 제1항에 따라 **국가 또는 지방자치단체**가 실시할 수 있는 근로복지사업은 다음 각 호와 같다. 다만, **지방자치단체**가 실시할 수 있는 근로복지사업은 **제4호의 근로복지사업**으로 한정한다.

1. 제19조부터 제21조까지에 따른 생활안정 및 재산형성 지원
2. 제22조부터 제27조까지에 따른 신용보증 지원
3. 제31조에 따른 민간복지시설 이용비용의 지원
4. 제1항 제1호에 해당하는 사람 중 다수 이용자의 요청에 따라 배달, 운전 등 대통령령으로 정하는 노무를 제공하는 사람이 이용할 수 있는 휴게시설의 설치·운영. 이 경우 휴게시설은 화장실 등 대통령령으로 정하는 부대시설을 갖추어야 한다.

③ 제1항 각 호의 어느 하나에 해당하는 사람은 제2조 제1호에도 불구하고 제2항 제1호부터 제3호까지에 따른 근로복지사업을 실시할 때에는 그 사업의 근로자로 본다.

④ 국가 또는 지방자치단체는 제2항 제4호에 따라 설치한 휴게시설을 효율적으로 운영하기 위하여 필요한 경우에는 대통령령으로 정하는 법인 또는 단체에 운영을 위탁하고, 운영에 필요한 비용을 예산의 범위에서 지원할 수 있다.

> 국가 또는 지방자치단체는 근로자가 아니면서 자신이 아닌 다른 사람의 사업을 위하여 다른 사람을 사용하지 아니하고 자신이 직접 노무를 제공하여 노무수령자로부터 대가를 얻는 사람을 대상으로 근로복지사업을 실시할 수 있다. (O) 기출 24

제6장 벌 칙

제96조 벌 칙

다음 각 호의 어느 하나에 해당하는 자는 1년 이하의 징역 또는 3천만원 이하의 벌금에 처한다.

1. 제42조의2 제1항 각 호에 해당하는 행위를 한 자
2. 제42조의2 제2항을 위반하여 같은 조 제1항의 위반 사실을 신고 또는 증언하거나 증거를 제출하였다는 이유로 우리사주조합원에 대하여 해고 또는 그 밖의 불리한 처우를 한 자

제97조 벌 칙

다음 각 호의 어느 하나에 해당하는 자는 1년 이하의 징역 또는 1천만원 이하의 벌금에 처한다.

1. 제62조(제86조의15에서 준용하는 경우를 포함한다), 제63조(제86조의15에서 준용하는 경우를 포함한다) 및 제86조의6을 위반하여 기금법인 또는 공동기금법인을 운영한 이사
2. 제67조(제86조의15에서 준용하는 경우를 포함한다)에 따른 기금법인 또는 공동기금법인의 부동산 소유 금지를 위반한 기금법인의 이사 및 해당 사업의 사용자 또는 공동기금법인의 이사

3. 제68조 제1항(제86조의15에서 준용하는 경우를 포함한다)을 위반하여 근로복지제도 또는 근로복지시설의 운영을 중단하거나, 이를 감축한 사용자
4. 제71조 및 제86조의12에 따른 해산한 기금법인 또는 공동기금법인의 재산처리 방법을 위반한 청산인
5. 제78조(제86조의15에서 준용하는 경우를 포함한다)를 위반하여 직무수행과 관련하여 알게 된 비밀을 누설하거나, 기금법인 또는 공동기금법인의 사업과 관련하여 겸직 또는 자기거래를 한 복지기금협의회 및 공동기금협의회의 위원, 이사 및 감사
6. 제86조의8 제2항 및 제86조의9에 따른 재산처리 방법을 위반한 공동기금법인의 이사
7. 제86조의8 제3항에 따른 재산처리 방법을 위반한 참여 사업의 사용자

제98조 양벌규정

법인의 대표자나 법인 또는 개인의 대리인, 사용인, 그 밖의 종업원이 그 법인 또는 개인의 업무에 관하여 제96조 또는 제97조의 위반행위를 하면 그 행위자를 벌하는 외에 그 법인 또는 개인에게도 해당 조문의 벌금형을 과한다. 다만, 법인 또는 개인이 그 위반행위를 방지하기 위하여 해당 업무에 관하여 상당한 주의와 감독을 게을리하지 아니한 경우에는 그러하지 아니하다.

제99조 과태료

① 제69조(제86조의15에서 준용하는 경우를 포함한다)에 따른 시정명령을 위반한 사용자, 기금법인 또는 공동기금법인에는 500만원 이하의 과태료를 부과한다.
② 제6조를 위반하여 근로복지를 위하여 이 법에 따라 보조 또는 융자받은 자금을 목적 외 용도에 사용한 자에게는 300만원 이하의 과태료를 부과한다.
③ 다음 각 호의 어느 하나에 해당하는 자에게는 200만원 이하의 과태료를 부과한다.
  1. 제57조(제86조의15에서 준용하는 경우를 포함한다) 또는 제65조(제86조의15에서 준용하는 경우를 포함한다)를 위반하여 해당 서류를 작성·보관하지 아니한 기금법인 또는 공동기금법인
  2. 제93조 제1항 제3호(제86조의15에서 준용하는 경우를 포함한다)에 따른 요구에 따르지 아니하여 보고를 하지 아니하거나 거짓의 보고를 한 자, 필요한 명령에 따르지 아니한 자 또는 공무원의 검사를 거부·방해하거나 기피한 자
④ 다음 각 호의 어느 하나에 해당하는 자에게는 100만원 이하의 과태료를 부과한다.
  1. 제35조 제3항 단서, 제4항, 제5항 및 제7항을 위반한 우리사주조합의 대표자
  2. 제37조를 위반하여 해당 계정 처리방법에 따라 구분·관리하지 아니한 우리사주조합의 대표자
  3. 제43조 제1항을 위반하여 우리사주를 예탁한 우리사주조합의 대표자
  4. 제43조 제3항을 위반하여 예탁된 우리사주를 양도하거나 담보로 제공한 우리사주조합의 대표자 또는 우리사주조합원
  5. 제46조에 따른 우리사주조합의 의결권 행사방법을 위반한 우리사주조합의 대표자
  6. 제47조에 따른 우리사주조합의 해산 절차를 위반한 청산인

7. 제93조 제1항 제1호, 제2호 또는 제2호의2에 따른 요구에 따르지 아니하여 보고를 하지 아니하거나 거짓의 보고를 한 자, 필요한 명령에 따르지 아니한 자 또는 공무원의 검사를 거부·방해하거나 기피한 자

8. 제93조 제2항에 따른 요구에 따르지 아니하여 보고를 하지 아니하거나 거짓의 보고를 한 자, 자료를 제출하지 아니하거나 거짓으로 기재한 자료를 제출한 자, 그 밖에 감독을 위한 명령에 따르지 아니한 자 또는 같은 항에 따른 검사를 거부·방해하거나 기피한 자

⑤ 제1항부터 제4항까지의 규정에 따른 과태료는 대통령령으로 정하는 바에 따라 고용노동부장관이 부과·징수한다.

CHAPTER

12 외국인근로자의 고용 등에 관한 법률

시행 2022.12.11. [법률 제18929호, 2022.6.10. 일부개정]

제1장 총 칙

제1조 목 적

이 법은 외국인근로자를 체계적으로 도입·관리함으로써 원활한 인력수급 및 국민경제의 균형 있는 발전을 도모함을 목적으로 한다.

제2조 외국인근로자의 정의

이 법에서 "외국인근로자"란 대한민국의 국적을 가지지 아니한 사람으로서 국내에 소재하고 있는 사업 또는 사업장에서 임금을 목적으로 근로를 제공하고 있거나 제공하려는 사람을 말한다. 다만, 「출입국관리법」 제18조 제1항에 따라 취업활동을 할 수 있는 체류자격을 받은 외국인 중 취업분야 또는 체류기간 등을 고려하여 대통령령으로 정하는 사람은 제외한다.

> **시행령 제2조(적용 제외 외국인근로자)**
> 「외국인근로자의 고용 등에 관한 법률」(이하 "법"이라 한다) 제2조 단서에서 "대통령령으로 정하는 사람"이란 다음 각 호의 어느 하나에 해당하는 사람을 말한다.
> 1. 「출입국관리법 시행령」 제23조 제1항에 따라 취업활동을 할 수 있는 체류자격 중 같은 영 [별표 1] 중 5. 단기취업(C-4), 같은 영 [별표 1의2] 중 14. 교수(E-1)부터 20. 특정활동(E-7)까지 및 20의2. 계절근로(E-8)의 체류자격에 해당하는 사람
> 2. 「출입국관리법」 제10조의3 제1항, 같은 법 시행령 제23조 제2항 및 제3항의 규정에 따라 체류자격의 구분에 따른 활동의 제한을 받지 아니하는 사람
> 3. 「출입국관리법 시행령」 제23조 제5항에 따라 같은 영 [별표 1의2] 중 28. 관광취업(H-1)의 체류자격에 해당하는 사람으로서 취업활동을 하는 사람

제3조 적용 범위 등

① 이 법은 외국인근로자 및 외국인근로자를 고용하고 있거나 고용하려는 사업 또는 사업장에 적용한다. 다만, 「선원법」의 적용을 받는 선박에 승무하는 선원 중 대한민국 국적을 가지지 아니한 선원 및 그 선원을 고용하고 있거나 고용하려는 선박의 소유자에 대하여는 적용하지 아니한다.
② 외국인근로자의 입국·체류 및 출국 등에 관하여 이 법에서 규정하지 아니한 사항은 「출입국관리법」에서 정하는 바에 따른다.

Chapter 12 외국인근로자의 고용 등에 관한 법률 **365**

제4조 **외국인력정책위원회**

① 외국인근로자의 고용관리 및 보호에 관한 주요 사항을 심의·의결하기 위하여 **국무총리 소속**으로 외국인력정책위원회(이하 "정책위원회"라 한다)를 둔다.

② 정책위원회는 다음 각 호의 사항을 심의·의결한다.

   1. 외국인근로자 관련 **기본계획의 수립**에 관한 사항

   2. 외국인근로자 **도입 업종 및 규모** 등에 관한 사항

   3. 외국인근로자를 송출할 수 있는 국가(이하 "**송출국가**"라 한다)의 지정 및 지정취소에 관한 사항

   4. 제18조의2 제2항에 따른 외국인근로자의 취업활동 기간 연장에 관한 사항

   5. 그 밖에 **대통령령**으로 정하는 사항

③ 정책위원회는 **위원장 1명**을 포함한 **20명 이내**의 위원으로 구성한다.

④ 정책위원회의 위원장은 **국무조정실장**이 되고, 위원은 기획재정부·외교부·법무부·산업통상자원부·고용노동부·중소벤처기업부의 차관 및 대통령령으로 정하는 관계 중앙행정기관의 차관이 된다.

⑤ 외국인근로자 고용제도의 운영 및 외국인근로자의 권익보호 등에 관한 사항을 사전에 심의하게 하기 위하여 정책위원회에 **외국인력정책실무위원회**(이하 "실무위원회"라 한다)를 **둔다.**

⑥ 정책위원회와 실무위원회의 구성·기능 및 운영 등에 필요한 사항은 대통령령으로 정한다.

시행령 제3조(외국인력정책위원회의 심의·의결 사항)

법 제4조 제2항 제5호에서 "대통령령으로 정하는 사항"이란 다음 각 호의 사항을 말한다.

   1. 외국인근로자를 고용할 수 있는 사업 또는 사업장에 관한 사항

   2. 사업 또는 사업장에서 고용할 수 있는 외국인근로자의 규모에 관한 사항

   3. 외국인근로자를 송출할 수 있는 국가(이하 "송출국가"라 한다)별 외국인력 도입 업종 및 규모에 관한 사항

   4. 외국인근로자의 권익보호에 관한 사항

   5. 그 밖에 외국인근로자의 고용 등에 관하여 법 제4조에 따른 외국인력정책위원회(이하 "정책위원회"라 한다)의 위원장이 필요하다고 인정하는 사항

시행령 제4조(정책위원회의 구성)

법 제4조 제4항에서 "대통령령으로 정하는 관계 중앙행정기관"이란 행정안전부, 문화체육관광부, 농림축산식품부, 보건복지부, 국토교통부 및 해양수산부를 말한다.

시행령 제6조(정책위원회의 운영)

① 정책위원회의 위원장은 정책위원회의 회의를 소집하고, 그 의장이 된다.
② 정책위원회의 회의는 재적위원 과반수의 출석으로 개의(開議)하고, 출석위원 과반수의 찬성으로 의결한다.
③ 정책위원회에 그 사무를 처리할 간사 1명을 두되, 간사는 국무조정실의 3급 공무원 또는 고위공무원단에 속하는 일반직공무원 중에서 국무조정실장이 임명한다.
④ 정책위원회는 안건의 심의·의결을 위하여 필요하다고 인정할 때에는 관계 행정기관 또는 단체 등에 자료의 제출을 요청하거나 관계 공무원 또는 전문가 등을 출석시켜 의견을 들을 수 있다.
⑤ 제4항에 따라 출석한 관계 공무원 또는 전문가 등에게는 예산의 범위에서 수당과 여비를 지급할 수 있다. 다만, 공무원이 그 소관업무와 직접적으로 관련되어 출석하는 경우에는 그러하지 아니하다.
⑥ 이 영에서 규정한 사항 외에 정책위원회의 운영 등에 필요한 사항은 정책위원회의 의결을 거쳐 정책위원회의 위원장이 정한다.

시행령 제7조(외국인력정책실무위원회의 구성·운영 등)

① 법 제4조 제5항에 따른 외국인력정책실무위원회(이하 "실무위원회"라 한다)는 위원장 1명을 포함한 25명 이내의 위원으로 구성한다.
② 실무위원회의 위원은 근로자를 대표하는 위원(이하 "근로자위원"이라 한다), 사용자를 대표하는 위원(이하 "사용자위원"이라 한다), 공익을 대표하는 위원(이하 "공익위원"이라 한다) 및 정부를 대표하는 위원(이하 "정부위원"이라 한다)으로 구성하되, 근로자위원과 사용자위원은 같은 수로 한다.
③ 실무위원회의 위원장은 고용노동부차관이 되고, 실무위원회의 위원은 다음 각 호의 구분에 따른 사람 중에서 실무위원회의 위원장이 위촉하거나 임명한다.
  1. 근로자위원 : 총연합단체인 노동조합에서 추천한 사람
  2. 사용자위원 : 전국적 규모를 갖춘 사용자단체에서 추천한 사람
  3. 공익위원 : 외국인근로자의 고용 및 권익보호 등에 관한 학식과 경험이 풍부한 사람
  4. 정부위원 : 관계 중앙행정기관의 3급 공무원 또는 고위공무원단에 속하는 일반직공무원 중 외국인근로자 관련 업무를 수행하는 사람
④ 제2항에 따른 실무위원회의 위원의 임기는 2년(정부위원의 경우는 재임기간)으로 한다.
⑤ 실무위원회는 정책위원회에서 심의·의결할 사항 중 필요한 사항에 관하여 사전에 심의하고 그 결과를 정책위원회에 보고하여야 한다.
⑥ 실무위원회의 위원에게는 예산의 범위에서 수당과 여비를 지급할 수 있다. 다만, 공무원인 위원이 그 소관업무와 직접적으로 관련되어 위원회에 출석하는 경우에는 그러하지 아니하다.
⑦ 실무위원회에 관하여는 제5조와 제6조 제1항 및 제6항을 준용한다. 이 경우 "정책위원회"는 "실무위원회"로 본다.

제5조 외국인근로자 도입계획의 공표 등

① 고용노동부장관은 제4조 제2항 각 호의 사항이 포함된 외국인근로자 도입계획을 정책위원회의 심의·의결을 거쳐 수립하여 매년 3월 31일까지 대통령령으로 정하는 방법으로 공표하여야 한다.

② 고용노동부장관은 제1항에도 불구하고 국내의 실업증가 등 고용사정의 급격한 변동으로 인하여 제1항에 따른 외국인근로자 도입계획을 변경할 필요가 있을 때에는 정책위원회의 심의·의결을 거쳐 변경할 수 있다. 이 경우 공표의 방법에 관하여는 제1항을 준용한다.

③ 고용노동부장관은 필요한 경우 외국인근로자 관련 업무를 지원하기 위하여 조사·연구사업을 할 수 있으며, 이에 관하여 필요한 사항은 대통령령으로 정한다.

> 고용노동부장관은 외국인근로자 도입계획을 외국인력정책위원회의 심의·의결을 거쳐 매년 1월 31일까지 공표하여야 한다.　　　　　　　　　　　　　　　　　　　　(×) 기출 18

제2장 외국인근로자 고용절차

제6조 내국인 구인 노력

① 외국인근로자를 고용하려는 자는 「직업안정법」 제2조의2 제1호에 따른 직업안정기관(이하 "직업안정기관"이라 한다)에 우선 내국인 구인 신청을 하여야 한다.

② 직업안정기관의 장은 제1항에 따른 내국인 구인 신청을 받은 경우에는 사용자가 적절한 구인 조건을 제시할 수 있도록 상담·지원하여야 하며, 구인 조건을 갖춘 내국인이 우선적으로 채용될 수 있도록 직업소개를 적극적으로 하여야 한다.

> 외국인근로자를 고용하려는 자는 직업안정법에 따른 직업안정기관에 우선 내국인 구인 신청을 하여야 한다.　　　　　　　　　　　　　　(○) 기출 15·18·21·22·23

제7조 외국인구직자 명부의 작성

① 고용노동부장관은 제4조 제2항 제3호에 따라 지정된 송출국가의 노동행정을 관장하는 정부기관의 장과 협의하여 대통령령으로 정하는 바에 따라 외국인구직자 명부를 작성하여야 한다. 다만, 송출국가에 노동행정을 관장하는 독립된 정부기관이 없을 경우 가장 가까운 기능을 가진 부서를 정하여 정책위원회의 심의를 받아 그 부서의 장과 협의한다.

② 고용노동부장관은 제1항에 따른 외국인구직자 명부를 작성할 때에는 외국인구직자 선발기준 등으로 활용할 수 있도록 한국어 구사능력을 평가하는 시험(이하 "한국어능력시험"이라 한다)을 실시하여야 하며, 한국어능력시험의 실시기관 선정 및 선정취소, 평가의 방법, 그 밖에 필요한 사항은 대통령령으로 정한다.

③ 한국어능력시험의 실시기관은 시험에 응시하려는 사람으로부터 대통령령으로 정하는 바에 따라 수수료를 징수하여 사용할 수 있다. 이 경우 수수료는 외국인근로자 선발 등을 위한 비용으로 사용하여야 한다.

④ 고용노동부장관은 제1항에 따른 외국인구직자 선발기준 등으로 활용하기 위하여 필요한 경우 기능 수준 등 인력 수요에 부합되는 자격요건을 평가할 수 있다.

⑤ 제4항에 따른 자격요건 평가기관은 「한국산업인력공단법」에 따른 한국산업인력공단(이하 "한국산업인력공단"이라 한다)으로 하며, 자격요건 평가의 방법 등 필요한 사항은 대통령령으로 정한다.

시행령 제12조(외국인구직자 명부의 작성)

① 고용노동부장관은 법 제7조 제1항에 따라 외국인구직자 명부를 작성하는 경우에는 다음 각 호의 사항을 송출국가와 협의하여야 한다.
  1. 인력의 송출·도입과 관련된 준수사항
  2. 인력 송출의 업종 및 규모에 관한 사항
  3. 송출대상 인력을 선발하는 기관·기준 및 방법에 관한 사항
  4. 법 제7조 제2항에 따른 한국어 구사능력을 평가하는 시험(이하 "한국어능력시험"이라 한다)의 실시에 관한 사항
  5. 그 밖에 외국인근로자를 원활하게 송출·도입하기 위하여 고용노동부장관이 필요하다고 인정하는 사항

② 고용노동부장관은 송출국가가 송부한 송출대상 인력을 기초로 외국인구직자 명부를 작성하고, 관리하여야 한다.

법무부장관은 송출국가가 송부한 송출대상 인력을 기초로 외국인구직자 명부를 작성하고, 관리하여야 한다. (×) 기출 24

시행령 제13조(한국어능력시험)

① 고용노동부장관은 법 제7조 제2항에 따라 다음 각 호의 사항을 고려하여 한국어능력시험 실시기관을 선정하여야 한다.
  1. 한국어능력시험 실시를 위한 행정적·재정적 능력
  2. 한국어능력시험을 객관적이고 공정하게 실시할 수 있는지 여부
  3. 한국어능력시험 내용의 적정성
  4. 그 밖에 한국어능력시험의 원활한 시행을 위하여 고용노동부장관이 필요하다고 인정하는 사항

② 고용노동부장관은 제1항에 따라 선정된 한국어능력시험 실시기관이 다음 각 호의 어느 하나에 해당하는 경우에는 그 선정을 취소할 수 있다.
  1. 거짓이나 그 밖의 부정한 방법으로 선정된 경우
  2. 한국어능력시험 응시생의 모집, 한국어능력시험 시행 또는 합격자 처리과정에서 부정이 있는 경우
  3. 그 밖에 제1항에 따른 한국어능력시험 실시기관 선정기준에 미달하는 등 한국어능력시험 실시기관으로서 업무를 수행하는 것이 어렵다고 인정되는 경우

③ 한국어능력시험은 매년 1회 이상 실시하며, 객관식 필기시험을 원칙으로 하되, 주관식 필기시험을 일부 추가할 수 있다.

④ 한국어능력시험의 내용에는 대한민국의 문화에 대한 이해와 산업안전 등 근무에 필요한 기본 사항이 포함되어야 한다.

⑤ 제1항에 따라 선정된 한국어능력시험 실시기관은 매년 4월 30일까지 다음 각 호의 사항을 고용노동부장관에게 보고하여야 한다.
   1. 전년도 한국어능력시험의 실시 결과와 해당 연도 한국어능력시험의 실시계획
   2. 한국어능력시험에서의 부정 방지대책의 수립 및 그 이행에 관한 사항
   3. 한국어능력시험 응시수수료의 전년도 수입·지출 명세와 해당 연도의 수입·지출 계획
   4. 그 밖에 한국어능력시험의 실시와 관련하여 고용노동부장관이 정하는 사항
⑥ 한국어능력시험 실시기관이 법 제7조 제3항에 따라 수수료를 징수하여 사용하려면 송출국가별로 수수료의 금액, 징수·반환의 절차 및 사용 계획에 대하여 고용노동부장관의 승인을 받아야 한다. 승인받은 사항을 변경하는 경우에도 또한 같다.
⑦ 한국어능력시험 실시기관의 장은 제6항에 따라 고용노동부장관의 승인을 받은 사항을 송출국가의 한국어능력시험 실시 계획 공고에 포함시키는 등의 방법으로 응시자에게 알려야 한다.

제8조 　외국인근로자 고용허가

① 제6조 제1항에 따라 내국인 구인 신청을 한 사용자는 같은 조 제2항에 따른 직업소개를 받고도 인력을 채용하지 못한 경우에는 고용노동부령으로 정하는 바에 따라 직업안정기관의 장에게 외국인근로자 고용허가를 신청하여야 한다.
② 제1항에 따른 고용허가 신청의 유효기간은 3개월로 하되, 일시적인 경영악화 등으로 신규 근로자를 채용할 수 없는 경우 등에는 대통령령으로 정하는 바에 따라 1회에 한정하여 고용허가 신청의 효력을 연장할 수 있다.
③ 직업안정기관의 장은 제1항에 따른 신청을 받으면 외국인근로자 도입 업종 및 규모 등 대통령령으로 정하는 요건을 갖춘 사용자에게 제7조 제1항에 따른 외국인구직자 명부에 등록된 사람 중에서 적격자를 추천하여야 한다.
④ 직업안정기관의 장은 제3항에 따라 추천된 적격자를 선정한 사용자에게는 지체 없이 고용허가를 하고, 선정된 외국인근로자의 성명 등을 적은 외국인근로자 고용허가서를 발급하여야 한다.
⑤ 제4항에 따른 외국인근로자 고용허가서의 발급 및 관리 등에 필요한 사항은 대통령령으로 정한다.
⑥ 직업안정기관이 아닌 자는 외국인근로자의 선발, 알선, 그 밖의 채용에 개입하여서는 아니 된다.

> 직업안정법에 따른 직업안정기관이 아닌 자는 외국인근로자의 선발, 알선, 그 밖의 채용에 개입하여서는 아니 된다.　　　　　　　　　(○) 기출 24
>
> 직업안정기관이 아닌 자는 외국인근로자의 선발, 알선, 그 밖의 채용에 개입하여서는 아니 된다.　　　　　　　　　(○) 기출 15·16·19

시행령 제13조의4(고용허가서의 발급요건)

법 제8조 제3항에서 "외국인근로자 도입 업종 및 규모 등 대통령령으로 정하는 요건"이란 다음 각 호의 요건 모두에 해당하는 것을 말한다.

1. 정책위원회에서 정한 외국인근로자의 도입 업종, 외국인근로자를 고용할 수 있는 사업 또는 사업장에 해당할 것
2. 고용노동부령으로 정하는 기간 이상 내국인을 구인하기 위하여 노력하였는데도 직업안정기관에 구인 신청한 내국인근로자의 전부 또는 일부를 채용하지 못하였을 것. 다만, 법 제6조 제2항에 따른 직업안정기관의 장의 직업소개에도 불구하고 정당한 이유 없이 2회 이상 채용을 거부한 경우는 제외한다.
3. 법 제6조 제1항에 따라 내국인 구인 신청을 한 날의 2개월 전부터 법 제8조 제4항에 따른 외국인근로자 고용허가서(이하 "고용허가서"라 한다) 발급일까지 고용조정으로 내국인근로자를 이직시키지 아니하였을 것
4. 법 제6조 제1항에 따라 내국인 구인 신청을 한 날의 5개월 전부터 고용허가서 발급일까지 임금을 체불(滯拂)하지 아니하였을 것
5. 「고용보험법」에 따른 고용보험에 가입하고 있을 것. 다만, 「고용보험법」을 적용받지 않는 사업 또는 사업장의 경우는 제외한다.
6. 「산업재해보상보험법」에 따른 산업재해보상보험 또는 「어선원 및 어선 재해보상보험법」 제16조 제1항에 따른 어선원등의 재해보상보험에 가입하고 있을 것. 이 경우 「산업재해보상보험법」 및 「어선원 및 어선 재해보상보험법」을 적용받지 않는 사업 또는 사업장은 외국인근로자가 근로를 시작한 날부터 3개월 이내에 고용노동부령으로 정하는 바에 따라 해당 외국인근로자를 피보험자로 하여 「농어업인의 안전보험 및 안전재해예방에 관한 법률」에 따른 농어업인안전보험에 가입할 것을 내용으로 하는 확약서를 제출하는 것으로 갈음할 수 있다.
7. 외국인근로자를 고용하고 있는 사업 또는 사업장의 사용자인 경우에는 그 외국인근로자를 대상으로 법 제13조에 따른 보험 또는 신탁과 법 제23조 제1항에 따른 보증보험에 가입하고 있을 것(가입대상 사용자의 경우만 해당한다)

시행령 제14조(고용허가서의 발급 등)

① 법 제8조 제4항에 따라 고용허가서를 발급받은 사용자는 고용허가서 발급일부터 3개월 이내에 외국인근로자와 근로계약을 체결하여야 한다.
② 사용자가 법 제8조 제4항에 따라 고용허가서를 발급받은 후 외국인근로자의 사망 등 불가피한 사유로 그 외국인근로자와 근로계약을 체결하지 못하거나 근로계약을 체결한 후 사용자의 책임이 아닌 사유로 외국인근로자가 근로를 개시할 수 없게 된 경우에는 직업안정기관의 장은 다른 외국인근로자를 추천하여 고용허가서를 재발급하여야 한다.
③ 법 제8조 제4항 또는 이 조 제2항에 따라 직업안정기관의 장이 사용자에게 고용허가서를 발급하거나 재발급하는 경우에는 법 제9조 제3항 또는 제4항에 따른 근로계약 기간의 범위에서 고용허가 기간을 부여하여야 한다.
④ 고용허가서의 발급 및 재발급에 필요한 사항은 고용노동부령으로 정한다.

외국인근로자 고용허가서를 발급받은 사용자는 고용허가서 발급일부터 3개월 이내에 외국인근로자와 근로계약을 체결하여야 한다. (○) **기출** 14 · 22

시행규칙 제5조(고용허가서의 발급)

① 법 제8조 제1항에 따라 사용자가 외국인근로자 고용허가를 신청할 때에는 별지 제4호서식의 외국인근로자 고용허가서 발급신청서에 다음 각 호의 서류를 첨부하여 제5조의2에 따른 내국인 구인노력 기간이 지난 후 3개월 이내에 사업 또는 사업장의 소재지를 관할하는 직업안정기관의 장(이하 "소재지관할 직업안정기관의 장"이라 한다)에게 제출해야 한다.

   1. 「외국인근로자의 고용 등에 관한 법률 시행령」(이하 "영"이라 한다) 제13조의4 제1호에 해당함을 증명할 수 있는 서류

   2. 별지 제4호의2서식의 농어업인안전보험 가입 확약서(「산업재해보상보험법」 및 「어선원 및 어선 재해보상보험법」을 적용받지 않는 사업 또는 사업장만 제출한다)

② 법 제8조 제3항에 따라 소재지관할 직업안정기관의 장이 사용자에게 외국인구직자를 추천하는 경우에는 사용자가 신청한 구인 조건을 갖춘 사람을 3배수 이상 추천하여야 한다. 다만, 적격자가 3배수가 되지 아니하는 경우에는 해당하는 적격자 수만큼 추천한다.

③ 사용자는 제1항에 따라 외국인근로자 고용허가서 발급을 신청한 후 3개월 이내에 제2항에 따라 추천받은 적격자를 선정하여야 하며, 그 기간 동안 추천받은 적격자를 선정하지 아니한 사용자가 외국인근로자를 고용하려면 외국인근로자 고용허가를 재신청하여야 한다.

④ 영 제13조의4 제6호 후단에 따른 확약서는 별지 제4호의2서식에 따른다.

⑤ 법 제8조 제4항에 따른 고용허가서는 별지 제5호서식에 따른다.

시행규칙 제5조의2(내국인 구인노력 기간)

① 영 제13조의4 제2호 본문에서 "고용노동부령으로 정하는 기간"이란 7일을 말한다.

② 제1항에도 불구하고 다음 각 호의 어느 하나에 해당하는 경우에는 제1항의 기간을 3일로 단축할 수 있다.

   1. 소재지관할 직업안정기관의 장이 사용자가 제출한 별지 제5호의2서식의 내국인 구인노력 증명서를 검토한 결과 사용자의 적극적인 내국인 채용노력 사실을 인정하는 경우

   2. 사용자가 소재지관할 직업안정기관을 통한 구인노력을 하면서 다음 각 목의 어느 하나에 해당하는 매체를 통하여 3일 이상 내국인 구인 사실을 알리는 구인노력을 한 경우

      가. 「신문 등의 진흥에 관한 법률」 제2조 제1호 가목에 따른 일반일간신문 또는 같은 호 나목에 따른 특수일간신문(경제 및 산업 분야에 한정한다)

      나. 「잡지 등 정기간행물의 진흥에 관한 법률」 제2조 제1호 나목에 따른 정보간행물, 같은 호 다목에 따른 전자간행물 또는 같은 호 라목에 따른 기타간행물

      다. 「방송법」 제2조 제1호에 따른 방송

시행규칙 제6조(고용허가서의 재발급)

영 제14조 제2항에 따라 사용자가 외국인근로자 고용허가서를 재발급받으려면 재발급 사유가 발생한 사실을 안 날부터 7일 이내에 별지 제4호서식의 외국인근로자 고용허가서 재발급신청서에 다음 각 호의 서류를 첨부하여 소재지관할 직업안정기관의 장에게 제출하여야 한다.

   1. 외국인근로자 고용허가서 원본

   2. 영 제13조의4 제1호에 해당함을 증명하는 서류(고용허가서 발급 시와 사업 또는 사업장의 업종 또는 규모가 다른 경우만 해당한다)

제9조 **근로계약**

① 사용자가 제8조 제4항에 따라 선정한 외국인근로자를 고용하려면 고용노동부령으로 정하는 **표준근로계약서**를 사용하여 근로계약을 체결하여야 한다.
② 사용자는 제1항에 따른 근로계약을 체결하려는 경우 이를 **한국산업인력공단에 대행하게 할 수 있다.**
③ 제8조에 따라 고용허가를 받은 사용자와 외국인근로자는 **제18조에 따른** 기간 내에서 당사자 간의 **합의**에 따라 근로계약을 체결하거나 갱신할 수 있다.
④ 제18조의2에 따라 취업활동 기간이 연장되는 외국인근로자와 사용자는 **연장된 취업활동 기간의 범위에서** 근로계약을 체결할 수 있다.
⑤ 제1항에 따른 근로계약을 체결하는 절차 및 효력발생 시기 등에 관하여 필요한 사항은 대통령령으로 정한다.

> 사용자가 법률에 따라 선정한 외국인근로자를 고용하려면 고용노동부령으로 정하는 표준근로계약서를 사용하여 근로계약을 체결하여야 한다. (○) **기출** 19·20
>
> 사용자는 외국인근로자와 근로계약을 체결하려는 경우 이를 한국산업인력공단 등에 대행하게 할 수 없다. (×) **기출** 19
>
> 취업활동 기간이 연장되는 외국인근로자와 사용자는 연장된 취업활동 기간의 범위에서 근로계약을 체결할 수 있다. (○) **기출** 19·23
>
> 고용허가를 받은 사용자와 외국인근로자는 입국한 날부터 3년의 범위 내에서 당사자 간의 합의에 따라 근로계약을 체결하거나 갱신할 수 있다. (○) **기출** 20

시행령 제16조(근로계약 체결의 대행 등)
사용자 또는 한국산업인력공단이 법 제9조에 따라 근로계약을 체결하거나 이를 대행하는 경우에는 근로계약서 2부를 작성하고 그중 1부를 외국인근로자에게 내주어야 한다.

시행령 제17조(근로계약의 효력발생 시기 등)
① 법 제9조 제1항에 따른 근로계약의 효력발생 시기는 외국인근로자가 **입국한** 날로 한다.
② 법 제9조 제3항에 따라 근로계약을 갱신하거나 법 제9조 제4항에 따라 근로계약을 다시 체결한 사용자는 직업안정기관의 장에게 외국인근로자 고용허가기간 연장허가를 받아야 한다.

> 고용허가에 따라 체결된 근로계약의 효력발생 시기는 외국인근로자가 입국한 날로 한다. (○) **기출** 24

제10조 **사증발급인정서**

제9조 제1항에 따라 외국인근로자와 근로계약을 체결한 사용자는 「출입국관리법」 제9조 제2항에 따라 그 외국인근로자를 대리하여 **법무부장관**에게 사증발급인정서를 **신청할 수 있다.**

> 외국인근로자와 근로계약을 체결한 사용자는 그 외국인근로자를 대리하여 법무부장관에게 사증발급인정서를 신청할 수 있다. (○) **기출** 19

제11조 **외국인 취업교육**

① 외국인근로자는 입국한 후에 고용노동부령으로 정하는 기간 이내에 한국산업인력공단 또는 제11조의3에 따른 외국인 취업교육기관에서 국내 취업활동에 필요한 사항을 주지 (周知)시키기 위하여 실시하는 교육(이하 "외국인 취업교육"이라 한다)을 받아야 한다.

② 사용자는 외국인근로자가 외국인 취업교육을 받을 수 있도록 하여야 한다.

③ 외국인 취업교육의 시간과 내용, 그 밖에 외국인 취업교육에 필요한 사항은 고용노동부령으로 정한다.

> 외국인근로자는 입국한 후 15일 이내에 외국인 취업교육을 받아야 한다.　　　(○) **기출** 24
>
> 외국인근로자는 입국한 후에 국내 취업활동에 필요한 사항을 주지시키기 위하여 실시하는 교육을 받아야 한다.　　　(○) **기출** 23
>
> 사용자는 외국인근로자가 외국인 취업교육을 받을 수 있도록 하여야 한다.　(○) **기출** 16 · 21

시행규칙 제10조(외국인 취업교육 이수기한)

법 제11조 제1항에서 "고용노동부령으로 정하는 기간"이란 15일을 말한다.

제11조의2 **사용자 교육**

① 제8조에 따라 외국인근로자 고용허가를 최초로 받은 사용자는 노동관계법령 · 인권 등에 관한 교육(이하 "사용자 교육"이라 한다)을 받아야 한다.

② 사용자 교육의 내용, 시간, 그 밖에 사용자 교육에 필요한 사항은 고용노동부령으로 정한다.

> 외국인근로자 고용허가를 최초로 받은 사용자는 노동관계법령 · 인권 등에 관한 교육을 받아야 한다.
> 　　　(○) **기출** 24

제11조의3 **외국인 취업교육기관의 지정 등**

① 고용노동부장관은 외국인 취업교육을 전문적 · 효율적으로 수행하기 위하여 외국인 취업교육기관(이하 "외국인 취업교육기관"이라 한다)을 지정할 수 있다.

② 제1항에 따라 외국인 취업교육기관으로 지정을 받으려는 자는 전문인력 · 시설 등 대통령령으로 정하는 지정기준을 갖추어 고용노동부장관에게 신청하여야 한다.

③ 제1항 및 제2항에서 규정한 사항 외에 외국인 취업교육기관의 지정절차 등에 필요한 사항은 고용노동부령으로 정한다.

시행령 제18조(외국인 취업교육기관의 지정기준)

① 법 제11조의3 제2항에서 "전문인력·시설 등 대통령령으로 정하는 지정기준"이란 다음 각 호의 사항을 말한다.
  1. 비영리법인 또는 비영리단체일 것
  2. 다음 각 목의 인력을 모두 갖출 것
     가. 해당 분야에서 1년 이상 근무한 경력 등 교육 실시에 적합한 자격기준을 갖춘 교육 담당 강사
     나. 교육 운영·관리 업무를 수행하는 교육 지원 인력
  3. 교육 대상 인원을 수용할 수 있는 적정한 면적의 사무실, 강의실, 기숙사 및 식당을 갖출 것
② 제1항 제2호 및 제3호에 따른 지정기준에 관하여 필요한 세부사항은 교육 대상 인원, 교육 내용 등을 고려하여 고용노동부장관이 정하여 고시한다.

시행규칙 제11조의3(외국인 취업교육기관의 지정절차 등)

① 법 제11조의3에 따라 외국인 취업교육기관으로 지정을 받으려는 자는 별지 제8호의2서식의 외국인 취업교육기관 지정신청서에 다음 각 호의 서류를 첨부하여 고용노동부장관에게 제출해야 한다. 이 경우 고용노동부장관은 「전자정부법」 제36조 제1항에 따른 행정정보의 공동이용을 통하여 법인 등기사항증명서(법인인 경우만 해당한다) 및 사업자등록증을 확인해야 한다. 다만, 신청인이 사업자등록증의 확인에 동의하지 않으면 그 사본을 첨부하도록 해야 한다.
  1. 신청인이 비영리단체인 경우 이를 증명하는 서류
  2. 별지 제8호의3서식의 인력 현황
  3. 별지 제8호의4서식의 교육장 시설·장비 현황
  4. 교육사업 운영 경력을 확인할 수 있는 서류(해당되는 경우만 제출한다)
② 고용노동부장관은 법 제11조의3에 따라 외국인 취업교육기관을 지정한 경우에는 별지 제8호의5서식의 외국인 취업교육기관 지정서를 발급하고, 그 사실을 고용노동부 인터넷 홈페이지에 공고해야 한다.
③ 제1항 및 제2항에서 규정한 사항 외에 외국인 취업교육기관의 지정절차 등에 필요한 세부사항은 고용노동부장관이 정하여 고시한다.

시행규칙 제11조의4(외국인 취업교육기관의 운영)

① 한국산업인력공단과 법 제11조의3에 따라 지정된 외국인 취업교육기관은 법 제5조 제1항 및 제2항에 따른 고용노동부장관의 외국인근로자 도입계획(변경된 경우를 포함한다) 공표 후 1개월 이내에 해당 연도의 외국인 취업교육 실시계획, 외국인 취업교육비 등 고용노동부장관이 정하는 사항을 고용노동부장관에게 보고해야 하며, 이를 변경하는 경우에는 그 변경사항을 지체 없이 고용노동부장관에게 보고해야 한다.
② 제1항에서 규정한 사항 외에 외국인 취업교육기관의 운영에 관한 세부사항은 고용노동부장관이 정하여 고시한다.

제11조의4　**외국인 취업교육기관의 지정취소 등**

① 고용노동부장관은 외국인 취업교육기관이 다음 각 호의 어느 하나에 해당하는 경우에는 고용노동부령으로 정하는 바에 따라 지정취소, 6개월 이내의 업무정지 또는 시정명령을 할 수 있다. 다만, 제1호에 해당하는 경우에는 지정을 취소하여야 한다.

1. 거짓이나 그 밖의 부정한 방법으로 지정을 받은 경우
2. 제11조의3 제2항에 따른 지정기준에 적합하지 아니하게 된 경우
3. 정당한 사유 없이 1년 이상 운영을 중단한 경우
4. 임직원이 외국인 취업교육 업무와 관련하여 형사처분을 받는 등 사회적으로 중대한 물의를 일으킨 경우
5. 운영성과의 미흡 등 대통령령으로 정하는 경우에 해당하는 경우
6. 그 밖에 이 법 또는 이 법에 따른 명령을 위반한 경우

② 제1항에 따라 지정이 취소된 외국인 취업교육기관은 지정이 취소된 날부터 1년이 경과하지 아니하면 제11조의3 제2항에 따른 외국인 취업교육기관 지정신청을 할 수 없다.

③ 고용노동부장관은 제1항에 따라 외국인 취업교육기관의 지정을 취소하는 경우에는 청문을 실시하여야 한다.

> **시행령 제18조의2(외국인 취업교육기관의 지정취소 등)**
>
> 법 제11조의4 제1항 제5호에서 "운영성과의 미흡 등 대통령령으로 정하는 경우"란 고의 또는 중대한 과실로 외국인 취업교육 업무를 부실하게 수행하여 그 업무를 적정하게 수행하는 것이 현저히 곤란하다고 인정되는 경우를 말한다.
>
> **시행규칙 제11조의5(외국인 취업교육기관의 지정취소 등)**
>
> ① 법 제11조의4 제1항에 따른 외국인 취업교육기관에 대한 지정취소 등 행정처분기준은 [별표]와 같다.
> ② 법 제11조의4 제1항에 따라 외국인 취업교육기관의 지정취소 처분을 받은 자는 외국인 취업교육기관 지정서를 지체 없이 고용노동부장관에게 반납해야 한다.
> ③ 고용노동부장관은 외국인 취업교육기관의 지정을 취소한 경우에는 그 사실을 고용노동부 인터넷 홈페이지에 공고해야 한다.

제12조　**외국인근로자 고용의 특례**

① 다음 각 호의 어느 하나에 해당하는 사업 또는 사업장의 사용자는 제3항에 따른 특례고용가능확인을 받은 후 대통령령으로 정하는 사증을 발급받고 입국한 외국인으로서 국내에서 취업하려는 사람을 고용할 수 있다. 이 경우 근로계약의 체결에 관하여는 제9조를 준용한다.

1. 건설업으로서 정책위원회가 일용근로자 노동시장의 현황, 내국인근로자 고용기회의 침해 여부 및 사업장 규모 등을 고려하여 정하는 사업 또는 사업장
2. 서비스업, 제조업, 농업, 어업 또는 광업으로서 정책위원회가 산업별 특성을 고려하여 정하는 사업 또는 사업장

② 제1항에 따른 외국인으로서 제1항 각 호의 어느 하나에 해당하는 사업 또는 사업장에 취업하려는 사람은 **외국인 취업교육**을 받은 후에 직업안정기관의 장에게 구직 신청을 하여야 하고, 고용노동부장관은 이에 대하여 외국인구직자 명부를 작성·관리하여야 한다.

③ 제6조 제1항에 따라 내국인 구인 신청을 한 사용자는 같은 조 제2항에 따라 직업안정기관의 장의 직업소개를 받고도 인력을 채용하지 못한 경우에는 고용노동부령으로 정하는 바에 따라 직업안정기관의 장에게 **특례고용가능확인**을 신청할 수 있다. 이 경우 직업안정기관의 장은 외국인근로자의 도입 업종 및 규모 등 대통령령으로 정하는 요건을 갖춘 사용자에게 특례고용가능확인을 하여야 한다.

④ 제3항에 따라 특례고용가능확인을 받은 사용자는 제2항에 따른 외국인구직자 명부에 **등록된 사람** 중에서 채용하여야 하고, 외국인근로자가 근로를 시작하면 고용노동부령으로 정하는 바에 따라 **직업안정기관의 장에게 신고하여야** 한다.

⑤ 특례고용가능확인의 **유효기간**은 3년으로 한다. 다만, **제1항 제1호**에 해당하는 사업 또는 사업장으로서 공사기간이 3년보다 짧은 경우에는 그 **기간**으로 한다.

⑥ 직업안정기관의 장이 제3항에 따라 특례고용가능확인을 한 경우에는 대통령령으로 정하는 바에 따라 해당 사용자에게 특례고용가능확인서를 발급하여야 한다.

⑦ 제1항에 따른 외국인근로자에 대하여는 「출입국관리법」 제21조를 적용하지 아니한다.

⑧ 고용노동부장관은 제1항에 따른 외국인이 취업을 희망하는 경우에는 입국 전에 고용정보를 제공할 수 있다.

시행령 제19조(외국인근로자 고용 특례의 대상자)
법 제12조 제1항 각 호 외의 부분 전단에서 "대통령령으로 정하는 사증을 발급받고 입국한 외국인"
이란 「출입국관리법 시행령」 [별표 1의2] 중 체류자격 29. 방문취업(H-2)의 체류자격에 해당하는
사람을 말한다.

시행령 제20조(특례고용가능확인서의 발급요건 등)
① 법 제12조 제3항 후단 및 제6항에 따른 특례고용가능확인서(이하 "특례고용가능확인서"라 한
다)의 발급요건에 관하여는 제13조의4에 따른 고용허가서의 발급 요건을 준용한다. 이 경우
"고용허가서"는 "특례고용가능확인서"로 본다.
② 직업안정기관의 장은 법 제12조 제3항 전단에 따른 사용자의 신청이 있을 때에는 제1항에 따라
준용되는 제13조의4에 따른 고용허가서의 발급요건이 충족되는 경우 특례고용가능확인서를
발급하여야 한다.

제3장 | 외국인근로자의 고용관리

제13조 출국만기보험 · 신탁

① 외국인근로자를 고용한 사업 또는 사업장의 사용자(이하 "**사용자**"라 한다)는 외국인근로자의 출국 등에 따른 퇴직금 지급을 위하여 외국인근로자를 **피보험자** 또는 **수익자**(이하 "피보험자등"이라 한다)로 하는 **보험** 또는 **신탁**(이하 "출국만기보험등"이라 한다)에 **가입하여야** 한다. 이 경우 보험료 또는 신탁금은 매월 **납부**하거나 **위탁하여야** 한다.

② 사용자가 **출국만기보험등**에 가입한 경우 「근로자퇴직급여 보장법」 제8조 제1항에 따른 **퇴직금제도**를 설정한 것으로 본다.

③ 출국만기보험등의 가입대상 사용자, 가입방법·내용·관리 및 지급 등에 필요한 사항은 대통령령으로 정하되, 지급시기는 피보험자등이 **출국한 때부터 14일**(체류자격의 변경, 사망 등에 따라 신청하거나 출국일 이후에 신청하는 경우에는 신청일부터 14일) 이내로 한다.

④ 출국만기보험등의 지급사유 발생에 따라 피보험자등이 받을 금액(이하 "보험금등"이라 한다)에 대한 청구권은 「상법」 제662조에도 불구하고 **지급사유가 발생한 날부터 3년간** 이를 행사하지 아니하면 소멸시효가 완성한다. 이 경우 출국만기보험등을 취급하는 금융기관은 소멸시효가 완성한 보험금등을 **1개월 이내에 한국산업인력공단에 이전하여야** 한다.

> 외국인근로자를 고용한 사업 또는 사업장의 사용자는 외국인근로자의 출국 등에 따른 퇴직금 지급을 위하여 외국인근로자를 피보험자 또는 수익자로 하는 보험 또는 신탁에 가입하여야 한다.
> (○) 기출 21
>
> 사용자가 출국만기보험등에 가입한 경우 근로자퇴직급여보장법상 퇴직금제도를 설정한 것으로 본다.
> (○) 기출 13·14

제13조의2 휴면보험금등관리위원회

① 제13조 제4항에 따라 이전받은 보험금등의 관리·운용에 필요한 사항을 심의·의결하기 위하여 한국산업인력공단에 휴면보험금등관리위원회를 둔다.

② 제13조 제4항에 따라 이전받은 보험금등은 우선적으로 피보험자등을 위하여 사용되어야 한다.

③ 휴면보험금등관리위원회의 구성 및 운영, 그 밖에 필요한 사항은 대통령령으로 정한다.

제14조 건강보험

사용자 및 사용자에게 고용된 외국인근로자에게 「국민건강보험법」을 적용하는 경우 사용자는 같은 법 제3조에 따른 사용자로, 사용자에게 고용된 외국인근로자는 같은 법 제6조 제1항에 따른 직장가입자로 본다.

제15조 귀국비용보험·신탁

① **외국인근로자**는 귀국 시 필요한 비용에 충당하기 위하여 **보험** 또는 **신탁**에 가입하여야 한다.

② 제1항에 따른 보험 또는 신탁의 가입방법·내용·관리 및 지급 등에 필요한 사항은 대통령령으로 정한다.

③ 제1항에 따른 보험 또는 신탁의 지급사유 발생에 따라 가입자가 받을 금액에 대한 청구권의 소멸시효, 소멸시효가 완성한 금액의 이전 및 관리·운용 등에 관하여는 제13조 제4항 및 제13조의2를 준용한다.

제16조 귀국에 필요한 조치

사용자는 외국인근로자가 근로관계의 종료, 체류기간의 만료 등으로 귀국하는 경우에는 귀국하기 전에 임금 등 금품관계를 청산하는 등 필요한 조치를 하여야 한다.

제17조 외국인근로자의 고용관리

① 사용자는 외국인근로자와의 근로계약을 해지하거나 그 밖에 고용과 관련된 중요 사항을 변경하는 등 대통령령으로 정하는 사유가 발생하였을 때에는 고용노동부령으로 정하는 바에 따라 직업안정기관의 장에게 신고하여야 한다.
② 사용자가 제1항에 따른 신고를 한 경우 그 신고사실이 「출입국관리법」 제19조 제1항 각 호에 따른 신고사유에 해당하는 때에는 같은 항에 따른 신고를 한 것으로 본다.
③ 제1항에 따라 신고를 받은 직업안정기관의 장은 그 신고사실이 제2항에 해당하는 때에는 지체 없이 사용자의 소재지를 관할하는 지방출입국·외국인관서의 장에게 통보하여야 한다.
④ 외국인근로자의 적절한 고용관리 등에 필요한 사항은 대통령령으로 정한다.

시행령 제23조(외국인근로자의 고용관리)

① 법 제17조 제1항에서 "외국인근로자와의 근로계약을 해지하거나 그 밖에 고용과 관련된 중요 사항을 변경하는 등 대통령령으로 정하는 사유"란 다음 각 호의 어느 하나에 해당하는 경우를 말한다.
  1. 외국인근로자가 사망한 경우
  2. 외국인근로자가 부상 등으로 해당 사업에서 계속 근무하는 것이 부적합한 경우
  3. 외국인근로자가 사용자의 승인을 받는 등 정당한 절차 없이 5일 이상 결근하거나 그 소재를 알 수 없는 경우
  5. 외국인근로자와의 근로계약을 해지하는 경우
  8. 사용자 또는 근무처의 명칭이 변경된 경우
  9. 사용자의 변경 없이 근무 장소를 변경한 경우

② 고용노동부장관은 법 제17조 제4항에 따라 외국인근로자의 적절한 고용관리 등을 하기 위해 매년 1회 이상 외국인근로자를 고용하고 있는 사업 또는 사업장에 대한 지도·점검계획을 수립하고, 그 계획에 따라 선정된 사업 또는 사업장에 대하여 외국인근로자의 근로조건, 산업안전 보건조치 등의 이행실태, 그 밖에 관계 법령의 준수 여부 등을 파악하기 위한 지도·점검을 해야 한다.

③ 고용노동부장관은 제2항에 따른 지도·점검을 실시한 결과 「근로기준법」·「출입국관리법」 등 관계 법령을 위반한 사실을 발견한 경우에는 관계 법령에 따라 필요한 조치를 하여야 한다. 다만, 소관 사항이 아닌 경우에는 소관 행정기관에 통지하여야 한다.

④ 출입국·외국인청장, 출입국·외국인사무소장 또는 출장소장은 그 직무와 관련하여 직업안정 기관의 장에 대하여 외국인근로자의 고용관리에 관한 자료를 요청할 수 있다. 이 경우 직업안 정기관의 장은 특별한 사유가 없으면 그 요청을 거부해서는 아니 된다.

제18조 취업활동 기간의 제한

외국인근로자는 입국한 날부터 3년의 범위에서 취업활동을 할 수 있다.

> 외국인근로자는 고용허가를 받은 날부터 5년의 범위에서 취업활동을 할 수 있다. (×) **기출** 21
> 외국인근로자는 입국한 날부터 3년의 범위에서 취업활동을 할 수 있다.　　(○) **기출** 13·22

제18조의2 취업활동 기간 제한에 관한 특례

① 다음 각 호의 외국인근로자는 제18조에도 불구하고 한 차례만 2년 미만의 범위에서 취업활동 기간을 연장받을 수 있다.
  1. 제8조 제4항에 따른 고용허가를 받은 사용자에게 고용된 외국인근로자로서 제18조에 따른 취업활동 기간 3년이 만료되어 출국하기 전에 사용자가 고용노동부장관에게 재고용 허가를 요청한 근로자
  2. 제12조 제3항에 따른 특례고용가능확인을 받은 사용자에게 고용된 외국인근로자로서 제18조에 따른 취업활동 기간 3년이 만료되어 출국하기 전에 사용자가 고용노동부 장관에게 재고용 허가를 요청한 근로자

② 고용노동부장관은 제1항 및 제18조에도 불구하고 감염병 확산, 천재지변 등의 사유로 외국인근로자의 입국과 출국이 어렵다고 인정되는 경우에는 정책위원회의 심의·의결 을 거쳐 1년의 범위에서 취업활동 기간을 연장할 수 있다.

③ 제1항에 따른 사용자의 재고용 허가 요청 절차 및 그 밖에 필요한 사항은 고용노동부령으 로 정한다.

> 고용허가를 받은 사용자에게 고용된 외국인근로자로서 취업활동 기간 3년이 만료되어 출국하기 전에 사용자가 고용노동부장관에게 재고용 허가를 요청한 근로자는 한 차례만 2년 미만의 범위에서 취업활 동 기간을 연장받을 수 있다.　　(○) **기출** 24

시행규칙 제11조(외국인 취업교육의 시간·내용 등)

① 외국인 취업교육의 시간은 16시간 이상으로 한다. 다만, 법 제18조 및 제18조의2의 취업활동 기간이 만료된 외국인근로자가 법에 따른 절차를 거쳐 다시 입국한 경우에는 그 외국인근로자의 취업교육 시간을 16시간 미만으로 단축할 수 있다.

② 외국인 취업교육의 내용에는 다음 각 호의 사항이 포함되어야 한다. 다만, 법 제18조 및 제18조의2에 따라 취업활동 기간이 만료되어 출국한 후 재입국한 외국인근로자로서 영 제19조에 따른 외국인근로자 고용 특례 대상자에 대해서는 제1호 및 제5호에 해당하는 내용의 취업교육을 생략할 수 있다.

   1. 취업활동에 필요한 업종별 기초적 기능에 관한 사항
   2. 외국인근로자 고용허가제도에 관한 사항
   3. 산업안전보건에 관한 사항
   4. 「근로기준법」, 「출입국관리법」 등 관련 법령에 관한 사항
   5. 한국의 문화와 생활에 관한 사항
   6. 그 밖에 취업활동을 위하여 고용노동부장관이 필요하다고 인정하는 사항

③ 외국인 취업교육에 드는 비용은 사용자가 부담하여야 한다. 다만, 영 제19조에 해당하는 사람에 대한 취업교육에 드는 비용은 그러하지 아니하다.

④ 외국인 취업교육기관의 장은 외국인근로자가 외국인 취업교육을 이수하였을 때에는 별지 제8호서식의 외국인 취업교육 수료증을 발급하여야 한다.

⑤ 외국인 취업교육기관의 장은 외국인 취업교육을 실시하였을 때에는 그 결과를 지체 없이 고용노동부장관에게 보고하여야 한다.

시행규칙 제14조의2(취업활동 기간 제한에 관한 특례 절차)

① 사용자가 법 제18조의2에 따른 재고용 허가를 받으려면 취업활동 기간 만료일까지의 근로계약 기간이 1개월 이상인 외국인근로자를 대상으로 해당 근로자의 취업활동 기간 만료일의 7일 전까지 별지 제12호의3서식의 취업기간 만료자 취업활동 기간 연장신청서에 다음 각 호의 서류를 붙여 소재지 관할 직업안정기관의 장에게 제출하여야 한다. 이 경우 직업안정기관의 장은 「전자정부법」 제36조 제1항에 따른 행정정보의 공동이용을 통하여 사업자등록증을 확인하여야 하며, 신청인이 확인에 동의하지 아니하면 그 사본을 첨부하도록 하여야 한다.

   1. 삭제 〈2014.7.28.〉
   2. 외국인등록증 사본
   3. 여권 사본
   4. 표준근로계약서 사본

② 제1항 각 호 외의 부분 전단에도 불구하고 사용자는 외국인근로자가 사용자와 근로계약을 체결하기 직전에 다른 사업 또는 사업장에서 근로한 경우로서 법 제25조 제1항 제2호에 따른 사유로 사업 또는 사업장을 변경하여 사용자와 근로계약을 체결하게 된 경우에는 취업활동 기간 만료일까지의 근로계약 기간이 1개월 미만인 외국인근로자에 대해서도 법 제18조의2에 따른 재고용 허가를 신청할 수 있다.

③ 제1항 또는 제2항에 따라 신청을 받은 소재지 관할 직업안정기관의 장은 연장신청서를 검토한 결과 해당 요건을 충족하는 경우에는 신청서를 접수한 날부터 7일 이내에 별지 제12호의4서식의 취업기간 만료자 취업활동 기간 연장 확인서를 발급해야 한다.

④ 소재지 관할 직업안정기관의 장은 제3항에 따른 취업기간 만료자 취업활동 기간 연장확인서를 법무부장관과 한국산업인력공단에 통보하고, 한국산업인력공단은 취업활동 기간 연장자 명부를 따로 작성하여 관리한다.

국내에서 취업한 후 출국한 외국인근로자(제12조 제1항에 따른 **외국인근로자**는 제외한다)
는 **출국한 날부터 6개월**이 지나지 아니하면 이 법에 따라 다시 취업할 수 없다.

> 국내에서 취업한 후 출국한 외국인 근로자는 출국한 날로부터 3개월이 경과하면 이 법에 따라 다시
> 취업활동을 할 수 있다.   (×) 기출 13

제18조의4   재입국 취업 제한의 특례

① 고용노동부장관은 제18조의3에도 불구하고 다음 각 호의 요건을 모두 갖춘 외국인근로
   자로서 제18조의2에 따라 연장된 취업활동 기간이 끝나 출국하기 전에 사용자가 재입국
   후의 고용허가를 **신청한 외국인근로자**에 대하여 출국한 날부터 1개월이 지나면 이 법에
   따라 다시 취업하도록 할 수 있다.
   1. 다음 각 목의 어느 하나에 해당할 것
      가. 제18조 및 제18조의2에 따른 취업활동 기간 중에 사업 또는 사업장을 **변경하지
          아니하였을 것**
      나. 제25조 제1항 제1호 또는 제3호에 해당하는 사유로 사업 또는 사업장을 변경하는
          경우(재입국 후의 고용허가를 신청하는 사용자와 취업활동 기간 종료일까지의
          근로계약 기간이 1년 이상인 경우만 해당한다)로서 동일업종 내 근속기간 등
          고용노동부장관이 정하여 **고시하는 기준**을 충족할 것
      다. 제25조 제1항 제2호에 해당하는 사유로 사업 또는 사업장을 변경하는 경우로서
          재입국 후의 고용허가를 신청하는 사용자와 취업활동 기간 종료일까지의 근로계
          약 기간이 **1년 이상**일 것
      라. 제25조 제1항 제2호에 해당하는 사유로 사업 또는 사업장을 변경하는 경우로서
          재입국 후의 고용허가를 신청하는 사용자와 취업활동 기간 종료일까지의 근로계
          약 기간이 **1년 미만**이나 직업안정기관의 장이 제24조의2 제1항에 따른 외국인근
          로자 **권익보호협의회의 의견**을 들어 재입국 후의 고용허가를 하는 것이 타당하
          다고 인정하였을 것
   2. 정책위원회가 도입 업종이나 규모 등을 고려하여 **내국인을 고용하기 어렵다고** 정하
      는 사업 또는 사업장에서 근로하고 있을 것
   3. 재입국하여 근로를 시작하는 날부터 효력이 발생하는 **1년 이상**의 근로계약을 해당
      사용자와 체결하고 있을 것
② 제1항에 따른 재입국 후의 고용허가 신청과 재입국 취업활동에 대하여는 제6조, 제7조
   제2항, 제11조를 적용하지 아니한다.
③ 제1항에 따른 재입국 취업은 한 차례만 허용되고, 재입국 취업을 위한 근로계약의 체결에
   관하여는 제9조를 준용하며, 재입국한 외국인근로자의 취업활동에 대하여는 제18조,
   제18조의2 및 제25조를 준용한다.
④ 제1항에 따른 사용자의 고용허가 신청 절차 및 그 밖에 필요한 사항은 고용노동부령으로
   정한다.

제19조 외국인근로자 고용허가 또는 특례고용가능확인의 취소

① 직업안정기관의 장은 다음 각 호의 어느 하나에 해당하는 사용자에 대하여 대통령령으로 정하는 바에 따라 제8조 제4항에 따른 고용허가나 제12조 제3항에 따른 특례고용가능확인을 취소할 수 있다.
  1. 거짓이나 그 밖의 부정한 방법으로 고용허가나 특례고용가능확인을 받은 경우
  2. 사용자가 입국 전에 계약한 임금 또는 그 밖의 근로조건을 위반하는 경우
  3. 사용자의 임금체불 또는 그 밖의 노동관계법 위반 등으로 근로계약을 유지하기 어렵다고 인정되는 경우
② 제1항에 따라 외국인근로자 고용허가나 특례고용가능확인이 취소된 사용자는 취소된 날부터 15일 이내에 그 외국인근로자와의 근로계약을 종료하여야 한다.

> 사용자의 임금체불로 근로계약을 유지하기 어렵다고 인정되는 경우 직업안정기관의 장은 외국인근로자 고용허가를 취소할 수 있다.　　　　　　　　　　　　　　　(O) 기출 17 · 20

제20조 외국인근로자 고용의 제한

① 직업안정기관의 장은 다음 각 호의 어느 하나에 해당하는 사용자에 대하여 그 사실이 발생한 날부터 3년간 외국인근로자의 고용을 제한할 수 있다.
  1. 제8조 제4항에 따른 고용허가 또는 제12조 제3항에 따른 특례고용가능확인을 받지 아니하고 외국인근로자를 고용한 자
  2. 제19조 제1항에 따라 외국인근로자의 고용허가나 특례고용가능확인이 취소된 자
  3. 이 법 또는 「출입국관리법」을 위반하여 처벌을 받은 자
  3의2. 외국인근로자의 사망으로 「산업안전보건법」 제167조 제1항에 따른 처벌을 받은 자
  4. 그 밖에 대통령령으로 정하는 사유에 해당하는 자
② 고용노동부장관은 제1항에 따라 외국인근로자의 고용을 제한하는 경우에는 그 사용자에게 고용노동부령으로 정하는 바에 따라 알려야 한다.

> 직업안정법에 따른 직업안정기관의 장은 외국인근로자의 고용 등에 관한 법률을 위반하여 처벌을 받은 사용자에 대하여 그 사실이 발생한 날부터 3년간 외국인근로자의 고용을 제한할 수 있다.　　　　　　　　　　　　　　(O) 기출 16
>
> 직업안정기관의 장은 외국인근로자 고용허가 또는 특례고용가능확인을 받지 아니하고 외국인근로자를 고용한 자에 대하여 그 사실이 발생한 날부터 3년간 외국인근로자의 고용을 제한할 수 있다.　　　　　　　　　　　　　　(O) 기출 18 · 20
>
> 직업안정기관의 장은 출입국관리법을 위반하여 처벌을 받은 사용자에 대하여 그 사실이 발생한 날부터 6년간 외국인근로자의 고용을 제한할 수 있다.　　　(×) 기출 22

시행령 제25조(외국인근로자 고용의 제한)

법 제20조 제1항 제4호에서 "대통령령으로 정하는 사유에 해당하는 자"란 다음 각 호의 어느 하나에 해당하는 자를 말한다.

1. 법 제8조에 따라 고용허가서를 발급받은 날 또는 법 제12조에 따라 외국인근로자의 근로가 시작된 날부터 6개월 이내에 내국인근로자를 고용조정으로 이직시킨 자
2. 외국인근로자로 하여금 근로계약에 명시된 사업 또는 사업장 외에서 근로를 제공하게 한 자
3. 법 제9조 제1항에 따른 근로계약이 체결된 이후부터 법 제11조에 따른 외국인 취업교육을 마칠 때까지의 기간 동안 경기의 변동, 산업구조의 변화 등에 따른 사업 규모의 축소, 사업의 폐업 또는 전환, 감염병 확산으로 인한 항공기 운항 중단 등과 같은 불가피한 사유가 없음에도 불구하고 근로계약을 해지한 자

> 고용허가서를 발급받은 날부터 6개월 이내에 내국인근로자를 고용조정으로 이직시킨 사용자는 외국인근로자의 고용이 제한될 수 있다.　　　　　　　　　　　　　　　(O)　기출 22

제21조　외국인근로자 관련 사업

고용노동부장관은 외국인근로자의 원활한 국내 취업활동 및 효율적인 고용관리를 위하여 다음 각 호의 사업을 한다.

1. 외국인근로자의 출입국 지원사업
2. 외국인근로자 및 그 사용자에 대한 교육사업
3. 송출국가의 공공기관 및 외국인근로자 관련 민간단체와의 협력사업
4. 외국인근로자 및 그 사용자에 대한 상담 등 편의 제공 사업
5. 외국인근로자 고용제도 등에 대한 홍보사업
6. 그 밖에 외국인근로자의 고용관리에 관한 사업으로서 대통령령으로 정하는 사업

제4장　외국인근로자의 보호

제22조　차별 금지

사용자는 외국인근로자라는 이유로 부당하게 차별하여 처우하여서는 아니 된다.

> 사용자는 외국인근로자라는 이유로 부당하게 차별하여 처우하여서는 아니 된다.
> 　　　　　　　　　　　　　　　　　　　　　　　　　　(O)　기출 13 · 15

제22조의2　기숙사의 제공 등

① 사용자가 외국인근로자에게 기숙사를 제공하는 경우에는 「근로기준법」 제100조에서 정하는 기준을 준수하고, 건강과 안전을 지킬 수 있도록 하여야 한다.

② 사용자는 제1항에 따라 기숙사를 제공하는 경우 외국인근로자와 근로계약을 체결할 때에 외국인근로자에게 다음 각 호의 정보를 사전에 제공하여야 한다. 근로계약 체결 후 다음 각 호의 사항을 변경하는 경우에도 또한 같다.

1. 기숙사의 구조와 설비
2. 기숙사의 설치 장소
3. 기숙사의 주거 환경
4. 기숙사의 면적
5. 그 밖에 기숙사 설치 및 운영에 필요한 사항

③ 제2항에 따른 기숙사 정보 제공의 기준 등에 필요한 사항은 대통령령으로 정한다.

제23조   보증보험 등의 가입

① 사업의 규모 및 산업별 특성 등을 고려하여 대통령령으로 정하는 사업 또는 사업장의 사용자는 임금체불에 대비하여 그가 고용하는 외국인근로자를 위한 보증보험에 가입하여야 한다.

② 산업별 특성 등을 고려하여 대통령령으로 정하는 사업 또는 사업장에서 취업하는 외국인근로자는 질병·사망 등에 대비한 상해보험에 가입하여야 한다.

③ 제1항 및 제2항에 따른 보증보험, 상해보험의 가입방법·내용·관리 및 지급 등에 필요한 사항은 대통령령으로 정한다.

제24조   외국인근로자 관련 단체 등에 대한 지원

① 국가는 외국인근로자에 대한 상담과 교육, 그 밖에 대통령령으로 정하는 사업을 하는 기관 또는 단체에 대하여 사업에 필요한 비용의 일부를 예산의 범위에서 지원할 수 있다.

② 제1항에 따른 지원요건·기준 및 절차 등에 관하여 필요한 사항은 대통령령으로 정한다.

제24조의2   외국인근로자 권익보호협의회

① 외국인근로자의 권익보호에 관한 사항을 협의하기 위하여 직업안정기관에 관할 구역의 노동자단체와 사용자단체 등이 참여하는 외국인근로자 권익보호협의회를 둘 수 있다.

② 외국인근로자 권익보호협의회의 구성·운영 등에 필요한 사항은 고용노동부령으로 정한다.

> 직업안정기관에 관할 구역의 노동자단체와 사용자단체 등이 참여하는 외국인근로자 권익보호협의회를 두어야 한다. (×) 기출 14

제25조   사업 또는 사업장 변경의 허용

① 외국인근로자(제12조 제1항에 따른 외국인근로자는 제외한다)는 다음 각 호의 어느 하나에 해당하는 사유가 발생한 경우에는 고용노동부령으로 정하는 바에 따라 직업안정기관의 장에게 다른 사업 또는 사업장으로의 변경을 신청할 수 있다.

1. 사용자가 정당한 사유로 근로계약기간 중 근로계약을 해지하려고 하거나 근로계약이 만료된 후 갱신을 거절하려는 경우

2. 휴업, 폐업, 제19조 제1항에 따른 고용허가의 취소, 제20조 제1항에 따른 고용의 제한, 제22조의2를 위반한 기숙사의 제공, 사용자의 근로조건 위반 또는 부당한 처우 등 외국인근로자의 **책임이 아닌 사유**로 인하여 사회통념상 그 사업 또는 사업장에서 근로를 계속할 수 없게 되었다고 인정하여 **고용노동부장관이 고시한 경우**
3. 그 밖에 대통령령으로 정하는 사유가 발생한 경우

② 사용자가 제1항에 따라 사업 또는 사업장 변경 신청을 한 후 재취업하려는 외국인근로자를 고용할 경우 그 절차 및 방법에 관하여는 제6조·제8조 및 제9조를 준용한다.

③ 제1항에 따른 다른 사업 또는 사업장으로의 변경을 신청한 날부터 **3개월 이내**에 「출입국관리법」 제21조에 따른 근무처 변경허가를 받지 못하거나 사용자와 근로계약이 종료된 날부터 **1개월 이내**에 다른 사업 또는 사업장으로의 변경을 신청하지 아니한 외국인근로자는 출국하여야 한다. 다만, 업무상 재해, 질병, 임신, 출산 등의 사유로 근무처 변경허가를 받을 수 없거나 근무처 변경신청을 할 수 없는 경우에는 그 사유가 없어진 날부터 각각 그 기간을 계산한다.

④ 제1항에 따른 외국인근로자의 사업 또는 사업장 변경은 제18조에 따른 기간 중에는 원칙적으로 3회를 초과할 수 없으며, 제18조의2 제1항에 따라 연장된 기간 중에는 2회를 초과할 수 없다. 다만, 제1항 제2호의 사유로 사업 또는 사업장을 변경한 경우는 포함하지 아니한다.

사용자가 정당한 사유로 근로계약기간 중 근로계약을 해지하려고 하는 경우에도 외국인근로자는 직업안정기관의 장에게 다른 사업 또는 사업장으로의 변경을 신청할 수 없다. (×) **기출** 15

시행규칙 제16조(사업 또는 사업장의 변경)

① 법 제25조 제1항에 따라 외국인근로자가 사업 또는 사업장을 변경하려면 별지 제13호서식 또는 별지 제13호의2서식의 사업장 변경신청서에 여권 사본(제3항에 따른 외국인등록 사실증명을 확인할 수 없는 경우만 해당한다)을 첨부하여 소재지관할 직업안정기관의 장에게 제출하여야 하며, 소재지관할 직업안정기관의 장은 법 제25조 제1항 각 호의 어느 하나의 사유를 확인하기 위하여 필요한 경우에는 관련 자료를 제출하게 할 수 있다.

② 외국인근로자가 법 제25조 제3항 단서에 해당하는 경우에는 별지 제13호의3서식의 사업장 변경 신청기간 연장신청서에 여권 사본(제3항에 따른 외국인등록 사실증명을 확인할 수 없는 경우만 해당한다)과 업무상 재해, 질병, 임신, 출산 등의 사유를 증명할 수 있는 서류를 첨부하여 소재지관할 직업안정기관의 장에게 제출하여야 한다.

③ 제1항 및 제2항에 따른 신청서를 제출받은 소재지관할 직업안정기관의 장은 「전자정부법」 제36조 제1항에 따른 행정정보의 공동이용을 통하여 「출입국관리법」 제88조에 따른 외국인등록 사실증명을 확인하여야 한다. 다만, 신청인이 확인에 동의하지 아니하는 경우에는 그 서류를 첨부하도록 하여야 한다.

④ 제1항 또는 제2항에 따른 신청서를 제출받은 소재지관할 직업안정기관의 장은 신청서를 접수한 날부터 15일 이내에 사업장 변경신청 또는 사업장 변경 신청기간 연장신청을 처리해야 한다. 다만, 부득이한 사유로 그 기간에 처리할 수 없는 경우에는 15일 이내의 범위에서 한 차례만 그 처리기간을 연장할 수 있다.

제5장 │ 보 칙

제26조   보고 및 조사 등

① 고용노동부장관은 필요하다고 인정하면 사용자나 외국인근로자 또는 제24조 제1항에 따라 지원을 받는 외국인근로자 관련 단체에 대하여 보고, 관련 서류의 제출이나 그 밖에 필요한 명령을 할 수 있으며, 소속 공무원으로 하여금 관계인에게 질문하거나 관련 장부·서류 등을 조사하거나 검사하게 할 수 있다.

② 제1항에 따라 조사 또는 검사를 하는 공무원은 그 신분을 표시하는 증명서를 지니고 이를 관계인에게 내보여야 한다.

제26조의2   관계 기관의 협조

① 고용노동부장관은 중앙행정기관·지방자치단체·공공기관 등 관계 기관의 장에게 이 법의 시행을 위하여 다음 각 호의 자료 제출을 요청할 수 있다.

1. 업종별·지역별 인력수급 자료
2. 외국인근로자 대상 지원사업 자료

② 제1항에 따라 자료의 제출을 요청받은 기관은 정당한 사유가 없으면 요청에 따라야 한다.

제27조   수수료의 징수 등

① 제9조 제2항에 따라 사용자와 외국인근로자의 근로계약 체결(제12조 제1항 각 호 외의 부분 후단, 제18조의4 제3항 및 제25조 제2항에 따라 근로계약 체결을 준용하는 경우를 포함한다. 이하 이 조에서 같다)을 대행하는 자는 고용노동부령으로 정하는 바에 따라 사용자로부터 수수료와 필요한 비용을 받을 수 있다.

② 고용노동부장관은 제21조에 따른 외국인근로자 관련 사업을 하기 위하여 필요하면 고용노동부령으로 정하는 바에 따라 사용자로부터 수수료와 필요한 비용을 받을 수 있다.

③ 제27조의2 제1항에 따라 외국인근로자의 고용에 관한 업무를 대행하는 자는 고용노동부령으로 정하는 바에 따라 사용자로부터 수수료와 필요한 비용을 받을 수 있다.

④ 다음 각 호의 어느 하나에 해당하는 자가 아닌 자는 근로계약 체결의 대행이나 외국인근로자 고용에 관한 업무의 대행 또는 외국인근로자 관련 사업을 하는 대가로 어떠한 금품도 받아서는 아니 된다.

1. 제9조 제2항에 따라 사용자와 외국인근로자의 근로계약 체결을 대행하는 자
2. 제27조의2 제1항에 따라 외국인근로자의 고용에 관한 업무를 대행하는 자
3. 제21조에 따른 고용노동부장관의 권한을 제28조에 따라 위임·위탁받아 하는 자

제27조의2 　 각종 신청 등의 대행

① 사용자 또는 외국인근로자는 다음 각 호에 따른 신청이나 서류의 수령 등 외국인근로자
의 고용에 관한 업무를 고용노동부장관이 지정하는 자(이하 "대행기관"이라 한다)에게
대행하게 할 수 있다.
1. 제6조 제1항에 따른 내국인 구인 신청(제25조 제2항에 따라 준용하는 경우를 포함한다)
2. 제18조의2에 따른 사용자의 재고용 허가 요청
3. 제18조의4 제1항에 따른 재입국 후의 고용허가 신청
4. 제25조 제1항에 따른 사업 또는 사업장 변경 신청
5. 그 밖에 고용노동부령으로 정하는 외국인근로자 고용 등에 관한 업무
② 제1항에 따른 대행기관의 지정요건, 업무범위, 지정절차 및 대행에 필요한 사항은 고용
노동부령으로 정한다.

제27조의3 　 대행기관의 지정취소 등

① 고용노동부장관은 대행기관이 다음 각 호의 어느 하나에 해당하는 경우에는 고용노동부
령으로 정하는 바에 따라 지정취소, 6개월 이내의 업무정지 또는 시정명령을 할 수 있다.
1. 거짓이나 그 밖의 부정한 방법으로 지정을 받은 경우
2. 지정요건에 미달하게 된 경우
3. 지정받은 업무범위를 벗어나 업무를 한 경우
4. 그 밖에 선량한 관리자의 주의를 다하지 아니하거나 업무처리 절차를 위배한 경우
② 고용노동부장관은 제1항에 따라 대행기관을 지정취소할 경우에는 청문을 실시하여야
한다.

제28조 　 권한의 위임 · 위탁

고용노동부장관은 이 법에 따른 권한의 일부를 대통령령으로 정하는 바에 따라 지방고용노
동관서의 장에게 위임하거나 한국산업인력공단 또는 대통령령으로 정하는 자에게 위탁할
수 있다. 다만, 제21조 제1호의 사업은 한국산업인력공단에 위탁한다.

> **시행령 제31조(권한 등의 위임 · 위탁)**
> ① 고용노동부장관은 법 제28조에 따라 다음 각 호의 권한을 지방고용노동관서의 장에게 위임한다.
> 1. 법 제18조의2에 따른 사용자의 재고용 허가 요청의 접수 및 처리
> 2. 법 제18조의4에 따른 재입국 후의 고용허가 신청의 접수 및 처리
> 3. 법 제26조 제1항에 따른 명령 · 조사 및 검사 등
> 4. 법 제32조에 따른 과태료의 부과 · 징수
> 5. 제23조 제2항에 따른 지도 · 점검
> ② 고용노동부장관은 법 제28조에 따라 다음 각 호의 업무를 한국산업인력공단에 위탁한다.
> 1. 법 제11조의2 및 제21조 제2호에 따른 사용자에 대한 교육사업
> 2. 법 제21조 제1호에 따른 외국인근로자의 출입국 지원사업
> 3. 법 제21조 제3호에 따른 송출국가의 공공기관과의 협력사업
> 4. 법 제27조 제2항에 따른 수수료 등의 징수(제2호 및 제3호에 따라 위탁받은 사업과 관련된
>   것으로 한정한다)
> 5. 제12조 제2항에 따른 외국인구직자 명부의 작성 · 관리

③ 고용노동부장관은 법 제28조에 따라 다음 각 호의 업무를 한국산업인력공단과 업무수행을 위한 인적·물적 능력 등을 고려하여 고용노동부장관이 정하여 고시하는 비영리법인 또는 비영리단체에 위탁한다.
   1. 법 제21조 제2호에 따른 외국인근로자에 대한 교육사업
   2. 법 제21조 제3호에 따른 외국인근로자 관련 민간단체와의 협력사업
   3. 법 제21조 제4호에 따른 외국인근로자 및 그 사용자에 대한 상담 등 편의 제공 사업
   4. 법 제27조 제2항에 따른 수수료 등의 징수(제1호부터 제3호까지의 규정에 따라 위탁받은 사업과 관련된 것으로 한정한다)
   5. 제26조 제2호에 따른 외국인근로자의 국내 생활 적응 및 대한민국 문화에 대한 이해 증진과 관련된 사업
   6. 제26조 제3호에 따른 지원 사업
④ 고용노동부장관은 법 제28조에 따라 제26조 제1호에 따른 외국인근로자 고용관리 전산시스템의 개발·운영사업을 「고용정책 기본법」 제18조에 따른 한국고용정보원에 위탁한다.

제6장 | 벌 칙

제29조 벌 칙

다음 각 호의 어느 하나에 해당하는 자는 1년 이하의 징역 또는 1천만원 이하의 벌금에 처한다.
   1. 제8조 제6항을 위반하여 외국인근로자의 선발, 알선, 그 밖의 채용에 개입한 자
   2. 제16조를 위반하여 귀국에 필요한 조치를 하지 아니한 사용자
   3. 제19조 제2항을 위반하여 근로계약을 종료하지 아니한 사용자
   4. 제25조에 따른 외국인근로자의 사업 또는 사업장 변경을 방해한 자
   5. 제27조 제4항을 위반하여 금품을 받은 자

제30조 벌 칙

다음 각 호의 어느 하나에 해당하는 자는 500만원 이하의 벌금에 처한다.
   1. 제13조 제1항 전단을 위반하여 출국만기보험등에 가입하지 아니한 사용자
   2. 제23조에 따른 보증보험 또는 상해보험에 가입하지 아니한 자

제31조 양벌규정

법인의 대표자나 법인 또는 개인의 대리인, 사용인, 그 밖의 종업원이 그 법인 또는 개인의 업무에 관하여 제29조 또는 제30조의 위반행위를 하면 그 행위자를 벌하는 외에 그 법인 또는 개인에게도 해당 조문의 벌금형을 과한다. 다만, 법인 또는 개인이 그 위반행위를 방지하기 위하여 해당 업무에 관하여 상당한 주의와 감독을 게을리하지 아니한 경우에는 그러하지 아니하다.

제32조 **과태료**

① 다음 각 호의 어느 하나에 해당하는 자에게는 500만원 이하의 과태료를 부과한다.

1. 제9조 제1항을 위반하여 근로계약을 체결할 때 표준근로계약서를 사용하지 아니한 자
2. 제11조 제2항을 위반하여 외국인근로자에게 취업교육을 받게 하지 아니한 사용자
2의2. 제11조의2 제1항을 위반하여 사용자 교육을 받지 아니한 사용자
3. 제12조 제3항에 따른 특례고용가능확인을 받지 아니하고 같은 조 제1항에 따른 사증을 발급받은 외국인근로자를 고용한 사용자
4. 제12조 제4항을 위반하여 외국인구직자 명부에 등록된 사람 중에서 채용하지 아니한 사용자 또는 외국인근로자가 근로를 시작한 후 직업안정기관의 장에게 신고를 하지 아니하거나 거짓으로 신고한 사용자
5. 제13조 제1항 후단을 위반하여 출국만기보험등의 매월 보험료 또는 신탁금을 3회 이상 연체한 사용자
6. 제15조 제1항을 위반하여 보험 또는 신탁에 가입하지 아니한 외국인근로자
7. 제17조 제1항을 위반하여 신고를 하지 아니하거나 거짓으로 신고한 사용자
8. 제20조 제1항에 따라 외국인근로자의 고용이 제한된 사용자로서 제12조 제1항에 따른 사증을 발급받은 외국인근로자를 고용한 사용자
9. 제26조 제1항에 따른 명령을 따르지 아니하여 보고를 하지 아니하거나 거짓으로 보고한 자, 관련 서류를 제출하지 아니하거나 거짓으로 제출한 자, 같은 항에 따른 질문 또는 조사·검사를 거부·방해하거나 기피한 자
10. 제27조 제1항·제2항 또는 제3항에 따른 수수료 및 필요한 비용 외의 금품을 받은 자

② 제1항에 따른 과태료는 대통령령으로 정하는 바에 따라 고용노동부장관이 부과·징수한다.

공인노무사 노동법 관계법령집(기출지문 OX)

PART 2
노동법Ⅱ 관계법령

인생에서 실패한 사람 중 다수는
성공을 목전에 두고도 모른 채 포기한 이들이다.

- 토마스 A. 에디슨 -

01 노동조합 및 노동관계조정법

시행 2021.7.6. [법률 제17864호, 2021.1.5. 일부개정]

제1장 총 칙

제1조 목 적

이 법은 헌법에 의한 근로자의 단결권·단체교섭권 및 단체행동권을 보장하여 근로조건의 유지·개선과 근로자의 경제적·사회적 지위의 향상을 도모하고, 노동관계를 공정하게 조정하여 노동쟁의를 예방·해결함으로써 산업평화의 유지와 국민경제의 발전에 이바지함을 목적으로 한다.

> 노동조합 및 노동관계조정법은 동법의 목적으로 노동조합의 사회적 책임을 명시적으로 규정하고 있지 아니하다.
> (○) 기출 13

제2조 정 의

이 법에서 사용하는 용어의 정의는 다음과 같다.

1. "근로자"라 함은 직업의 종류를 불문하고 임금·급료 기타 이에 준하는 수입에 의하여 생활하는 자를 말한다.
2. "사용자"라 함은 사업주, 사업의 경영담당자 또는 그 사업의 근로자에 관한 사항에 대하여 사업주를 위하여 행동하는 자를 말한다.
3. "사용자단체"라 함은 노동관계에 관하여 그 구성원인 사용자에 대하여 조정 또는 규제할 수 있는 권한을 가진 사용자의 단체를 말한다.
4. "노동조합"이라 함은 근로자가 주체가 되어 자주적으로 단결하여 근로조건의 유지·개선 기타 근로자의 경제적·사회적 지위의 향상을 도모함을 목적으로 조직하는 단체 또는 그 연합단체를 말한다. 다만, 다음 각 목의 1에 해당하는 경우에는 노동조합으로 보지 아니한다.
   가. 사용자 또는 항상 그의 이익을 대표하여 행동하는 자의 참가를 허용하는 경우
   나. 경비의 주된 부분을 사용자로부터 원조받는 경우
   다. 공제·수양 기타 복리사업만을 목적으로 하는 경우
   라. 근로자가 아닌 자의 가입을 허용하는 경우
   마. 주로 정치운동을 목적으로 하는 경우

5. "노동쟁의"라 함은 **노동조합과 사용자** 또는 **사용자단체**(이하 "노동관계 당사자"라 한다) 간에 임금·근로시간·복지·해고 기타 대우등 근로조건의 결정에 관한 주장의 불일치로 인하여 발생한 **분쟁상태**를 말한다. 이 경우 주장의 불일치라 함은 당사자 간에 합의를 위한 노력을 계속하여도 더이상 자주적 교섭에 의한 합의의 여지가 없는 경우를 말한다.

6. "쟁의행위"라 함은 파업·태업·직장폐쇄 기타 노동관계 당사자가 그 주장을 관철할 목적으로 행하는 행위와 이에 대항하는 행위로서 업무의 정상적인 운영을 저해하는 행위를 말한다.

"근로자"란 직업의 종류를 불문하고 임금·급료 기타 이에 준하는 수입에 의하여 생활하는 자를 말한다.
(O) 기출 14·15·19

"사용자"라 함은 사업주, 사업의 경영담당자 또는 그 사업의 근로자에 관한 사항에 대하여 사업주를 위하여 행동하는 자를 말한다.
(O) 기출 13·14·15·21

"사용자단체"라 함은 노동관계에 관하여 그 구성원인 사용자에 대하여 조정 또는 규제할 수 있는 권한을 가진 사용자의 단체를 말한다.
(O) 기출 13·15·16·21

"노동조합"이라 함은 근로자가 주체가 되어 자주적으로 단결하여 근로조건의 유지·개선 기타 근로자의 경제적·사회적 지위의 향상을 도모함을 목적으로 조직하는 단체 또는 그 연합단체를 말한다.
(O) 기출 13·15

항상 사용자의 이익을 대표하여 행동하는 자의 참가를 허용하는 경우에는 노동조합으로 보지 아니한다.
(O) 기출 18

최소한의 규모라 하더라도 사용자로부터 노동조합사무소를 제공받은 경우에는 노동조합으로 보지 아니한다.
(X) 기출 18

복리사업만을 목적으로 하는 경우에는 노동조합으로 보지 아니한다.
(O) 기출 18

공제사업만을 목적으로 하는 경우에는 노동조합으로 보지 아니한다.
(O) 기출 18

주로 정치운동을 목적으로 하는 경우에는 노동조합으로 보지 아니한다.
(O) 기출 18

주로 정치운동을 목적으로 하는 경우에는 노동조합의 설립신고를 마치고 신고증을 교부받았다고 하더라도, 그러한 단체는 적법한 노동조합으로 인정받지 못할 수 있다.
(O) 기출 23

"노동쟁의"라 함은 파업·태업·직장폐쇄 기타 노동관계 당사자가 그 주장을 관철할 목적으로 행하는 행위와 이에 대항하는 행위로서 업무의 정상적인 운영을 저해하는 행위를 말한다.
(X) 기출 15

"노동쟁의"라 함은 근로자와 사용자 또는 사용자단체 간에 임금·근로시간·복지·해고 기타 대우 등 근로조건의 결정에 관한 주장의 불일치로 인하여 발생한 분쟁상태를 말한다. (X) 기출 13

"쟁의행위"라 함은 파업·태업·직장폐쇄 기타 노동관계 당사자가 그 주장을 관철할 목적으로 행하는 행위와 이에 대항하는 행위로서 업무의 정상적인 운영을 저해하는 행위를 말한다.
(O) 기출 13

제3조   손해배상 청구의 제한

사용자는 이 법에 의한 단체교섭 또는 쟁의행위로 인하여 손해를 입은 경우에 노동조합 또는 근로자에 대하여 그 배상을 청구할 수 없다.

> 사용자는 노동조합 및 노동관계조정법에 의한 쟁의행위로 인하여 손해를 입은 경우에 노동조합 또는 근로자에 대하여 그 배상을 청구할 수 없다.   (O) 기출 16 · 21

제4조   정당행위

형법 제20조의 규정은 노동조합이 단체교섭 · 쟁의행위 기타의 행위로서 제1조의 목적을 달성하기 위하여 한 정당한 행위에 대하여 적용된다. 다만, 어떠한 경우에도 폭력이나 파괴행위는 정당한 행위로 해석되어서는 아니 된다.

제2장   노동조합

제1절   통 칙

제5조   노동조합의 조직 · 가입 · 활동

① 근로자는 자유로이 노동조합을 조직하거나 이에 가입할 수 있다. 다만, 공무원과 교원에 대하여는 따로 법률로 정한다.

② 사업 또는 사업장에 종사하는 근로자(이하 "종사근로자"라 한다)가 아닌 노동조합의 조합원은 사용자의 효율적인 사업 운영에 지장을 주지 아니하는 범위에서 사업 또는 사업장 내에서 노동조합 활동을 할 수 있다.

③ 종사근로자인 조합원이 해고되어 노동위원회에 부당노동행위의 구제신청을 한 경우에는 중앙노동위원회의 재심판정이 있을 때까지는 종사근로자로 본다.

> 사업 또는 사업장에 종사하는 근로자(이하 "종사근로자"라 한다)인 조합원이 해고되어 노동위원회에 부당노동행위의 구제신청을 한 경우에는 중앙노동위원회의 재심판정이 있을 때까지 종사근로자로 본다.   (O) 기출 24
>
> 사업 또는 사업장에 종사하는 근로자가 아닌 노동조합의 조합원은 사용자의 사업 운영 지장 여부와 무관하게 사업 또는 사업장 내에서 노동조합 활동을 할 수 없다.   (×) 기출 23
>
> 종사근로자인 조합원이 해고되어 노동위원회에 부당해고의 구제신청을 한 경우에는 중앙노동위원회의 재심판정이 있을 때까지는 종사근로자로 본다.   (×) 기출 22

제6조 　　**법인격의 취득**

① 노동조합은 그 규약이 정하는 바에 의하여 법인으로 할 수 있다.

② 노동조합은 당해 노동조합을 법인으로 하고자 할 경우에는 대통령령이 정하는 바에 의하여 등기를 하여야 한다.

③ 법인인 노동조합에 대하여는 이 법에 규정된 것을 제외하고는 민법 중 사단법인에 관한 규정을 적용한다.

> 노동조합은 규약이 정하는 바에 의하여 법인으로 할 수 있다. 　　　　　　(○) **기출** 18

시행령 제2조(법인등기)
「노동조합 및 노동관계조정법」(이하 "법"이라 한다) 제6조 제2항에 따라 노동조합을 법인으로 하려는 때에는 그 주된 사무소의 소재지를 관할하는 등기소에 등기해야 한다.

> 노동조합을 법인으로 하려는 때에는 그 주된 사무소의 소재지를 관할하는 행정관청에 등기해야 한다. 　　　　　　　　　　　　　　　　　　　　　　　　　　(×) **기출** 23

시행령 제3조(등기사항)
제2조에 따른 등기사항은 다음 각 호와 같다.
1. 명칭
2. 주된 사무소의 소재지
3. 목적 및 사업
4. 대표자의 성명 및 주소
5. 해산사유를 정한 때에는 그 사유

시행령 제5조(이전등기)
① 법인인 노동조합이 그 주된 사무소를 다른 등기소의 관할 구역으로 이전한 경우 해당 노동조합의 대표자는 그 이전한 날부터 3주 이내에 구소재지에서는 이전등기를 해야 하며, 신소재지에서는 제3조 각 호의 사항을 등기해야 한다.

② 동일한 등기소의 관할구역 안에서 주된 사무소를 이전한 경우에는 그 이전한 날부터 3주 이내에 이전등기를 해야 한다.

> 동일한 등기소의 관할구역 안에서 주된 사무소를 이전한 경우에는 그 이전한 날부터 3주 이내에 변경등기를 해야 한다. 　　　　　　　　　　　　　　　　　　(×) **기출** 24

시행령 제6조(변경등기)
노동조합의 대표자는 제3조 각 호의 사항 중 변경된 사항이 있는 경우에는 그 변경이 있는 날부터 3주 이내에 변경등기를 해야 한다.

> 노동조합의 대표자는 법인 등기사항 중 명칭이 변경된 경우에는 그 변경이 있는 날부터 3주 이내에 변경등기를 해야 한다. 　　　　　　　　　　　　　　(○) **기출수정** 24

> 노동조합의 대표자는 법인 등기사항 중 변경된 사항이 있는 경우에는 그 변경이 있는 날부터 3주 이내에 변경등기를 해야 한다. 　　　　　　　　　　　　　(○) **기출** 22

제7조   노동조합의 보호요건

① 이 법에 의하여 설립된 노동조합이 아니면 노동위원회에 노동쟁의의 조정 및 부당노동행위의 구제를 신청할 수 없다.
② 제1항의 규정은 제81조 제1항 제1호·제2호 및 제5호의 규정에 의한 근로자의 보호를 부인하는 취지로 해석되어서는 아니 된다.
③ 이 법에 의하여 설립된 노동조합이 아니면 노동조합이라는 명칭을 사용할 수 없다.

> 이 법에 의하여 설립된 노동조합이 아니면 노동위원회에 노동쟁의의 조정 및 부당노동행위의 구제를 신청할 수 없다. (O) **기출** 21
>
> 노동조합 및 노동관계조정법령에 의하여 설립된 노동조합은 노동위원회에 노동쟁의의 조정 및 부당노동행위의 구제를 신청할 수 있다. (O) **기출** 14·16·19
>
> 노동조합 및 노동관계조정법령상 노동조합이 아닌 근로자단체는 노동위원회에 노동쟁의의 조정(調停)이나 중재 또는 부당노동행위의 구제를 신청할 수 없다. (O) **기출** 20
>
> 노동조합 및 노동관계조정법에 의하여 설립되지 아니한 노동조합도 노동위원회에 노동쟁의의 조정을 신청할 수 있다. (X) **기출** 23
>
> 노동조합 및 노동관계조정법에 의하여 설립된 노동조합이 아니면 노동조합이라는 명칭을 사용할 수 없다. (O) **기출** 24
>
> 노동조합 및 노동관계조정법에 의하여 설립된 노동조합이 아니더라도 노동조합이라는 명칭을 사용할 수 있다. (X) **기출** 23
>
> 노동조합 및 노동관계조정법령상 노동조합이 아닌 근로자단체는 노동조합이라는 명칭을 사용할 수 없다. (O) **기출** 20

제8조   조세의 면제

노동조합에 대하여는 그 사업체를 제외하고는 세법이 정하는 바에 따라 조세를 부과하지 아니한다.

> 노동조합에 대하여는 그 사업체를 제외하고는 세법이 정하는 바에 따라 조세를 부과하지 아니한다. (O) **기출** 18·21·24
>
> 노동조합의 사업체에 대해서는 세법이 정하는 바에 따라 조세를 부과하지 아니한다. (X) **기출** 23

제9조   차별대우의 금지

노동조합의 조합원은 어떠한 경우에도 인종, 종교, 성별, 연령, 신체적 조건, 고용형태, 정당 또는 신분에 의하여 차별대우를 받지 아니한다.

> 노동조합의 조합원은 어떠한 경우에도 국적에 의하여 차별대우를 받지 아니한다. (X) **기출** 20
>
> 노동조합의 조합원은 어떠한 경우에도 인종, 종교, 성별, 연령, 신체적 조건, 고용형태, 정당 또는 신분에 의하여 차별대우를 받지 아니한다. (O) **기출** 16

제10조 설립의 신고

① 노동조합을 설립하고자 하는 자는 다음 각 호의 사항을 기재한 <u>신고서</u>에 제11조의 규정에 의한 <u>규약</u>을 첨부하여 연합단체인 노동조합과 2 이상의 특별시·광역시·특별자치시·도·특별자치도에 걸치는 단위노동조합은 <u>고용노동부장관</u>에게, 2 이상의 시·군·구 (자치구를 말한다)에 걸치는 단위노동조합은 <u>특별시장·광역시장·도지사</u>에게, 그 외의 노동조합은 <u>특별자치시장·특별자치도지사·시장·군수·구청장</u>(자치구의 구청장을 말한다. 이하 제12조 제1항에서 같다)에게 제출하여야 한다.

1. <u>명칭</u>
2. <u>주된 사무소의 소재지</u>
3. <u>조합원수</u>
4. 임원의 성명과 주소
5. 소속된 연합단체가 있는 경우에는 그 명칭
6. 연합단체인 노동조합에 있어서는 그 구성노동단체의 명칭, 조합원수, 주된 사무소의 소재지 및 임원의 성명·주소

② 제1항의 규정에 의한 연합단체인 노동조합은 동종산업의 단위노동조합을 구성원으로 하는 <u>산업별 연합단체</u>와 산업별 연합단체 또는 전국규모의 산업별 단위노동조합을 구성원으로 하는 <u>총연합단체</u>를 말한다.

노동조합 설립신고서에는 목적과 사업을 기재해야 한다. (×) **기출** 24

노동조합 설립신고서에는 임원의 성명과 주소가 기재되어야 한다. (○) **기출** 15

2 이상의 시·군·구(자치구를 말한다)에 걸치는 단위노동조합을 설립하고자 하는 자는 설립신고서에 규약을 첨부하여 특별시장·광역시장·도지사에게 제출하여야 한다. (○) **기출** 21

연합단체인 노동조합을 설립하고자 하는 자는 설립신고서를 고용노동부장관에게 제출하여야 한다. (○) **기출** 14·15

연합단체인 노동조합을 설립하고자 하는 자는 노동조합의 명칭, 주된 사무소의 소재지, 조합원수 등을 기재한 신고서에 규약을 첨부하여 고용노동부장관에게 제출하여야 한다. (○) **기출** 22

시행령 제7조(산하조직의 신고)
산하조직 중 근로조건의 결정권이 있는 독립된 사업 또는 사업장에 조직된 노동단체는 지부·분회 등 명칭이 무엇이든 상관없이 법 제10조 제1항에 따른 노동조합의 설립신고를 할 수 있다.

산하조직 중 근로조건의 결정권이 있는 독립된 사업 또는 사업장에 조직된 노동단체는 지부·분회 등 명칭이 무엇이든 상관없이 노동조합의 설립신고를 할 수 있다. (○) **기출수정** 23

산하조직 중 근로조건의 결정권이 있는 독립된 사업 또는 사업장에 조직된 노동단체는 지부·분회 등 명칭이 무엇이든 상관없이 노동조합의 설립신고를 할 수 없다. (×) **기출수정** 13·16·23

시행령 제8조(노동조합의 소속연합단체와의 관계 등)

① 단위노동조합이 산업별 연합단체인 노동조합에 가입하거나, 산업별 연합단체 또는 전국규모의 산업별 단위노동조합이 총연합단체인 노동조합에 가입한 경우에는 해당 노동조합은 소속 산업별 연합단체인 노동조합 또는 총연합단체인 노동조합의 규약이 정하는 의무를 성실하게 이행해야 한다.

② 총연합단체인 노동조합 또는 산업별 연합단체인 노동조합은 해당 노동조합에 가입한 노동조합의 활동에 대하여 협조·지원 또는 지도할 수 있다.

단위노동조합이 연합단체인 노동조합에 가입하는 경우에는 그 연합단체인 노동조합의 규약이 정하는 의무를 성실하게 이행해야 한다. (○) 기출 14

총연합단체인 노동조합은 소속 노동조합의 활동에 대하여 협조·지원 또는 지도할 수 없다. (×) 기출 14

제11조   규 약

노동조합은 그 조직의 자주적·민주적 운영을 보장하기 위하여 당해 노동조합의 규약에 다음 각 호의 사항을 기재하여야 한다.

1. 명칭
2. 목적과 사업
3. 주된 사무소의 소재지
4. 조합원에 관한 사항(연합단체인 노동조합에 있어서는 그 구성단체에 관한 사항)
5. 소속된 연합단체가 있는 경우에는 그 명칭
6. 대의원회를 두는 경우에는 대의원회에 관한 사항
7. 회의에 관한 사항
8. 대표자와 임원에 관한 사항
9. 조합비 기타 회계에 관한 사항
10. 규약변경에 관한 사항
11. 해산에 관한 사항
12. 쟁의행위와 관련된 찬반투표 결과의 공개, 투표자 명부 및 투표용지 등의 보존·열람에 관한 사항
13. 대표자와 임원의 규약위반에 대한 탄핵에 관한 사항
14. 임원 및 대의원의 선거절차에 관한 사항
15. 규율과 통제에 관한 사항

연합단체인 노동조합은 규약에 그 구성단체에 관한 사항을 기재하여야 한다.　　(O)　기출 14

노동조합은 소속된 연합단체가 있는 경우에 그 명칭을 규약에 기재하여야 한다.　(O)　기출 14

노동조합은 노동조합의 규약에 해산에 관한 사항을 기재하여야 한다.　　(O)　기출 13

규약에는 임원의 규약위반에 대한 탄핵에 관한 사항을 기재하여야 한다.　(O)　기출 18

노동조합은 규약에 쟁의행위와 관련된 찬반투표 결과의 공개, 투표자 명부 및 투표용지 등의 보존·열람에 관한 사항을 기재하여야 한다.　　(O)　기출 16

단체협약의 체결에 관한 권한의 위임에 관한 사항은 노동조합 및 노동관계조정법상 노동조합의 규약에 기재하여야 하는 사항으로 명시되어 있지 않다.　　(O)　기출 21

단체협약에 관한 사항은 노동조합 및 노동관계조정법령상 노동조합 규약의 의무적 기재사항이 아니다.　　(O)　기출 19

제12조　　**신고증의 교부**

① 고용노동부장관, 특별시장·광역시장·특별자치시장·도지사·특별자치도지사 또는 시장·군수·구청장(이하 "행정관청"이라 한다)은 제10조 제1항의 규정에 의한 설립신고서를 접수한 때에는 제2항 전단 및 제3항의 경우를 제외하고는 3일 이내에 신고증을 교부하여야 한다.

② 행정관청은 설립신고서 또는 규약이 기재사항의 누락등으로 보완이 필요한 경우에는 대통령령이 정하는 바에 따라 20일 이내의 기간을 정하여 보완을 요구하여야 한다. 이 경우 보완된 설립신고서 또는 규약을 접수한 때에는 3일 이내에 신고증을 교부하여야 한다.

③ 행정관청은 설립하고자 하는 노동조합이 다음 각 호의 1에 해당하는 경우에는 설립신고서를 반려하여야 한다.

　1. 제2조 제4호 각 목의 1에 해당하는 경우

　2. 제2항의 규정에 의하여 보완을 요구하였음에도 불구하고 그 기간 내에 보완을 하지 아니하는 경우

④ 노동조합이 신고증을 교부받은 경우에는 설립신고서가 접수된 때에 설립된 것으로 본다.

설립신고서를 접수한 행정관청은 반려·보완사유가 없는 경우 3일 이내에 신고증을 교부하여야 한다.　　(O)　기출 13·14·15

행정관청은 설립신고서 또는 규약이 기재사항의 누락 등으로 보완이 필요한 경우에는 대통령령이 정하는 바에 따라 20일 이내의 기간을 정하여 보완을 요구하여야 한다.　　(O)　기출 13·15·21·22·24

행정관청은 접수한 노동조합 설립신고서의 기재사항이 누락된 경우에는 설립신고서를 반려하여야 한다.　　(X)　기출 14

행정관청은 설립신고서에 규약이 첨부되어 있지 아니한 경우에는 설립신고서를 반려하여야 한다.　　(X)　기출 21

행정관청은 설립하고자 하는 노동조합이 항상 사용자의 이익을 대표하여 행동하는 자의 참가를 허용하는 경우에는 설립신고의 보완을 요구하여야 한다.　　(X)　기출 16

행정관청이 규약의 기재사항 누락 등으로 보완을 요구하였음에도 불구하고 보완기간 내에 보완을 하지 아니하는 경우 설립신고서를 반려하여야 한다. (O) **기출** 13

노동조합이 신고증을 교부받은 경우에는 설립신고서가 접수된 때에 설립된 것으로 본다.
(O) **기출** 14·15·16·21·24

행정관청은 설립하고자 하는 노동조합이 복리사업만을 목적으로 하는 경우에는 설립신고서를 반려하여야 한다. (O) **기출** 14

행정관청은 설립하고자 하는 노동조합이 근로자가 아닌 자의 가입을 허용하는 경우 설립신고서를 반려하여야 한다. (O) **기출** 24

시행령 제9조(설립신고서의 보완요구 등)

① 고용노동부장관, 특별시장·광역시장·도지사·특별자치도지사, 시장·군수 또는 자치구의 구청장(이하 "행정관청"이라 한다)은 법 제12조 제2항에 따라 노동조합의 설립신고가 다음 각 호의 어느 하나에 해당하는 경우에는 보완을 요구하여야 한다.

1. 설립신고서에 규약이 첨부되어 있지 아니하거나 설립신고서 또는 규약의 기재사항 중 누락 또는 허위사실이 있는 경우
2. 임원의 선거 또는 규약의 제정절차가 법 제16조 제2항부터 제4항까지 또는 법 제23조 제1항에 위반되는 경우

② 노동조합이 설립신고증을 교부받은 후 법 제12조 제3항 제1호에 해당하는 설립신고서의 반려 사유가 발생한 경우에는 행정관청은 30일의 기간을 정하여 시정을 요구할 수 있다.

③ 행정관청은 노동조합에 설립신고증을 교부한 때에는 지체 없이 그 사실을 관할 노동위원회와 해당 사업 또는 사업장의 사용자나 사용자단체에 통보해야 한다.

행정관청은 설립신고서 기재사항 중 허위사실이 있는 경우에는 설립신고서를 즉시 반려하여야 한다. (×) **기출** 13·18

노동조합설립신고서의 보완을 요구하거나 그 신고서를 반려하는 경우에는 노동위원회의 의결을 거쳐야 한다. (×) **기출** 17

제13조 **변경사항의 신고등**

① 노동조합은 제10조 제1항의 규정에 의하여 설립신고된 사항 중 다음 각 호의 1에 해당하는 사항에 변경이 있는 때에는 그날부터 30일 이내에 행정관청에게 변경신고를 하여야 한다.

1. 명칭
2. 주된 사무소의 소재지
3. 대표자의 성명
4. 소속된 연합단체의 명칭

② 노동조합은 매년 1월 31일까지 다음 각 호의 사항을 행정관청에게 통보하여야 한다. 다만, 제1항의 규정에 의하여 전년도에 변경신고된 사항은 그러하지 아니하다.

1. 전년도에 규약의 변경이 있는 경우에는 변경된 규약내용
2. 전년도에 임원의 변경이 있는 경우에는 변경된 임원의 성명
3. 전년도 12월 31일 현재의 조합원수(연합단체인 노동조합에 있어서는 구성단체별 조합원수)

노동조합은 설립신고된 사항 중 대표자의 성명에 변경이 있는 때에는 그날부터 30일 이내에 행정관청에게 변경신고를 하여야 한다. (O) 기출 21

노동조합은 설립신고된 사항 중 노동조합의 명칭에 해당하는 사항에 변경이 있는 때에는 그날부터 30일 이내에 행정관청에게 변경신고를 하여야 한다. (O) 기출 17

노동조합은 소속된 연합단체의 명칭에 변경이 있는 때에는 그날부터 30일 이내에 행정관청에게 변경신고를 하여야 한다. (O) 기출 13

노동조합은 매년 1월 31일까지 전년도 12월 31일 현재의 조합원수를 행정관청에 통보하여야 한다. (O) 기출 24

제3절 노동조합의 관리

제14조 서류비치등

① 노동조합은 조합설립일부터 30일 이내에 다음 각 호의 서류를 작성하여 그 주된 사무소에 비치하여야 한다.
  1. 조합원 명부(연합단체인 노동조합에 있어서는 그 구성단체의 명칭)
  2. 규약
  3. 임원의 성명 · 주소록
  4. 회의록
  5. 재정에 관한 장부와 서류
② 제1항 제4호 및 제5호의 서류는 3연간 보존하여야 한다.

연합단체인 노동조합은 조합설립일부터 30일 이내에 그 구성단체의 명칭을 기재한 명부를 작성하여 그 주된 사무소에 비치하여야 한다. (O) 기출 23

노동조합은 조합원 명부를 3년간 보존하여야 한다. (×) 기출 24

노동조합은 재정에 관한 장부와 서류를 3연간 보존하여야 한다. (O) 기출 23

노동조합의 회의록, 재정에 관한 장부와 서류는 2년간 보존하여야 한다. (×) 기출 17

재정에 관한 장부와 서류는 3년간 보존하여야 하나, 회의록은 그러하지 아니하다. (×) 기출 13

제15조 총회의 개최

① 노동조합은 매년 1회 이상 총회를 개최하여야 한다.
② 노동조합의 대표자는 총회의 의장이 된다.

노동조합은 매년 1회 이상 총회를 개최하여야 한다. (O) 기출 14 · 16 · 22

노동조합의 대표자는 총회의 의장이 된다. (O) 기출 13 · 15 · 16

제16조　**총회의 의결사항**

① 다음 각 호의 사항은 총회의 의결을 거쳐야 한다.
　　1. 규약의 제정과 변경에 관한 사항
　　2. 임원의 선거와 해임에 관한 사항
　　3. 단체협약에 관한 사항
　　4. 예산·결산에 관한 사항
　　5. 기금의 설치·관리 또는 처분에 관한 사항
　　6. 연합단체의 설립·가입 또는 탈퇴에 관한 사항
　　7. 합병·분할 또는 해산에 관한 사항
　　8. 조직형태의 변경에 관한 사항
　　9. 기타 중요한 사항
② 총회는 재적조합원 과반수의 출석과 출석조합원 과반수의 찬성으로 의결한다. 다만, 규약의 제정·변경, 임원의 해임, 합병·분할·해산 및 조직형태의 변경에 관한 사항은 재적조합원 과반수의 출석과 출석조합원 3분의 2 이상의 찬성이 있어야 한다.
③ 임원의 선거에 있어서 출석조합원 과반수의 찬성을 얻은 자가 없는 경우에는 제2항 본문의 규정에 불구하고 규약이 정하는 바에 따라 결선투표를 실시하여 다수의 찬성을 얻은 자를 임원으로 선출할 수 있다.
④ 규약의 제정·변경과 임원의 선거·해임에 관한 사항은 조합원의 직접·비밀·무기명 투표에 의하여야 한다.

단체협약에 관한 사항은 총회의 의결사항이다.	(O) **기출** 21·22
연합단체의 설립·가입 또는 탈퇴에 관한 사항은 총회의 의결을 거쳐야 한다.	(O) **기출** 14
예산·결산에 관한 사항은 총회에서 재적조합원 과반수의 출석과 출석조합원 3분의 2 이상의 찬성으로 의결한다.	(×) **기출** 24
총회에서 임원의 선임에 관한 사항을 의결할 때에는 재적조합원 과반수의 출석과 출석조합원 3분의 2 이상의 찬성이 있어야 한다.	(×) **기출** 23
노동조합 총회에서 재적조합원 과반수의 출석과 출석조합원 과반수의 찬성으로 노동조합 해산결의가 있는 경우에 노동조합은 해산한다.	(×) **기출** 19
노동조합 및 노동관계조정법령상 노동조합 총회의 의결사항 중 임원의 선거는 '재적조합원 과반수의 출석과 출석조합원 3분의 2 이상의 찬성'으로 의결해야 한다.	(×) **기출** 18
노동조합의 조직형태 변경은 총회에서 재적조합원 과반수의 출석과 출석조합원 3분의 2 이상의 찬성이 있어야 한다.	(O) **기출** 17
규약의 변경에 관한 총회의 의결은 재적조합원 과반수의 출석과 출석조합원 과반수의 찬성이 있어야 한다.	(×) **기출** 16
조직형태의 변경에 관한 사항은 총회에서 재적조합원 과반수의 출석과 출석조합원 3분의 2 이상의 찬성이 있어야 한다.	(O) **기출** 21
노동조합 임원을 해임하고자 하는 경우에는 총회에서 재적 조합원 과반수 출석과 출석 조합원 3분의 2 이상의 찬성이 있어야 한다.	(O) **기출** 15

노동조합의 해산에 관한 사항은 총회에서 재적조합원 과반수의 출석과 출석조합원 3분의 2 이상의 찬성이 있어야 한다. (O) 기출 13

노동조합의 합병·분할 또는 해산, 조직형태 변경을 위해서는 총회의 의결을 거쳐야 한다. (O) 기출 22

총회는 임원의 해임에 관한 사항을 재적조합원 과반수의 출석과 출석조합원 3분의 2 이상의 찬성으로 의결한다. (O) 기출 22

임원의 선거에 있어서 재적 조합원 과반수의 찬성을 얻은 자가 없는 경우에는 결선투표에서 다수의 찬성을 얻은 자를 임원으로 선출할 수 있다. (×) 기출 15

임원의 선거에 있어서 출석조합원 과반수의 찬성을 얻은 자가 없는 경우에는 규약이 정하는 바에 따라 결선투표를 실시하여 다수의 찬성을 얻은 자를 임원으로 선출할 수 있다. (O) 기출 14

규약의 제정·변경과 임원의 선거·해임은 조합원의 직접·비밀·무기명투표에 의하여야 한다. (O) 기출 14

제17조 **대의원회**

① 노동조합은 규약으로 총회에 갈음할 대의원회를 둘 수 있다.
② 대의원은 조합원의 직접·비밀·무기명투표에 의하여 선출되어야 한다.
③ 하나의 사업 또는 사업장을 대상으로 조직된 노동조합의 대의원은 그 사업 또는 사업장에 종사하는 조합원 중에서 선출하여야 한다.
④ 대의원의 임기는 규약으로 정하되 3년을 초과할 수 없다.
⑤ 대의원회를 둔 때에는 총회에 관한 규정은 대의원회에 이를 준용한다.

노동조합은 규약으로 총회에 갈음할 대의원회를 둘 수 있다. (O) 기출 15·16

대의원은 조합원의 직접·비밀·무기명투표에 의하여 선출되어야 한다. (O) 기출 13·14·21·22

하나의 사업 또는 사업장을 대상으로 조직된 노동조합의 대의원은 그 사업 또는 사업장에 종사하는 조합원 중에서 선출하여야 한다. (O) 기출 23·24

대의원의 임기는 규약으로 정하되 3년을 초과할 수 없다. (O) 기출 14

제18조 **임시총회등의 소집**

① 노동조합의 대표자는 필요하다고 인정할 때에는 임시총회 또는 임시대의원회를 소집할 수 있다.
② 노동조합의 대표자는 조합원 또는 대의원의 3분의 1 이상(연합단체인 노동조합에 있어서는 그 구성단체의 3분의 1 이상)이 회의에 부의할 사항을 제시하고 회의의 소집을 요구한 때에는 지체 없이 임시총회 또는 임시대의원회를 소집하여야 한다.
③ 행정관청은 노동조합의 대표자가 제2항의 규정에 의한 회의의 소집을 고의로 기피하거나 이를 해태하여 조합원 또는 대의원의 3분의 1 이상이 소집권자의 지명을 요구한 때에는 15일 이내에 노동위원회의 의결을 요청하고 노동위원회의 의결이 있는 때에는 지체 없이 회의의 소집권자를 지명하여야 한다.

④ 행정관청은 노동조합에 총회 또는 대의원회의 <u>소집권자가 없는 경우</u>에 조합원 또는 대의원의 <u>3분의 1</u> 이상이 회의에 부의할 사항을 제시하고 소집권자의 지명을 요구한 때에는 <u>15일 이내</u>에 회의의 소집권자를 지명하여야 한다.

> 노동조합의 대표자는 대의원의 3분의 1 이상이 회의에 부의할 사항을 제시하고 회의의 소집을 요구한 때에는 15일 이내에 임시대의원회를 소집하여야 한다. (×) 기출 24
>
> 연합단체인 노동조합의 대표자는 그 구성단체의 3분의 1 이상이 회의에 부의할 사항을 제시하고 회의의 소집을 요구한 때에는 지체 없이 임시총회 또는 임시대의원회를 소집하여야 한다. (○) 기출 23
>
> 노동조합의 대표자는 필요하다고 인정할 때에는 임시총회 또는 임시대의원회를 소집할 수 있다. (○) 기출 13 · 16 · 23
>
> 노동조합의 대표자는 조합원의 3분의 1 이상이 회의에 부의할 사항을 제시하고 회의의 소집을 요구한 때에는 지체 없이 임시총회를 소집하여야 한다. (○) 기출 13 · 14
>
> 행정관청은 노동조합에 총회의 소집권자가 없는 경우에 조합원의 3분의 1 이상이 회의에 부의할 사항을 제시하고 소집권자의 지명을 요구한 때에는 지체 없이 회의의 소집권자를 지명하여야 한다. (×) 기출 24
>
> 행정관청은 노동조합에 총회 또는 대의원회의 소집권자가 없는 경우에 조합원 또는 대의원의 3분의 1 이상이 회의에 부의할 사항을 제시하고 소집권자의 지명을 요구한 때에는 15일 이내에 회의의 소집권자를 지명하여야 한다. (○) 기출 17
>
> 행정관청은 노동조합에 총회의 소집권자가 없는 경우에 조합원의 3분의 1 이상이 회의에 부의할 사항을 제시하고 소집권자의 지명을 요구한 때에는 15일 이내에 노동위원회의 의결을 요청하고 노동위원회의 의결이 있는 때에는 지체 없이 회의의 소집권자를 지명하여야 한다. (×) 기출 13
>
> 노동조합의 대표자가 회의의 소집을 고의로 기피하거나 이를 해태하여 조합원 또는 대의원의 3분의 1 이상이 소집권자의 지명을 요구할 때 행정관청의 노동위원회에 대한 의결 요청 기한은 15일 이내이다. (○) 기출 22

제19조   소집의 절차

총회 또는 대의원회는 회의개최일 <u>7일 전</u>까지 그 회의에 부의할 사항을 공고하고 규약에 정한 방법에 의하여 소집하여야 한다. 다만, 노동조합이 <u>동일한 사업장 내의 근로자</u>로 구성된 경우에는 그 <u>규약</u>으로 공고기간을 <u>단축할 수 있다</u>.

> 총회 또는 대의원회는 회의개최일 7일 전까지 그 회의에 부의할 사항을 공고하고 규약에 정한 방법에 의하여 소집하여야 한다. (○) 기출 17
>
> 총회는 회의개최일 7일 전까지 그 회의에 부의할 사항을 공고하고 규약에 정한 방법에 의하여 소집하여야 하나, 노동조합이 동일한 사업장 내의 근로자로 구성된 경우에는 그 규약으로 공고기간을 단축할 수 있다. (○) 기출 13
>
> 대의원회는 회의개최일 7일 전까지 그 회의에 부의할 사항을 공고하여야 하나, 노동조합이 동일한 사업장 내의 근로자로 구성된 경우에는 그 규약으로 공고기간을 단축할 수 있다. (○) 기출 23

제20조 **표결권의 특례**

노동조합이 특정 조합원에 관한 사항을 의결할 경우에는 그 조합원은 <u>표결권이 없다</u>.

> 노동조합이 특정 조합원에 관한 사항을 의결할 경우에는 그 조합원은 표결권이 없다.
> (○) **기출** 13 · 15 · 23 · 24

제21조 **규약 및 결의처분의 시정**

① 행정관청은 노동조합의 규약이 노동관계법령에 위반한 경우에는 <u>노동위원회의 의결</u>을 얻어 그 시정을 명할 수 있다.

② 행정관청은 노동조합의 결의 또는 처분이 노동관계법령 또는 규약에 위반된다고 인정할 경우에는 <u>노동위원회의 의결</u>을 얻어 그 시정을 명할 수 있다. 다만, <u>규약위반 시의 시정 명령</u>은 이해관계인의 <u>신청</u>이 있는 경우에 한한다.

③ 제1항 또는 제2항의 규정에 의하여 시정명령을 받은 노동조합은 <u>30일 이내</u>에 이를 이행하여야 한다. 다만, 정당한 사유가 있는 경우에는 그 기간을 연장할 수 있다.

> 행정관청은 노동조합의 규약이 노동관계법령에 위반한 경우에는 고용노동부장관의 승인을 받아 그 시정을 명할 수 있다. (×) **기출** 23
>
> 행정관청은 노동조합의 규약이 노동관계법령에 위반한 경우에는 직권으로 그 시정을 명할 수 있다. (×) **기출** 21
>
> 행정관청은 노동조합의 결의 또는 처분이 노동조합의 규약에 위반된다고 인정할 때 이해관계인의 신청이 있는 경우에 한하여 노동위원회의 의결을 얻어 시정을 명할 수 있다. (○) **기출** 20 · 22

제22조 **조합원의 권리와 의무**

노동조합의 조합원은 균등하게 그 노동조합의 모든 문제에 참여할 권리와 의무를 가진다. 다만, 노동조합은 그 <u>규약</u>으로 조합비를 납부하지 아니하는 조합원의 권리를 제한할 수 있다.

> 노동조합은 그 규약으로 조합비를 납부하지 아니하는 조합원의 권리를 제한할 수 있다.
> (○) **기출** 21 · 23

제23조 **임원의 자격 등**

① 노동조합의 임원 자격은 <u>규약</u>으로 정한다. 이 경우 하나의 사업 또는 사업장을 대상으로 조직된 노동조합의 임원은 그 사업 또는 사업장에 종사하는 <u>조합원 중</u>에서 선출하도록 정한다.

② 임원의 <u>임기</u>는 규약으로 정하되 <u>3년</u>을 초과할 수 없다.

> 임원의 임기를 2년으로 정한 규약의 규정은 적법하다. (○) **기출** 23
> 임원의 임기는 규약으로 정하되 3년을 초과할 수 없다. (○) **기출** 21

제24조 **근로시간 면제 등**

① 근로자는 **단체협약**으로 정하거나 **사용자의 동의**가 있는 경우에는 사용자 또는 노동조합으로부터 급여를 지급받으면서 근로계약 소정의 근로를 제공하지 아니하고 노동조합의 업무에 종사할 수 있다.

② 제1항에 따라 사용자로부터 급여를 지급받는 근로자(이하 "**근로시간면제자**"라 한다)는 사업 또는 사업장별로 종사근로자인 조합원 수 등을 고려하여 제24조의2에 따라 결정된 근로시간 면제 한도(이하 "**근로시간 면제 한도**"라 한다)를 초과하지 아니하는 범위에서 **임금의 손실 없이** 사용자와의 협의·교섭, 고충처리, 산업안전 활동 등 이 법 또는 다른 법률에서 정하는 업무와 건전한 노사관계 발전을 위한 노동조합의 유지·관리업무를 할 수 있다.

③ 사용자는 제1항에 따라 노동조합의 업무에 종사하는 근로자의 정당한 노동조합 활동을 **제한해서는 아니 된다.**

④ 제2항을 위반하여 근로시간 면제 한도를 초과하는 내용을 정한 단체협약 또는 사용자의 동의는 그 부분에 한정하여 **무효로** 한다.

근로자는 사용자의 동의가 있는 경우에는 사용자로부터 급여를 지급받으면서 근로계약 소정의 근로를 제공하지 아니하고 노동조합의 업무에 종사할 수 있다. (○) 기출 24

근로자는 단체협약으로 정하거나 사용자의 동의가 있는 경우에는 사용자 또는 노동조합으로부터 급여를 지급받으면서 근로계약 소정의 근로를 제공하지 않고 노동조합의 업무에 종사할 수 있다. (○) 기출 17·22

단체협약으로 정하거나 사용자의 동의로 사용자 또는 노동조합으로부터 급여를 지급받으면서 근로계약 소정의 근로를 제공하지 않고 노동조합의 업무에 종사하는 근로자의 정당한 노동조합 활동을 제한해서는 아니 된다. (○) 기출 15·17·19

고용노동부장관이 고시한 근로시간 면제 한도를 초과하는 내용의 단체협약은 그 초과한 부분에 한정하여 무효로 한다. (○) 기출 23

근로시간 면제 한도를 초과하는 내용을 정한 단체협약 또는 사용자의 동의는 그 부분에 한정하여 무효로 한다. (○) 기출 15·17

노동조합은 노동조합 전임자의 급여 지급을 요구하고 이를 관철할 목적으로 쟁의행위를 하여서는 아니 된다. (×) 기출 15·17·19

제24조의2 **근로시간면제심의위원회**

① 근로시간면제자에 대한 근로시간 면제 한도를 정하기 위하여 근로시간면제심의위원회(이하 이 조에서 "위원회"라 한다)를 「경제사회노동위원회법」에 따른 **경제사회노동위원회**(이하 "경제사회노동위원회"라 한다)에 둔다.

② 위원회는 근로시간 면제 한도를 심의·의결하고, **3년**마다 그 적정성 여부를 재심의하여 의결할 수 있다.

③ 경제사회노동위원회 위원장은 제2항에 따라 위원회가 의결한 사항을 고용노동부장관에게 **즉시 통보하여야** 한다.

④ **고용노동부장관**은 제3항에 따라 경제사회노동위원회 위원장이 통보한 근로시간 면제 한도를 **고시하여야 한다.**

⑤ 위원회는 다음 각 호의 구분에 따라 근로자를 대표하는 위원과 사용자를 대표하는 위원 및 공익을 대표하는 위원 각 5명씩 성별을 고려하여 구성한다.
　　1. 근로자를 대표하는 위원 : 전국적 규모의 노동단체가 추천하는 사람
　　2. 사용자를 대표하는 위원 : 전국적 규모의 경영자단체가 추천하는 사람
　　3. 공익을 대표하는 위원 : 경제사회노동위원회 위원장이 추천한 15명 중에서 제1호에 따른 노동단체와 제2호에 따른 경영자단체가 순차적으로 배제하고 남은 사람
⑥ 위원회의 위원장은 제5항 제3호에 따른 위원 중에서 위원회가 선출한다.
⑦ 위원회는 재적위원 과반수의 출석과 출석위원 과반수의 찬성으로 의결한다.
⑧ 위원의 자격, 위촉과 위원회의 운영 등에 필요한 사항은 대통령령으로 정한다.

근로시간면제심의위원회는 노동위원회법에 따른 중앙노동위원회에 둔다. (×) 기출 23

근로시간면제자에 대한 근로시간 면제 한도를 정하기 위하여 근로시간면제심의위원회를 고용노동부에 둔다. (×) 기출 22

근로시간면제자에 대한 근로시간 면제 한도를 정하기 위하여 근로시간면제심의위원회를 경제사회노동위원회법에 따른 경제사회노동위원회에 둔다. (○) 기출 17 · 19 · 20

근로시간면제심의위원회는 근로시간 면제 한도를 심의·의결하고, 3년마다 그 적정성 여부를 재심의하여 의결해야 한다. (×) 기출 24

위원회는 근로시간 면제 한도를 심의·의결하고, 3년마다 그 적정성 여부를 재심의하여 의결할 수 있다. (○) 기출 13 · 15 · 20

근로시간면제심의위원회 위원장은 근로시간면제심의위원회가 의결한 사항을 고용노동부장관에게 즉시 통보하여야 한다. (×) 기출 24

고용노동부장관은 경제사회노동위원회 위원장이 통보한 근로시간 면제 한도를 고시하여야 한다. (○) 기출 15 · 19

고용노동부장관은 통보받은 근로시간 면제 한도를 합리적인 범위 내에서 조정하여 고시할 수 있다. (×) 기출 23

근로시간면제심의위원회는 성별을 고려하여 구성한다. (○) 기출 23

근로시간면제심의위원회는 근로자를 대표하는 위원과 사용자를 대표하는 위원 및 공익을 대표하는 위원 각 5명씩 성별을 고려하여 구성한다. (○) 기출 13 · 19 · 20

위원장은 공익을 대표하는 위원 중에서 고용노동부장관이 지명한다. (×) 기출 20

위원회는 재적위원 과반수의 출석과 출석위원 과반수의 찬성으로 의결한다. (○) 기출 15 · 20

시행령 제11조의2(근로시간 면제 한도)
법 제24조의2 제1항에 따른 근로시간면제심의위원회(이하 "위원회"라 한다)는 같은 조 제2항에 따른 근로시간 면제 한도를 정할 때 법 제24조 제2항에 따라 사업 또는 사업장에 종사하는 근로자(이하 "종사근로자"라 한다)인 조합원 수와 해당 업무의 범위 등을 고려하여 시간과 이를 사용할 수 있는 인원으로 정할 수 있다.

시행령 제11조의3(위원회 위원의 위촉)
위원회 위원은 「경제사회노동위원회법」에 따른 경제사회노동위원회(이하 "경제사회노동위원회"라 한다) 위원장이 위촉한다.

시행령 제11조의4(위원회 위원의 자격기준)

① 법 제24조의2 제5항 제1호 및 제2호에 따라 단체에서 위원회의 위원으로 추천받을 수 있는 사람의 자격기준은 다음 각 호와 같다.
   1. 해당 단체의 전직·현직 임원
   2. 노동문제 관련 전문가
② 법 제24조의2 제5항 제3호에 따라 공익을 대표하는 위원으로 추천받을 수 있는 사람의 자격기준은 다음 각 호와 같다.
   1. 노동 관련 학문을 전공한 자로서 「고등교육법」 제2조 제1호·제2호·제5호에 따른 학교나 공인된 연구기관에서 같은 법 제14조 제2항에 따른 교원 또는 연구원으로 5년 이상 근무한 경력이 있는 사람
   2. 3급 또는 3급 상당 이상의 공무원으로 있었던 자로서 노동문제에 관하여 학식과 경험이 풍부한 사람
   3. 그 밖에 제1호 및 제2호에 해당하는 학식과 경험이 있다고 인정되는 사람

시행령 제11조의5(위원회 위원의 임기)

① 위원회 위원의 임기는 2년으로 한다.
② 위원회의 위원이 궐위된 경우에 보궐위원의 임기는 전임자(前任者) 임기의 남은 기간으로 한다.
③ 위원회의 위원은 임기가 끝났더라도 후임자가 위촉될 때까지 계속하여 그 직무를 수행한다.

> 근로시간면제심의위원회 위원의 임기는 3년으로 한다. (×) **기출** 24

> 근로시간면제심의위원회의 위원은 임기가 끝났더라도 후임자가 위촉될 때까지 계속하여 그 직무를 수행한다. (○) **기출** 24

시행령 제11조의6(위원회의 운영)

① 위원회는 경제사회노동위원회 위원장으로부터 근로시간 면제 한도를 정하기 위한 심의 요청을 받은 때에는 그 심의 요청을 받은 날부터 60일 이내에 심의·의결해야 한다.
② 위원회의 사무를 처리하기 위하여 위원회에 간사 1명을 두며, 간사는 경제사회노동위원회 소속 직원 중에서 경제사회노동위원회 위원장이 지명한다.
③ 위원회의 위원에 대해서는 예산의 범위에서 그 직무 수행을 위하여 필요한 수당과 여비를 지급할 수 있다.
④ 위원회의 위원장은 필요한 경우에 관계 행정기관 공무원 중 관련 업무를 수행하는 공무원으로 하여금 위원회의 회의에 출석하여 발언하게 할 수 있다.
⑤ 위원회에 근로시간 면제 제도에 관한 전문적인 조사·연구업무를 수행하기 위하여 전문위원을 둘 수 있다.
⑥ 이 영에서 규정한 사항 외에 위원회의 운영에 필요한 사항은 위원회의 의견을 들어 경제사회노동위원회 위원장이 정한다.

> 근로시간면제심의위원회는 경제사회노동위원회 위원장으로부터 근로시간 면제 한도를 정하기 위한 심의 요청을 받은 때에는 그 심의 요청을 받은 날부터 90일 이내에 심의·의결해야 한다. (×) **기출** 24

제25조 회계감사

① 노동조합의 대표자는 그 회계감사원으로 하여금 6월에 1회 이상 당해 노동조합의 모든 재원 및 용도, 주요한 기부자의 성명, 현재의 경리 상황등에 대한 회계감사를 실시하게 하고 그 내용과 감사결과를 전체 조합원에게 공개하여야 한다.

② 노동조합의 회계감사원은 필요하다고 인정할 경우에는 당해 노동조합의 회계감사를 실시하고 그 결과를 공개할 수 있다.

> 노동조합의 대표자는 그 회계감사원으로 하여금 회계연도마다 당해 노동조합의 모든 재원 및 용도, 주요한 기부자의 성명, 현재의 경리 상황등에 대한 회계감사를 실시하게 하고 그 내용과 감사결과를 전체 조합원에게 공개하여야 한다. (×) 기출 24
>
> 노동조합의 대표자는 그 회계감사원으로 하여금 6월에 1회 이상 당해 노동조합의 모든 재원 및 용도 등에 대한 회계감사를 실시하게 하고 그 내용과 감사결과를 전체 조합원에게 공개하여야 한다. (○) 기출 15
>
> 노동조합의 회계감사원은 필요하다고 인정할 경우에는 당해 노동조합의 회계감사를 실시하되 그 결과를 공개하여서는 아니 된다. (×) 기출 15
>
> 노동조합의 대표자는 그 회계감사원으로 하여금 3월에 1회 이상 당해 노동조합의 현재의 경리 상황 등에 대한 회계감사를 실시하게 하여야 한다. (×) 기출 23
>
> 노동조합의 대표자는 그 회계감사원으로 하여금 6월에 1회 이상 회계감사를 실시하게 하고 그 내용과 감사결과를 전체 근로자에게 공개하여야 한다. (×) 기출 13
>
> 노동조합의 회계감사원은 필요하다고 인정할 경우에는 당해 노동조합의 회계감사를 실시하고 그 결과를 공개할 수 있다. (○) 기출 13

시행령 제11조의7(회계감사원 등)

① 법 제25조에 따른 회계감사원(이하 이 조에서 "회계감사원"이라 한다)은 재무·회계 관련 업무에 종사한 경력이 있거나 전문지식 또는 경험이 풍부한 사람 등으로 한다.

② 노동조합의 대표자는 다음 각 호의 어느 하나에 해당하는 경우에는 조합원이 아닌 공인회계사나 「공인회계사법」 제23조에 따른 회계법인(이하 "회계법인"이라 한다)으로 하여금 법 제25조에 따른 회계감사를 실시하게 할 수 있다. 이 경우 회계감사원이 회계감사를 한 것으로 본다.
  1. 노동조합의 대표자가 노동조합 회계의 투명성 제고를 위하여 필요하다고 인정하는 경우
  2. 조합원 3분의 1 이상의 요구가 있는 경우
  3. 연합단체인 노동조합의 경우에는 그 구성노동단체의 3분의 1 이상의 요구가 있는 경우
  4. 대의원 3분의 1 이상의 요구가 있는 경우

제26조 운영상황의 공개

노동조합의 대표자는 회계연도마다 결산결과와 운영상황을 공표하여야 하며 조합원의 요구가 있을 때에는 이를 열람하게 하여야 한다.

> 노동조합의 대표자는 회계연도마다 결산결과와 운영상황을 공표하여야 하며 조합원의 요구가 있을 때에는 이를 열람하게 하여야 한다. (○) 기출 24
>
> 노동조합의 대표자는 회계연도마다 결산결과와 운영상황을 공표하여야 한다. (○) 기출 13·15
>
> 노동조합의 대표자는 조합원의 요구가 있을 때에는 결산결과와 운영상황을 열람하게 하여야 한다. (○) 기출 13

시행령 제11조의8(결산결과 및 운영상황의 공표 시기 등)

노동조합의 대표자는 특별한 사정이 없으면 법 제26조에 따른 결산결과와 운영상황을 매 회계연도 종료 후 2개월(제11조의7 제2항에 따라 공인회계사나 회계법인이 회계감사를 실시한 경우에는 3개월로 한다) 이내에 조합원이 그 내용을 쉽게 확인할 수 있도록 해당 노동조합의 게시판에 공고하거나 인터넷 홈페이지에 게시하는 등의 방법으로 공표해야 한다.

시행령 제11조의9(공시시스템을 통한 결산결과의 공표)

① 고용노동부장관은 노동조합의 대표자가 그 결산결과를 공표할 수 있도록 노동조합 회계 공시 시스템(이하 "공시시스템"이라 한다)을 구축·운영할 수 있다.

② 노동조합의 대표자는 제11조의8에도 불구하고 고용노동부령으로 정하는 서식에 따라 매년 4월 30일까지 공시시스템에 직전 연도의 결산결과를 공표할 수 있다. 이 경우 제11조의8에 따라 결산결과를 공표한 것으로 본다.

③ 노동조합의 산하조직(노동조합인 경우는 제외한다)의 대표자는 필요한 경우에는 고용노동부령으로 정하는 서식에 따라 매년 4월 30일까지 공시시스템에 직전 연도의 결산결과를 공표할 수 있다.

④ 제2항 및 제3항에도 불구하고 노동조합 등의 합병·분할 또는 해산 등 부득이한 사유가 있는 경우에는 9월 30일까지 직전 연도의 결산결과를 공표할 수 있다.

⑤ 제2항 및 제3항에도 불구하고 회계연도 종료일이 12월 31일이 아닌 경우에는 9월 30일까지 직전 연도에 종료한 회계연도의 결산결과를 공표할 수 있다.

시행규칙 제9조의2(노동조합 회계 공시시스템을 통한 결산결과 공표 표준서식)

영 제11조의9 제2항 전단 및 같은 조 제3항에서 "고용노동부령으로 정하는 서식"이란 별지 제6호의2서식에 따른 결산결과 공표 표준서식을 말한다.

제27조   자료의 제출

노동조합은 행정관청이 요구하는 경우에는 결산결과와 운영상황을 보고하여야 한다.

> 노동조합은 행정관청이 요구하는 경우에는 결산결과와 운영상황을 보고하여야 한다.
>
> (○) **기출** 13·15

시행령 제12조(자료제출의 요구)

행정관청은 법 제27조에 따라 노동조합으로부터 결산결과 또는 운영상황의 보고를 받으려는 경우에는 그 사유와 그 밖에 필요한 사항을 적은 서면으로 10일 이전에 요구해야 한다.

> 행정관청은 노동조합으로부터 결산결과 또는 운영상황의 보고를 받으려는 경우에는 그 사유와 그 밖에 필요한 사항을 적은 서면으로 10일 이전에 요구해야 한다.   (○) **기출** 15·24

제28조 해산사유

① 노동조합은 다음 각 호의 1에 해당하는 경우에는 해산한다.
 1. 규약에서 정한 해산사유가 발생한 경우
 2. 합병 또는 분할로 소멸한 경우
 3. 총회 또는 대의원회의 해산결의가 있는 경우
 4. 노동조합의 임원이 없고 노동조합으로서의 활동을 1년 이상 하지 아니한 것으로 인정되는 경우로서 행정관청이 노동위원회의 의결을 얻은 경우
② 제1항 제1호 내지 제3호의 사유로 노동조합이 해산한 때에는 그 대표자는 해산한 날부터 15일 이내에 행정관청에게 이를 신고하여야 한다.

규약에서 정한 해산사유가 발생한 경우 노동조합은 해산한다. (O) 기출 19·20·23

합병 또는 분할로 소멸한 경우 노동조합은 해산한다. (O) 기출 24

노동조합이 합병으로 소멸한 경우에 노동조합은 해산한다. (O) 기출 13·19·20

분할로 소멸한 경우 노동조합은 해산한다. (O) 기출 20·23

노동조합의 대표자가 제명된 경우에 노동조합은 해산한다. (×) 기출 15

총회 또는 대의원회의 해산결의가 있는 경우 노동조합은 해산한다. (O) 기출 24

총회의 해산결의가 있는 경우 노동조합은 해산한다. (O) 기출 13·23

노동조합 규약으로 총회에 갈음하는 대의원회를 둔 때에는 대의원회의 해산결의가 있는 경우에 노동조합은 해산한다. (O) 기출 20

노동조합의 임원이 없고 계속하여 1년 이상 조합원으로부터 조합비를 징수한 사실이 없어서 행정관청이 노동위원회의 의결을 얻은 경우 노동조합은 해산한다. (O) 기출 24

노동조합의 임원이 없고 노동조합으로서의 활동을 1년 이상 하지 아니한 것으로 인정되는 경우로서 행정관청이 노동위원회의 의결을 얻은 경우에 노동조합은 해산한다. (O) 기출 19·21·23

노동조합의 임원이 없고 노동조합으로서의 활동을 1년 이상 하지 아니한 경우에 노동조합은 해산한다. (×) 기출 20

규약에서 정한 해산사유가 발생하여 노동조합이 해산한 때에는 그 대표자는 해산한 날부터 15일 이내에 행정관청에게 이를 신고하여야 한다. (O) 기출 24

노동조합 총회의 해산결의를 사유로 노동조합이 해산한 때에는 그 대표자는 해산한 날부터 15일 이내에 행정관청에 이를 신고하여야 한다. (O) 기출 19·21·22

노동조합이 해산한 때에는 그 대표자는 해산한 날부터 30일 이내에 행정관청에게 이를 신고하여야 한다. (×) 기출 23

시행령 제13조(노동위원회의 해산의결 등)

① 법 제28조 제1항 제4호에서 "노동조합으로서의 활동을 1년 이상 하지 아니한 것으로 인정되는 경우"란 계속하여 1년 이상 조합원으로부터 조합비를 징수한 사실이 없거나 총회 또는 대의원회 를 개최한 사실이 없는 경우를 말한다.

② 법 제28조 제1항 제4호에 따른 노동조합의 해산사유가 있는 경우에는 행정관청이 관할 노동 위원회의 의결을 얻은 때에 해산된 것으로 본다.

③ 노동위원회는 제2항에 따른 의결을 할 때에는 법 제28조 제1항 제4호에 따른 해산사유 발생일 이후의 해당 노동조합의 활동을 고려해서는 아니 된다.

④ 행정관청은 법 제28조 제1항 제4호에 따른 노동위원회의 의결이 있거나 같은 조 제2항에 따른 해산신고를 받은 때에는 지체 없이 그 사실을 관할 노동위원회(법 제28조 제2항에 따른 해산신 고를 받은 경우만 해당한다)와 해당 사업 또는 사업장의 사용자나 사용자단체에 통보해야 한다.

노동조합의 해산사유가 있는 경우, 노동위원회가 의결을 할 때에는 해산사유 발생일 이후의 해당 노동조합의 활동을 고려하여야 한다. (×) **기출** 24

제3장 단체교섭 및 단체협약

제29조 교섭 및 체결권한

① 노동조합의 대표자는 그 노동조합 또는 조합원을 위하여 사용자나 사용자단체와 교섭하 고 단체협약을 체결할 권한을 가진다.

② 제29조의2에 따라 결정된 교섭대표노동조합(이하 "교섭대표노동조합"이라 한다)의 대 표자는 교섭을 요구한 모든 노동조합 또는 조합원을 위하여 사용자와 교섭하고 단체협약 을 체결할 권한을 가진다.

③ 노동조합과 사용자 또는 사용자단체로부터 교섭 또는 단체협약의 체결에 관한 권한을 위임받은 자는 그 노동조합과 사용자 또는 사용자단체를 위하여 위임받은 범위 안에서 그 권한을 행사할 수 있다.

④ 노동조합과 사용자 또는 사용자단체는 제3항에 따라 교섭 또는 단체협약의 체결에 관한 권한을 위임한 때에는 그 사실을 상대방에게 통보하여야 한다.

노동조합의 대표자는 그 노동조합 또는 조합원을 위하여 사용자나 사용자단체와 교섭하고 단체협약을 체결할 권한을 가진다. (○) **기출** 24

노동조합 대표자는 그 노동조합 또는 조합원을 위하여 사용자나 사용자단체와 교섭할 권한을 가진다. (○) **기출** 18 · 19

교섭대표노동조합의 대표자는 교섭을 요구한 모든 노동조합 또는 조합원을 위하여 사용자와 교섭하고 단체협약을 체결할 권한을 가진다. (○) **기출** 15 · 17 · 20 · 21

교섭대표노동조합의 대표자는 교섭요구와 무관하게 사업장 내 모든 노동조합 또는 조합원을 위하여 사용자와 교섭하고 단체협약을 체결할 권한을 가진다. (×) **기출** 23

교섭대표노동조합의 대표자는 해당 교섭단위 내의 비조합원을 포함한 모든 근로자를 위하여 사용자와 교섭하고 단체협약을 체결할 권한을 가진다. (×) **기출** 16

교섭대표노동조합의 대표자는 그 절차에 참여한 노동조합으로부터 위임받은 범위 안에서 사용자와 교섭하고 단체협약을 체결할 권한을 가진다. (X) **기출** 14

노동조합은 단체협약의 체결에 관한 권한을 위임할 수 없다. (X) **기출** 16

노동조합과 사용자로부터 교섭 또는 단체협약의 체결에 관한 권한을 위임받은 자는 그 노동조합과 사용자를 위하여 위임받은 범위 안에서 그 권한을 행사할 수 있다. (O) **기출** 15

노동조합으로부터 단체교섭에 관한 권한을 위임받은 자는 자유롭게 권한을 행사할 수 있다. (X) **기출** 20

사용자로부터 교섭의 체결에 관한 권한을 위임받은 자는 그 사용자를 위하여 위임받은 범위 안에서 그 권한을 행사할 수 있다. (O) **기출** 22

노동조합과 사용자 또는 사용자단체는 법령에 따라 교섭 또는 단체협약의 체결에 관한 권한을 위임한 때에는 그 사실을 상대방에게 통보하여야 한다. (O) **기출** 18 · 20 · 24

시행령 제14조(교섭권한 등의 위임통보)
① 노동조합과 사용자 또는 사용자단체(이하 "노동관계당사자"라 한다)는 법 제29조 제3항에 따라 교섭 또는 단체협약의 체결에 관한 권한을 위임하는 경우에는 교섭사항과 권한범위를 정하여 위임하여야 한다.
② 노동관계당사자는 법 제29조 제4항에 따라 상대방에게 위임사실을 통보하는 경우에 다음 각 호의 사항을 포함하여 통보하여야 한다.
  1. 위임을 받은 자의 성명(위임을 받은 자가 단체인 경우에는 그 명칭 및 대표자의 성명)
  2. 교섭사항과 권한범위 등 위임의 내용

사용자단체는 법령에 따라 교섭 또는 단체협약의 체결에 관한 권한을 위임하는 경우에는 교섭사항과 권한범위를 정하여 위임하여야 한다. (O) **기출** 17 · 18

시행령 제14조의2(노동조합의 교섭 요구 시기 및 방법)
① 노동조합은 해당 사업 또는 사업장에 단체협약이 있는 경우에는 법 제29조 제1항 또는 제29조의2 제1항에 따라 그 유효기간 만료일 이전 3개월이 되는 날부터 사용자에게 교섭을 요구할 수 있다. 다만, 단체협약이 2개 이상 있는 경우에는 먼저 이르는 단체협약의 유효기간 만료일 이전 3개월이 되는 날부터 사용자에게 교섭을 요구할 수 있다.
② 노동조합은 제1항에 따라 사용자에게 교섭을 요구하는 때에는 노동조합의 명칭, 그 교섭을 요구한 날 현재의 종사근로자인 조합원 수 등 고용노동부령으로 정하는 사항을 적은 서면으로 해야 한다.

노동조합은 해당 사업 또는 사업장에 단체협약이 2개 이상 있는 경우에는 먼저 이르는 단체협약의 유효기간 만료일 이전 3개월이 되는 날부터 사용자에게 교섭을 요구할 수 있다. (O) **기출** 24

노동조합은 해당 사업에 단체협약이 2개 이상 있는 경우에는 나중에 이르는 단체협약의 유효기간 만료일 이전 3개월이 되는 날부터 사용자에게 교섭을 요구할 수 있다. (X) **기출** 22

노동조합은 단체협약이 2개 이상 있는 경우에는 먼저 도래하는 단체협약의 유효기간 만료일 이전 3개월이 되는 날부터 사용자에게 교섭을 요구할 수 있다. (O) **기출** 15 · 20

노동조합은 사용자에게 교섭을 요구하는 때에는 노동조합의 명칭, 그 교섭을 요구한 날 현재의 종사근로자인 조합원 수 등 고용노동부령으로 정하는 사항을 적은 서면으로 해야 한다. (O) **기출** 15

시행령 제14조의3(노동조합 교섭요구 사실의 공고)

① 사용자는 노동조합으로부터 제14조의2에 따라 교섭 요구를 받은 때에는 그 요구를 받은 날부터 7일간 그 교섭을 요구한 노동조합의 명칭 등 고용노동부령으로 정하는 사항을 해당 사업 또는 사업장의 게시판 등에 공고하여 다른 노동조합과 근로자가 알 수 있도록 하여야 한다.

② 노동조합은 사용자가 제1항에 따른 교섭요구 사실의 공고를 하지 아니하거나 다르게 공고하는 경우에는 고용노동부령으로 정하는 바에 따라 노동위원회에 시정을 요청할 수 있다.

③ 노동위원회는 제2항에 따라 시정 요청을 받은 때에는 그 요청을 받은 날부터 10일 이내에 그에 대한 결정을 하여야 한다.

사용자는 노동조합으로부터 교섭 요구를 받은 때에는 그 요구를 받은 날부터 7일간 그 교섭을 요구한 노동조합의 명칭 등 고용노동부령으로 정하는 사항을 해당 사업 또는 사업장의 게시판 등에 공고하여 다른 노동조합과 근로자가 알 수 있도록 하여야 한다. (○) **기출** 24

노동조합은 사용자가 교섭요구 사실의 공고를 하지 아니하거나 다르게 공고하는 경우에는 고용노동부령으로 정하는 바에 따라 행정관청에 그 시정을 요청할 수 있다. (×) **기출** 23

노동조합 교섭요구 사실의 공고는 사용자가 법령에 따라 교섭을 요구받은 날부터 7일간 하여야 한다. (○) **기출** 18

노동조합으로부터 적법한 교섭 요구를 받은 사용자는 그 요구를 받은 날부터 5일간 그 교섭요구사실을 공고하여야 한다. (×) **기출** 23

시행령 제14조의4(다른 노동조합의 교섭 요구 시기 및 방법)

제14조의2에 따라 사용자에게 교섭을 요구한 노동조합이 있는 경우에 사용자와 교섭하려는 다른 노동조합은 제14조의3 제1항에 따른 공고기간 내에 제14조의2 제2항에 따른 사항을 적은 서면으로 사용자에게 교섭을 요구하여야 한다.

시행령 제14조의5(교섭 요구 노동조합의 확정)

① 사용자는 제14조의3 제1항에 따른 공고기간이 끝난 다음 날에 제14조의2 및 제14조의4에 따라 교섭을 요구한 노동조합을 확정하여 통지하고, 그 교섭을 요구한 노동조합의 명칭, 그 교섭을 요구한 날 현재의 종사근로자인 조합원 수 등 고용노동부령으로 정하는 사항을 5일간 공고해야 한다.

② 제14조의2 및 제14조의4에 따라 교섭을 요구한 노동조합은 제1항에 따른 노동조합의 공고 내용이 자신이 제출한 내용과 다르게 공고되거나 공고되지 아니한 것으로 판단되는 경우에는 제1항에 따른 공고기간 중에 사용자에게 이의를 신청할 수 있다.

③ 사용자는 제2항에 따른 이의 신청의 내용이 타당하다고 인정되는 경우 신청한 내용대로 제1항에 따른 공고기간이 끝난 날부터 5일간 공고하고 그 이의를 제기한 노동조합에 통지하여야 한다.

④ 사용자가 제2항에 따른 이의 신청에 대하여 다음 각 호의 구분에 따른 조치를 한 경우에는 해당 노동조합은 해당 호에서 정한 날부터 5일 이내에 고용노동부령으로 정하는 바에 따라 노동위원회에 시정을 요청할 수 있다.
  1. 사용자가 제3항에 따른 공고를 하지 아니한 경우 : 제1항에 따른 공고기간이 끝난 다음 날
  2. 사용자가 해당 노동조합이 신청한 내용과 다르게 제3항에 따른 공고를 한 경우 : 제3항에 따른 공고기간이 끝난 날

⑤ 노동위원회는 제4항에 따른 시정 요청을 받은 때에는 그 요청을 받은 날부터 10일 이내에 그에 대한 결정을 하여야 한다.

시행령 제14조의6(자율적 교섭대표노동조합의 결정 등)

① 제14조의5에 따라 교섭을 요구한 노동조합으로 확정 또는 결정된 노동조합은 법 제29조의2 제3항에 따라 자율적으로 교섭대표노동조합을 정하려는 경우에는 제14조의5에 따라 확정 또는 결정된 날부터 14일이 되는 날을 기한으로 하여 그 교섭대표노동조합의 대표자, 교섭위원 등을 연명으로 서명 또는 날인하여 사용자에게 통지해야 한다.

② 사용자에게 제1항에 따른 교섭대표노동조합의 통지가 있은 이후에는 그 교섭대표노동조합의 결정 절차에 참여한 노동조합 중 일부 노동조합이 그 이후의 절차에 참여하지 않더라도 법 제29조 제2항에 따른 교섭대표노동조합의 지위는 유지된다.

> 자율적으로 교섭대표노동조합을 결정하여 그 결과를 사용자에게 통지한 이후에는 그 교섭대표노동조합의 결정 절차에 참여한 노동조합 중 일부 노동조합이 그 이후의 절차에 참여하지 않더라도 교섭대표노동조합의 지위는 유지된다. (○) 기출 17

제29조의2 교섭창구 단일화 절차

① 하나의 사업 또는 사업장에서 조직형태에 관계없이 근로자가 설립하거나 가입한 노동조합이 2개 이상인 경우 노동조합은 교섭대표노동조합(2개 이상의 노동조합 조합원을 구성원으로 하는 교섭대표기구를 포함한다. 이하 같다)을 정하여 교섭을 요구하여야 한다. 다만, 제3항에 따라 교섭대표노동조합을 자율적으로 결정하는 기한 내에 사용자가 이 조에서 정하는 교섭창구 단일화 절차를 거치지 아니하기로 동의한 경우에는 그러하지 아니하다.

② 제1항 단서에 해당하는 경우 사용자는 교섭을 요구한 모든 노동조합과 성실히 교섭하여야 하고, 차별적으로 대우해서는 아니 된다.

③ 교섭대표노동조합 결정 절차(이하 "교섭창구 단일화 절차"라 한다)에 참여한 모든 노동조합은 대통령령으로 정하는 기한 내에 자율적으로 교섭대표노동조합을 정한다.

④ 제3항에 따른 기한까지 교섭대표노동조합을 정하지 못하고 제1항 단서에 따른 사용자의 동의를 얻지 못한 경우에는 교섭창구 단일화 절차에 참여한 노동조합의 전체 조합원 과반수로 조직된 노동조합(2개 이상의 노동조합이 위임 또는 연합 등의 방법으로 교섭창구 단일화 절차에 참여한 노동조합 전체 조합원의 과반수가 되는 경우를 포함한다)이 교섭대표노동조합이 된다.

⑤ 제3항 및 제4항에 따라 교섭대표노동조합을 결정하지 못한 경우에는 교섭창구 단일화 절차에 참여한 모든 노동조합은 공동으로 교섭대표단(이하 이 조에서 "공동교섭대표단" 이라 한다)을 구성하여 사용자와 교섭하여야 한다. 이때 공동교섭대표단에 참여할 수 있는 노동조합은 그 조합원 수가 교섭창구 단일화 절차에 참여한 노동조합의 전체 조합원 100분의 10 이상인 노동조합으로 한다.

⑥ 제5항에 따른 공동교섭대표단의 구성에 합의하지 못할 경우에 노동위원회는 해당 노동조합의 신청에 따라 조합원 비율을 고려하여 이를 결정할 수 있다.

⑦ 제1항 및 제3항부터 제5항까지에 따른 교섭대표노동조합을 결정함에 있어 교섭요구 사실, 조합원 수 등에 대한 이의가 있는 때에는 노동위원회는 대통령령으로 정하는 바에 따라 노동조합의 신청을 받아 그 이의에 대한 결정을 할 수 있다.

⑧ 제6항 및 제7항에 따른 노동위원회의 결정에 대한 불복절차 및 효력은 제69조와 제70조 제2항을 준용한다.

⑨ 노동조합의 교섭요구·참여 방법, 교섭대표노동조합 결정을 위한 조합원 수 산정 기준 등 교섭창구 단일화 절차와 교섭비용 증가 방지 등에 관하여 필요한 사항은 대통령령으로 정한다.

⑩ 제4항부터 제7항까지 및 제9항의 조합원 수 산정은 종사근로자인 조합원을 기준으로 한다.

하나의 사업장에서 조직형태에 관계없이 근로자가 설립하거나 가입한 노동조합이 2개 이상인 경우 노동조합은 교섭대표노동조합을 정하여 교섭을 요구하여야 한다. (O) **기출** 22

하나의 사업 또는 사업장에 2개 이상의 노동조합이 있더라도 교섭대표노동조합을 자율적으로 결정하는 기한 내에 사용자가 교섭창구 단일화 절차를 거치지 아니하기로 동의한 경우에는 해당 노동조합은 사용자와 개별적으로 교섭할 수 있다. (O) **기출** 18

교섭대표노동조합을 자율적으로 결정하는 기한 내에 사용자가 교섭창구 단일화 절차를 거치지 아니하기로 동의한 경우에는 사용자는 교섭을 요구한 모든 노동조합과 성실히 교섭하여야 한다. (O) **기출** 22

교섭대표노동조합 결정단위는 하나의 사업 또는 사업장으로 한다. (O) **기출** 15

하나의 사업 또는 사업장에서 조직형태에 관계없이 근로자가 설립하거나 가입한 노동조합이 2개 이상인 경우 사용자가 교섭창구 단일화 절차를 거치지 아니하기로 동의한 경우가 아닌 한, 노동조합은 교섭대표노동조합을 정하여 교섭을 요구하여야 한다. (O) **기출** 14

교섭대표노동조합결정절차에 참여한 모든 노동조합은 대통령령으로 정하는 기한 내에 자율적으로 교섭대표노동조합을 정한다. (O) **기출** 21

교섭창구 단일화 절차에 참여한 노동조합이 자율적으로 교섭대표노동조합을 정하지 못한 경우에는 해당 사업 또는 사업장 근로자 전체의 과반수로 조직된 노동조합이 교섭대표노동조합이 된다. (×) **기출** 18

교섭창구 단일화 절차에 참여한 노동조합의 전체 조합원 과반수로 조직된 노동조합에 해당하는지를 결정할 때 2개 이상의 노동조합이 연합하는 방법은 허용되지 않는다. (×) **기출** 16

교섭대표노동조합을 자율적으로 결정하는 기한까지 교섭대표노동조합을 정하지 못하고 사용자의 동의를 얻지 못한 경우에는 교섭창구 단일화 절차에 참여한 노동조합의 종사 근로자가 아닌 조합원을 포함한 전체 조합원 과반수로 조직된 노동조합이 교섭대표노동조합이 된다. (×) **기출** 22

공동교섭대표단에 참여할 수 있는 노동조합은 그 조합원 수가 교섭창구단일화절차에 참여한 노동조합의 전체 조합원 100분의 5 이상인 노동조합으로 한다. (×) **기출** 19

공동교섭대표단에 참여할 수 있는 노동조합은 그 조합원 수가 교섭창구 단일화절차에 참여한 노동조합의 전체 조합원 100분의 10 이상인 노동조합으로 한다. (O) **기출** 13·14·21

공동교섭대표단의 구성에 합의하지 못할 경우에 고용노동부장관은 해당 노동조합의 신청에 따라 조합원 비율을 고려하여 이를 결정할 수 있다. (×) **기출** 21

공동교섭대표단의 구성에 합의하지 못할 경우에 노동위원회는 사용자 또는 해당 노동조합의 신청에 따라 조합원 비율을 고려하여 이를 결정할 수 있다. (×) **기출** 13·16

공동교섭대표단의 구성에 합의하지 못할 경우에 노동위원회는 해당 노동조합의 신청에 따라 조합원 비율을 고려하여 이를 결정할 수 있다. (O) **기출** 22

교섭대표노동조합을 결정함에 있어 교섭요구 사실 등에 대한 이의가 있는 때에는 노동위원회는 대통령령으로 정하는 바에 따라 노동조합의 신청을 받아 그 이의에 대한 결정을 할 수 있다. (O) **기출** 18

시행령 제14조의7(과반수 노동조합의 교섭대표노동조합 확정 등)

① 법 제29조의2 제3항 및 이 영 제14조의6에 따른 교섭대표노동조합이 결정되지 못한 경우에는 법 제29조의2 제3항에 따른 교섭창구 단일화 절차(이하 "교섭창구단일화절차"라 한다)에 참여한 모든 노동조합의 전체 종사근로자인 조합원 과반수로 조직된 노동조합(둘 이상의 노동조합이 위임 또는 연합 등의 방법으로 교섭창구단일화절차에 참여하는 노동조합 전체 종사근로자인 조합원의 과반수가 되는 경우를 포함한다. 이하 "과반수노동조합"이라 한다)은 제14조의6 제1항에 따른 기한이 끝난 날부터 5일 이내에 사용자에게 노동조합의 명칭, 대표자 및 과반수노동조합이라는 사실 등을 통지해야 한다.

② 사용자가 제1항에 따라 과반수노동조합임을 통지받은 때에는 그 통지를 받은 날부터 5일간 그 내용을 공고하여 다른 노동조합과 근로자가 알 수 있도록 해야 한다.

③ 다음 각 호의 사유로 이의를 제기하려는 노동조합은 제2항에 따른 공고기간 내에 고용노동부령으로 정하는 바에 따라 노동위원회에 이의신청을 해야 한다.

　1. 사용자가 제2항에 따른 공고를 하지 않은 경우

　2. 공고된 과반수노동조합에 대하여 그 과반수 여부에 이의가 있는 경우

④ 노동조합이 제2항에 따른 공고기간 내에 이의신청을 하지 않은 경우에는 같은 항에 따라 공고된 과반수노동조합이 교섭대표노동조합으로 확정된다.

⑤ 노동위원회는 제3항에 따른 이의신청을 받은 때에는 교섭창구단일화절차에 참여한 모든 노동조합과 사용자에게 통지하고, 조합원 명부(종사근로자인 조합원의 서명 또는 날인이 있는 것으로 한정한다) 등 고용노동부령으로 정하는 서류를 제출하게 하거나 출석하게 하는 등의 방법으로 종사근로자인 조합원 수에 대하여 조사·확인해야 한다.

⑥ 제5항에 따라 종사근로자인 조합원 수를 확인하는 경우의 기준일은 제14조의5 제1항에 따라 교섭을 요구한 노동조합의 명칭 등을 공고한 날로 한다.

⑦ 노동위원회는 제5항에 따라 종사근로자인 조합원 수를 확인하는 경우 둘 이상의 노동조합에 가입한 종사근로자인 조합원에 대해서는 그 종사근로자인 조합원 1명별로 다음 각 호의 구분에 따른 방법으로 종사근로자인 조합원 수를 산정한다.

　1. 조합비를 납부하는 노동조합이 하나인 경우 : 조합비를 납부하는 노동조합의 종사근로자인 조합원 수에 숫자 1을 더할 것

　2. 조합비를 납부하는 노동조합이 둘 이상인 경우 : 숫자 1을 조합비를 납부하는 노동조합의 수로 나눈 후에 그 산출된 숫자를 그 조합비를 납부하는 노동조합의 종사근로자인 조합원 수에 각각 더할 것

　3. 조합비를 납부하는 노동조합이 하나도 없는 경우 : 숫자 1을 종사근로자인 조합원이 가입한 노동조합의 수로 나눈 후에 그 산출된 숫자를 그 가입한 노동조합의 종사근로자인 조합원 수에 각각 더할 것

⑧ 노동위원회는 노동조합 또는 사용자가 제5항에 따른 서류 제출 요구 등 필요한 조사에 따르지 않은 경우에 고용노동부령으로 정하는 기준에 따라 종사근로자인 조합원 수를 계산하여 확인한다.

⑨ 노동위원회는 제5항부터 제8항까지의 규정에 따라 조사·확인한 결과 과반수노동조합이 있다고 인정하는 경우에는 그 이의신청을 받은 날부터 10일 이내에 그 과반수노동조합을 교섭대표노동조합으로 결정하여 교섭창구단일화절차에 참여한 모든 노동조합과 사용자에게 통지해야 한다. 다만, 그 기간 이내에 종사근로자인 조합원 수를 확인하기 어려운 경우에는 한 차례에 한정하여 10일의 범위에서 그 기간을 연장할 수 있다.

시행령 제14조의8(자율적 공동교섭대표단 구성 및 통지)

① 법 제29조의2 제3항 및 제4항에 따라 교섭대표노동조합이 결정되지 못한 경우에, 같은 조 제5항에 따라 공동교섭대표단에 참여할 수 있는 노동조합은 사용자와 교섭하기 위하여 다음 각 호의 구분에 따른 기간 이내에 공동교섭대표단의 대표자, 교섭위원 등 공동교섭대표단을 구성하여 연명으로 서명 또는 날인하여 사용자에게 통지해야 한다.

    1. 과반수노동조합이 없어서 제14조의7 제1항에 따른 통지 및 같은 조 제2항에 따른 공고가 없는 경우 : 제14조의6 제1항에 따른 기한이 만료된 날부터 10일간

    2. 제14조의7 제9항에 따라 과반수노동조합이 없다고 노동위원회가 결정하는 경우 : 제14조의 7 제9항에 따른 노동위원회 결정의 통지가 있은 날부터 5일간

② 사용자에게 제1항에 따른 공동교섭대표단의 통지가 있은 이후에는 그 공동교섭대표단 결정 절차에 참여한 노동조합 중 일부 노동조합이 그 이후의 절차에 참여하지 않더라도 법 제29조 제2항에 따른 교섭대표노동조합의 지위는 유지된다.

> 사용자에게 공동교섭대표단의 통지가 있은 이후에는 그 공동교섭대표단 결정 절차에 참여한 노동조 합 중 일부 노동조합이 그 이후의 절차에 참여하지 않더라도 교섭대표노동조합의 지위는 유지된다.
>
> (○) 기출 22

시행령 제14조의9(노동위원회 결정에 의한 공동교섭대표단의 구성)

① 법 제29조의2 제5항 및 이 영 제14조의8 제1항에 따른 공동교섭대표단의 구성에 합의하지 못한 경우에 공동교섭대표단 구성에 참여할 수 있는 노동조합의 일부 또는 전부는 노동위원회에 법 제29조의2 제6항에 따라 공동교섭대표단 구성에 관한 결정 신청을 해야 한다.

② 노동위원회는 제1항에 따른 공동교섭대표단 구성에 관한 결정 신청을 받은 때에는 그 신청을 받은 날부터 10일 이내에 총 10명 이내에서 각 노동조합의 종사근로자인 조합원 수에 따른 비율을 고려하여 노동조합별 공동교섭대표단에 참여하는 인원 수를 결정하여 그 노동조합과 사용자에게 통지해야 한다. 다만, 그 기간 이내에 결정하기 어려운 경우에는 한 차례에 한정하여 10일의 범위에서 그 기간을 연장할 수 있다.

③ 제2항에 따른 공동교섭대표단 결정은 공동교섭대표단에 참여할 수 있는 모든 노동조합이 제출한 종사근로자인 조합원 수에 따른 비율을 기준으로 한다.

④ 제3항에 따른 종사근로자인 조합원 수 및 비율에 대하여 그 노동조합 중 일부 또는 전부가 이의를 제기하는 경우 종사근로자인 조합원 수의 조사·확인에 관하여는 제14조의7 제5항부터 제8항까지의 규정을 준용한다.

⑤ 공동교섭대표단 구성에 참여하는 노동조합은 사용자와 교섭하기 위하여 제2항에 따라 노동위원회가 결정한 인원 수에 해당하는 교섭위원을 각각 선정하여 사용자에게 통지하여야 한다.

⑥ 제5항에 따라 공동교섭대표단을 구성할 때에 그 공동교섭대표단의 대표자는 공동교섭대표단에 참여하는 노동조합이 합의하여 정한다. 다만, 합의되지 않은 경우에는 종사근로자인 조합원 수가 가장 많은 노동조합의 대표자로 한다.

시행령 제14조의10(교섭대표노동조합의 지위 유지기간 등)

① 법 제29조의2 제3항부터 제6항까지의 규정에 따라 결정된 교섭대표노동조합은 그 결정이 있은 후 사용자와 체결한 첫 번째 단체협약의 효력이 발생한 날을 기준으로 2년이 되는 날까지 그 교섭대표노동조합의 지위를 유지하되, 새로운 교섭대표노동조합이 결정된 경우에는 그 결정된 때까지 교섭대표노동조합의 지위를 유지한다.

② 제1항에 따른 교섭대표노동조합의 지위 유지기간이 만료되었음에도 불구하고 새로운 교섭대표노동조합이 결정되지 못할 경우 기존 교섭대표노동조합은 새로운 교섭대표노동조합이 결정될 때까지 기존 단체협약의 이행과 관련해서는 교섭대표노동조합의 지위를 유지한다.

③ 법 제29조의2에 따라 결정된 교섭대표노동조합이 그 결정된 날부터 1년 동안 단체협약을 체결하지 못한 경우에는 어느 노동조합이든지 사용자에게 교섭을 요구할 수 있다. 이 경우 제14조의2 제2항 및 제14조의3부터 제14조의9까지의 규정을 적용한다.

> 교섭대표노동조합은 그 결정이 있은 후 사용자와 체결한 첫 번째 단체협약의 효력이 발생한 날을 기준으로 2년이 되는 날까지 그 교섭대표노동조합의 지위를 유지하되, 새로운 교섭대표노동조합이 결정된 경우에는 그 결정된 때까지 교섭대표노동조합의 지위를 유지한다. (O) 기출 22
>
> 교섭대표노동조합의 지위 유지기간이 만료되었음에도 불구하고 새로운 교섭대표노동조합이 결정되지 못할 경우 기존 교섭대표노동조합은 새로운 교섭대표노동조합이 결정될 때까지 기존 단체협약의 갱신을 위한 교섭대표노동조합의 지위를 유지한다. (X) 기출 24
>
> 교섭대표노동조합의 지위 유지기간이 만료되었음에도 불구하고 새로운 교섭대표노동조합이 결정되지 못할 경우 기존 교섭대표노동조합은 새로운 교섭대표노동조합이 결정될 때까지 기존 단체협약의 이행과 관련해서는 교섭대표노동조합의 지위를 유지한다. (O) 기출 17·19
>
> 교섭창구단일화절차에 따라 결정된 교섭대표노동조합이 그 결정된 날부터 6개월 동안 단체협약을 체결하지 못한 경우에는 어느 노동조합이든지 사용자에게 교섭을 요구할 수 있다. (X) 기출 15·16·19
>
> 교섭대표노동조합이 그 결정된 날부터 1년 동안 단체협약을 체결하지 못한 경우에는 어느 노동조합이든지 사용자에게 교섭을 요구할 수 있다. (O) 기출 17·18
>
> 교섭대표노동조합이 결정된 후 교섭창구단일화절차가 개시된 날부터 1년 동안 단체협약을 체결하지 못한 경우에는 어느 노동조합이든지 사용자에게 교섭을 요구할 수 있다. (X) 기출 23
>
> 교섭대표노동조합으로 결정된 노동조합이 그 결정된 날부터 1년 동안 단체협약을 체결하지 못한 경우에는 어느 노동조합이든지 사용자에게 교섭을 요구할 수 있다. (O) 기출 24

제29조의3 교섭단위 결정

① 제29조의2에 따라 교섭대표노동조합을 결정하여야 하는 단위(이하 "교섭단위"라 한다)는 하나의 사업 또는 사업장으로 한다.
② 제1항에도 불구하고 하나의 사업 또는 사업장에서 현격한 근로조건의 차이, 고용형태, 교섭 관행 등을 고려하여 교섭단위를 분리하거나 분리된 교섭단위를 통합할 필요가 있다고 인정되는 경우에 노동위원회는 노동관계 당사자의 양쪽 또는 어느 한쪽의 신청을 받아 교섭단위를 분리하거나 분리된 교섭단위를 통합하는 결정을 할 수 있다.
③ 제2항에 따른 노동위원회의 결정에 대한 불복절차 및 효력은 제69조와 제70조 제2항을 준용한다.
④ 교섭단위를 분리하거나 분리된 교섭단위를 통합하기 위한 신청 및 노동위원회의 결정 기준·절차 등에 관하여 필요한 사항은 대통령령으로 정한다.

> 교섭대표노동조합을 결정하여야 하는 단위는 하나의 사업 또는 사업장으로 한다. (O) 기출 16·20·21·23
>
> 교섭대표노동조합을 결정하여야 하는 단위는 노동위원회가 교섭단위를 분리하는 결정을 하지 않는 한, 하나의 사업 또는 사업장으로 한다. (O) 기출 14

하나의 사업 또는 사업장에서 교섭단위를 분리할 필요가 있다고 인정되는 경우에 노동관계 당사자는 합의를 통하여 교섭단위를 분리할 수 있다. (×) 기출 19

하나의 사업 또는 사업장에서 교섭단위를 분리할 필요가 있다고 인정되는 경우에 노동위원회는 노동관계 당사자의 신청을 받아 교섭단위를 분리하는 결정을 할 수 있다. (○) 기출 18

노동위원회는 노동조합의 신청을 받아 분리된 교섭단위를 통합하는 결정을 할 수 있다. (○) 기출 23

노동위원회는 사용자의 신청을 받아 교섭단위를 분리하는 결정을 할 수 없다. (×) 기출 20·22

노동위원회는 노동관계 당사자 양쪽의 신청이 있으면 교섭단위를 분리하는 결정을 하여야 한다. (×) 기출 18

노동위원회는 노동관계 당사자의 신청이나 직권으로 교섭단위를 분리하는 결정을 할 수 있다. (×) 기출 16

하나의 사업 또는 사업장에서 현격한 근로조건의 차이, 고용형태, 교섭 관행 등을 고려하여 교섭단위를 분리할 필요가 있다고 인정되는 경우에 노동위원회는 노동관계 당사자의 양쪽 또는 어느 한쪽의 신청을 받아 교섭단위를 분리하는 결정을 할 수 있다. (○) 기출 24

하나의 사업장에서 현격한 근로조건의 차이 등을 고려하여 교섭단위를 분리할 필요가 있다고 인정되는 경우에 노동위원회는 노동관계 당사자의 양쪽 또는 어느 한쪽의 신청을 받아 교섭단위를 분리하는 결정을 할 수 있다. (○) 기출 13·15

노동위원회의 교섭단위분리결정에 대하여는 불복할 수 없다. (×) 기출 15

시행령 제14조의11(교섭단위 결정)

① 노동조합 또는 사용자는 법 제29조의3 제2항에 따라 교섭단위를 분리하거나 분리된 교섭단위를 통합하여 교섭하려는 경우에는 다음 각 호에 해당하는 기간에 노동위원회에 교섭단위를 분리하거나 분리된 교섭단위를 통합하는 결정을 신청할 수 있다.
  1. 제14조의3에 따라 사용자가 교섭요구 사실을 공고하기 전
  2. 제14조의3에 따라 사용자가 교섭요구 사실을 공고한 경우에는 법 제29조의2에 따른 교섭대 표노동조합이 결정된 날 이후
② 제1항에 따른 신청을 받은 노동위원회는 해당 사업 또는 사업장의 모든 노동조합과 사용자에게 그 내용을 통지해야 하며, 그 노동조합과 사용자는 노동위원회가 지정하는 기간까지 의견을 제출할 수 있다.
③ 노동위원회는 제1항에 따른 신청을 받은 날부터 30일 이내에 교섭단위를 분리하거나 분리된 교섭단위를 통합하는 결정을 하고 해당 사업 또는 사업장의 모든 노동조합과 사용자에게 통지해야 한다.
④ 제3항에 따른 통지를 받은 노동조합이 사용자와 교섭하려는 경우 자신이 속한 교섭단위에 단체협약이 있는 때에는 그 단체협약의 유효기간 만료일 이전 3개월이 되는 날부터 제14조의2 제2항에 따라 필요한 사항을 적은 서면으로 교섭을 요구할 수 있다.
⑤ 제1항에 따른 신청에 대한 노동위원회의 결정이 있기 전에 제14조의2에 따른 교섭 요구가 있는 때에는 교섭단위를 분리하거나 분리된 교섭단위를 통합하는 결정이 있을 때까지 제14조의3에 따른 교섭요구 사실의 공고 등 교섭창구단일화절차의 진행은 정지된다.
⑥ 제1항부터 제5항까지에서 규정한 사항 외에 교섭단위를 분리하거나 분리된 교섭단위를 통합하는 결정 신청 및 그 신청에 대한 결정 등에 관하여 필요한 사항은 고용노동부령으로 정한다.

노동조합 또는 사용자는 사용자가 교섭요구 사실을 공고하기 전에는 노동위원회에 교섭단위를 분리하는 결정을 신청할 수 없다. (×) 기출 24

노동조합 또는 사용자는 법령에 따라 사용자가 교섭요구 사실을 공고하기 전에 노동위원회에 교섭단위 분리의 결정을 신청할 수 있다. (○) 기출 16 · 18 · 22

노동조합이 교섭단위를 분리하여 교섭하려는 경우 사용자가 교섭요구 사실을 공고하기 전에는 교섭단위를 분리하는 결정을 신청할 수 있다. (○) 기출 23

사용자는 분리된 교섭단위를 통합하여 교섭하려는 경우 교섭대표노동조합이 결정된 날 이후에는 그 통합하는 결정을 신청할 수 없다. (×) 기출 23

노동조합 또는 사용자는 분리된 교섭단위를 통합하여 교섭하려는 경우에는 노동위원회에 분리된 교섭단위를 통합하는 결정을 신청할 수 없다. (×) 기출 22

교섭단위의 분리결정 신청은 사용자가 교섭요구 사실을 공고한 경우에는 교섭대표노동조합이 결정된 날 이후에 할 수 있다. (○) 기출 24

사용자가 교섭요구사실을 공고한 경우에는 교섭대표노동조합이 결정된 날 이후부터 교섭단위 분리신청을 할 수 없다. (×) 기출 20

노동위원회는 교섭단위 분리신청을 받은 날부터 60일 이내에 교섭단위 분리에 관한 결정을 하여야 한다. (×) 기출 20

노동위원회는 법령에 따른 신청을 받은 날부터 30일 이내에 교섭단위 분리에 관한 결정을 하고 해당 사업 또는 사업장의 모든 노동조합과 사용자에게 통지해야 한다. (○) 기출 15 · 18 · 22

노동위원회는 법령에 따라 교섭단위 분리의 결정 신청을 받은 때에는 해당 사업 또는 사업장의 모든 노동조합과 사용자에게 그 내용을 통지하여야 한다. (○) 기출 24

교섭단위의 분리결정을 통지 받은 노동조합이 사용자와 교섭하려는 경우 자신이 속한 교섭단위에 단체협약이 있는 때에는 그 단체협약의 유효기간 만료일 이전 3개월이 되는 날부터 법령에 따라 필요한 사항을 적은 서면으로 교섭을 요구할 수 있다. (○) 기출 24

교섭단위 분리신청에 대한 노동위원회의 결정이 있기 전에 교섭 요구가 있는 때에는 교섭단위 분리 결정과 관계없이 교섭요구 사실의 공고 등 교섭창구단일화절차는 진행된다. (×) 기출 22

제29조의4   공정대표의무 등

① 교섭대표노동조합과 사용자는 교섭창구 단일화 절차에 참여한 노동조합 또는 그 조합원 간에 합리적 이유 없이 차별을 하여서는 아니 된다.
② 노동조합은 교섭대표노동조합과 사용자가 제1항을 위반하여 차별한 경우에는 그 행위가 있은 날(단체협약의 내용의 일부 또는 전부가 제1항에 위반되는 경우에는 단체협약 체결일 을 말한다)부터 3개월 이내에 대통령령으로 정하는 방법과 절차에 따라 노동위원회에 그 시정을 요청할 수 있다.
③ 노동위원회는 제2항에 따른 신청에 대하여 합리적 이유 없이 차별하였다고 인정한 때에 는 그 시정에 필요한 명령을 하여야 한다.
④ 제3항에 따른 노동위원회의 명령 또는 결정에 대한 불복절차 등에 관하여는 제85조 및 제86조를 준용한다.

교섭대표노동조합과 사용자는 교섭창구 단일화 절차에 참여한 노동조합 또는 그 조합원 간에 합리적 이유 없이 차별을 하여서는 아니 된다. (○) 기출 16 · 17 · 19 · 21 · 23 · 24

교섭창구 단일화 절차에 참여한 노동조합은 교섭대표노동조합이 공정대표의무를 위반하여 차별한 경우에는 그 행위가 있은 날(단체협약 내용의 일부 또는 전부가 공정대표의무에 위반되는 경우에는 단체협약 체결일을 말한다)부터 3개월 이내에 대통령령으로 정하는 방법과 절차에 따라 노동위원회에 그 시정을 요청할 수 있다. (○) 기출 15

교섭창구 단일화 절차에 참여한 노동조합은 단체협약의 내용의 일부가 공정대표의무에 위반되는 경우에는 단체협약 체결일부터 3개월 이내에 그 시정을 요청할 수 있다. (○) 기출 23

노동조합은 교섭대표노동조합이 공정대표의무를 위반하여 차별한 경우에는 그 행위가 있은 날부터 6개월 이내에 노동위원회에 그 시정을 요청할 수 있다. (×) 기출 19

교섭창구 단일화 절차에 참여한 노동조합은 교섭대표노동조합과 사용자가 체결한 단체협약의 내용의 일부 또는 전부가 공정대표의무에 위반되는 경우에는 단체협약 체결일부터 3개월 이내에 대통령령으로 정하는 방법과 절차에 따라 노동위원회에 그 시정을 요청할 수 있다. (○) 기출 15 · 16 · 20

노동위원회는 공정대표의무 위반의 시정신청에 대하여 합리적 이유 없이 차별하였다고 인정한 때에는 그 시정에 필요한 명령을 하여야 한다. (○) 기출 21

사용자의 공정대표의무 위반에 대한 벌칙규정은 없다. (○) 기출 19 · 21

시행령 제14조의12(공정대표의무 위반에 대한 시정)

① 노동조합은 법 제29조의2에 따라 결정된 교섭대표노동조합과 사용자가 법 제29조의4 제1항을 위반하여 차별한 경우에는 고용노동부령으로 정하는 바에 따라 노동위원회에 공정대표의무 위반에 대한 시정을 신청할 수 있다.

② 노동위원회는 제1항에 따른 공정대표의무 위반의 시정 신청을 받은 때에는 지체 없이 필요한 조사와 관계 당사자에 대한 심문(審問)을 하여야 한다.

③ 노동위원회는 제2항에 따른 심문을 할 때에는 관계 당사자의 신청이나 직권으로 증인을 출석하게 하여 필요한 사항을 질문할 수 있다.

④ 노동위원회는 제2항에 따른 심문을 할 때에는 관계 당사자에게 증거의 제출과 증인에 대한 반대심문을 할 수 있는 충분한 기회를 주어야 한다.

⑤ 노동위원회는 제1항에 따른 공정대표의무 위반의 시정 신청에 대한 명령이나 결정을 서면으로 하여야 하며, 그 서면을 교섭대표노동조합, 사용자 및 그 시정을 신청한 노동조합에 각각 통지하여야 한다.

⑥ 노동위원회의 제1항에 따른 공정대표의무 위반의 시정 신청에 대한 조사와 심문에 관한 세부절차는 중앙노동위원회가 따로 정한다.

노동위원회는 공정대표의무 위반의 시정 신청을 받은 때에는 지체 없이 필요한 조사와 관계 당사자에 대한 심문을 하여야 한다. (○) 기출 15 · 23

노동위원회는 공정대표의무 위반의 시정 신청에 따른 심문을 할 때에는 관계 당사자의 신청이 없는 경우 직권으로 증인을 출석하게 하여 질문할 수 없다. (×) 기출 23

노동위원회는 공정대표의무 위반의 시정 신청에 대한 명령이나 결정을 서면으로 하여야 하며, 그 서면을 교섭대표노동조합, 사용자 및 그 시정을 신청한 노동조합에 각각 통지하여야 한다. (○) 기출 15

제29조의5 그 밖의 교섭창구 단일화 관련 사항

교섭대표노동조합이 있는 경우에 제2조 제5호, 제29조 제3항·제4항, 제30조, 제37조 제2항·제3항, 제38조 제3항, 제42조의6 제1항, 제44조 제2항, 제46조 제1항, 제55조 제3항, 제72조 제3항 및 제81조 제1항 제3호 중 "노동조합"은 "교섭대표노동조합"으로 본다.

제30조 교섭등의 원칙

① 노동조합과 사용자 또는 사용자단체는 신의에 따라 성실히 교섭하고 단체협약을 체결하여야 하며 그 권한을 남용하여서는 아니 된다.
② 노동조합과 사용자 또는 사용자단체는 정당한 이유 없이 교섭 또는 단체협약의 체결을 거부하거나 해태하여서는 아니 된다.
③ 국가 및 지방자치단체는 기업·산업·지역별 교섭 등 다양한 교섭방식을 노동관계 당사자가 자율적으로 선택할 수 있도록 지원하고 이에 따른 단체교섭이 활성화될 수 있도록 노력하여야 한다.

> 노동조합과 사용자 또는 사용자단체는 신의에 따라 성실히 교섭하고 단체협약을 체결하여야 하며 그 권한을 남용하여서는 아니 된다.　　　　　　　　　　(O) 기출 24
>
> 노동조합은 신의에 따라 성실히 교섭하고 단체협약을 체결하여야 하며 그 권한을 남용하여서는 아니 된다.　　　　　　　　　　(O) 기출 14·16·19·22
>
> 노동조합과 사용자 또는 사용자단체는 정당한 이유 없이 교섭 또는 단체협약의 체결을 거부하거나 해태하여서는 아니 된다.　　　　　(O) 기출 14·18·19·21·22·24
>
> 국가 및 지방자치단체는 기업·산업·지역별 교섭 등 다양한 교섭방식을 노동관계 당사자가 자율적으로 선택할 수 있도록 지원하고 이에 따른 단체교섭이 활성화될 수 있도록 노력하여야 한다.　　　　　　　　　　(O) 기출 22·24

제31조 단체협약의 작성

① 단체협약은 서면으로 작성하여 당사자 쌍방이 서명 또는 날인하여야 한다.
② 단체협약의 당사자는 단체협약의 체결일부터 15일 이내에 이를 행정관청에게 신고하여야 한다.
③ 행정관청은 단체협약 중 위법한 내용이 있는 경우에는 노동위원회의 의결을 얻어 그 시정을 명할 수 있다.

> 단체협약은 서면으로 작성하여 당사자 쌍방이 서명 또는 날인하여야 한다. (O) 기출 18·19·20
>
> 단체협약의 당사자는 단체협약의 체결일부터 15일 이내에 당사자 쌍방의 연명으로 단체협약을 행정관청에게 신고하여야 한다.　　　　　(O) 기출 16·18·20·21·23·24
>
> 단체협약의 신고는 당사자 쌍방이 연명으로 해야 한다.　　　(O) 기출 22
>
> 노동위원회는 단체협약 중 위법한 내용이 있는 경우에는 그 시정을 명할 수 있다. (×) 기출 24
>
> 행정관청은 단체협약 중 위법한 내용이 있는 경우에는 노동위원회의 의결을 얻어 그 시정을 명할 수 있다.　　　　　　　　　　(O) 기출 15·18·19·21·22

행정관청은 단체협약 중 위법·부당한 내용이 있는 경우에는 노동위원회의 의결을 얻어 그 시정을 명하여야 한다. (×) 기출 20

단체협약 중 위법한 내용이 있는 경우에 노동위원회는 직권으로 그 시정을 명할 수 있다. (×) 기출 13

시행령 제15조(단체협약의 신고)
법 제31조 제2항에 따른 단체협약의 신고는 당사자 쌍방이 연명으로 해야 한다.

단체협약의 당사자가 하여야 할 단체협약의 신고는 당사자 쌍방이 연명으로 해야 한다. (○) 기출 23

제32조 단체협약의 유효기간

① 단체협약의 유효기간은 3년을 초과하지 않는 범위에서 노사가 합의하여 정할 수 있다.
② 단체협약에 그 유효기간을 정하지 아니한 경우 또는 제1항의 기간을 초과하는 유효기간을 정한 경우에 그 유효기간은 3년으로 한다.
③ 단체협약의 유효기간이 만료되는 때를 전후하여 당사자 쌍방이 새로운 단체협약을 체결하고자 단체교섭을 계속하였음에도 불구하고 새로운 단체협약이 체결되지 아니한 경우에는 별도의 약정이 있는 경우를 제외하고는 종전의 단체협약은 그 효력만료일부터 3월까지 계속 효력을 갖는다. 다만, 단체협약에 그 유효기간이 경과한 후에도 새로운 단체협약이 체결되지 아니한 때에는 새로운 단체협약이 체결될 때까지 종전 단체협약의 효력을 존속시킨다는 취지의 별도의 약정이 있는 경우에는 그에 따르되, 당사자 일방은 해지하고자 하는 날의 6월 전까지 상대방에게 통고함으로써 종전의 단체협약을 해지할 수 있다.

단체협약의 유효기간은 3년을 초과하지 않는 범위에서 노사가 합의하여 정할 수 있다. (○) 기출 14·15·23

단체협약에 그 유효기간을 정하지 아니한 경우 그 유효기간은 3년으로 한다. (○) 기출 13·15·18·22·24

단체협약에 3년을 초과하는 유효기간을 정한 경우에 그 유효기간은 3년으로 한다. (○) 기출 16

단체협약에 그 유효기간이 경과한 후에도 새로운 단체협약이 체결되지 아니한 때에는 새로운 단체협약이 체결될 때까지 종전 단체협약의 효력을 존속시킨다는 취지의 별도의 약정이 있는 경우에는 당사자 일방은 종전의 단체협약을 해지할 수 없다. (×) 기출 18

단체협약에 그 유효기간이 경과한 후에도 새로운 단체협약이 체결되지 아니한 때에는 새로운 단체협약이 체결될 때까지 종전 단체협약의 효력을 존속시킨다는 취지의 별도의 약정이 있는 경우에는 그에 따르되, 당사자 일방은 해지하고자 하는 날의 6월 전까지 상대방에게 통고함으로써 종전의 단체협약을 해지할 수 있다. (○) 기출 22

단체협약의 유효기간이 만료되는 때를 전후하여 당사자 쌍방이 새로운 단체협약을 체결하고자 단체교섭을 계속하였음에도 불구하고 새로운 단체협약이 체결되지 아니한 경우에는 별도의 약정이 있더라도 종전의 단체협약은 그 효력만료일부터 3월까지 계속 효력을 갖는다. (×) 기출 24

단체협약의 유효기간이 만료되는 때를 전후하여 당사자 쌍방이 새로운 단체협약을 체결하고자 단체교섭을 계속하였음에도 불구하고 새로운 단체협약이 체결되지 아니한 경우에는 별도의 약정이 있는 경우를 제외하고는 종전의 단체협약은 그 효력만료일부터 6월까지 계속 효력을 갖는다.

(X) **기출** 15

단체협약에 그 유효기간이 경과한 후에도 새로운 단체협약이 체결되지 아니한 때에는 새로운 단체협약이 체결될 때까지 종전 단체협약의 효력을 존속시킨다는 취지의 별도의 약정이 있는 경우에는 그에 따른다.

(O) **기출** 13 · 15

제33조   기준의 효력

① 단체협약에 정한 근로조건 기타 근로자의 대우에 관한 기준에 위반하는 취업규칙 또는 근로계약의 부분은 무효로 한다.
② 근로계약에 규정되지 아니한 사항 또는 제1항의 규정에 의하여 무효로 된 부분은 단체협약에 정한 기준에 의한다.

단체협약에 정한 근로자의 대우에 관한 기준에 위반하는 취업규칙 또는 근로계약의 부분은 무효로 한다.

(O) **기출** 14 · 15 · 18 · 22

단체협약에 정한 근로조건 기타 근로자의 대우에 관한 기준에 위반하는 취업규칙의 부분은 무효이며, 무효로 된 부분은 단체협약에 정한 기준에 의한다.

(O) **기출** 13 · 16 · 20

근로계약에 규정되지 아니한 사항은 단체협약에 정한 기준에 의한다.

(O) **기출** 19 · 20

제34조   단체협약의 해석

① 단체협약의 해석 또는 이행방법에 관하여 관계 당사자 간에 의견의 불일치가 있는 때에는 당사자 쌍방 또는 단체협약에 정하는 바에 의하여 어느 일방이 노동위원회에 그 해석 또는 이행방법에 관한 견해의 제시를 요청할 수 있다.
② 노동위원회는 제1항의 규정에 의한 요청을 받은 때에는 그날부터 30일 이내에 명확한 견해를 제시하여야 한다.
③ 제2항의 규정에 의하여 노동위원회가 제시한 해석 또는 이행방법에 관한 견해는 중재재정과 동일한 효력을 가진다.

단체협약의 해석에 관하여 관계 당사자 간에 의견의 불일치가 있는 때에는 당사자 쌍방 또는 단체협약에 정하는 바에 의하여 어느 일방이 노동위원회에 그 해석에 관한 견해의 제시를 요청할 수 있다.

(O) **기출** 13 · 15 · 16 · 21

단체협약의 해석에 관하여 관계 당사자 간에 의견을 불일치가 있는 때에는 노동위원회가 직권으로 그 해석에 관한 견해를 제시할 수 있다.

(X) **기출** 19

단체협약의 해석에 관하여 관계 당사자 간에 의견의 불일치가 있는 때에는 당사자 쌍방은 고용노동부에 그 해석에 관한 견해의 제시를 요청할 수 있다.

(X) **기출** 18

노동위원회는 단체협약의 이행방법에 관한 견해 제시를 요청받은 때에는 그날부터 30일 이내에 명확한 견해를 제시하여야 한다.

(O) **기출** 24

노동위원회는 단체협약의 해석요청을 받은 때에는 그날부터 30일 이내에 명확한 견해를 제시하여야 한다.

(O) **기출** 19

단체협약의 이행방법에 관하여 관계 당사자 간에 의견의 불일치가 있는 때에는 단체협약에 정하는 바에 의하여 사용자가 노동위원회에 그 이행방법에 관한 견해의 제시를 요청할 수 있다.

(○) 기출 24

단체협약의 해석 또는 이행방법에 관하여 관계 당사자 사이에 의견의 불일치가 있는 경우 당사자 쌍방은 노동위원회에 그 해석 또는 이행방법에 관한 견해의 제시를 요청할 수 있으며, 이때의 해석 또는 이행방법에 관한 견해는 조정과 동일한 효력을 가진다.

(×) 기출 14

단체협약의 이행방법에 관하여 노동위원회가 제시한 이행방법에 관한 견해는 중재재정과 동일한 효력을 가진다.

(○) 기출 22

노동위원회가 단체협약의 해석요청에 대하여 제시한 견해는 중재재정과 동일한 효력을 가진다.

(○) 기출 19

시행령 제16조(단체협약의 해석요청)

법 제34조 제1항에 따른 단체협약의 해석 또는 이행방법에 관한 견해제시의 요청은 해당 단체협약의 내용과 당사자의 의견 등을 적은 서면으로 해야 한다.

제35조 일반적 구속력

하나의 사업 또는 사업장에 상시 사용되는 동종의 근로자 반수 이상이 하나의 단체협약의 적용을 받게 된 때에는 당해 사업 또는 사업장에 사용되는 다른 동종의 근로자에 대하여도 당해 단체협약이 적용된다.

하나의 사업 또는 사업장에 상시 사용되는 동종의 근로자 반수 이상이 하나의 단체협약의 적용을 받게 된 때에는 당해 사업 또는 사업장에 사용되는 다른 동종의 근로자에 대하여도 당해 단체협약이 적용된다.

(○) 기출 15 · 18

하나의 사업장에 상시 사용되는 동종의 근로자 반수 이상이 하나의 단체협약의 적용을 받게 된 때에는 행정관청은 직권으로 다른 동종의 근로자에 대하여도 당해 단체협약을 적용한다는 결정을 하여야 한다.

(×) 기출 22

동종의 근로자 반수 이상이 하나의 단체협약의 적용을 받게 된 때에는 지역적 구속력을 적용한다는 결정을 할 수 있다.

(×) 기출 14

제36조 지역적 구속력

① 하나의 지역에 있어서 종업하는 동종의 근로자 3분의 2 이상이 하나의 단체협약의 적용을 받게 된 때에는 행정관청은 당해 단체협약의 당사자의 쌍방 또는 일방의 신청에 의하거나 그 직권으로 노동위원회의 의결을 얻어 당해 지역에서 종업하는 다른 동종의 근로자와 그 사용자에 대하여도 당해 단체협약을 적용한다는 결정을 할 수 있다.
② 행정관청이 제1항의 규정에 의한 결정을 한 때에는 지체 없이 이를 공고하여야 한다.

하나의 지역에 있어서 종업하는 동종의 근로자 3분의 2 이상이 하나의 단체협약의 적용을 받게 된 때에 행정관청이 법령에 따라 당해 단체협약의 지역적 구속력 적용을 결정하면 당해 지역에서 종업하는 다른 동종의 근로자와 그 사용자에 대하여도 당해 단체협약이 적용된다.

(○) 기출 18

행정관청은 직권으로 노동위원회의 의결을 얻어 단체협약의 지역적 구속력 적용결정을 할 수 없다.

(×) 기출 18

단체협약의 당사자 쌍방의 신청으로 행정관청이 단체협약의 지역적 구속력 적용결정을 하는 경우에는 노동위원회의 의결을 얻지 아니할 수 있다. (×) 기출 18

단체협약의 당사자 일방의 신청으로 행정관청이 단체협약의 지역적 구속력 적용결정을 하는 경우에는 중앙노동위원회의 조정을 거쳐야 한다. (×) 기출 18

하나의 지역에 있어서 종업하는 동종의 근로자 반수 이상이 하나의 단체협약의 적용을 받게 된 때에는 당해 지역에서 종업하는 다른 동종의 근로자에 대하여도 당해 단체협약이 적용된다. (×) 기출 16

하나의 지역에 있어서 종업하는 동종의 근로자 3분의 2 이상이 하나의 단체협약의 적용을 받게 된 때에는 노동위원회는 그 직권으로 당해 지역에서 종업하는 다른 동종의 근로자와 그 사용자에 대하여도 당해 단체협약을 적용한다는 결정을 할 수 있다. (×) 기출 15

행정관청이 단체협약의 지역적 확장적용의 결정을 한 때에는 3개월 이내에 이를 공고하여야 한다. (×) 기출 18

제4장 쟁의행위

제37조 쟁의행위의 기본원칙

① 쟁의행위는 그 목적·방법 및 절차에 있어서 법령 기타 사회질서에 위반되어서는 아니 된다.
② 조합원은 노동조합에 의하여 주도되지 아니한 쟁의행위를 하여서는 아니 된다.
③ 노동조합은 사용자의 점유를 배제하여 조업을 방해하는 형태로 쟁의행위를 해서는 아니 된다.

노동조합은 사용자의 점유를 배제하여 조업을 방해하는 형태로 쟁의행위를 해서는 아니 된다. (○) 기출 23

조합원은 노동조합이 주도하지 않더라도 쟁의행위를 할 수 있다. (×) 기출 16·17

조합원은 노동조합에 의하여 주도되지 아니한 쟁의행위를 하여서는 아니 된다. (○) 기출 23

노동조합은 쟁의행위의 본질상 사용자의 점유를 배제하여 조업을 방해하는 형태로 쟁의행위를 할 수 있다. (×) 기출 22

시행령 제17조(쟁의행위의 신고)
노동조합은 쟁의행위를 하고자 할 경우에는 고용노동부령이 정하는 바에 따라 행정관청과 관할 노동위원회에 쟁의행위의 일시·장소·참가인원 및 그 방법을 미리 서면으로 신고하여야 한다.

노동조합은 쟁의행위를 하고자 할 경우에는 관할 노동위원회에 쟁의행위의 일시·장소·참가인원 및 그 방법을 미리 서면·구두 또는 전화 기타의 적당한 방법으로 통보하여야 한다. (×) 기출 13

노동조합 및 노동관계조정법령상 노동조합이 쟁의행위를 하고자 할 경우에 행정관청과 관할 노동위원회에 쟁의행위의 목적을 신고하여야 한다. (×) 기출 22

제38조 　노동조합의 지도와 책임

① 쟁의행위는 그 쟁의행위와 관계없는 자 또는 근로를 제공하고자 하는 자의 출입·조업 기타 정상적인 업무를 방해하는 방법으로 행하여져서는 아니 되며 쟁의행위의 참가를 호소하거나 설득하는 행위로서 폭행·협박을 사용하여서는 아니 된다.
② 작업시설의 손상이나 원료·제품의 변질 또는 부패를 방지하기 위한 작업은 쟁의행위 기간 중에도 정상적으로 수행되어야 한다.
③ 노동조합은 쟁의행위가 적법하게 수행될 수 있도록 지도·관리·통제할 책임이 있다.

> 행정관청은 쟁의행위가 그 쟁의행위와 관계없는 자의 정상적인 업무를 방해하는 방법으로 행하여지는 경우 즉시 관할 노동위원회에 신고하여야 한다. 　　　　　　　　　　　(×) 기출 24
>
> 쟁의행위는 근로를 제공하고자 하는 자의 출입·조업을 방해하는 방법으로 행하여져서는 아니 된다. 　　　　　　　　　　　　　　　　　　　　　　　　　　　　(O) 기출 24
>
> 쟁의행위는 그 쟁의행위와 관계없는 자 또는 근로를 제공하고자 하는 자의 출입·조업 기타 정상적인 업무를 방해하는 방법으로 행하여져서는 아니 되며 쟁의행위의 참가를 호소하거나 설득하는 행위로서 폭행·협박을 사용하여서는 아니 된다. 　　　　　(O) 기출 13·16·20·21
>
> 작업시설의 손상이나 원료·제품의 변질 또는 부패를 방지하기 위한 작업은 쟁의행위 기간 중에도 정상적으로 수행되어야 한다. 　　　　　　　　　　　　　(O) 기출 13·16·19·24
>
> 노동조합은 쟁의행위가 적법하게 수행될 수 있도록 지도·관리·통제할 책임이 있다. 　　　　　　　　　　　　　　　　　　　　　　　　(O) 기출 15·19·20·23

시행령 제18조(폭력행위 등의 신고)
① 사용자는 쟁의행위가 법 제38조 제1항·제2항, 제42조 제1항 또는 제2항에 위반되는 경우에는 즉시 그 상황을 행정관청과 관할 노동위원회에 신고하여야 한다.
② 제1항의 규정에 의한 신고는 서면·구두 또는 전화 기타의 적당한 방법으로 하여야 한다.

> 쟁의행위가 폭력이나 파괴행위의 형태로 행하여질 경우 사용자는 즉시 그 상황을 행정관청과 관할 노동위원회에 신고하여야 한다. 　　　　　　　　　　　　(O) 기출 21
>
> 쟁의행위가 사업장의 안전보호시설에 대하여 정상적인 운영을 방해하는 행위로 행하여지는 경우에 사용자가 행정관청과 관할 노동위원회에 하여야 할 신고는 전화로도 가능하다. 　　　　　　　　　　　　　　　　　　　　　　　　　(O) 기출 23

제39조 　근로자의 구속제한

근로자는 쟁의행위 기간 중에는 현행범 외에는 이 법 위반을 이유로 구속되지 아니한다.

> 근로자는 쟁의행위 기간 중에는 현행범 외에는 노동조합 및 노동관계조정법 위반을 이유로 구속되지 아니한다. 　　　　　　　　　　　　　　　(O) 기출 17·19·20·21·24
>
> 근로자는 쟁의행위 기간 중에는 현행범이라 하더라도 노동조합 및 노동관계조정법 위반을 이유로 구속되지 아니한다. 　　　　　　　　　　　　　(×) 기출 13
>
> 근로자는 쟁의행위 기간 중에는 어떠한 경우라도 노동조합 및 노동관계조정법 위반을 이유로 구속되지 아니한다. 　　　　　　　　　　　　　(×) 기출 22

① 노동조합의 쟁의행위는 그 조합원(제29조의2에 따라 교섭대표노동조합이 결정된 경우에는 그 절차에 참여한 노동조합의 전체 조합원)의 직접·비밀·무기명투표에 의한 조합원 과반수의 찬성으로 결정하지 아니하면 이를 행할 수 없다. 이 경우 조합원 수 산정은 종사근로자인 조합원을 기준으로 한다.

② 「방위사업법」에 의하여 지정된 주요방위산업체에 종사하는 근로자 중 전력, 용수 및 주로 방산물자를 생산하는 업무에 종사하는 자는 쟁의행위를 할 수 없으며 주로 방산물자를 생산하는 업무에 종사하는 자의 범위는 대통령령으로 정한다.

> 교섭대표노동조합이 결정된 경우에는 그 절차에 참여한 노동조합의 전체 조합원(해당 사업 또는 사업장 소속 조합원으로 한정한다)의 직접·비밀·무기명투표에 의한 과반수의 찬성으로 결정하지 아니하면 쟁의행위를 할 수 없다. (O) 기출 16·21
>
> 노동조합의 쟁의행위는 그 조합원의 직접·비밀·무기명투표에 의한 조합원 3분의 2 이상의 찬성으로 결정하지 아니하면 이를 행할 수 없다. (×) 기출 19
>
> 노동조합의 쟁의행위는 직접·비밀·무기명투표에 의한 종사근로자인 조합원 과반수의 찬성으로 결정하지 아니하면 이를 행할 수 없다. (O) 기출 22
>
> 교섭대표노동조합이 결정된 경우에는 교섭대표노동조합의 전체 조합원의 직접·비밀·무기명투표에 의한 과반수의 찬성으로 결정하지 아니하면 쟁의행위를 할 수 없다. (×) 기출 16·17·18
>
> 노동조합의 쟁의행위는 그 조합원의 직접·비밀·무기명투표에 의한 조합원 과반수의 찬성으로 결정하지 아니하면 이를 행할 수 없다. (O) 기출 15·17·20
>
> 「방위사업법」에 의하여 지정된 주요방위산업체에 종사하는 근로자 중 전력, 용수 및 주로 방산물자를 생산하는 업무에 종사하는 자는 쟁의행위를 할 수 없다. (O) 기출 19·21·24
>
> 법률이 정하는 바에 따라 주요 방위산업체에 종사하는 근로자 중 전력·용수 및 주로 방산물자를 생산하는 업무에 종사하는 자는 노동조합을 조직할 수 없다. (×) 기출 13
>
> 「방위사업법」에 의하여 지정된 주요방위산업체에 종사하는 모든 근로자는 쟁의행위를 할 수 없다. (×) 기출 17

시행령 제20조(방산물자 생산업무 종사자의 범위)
법 제41조 제2항에서 "주로 방산물자를 생산하는 업무에 종사하는 자"라 함은 방산물자의 완성에 필요한 제조·가공·조립·정비·재생·개량·성능검사·열처리·도장·가스취급 등의 업무에 종사하는 자를 말한다.

> 방위사업법에 의하여 지정된 주요방위산업체에 종사하는 근로자 중 방산물자의 완성에 필요한 정비 업무에 종사하는 자는 쟁의행위를 할 수 없다. (O) 기출 23

제42조 폭력행위등의 금지

① 쟁의행위는 폭력이나 파괴행위 또는 생산 기타 주요업무에 관련되는 시설과 이에 준하는 시설로서 대통령령이 정하는 시설을 점거하는 형태로 이를 행할 수 없다.

② 사업장의 안전보호시설에 대하여 정상적인 유지·운영을 정지·폐지 또는 방해하는 행위는 쟁의행위로서 이를 행할 수 없다.

③ 행정관청은 쟁의행위가 제2항의 행위에 해당한다고 인정하는 경우에는 **노동위원회의 의결을 얻어 그 행위를 중지할 것을 통보하여야 한다.** 다만, 사태가 급박하여 노동위원회의 의결을 얻을 **시간적 여유가 없을** 때에는 그 의결을 얻지 아니하고 즉시 그 **행위를 중지할 것을 통보할 수 있다.**

④ 제3항 단서의 경우에 행정관청은 **지체 없이 노동위원회의 사후승인을 얻어야 하며** 그 승인을 얻지 못한 때에는 그 통보는 **그때부터 효력을 상실한다.**

쟁의행위는 생산 기타 주요업무에 관련되는 시설과 이에 준하는 시설로서 대통령령이 정하는 시설을 점거하는 형태로 이를 행할 수 없다. (O) **기출** 18 · 24

사업장의 안전보호시설에 대하여 정상적인 유지 · 운영을 방해하는 행위는 쟁의행위로서 이를 행할 수 없다. (O) **기출** 13 · 15 · 18

노동위원회는 쟁의행위가 안전보호시설에 대하여 정상적인 유지 · 운영을 정지 · 폐지 또는 방해하는 행위에 해당한다고 인정하는 경우에는 그 행위를 중지할 것을 통보하여야 한다. (×) **기출** 24

사업장의 안전보호시설의 정상적인 유지 · 운영을 정지하는 쟁의행위에 대하여 노동위원회는 그 의결로 쟁의행위의 중지를 통보하여야 한다. (×) **기출** 23

노동위원회는 사업장의 안전보호시설에 대하여 정상적인 유지 · 운영을 정지 · 폐지 또는 방해하는 쟁의행위에 해당한다고 인정하는 경우 직권으로 그 행위를 중지할 것을 통보하여야 한다. (×) **기출** 20

노동조합이 사업장의 안전보호시설의 정상적인 운영을 정지하는 쟁의행위를 하는 경우 사태가 급박하지 않더라도 행정관청은 직권으로 그 행위를 중지할 것을 통보할 수 있다. (×) **기출** 17

시행령 제21조(점거가 금지되는 시설)

법 제42조 제1항에서 "대통령령이 정하는 시설"이란 다음 각 호의 시설을 말한다.

1. 전기 · 전산 또는 통신시설
2. 철도(도시철도를 포함한다)의 차량 또는 선로
3. 건조 · 수리 또는 정박 중인 선박. 다만, 「선원법」에 의한 선원이 당해 선박에 승선하는 경우를 제외한다.
4. 항공기 · 항행안전시설 또는 항공기의 이 · 착륙이나 여객 · 화물의 운송을 위한 시설
5. 화약 · 폭약 등 폭발위험이 있는 물질 또는 「화학물질관리법」 제2조 제2호에 따른 유독물질을 보관 · 저장하는 장소
6. 기타 점거될 경우 생산 기타 주요업무의 정지 또는 폐지를 가져오거나 공익상 중대한 위해를 초래할 우려가 있는 시설로서 고용노동부장관이 관계 중앙행정기관의 장과 협의하여 정하는 시설

항행안전시설은 노동조합 및 노동관계조정법령상 점거가 금지되는 시설이라고 해야 한다. (O) **기출** 17

시행령 제22조(중지통보)

행정관청은 법 제42조 제3항에 따라 쟁의행위를 중지할 것을 통보하는 경우에는 서면으로 하여야 한다. 다만, 사태가 급박하다고 인정하는 경우에는 구두로 할 수 있다.

제42조의2 **필수유지업무에 대한 쟁의행위의 제한**

① 이 법에서 "필수유지업무"라 함은 제71조 제2항의 규정에 따른 필수공익사업의 업무 중 그 업무가 정지되거나 폐지되는 경우 공중의 생명·건강 또는 신체의 안전이나 공중의 일상생활을 현저히 위태롭게 하는 업무로서 대통령령이 정하는 업무를 말한다.

② 필수유지업무의 정당한 유지·운영을 정지·폐지 또는 방해하는 행위는 쟁의행위로서 이를 행할 수 없다.

필수공익사업의 모든 업무는 필수유지업무에 해당한다. (×) 기출 21

필수유지업무란 국민경제에 미치는 영향이 크거나 공중의 일상생활을 현저히 위태롭게 하는 업무를 말한다. (×) 기출 17

필수유지업무라 함은 필수공익사업의 업무 중 그 업무가 정지되거나 폐지되는 경우 공중의 생명·건강 또는 신체의 안전이나 공중의 일상생활을 현저히 위태롭게 하는 업무로서 대통령령이 정하는 업무를 말한다. (○) 기출 15·20

필수유지업무란 필수공익사업의 업무 중 고용노동부장관이 정하는 업무를 말한다. (×) 기출 14

필수유지업무의 정당한 유지·운영을 정지·폐지하는 행위는 쟁의행위로서 이를 행할 수 없으나 방해하는 행위는 쟁의행위로서 이를 행할 수 있다. (×) 기출 17

필수유지업무의 정당한 유지·운영을 정지·폐지 또는 방해하는 행위는 쟁의행위로서 이를 행할 수 없다. (○) 기출 14·24

시행령 제22조의2(필수유지업무의 범위)
법 제42조의2 제1항에 따른 필수공익사업별 필수유지업무는 [별표 1]과 같다.

■ **노조법 시행령 [별표 1]**
필수공익사업별 필수유지업무(시행령 제22조의2 관련)

1. 철도사업과 도시철도사업의 필수유지업무
   가. 철도·도시철도 차량의 운전 업무
   나. 철도·도시철도 차량 운행의 관제 업무(정거장·차량기지 등에서 철도신호 등을 취급하는 운전취급 업무를 포함한다)
   다. 철도·도시철도 차량 운행에 필요한 전기시설·설비를 유지·관리하는 업무
   라. 철도·도시철도 차량 운행과 이용자의 안전에 필요한 신호시설·설비를 유지·관리하는 업무
   마. 철도·도시철도 차량 운행에 필요한 통신시설·설비를 유지·관리하는 업무
   바. 안전 운행을 위하여 필요한 차량의 일상적인 점검이나 정비 업무
   사. 선로점검·보수 업무
2. 항공운수사업의 필수유지업무
   가. 승객 및 승무원의 탑승수속 업무
   나. 승객 및 승무원과 수하물 등에 대한 보안검색 업무

432 공인노무사 노동법 관계법령집

다. 항공기 조종 업무

라. 객실승무 업무

마. 비행계획 수립, 항공기 운항 감시 및 통제 업무

바. 항공기 운항과 관련된 시스템・통신시설의 유지・보수 업무

사. 항공기의 정비[창정비(Depot Maintenance, 대규모 정비시설 및 장비를 운영하여 수행하는 최상위 정비 단계)는 제외한다] 업무

아. 항공안전 및 보안에 관련된 법령, 국제협약 또는 취항 국가의 요구에 따른 항공운송사업자의 안전 또는 보안 조치와 관련된 업무

자. 항공기 유도 및 견인 업무

차. 항공기에 대한 급유 및 지상전원 공급 업무

카. 항공기에 대한 제설・제빙 업무

타. 승객 승하기 시설・차량 운전 업무

파. 수하물・긴급물품의 탑재・하역 업무

하. 「항공법」 제2조 제16호에 따른 항행안전시설과 항공기 이・착륙 시설의 유지・운영(관제를 포함한다)을 위한 업무

3. 수도사업의 필수유지업무

가. 취수・정수(소규모 자동화 정수설비를 포함한다)・가압・배수시설의 운영 업무

나. 수도시설 통합시스템과 계측・제어설비의 운영 업무

다. 수도시설 긴급복구와 수돗물 공급을 위한 법정 기준이나 절차 등의 준수를 위한 업무

4. 전기사업의 필수유지업무

가. 발전부문의 필수유지업무

1) 발전설비의 운전(운전을 위한 기술지원을 포함한다) 업무

2) 발전설비의 점검 및 정비(정비를 위한 기술・행정지원은 제외한다) 업무와 안전관리 업무

나. 송전・변전 및 배전 부문의 필수유지업무

1) 지역 전기공급 업무(무인변전소 순회・점검 업무는 제외한다)

2) 전력계통 보호를 위한 보호계전기 시험 및 정정 업무

3) 배전선 개폐기 및 자동화 시스템을 통한 배전설비의 감시・제어와 배전선로 긴급 계통 전환 업무

4) 전력계통 보호를 위한 통신센터(전력계통원방감시제어장치를 포함한다) 운영 업무

5) 통신보안관제센터 운영 업무

6) 전력공급 비상시 부하관리 업무

7) 송전・변전 및 배전 설비의 긴급복구 업무

다. 전력거래 부문의 필수유지업무

1) 전력의 공급 운영과 송전설비 계통운영의 제어 업무

2) 1주 이내의 단기 전력수요 예측에 따른 전력계통의 안정적 운영계획 수립 등 급전 운영 업무

3) 전력계통 등의 운영을 위한 전산실 운영(출입 보안관리를 포함한다) 업무

5. 가스사업(액화석유가스사업은 제외한다)의 필수유지업무

가. 천연가스의 인수(引受), 제조, 저장 및 공급 업무

나. 가목과 관련된 시설의 긴급정비 및 안전관리 업무

6. 석유정제사업과 석유공급사업(액화석유가스사업을 포함한다)의 필수유지업무

가. 석유(천연가스는 제외한다)의 인수, 제조, 저장 및 공급 업무

나. 가목과 관련된 시설의 긴급정비 및 안전관리 업무

7. 병원사업의 필수유지업무
   가. 「응급의료에 관한 법률」 제2조 제2호에 따른 응급의료 업무
   나. 중환자 치료·분만(신생아 간호를 포함한다)·수술·투석 업무
   다. 가목과 나목의 업무수행을 지원하기 위한 마취, 진단검사(영상검사를 포함한다), 응급약제, 치료식 환자급식, 산소공급, 비상발전 및 냉난방 업무
8. 혈액공급사업의 필수유지업무
   가. 채혈 및 채혈된 혈액의 검사 업무
   나. 「혈액관리법」 제2조 제6호에 따른 혈액제제(수혈용에 한정한다. 이하 이 호에서 같다) 제조 업무
   다. 혈액 및 혈액제제의 수송 업무
9. 한국은행사업의 필수유지업무
   가. 「한국은행법」 제6조, 제28조와 제29조에 따른 통화신용정책과 한국은행 운영에 관한 업무
   나. 「한국은행법」 제47조부터 제86조까지의 규정에 따른 다음의 업무
      1) 한국은행이 수행하는 한국은행권 발행 업무
      2) 금융기관의 예금과 예금지급준비 업무
      3) 금융기관에 대한 대출·지급결제 등의 업무
   다. 가목과 나목의 업무수행을 지원하기 위한 각종 전산시스템 운영·통신 및 시설보호 업무
   라. 다른 법령에 따라 한국은행에 위임 또는 위탁된 업무
10. 통신사업의 필수유지업무
   가. 기간망과 가입자망의 운영·관리 업무
   나. 통신장애의 신고접수 및 수리 업무
   다. 「우편법」 제14조에 따른 기본우편역무
   라. 「우편법」 제15조에 따른 부가우편역무 중 내용증명과 특별송달 업무

객실승무 업무는 항공운수사업의 필수유지업무에 해당한다. (O) 기출 24

철도 차량 운행에 필요한 통신시설을 유지·관리하는 업무는 철도사업의 필수유지 업무에 해당한다. (O) 기출 23

항공운수사업의 업무 중 창정비 업무는 노동조합 및 노동관계조정법령상 필수유지업무가 아니다. (O) 기출 18

제42조의3 필수유지업무협정

노동관계 당사자는 쟁의행위기간 동안 필수유지업무의 정당한 유지·운영을 위하여 필수유지업무의 필요 최소한의 유지·운영 수준, 대상직무 및 필요인원 등을 정한 협정(이하 "필수유지업무협정"이라 한다)을 서면으로 체결하여야 한다. 이 경우 필수유지업무협정에는 노동관계 당사자 쌍방이 서명 또는 날인하여야 한다.

> 노동관계 당사자는 쟁의행위기간 동안 필수유지업무의 정당한 유지·운영을 위하여 필수유지업무협정을 쌍방이 서명 또는 날인하여 서면으로 체결하여야 한다. (O) 기출 24
>
> 노동관계당사자는 필수유지업무의 필요 최소한의 유지·운영수준, 대상직무 및 필요인원 등을 정한 협정을 서면으로 체결하여야 한다. (O) 기출 14·20
>
> 필수유지업무협정은 노동관계 당사자가 서면으로 체결하여야 하고, 쌍방이 서명 또는 날인하여야 한다. (O) 기출 15·17·20·21·23

제42조의4 **필수유지업무 유지·운영 수준 등의 결정**

① 노동관계 당사자 쌍방 또는 일방은 필수유지업무협정이 체결되지 아니하는 때에는 노동위원회에 필수유지업무의 필요 최소한의 유지·운영 수준, 대상직무 및 필요인원 등의 결정을 신청하여야 한다.

② 제1항의 규정에 따른 신청을 받은 노동위원회는 사업 또는 사업장별 필수유지업무의 특성 및 내용 등을 고려하여 필수유지업무의 필요 최소한의 유지·운영 수준, 대상직무 및 필요인원 등을 결정할 수 있다.

③ 제2항의 규정에 따른 노동위원회의 결정은 제72조의 규정에 따른 특별조정위원회가 담당한다.

④ 제2항의 규정에 따른 노동위원회의 결정에 대한 해석 또는 이행방법에 관하여 관계 당사자 간에 의견이 일치하지 아니하는 경우에는 특별조정위원회의 해석에 따른다. 이 경우 특별조정위원회의 해석은 제2항의 규정에 따른 노동위원회의 결정과 동일한 효력이 있다.

⑤ 제2항의 규정에 따른 노동위원회의 결정에 대한 불복절차 및 효력에 관하여는 제69조와 제70조 제2항의 규정을 준용한다.

> 노동관계 당사자 쌍방 또는 일방은 필수유지업무협정이 체결되지 아니하는 때에는 노동위원회에 필수유지업무의 대상직무 등의 결정을 신청하여야 한다. (O) `기출` 23
>
> 노동관계 당사자 쌍방 또는 일방은 필수유지업무협정이 체결되지 아니한 경우 고용노동부에 필수유지업무의 필요 최소한의 유지·운영 수준, 대상 직무 및 필요인원 등의 결정을 신청할 수 있다. (×) `기출` 17
>
> 노동관계 당사자 쌍방 또는 일방은 필수유지업무협정이 체결되지 아니하는 때에는 노동위원회에 필수유지업무의 필요 최소한의 유지·운영 수준, 대상직무 및 필요인원 등의 결정을 신청하여야 한다. (O) `기출` 15·20·21
>
> 노동관계 당사자가 필수유지업무 수준 등 결정 신청을 하는 경우 그 결정은 공익사업의 노동쟁의 조정을 위한 노동위원회의 특별조정위원회가 담당한다. (O) `기출` 14·23

시행령 제22조의3(필수유지업무 유지·운영 수준 등의 결정 신청 등)

① 노동관계 당사자가 법 제42조의4 제1항에 따른 필수유지업무 유지·운영 수준, 대상직무 및 필요인원 등의 결정(이하 "필수유지업무 수준 등 결정"이라 한다)을 신청하면 관할 노동위원회는 지체 없이 그 신청에 대한 결정을 위한 특별조정위원회를 구성하여야 한다.

② 노동위원회는 법 제42조의4 제2항에 따라 필수유지업무 수준 등 결정을 하면 지체 없이 이를 서면으로 노동관계 당사자에게 통보하여야 한다.

③ 노동관계 당사자의 쌍방 또는 일방은 제2항에 따른 결정에 대한 해석이나 이행방법에 관하여 노동관계 당사자 간 의견이 일치하지 아니하면 노동관계 당사자의 의견을 첨부하여 서면으로 관할 노동위원회에 해석을 요청할 수 있다.

④ 제3항에 따른 해석 요청에 대하여 법 제42조의4 제4항에 따라 해당 특별조정위원회가 해석을 하면 노동위원회는 지체 없이 이를 서면으로 노동관계 당사자에게 통보하여야 한다.

⑤ 제1항에 따른 필수유지업무 수준 등 결정의 신청 절차는 고용노동부령으로 정한다.

제42조의5　　노동위원회의 결정에 따른 쟁의행위

제42조의4 제2항의 규정에 따라 노동위원회의 결정이 있는 경우 그 결정에 따라 쟁의행위를
한 때에는 필수유지업무를 정당하게 유지·운영하면서 쟁의행위를 한 것으로 본다.

제42조의6　　필수유지업무 근무 근로자의 지명

① 노동조합은 필수유지업무협정이 체결되거나 제42조의4 제2항의 규정에 따른 노동위원
　회의 결정이 있는 경우 사용자에게 필수유지업무에 근무하는 조합원 중 쟁의행위기간
　동안 근무하여야 할 조합원을 통보하여야 하며, 사용자는 이에 따라 근로자를 지명하고
　이를 노동조합과 그 근로자에게 통보하여야 한다. 다만, 노동조합이 쟁의행위 개시 전까
　지 이를 통보하지 아니한 경우에는 사용자가 필수유지업무에 근무하여야 할 근로자를
　지명하고 이를 노동조합과 그 근로자에게 통보하여야 한다.
② 제1항에 따른 통보·지명시 노동조합과 사용자는 필수유지업무에 종사하는 근로자가
　소속된 노동조합이 2개 이상인 경우에는 각 노동조합의 해당 필수유지업무에 종사하는
　조합원 비율을 고려하여야 한다.

제43조 　 사용자의 채용제한

① 사용자는 쟁의행위 기간 중 그 쟁의행위로 중단된 업무의 수행을 위하여 당해 사업과 관계없는 자를 채용 또는 대체할 수 없다.
② 사용자는 쟁의행위 기간 중 그 쟁의행위로 중단된 업무를 도급 또는 하도급 줄 수 없다.
③ 제1항 및 제2항의 규정은 필수공익사업의 사용자가 쟁의행위 기간 중에 한하여 당해 사업과 관계없는 자를 채용 또는 대체하거나 그 업무를 도급 또는 하도급 주는 경우에는 적용하지 아니한다.
④ 제3항의 경우 사용자는 당해 사업 또는 사업장 파업참가자의 100분의 50을 초과하지 않는 범위 안에서 채용 또는 대체하거나 도급 또는 하도급 줄 수 있다. 이 경우 파업참가자 수의 산정 방법 등은 대통령령으로 정한다.

사용자는 쟁의행위기간 중 그 쟁의행위로 중단된 업무를 도급 또는 하도급 줄 수 없다.

(○) **기출** 20

사용자는 쟁의행위기간 중 그 쟁의행위로 중단된 업무의 수행을 위하여 당해 사업과 관계없는 자를 채용 또는 대체할 수 없다.

(○) **기출** 20

사용자는 당해 사업과 관계 있는 자라 하더라도 비노동조합원을 쟁의기간 중 쟁의행위로 중단된 업무의 수행을 위하여 대체할 수 없다.

(×) **기출** 18

사용자는 쟁의행위 기간 중 그 쟁의행위로 중단된 업무의 수행을 위하여 당해 사업과 관계 있는 자를 채용 또는 대체할 수 없다.

(×) **기출** 15·16

필수공익사업의 사용자라 하더라도 쟁의행위 기간 중에 그 쟁의행위로 중단된 업무를 도급 줄 수 없다.

(×) **기출** 18·21

필수공익사업의 사용자는 쟁의행위 기간 중 그 쟁의행위로 중단된 업무의 수행을 위하여 당해 사업과 관계없는 자를 채용 또는 대체할 수 없다.

(×) **기출** 22

필수공익사업의 사용자는 쟁의행위 기간 중에 한하여 그 쟁의행위로 중단된 업무의 수행을 위하여 당해 사업과 관계없는 자를 채용할 수 있으나 그 수의 제한이 있다.

(○) **기출** 18

필수공익사업의 사용자는 쟁의행위기간 중에 당해 사업 또는 사업장 파업참가자의 100분의 50을 초과하지 않는 범위 안에서 당해 사업과 관계없는 자를 채용 또는 대체하거나 그 업무를 도급 또는 하도급을 줄 수 있다.

(○) **기출** 13·17·20

시행령 제22조의4(파업참가자 수의 산정방법)

① 법 제43조 제4항 후단에 따른 파업참가자 수는 근로의무가 있는 근로시간 중 파업 참가를 이유로 근로의 일부 또는 전부를 제공하지 아니한 자의 수를 1일 단위로 산정한다.
② 사용자는 제1항에 따른 파업참가자 수 산정을 위하여 필요한 경우 노동조합에 협조를 요청할 수 있다.

필수공익사업의 파업참가자 수는 근로의무가 있는 근로시간 중 파업참가를 이유로 근로의 일부 또는 전부를 제공하지 아니한 자의 수를 1일 단위로 산정한다.

(○) **기출** 18·20

제44조 **쟁의행위 기간 중의 임금지급 요구의 금지**

① 사용자는 쟁의행위에 참가하여 근로를 제공하지 아니한 근로자에 대하여는 그 기간 중의 임금을 지급할 의무가 없다.

② 노동조합은 쟁의행위 기간에 대한 임금의 지급을 요구하여 이를 관철할 목적으로 쟁의행위를 하여서는 아니 된다.

> 사용자는 쟁의행위에 참가하여 근로를 제공하지 아니한 근로자에 대하여는 그 기간 중의 임금을 지급할 의무가 없다. (○) 기출 18 · 19 · 20
>
> 노동조합은 쟁의행위 기간에 대한 임금의 지급을 요구하여 이를 관철할 목적으로 쟁의행위를 하여서는 아니 된다. (○) 기출 18 · 19 · 20 · 22 · 23 · 24

제45조 **조정의 전치**

① 노동관계 당사자는 노동쟁의가 발생한 때에는 어느 일방이 이를 상대방에게 서면으로 통보하여야 한다.

② 쟁의행위는 제5장 제2절 내지 제4절의 규정에 의한 조정절차(제61조의2의 규정에 따른 조정종료 결정 후의 조정절차를 제외한다)를 거치지 아니하면 이를 행할 수 없다. 다만, 제54조의 규정에 의한 기간 내에 조정이 종료되지 아니하거나 제63조의 규정에 의한 기간 내에 중재재정이 이루어지지 아니한 경우에는 그러하지 아니하다.

> 노동관계 당사자는 노동쟁의가 발생한 때에는 어느 일방이 이를 상대방에게 서면으로 통보하여야 한다. (○) 기출 24

제46조 **직장폐쇄의 요건**

① 사용자는 노동조합이 쟁의행위를 개시한 이후에만 직장폐쇄를 할 수 있다.

② 사용자는 제1항의 규정에 의한 직장폐쇄를 할 경우에는 미리 행정관청 및 노동위원회에 각각 신고하여야 한다.

> 사용자는 노동조합이 쟁의행위를 개시한 이후에만 직장폐쇄를 할 수 있다. (○) 기출 13 · 14 · 21 · 23 · 24
>
> 사용자는 노동조합이 쟁의행위를 개시하기 이전이라도 직장폐쇄를 할 수 있다. (×) 기출 16 · 20
>
> 사용자는 직장폐쇄를 할 경우에는 미리 행정관청 및 노동위원회에 각각 신고하여야 한다. (○) 기출 14 · 15 · 16

제5장 | 노동쟁의의 조정

제1절 | 통 칙

제47조 자주적 조정의 노력

이 장의 규정은 노동관계 당사자가 직접 노사협의 또는 단체교섭에 의하여 근로조건 기타 노동관계에 관한 사항을 정하거나 노동관계에 관한 주장의 불일치를 조정하고 이에 필요한 노력을 하는 것을 방해하지 아니한다.

> 노동쟁의 조정에 관한 규정은 노동관계 당사자가 직접 노사협의 또는 단체교섭에 의하여 근로조건 기타 노동관계에 관한 사항을 정하거나 노동관계에 관한 주장의 불일치를 조정하고 이에 필요한 노력을 하는 것을 방해하지 아니한다. (○) **기출** 19

제48조 당사자의 책무

노동관계 당사자는 단체협약에 노동관계의 적정화를 위한 노사협의 기타 단체교섭의 절차와 방식을 규정하고 노동쟁의가 발생한 때에는 이를 자주적으로 해결하도록 노력하여야 한다.

> 노동관계 당사자는 노동쟁의가 발생한 때에는 이를 자주적으로 해결하도록 노력하여야 한다. (○) **기출** 19

제49조 국가등의 책무

국가 및 지방자치단체는 노동관계 당사자 간에 노동관계에 관한 주장이 일치하지 아니할 경우에 노동관계 당사자가 이를 자주적으로 조정할 수 있도록 조력함으로써 쟁의행위를 가능한 한 예방하고 노동쟁의의 신속·공정한 해결에 노력하여야 한다.

> 국가 및 지방자치단체는 노동관계 당사자 간에 노동관계에 관한 주장이 일치하지 아니할 경우에 쟁의행위를 가능한 한 예방하고 노동쟁의의 신속·공정한 해결에 노력하여야 한다. (○) **기출** 19

제50조 신속한 처리

이 법에 의하여 노동관계의 조정을 할 경우에는 노동관계 당사자와 노동위원회 기타 관계 기관은 사건을 신속히 처리하도록 노력하여야 한다.

> 노동관계의 조정을 할 경우에는 노동관계 당사자와 노동위원회 기타 관계 기관은 사건을 신속히 처리하도록 노력하여야 한다. (○) **기출** 19

제51조 공익사업등의 우선적 취급

국가·지방자치단체·국공영기업체·방위산업체 및 공익사업에 있어서의 <u>노동쟁의의 조정</u>은 <u>우선적으로 취급</u>하고 신속히 처리하여야 한다.

> 공익사업에 있어서의 노동쟁의의 조정은 우선적으로 취급하고 신속히 처리하도록 노력하여야 한다.
> (X) **기출** 19
>
> 국가·지방자치단체·국공영기업체·방위산업체 및 공익사업에 있어서의 노동쟁의의 조정은 우선적으로 취급하고 신속히 처리하여야 한다. (O) **기출** 13 · 16 · 23

제52조 사적 조정·중재

① 제2절 및 제3절의 규정은 노동관계 당사자가 <u>쌍방의 합의</u> 또는 <u>단체협약</u>이 정하는 바에 따라 각각 다른 조정 또는 중재방법(이하 이 조에서 "<u>사적 조정등</u>"이라 한다)에 의하여 노동쟁의를 해결하는 것을 <u>방해하지 아니한다</u>.

② 노동관계 당사자는 제1항의 규정에 의하여 노동쟁의를 해결하기로 한 때에는 이를 <u>노동위원회</u>에 <u>신고하여야</u> 한다.

③ 제1항의 규정에 의하여 노동쟁의를 해결하기로 한 때에는 다음 각 호의 규정이 적용된다.

   1. 조정에 의하여 해결하기로 한 때에는 제45조 제2항 및 제54조의 규정. 이 경우 조정기간은 <u>조정을 개시한 날부터 기산</u>한다.

   2. 중재에 의하여 해결하기로 한 때에는 제63조의 규정. 이 경우 쟁의행위의 금지기간은 <u>중재를 개시한 날부터 기산</u>한다.

④ 제1항의 규정에 의하여 조정 또는 중재가 이루어진 경우에 그 내용은 <u>단체협약과 동일한 효력</u>을 가진다.

⑤ 사적 조정등을 수행하는 자는 「노동위원회법」 제8조 제2항 제2호 각 목의 자격을 가진 자로 한다. 이 경우 사적 조정 등을 수행하는 자는 <u>노동관계 당사자로부터</u> 수수료, 수당 및 여비 등을 받을 수 있다.

> 노동조합 및 노동관계조정법 제2절(조정) 및 제3절(중재)의 규정은 노동관계 당사자가 쌍방의 합의 또는 단체협약이 정하는 바에 따라 각각 다른 조정 또는 중재방법에 의하여 노동쟁의를 해결하는 것을 방해하지 아니한다. (O) **기출** 24
>
> 노동관계 당사자는 법령에 의한 사적 조정·중재에 의하여 노동쟁의를 해결하기로 한 경우에는 고용노동부령이 정하는 바에 따라 관할 노동위원회에 신고하여야 한다. (O) **기출** 17 · 18 · 24
>
> 노동관계 당사자가 노동쟁의를 단체협약에서 정하는 바에 따라 해결하기로 한 경우 이를 행정관청에 신고하여야 한다. (X) **기출** 23
>
> 사적 중재에 의하여 해결하기로 한 경우 쟁의행위의 금지기간은 중재를 개시한 날부터 기산한다. (O) **기출** 17
>
> 사적 중재에 의하여 노동쟁의를 해결하기로 한 경우에는 중재 시 쟁의행위의 금지기간에 관한 노동조합 및 노동관계조정법 규정이 적용되지 않는다. (X) **기출** 14
>
> 사적 조정에 의하여 조정이 이루어진 경우에 그 내용은 단체협약과 동일한 효력을 가진다. (O) **기출** 24

조정이 이루어진 경우에 그 내용은 단체협약과 동일한 효력을 가진다.　　　(○) 기출 16 · 18

노동관계 당사자가 단체협약이 정하는 바에 따라 노동쟁의의 조정을 한 경우 그 내용은 재판상 화해와 같은 효력을 가진다.　　　(×) 기출 23

사적 조정 등을 수행하는 자는 노동관계 당사자로부터 수수료, 수당 및 여비 등을 받을 수 있다.
　　　(○) 기출 13 · 23 · 24

노동쟁의의 조정(調整)에서 사적 중재는 허용되지 않는다.　　　(×) 기출 20

시행령 제23조(사적 조정 · 중재의 신고)
① 노동관계 당사자는 법 제52조에 따른 사적 조정 · 중재에 의하여 노동쟁의를 해결하기로 한 경우에는 고용노동부령이 정하는 바에 따라 관할 노동위원회에 신고해야 한다.
② 제1항에 따른 신고는 법 제5장 제2절부터 제4절까지의 규정에 따른 조정 또는 중재가 진행 중인 경우에도 할 수 있다.
③ 노동관계 당사자는 법 제52조에 따른 사적 조정 · 중재에 의하여 노동쟁의가 해결되지 않는 경우에는 법 제5장 제2절 또는 제3절에 따라 노동쟁의를 조정 또는 중재하여 줄 것을 고용노동 부령으로 정하는 바에 따라 관할 노동위원회에 신청할 수 있다. 이 경우 관할 노동위원회는 지체 없이 법 제5장 제2절 또는 제3절에 따른 조정 또는 중재를 개시해야 한다.

노동조합 및 노동관계조정법령상 사적 조정의 신고는 조정이 진행되기 전에 하여야 한다.
　　　(×) 기출 24

노동위원회에 의한 조정절차가 개시된 이후에는 관계 당사자가 합의하더라도 사적 조정 절차가 개시될 수 없다.　　　(×) 기출 14

제2절　조 정

제53조　조정의 개시

① 노동위원회는 관계 당사자의 일방이 노동쟁의의 조정을 신청한 때에는 지체 없이 조정을 개시하여야 하며 관계 당사자 쌍방은 이에 성실히 임하여야 한다.
② 노동위원회는 제1항의 규정에 따른 조정신청 전이라도 원활한 조정을 위하여 교섭을 주선하는 등 관계 당사자의 자주적인 분쟁 해결을 지원할 수 있다.

노동위원회는 관계 당사자의 일방이 노동쟁의의 조정을 신청한 때에는 지체 없이 조정을 개시하여야 하며 관계 당사자 쌍방은 이에 성실히 임하여야 한다.　　　(○) 기출 15 · 20 · 22

노동위원회는 조정신청 전이라도 원활한 조정을 위하여 교섭을 주선하는 등 관계 당사자의 자주적인 분쟁 해결을 지원할 수 있다.　　　(○) 기출 16 · 22

제54조　조정기간

① 조정은 제53조의 규정에 의한 조정의 신청이 있은 날부터 일반사업에 있어서는 10일, 공익사업에 있어서는 15일 이내에 종료하여야 한다.
② 제1항의 규정에 의한 조정기간은 관계 당사자 간의 합의로 일반사업에 있어서는 10일, 공익사업에 있어서는 15일 이내에서 연장할 수 있다.

> 조정은 그 신청이 있은 날부터 일반사업에 있어서는 10일 이내에, 공익사업에 있어서는 15일 이내에 종료하여야 한다.　　　　　　　　　　　　　　　　　　　(○) 기출 20 · 22
>
> 사적 조정에 의하여 해결하기로 한 때에는 그 조정은 조정을 개시한 날부터 기산하여 일반사업에 있어서는 10일, 공익사업에 있어서는 15일 이내에 종료하여야 한다.　　(○) 기출 15 · 17
>
> 조정기간은 관계 당사자의 일방의 신청으로 공익사업에 있어서는 15일 이내에서 연장할 수 있다.　　　　　　　　　　　　　　　　　　　　　　　　　　　　　(×) 기출 15

제55조　조정위원회의 구성

① 노동쟁의의 조정을 위하여 노동위원회에 조정위원회를 둔다.
② 제1항의 규정에 의한 조정위원회는 조정위원 3인으로 구성한다.
③ 제2항의 규정에 의한 조정위원은 당해 노동위원회의 위원 중에서 사용자를 대표하는 자, 근로자를 대표하는 자 및 공익을 대표하는 자 각 1인을 그 노동위원회의 위원장이 지명하되, 근로자를 대표하는 조정위원은 사용자가, 사용자를 대표하는 조정위원은 노동조합이 각각 추천하는 노동위원회의 위원 중에서 지명하여야 한다. 다만, 조정위원회의 회의 3일 전까지 관계 당사자가 추천하는 위원의 명단제출이 없을 때에는 당해 위원을 위원장이 따로 지명할 수 있다.
④ 노동위원회의 위원장은 근로자를 대표하는 위원 또는 사용자를 대표하는 위원의 불참 등으로 인하여 제3항의 규정에 따른 조정위원회의 구성이 어려운 경우 노동위원회의 공익을 대표하는 위원 중에서 3인을 조정위원으로 지명할 수 있다. 다만, 관계 당사자 쌍방의 합의로 선정한 노동위원회의 위원이 있는 경우에는 그 위원을 조정위원으로 지명한다.

제56조　조정위원회의 위원장

① 조정위원회에 위원장을 둔다.
② 위원장은 공익을 대표하는 조정위원이 된다. 다만, 제55조 제4항의 규정에 따른 조정위원회의 위원장은 조정위원 중에서 호선한다.

제57조　단독조정

① 노동위원회는 관계 당사자 쌍방의 신청이 있거나 관계 당사자 쌍방의 동의를 얻은 경우에는 조정위원회에 갈음하여 단독조정인에게 조정을 행하게 할 수 있다.
② 제1항의 규정에 의한 단독조정인은 당해 노동위원회의 위원 중에서 관계 당사자의 쌍방의 합의로 선정된 자를 그 노동위원회의 위원장이 지명한다.

제58조　주장의 확인등

조정위원회 또는 단독조정인은 기일을 정하여 관계 당사자 쌍방을 출석하게 하여 주장의 요점을 확인하여야 한다.

제59조　출석금지

조정위원회의 위원장 또는 단독조정인은 관계 당사자와 참고인 외의 자의 출석을 금할 수 있다.

제60조 　조정안의 작성

① 조정위원회 또는 단독조정인은 조정안을 작성하여 이를 관계 당사자에게 제시하고 그 수락을 권고하는 동시에 그 조정안에 이유를 붙여 공표할 수 있으며, 필요한 때에는 신문 또는 방송에 보도등 협조를 요청할 수 있다.

② 조정위원회 또는 단독조정인은 관계 당사자가 수락을 거부하여 더 이상 조정이 이루어질 여지가 없다고 판단되는 경우에는 조정의 종료를 결정하고 이를 관계 당사자 쌍방에 통보하여야 한다.

③ 제1항의 규정에 의한 조정안이 관계 당사자의 쌍방에 의하여 수락된 후 그 해석 또는 이행방법에 관하여 관계 당사자 간에 의견의 불일치가 있는 때에는 관계 당사자는 당해 조정위원회 또는 단독조정인에게 그 해석 또는 이행방법에 관한 명확한 견해의 제시를 요청하여야 한다.

④ 조정위원회 또는 단독조정인은 제3항의 규정에 의한 요청을 받은 때에는 그 요청을 받은 날부터 7일 이내에 명확한 견해를 제시하여야 한다.

⑤ 제3항 및 제4항의 해석 또는 이행방법에 관한 견해가 제시될 때까지는 관계 당사자는 당해 조정안의 해석 또는 이행에 관하여 쟁의행위를 할 수 없다.

> 조정위원회는 조정안이 관계 당사자의 쌍방에 의하여 수락된 후 그 해석 또는 이행방법에 관하여 관계 당사자 간에 의견의 불일치가 있어 명확한 견해의 제시를 요청받은 때에는 그 요청을 받은 날부터 7일 이내에 명확한 견해를 제시하여야 한다. (O) 기출 24
>
> 조정위원회의 조정안의 해석 또는 이행방법에 관한 견해가 제시되기 전이라도 관계 당사자는 당해 조정안의 해석 또는 이행에 관하여 쟁의행위를 할 수 있다. (×) 기출 20

시행령 제27조(조정안의 해석요청)
노동관계당사자는 법 제60조 제3항에 따른 조정안의 해석 또는 그 이행방법에 관하여 견해의 제시를 요청하는 경우에는 해당 조정안의 내용과 당사자의 의견 등을 적은 서면으로 해야 한다.

제61조 　조정의 효력

① 제60조 제1항의 규정에 의한 조정안이 관계 당사자에 의하여 수락된 때에는 조정위원 전원 또는 단독조정인은 조정서를 작성하고 관계 당사자와 함께 서명 또는 날인하여야 한다.

② 조정서의 내용은 단체협약과 동일한 효력을 가진다.

③ 제60조 제4항의 규정에 의하여 조정위원회 또는 단독조정인이 제시한 해석 또는 이행방법에 관한 견해는 중재재정과 동일한 효력을 가진다.

> 조정안이 관계 당사자에 의하여 수락된 때에는 조정위원 전원 또는 단독조정인은 조정서를 작성하고 관계 당사자와 함께 서명 또는 날인하여야 하며 조정서의 내용은 단체협약과 동일한 효력을 가진다. (O) 기출 14 · 15
>
> 조정서의 내용은 단체협약과 동일한 효력을 가진다. (O) 기출 21

제61조의2 **조정종료 결정 후의 조정**

① 노동위원회는 제60조 제2항의 규정에 따른 조정의 종료가 결정된 후에도 노동쟁의의 해결을 위하여 조정을 할 수 있다.

② 제1항의 규정에 따른 조정에 관하여는 제55조 내지 제61조의 규정을 준용한다.

> 노동위원회는 조정위원회 또는 단독조정인이 조정의 종료를 결정한 후에도 노동쟁의 해결을 위하여 조정을 할 수 있다. (○) 기출 17·19

제3절 중 재

제62조 **중재의 개시**

노동위원회는 다음 각 호의 어느 하나에 해당하는 때에는 중재를 행한다.

   1. 관계 당사자의 쌍방이 함께 중재를 신청한 때
   2. 관계 당사자의 일방이 단체협약에 의하여 중재를 신청한 때

> 노동위원회는 노동쟁의에 대한 조정이 실패한 경우에 한하여 중재를 행할 수 있다. (×) 기출 18
>
> 노동위원회는 관계 당사자의 일방이 단체협약에 의하여 중재를 신청한 때에는 중재를 행한다. (○) 기출 13·21
>
> 중재는 조정을 거치지 않으면 신청할 수 없다. (×) 기출 22

시행령 제25조(조정의 통보)

노동위원회는 법 제53조, 법 제62조, 법 제78조 및 법 제80조의 규정에 의한 조정과 중재를 하게 된 경우에는 지체 없이 이를 서면으로 관계 당사자에게 각각 통보하여야 한다.

시행령 제28조(중재위원회의 구성)

노동위원회는 법 제62조에 따라 노동쟁의의 중재를 하게 된 경우에는 지체 없이 해당 사건의 중재를 위한 중재위원회를 구성해야 한다.

제63조 **중재 시의 쟁의행위의 금지**

노동쟁의가 중재에 회부된 때에는 그날부터 15일간은 쟁의행위를 할 수 없다.

> 노동쟁의가 중재에 회부된 때에는 그날부터 15일간은 쟁의행위를 할 수 없다. (○) 기출 21·24
>
> 노동쟁의가 중재에 회부된 때에는 그날부터 20일간은 쟁의행위를 할 수 없다. (×) 기출 20·22
>
> 노동쟁의가 노동위원회의 중재에 회부된 때에는 그날부터 10일간은 쟁의행위를 할 수 없다. (×) 기출 18·19·22
>
> 노동쟁의가 중재에 회부된 때에는 그날부터 일반사업에 있어서는 10일, 공익사업에 있어서는 15일간은 쟁의행위를 할 수 없다. (×) 기출 13

제64조 　중재위원회의 구성

① 노동쟁의의 중재 또는 재심을 위하여 노동위원회에 중재위원회를 둔다.
② 제1항의 규정에 의한 중재위원회는 중재위원 3인으로 구성한다.
③ 제2항의 중재위원은 당해 노동위원회의 공익을 대표하는 위원 중에서 관계 당사자의 합의로 선정한 자에 대하여 그 노동위원회의 위원장이 지명한다. 다만, 관계 당사자 간에 합의가 성립되지 아니한 경우에는 노동위원회의 공익을 대표하는 위원 중에서 지명한다.

> 노동쟁의의 중재를 위하여 당해 노동위원회의 위원 중에서 사용자를 대표하는 자, 근로자를 대표하는 자 및 공익을 대표하는 자 각 1인으로 구성된 중재위원회를 둔다.　(×) 기출 19
>
> 노동쟁의의 중재 또는 재심을 위하여 노동위원회에 중재위원 3인으로 구성한 중재위원회를 둔다.　(○) 기출 13
>
> 중재위원회의 중재위원은 당해 노동위원회의 위원 중에서 사용자를 대표하는 자, 근로자를 대표하는 자 및 공익을 대표하는 자 각 1인을 그 노동위원회의 위원장이 지명한다.　(×) 기출 24

제65조 　중재위원회의 위원장

① 중재위원회에 위원장을 둔다.
② 위원장은 중재위원 중에서 호선한다.

> 중재위원회 위원장은 중재위원 중에서 호선한다.　(○) 기출 13 · 20

제66조 　주장의 확인등

① 중재위원회는 기일을 정하여 관계 당사자 쌍방 또는 일방을 중재위원회에 출석하게 하여 주장의 요점을 확인하여야 한다.
② 관계 당사자가 지명한 노동위원회의 사용자를 대표하는 위원 또는 근로자를 대표하는 위원은 중재위원회의 동의를 얻어 그 회의에 출석하여 의견을 진술할 수 있다.

> 관계 당사자가 지명한 노동위원회의 사용자를 대표하는 위원 또는 근로자를 대표하는 위원은 중재위원회의 동의를 얻어 그 회의에 출석하여 의견을 진술할 수 있다.　(○) 기출 13

제67조 　출석금지

중재위원회의 위원장은 관계 당사자와 참고인 외의 자의 회의출석을 금할 수 있다.

제68조 　중재재정

① 중재재정은 서면으로 작성하여 이를 행하며 그 서면에는 효력발생 기일을 명시하여야 한다.
② 제1항의 규정에 의한 중재재정의 해석 또는 이행방법에 관하여 관계 당사자 간에 의견의 불일치가 있는 때에는 당해 중재위원회의 해석에 따르며 그 해석은 중재재정과 동일한 효력을 가진다.

중재재정은 서면으로 작성하여 이를 행하며 그 서면에는 효력발생 기일을 명시하여야 한다.
(○) 기출 13·20·21·24

중재재정의 해석 또는 이행방법에 관하여 관계 당사자 간에 의견의 불일치가 있는 때에는 당해 중재위원회의 해석에 따르며 그 해석은 중재재정과 동일한 효력을 가진다. (○) 기출 24

시행령 제29조(중재재정서의 송달)
① 노동위원회는 법 제68조 제1항에 따라 중재를 한 때에는 지체 없이 그 중재재정서를 관계 당사자에게 각각 송달해야 한다.
② 중앙노동위원회는 법 제69조 제1항에 따라 지방노동위원회 또는 특별노동위원회의 중재재정을 재심한 때에는 지체 없이 그 재심결정서를 관계 당사자와 관계 노동위원회에 각각 송달해야 한다.

중앙노동위원회는 지방노동위원회 또는 특별노동위원회의 중재재정을 재심한 때에는 지체 없이 그 재심결정서를 관계 당사자와 관계 노동위원회에 각각 송달해야 한다. (○) 기출 24

시행령 제30조(중재재정의 해석요청)
① 노동관계당사자는 법 제68조 제1항에 따른 중재재정의 해석 또는 이행방법에 관하여 당사자 간에 의견의 불일치가 있는 경우에는 해당 중재위원회에 그 해석 또는 이행방법에 관한 명확한 견해의 제시를 요청할 수 있다.
② 제1항에 따른 견해제시의 요청은 해당 중재재정의 내용과 당사자의 의견 등을 적은 서면으로 해야 한다.

제69조 　중재재정등의 확정
① 관계 당사자는 지방노동위원회 또는 특별노동위원회의 중재재정이 위법이거나 월권에 의한 것이라고 인정하는 경우에는 그 중재재정서의 송달을 받은 날부터 10일 이내에 중앙노동위원회에 그 재심을 신청할 수 있다.
② 관계 당사자는 중앙노동위원회의 중재재정이나 제1항의 규정에 의한 재심결정이 위법이거나 월권에 의한 것이라고 인정하는 경우에는 행정소송법 제20조의 규정에 불구하고 그 중재재정서 또는 재심결정서의 송달을 받은 날부터 15일 이내에 행정소송을 제기할 수 있다.
③ 제1항 및 제2항에 규정된 기간 내에 재심을 신청하지 아니하거나 행정소송을 제기하지 아니한 때에는 그 중재재정 또는 재심결정은 확정된다.
④ 제3항의 규정에 의하여 중재재정이나 재심결정이 확정된 때에는 관계 당사자는 이에 따라야 한다.

관계 당사자는 중앙노동위원회의 중재재정이나 재심결정이 위법이거나 월권에 의한 것이라고 인정하는 경우에는 중재재정 또는 재심결정을 한 날부터 15일 이내에 행정소송을 제기할 수 있다.
(×) 기출 24

교섭단위 분리에 관한 노동위원회의 결정에 대하여 중앙노동위원회에 재심을 신청하려는 자는 그 결정서를 송달받은 날로부터 15일 이내에 할 수 있다. (×) 기출 20

관계 당사자는 지방노동위원회의 중재재정이 월권에 의한 것이라고 인정하는 경우에는 중앙노동위원회에 재심을 신청할 수 없다. (×) 기출 22

제70조 중재재정 등의 효력

① 제68조 제1항의 규정에 따른 중재재정의 내용은 단체협약과 동일한 효력을 가진다.
② 노동위원회의 중재재정 또는 재심결정은 제69조 제1항 및 제2항의 규정에 따른 중앙노동위원회에의 재심신청 또는 행정소송의 제기에 의하여 그 효력이 정지되지 아니한다.

> 노동위원회의 중재재정 또는 재심결정은 중앙노동위원회에의 재심신청 또는 행정소송의 제기에 의하여 그 효력이 정지되지 아니한다. (O) 기출 24
>
> 노동위원회의 중재재정은 중앙노동위원회에의 재심신청 또는 행정소송의 제기에 의하여 그 효력이 정지된다. (×) 기출 20 · 21
>
> 중재재정의 내용은 관계 당사자의 동의를 받아야 단체협약과 동일한 효력을 가진다. (×) 기출 22

제4절 공익사업등의 조정에 관한 특칙

제71조 공익사업의 범위등

① 이 법에서 "공익사업"이라 함은 공중의 일상생활과 밀접한 관련이 있거나 국민경제에 미치는 영향이 큰 사업으로서 다음 각 호의 사업을 말한다.
  1. 정기노선 여객운수사업 및 항공운수사업
  2. 수도사업, 전기사업, 가스사업, 석유정제사업 및 석유공급사업
  3. 공중위생사업, 의료사업 및 혈액공급사업
  4. 은행 및 조폐사업
  5. 방송 및 통신사업
② 이 법에서 "필수공익사업"이라 함은 제1항의 공익사업으로서 그 업무의 정지 또는 폐지가 공중의 일상생활을 현저히 위태롭게 하거나 국민경제를 현저히 저해하고 그 업무의 대체가 용이하지 아니한 다음 각 호의 사업을 말한다.
  1. 철도사업, 도시철도사업 및 항공운수사업
  2. 수도사업, 전기사업, 가스사업, 석유정제사업 및 석유공급사업
  3. 병원사업 및 혈액공급사업
  4. 한국은행사업
  5. 통신사업

철도사업, 수도사업은 필수공익사업에 해당한다.	(○) 기출 24
공중위생사업, 조폐사업, 방송사업은 필수공익사업에 해당하지 아니한다.	(○) 기출 24
공중위생사업, 방송사업, 은행사업은 필수공익사업에 해당하지 아니한다.	(×) 기출 20 · 22
의료사업은 공익사업에 해당한다.	(○) 기출 21
조폐사업은 노동조합 및 노동관계조정법령상 필수공익사업에 해당한다.	(×) 기출 17 · 22
방송사업은 필수공익사업에 해당한다.	(×) 기출 21 · 22
항공운수사업은 노동조합 및 노동관계조정법령상 필수공익사업에 해당한다.	(○) 기출 13

제72조 특별조정위원회의 구성

① 공익사업의 노동쟁의의 조정을 위하여 노동위원회에 특별조정위원회를 둔다.
② 제1항의 규정에 의한 특별조정위원회는 특별조정위원 3인으로 구성한다.
③ 제2항의 규정에 의한 특별조정위원은 그 노동위원회의 공익을 대표하는 위원 중에서 노동조합과 사용자가 순차적으로 배제하고 남은 4인 내지 6인 중에서 노동위원회의 위원장이 지명한다. 다만, 관계 당사자가 합의로 당해 노동위원회의 위원이 아닌 자를 추천하는 경우에는 그 추천된 자를 지명한다.

공익사업의 노동쟁의의 조정을 위하여 노동위원회에 특별조정위원회를 둔다. (○) 기출 17 · 21	
특별조정위원회는 특별조정위원 3인으로 구성한다. (○) 기출 21	
특별조정위원회의 특별조정위원은 관계 당사자가 합의로 당해 노동위원회의 위원이 아닌 자를 추천하는 경우에는 그 추천된 자를 노동위원회의 위원장이 지명한다. (○) 기출 24	
공익사업에 있어서 특별조정위원회 위원은 그 노동위원회의 공익을 대표하는 위원 중에서 노동조합과 사용자가 추천한 자 중에서 고용노동부장관이 지명한다. (×) 기출 14	

시행령 제31조(수당 등의 지급)
법 제72조 제3항 단서에 따라 특별조정위원으로 지명된 자에 대해서는 그 직무의 집행을 위하여 예산의 범위에서 노동위원회의 위원에 준하는 수당과 여비를 지급할 수 있다.

제73조 특별조정위원회의 위원장

① 특별조정위원회에 위원장을 둔다.
② 위원장은 공익을 대표하는 노동위원회의 위원인 특별조정위원 중에서 호선하고, 당해 노동위원회의 위원이 아닌 자만으로 구성된 경우에는 그중에서 호선한다. 다만, 공익을 대표하는 위원인 특별조정위원이 1인인 경우에는 당해 위원이 위원장이 된다.

공익을 대표하는 위원인 특별조정위원이 1인인 경우에는 당해 위원이 특별조정위원회의 위원장이 된다. (○) 기출 21	

제76조　긴급조정의 결정

① 고용노동부장관은 쟁의행위가 공익사업에 관한 것이거나 그 규모가 크거나 그 성질이 특별한 것으로서 현저히 국민경제를 해하거나 국민의 일상생활을 위태롭게 할 위험이 현존하는 때에는 긴급조정의 결정을 할 수 있다.

② 고용노동부장관은 긴급조정의 결정을 하고자 할 때에는 미리 중앙노동위원회 위원장의 의견을 들어야 한다.

③ 고용노동부장관은 제1항 및 제2항의 규정에 의하여 긴급조정을 결정한 때에는 지체 없이 그 이유를 붙여 이를 공표함과 동시에 중앙노동위원회와 관계 당사자에게 각각 통고하여야 한다.

고용노동부장관은 쟁의행위가 공익사업에 관한 것이거나 그 규모가 크거나 그 성질이 특별한 것으로서 현저히 국민경제를 해하거나 국민의 일상생활을 위태롭게 할 위험이 현존하는 때에는 긴급조정의 결정을 할 수 있다. (O) 기출 16 · 18 · 20

중앙노동위원회 위원장은 긴급조정의 결정을 하고자 할 때에는 미리 고용노동부장관의 의견을 들어야 한다. (X) 기출 18 · 19

고용노동부장관은 긴급조정의 결정을 하고자 할 때에는 미리 중앙노동위원회 위원장의 동의를 얻어야 한다. (X) 기출 16

고용노동부장관은 긴급조정의 결정을 하고자 할 때에는 미리 중앙노동위원회의 의결을 거쳐야 한다. (X) 기출 13 · 15 · 23

고용노동부장관은 긴급조정의 결정을 하고자 할 때에는 미리 중앙노동위원회 위원장의 의견을 들어야 한다. (O) 기출 14

고용노동부장관은 긴급조정을 결정한 때에는 지체 없이 이를 공표하여야 한다. (O) 기출 18

고용노동부장관의 관계 당사자에 대한 긴급조정결정의 통고는 서면에 의해야 한다. (X) 기출 17

고용노동부장관은 노동조합 및 노동관계조정법상의 소정 절차를 거쳐 긴급조정을 결정한 때에는 지체 없이 그 이유를 붙여 이를 공표함과 동시에 중앙노동위원회와 관계 당사자에게 각각 통고하여야 한다. (O) 기출 14 · 15 · 20

시행령 제32조(긴급조정의 공표)

법 제76조 제3항에 따른 긴급조정 결정의 공표는 신문 · 라디오 그 밖에 공중이 신속히 알 수 있는 방법으로 해야 한다.

긴급조정 결정의 공표는 신문 · 라디오 그 밖에 공중이 신속히 알 수 있는 방법으로 해야 한다. (O) 기출 14 · 15

제77조　긴급조정 시의 쟁의행위 중지

관계 당사자는 제76조 제3항의 규정에 의한 긴급조정의 결정이 공표된 때에는 즉시 쟁의행위를 중지하여야 하며, 공표일부터 30일이 경과하지 아니하면 쟁의행위를 재개할 수 없다.

> 관계 당사자는 긴급조정의 결정이 공표된 때에는 즉시 쟁의행위를 중지하여야 하며, 공표일부터 30일이 경과하지 아니하면 쟁의행위를 재개할 수 없다.　(○) 기출 21·24
>
> 관계 당사자는 긴급조정의 결정이 공표된 때에는 즉시 쟁의행위를 중지하여야 하며, 공표일부터 15일이 경과하지 아니하면 쟁의행위를 재개할 수 없다.　(×) 기출 14·15·19
>
> 긴급조정이 결정되면 관계 당사자는 즉시 쟁의행위를 중지하여야 하며, 결정일부터 30일이 경과하지 아니하면 쟁의행위를 재개할 수 없다.　(×) 기출 16·18·20

제78조　중앙노동위원회의 조정

중앙노동위원회는 제76조 제3항의 규정에 의한 통고를 받은 때에는 지체 없이 조정을 개시하여야 한다.

> 중앙노동위원회는 법령에 따라 긴급조정 결정의 통고를 받은 때에는 지체 없이 조정을 개시하여야 한다.　(○) 기출 16·18
>
> 중앙노동위원회는 고용노동부장관의 긴급조정결정 통고를 받은 때에는 지체 없이 중재를 개시하여야 한다.　(×) 기출 23

제79조　중앙노동위원회의 중재회부 결정권

① 중앙노동위원회의 위원장은 제78조의 규정에 의한 조정이 성립될 가망이 없다고 인정한 경우에는 공익위원의 의견을 들어 그 사건을 중재에 회부할 것인가의 여부를 결정하여야 한다.
② 제1항의 규정에 의한 결정은 제76조 제3항의 규정에 의한 통고를 받은 날부터 15일 이내에 하여야 한다.

> 중앙노동위원회의 위원장은 조정이 성립될 가망이 없다고 인정한 경우에는 공익위원의 의견을 들어 그 사건을 중재에 회부할 것인가의 여부를 결정하여야 한다.　(○) 기출 16
>
> 중앙노동위원회의 위원장은 긴급조정이 성립될 가망이 없다고 인정한 경우에는 관계 당사자의 의견을 들어 그 사건을 중재에 회부할 것인가의 여부를 결정하여야 한다.　(×) 기출 20

제80조　중앙노동위원회의 중재

중앙노동위원회는 당해 관계 당사자의 일방 또는 쌍방으로부터 중재신청이 있거나 제79조의 규정에 의한 중재회부의 결정을 한 때에는 지체 없이 중재를 행하여야 한다.

> 중앙노동위원회의 위원장이 중재회부의 결정을 한 때에는 중앙노동위원회는 지체 없이 중재를 행하여야 한다.　(○) 기출 20

제6장 부당노동행위

제81조 부당노동행위

① 사용자는 다음 각 호의 어느 하나에 해당하는 행위(이하 "부당노동행위"라 한다)를 할 수 없다.

1. 근로자가 노동조합에 가입 또는 가입하려고 하였거나 노동조합을 조직하려고 하였거나 기타 노동조합의 업무를 위한 정당한 행위를 한 것을 이유로 그 근로자를 해고하거나 그 근로자에게 불이익을 주는 행위

2. 근로자가 어느 노동조합에 가입하지 아니할 것 또는 탈퇴할 것을 고용조건으로 하거나 특정한 노동조합의 조합원이 될 것을 고용조건으로 하는 행위. 다만, 노동조합이 당해 사업장에 종사하는 근로자의 3분의 2 이상을 대표하고 있을 때에는 근로자가 그 노동조합의 조합원이 될 것을 고용조건으로 하는 단체협약의 체결은 예외로 하며, 이 경우 사용자는 근로자가 그 노동조합에서 제명된 것 또는 그 노동조합을 탈퇴하여 새로 노동조합을 조직하거나 다른 노동조합에 가입한 것을 이유로 근로자에게 신분상 불이익한 행위를 할 수 없다.

3. 노동조합의 대표자 또는 노동조합으로부터 위임을 받은 자와의 단체협약체결 기타의 단체교섭을 정당한 이유 없이 거부하거나 해태하는 행위

4. 근로자가 노동조합을 조직 또는 운영하는 것을 지배하거나 이에 개입하는 행위와 근로시간 면제 한도를 초과하여 급여를 지급하거나 노동조합의 운영비를 원조하는 행위. 다만, 근로자가 근로시간 중에 제24조 제2항에 따른 활동을 하는 것을 사용자가 허용함은 무방하며, 또한 근로자의 후생자금 또는 경제상의 불행 그 밖에 재해의 방지와 구제 등을 위한 기금의 기부와 최소한의 규모의 노동조합사무소의 제공 및 그 밖에 이에 준하여 노동조합의 자주적인 운영 또는 활동을 침해할 위험이 없는 범위에서의 운영비 원조행위는 예외로 한다.

5. 근로자가 정당한 단체행동에 참가한 것을 이유로 하거나 또는 노동위원회에 대하여 사용자가 이 조의 규정에 위반한 것을 신고하거나 그에 관한 증언을 하거나 기타 행정관청에 증거를 제출한 것을 이유로 그 근로자를 해고하거나 그 근로자에게 불이익을 주는 행위

② 제1항 제4호 단서에 따른 "노동조합의 자주적 운영 또는 활동을 침해할 위험" 여부를 판단할 때에는 다음 각 호의 사항을 고려하여야 한다.

1. 운영비 원조의 목적과 경위
2. 원조된 운영비 횟수와 기간
3. 원조된 운영비 금액과 원조방법
4. 원조된 운영비가 노동조합의 총수입에서 차지하는 비율
5. 원조된 운영비의 관리방법 및 사용처 등

근로자가 노동조합의 업무를 위한 정당한 행위를 한 것을 이유로 그 근로자에게 불이익을 주는 사용자의 행위는 부당노동행위에 해당한다. (○) **기출** 21·24

사용자가 노동조합으로부터 위임을 받은 자와의 단체협약체결 기타의 단체교섭을 정당한 이유 없이 거부하거나 해태하는 경우 부당노동행위가 성립할 수 있다. (○) **기출** 22

노동조합이 당해 사업장에 종사하는 근로자의 3분의 2 이상을 대표하고 있을 때에는 근로자가 그 노동조합의 조합원이 될 것을 고용조건으로 하는 단체협약의 체결은 부당노동행위에 해당하지 아니한다. (○) **기출** 18·22

사용자는 노동조합의 운영비를 원조하는 행위를 할 수 없으나, 노동조합의 자주적인 운영 또는 활동을 침해할 위험이 없는 범위에서의 운영비 원조행위는 할 수 있다. (○) **기출** 24

최소한의 규모의 노동조합사무소의 제공과 근로자의 후생자금을 위한 기금의 기부는 노동조합 및 노동관계조정법상 부당노동행위로서의 경비원조에 해당한다고 할 수 없다. (○) **기출** 17

사용자가 근로자의 후생자금을 위해 기금을 기부하는 경우에 부당노동행위가 성립하지 않는다. (○) **기출** 22

사용자가 최소한의 규모의 노동조합 사무소를 제공하는 경우 부당노동행위가 성립하지 않는다. (○) **기출** 22

근로자의 경제상의 불행 그 밖에 재해의 방지와 구제 등을 위한 기금의 기부행위는 노동조합 및 노동관계조정법상 부당노동행위에 해당하지 아니한다. (○) **기출** 15

근로시간 면제한도를 초과하여 사용자가 급여를 지급하더라도 부당노동행위가 성립하지 않는다. (×) **기출** 22

노동조합 및 노동관계조정법 제81조(부당노동행위) 제1항 제4호 단서에 따른 "노동조합의 자주적인 운영 또는 활동을 침해할 위험" 여부를 판단할 때 원조된 운영비 금액과 원조방법을 고려할 필요가 없다. (×) **기출** 24

'원조된 운영비가 노동조합의 총지출에서 차지하는 비율'은 노동조합 및 노동관계조정법 제81조(부당노동행위) 제1항 제4호 단서에 따른 "노동조합의 자주적인 운영 또는 활동을 침해할 위험" 여부를 판단할 때 고려하여야 하는 사항에 속한다. (×) **기출** 22

제82조 구제신청

① 사용자의 부당노동행위로 인하여 그 권리를 침해당한 <u>근로자</u> 또는 <u>노동조합</u>은 노동위원회에 그 구제를 신청할 수 있다.

② 제1항의 규정에 의한 구제의 신청은 부당노동행위가 <u>있은 날</u>(계속하는 행위는 <u>그 종료일)</u> <u>부터 3월 이내</u>에 이를 행하여야 한다.

사용자의 부당노동행위로 인하여 그 권리를 침해당한 근로자 또는 노동조합은 노동위원회에 그 구제를 신청할 수 있다. (○) **기출** 15·21·22·24

부당노동행위로 그 권리를 침해당한 근로자는 노동조합을 통해서만 노동위원회에 구제를 신청할 수 있다. (×) **기출** 18

부당노동행위 구제의 신청은 부당노동행위가 있은 날(계속하는 행위는 그 종료일)부터 3월 이내에 이를 행하여야 한다. (○) **기출** 21·22·24

사용자의 부당노동행위로 인하여 그 권리를 침해당한 근로자 또는 노동조합은 부당노동행위가 있은 날(계속하는 행위는 그 종료일)부터 3월 이내에 구제를 신청해야 한다. (○) **기출** 15·18·19·22

제83조　**조사등**

① 노동위원회는 제82조의 규정에 의한 구제신청을 받은 때에는 **지체 없이** 필요한 조사와 관계 당사자의 심문을 하여야 한다.

② 노동위원회는 제1항의 규정에 의한 심문을 할 때에는 관계 당사자의 **신청**에 의하거나 그 **직권**으로 증인을 출석하게 하여 **필요한 사항을 질문**할 수 있다.

③ 노동위원회는 제1항의 규정에 의한 심문을 함에 있어서는 관계 당사자에 대하여 **증거의 제출**과 증인에 대한 **반대심문**을 할 수 있는 **충분한 기회**를 주어야 한다.

④ 제1항의 규정에 의한 노동위원회의 조사와 심문에 관한 절차는 중앙노동위원회가 따로 정하는 바에 의한다.

> 노동위원회는 부당노동행위구제신청을 받은 때에는 지체 없이 필요한 조사와 관계 당사자의 심문을 하여야 한다.　　　　　　　　　　　　　　　　　　　　　(○) **기출** 21 · 24
>
> 노동위원회가 부당노동행위의 구제신청을 받고 심문을 할 때에는 그 직권으로 증인을 출석하게 하여 필요한 사항을 질문할 수 있다.　　　　　　　　　　　　　　(○) **기출** 23
>
> 노동위원회는 구제신청에 따른 심문을 할 때에는 관계 당사자의 신청에 의하거나 그 직권으로 증인을 출석하게 하여 필요한 사항을 질문할 수 있다.　　(○) **기출** 13 · 14 · 16 · 21 · 22
>
> 노동위원회는 부당노동행위에 대한 심문을 함에 있어서는 관계 당사자에 대하여 증거의 제출과 증인에 대한 반대심문을 할 수 있는 충분한 기회를 주어야 한다.　(○) **기출** 14 · 16 · 19

제84조　**구제명령**

① 노동위원회는 제83조의 규정에 의한 심문을 종료하고 부당노동행위가 성립한다고 판정한 때에는 사용자에게 **구제명령**을 발하여야 하며, 부당노동행위가 성립되지 아니한다고 판정한 때에는 그 구제신청을 **기각하는 결정**을 하여야 한다.

② 제1항의 규정에 의한 판정·명령 및 결정은 **서면**으로 하되, 이를 당해 사용자와 신청인에게 **각각 교부하여야** 한다.

③ 관계 당사자는 제1항의 규정에 의한 명령이 있을 때에는 이에 따라야 한다.

> 노동위원회는 부당노동행위가 성립한다고 판정한 때에는 사용자에게 구제명령을 발하여야 하며, 부당노동행위가 성립되지 아니한다고 판정한 때에는 그 구제신청을 기각하는 결정을 하여야 한다.　　　　　　　　　　　　　　　　　　　　(○) **기출** 24
>
> 노동위원회의 판정·명령 및 결정은 서면으로 하되, 이를 당해 사용자와 신청인에게 각각 교부하여야 한다.　　　　　　　　　　　　　　　　　　　　　　　　　(○) **기출** 20

제85조　**구제명령의 확정**

① **지방노동위원회 또는 특별노동위원회**의 구제명령 또는 기각결정에 불복이 있는 관계 당사자는 그 명령서 또는 결정서의 송달을 받은 날부터 **10일 이내**에 중앙노동위원회에 그 재심을 신청할 수 있다.

② 제1항의 규정에 의한 중앙노동위원회의 재심판정에 대하여 관계 당사자는 그 재심판정서의 송달을 받은 날부터 **15일 이내**에 행정소송법이 정하는 바에 의하여 소를 제기할 수 있다.

③ 제1항 및 제2항에 규정된 기간 내에 재심을 신청하지 아니하거나 행정소송을 제기하지 아니한 때에는 그 구제명령·기각결정 또는 재심판정은 확정된다.

④ 제3항의 규정에 의하여 기각결정 또는 재심판정이 확정된 때에는 관계 당사자는 이에 따라야 한다.

⑤ 사용자가 제2항의 규정에 의하여 행정소송을 제기한 경우에 관할 법원은 중앙노동위원회의 신청에 의하여 결정으로써, 판결이 확정될 때까지 중앙노동위원회의 구제명령의 전부 또는 일부를 이행하도록 명할 수 있으며, 당사자의 신청에 의하여 또는 직권으로 그 결정을 취소할 수 있다.

지방노동위원회의 구제명령에 불복이 있는 관계 당사자는 그 명령서의 송달을 받은 날부터 15일 이내에 중앙노동위원회에 그 재심을 신청할 수 있다. (×) 기출 13 · 18 · 21

지방노동위원회의 기각결정에 불복이 있는 관계 당사자는 그 결정이 있은 날부터 10일 이내에 중앙노동위원회에 그 재심을 신청할 수 있다. (×) 기출 22

특별노동위원회의 구제명령에 불복이 있는 관계 당사자는 그 명령서의 송달을 받은 날부터 10일 이내에 중앙노동위원회에 그 재심을 신청할 수 있다. (○) 기출 15

지방노동위원회의 구제명령 또는 기각결정에 불복이 있는 관계 당사자는 그 명령서 또는 결정서의 송달을 받은 날부터 10일 이내에 중앙노동위원회에 그 재심을 신청할 수 있다. (○) 기출 20

중앙노동위원회의 재심판정에 대하여 관계 당사자는 그 재심판정서의 송달을 받은 날부터 15일 이내에 행정소송법이 정하는 바에 의하여 소를 제기할 수 있다. (○) 기출 16 · 18 · 20

중앙노동위원회의 재심판정에 대하여 행정소송을 제기한 경우에 관할법원은 부당노동 행위 구제신청자의 신청에 의하여 판결이 확정될 때까지 중앙노동위원회의 구제명령의 전부를 이행하도록 명할 수 있다. (×) 기출 23

중앙노동위원회의 재심판정에 불복하여 사용자가 행정소송을 제기한 경우 관할 법원은 중앙노동위원회의 신청에 의하여 결정으로써, 판결이 확정될 때까지 중앙노동위원회의 구제명령의 전부 또는 일부를 이행하도록 명할 수 있다. (○) 기출 16 · 18 · 19

관할 법원은 당사자의 신청이나 직권으로 중앙노동위원회 구제명령의 이행을 명한 결정을 취소할 수 있다. (○) 기출 18

관할 법원이 중앙노동위원회 구제명령의 이행을 명하는 경우 결정으로써 한다. (○) 기출 18

사용자가 행정소송을 제기한 경우 관할 법원은 노동조합의 신청에 의하여 결정으로써, 판결이 확정될 때까지 중앙노동위원회의 구제명령의 전부 또는 일부를 이행하도록 명할 수 있다. (×) 기출 20

사용자가 중앙노동위원회 재심판정에 불복하여 행정소송을 제기한 경우에 중앙노동위원회는 법원의 판결이 확정될 때까지 중앙노동위원회의 구제명령의 전부 또는 일부를 이행하도록 명할 수 있다. (×) 기출 15

제86조   구제명령등의 효력

노동위원회의 구제명령·기각결정 또는 재심판정은 제85조의 규정에 의한 중앙노동위원회에의 재심신청이나 행정소송의 제기에 의하여 그 효력이 정지되지 아니한다.

> 노동위원회의 구제명령·기각결정 또는 재심판정은 중앙노동위원회에의 재심신청이나 행정소송의 제기에 의하여 효력이 정지되지 아니한다.   (O) **기출** 20
>
> 지방노동위원회의 구제명령은 중앙노동위원회에의 재심신청에 의하여 그 효력이 정지되지 아니한다.   (O) **기출** 15·16·18·24
>
> 중앙노동위원회 구제명령은 행정소송의 제기에 의하여 그 효력이 정지되지 아니한다.   (O) **기출** 14·18·22

제7장   보 칙

제87조   권한의 위임

이 법에 의한 고용노동부장관의 권한은 대통령령이 정하는 바에 따라 그 일부를 지방고용노동관서의 장에게 위임할 수 있다.

제8장   벌 칙

제88조   벌 칙

제41조 제2항의 규정에 위반한 자는 5년 이하의 징역 또는 5천만원 이하의 벌금에 처한다.

제89조   벌 칙

다음 각 호의 어느 하나에 해당하는 자는 3년 이하의 징역 또는 3천만원 이하의 벌금에 처한다.
1. 제37조 제2항, 제38조 제1항, 제42조 제1항 또는 제42조의2 제2항의 규정에 위반한 자
2. 제85조 제3항(제29조의4 제4항에서 준용하는 경우를 포함한다)에 따라 확정되거나 행정소송을 제기하여 확정된 구제명령에 위반한 자

> 노동조합 및 노동관계조정법에 제38조 제3항(노동조합은 쟁의행위가 적법하게 수행될 수 있도록 지도·관리·통제할 책임이 있다)의 규정을 위반한 자에 대한 벌칙규정은 없다.   (O) **기출** 21
>
> 조합원이 노동조합에 의하여 주도되지 아니한 쟁의행위를 한 경우 노동조합 및 노동관계조정법상 벌칙이 적용된다.   (O) **기출** 24

> 노동조합이 사용자의 점유를 배제하여 조업을 방해하는 형태로 쟁의행위를 한 경우 노동조합 및 노동관계조정법상 벌칙이 적용되지 않는다. (O) **기출** 24
>
> 확정된 부당노동행위 구제명령을 위반한 경우 노동조합 및 노동관계조정법상 벌칙이 적용된다. (O) **기출** 24
>
> 확정된 부당노동행위 구제명령을 이행하지 아니한 사용자는 3년 이하의 징역 또는 3천만원 이하의 벌금에 처한다. (O) **기출** 13

제90조 벌 칙

제44조 제2항, 제69조 제4항, 제77조 또는 제81조 제1항의 규정에 위반한 자는 2년 이하의 징역 또는 2천만원 이하의 벌금에 처한다.

> 사용자가 노동조합의 대표자와의 단체교섭을 정당한 이유 없이 거부하는 행위를 한 경우, 노동조합 및 노동관계조정법령상 벌칙이 적용된다. (O) **기출** 17
>
> 부당노동행위를 한 사용자는 3년 이하의 징역 또는 3천만원 이하의 벌금에 처한다. (×) **기출** 23

제91조 벌 칙

제38조 제2항, 제41조 제1항, 제42조 제2항, 제43조 제1항·제2항·제4항, 제45조 제2항 본문, 제46조 제1항 또는 제63조의 규정을 위반한 자는 1년 이하의 징역 또는 1천만원 이하의 벌금에 처한다.

> 조합원의 직접·비밀·무기명투표에 의한 조합원 과반수의 찬성으로 결정하지 아니한 쟁의행위를 행한 경우 노동조합 및 노동관계조정법상 벌칙이 적용된다. (O) **기출** 24

제92조 벌 칙

다음 각 호의 1에 해당하는 자는 1천만원 이하의 벌금에 처한다.
  1. 삭제 〈2021.1.5.〉
  2. 제31조 제1항의 규정에 의하여 체결된 단체협약의 내용 중 다음 각 목의 1에 해당하는 사항을 위반한 자
     가. 임금·복리후생비, 퇴직금에 관한 사항
     나. 근로 및 휴게시간, 휴일, 휴가에 관한 사항
     다. 징계 및 해고의 사유와 중요한 절차에 관한 사항
     라. 안전보건 및 재해부조에 관한 사항
     마. 시설·편의제공 및 근무시간 중 회의참석에 관한 사항
     바. 쟁의행위에 관한 사항
  3. 제61조 제1항의 규정에 의한 조정서의 내용 또는 제68조 제1항의 규정에 의한 중재재정서의 내용을 준수하지 아니한 자

단체협약의 내용 중 임금·복리후생비, 퇴직금에 관한 사항을 위반한 자는 1천만원 이하의 벌금에 처한다. (O) 기출 21

노동조합 및 노동관계조정법령상 조직강제에 관한 사항에 관한 단체협약 내용을 위반한 경우 형사처벌의 대상이 되지 아니한다. (O) 기출 19

서면으로 작성하여 당사자 쌍방이 서명한 단체협약의 내용 중 사용자가 휴일에 관한 사항을 위반한 경우, 노동조합 및 노동관계조정법령상 벌칙이 적용된다. (O) 기출 17

노동조합 및 노동관계조정법령상 교섭구의 단일화에 관한 단체협약 내용을 위반한 경우, 형사처벌의 대상이 된다. (X) 기출 16

조정서의 내용을 준수하지 아니한 자는 벌칙에 처한다. (O) 기출 22

단체협약의 내용 중 쟁의행위에 관한 사항을 위반한 자는 1천만원 이하의 벌금에 처한다. (O) 기출 16

노동조합 및 노동관계조정법령상 조합원의 자격에 관한 단체협약 내용을 위반한 경우, 형사처벌의 대상이 된다. (X) 기출 15

단체협약의 내용 중 편의제공에 관한 사항을 위반한 자에 대해서는 벌칙규정이 적용된다. (O) 기출 14

제93조   벌 칙

다음 각 호의 1에 해당하는 자는 500만원 이하의 벌금에 처한다.
  1. 제7조 제3항의 규정에 위반한 자
  2. 제21조 제1항·제2항 또는 제31조 제3항의 규정에 의한 명령에 위반한 자

「노동조합 및 노동관계조정법」에 의하여 설립된 노동조합이 아님에도 노동조합이라는 명칭을 사용한 경우, 노동조합 및 노동관계조정법령상 벌칙이 적용된다. (O) 기출 17·24

제94조   양벌규정

법인 또는 단체의 대표자, 법인·단체 또는 개인의 대리인·사용인 기타의 종업원이 그 법인·단체 또는 개인의 업무에 관하여 제88조 내지 제93조의 위반행위를 한 때에는 행위자를 벌하는 외에 그 법인·단체 또는 개인에 대하여도 각 해당 조의 벌금형을 과한다. 다만, 법인·단체 또는 개인이 그 위반행위를 방지하기 위하여 해당 업무에 관하여 상당한 주의와 감독을 게을리하지 아니한 경우에는 그러하지 아니하다.

부당노동행위 규정 위반에 관한 명문의 양벌규정은 존재하지 아니한다. (X) 기출 23

제95조 과태료

제85조 제5항의 규정에 의한 법원의 명령에 위반한 자는 <u>500만원 이하의 금액</u>(당해 명령이 작위를 명하는 것일 때에는 그 명령의 불이행 일수 1일에 50만원 이하의 비율로 산정한 금액)의 과태료에 처한다.

> 관할 법원이 중앙노동위원회 구제명령의 이행을 명한 경우 그 명령을 위반한 자에 대하여는 노동조합 및 노동관계조정법상 벌금형이 규정되어 있다.　　　　　　　　　　　　　　(×) **기출** 18

제96조 과태료

① 다음 각 호의 1에 해당하는 자는 500만원 이하의 과태료에 처한다.
　　1. 제14조의 규정에 의한 서류를 비치 또는 보존하지 아니한 자
　　2. 제27조의 규정에 의한 보고를 하지 아니하거나 허위의 보고를 한 자
　　3. 제46조 제2항의 규정에 의한 신고를 하지 아니한 자
② 제13조, 제28조 제2항 또는 제31조 제2항의 규정에 의한 신고 또는 통보를 하지 아니한 자는 300만원 이하의 과태료에 처한다.
③ 제1항 및 제2항의 규정에 의한 과태료는 대통령령이 정하는 바에 의하여 행정관청이 부과·징수한다.

02 근로자참여 및 협력증진에 관한 법률

시행 2022.12.11. [법률 제18927호, 2022.6.10. 일부개정]

제1장 총 칙

제1조 목 적

이 법은 근로자와 사용자 쌍방이 참여와 협력을 통하여 노사 공동의 이익을 증진함으로써 산업 평화를 도모하고 국민경제 발전에 이바지함을 목적으로 한다.

제2조 신의성실의 의무

근로자와 사용자는 서로 신의를 바탕으로 성실하게 협의에 임하여야 한다.

제3조 정 의

이 법에서 사용하는 용어의 뜻은 다음과 같다.

1. "노사협의회"란 근로자와 사용자가 참여와 협력을 통하여 근로자의 복지증진과 기업의 건전한 발전을 도모하기 위하여 구성하는 협의기구를 말한다.
2. "근로자"란 「근로기준법」 제2조에 따른 근로자를 말한다.
3. "사용자"란 「근로기준법」 제2조에 따른 사용자를 말한다.

> 노사협의회란 근로자와 사용자가 참여와 협력을 통하여 근로자의 복지증진과 기업의 건전한 발전을 도모하기 위하여 구성하는 협의기구를 말한다. (O) 기출 23
>
> 근로자란 근로기준법상 근로자를 말한다. (O) 기출 16

제4조 노사협의회의 설치

① 노사협의회(이하 "협의회"라 한다)는 근로조건에 대한 결정권이 있는 사업이나 사업장 단위로 설치하여야 한다. 다만, 상시 30명 미만의 근로자를 사용하는 사업이나 사업장은 그러하지 아니하다.

② 하나의 사업에 지역을 달리하는 사업장이 있을 경우에는 그 사업장에도 설치할 수 있다.

노사협의회는 근로조건에 대한 결정권이 있는 사업이나 사업장 단위로 설치하여야 한다. 다만, 상시 30명 미만의 근로자를 사용하는 사업이나 사업장은 그러하지 아니하다.

(○) 기출 17 · 18 · 20 · 22

하나의 사업에 지역을 달리하는 사업장이 있을 경우에는 그 사업장에도 설치할 수 있다.

(○) 기출 17

시행령 제2조(설치범위)

「근로자참여 및 협력증진에 관한 법률」(이하 "법"이라 한다) 제4조 제1항을 적용하는 경우 하나의 사업에 종사하는 전체 근로자 수가 30명 이상이면 해당 근로자가 지역별로 분산되어 있더라도 그 주된 사무소에 노사협의회(이하 "협의회"라 한다)를 설치하여야 한다.

하나의 사업에 종사하는 전체 근로자 수가 30명 이상이면 해당 근로자가 지역별로 분산되어 있더라도 그 주된 사무소에 노사협의회를 설치하여야 한다.   (○) 기출 22

제5조 노동조합과의 관계

노동조합의 단체교섭이나 그 밖의 모든 활동은 이 법에 의하여 영향을 받지 아니한다.

제2장 협의회의 구성

제6조 협의회의 구성

① 협의회는 근로자와 사용자를 대표하는 같은 수의 위원으로 구성하되, 각 3명 이상 10명 이하로 한다.
② 근로자를 대표하는 위원(이하 "근로자위원"이라 한다)은 근로자 과반수가 참여하여 직접·비밀·무기명 투표로 선출한다. 다만, 사업 또는 사업장의 특수성으로 인하여 부득이한 경우에는 부서별로 근로자 수에 비례하여 근로자위원을 선출할 근로자(이하 이 조에서 "위원선거인"이라 한다)를 근로자 과반수가 참여한 직접·비밀·무기명 투표로 선출하고 위원선거인 과반수가 참여한 직접·비밀·무기명 투표로 근로자위원을 선출할 수 있다.
③ 제2항에도 불구하고 사업 또는 사업장에 근로자의 과반수로 조직된 노동조합이 있는 경우에는 근로자위원은 노동조합의 대표자와 그 노동조합이 위촉하는 자로 한다.
④ 사용자를 대표하는 위원(이하 "사용자위원"이라 한다)은 해당 사업이나 사업장의 대표자와 그 대표자가 위촉하는 자로 한다.
⑤ 근로자위원이나 사용자위원의 선출과 위촉에 필요한 사항은 대통령령으로 정한다.

노사협의회는 근로자와 사용자를 대표하는 같은 수의 위원으로 구성하여야 하며 위원 수에 대한 제한이 있다.   (○) 기출 23

노사협의회는 근로자와 사용자를 대표하는 같은 수의 위원으로 구성하되, 각 3명 이상 10명 이하로 한다.   (○) 기출 13 · 18 · 20 · 21

근로자와 사용자를 대표하는 같은 수의 위원으로 구성하되, 근로자위원 중에는 여성근로자가 1명 이상 포함되어야 한다. (×) **기출** 17

노사협의회의 근로자를 대표하는 위원은 근로자가 선출하되, 근로자의 과반수로 조직된 노동조합이 있는 경우에는 노동조합의 대표자와 그 노동조합이 위촉하는 자로 한다. (○) **기출** 17 · 18

노사협의회의 사용자를 대표하는 위원은 해당 사업이나 사업장의 대표자와 그 대표자가 위촉하는 자로 한다. (○) **기출** 17 · 18

시행령 제3조(근로자를 대표하는 위원의 입후보 자격)
법 제6조 제2항에 따라 근로자를 대표하는 위원(이하 "근로자위원"이라 한다)의 선출에 입후보하려는 사람은 해당 사업이나 사업장의 근로자여야 한다.

노사협의회의 근로자위원의 선출에 입후보하려는 사람은 해당 사업이나 사업장의 근로자여야 한다. (○) **기출** 23

시행령 제4조(보궐위원)
근로자위원의 결원이 생기면 30일 이내에 보궐위원을 위촉하거나 선출하되, 근로자의 과반수로 구성된 노동조합이 조직되어 있지 아니한 사업 또는 사업장에서는 근로자위원 선출 투표에서 선출되지 못한 사람 중 득표 순에 따른 차점자를 근로자위원으로 할 수 있다.

노사협의회의 근로자위원의 결원이 생기면 30일 이내에 보궐위원을 위촉하거나 선출하되, 근로자의 과반수로 구성된 노동조합이 조직되어 있지 아니한 사업 또는 사업장에서는 근로자위원 선출투표에서 선출되지 못한 사람 중 득표순에 따른 차점자를 근로자위원으로 할 수 있다.
(○) **기출** 23

제7조 의장과 간사
① 협의회에 의장을 두며, 의장은 위원 중에서 호선한다. 이 경우 근로자위원과 사용자위원 중 각 1명을 공동의장으로 할 수 있다.
② 의장은 협의회를 대표하며 회의 업무를 총괄한다.
③ 노사 쌍방은 회의 결과의 기록 등 사무를 담당하는 간사 1명을 각각 둔다.

노사협의회에 의장을 두며, 의장은 위원 중에서 호선(互選)한다. (○) **기출** 13 · 15

노사협의회에 의장을 두며, 의장은 위원 중에서 사용자가 지명한다. 이 경우 근로자위원과 사용자위원 중 각 1명을 공동의장으로 할 수 있다. (×) **기출** 20

제8조 위원의 임기
① 위원의 임기는 3년으로 하되, 연임할 수 있다.
② 보궐위원의 임기는 전임자 임기의 남은 기간으로 한다.
③ 위원은 임기가 끝난 경우라도 후임자가 선출될 때까지 계속 그 직무를 담당한다.

> 보궐위원의 임기는 전임자 임기의 남은 기간으로 한다. (○) **기출** 15
>
> 노사협의회 위원의 임기가 끝난 경우라도 후임자가 선출될 때까지 계속 그 직무를 담당한다. (○) **기출** 13

제9조 **위원의 신분**

① 위원은 비상임·무보수로 한다.
② 사용자는 협의회 위원으로서의 직무 수행과 관련하여 근로자위원에게 불이익을 주는 처분을 하여서는 아니 된다.
③ 위원의 협의회 출석 시간과 이와 직접 관련된 시간으로서 제18조에 따른 협의회규정으로 정한 시간은 근로한 시간으로 본다.

> 사용자는 노사협의회 위원으로서의 직무 수행과 관련하여 근로자위원에게 불이익을 주는 처분을 하여서는 아니 된다. (○) **기출** 20
>
> 노사협의회 위원은 비상임·무보수로 하며, 위원의 협의회 출석시간과 이와 직접 관련된 시간으로서 노사협의회규정으로 정한 시간은 근로한 시간으로 본다. (○) **기출** 15 · 20
>
> 노사협의회의 위원은 무보수로 한다는 명문의 규정상 위원의 노사협의회 출석 시간과 이와 관련된 시간은 노사협의회 규정으로 정한 경우에도 근로한 시간으로 볼 수 없다. (×) **기출** 23

제10조 **사용자의 의무**

① 사용자는 근로자위원의 선출에 개입하거나 방해하여서는 아니 된다.
② 사용자는 근로자위원의 업무를 위하여 장소의 사용 등 기본적인 편의를 제공하여야 한다.

> 사용자는 근로자위원의 업무를 위하여 장소의 사용 등 기본적인 편의를 제공하여야 할 의무가 있다. (○) **기출** 23
>
> 사용자는 근로자위원의 업무를 위하여 장소의 사용 등 기본적인 편의를 제공하여야 한다. (○) **기출** 13 · 15

제11조 **시정명령**

고용노동부장관은 사용자가 제9조 제2항을 위반하여 근로자위원에게 불이익을 주는 처분을 하거나 제10조 제1항을 위반하여 근로자위원의 선출에 개입하거나 방해하는 경우에는 그 시정을 명할 수 있다.

> 중앙노동위원회 위원장은 노사협의회 위원으로서의 직무수행과 관련하여 사용자가 근로자위원에게 불이익을 주는 처분을 하는 경우에는 그 시정을 명할 수 있다. (×) **기출** 18
>
> 노동위원회는 사용자가 근로자위원의 선출에 개입하거나 방해하는 경우에는 그 시정을 명할 수 있다. (×) **기출** 13

제12조   회 의

① 협의회는 3개월마다 정기적으로 회의를 개최하여야 한다.
② 협의회는 필요에 따라 임시회의를 개최할 수 있다.

> 노사협의회는 3개월마다 정기적으로 회의를 개최하여야 한다.   (O) **기출** 21

제13조   회의 소집

① 의장은 협의회의 회의를 소집하며 그 의장이 된다.
② 의장은 노사 일방의 대표자가 회의의 목적을 문서로 밝혀 회의의 소집을 요구하면 그 요구에 따라야 한다.
③ 의장은 회의 개최 7일 전에 회의 일시, 장소, 의제 등을 각 위원에게 통보하여야 한다.

> 노사협의회 의장은 노사 일방의 대표자가 회의의 목적을 문서로 밝혀 회의의 소집을 요구하면 그 요구에 따라야 한다.   (O) **기출** 21

제14조   자료의 사전 제공

근로자위원은 제13조 제3항에 따라 통보된 의제 중 제20조 제1항의 협의 사항 및 제21조의 의결 사항과 관련된 자료를 협의회 회의 개최 전에 사용자에게 요구할 수 있으며 사용자는 이에 성실히 따라야 한다. 다만, 그 요구 자료가 기업의 경영·영업상의 비밀이나 개인정보에 해당하는 경우에는 그러하지 아니하다.

제15조   정족수

회의는 근로자위원과 사용자위원 각 과반수의 출석으로 개최하고 출석위원 3분의 2 이상의 찬성으로 의결한다.

> 회의는 근로자위원과 사용자위원 각 과반수의 출석으로 개최하고 출석위원 과반수의 찬성으로 의결한다.   (×) **기출** 15·21

제16조   회의의 공개

협의회의 회의는 공개한다. 다만, 협의회의 의결로 공개하지 아니할 수 있다.

제17조   비밀 유지

협의회의 위원은 협의회에서 알게 된 비밀을 누설하여서는 아니 된다.

제18조　**협의회규정**

① 협의회는 그 조직과 운영에 관한 규정(이하 "협의회규정"이라 한다)을 제정하고 협의회를 설치한 날부터 15일 이내에 고용노동부장관에게 제출하여야 한다. 이를 변경한 경우에도 또한 같다.

② 협의회규정의 규정 사항과 그 제정·변경 절차 등에 관하여 필요한 사항은 대통령령으로 정한다.

제19조　**회의록 비치**

① 협의회는 다음 각 호의 사항을 기록한 회의록을 작성하여 갖추어 두어야 한다.
　　1. 개최 일시 및 장소
　　2. 출석 위원
　　3. 협의 내용 및 의결된 사항
　　4. 그 밖의 토의사항

② 제1항에 따른 회의록은 작성한 날부터 3년간 보존하여야 한다.

> **시행령 제6조(회의록 작성)**
> 법 제19조에 따른 회의록에는 출석위원 전원이 서명하거나 날인하여야 한다.

제4장　협의회의 임무

제20조　**협의 사항**

① 협의회가 협의하여야 할 사항은 다음 각 호와 같다.
　　1. 생산성 향상과 성과 배분
　　2. 근로자의 채용·배치 및 교육훈련
　　3. 근로자의 고충처리
　　4. 안전, 보건, 그 밖의 작업환경 개선과 근로자의 건강증진
　　5. 인사·노무관리의 제도 개선
　　6. 경영상 또는 기술상의 사정으로 인한 인력의 배치전환·재훈련·해고 등 고용조정의 일반원칙
　　7. 작업과 휴게 시간의 운용
　　8. 임금의 지불방법·체계·구조 등의 제도 개선
　　9. 신기계·기술의 도입 또는 작업 공정의 개선
　　10. 작업 수칙의 제정 또는 개정
　　11. 종업원지주제와 그 밖에 근로자의 재산형성에 관한 지원
　　12. 직무 발명 등과 관련하여 해당 근로자에 대한 보상에 관한 사항
　　13. 근로자의 복지증진
　　14. 사업장 내 근로자 감시 설비의 설치

15. 여성근로자의 모성보호 및 일과 가정생활의 양립을 지원하기 위한 사항
16. 「남녀고용평등과 일·가정 양립 지원에 관한 법률」 제2조 제2호에 따른 **직장 내 성희롱** 및 고객 등에 의한 **성희롱 예방**에 관한 사항
17. 그 밖의 노사협조에 관한 사항
② 협의회는 제1항 각 호의 사항에 대하여 제15조의 정족수에 따라 의결할 수 있다.

> 임금의 지불방법·체계·구조 등의 제도 개선은 노사협의회의 협의사항이다.　(○) 기출 22
>
> 근로자참여 및 협력증진에 관한 법률상 근로자의 복지증진은 노사협의회의 협의사항이다.
> 　(○) 기출 24
>
> 사업장 내 근로자 감시 설비의 설치는 노사협의회가 협의하여야 할 사항에 해당한다.
> 　(○) 기출 23

제21조　**의결 사항**

사용자는 다음 각 호의 어느 하나에 해당하는 사항에 대하여는 협의회의 의결을 거쳐야 한다.
1. 근로자의 **교육훈련** 및 능력개발 기본계획의 수립
2. 복지시설의 설치와 관리
3. 사내근로복지기금의 설치
4. 고충처리위원회에서 의결되지 아니한 사항
5. 각종 노사공동위원회의 설치

> 근로자참여 및 협력증진에 관한 법률상 복지시설의 설치와 관리, 사내근로복지기금의 설치, 각종 노사공동위원회의 설치는 노사협의회의 협의 사항이다.　(×) 기출 24
>
> 사용자는 각종 노사공동위원회의 설치에 해당하는 사항에 대하여는 노사협의회의 의결을 거쳐야 한다.　(○) 기출 21
>
> 사용자는 근로자의 교육훈련 및 능력개발 기본계획의 수립에 대하여는 노사협의회의 의결을 거쳐야 한다.　(○) 기출 14·16·22
>
> 사용자는 고충처리위원회에서 의결되지 아니한 사항에 대하여는 노사협의회의 의결을 거쳐야 한다.　(○) 기출 23

제22조　**보고 사항 등**

① 사용자는 정기회의에 다음 각 호의 어느 하나에 해당하는 사항에 관하여 성실하게 보고하거나 설명하여야 한다.
1. 경영계획 전반 및 실적에 관한 사항
2. 분기별 생산계획과 실적에 관한 사항
3. 인력계획에 관한 사항
4. 기업의 경제적·재정적 상황
② 근로자위원은 근로자의 요구사항을 보고하거나 설명할 수 있다.
③ 근로자위원은 사용자가 제1항에 따른 보고와 설명을 이행하지 아니하는 경우에는 제1항 각 호에 관한 자료를 제출하도록 요구할 수 있으며 사용자는 그 요구에 성실히 따라야 한다.

제23조 **의결 사항의 공지**

협의회는 의결된 사항을 신속히 근로자에게 널리 알려야 한다.

제24조 **의결 사항의 이행**

근로자와 사용자는 협의회에서 의결된 사항을 성실하게 이행하여야 한다.

제25조 **임의 중재**

① 협의회는 다음 각 호의 어느 하나에 해당하는 경우에는 근로자위원과 사용자위원의 합의로 협의회에 중재기구를 두어 해결하거나 노동위원회나 그 밖의 제3자에 의한 중재를 받을 수 있다.
   1. 제21조에 따른 의결 사항에 관하여 협의회가 의결하지 못한 경우
   2. 협의회에서 의결된 사항의 해석이나 이행 방법 등에 관하여 의견이 일치하지 아니하는 경우
② 제1항에 따른 중재 결정이 있으면 협의회의 의결을 거친 것으로 보며 근로자와 사용자는 그 결정에 따라야 한다.

제5장 고충처리

제26조 **고충처리위원**

모든 사업 또는 사업장에는 근로자의 고충을 청취하고 이를 처리하기 위하여 고충처리위원을 두어야 한다. 다만, 상시 30명 미만의 근로자를 사용하는 사업이나 사업장은 그러하지 아니하다.

시행령 제7조(고충처리의 절차)

근로자는 고충사항이 있는 경우에는 법 제26조에 따른 고충처리위원(이하 "고충처리위원"이라 한다)에게 구두 또는 서면으로 신고할 수 있다. 이 경우 신고를 접수한 고충처리위원은 지체 없이 처리하여야 한다.

제27조   고충처리위원의 구성 및 임기

① 고충처리위원은 노사를 대표하는 3명 이내의 위원으로 구성하되, 협의회가 설치되어 있는 사업이나 사업장의 경우에는 협의회가 그 위원 중에서 선임하고, 협의회가 설치되어 있지 아니한 사업이나 사업장의 경우에는 사용자가 위촉한다.

② 위원의 임기에 관하여는 협의회 위원의 임기에 관한 제8조를 준용한다.

> 고충처리위원은 노사를 대표하는 5명 이내의 위원으로 구성한다.   (×) **기출** 24
>
> 고충처리위원은 임기가 끝난 경우에는 후임자가 선출되기 전이라도 계속 그 직무를 담당하지 못한다.
>   (×) **기출** 24

제28조   고충의 처리

① 고충처리위원은 근로자로부터 고충사항을 청취한 경우에는 10일 이내에 조치 사항과 그 밖의 처리결과를 해당 근로자에게 통보하여야 한다.

② 고충처리위원이 처리하기 곤란한 사항은 협의회의 회의에 부쳐 협의 처리한다.

> 고충처리위원은 근로자로부터 고충사항을 청취한 경우에는 15일 이내에 조치 사항과 그 밖의 처리 결과를 해당 근로자에게 통보하여야 한다.   (×) **기출** 24
>
> 고충처리위원이 처리하기 곤란한 사항은 노사협의회의 회의에 부쳐 협의 처리한다.
>   (○) **기출** 16 · 24

제6장   보 칙

제29조   권한의 위임

이 법에 따른 고용노동부장관의 권한은 대통령령으로 정하는 바에 따라 그 일부를 지방고용노동관서의 장에게 위임할 수 있다.

제7장 │ 벌 칙

제30조 │ 벌 칙

다음 각 호의 어느 하나에 해당하는 자는 1천만원 이하의 벌금에 처한다.
1. 제4조 제1항에 따른 협의회의 설치를 정당한 사유 없이 거부하거나 방해한 자
2. 제24조를 위반하여 협의회에서 의결된 사항을 정당한 사유 없이 이행하지 아니한 자
3. 제25조 제2항을 위반하여 중재 결정의 내용을 정당한 사유 없이 이행하지 아니한 자

> 제4조(노사협의회의 설치) 제1항에 따른 노사협의회의 설치를 정당한 사유 없이 거부하거나 방해한 자는 1천만원 이하의 벌금에 처한다. (○) **기출** 24
>
> 법령에 따른 노사협의회의 설치를 정당한 사유 없이 거부하거나 방해한 자는 1년 이하의 징역 또는 1천만원 이하의 벌금에 처한다. (×) **기출** 23
>
> 제24조(의결 사항의 이행)를 위반하여 노사협의회에서 의결된 사항을 정당한 사유 없이 이행하지 아니한 자는 1천만원 이하의 벌금에 처한다. (○) **기출** 24
>
> 제25조(임의 중재) 제2항을 위반하여 중재 결정의 내용을 정당한 사유 없이 이행하지 아니한 자는 1천만원 이하의 벌금에 처한다. (○) **기출** 24

제31조 │ 벌 칙

사용자가 정당한 사유 없이 제11조에 따른 시정명령을 이행하지 아니하거나 제22조 제3항에 따른 자료제출 의무를 이행하지 아니하면 500만원 이하의 벌금에 처한다.

> 사용자가 정당한 사유 없이 제11조(시정명령)에 따른 시정명령을 이행하지 아니하면 1천만원 이하의 벌금에 처한다. (×) **기출** 24

제32조 │ 벌 칙

사용자가 제12조 제1항을 위반하여 협의회를 정기적으로 개최하지 아니하거나 제26조에 따른 고충처리위원을 두지 아니한 경우에는 200만원 이하의 벌금에 처한다.

제33조 │ 과태료

① 사용자가 제18조를 위반하여 협의회규정을 제출하지 아니한 때에는 200만원 이하의 과태료를 부과한다.
② 제1항에 따른 과태료는 대통령령으로 정하는 바에 따라 고용노동부장관이 부과·징수한다.

> 사용자가 제18조(협의회규정)를 위반하여 노사협의회규정을 제출하지 아니한 때에는 200만원 이하의 과태료를 부과한다. (○) **기출** 24

CHAPTER

03 노동위원회법

시행 2022.5.19. [법률 제18179호, 2021.5.18. 일부개정]

제1장 총 칙

제1조 목 적

이 법은 노동관계에 관한 판정 및 조정 업무를 신속·공정하게 수행하기 위하여 노동위원회를 설치하고 그 운영에 관한 사항을 규정함으로써 노동관계의 안정과 발전에 이바지함을 목적으로 한다.

제2조 노동위원회의 구분·소속 등

① 노동위원회는 중앙노동위원회, 지방노동위원회 및 특별노동위원회로 구분한다.
② 중앙노동위원회와 지방노동위원회는 고용노동부장관 소속으로 두며, 지방노동위원회의 명칭·위치 및 관할 구역은 대통령령으로 정한다.
③ 특별노동위원회는 관계 법률에서 정하는 사항을 관장하기 위하여 필요한 경우에 해당 사항을 관장하는 중앙행정기관의 장 소속으로 둔다.

> 노동위원회는 중앙노동위원회, 지방노동위원회 및 특별노동위원회로 구분한다.
> (○) 기출 15·19·20
> 중앙노동위원회와 지방노동위원회는 고용노동부장관 소속으로 둔다. (○) 기출 14·20·23
> 특별노동위원회는 관계 법률에서 정하는 사항을 관장하기 위하여 필요한 경우에 해당 사항을 관장하는 중앙행정기관의 장 소속으로 둔다. (○) 기출 18·23

제2조의2 노동위원회의 소관 사무

노동위원회의 소관 사무는 다음 각 호와 같다.
　1. 「노동조합 및 노동관계조정법」, 「근로기준법」, 「근로자참여 및 협력증진에 관한 법률」, 「교원의 노동조합 설립 및 운영 등에 관한 법률」, 「공무원의 노동조합 설립 및 운영 등에 관한 법률」, 「기간제 및 단시간근로자 보호 등에 관한 법률」, 「파견근로자 보호 등에 관한 법률」, 「산업현장 일학습병행 지원에 관한 법률」 및 「남녀고용평등과 일·가정 양립 지원에 관한 법률」에 따른 판정·결정·의결·승인·인정 또는 차별적 처우 시정 등에 관한 업무

2. 「노동조합 및 노동관계조정법」,「교원의 노동조합 설립 및 운영 등에 관한 법률」
   및 「공무원의 노동조합 설립 및 운영 등에 관한 법률」에 따른 노동쟁의 조정·중재
   또는 관계 당사자의 자주적인 노동쟁의 해결 지원에 관한 업무
3. 제1호 및 제2호의 업무수행과 관련된 조사·연구·교육 및 홍보 등에 관한 업무
4. 그 밖에 다른 법률에서 노동위원회의 소관으로 규정된 업무

제3조 　 노동위원회의 관장

① 중앙노동위원회는 다음 각 호의 사건을 관장한다.
   1. 지방노동위원회 및 특별노동위원회의 처분에 대한 재심사건
   2. 둘 이상의 지방노동위원회의 관할 구역에 걸친 노동쟁의의 조정사건
   3. 다른 법률에서 그 권한에 속하는 것으로 규정된 사건
② 지방노동위원회는 해당 관할 구역에서 발생하는 사건을 관장하되, 둘 이상의 관할 구역
   에 걸친 사건(제1항 제2호의 조정사건은 제외한다)은 주된 사업장의 소재지를 관할하는
   지방노동위원회에서 관장한다.
③ 특별노동위원회는 관계 법률에서 정하는 바에 따라 그 설치목적으로 규정된 특정사항에
   관한 사건을 관장한다.
④ 중앙노동위원회 위원장은 제1항 제2호에도 불구하고 효율적인 노동쟁의의 조정을 위하
   여 필요하다고 인정하는 경우에는 지방노동위원회를 지정하여 해당 사건을 처리하게
   할 수 있다.
⑤ 중앙노동위원회 위원장은 제2항에 따른 주된 사업장을 정하기 어렵거나 주된 사업장의
   소재지를 관할하는 지방노동위원회에서 처리하기 곤란한 사정이 있는 경우에는 직권으
   로 또는 관계 당사자나 지방노동위원회 위원장의 신청에 따라 지방노동위원회를 지정하
   여 해당 사건을 처리하게 할 수 있다.

> 둘 이상의 지방노동위원회의 관할 구역에 걸친 노동쟁의의 조정사건은 주된 사업장의 소재지를 관할하
> 는 지방노동위원회에서 관장한다.　　　　　　　　　　　　　　　(×) 기출 18
>
> 둘 이상의 관할 구역에 걸친 사건은 신청인의 주소지를 관할하는 지방노동위원회가 관장한다.
> 　　　　　　　　　　　　　　　　　　　　　　　　　　　　(×) 기출 17
>
> 중앙노동위원회는 지방노동위원회 및 특별노동위원회의 처분에 대한 재심사건을 관장한다.
> 　　　　　　　　　　　　　　　　　　　　　　　　　　　　(○) 기출 20
>
> 중앙노동위원회는 둘 이상의 지방노동위원회의 관할 구역에 걸친 노동쟁의의 조정(調整)사건을 관장
> 한다.　　　　　　　　　　　　　　　　　　　　　　　　　(○) 기출 14·16

제3조의2 　 사건의 이송

① 노동위원회는 접수된 사건이 다른 노동위원회의 관할인 경우에는 지체 없이 해당 사건을
   관할 노동위원회로 이송하여야 한다. 제23조에 따른 조사를 시작한 후 다른 노동위원회
   의 관할인 것으로 확인된 경우에도 또한 같다.
② 제1항에 따라 이송된 사건은 관할 노동위원회에 처음부터 접수된 것으로 본다.
③ 노동위원회는 제1항에 따라 사건을 이송한 경우에는 그 사실을 지체 없이 관계 당사자에
   게 통지하여야 한다.

제4조　**노동위원회의 지위 등**

① 노동위원회는 그 권한에 속하는 업무를 독립적으로 수행한다.
② 중앙노동위원회 위원장은 중앙노동위원회 및 지방노동위원회의 예산·인사·교육훈련, 그 밖의 행정사무를 총괄하며, 소속 공무원을 지휘·감독한다.
③ 중앙노동위원회 위원장은 제2항에 따른 행정사무의 지휘·감독권 일부를 대통령령으로 정하는 바에 따라 지방노동위원회 위원장에게 위임할 수 있다.

제5조　**특별노동위원회의 조직 등**

① 특별노동위원회에 대해서는 제6조 제3항부터 제7항까지, 제9조 제2항 및 제4항을 적용하지 아니한다.
② 다음 각 호의 어느 하나에 해당하는 사항에 대해서는 해당 특별노동위원회의 설치 근거가 되는 법률에서 다르게 정할 수 있다.
　1. 제6조 제2항에 따른 근로자위원, 사용자위원 및 공익위원의 수
　2. 제11조에 따른 상임위원
③ 특별노동위원회에 대하여 제15조 제3항부터 제5항까지의 규정을 적용하는 경우에 제6조 제6항에 따른 심판담당 공익위원, 차별시정담당 공익위원 및 조정담당 공익위원은 특별노동위원회의 공익위원으로 본다.

제2장　조 직

제6조　**노동위원회의 구성 등**

① 노동위원회는 근로자를 대표하는 위원(이하 "근로자위원"이라 한다)과 사용자를 대표하는 위원(이하 "사용자위원"이라 한다) 및 공익을 대표하는 위원(이하 "공익위원"이라 한다)으로 구성한다.

② <u>노동위원회 위원의 수</u>는 다음 각 호의 구분에 따른 범위에서 노동위원회의 업무량을 고려하여 대통령령으로 정한다. 이 경우 근로자위원과 사용자위원은 <u>같은 수로 한다.</u>
  1. 근로자위원 및 사용자위원 : 각 10명 이상 50명 이하
  2. 공익위원 : 10명 이상 70명 이하
③ <u>근로자위원</u>은 노동조합이 추천한 사람 중에서, <u>사용자위원</u>은 사용자단체가 추천한 사람 중에서 다음 각 호의 구분에 따라 <u>위촉</u>한다.
  1. 중앙노동위원회 : <u>고용노동부장관</u>의 제청으로 <u>대통령</u>이 위촉
  2. 지방노동위원회 : <u>지방노동위원회 위원장</u>의 제청으로 <u>중앙노동위원회 위원장</u>이 위촉
④ <u>공익위원</u>은 해당 노동위원회 위원장, 노동조합 및 사용자단체가 각각 추천한 사람 중에서 노동조합과 사용자단체가 <u>순차적으로</u> 배제하고 남은 사람을 위촉대상 공익위원으로 하고, 그 위촉대상 공익위원 중에서 다음 각 호의 구분에 따라 <u>위촉</u>한다.
  1. 중앙노동위원회 공익위원 : <u>고용노동부장관</u>의 제청으로 <u>대통령</u>이 위촉
  2. 지방노동위원회 공익위원 : <u>지방노동위원회 위원장</u>의 제청으로 <u>중앙노동위원회 위원장</u>이 위촉
⑤ 제4항에도 불구하고 노동조합 또는 사용자단체가 공익위원을 추천하는 절차나 추천된 공익위원을 순차적으로 배제하는 <u>절차를 거부하는 경우</u>에는 <u>해당 노동위원회 위원장</u>이 위촉대상 공익위원을 <u>선정</u>할 수 있다.
⑥ 공익위원은 다음 각 호와 같이 구분하여 위촉한다.
  1. 심판사건을 담당하는 심판담당 공익위원
  2. 차별적 처우 시정사건(「남녀고용평등과 일・가정 양립 지원에 관한 법률」 제26조 제1항에 따른 시정사건을 포함한다. 이하 같다)을 담당하는 차별시정담당 공익위원
  3. 조정사건을 담당하는 조정담당 공익위원
⑦ 노동위원회 위원의 추천절차, 공익위원의 순차배제의 방법, 그 밖에 위원의 위촉에 필요한 사항은 대통령령으로 정한다.

노동조합 및 노동관계조정법령상 노동조합이 아닌 근로자단체는 노동위원회의 근로자위원을 추천할 수 없다. (○) 기출 20

중앙노동위원회 근로자위원은 노동조합이 추천한 사람 중에서 고용노동부장관의 제청으로 대통령이 위촉한다. (○) 기출 17

지방노동위원회의 근로자위원은 노동조합이 추천한 사람 중에서 지방노동위원회 위원장의 제청으로 중앙노동위원회 위원장이 위촉한다. (○) 기출 18

지방노동위원회 공익위원은 중앙노동위원회 위원장의 제청으로 고용노동부장관이 위촉한다. (×) 기출 21

공익위원은 해당 노동위원회 위원장, 노동조합 및 사용자단체가 각각 추천한 사람 중에서 노동조합과 사용자단체가 순차적으로 배제하고 남은 사람을 위촉대상 공익위원으로 한다. (○) 기출 22

시행령 제3조(위원의 수)

법 제6조 제2항에 따른 노동위원회 위원의 수는 [별표 2]와 같다.

시행령 제4조(근로자위원 및 사용자위원 위촉대상자 추천 시 고려사항)

① 노동조합 및 사용자단체는 법 제6조 제3항에 따라 근로자를 대표하는 위원(이하 "근로자위원"이라 한다)과 사용자를 대표하는 위원(이하 "사용자위원"이라 한다)을 추천할 경우에는 해당 노동위원회 관할 구역의 산업 및 기업규모별 근로자 수, 노동조합 수 등을 고려하여야 한다.

② 제1항에 따라 노동조합과 사용자단체가 추천하는 위원의 수는 각각 위촉될 근로자위원 및 사용자위원 수의 100분의 150 이상으로 한다.

시행령 제6조(공익위원 위촉대상자의 선정)

① 노동위원회 위원장, 노동조합 및 사용자단체는 법 제6조 제4항에 따라 공익을 대표하는 위원(이하 "공익위원"이라 한다)을 추천하는 경우에는 심판담당 공익위원, 차별시정담당 공익위원 및 조정담당 공익위원으로 구분하여 추천하되, 위촉될 공익위원 수의 범위에서 각각 추천하여야 한다. 다만, 노동위원회 위원장은 위촉될 공익위원 수만큼 추천하여야 한다.

② 공익위원은 제1항에 따라 다음 각 호의 구분에 따른 자가 추천한다. 다만, 총연합단체인 노동조합에 소속되지 아니한 노동조합이 있는 경우에는 그 노동조합으로부터 직접 추천을 받을 수 있다.

  1. 총연합단체인 노동조합 및 전국 규모의 사용자단체 : 중앙노동위원회의 공익위원

  2. 지방노동위원회의 관할 구역에 조직되어 있는 총연합단체인 노동조합의 지역대표기구 및 사용자단체 : 해당 지방노동위원회의 공익위원

③ 제2항에 따라 공익위원을 추천하는 노동조합이 복수인 경우 해당 노동위원회 위원장은 노동조합의 조합원 수를 고려하여 각 노동조합이 추천할 수 있는 사람의 수를 조정할 수 있다.

④ 노동조합과 사용자단체가 제1항부터 제3항까지의 규정에 따라 공익위원으로 추천된 사람을 법 제6조 제4항에 따라 순차적(順次的)으로 배제하는 경우에는 위촉될 공익위원 수가 남을 때까지 배제한다. 이 경우 순차배제의 절차에 참여하는 노동조합이 복수인 경우 노동위원회 위원장은 해당 노동조합의 조합원 수를 고려하여 각 노동조합이 배제할 수 있는 사람의 수를 조정할 수 있다.

⑤ 노동위원회 위원장은 제1항부터 제3항까지의 규정에 따라 공익위원으로 추천된 사람이 법 제8조에 따른 자격을 갖추지 못하였거나 법 제12조의 결격사유에 해당되는 경우에는 그 사유를 구체적으로 밝혀 제4항에 따른 순차배제 절차의 대상에서 제외하여야 한다.

제6조의2　　사회취약계층에 대한 권리구제 대리

① 노동위원회는 제2조의2 제1호 중 판정·결정·승인·인정 및 차별적 처우 시정 등에 관한 사건에서 사회취약계층을 위하여 변호사나 공인노무사로 하여금 권리구제업무를 대리하게 할 수 있다.

② 제1항에 따라 변호사나 공인노무사로 하여금 사회취약계층을 위한 권리구제업무를 대리하게 하려는 경우의 요건, 대상, 변호사·공인노무사의 보수 등에 관하여 필요한 사항은 고용노동부령으로 정한다.

> 노동위원회는 「노동조합 및 노동관계조정법」에 따른 판정에 관한 사건에서 사회취약계층을 위하여 변호사나 공인노무사로 하여금 권리구제업무를 대리하게 할 수 있다.　　(O)　기출 14·17

제7조 **위원의 임기 등**

① 노동위원회 위원의 임기는 3년으로 하되, 연임할 수 있다.

② 노동위원회 위원이 궐위된 경우 보궐위원의 임기는 전임자 임기의 남은 기간으로 한다. 다만, 노동위원회 위원장 또는 상임위원이 궐위되어 후임자를 임명한 경우 후임자의 임기는 새로 시작된다.

③ 임기가 끝난 노동위원회 위원은 후임자가 위촉될 때까지 계속 그 직무를 집행한다.

④ 노동위원회 위원의 처우에 관하여는 대통령령으로 정한다.

> 노동위원회 위원의 임기는 3년으로 하되, 연임할 수 있다.　　　　(○) **기출** 14 · 15 · 16 · 22
>
> 위원장 또는 상임위원이 궐위되어 후임자를 임명한 경우 후임자의 임기는 새로이 개시된다.
> 　　　　　　　　　　　　　　　　　　　　　　　　　　　　　　(○) **기출** 15

제8조 **공익위원의 자격기준 등**

① 중앙노동위원회의 공익위원은 다음 각 호의 구분에 따라 노동문제에 관한 지식과 경험이 있는 사람을 위촉하되, 여성의 위촉이 늘어날 수 있도록 노력하여야 한다.

　1. 심판담당 공익위원 및 차별시정담당 공익위원

　　가. 노동문제와 관련된 학문을 전공한 사람으로서 「고등교육법」 제2조 제1호부터 제6호까지의 학교에서 부교수 이상으로 재직하고 있거나 재직하였던 사람

　　나. 판사 · 검사 · 군법무관 · 변호사 또는 공인노무사로 7년 이상 재직하고 있거나 재직하였던 사람

　　다. 노동관계 업무에 7년 이상 종사한 사람으로서 2급 또는 2급 상당 이상의 공무원이나 고위공무원단에 속하는 공무원으로 재직하고 있거나 재직하였던 사람

　　라. 그 밖에 노동관계 업무에 15년 이상 종사한 사람으로서 심판담당 공익위원 또는 차별시정담당 공익위원으로 적합하다고 인정되는 사람

　2. 조정담당 공익위원

　　가. 「고등교육법」 제2조 제1호부터 제6호까지의 학교에서 부교수 이상으로 재직하고 있거나 재직하였던 사람

　　나. 판사 · 검사 · 군법무관 · 변호사 또는 공인노무사로 7년 이상 재직하고 있거나 재직하였던 사람

　　다. 노동관계 업무에 7년 이상 종사한 사람으로서 2급 또는 2급 상당 이상의 공무원이나 고위공무원단에 속하는 공무원으로 재직하고 있거나 재직하였던 사람

　　라. 그 밖에 노동관계 업무에 15년 이상 종사한 사람 또는 사회적 덕망이 있는 사람으로서 조정담당 공익위원으로 적합하다고 인정되는 사람

② 지방노동위원회의 공익위원은 다음 각 호의 구분에 따라 노동문제에 관한 지식과 경험이 있는 사람을 위촉하되, 여성의 위촉이 늘어날 수 있도록 노력하여야 한다.

　1. 심판담당 공익위원 및 차별시정담당 공익위원

　　가. 노동문제와 관련된 학문을 전공한 사람으로서 「고등교육법」 제2조 제1호부터 제6호까지의 학교에서 조교수 이상으로 재직하고 있거나 재직하였던 사람

　　나. 판사 · 검사 · 군법무관 · 변호사 또는 공인노무사로 3년 이상 재직하고 있거나 재직하였던 사람

다. 노동관계 업무에 3년 이상 종사한 사람으로서 3급 또는 3급 상당 이상의 공무원이나 고위공무원단에 속하는 공무원으로 재직하고 있거나 재직하였던 사람

라. 노동관계 업무에 10년 이상 종사한 사람으로서 4급 또는 4급 상당 이상의 공무원으로 재직하고 있거나 재직하였던 사람

마. 그 밖에 노동관계 업무에 10년 이상 종사한 사람으로서 심판담당 공익위원 또는 차별시정담당 공익위원으로 적합하다고 인정되는 사람

2. 조정담당 공익위원

가. 「고등교육법」 제2조 제1호부터 제6호까지의 학교에서 조교수 이상으로 재직하고 있거나 재직하였던 사람

나. 판사·검사·군법무관·변호사 또는 공인노무사로 3년 이상 재직하고 있거나 재직하였던 사람

다. 노동관계 업무에 3년 이상 종사한 사람으로서 3급 또는 3급 상당 이상의 공무원이나 고위공무원단에 속하는 공무원으로 재직하고 있거나 재직하였던 사람

라. 노동관계 업무에 10년 이상 종사한 사람으로서 4급 또는 4급 상당 이상의 공무원으로 재직하고 있거나 재직하였던 사람

마. 그 밖에 노동관계 업무에 10년 이상 종사한 사람 또는 사회적 덕망이 있는 사람으로서 조정담당 공익위원으로 적합하다고 인정되는 사람

> 노동위원회는 공익위원의 자격기준에 따라 노동문제에 관한 지식과 경험이 있는 사람을 공익위원으로 위촉하되, 여성의 위촉이 늘어날 수 있도록 노력하여야 한다. (O) 기출 17

제9조 위원장

① 노동위원회에 위원장 1명을 둔다.

② 중앙노동위원회 위원장은 제8조 제1항에 따라 중앙노동위원회의 공익위원이 될 수 있는 자격을 갖춘 사람 중에서 고용노동부장관의 제청으로 대통령이 임명하고, 지방노동위원회 위원장은 제8조 제2항에 따라 지방노동위원회의 공익위원이 될 수 있는 자격을 갖춘 사람 중에서 중앙노동위원회 위원장의 추천과 고용노동부장관의 제청으로 대통령이 임명한다.

③ 중앙노동위원회 위원장은 정무직으로 한다.

④ 노동위원회 위원장(이하 "위원장"이라 한다)은 해당 노동위원회의 공익위원이 되며, 심판사건, 차별적 처우 시정사건, 조정사건을 담당할 수 있다.

> 노동위원회 위원장은 해당 노동위원회의 공익위원이 되며, 심판사건, 차별적 처우 시정사건을 담당하되 조정사건은 담당할 수 없다. (×) 기출 23

제10조 **위원장의 직무**

① 위원장은 해당 노동위원회를 대표하며, 노동위원회의 사무를 총괄한다.

② 위원장이 부득이한 사유로 직무를 수행할 수 없을 때에는 대통령령으로 정하는 공익위원이 그 직무를 대행한다.

시행령 제9조(위원장의 직무대행)

법 제10조 제2항에 따라 위원장이 부득이한 사유로 직무를 수행할 수 없을 때에는 상임위원(상임위원이 둘 이상인 경우에는 위원장이 미리 정한 순서에 따른 상임위원)이, 위원장 및 상임위원이 모두 부득이한 사유로 직무를 수행할 수 없을 때에는 위원장이 미리 정한 순서에 따른 공익위원이 그 직무를 대행한다.

제11조 **상임위원**

① 노동위원회에 상임위원을 두며, 상임위원은 해당 노동위원회의 공익위원이 될 수 있는 자격을 갖춘 사람 중에서 중앙노동위원회 위원장의 추천과 고용노동부장관의 제청으로 대통령이 임명한다.

② 상임위원은 해당 노동위원회의 공익위원이 되며, 심판사건, 차별적 처우 시정사건, 조정사건을 담당할 수 있다.

③ 노동위원회에 두는 상임위원의 수와 직급 등은 대통령령으로 정한다.

> 노동위원회 상임위원은 심판사건을 담당할 수 있으나, 차별적 처우 시정사건을 담당할 수 없다.
>
> (×) **기출** 21
>
> 상임위원은 해당 노동위원회의 공익위원이 된다.
>
> (○) **기출** 18

제11조의2 **위원의 행위규범**

① 노동위원회의 위원은 법과 양심에 따라 공정하고 성실하게 업무를 수행하여야 한다.

② 중앙노동위원회는 노동위원회 위원이 제1항에 따라 업무를 수행하기 위하여 준수하여야 할 행위규범과 그 운영에 관한 사항을 제15조에 따른 전원회의의 의결을 거쳐 정할 수 있다.

③ 제2항에 따른 노동위원회 위원의 행위규범에는 다음 각 호의 사항이 포함되어야 한다.

1. 업무수행과 관련하여 향응·금품 등을 받는 행위의 금지에 관한 사항

2. 관계 당사자 중 어느 한쪽에 편파적이거나 사건 처리를 방해하는 등 공정성과 중립성을 훼손하는 행위의 금지·제한에 관한 사항

3. 직무수행과 관련하여 알게 된 사항을 자기나 다른 사람의 이익을 위하여 이용하거나 다른 사람에게 제공하는 행위의 금지에 관한 사항

4. 제15조에 따른 부문별 위원회의 출석 등 노동위원회 위원으로서의 성실한 업무수행에 관한 사항

5. 그 밖에 품위 유지 등을 위하여 필요한 사항

제12조 **결격사유**

「국가공무원법」 제33조 각 호의 어느 하나에 해당하는 사람은 노동위원회 위원이 될 수 없다.

제13조 **위원의 신분보장**

① 노동위원회 위원은 다음 각 호의 어느 하나에 해당하는 경우를 제외하고는 그 의사에 반하여 면직되거나 위촉이 해제되지 아니한다.
  1. 「국가공무원법」 제33조 각 호의 어느 하나에 해당하는 경우
  2. 장기간의 심신쇠약으로 직무를 수행할 수 없는 경우
  3. 직무와 관련된 비위사실이 있거나 노동위원회 위원직을 유지하기에 적합하지 아니하다고 인정되는 비위사실이 있는 경우
  4. 제11조의2에 따른 행위규범을 위반하여 노동위원회 위원으로서 직무를 수행하기 곤란한 경우
  5. 공익위원으로 위촉된 후 제8조에 따른 공익위원의 자격기준에 미달하게 된 것으로 밝혀진 경우
② 노동위원회 위원은 제1항 제1호에 해당하는 경우에 당연히 면직되거나 위촉이 해제된다.

제14조 **사무처와 사무국**

① 중앙노동위원회에는 사무처를 두고, 지방노동위원회에는 사무국을 둔다.
② 사무처와 사무국의 조직·운영 등에 필요한 사항은 대통령령으로 정한다.
③ 고용노동부장관은 노동위원회 사무처 또는 사무국 소속 직원을 고용노동부와 노동위원회 간에 전보할 경우 중앙노동위원회 위원장의 의견을 들어야 한다.

중앙노동위원회 및 지방노동위원회에는 사무처를 둔다.　　　　　　　　　(×) **기출** 23

제14조의2 **중앙노동위원회 사무처장**

① 중앙노동위원회에는 사무처장 1명을 둔다.
② 사무처장은 중앙노동위원회 상임위원 중 1명이 겸직한다.
③ 사무처장은 중앙노동위원회 위원장의 명을 받아 사무처의 사무를 처리하며 소속 직원을 지휘·감독한다.

중앙노동위원회 상임위원은 사무처장을 겸직할 수 없다.　　　　　　　　　(×) **기출** 23

제14조의3 조사관

① 노동위원회 사무처 및 사무국에 조사관을 둔다.

② 중앙노동위원회 위원장은 노동위원회 사무처 또는 사무국 소속 공무원 중에서 조사관을 임명한다.

③ 조사관은 위원장, 제15조에 따른 부문별 위원회의 위원장 또는 제16조의2에 따른 주심위원의 지휘를 받아 노동위원회의 소관 사무에 필요한 조사를 하고, 제15조에 따른 부문별 위원회에 출석하여 의견을 진술할 수 있다.

④ 조사관의 임명·자격 등에 관하여 필요한 사항은 대통령령으로 정한다.

시행령 제9조의2(노동위원회 조사관의 자격 요건)

① 법 제14조의3 제1항에 따른 노동위원회 사무처 또는 사무국의 조사관(이하 "조사관"이라 한다)의 자격 요건은 다음 각 호의 구분에 따른다.

   1. 중앙노동위원회 사무처 조사관 : 다음 각 목의 요건을 모두 갖춘 중앙노동위원회 사무처 소속 공무원
      가. 3급부터 7급까지의 공무원일 것
      나. 법 제2조의2 제1호 또는 제2호의 업무를 담당할 것
   2. 지방노동위원회 사무국 조사관 : 다음 각 목의 요건을 모두 갖춘 지방노동위원회 사무국 소속 공무원
      가. 4급부터 7급까지의 공무원일 것
      나. 법 제2조의2 제1호 또는 제2호의 업무를 담당할 것

② 제1항에도 불구하고 6급 및 7급 공무원으로서 고용노동부 또는 그 소속기관에서 근무한 경력이 1년 미만인 공무원은 다음 각 호의 어느 하나에 해당하는 요건을 추가로 갖추어야 조사관에 임명될 수 있다.

   1. 중앙노동위원회 위원장이 정하는 교육을 이수할 것
   2. 조사관의 직무를 보조하는 직위에서 근무한 경력이 6개월 이상일 것

제3장 회 의

제15조 회의의 구성 등

① 노동위원회에는 전원회의와 위원회의 권한에 속하는 업무를 부문별로 처리하기 위한 위원회로서 다음 각 호의 부문별 위원회를 둔다. 다만, 다른 법률에 특별한 규정이 있는 경우에는 그러하지 아니하다.

   1. 심판위원회
   2. 차별시정위원회
   3. 조정위원회
   4. 특별조정위원회
   5. 중재위원회

6. 「교원의 노동조합 설립 및 운영 등에 관한 법률」 제11조 제1항에 따른 교원 노동관계 조정위원회

7. 「공무원의 노동조합 설립 및 운영 등에 관한 법률」 제14조 제1항에 따른 공무원 노동관계 조정위원회

② 전원회의는 해당 노동위원회 소속 위원 전원으로 구성하며, 다음 각 호의 사항을 처리한다.

1. 노동위원회의 운영 등 일반적인 사항의 결정

2. 제22조 제2항에 따른 근로조건의 개선에 관한 권고

3. 제24조 및 제25조에 따른 지시 및 규칙의 제정(중앙노동위원회만 해당한다)

③ 제1항 제1호에 따른 심판위원회는 심판담당 공익위원 중 위원장이 지명하는 3명으로 구성하며, 「노동조합 및 노동관계조정법」, 「근로기준법」, 「근로자참여 및 협력증진에 관한 법률」, 그 밖의 법률에 따른 노동위원회의 판정·의결·승인 및 인정 등과 관련된 사항을 처리한다.

④ 제1항 제2호에 따른 차별시정위원회는 차별시정담당 공익위원 중 위원장이 지명하는 3명으로 구성하며, 「기간제 및 단시간근로자 보호 등에 관한 법률」, 「파견근로자 보호 등에 관한 법률」, 「산업현장 일학습병행 지원에 관한 법률」 또는 「남녀고용평등과 일·가정 양립 지원에 관한 법률」에 따른 차별적 처우의 시정 등과 관련된 사항을 처리한다.

⑤ 제1항 제3호부터 제5호까지의 규정에 따른 조정위원회·특별조정위원회 및 중재위원회는 「노동조합 및 노동관계조정법」에서 정하는 바에 따라 구성하며, 같은 법에 따른 조정·중재, 그 밖에 이와 관련된 사항을 각각 처리한다. 이 경우 공익위원은 조정담당 공익위원 중에서 지명한다.

⑥ 위원장은 제3항 및 제4항에 따라 부문별 위원회를 구성할 때 위원장 또는 상임위원의 업무가 과도하여 정상적인 업무수행이 곤란하게 되는 등 제25조에 따라 중앙노동위원회가 제정하는 규칙으로 정하는 부득이한 사유가 있는 경우 외에는 위원장 또는 상임위원 1명이 포함되도록 위원을 지명하여야 한다.

⑦ 위원장은 제3항부터 제5항까지의 규정에도 불구하고 부문별 위원회를 구성할 때 특정 부문별 위원회에 사건이 집중되거나 다른 분야의 전문지식이 필요하다고 인정하는 경우에는 심판담당 공익위원, 차별시정담당 공익위원 또는 조정담당 공익위원을 담당 분야와 관계없이 다른 부문별 위원회의 위원으로 지명할 수 있다.

⑧ 제1항 제6호에 따른 교원 노동관계 조정위원회는 「교원의 노동조합 설립 및 운영 등에 관한 법률」에서 정하는 바에 따라 설치·구성하며, 같은 법에 따른 조정·중재, 그 밖에 이와 관련된 사항을 처리한다.

⑨ 세1항 제7호에 따른 공무원 노동관계 조정위원회는 「공무원의 노동조합 설립 및 운영 등에 관한 법률」에서 정하는 바에 따라 설치·구성하며, 같은 법에 따른 조정·중재, 그 밖에 이와 관련된 사항을 처리한다.

> 차별시정위원회는 「남녀고용평등과 일·가정 양립 지원에 관한 법률」, 「기간제 및 단시간근로자 보호 등에 관한 법률」에 따른 차별적 처우의 시정과 관련된 사항을 처리한다. (×) 기출 21

제15조의2 단독심판 등

위원장은 다음 각 호의 어느 하나에 해당하는 경우에 심판담당 공익위원 또는 차별시정담당 공익위원 중 1명을 지명하여 사건을 처리하게 할 수 있다.

1. 신청기간을 넘기는 등 신청 요건을 명백하게 갖추지 못한 경우
2. 관계 당사자 양쪽이 모두 단독심판을 신청하거나 단독심판으로 처리하는 것에 동의한 경우

> 관계 당사자 양쪽이 모두 단독심판을 신청하거나 단독심판으로 처리하는 것에 동의한 경우 단독심판으로 사건을 처리할 수 있다. (○) 기출 22

제15조의3 「행정심판법」 등의 준용

사건 처리와 관련하여 선정대표자, 당사자의 지위 승계, 대리인의 선임에 관하여는 「행정심판법」 제15조, 제16조 및 제18조를 준용하고, 대리의 흠과 추인, 대리의 범위에 관하여는 「민사소송법」 제60조 및 제90조를 준용한다.

제16조 회의의 소집

① 부문별 위원회 위원장은 다른 법률에 특별한 규정이 있는 경우를 제외하고는 부문별 위원회의 위원 중에서 호선한다.
② 위원장 또는 부문별 위원회 위원장은 전원회의 또는 부문별 위원회를 각각 소집하고 회의를 주재한다. 다만, 위원장은 필요하다고 인정하는 경우에 부문별 위원회를 소집할 수 있다.
③ 위원장 또는 부문별 위원회 위원장은 전원회의 또는 부문별 위원회를 구성하는 위원의 과반수가 회의 소집을 요구하는 경우에 이에 따라야 한다.
④ 위원장 또는 부문별 위원회 위원장은 업무수행과 관련된 조사 등 노동위원회의 원활한 운영을 위하여 필요한 경우 노동위원회가 설치된 위치 외의 장소에서 부문별 위원회를 소집하게 하거나 제15조의2에 따른 단독심판을 하게 할 수 있다.

제16조의2 주심위원

부문별 위원회 위원장은 부문별 위원회의 원활한 운영을 위하여 필요하다고 인정하는 경우에 주심위원을 지명하여 사건의 처리를 주관하게 할 수 있다.

> 부문별 위원회 위원장은 부문별 위원회의 원활한 운영을 위하여 필요하다고 인정하는 경우에 주심위원을 지명하여 사건의 처리를 주관하게 하여야 한다. (×) 기출 23

제16조의3 화해의 권고 등

① 노동위원회는 「노동조합 및 노동관계조정법」 제29조의4 및 제84조, 「근로기준법」 제30조에 따른 판정·명령 또는 결정이 있기 전까지 관계 당사자의 신청을 받아 또는 직권으로 화해를 권고하거나 화해안을 제시할 수 있다.
② 노동위원회는 화해안을 작성할 때 관계 당사자의 의견을 충분히 들어야 한다.

③ 노동위원회는 관계 당사자가 화해안을 수락하였을 때에는 **화해조서를 작성하여야** 한다.
④ 화해조서에는 다음 각 호의 사람이 **모두** 서명하거나 날인하여야 한다.
  1. 관계 당사자
  2. 화해에 관여한 부문별 위원회(제15조의2에 따른 단독심판을 포함한다)의 위원 전원
⑤ 제3항 및 제4항에 따라 작성된 화해조서는 「민사소송법」에 따른 **재판상 화해의 효력을** 갖는다.
⑥ 제1항부터 제4항까지의 규정에 따른 화해의 방법, 화해조서의 작성 등에 필요한 사항은 제25조에 따라 중앙노동위원회가 제정하는 규칙으로 정한다.

노동위원회는 판정·명령 또는 결정이 있기 전까지 화해안을 제시할 수 있으며 관계 당사자가 화해안을 수락하였을 때에는 취하조서를 작성하여야 한다. (×) 기출 23

노동위원회는 판정·명령 또는 결정이 있기 전까지 관계 당사자의 신청이 있는 경우에 한하여 화해를 권고할 수 있다. (×) 기출 17

노동위원회는 노동조합 및 노동관계조정법 제84조의 규정에 따른 판정·명령 또는 결정이 있기 전까지 관계 당사자의 신청 또는 직권에 의하여 화해를 권고하거나 화해안을 제시할 수 있다. (○) 기출 13·24

노동위원회는 화해안을 작성할 때 관계 당사자의 의견을 충분히 들어야 한다. (○) 기출 13

노동위원회는 관계 당사자가 화해안을 수락하였을 때에는 화해조서를 작성하여야 한다. (○) 기출 24

노동위원회는 관계 당사자가 화해안을 수락한 때에는 화해조서를 작성할 수 있다. (×) 기출 13

단독심판의 위원을 제외하고 화해에 관여한 부문별 위원회의 위원 전원은 화해조서에 모두 서명하거나 날인하여야 한다. (×) 기출 24

화해조서에는 관계 당사자와 화해에 관여한 위원 전원이 서명 또는 날인하여야 한다. (○) 기출 13

노동위원회법에 따라 작성된 화해조서는 민사소송법에 따른 재판상 화해의 효력을 갖는다. (○) 기출 22·24

유효하게 작성된 화해조서는 민사소송법에 따른 재판상 화해의 효력을 갖는다. (○) 기출 13

제17조 **의 결**

① **노동위원회의 전원회의**는 재적위원 **과반수**의 출석으로 개의하고, 출석위원 **과반수**의 찬성으로 의결한다.
② **부문별 위원회의 회의**는 구성위원 **전원**의 출석으로 개의하고, 출석위원 **과반수**의 찬성으로 의결한다.
③ 제2항에도 불구하고 제15조 제1항 제7호의 **공무원 노동관계 조정위원회의 회의**(「공무원의 노동조합 설립 및 운영 등에 관한 법률」제15조에 따른 전원회의를 말한다)는 재적위원 **과반수**의 출석으로 개의하고, 출석위원 **과반수**의 찬성으로 의결한다.
④ 전원회의 또는 부문별 위원회의 회의에 참여한 위원은 그 의결 사항에 대하여 서명하거나 날인하여야 한다.

제17조의2　의결 결과의 송달 등

① 노동위원회는 부문별 위원회의 의결 결과를 지체 없이 당사자에게 서면으로 송달하여야
한다.

② 노동위원회는 처분 결과를 당사자에게 서면으로 송달하여야 하며, 처분의 효력은 판정
서·명령서·결정서 또는 재심판정서를 송달받은 날부터 발생한다.

③ 제1항 및 제2항에 따른 송달의 방법과 절차에 필요한 사항은 대통령령으로 정한다.

시행령 제9조의3(의결 결과의 송달 방법 등)

① 노동위원회는 법 제17조의2 제1항에 따라 부문별 위원회의 의결 결과를 해당 사건의 당사자
또는 대리인에게 우편으로 송달하여야 한다. 다만, 해당 사건의 당사자 또는 대리인이 동의하는
경우에는 교부에 의한 방법으로 송달할 수 있다.

② 노동위원회는 법 제17조의2 제2항에 따라 판정서·명령서·결정서 또는 재심판정서를 해당
사건의 당사자 또는 대리인에게 등기우편으로 송달하여야 한다.

③ 해당 사건의 당사자 또는 대리인이 송달 장소(주소·거소·영업소 또는 사무소 중 당사자 또는
대리인이 지정하는 장소를 말한다)를 변경하였을 때에는 지체 없이 그 사실을 노동위원회에
서면으로 통지하여야 한다.

제17조의3　공시송달

① 노동위원회는 서류의 송달을 받아야 할 자가 다음 각 호의 어느 하나에 해당하는 경우에
는 공시송달을 할 수 있다.

1. 주소가 분명하지 아니한 경우

2. 주소가 국외에 있거나 통상적인 방법으로 확인할 수 없어 서류의 송달이 곤란한
경우

3. 등기우편 등으로 송달하였으나 송달을 받아야 할 자가 없는 것으로 확인되어 반송되
는 경우

② 제1항에 따른 공시송달은 노동위원회의 게시판이나 인터넷 홈페이지에 게시하는 방법으
로 한다.

③ 공시송달은 제2항에 따라 게시한 날부터 14일이 지난 때에 효력이 발생한다.

④ 제1항에 따른 공시송달의 요건과 제2항에 따른 공시송달의 방법 및 절차에 필요한 사항
은 대통령령으로 정한다.

시행령 제9조의4(공시송달의 요건 등)

① 노동위원회는 법 제17조의3 제1항 각 호의 어느 하나에 해당하는 경우 직권으로 또는 당사자의 신청에 의하여 서류를 공시송달할 수 있다. 이 경우 당사자가 공시송달을 신청하려면 그 사유를 노동위원회에 서면으로 제출하여야 한다.

② 법 제17조의3 제2항에 따라 공시송달을 하는 경우 조사관은 같은 조 제3항에 따른 효력 발생일까지 송달할 서류를 보관하여야 한다.

③ 노동위원회는 공시송달을 한 후 법 제17조의3 제3항에 따른 효력 발생일 전에 법 제17조의3 제1항 각 호에 따른 공시송달 사유가 없어진 경우에는 직권으로 또는 당사자의 신청에 의하여 공시송달을 취소하고, 해당 서류를 등기우편으로 송달하여야 한다.

제18조 보고 및 의견 청취

① 위원장 또는 부문별 위원회의 위원장은 소관 회의에 부쳐진 사항에 관하여 구성위원 또는 조사관으로 하여금 회의에 보고하게 할 수 있다.

② 제15조 제1항 제1호 및 제2호의 심판위원회 및 차별시정위원회는 의결하기 전에 해당 노동위원회의 근로자위원 및 사용자위원 각 1명 이상의 의견을 들어야 한다. 다만, 근로자위원 또는 사용자위원이 출석요구를 받고 정당한 이유 없이 출석하지 아니하는 경우에는 그러하지 아니하다.

제19조 회의의 공개

노동위원회의 회의는 공개한다. 다만, 해당 회의에서 공개하지 아니하기로 의결하면 공개하지 아니할 수 있다.

제20조 회의의 질서유지

위원장 또는 부문별 위원회의 위원장은 소관 회의의 공정한 진행을 방해하거나 질서를 문란하게 하는 사람에 대하여 퇴장명령, 그 밖에 질서유지에 필요한 조치를 할 수 있다.

제21조 위원의 제척 · 기피 · 회피 등

① 위원은 다음 각 호의 어느 하나에 해당하는 경우에 해당 사건에 관한 직무집행에서 제척된다.

1. 위원 또는 위원의 배우자이거나 배우자였던 사람이 해당 사건의 당사자가 되거나 해당 사건의 당사자와 공동권리자 또는 공동의무자의 관계에 있는 경우
2. 위원이 해당 사건의 당사자와 친족이거나 친족이었던 경우
3. 위원이 해당 사건에 관하여 진술이나 감정을 한 경우
4. 위원이 당사자의 대리인으로서 업무에 관여하거나 관여하였던 경우
4의2. 위원이 속한 법인, 단체 또는 법률사무소가 해당 사건에 관하여 당사자의 대리인으로서 관여하거나 관여하였던 경우
5. 위원 또는 위원이 속한 법인, 단체 또는 법률사무소가 해당 사건의 원인이 된 처분 또는 부작위에 관여한 경우

② 위원장은 제1항에 따른 사유가 있는 경우에 관계 당사자의 신청을 받아 또는 직권으로 제척의 결정을 하여야 한다.

③ 당사자는 공정한 심의·의결 또는 조정 등을 기대하기 어려운 위원이 있는 경우에 그 사유를 적어 위원장에게 기피신청을 할 수 있다.

④ 위원장은 제3항에 따른 기피신청이 이유 있다고 인정되는 경우에 기피의 결정을 하여야 한다.

⑤ 위원장은 사건이 접수되는 즉시 제2항에 따른 제척신청과 제3항에 따른 기피신청을 할 수 있음을 사건 당사자에게 알려야 한다.

⑥ 위원에게 제1항 또는 제3항에 따른 사유가 있는 경우에는 스스로 그 사건에 관한 직무집행에서 회피할 수 있다. 이 경우 해당 위원은 위원장에게 그 사유를 소명하여야 한다.

> 노동위원회법상 위원이 해당 사건의 당사자와 친족이었던 경우 해당 사건에 관한 직무집행에서 제척된다. (○) 기출 24
>
> 노동위원회법상 위원이 해당 사건에 관하여 진술한 경우 해당 사건에 관한 직무집행에서 제척된다. (○) 기출 24
>
> 노동위원회법상 위원이 당사자의 대리인으로서 업무에 관여하였던 경우 해당 사건에 관한 직무집행에서 제척된다. (○) 기출 24
>
> 노동위원회법상 위원 또는 위원이 속한 법인, 단체 또는 법률사무소가 해당 사건의 원인이 된 처분 또는 부작위에 관여한 경우 해당 사건에 관한 직무집행에서 제척된다. (○) 기출 24

제4장 권 한

제22조 협조 요청 등

① 노동위원회는 그 사무집행을 위하여 필요하다고 인정하는 경우에 관계 행정기관에 협조를 요청할 수 있으며, 협조를 요청받은 관계 행정기관은 특별한 사유가 없으면 이에 따라야 한다.

② 노동위원회는 관계 행정기관으로 하여금 근로조건의 개선에 필요한 조치를 하도록 권고할 수 있다.

제23조 　위원회의 조사권 등

① 노동위원회는 제2조의2에 따른 소관 사무(제3호의 업무는 제외한다)와 관련하여 사실관계를 확인하는 등 그 사무집행을 위하여 필요하다고 인정할 때에는 근로자, 노동조합, 사용자, 사용자단체, 그 밖의 관계인에 대하여 출석·보고·진술 또는 필요한 서류의 제출을 요구하거나 위원장 또는 부문별 위원회의 위원장이 지명한 위원 또는 조사관으로 하여금 사업 또는 사업장의 업무상황, 서류, 그 밖의 물건을 조사하게 할 수 있다.

② 제1항에 따라 조사하는 위원 또는 조사관은 그 권한을 표시하는 증표를 관계인에게 보여 주어야 한다.

③ 노동위원회는 제1항에 따라 관계 당사자 외에 필요하다고 인정되어 출석한 사람에게 대통령령으로 정하는 바에 따라 비용을 변상한다.

④ 노동위원회는 심판사건과 차별적 처우 시정사건의 신청인이 제출한 신청서 부본을 다른 당사자에게 송달하고 이에 대한 답변서를 제출하도록 하여야 한다.

⑤ 노동위원회는 제4항에 따라 다른 당사자가 제출한 답변서의 부본을 지체 없이 신청인에게 송달하여야 한다.

제24조 　중앙노동위원회의 지시권 등

중앙노동위원회는 지방노동위원회 또는 특별노동위원회에 대하여 노동위원회의 사무 처리에 관한 기본방침 및 법령의 해석에 관하여 필요한 지시를 할 수 있다.

제25조 　중앙노동위원회의 규칙제정권

중앙노동위원회는 중앙노동위원회, 지방노동위원회 또는 특별노동위원회의 운영, 부문별 위원회가 처리하는 사건의 지정방법 및 조사관이 처리하는 사건의 지정방법, 그 밖에 위원회 운영에 필요한 사항에 관한 규칙을 제정할 수 있다.

제26조 중앙노동위원회의 재심권

① 중앙노동위원회는 당사자의 신청이 있는 경우 지방노동위원회 또는 특별노동위원회의 처분을 재심하여 이를 인정·취소 또는 변경할 수 있다.

② 제1항에 따른 신청은 관계 법령에 특별한 규정이 있는 경우를 제외하고는 지방노동위원회 또는 특별노동위원회가 한 처분을 송달받은 날부터 10일 이내에 하여야 한다.

③ 제2항의 기간은 불변기간으로 한다.

> 중앙노동위원회는 당사자의 신청이 있는 경우 지방노동위원회 또는 특별노동위원회의 처분을 재심하여 이를 인정·취소 또는 변경할 수 있다. (O) **기출** 24

제27조 중앙노동위원회의 처분에 대한 소송

① 중앙노동위원회의 처분에 대한 소송은 중앙노동위원회 위원장을 피고로 하여 처분의 송달을 받은 날부터 15일 이내에 제기하여야 한다.

② 이 법에 따른 소송의 제기로 처분의 효력은 정지하지 아니한다.

③ 제1항의 기간은 불변기간으로 한다.

> 중앙노동위원회의 처분에 대한 소송은 중앙노동위원회 위원장을 피고로 하여 처분의 송달을 받은 날부터 15일 이내에 제기하여야 한다. (O) **기출** 24
>
> 중앙노동위원회의 처분에 대한 소송은 중앙노동위원회 위원장을 피고로 한다. (O) **기출** 19·22

제5장 보 칙

제28조 비밀엄수 의무 등

① 노동위원회의 위원이나 직원 또는 그 위원이었거나 직원이었던 사람은 직무에 관하여 알게 된 비밀을 누설하면 아니 된다.

② 노동위원회의 사건 처리에 관여한 위원이나 직원 또는 그 위원이었거나 직원이었던 변호사·공인노무사 등은 영리를 목적으로 그 사건에 관한 직무를 하면 아니 된다.

> 노동위원회의 사건 처리에 관여한 위원이나 직원 또는 그 위원이었거나 직원이었던 변호사·공인노무사 등은 영리를 목적으로 그 사건에 관한 직무를 하면 아니 된다. (O) **기출** 16·21

제29조 벌칙 적용에서 공무원 의제

노동위원회의 위원 중 공무원이 아닌 위원은 「형법」이나 그 밖의 법률에 따른 벌칙을 적용할 때에는 공무원으로 본다.

제6장 벌 칙

제30조 벌 칙

제28조를 위반한 사람은 1년 이하의 징역 또는 1천만원 이하의 벌금에 처한다.

제31조 벌 칙

제23조 제1항에 따른 노동위원회의 조사권 등과 관련하여 다음 각 호에 해당하는 자는 500만원 이하의 벌금에 처한다.

    1. 노동위원회의 보고 또는 서류제출 요구에 응하지 아니하거나 거짓으로 보고하거나 거짓의 서류를 제출한 자
    2. 관계 위원 또는 조사관의 조사를 거부·방해 또는 기피한 자

> 노동위원회의 보고 또는 서류제출 요구에 응하지 아니하는 자는 형사처벌 대상이 된다.
>
> (○) **기출** 19

제32조 양벌규정

법인 또는 단체의 대표자, 법인·단체 또는 개인의 대리인·사용인, 그 밖의 종업원이 그 법인·단체 또는 개인의 업무에 관하여 제31조의 위반행위를 하면 그 행위자를 벌하는 외에 그 법인·단체 또는 개인에게도 같은 조의 벌금형을 과한다. 다만, 법인·단체 또는 개인이 그 위반행위를 방지하기 위하여 해당 업무에 관하여 상당한 주의와 감독을 게을리하지 아니한 경우에는 그러하지 아니하다.

제33조 과태료

① 제20조에 따른 퇴장명령에 따르지 아니한 사람에게는 100만원 이하의 과태료를 부과한다.
② 제1항에 따른 과태료는 대통령령이 정하는 바에 따라 노동위원회가 부과·징수한다.

04 공무원의 노동조합 설립 및 운영 등에 관한 법률

시행 2023.12.11. [법률 제18922호, 2022.6.10. 일부개정]

제1조 　목 적

이 법은 「대한민국헌법」 제33조 제2항에 따른 공무원의 노동기본권을 보장하기 위하여 「노동조합 및 노동관계조정법」 제5조 제1항 단서에 따라 공무원의 노동조합 설립 및 운영 등에 관한 사항을 정함을 목적으로 한다.

제2조 　정 의

이 법에서 "공무원"이란 「국가공무원법」 제2조 및 「지방공무원법」 제2조에서 규정하고 있는 공무원을 말한다. 다만, 「국가공무원법」 제66조 제1항 단서 및 「지방공무원법」 제58조 제1항 단서에 따른 사실상 노무에 종사하는 공무원과 「교원의 노동조합 설립 및 운영 등에 관한 법률」의 적용을 받는 교원인 공무원은 제외한다.

> 법령상 '사실상 노무에 종사하는 공무원'은 공무원의 노동조합 설립 및 운영에 관한 법률에 따른 공무원의 노동조합에 가입할 수 없다. (○) 기출 18

제3조 　노동조합 활동의 보장 및 한계

① 이 법에 따른 공무원의 노동조합(이하 "노동조합"이라 한다)의 조직, 가입 및 노동조합과 관련된 정당한 활동에 대하여는 「국가공무원법」 제66조 제1항 본문 및 「지방공무원법」 제58조 제1항 본문을 적용하지 아니한다.
② 공무원은 노동조합 활동을 할 때 다른 법령에서 규정하는 공무원의 의무에 반하는 행위를 하여서는 아니 된다.

> 공무원은 노동조합 활동을 할 때 다른 법령에서 규정하는 공무원의 의무에 반하는 행위를 하여서는 아니 된다. (○) 기출 14 · 19 · 23

제4조 　정치활동의 금지

노동조합과 그 조합원은 정치활동을 하여서는 아니 된다.

> 노동조합과 그 조합원은 정치활동을 하여서는 아니 된다. (○) 기출 21
> 공무원의 노동조합은 정치활동을 하여서는 아니 된다. (○) 기출 14 · 16 · 18

제5조 노동조합의 설립

① 공무원이 노동조합을 설립하려는 경우에는 국회·법원·헌법재판소·선거관리위원회·행정부·특별시·광역시·특별자치시·도·특별자치도·시·군·구(자치구를 말한다) 및 특별시·광역시·특별자치시·도·특별자치도의 교육청을 최소 단위로 한다.

② 노동조합을 설립하려는 사람은 고용노동부장관에게 설립신고서를 제출하여야 한다.

> 노동조합을 설립하려는 사람은 고용노동부장관에게 설립신고서를 제출하여야 한다.
> (O) 기출 15·17
>
> 노동조합을 설립하려는 사람은 행정안전부장관에게 설립신고서를 제출하여야 한다.
> (×) 기출 14·16

시행령 제2조(산하조직 설치사실의 통보)
① 「공무원의 노동조합 설립 및 운영 등에 관한 법률」(이하 "법"이라 한다) 제5조에 따라 설립된 공무원의 노동조합(이하 "노동조합"이라 한다)이 지부(支部)·분회(分會) 등 산하조직을 설치한 경우 노동조합의 대표자는 그 사실을 다음 각 호의 구분에 따라 고용노동부장관 또는 지방고용노동관서의 장에게 통보하여야 한다.
  1. 연합단체인 노동조합, 국회·법원·헌법재판소·선거관리위원회 및 행정부의 노동조합, 그 밖의 전국 규모의 단위노동조합의 경우 : 고용노동부장관
  2. 제1호의 노동조합 외의 노동조합의 경우 : 지방고용노동관서의 장
② 제1항에 따른 산하조직 설치사실의 통보에 필요한 사항은 고용노동부령으로 정한다.

제6조 가입 범위

① 노동조합에 가입할 수 있는 사람의 범위는 다음 각 호와 같다.
  1. 일반직공무원
  2. 특정직공무원 중 외무영사직렬·외교정보기술직렬 외무공무원, 소방공무원 및 교육공무원(다만, 교원은 제외한다)
  3. 별정직공무원
  4. 제1호부터 제3호까지의 어느 하나에 해당하는 공무원이었던 사람으로서 노동조합 규약으로 정하는 사람
② 제1항에도 불구하고 다음 각 호의 어느 하나에 해당하는 공무원은 노동조합에 가입할 수 없다.
  1. 업무의 주된 내용이 다른 공무원에 대하여 지휘·감독권을 행사하거나 다른 공무원의 업무를 총괄하는 업무에 종사하는 공무원
  2. 업무의 주된 내용이 인사·보수 또는 노동관계의 조정·감독 등 노동조합의 조합원 지위를 가지고 수행하기에 적절하지 아니한 업무에 종사하는 공무원
  3. 교정·수사 등 공공의 안녕과 국가안전보장에 관한 업무에 종사하는 공무원
  4. 삭제 〈2021.1.5.〉
③ 삭제 〈2021.1.5.〉
④ 제2항에 따른 공무원의 범위는 대통령령으로 정한다.

교원과 교육공무원은 공무원의 노동조합에 가입할 수 없다. (×) 기출 24

업무의 주된 내용이 다른 공무원에 대하여 지휘·감독권을 행사하거나 다른 공무원의 업무를 총괄하는 업무에 종사하는 공무원 중 대통령령으로 정하는 공무원은 공무원의 노동조합에 가입할 수 없다. (○) 기출 24

다른 공무원에 대하여 지휘·감독권을 행사하는 일반직공무원은 공무원의 노동조합에 가입할 수 있다. (×) 기출 18

교정·수사 등 공공의 안녕과 국가안전보장에 관한 업무에 종사하는 공무원은 노동조합에 가입할 수 없다. (○) 기출 20·23

교정·수사 등 공공의 안녕과 국가안전보장에 관한 업무에 종사하는 공무원은 노동조합에 가입할 수 있다. (×) 기출 13·24

시행령 제3조(노동조합 가입이 금지되는 공무원의 범위)

법 제6조 제2항 및 제4항에 따라 노동조합에 가입할 수 없는 공무원의 범위는 다음 각 호와 같다.
1. 업무의 주된 내용이 다른 공무원에 대하여 지휘·감독권을 행사하거나 업무의 주된 내용이 다른 공무원의 업무를 총괄하는 업무에 종사하는 공무원으로서 다음 각 목의 어느 하나에 해당하는 공무원
    가. 법령·조례 또는 규칙에 따라 다른 공무원을 지휘·감독하며 그 복무를 관리할 권한과 책임을 부여받은 공무원(직무 대리자를 포함한다)
    나. 훈령 또는 사무 분장 등에 따라 부서장을 보조하여 부서 내 다른 공무원의 업무 수행을 지휘·감독하거나 총괄하는 업무에 주로 종사하는 공무원
2. 인사·보수에 관한 업무를 수행하는 공무원 등 노동조합과의 관계에서 행정기관의 입장에서 업무를 수행하는 공무원으로서 다음 각 목의 어느 하나에 해당하는 업무에 주로 종사하는 공무원(자료 정리 등 단순히 업무를 보조하는 사람은 제외한다)
    가. 공무원의 임용·복무·징계·소청심사·보수·연금 또는 그 밖에 후생복지에 관한 업무
    나. 노동조합 및 「공무원직장협의회의 설립·운영에 관한 법률」에 따른 직장협의회에 관한 업무
    다. 예산·기금의 편성 및 집행(단순 집행은 제외한다)에 관한 업무
    라. 행정기관의 조직과 정원의 관리에 관한 업무
    마. 감사에 관한 업무
    바. 보안업무, 질서유지업무, 청사시설의 관리 및 방호(防護)에 관한 업무, 비서·운전 업무
3. 업무의 주된 내용이 노동관계의 조정·감독 등 노동조합의 조합원 지위를 가지고 수행하기에 적절하지 아니하다고 인정되는 업무에 종사하는 공무원으로서 다음 각 목의 어느 하나에 해당하는 공무원
    가. 「노동위원회법」에 따른 노동위원회의 사무국에서 조정사건이나 심판사건의 업무를 담당하는 공무원
    나. 「근로기준법」에 따라 고용노동부 및 그 소속 기관에서 「근로기준법」, 「산업안전보건법」, 그 밖의 노동관계 법령 위반의 죄에 관하여 사법경찰관의 직무를 수행하는 근로감독관
    다. 「선원법」에 따라 「선원법」, 「근로기준법」, 그 밖의 선원근로관계 법령 위반의 죄에 관하여 사법경찰관의 직무를 수행하는 선원근로감독관
    라. 지방자치단체에서 「노동조합 및 노동관계조정법」에 따른 노동조합 설립신고, 단체협약 및 쟁의행위 등에 관한 업무에 주로 종사하는 공무원

4. 교정·수사 등 공공의 안녕과 국가안전보장에 관한 업무에 종사하는 공무원으로서 다음 각 목의 어느 하나에 해당하는 공무원
   가. 「공무원임용령」[별표 1]의 공무원 중 교정·보호·검찰사무·마약수사·출입국관리 및 철도경찰 직렬의 공무원
   나. 조세범 처벌절차 법령에 따라 검찰총장 또는 검사장의 지명을 받아 조세에 관한 범칙사건(犯則事件)의 조사를 전담하는 공무원
   다. 수사업무에 주로 종사하는 공무원
   라. 국가정보원에 근무하는 공무원

제7조 노동조합 전임자의 지위

① 공무원은 임용권자의 동의를 받아 노동조합으로부터 급여를 지급받으면서 노동조합의 업무에만 종사할 수 있다.

② 제1항에 따른 동의를 받아 노동조합의 업무에만 종사하는 사람[이하 "전임자"라 한다]에 대하여는 그 기간 중 「국가공무원법」 제71조 또는 「지방공무원법」 제63조에 따라 휴직명령을 하여야 한다.

③ 삭제 〈2022.6.10.〉

④ 국가와 지방자치단체는 공무원이 전임자임을 이유로 승급이나 그 밖에 신분과 관련하여 불리한 처우를 하여서는 아니 된다.

> 공무원은 임용권자의 동의를 받아 노동조합으로부터 급여를 지급받으면서 노동조합의 업무에만 종사할 수 있으며, 그 기간 중 휴직명령을 받은 것으로 본다. (×) 기출 24
>
> 공무원은 임용권자의 동의를 받아 노동조합으로부터 급여를 지급받으면서 노동조합의 업무에만 종사할 수 있으며, 동의를 받아 노동조합의 업무에만 종사하는 사람에 대하여는 그 기간 중 휴직명령을 하여야 한다. (○) 기출 13·15·20
>
> 전임자에 대하여는 그 기간 중 국가공무원법 제71조 또는 지방공무원법 제63조에 따라 휴직명령을 하여야 한다. (○) 기출 22
>
> 국가와 지방자치단체는 전임자에게 그 전임기간 중 보수를 지급하여서는 아니 되나, 근로시간 면제 한도를 초과하지 아니하는 범위에서 임금의 손실 없이 노동조합의 유지·관리업무를 담당하게 할 수 있다. (×) 기출 20
>
> 국가와 지방자치단체는 공무원이 전임자임을 이유로 승급이나 그 밖에 신분과 관련하여 불리한 처우를 하여서는 아니 된다. (○) 기출 13·21

제7조의2 근무시간 면제자 등

① 공무원은 단체협약으로 정하거나 제8조 제1항의 정부교섭대표(이하 이 조 및 제7조의3에서 "정부교섭대표"라 한다)가 동의하는 경우 제2항 및 제3항에 따라 결정된 근무시간 면제 한도를 초과하지 아니하는 범위에서 보수의 손실 없이 정부교섭대표와의 협의·교섭, 고충처리, 안전·보건활동 등 이 법 또는 다른 법률에서 정하는 업무와 건전한 노사관계 발전을 위한 노동조합의 유지·관리업무를 할 수 있다.

② 근무시간 면제 시간 및 사용인원의 한도(이하 "근무시간 면제 한도"라 한다)를 정하기 위하여 공무원근무시간면제심의위원회(이하 이 조에서 "심의위원회"라 한다)를 「경제사회노동위원회법」에 따른 경제사회노동위원회에 둔다.

③ 심의위원회는 제5조 제1항에 따른 노동조합 설립 최소 단위를 기준으로 조합원(제6조 제1항 제1호부터 제3호까지의 규정에 해당하는 조합원을 말한다)의 수를 고려하되 노동조합의 조직형태, 교섭구조·범위 등 공무원 노사관계의 특성을 반영하여 근무시간 면제 한도를 심의·의결하고, 3년마다 그 적정성 여부를 재심의하여 의결할 수 있다.

④ 제1항을 위반하여 근무시간 면제 한도를 초과하는 내용을 정한 단체협약 또는 정부교섭대표의 동의는 그 부분에 한정하여 무효로 한다.

시행령 제3조의2(근무시간 면제 절차)

① 노동조합의 대표자가 법 제7조의2 제1항에 따른 공무원의 근무시간 면제에 관한 사항을 단체협약으로 정하는 경우에는 법 제8조 및 제9조에 따른 교섭 절차에 따른다.

② 노동조합의 대표자는 법 제7조의2 제1항에 따른 공무원의 근무시간 면제에 관한 사항에 대하여 법 제8조 제1항 본문에 따른 정부교섭대표(이하 "정부교섭대표"라 한다)의 동의를 받으려는 경우에는 다음 각 호의 사항에 관한 동의를 서면으로 정부교섭대표에게 요청해야 한다.
1. 근무시간 면제 시간
2. 근무시간 면제 사용인원

③ 정부교섭대표는 제2항에 따른 동의 요청을 받은 경우 법 제7조의2 제2항 및 제3항에 따라 공무원근무시간면제심의위원회(이하 "심의위원회"라 한다)에서 정한 근무시간 면제 시간 및 사용인원의 한도(이하 "근무시간 면제 한도"라 한다)를 넘지 않는 범위에서 다음 각 호의 사항 등을 고려하여 동의할 수 있다. 이 경우 정부교섭대표는 제2항 각 호의 사항에 대한 동의 여부를 서면으로 알려야 한다.
1. 노동조합별 조합원(법 제6조 제1항 제1호부터 제3호까지의 어느 하나에 해당하는 조합원을 말한다. 이하 같다) 수
2. 법 제7조 제2항에 따른 전임자(專任者) 수

④ 정부교섭대표는 제3항 제1호에 따른 노동조합별 조합원 수를 확인하는 데 필요한 자료의 제공을 해당 노동조합의 대표자에게 요청할 수 있다. 이 경우 해당 노동조합의 대표자는 자료 제공에 적극 협조해야 한다.

⑤ 노동조합의 대표자가 제3항 제1호에 따른 조합원 수 산정과 관련하여 이견이 있는 경우 그 조합원의 수는 제2항에 따른 동의 요청일 이전 1개월 동안 「전자금융거래법」 제2조 제11호에 따른 전자지급수단의 방법으로 조합비를 납부한 조합원을 기준으로 산정한다. 다만, 둘 이상의 노동조합에 가입하여 조합비를 납부한 조합원에 대하여 조합원의 수를 산정하는 경우에는 숫자 1을 조합비를 납부한 노동조합의 수로 나눈 후에 그 산출된 숫자를 조합비를 납부한 노동조합의 조합원 수에 각각 더한다.

⑥ 노동조합의 대표자와 정부교섭대표는 제1항부터 제3항까지의 규정에 따라 법 제7조의2 제1항에 따른 공무원의 근무시간 면제에 관한 사항을 정한 경우 3년을 초과하지 않는 범위에서 그 유효기간을 합의하여 정할 수 있다.

시행령 제3조의3(근무시간 면제자 확정 및 변경 절차)

① 노동조합의 대표자는 제3조의2 제1항부터 제3항까지의 규정에 따라 정해진 근무시간 면제 시간 및 근무시간 면제 사용인원의 범위에서 근무시간 면제 사용 예정자(이하 이 조에서 "예정자"라 한다) 명단과 예정자별 사용시간을 정하여 정부교섭대표 및 임용권자에게 제출해야 한다.

② 정부교섭대표는 제1항에 따른 예정자 명단과 예정자별 사용시간을 제출받은 경우 해당 명단에 있는 사람을 근무시간 면제자(법 제7조의2 제1항에 따라 보수의 손실 없이 근무시간 면제 시간에 같은 항에 따른 업무를 할 수 있는 공무원을 말한다. 이하 "근무시간면제자"라 한다)로 확정한다. 이 경우 정부교섭대표는 정부교섭대표와 임용권자가 다른 경우에는 임용권자로 하여금 확정을 하게 할 수 있다.

③ 노동조합의 대표자는 부득이한 사유가 있거나 제4항 전단에 따른 변경요청을 받은 경우에는 근무시간면제자를 변경할 수 있다. 이 경우 근무시간면제자 변경절차에 관하여는 제1항 및 제2항을 준용한다.

④ 정부교섭대표 또는 임용권자는 근무시간면제자가 법 제7조의2 제1항에 따른 업무 외의 목적으로 근무시간 면제 시간을 사용하는 경우 해당 근무시간면제자의 변경을 노동조합의 대표자에게 요청할 수 있다. 이 경우 노동조합의 대표자는 특별한 사정이 없으면 그 요청에 따라야 한다.

시행령 제3조의4(근무시간 면제 시간 사용 절차)

① 근무시간면제자는 근무시간 면제 시간을 사용하기 7일 전까지 정부교섭대표 또는 임용권자에게 그 사용일시 및 업무내용을 포함하여 근무시간 면제 시간 사용 신청을 해야 한다. 다만, 긴급한 사정이 있는 경우에는 하루 전까지 신청할 수 있다.

② 정부교섭대표 또는 임용권자는 제1항 본문에 따른 신청을 받은 경우 특별한 사정이 없으면 이를 승인해야 한다. 다만, 특별한 사정이 있는 경우에는 그 사유를 제시하고 근무시간면제자와 협의하여 그 사용일시 등을 조정할 수 있다.

시행령 제3조의5(연간 근무시간면제자의 자료 제출)

연간 근무시간을 전부 면제받는 근무시간면제자(이하 제3조의6에서 "연간근무시간면제자"라 한다)는 매월 10일까지 전월의 근무시간 면제 사용결과를 정부교섭대표 또는 임용권자에게 제출해야 한다.

시행령 제3조의7(근무시간면제자에 대한 복무 및 보수 등)

법 제7조의2에 따라 근무시간을 면제받은 사람에 대한 복무관리 및 보수 등에 관한 사항은 「국가공무원법」 및 「지방공무원법」에 따른 복무 및 보수에 관한 규정 등 관계 법령에서 정하는 바에 따른다.

제7조의3   **근무시간 면제 사용의 정보 공개**

정부교섭대표는 국민이 알 수 있도록 전년도에 노동조합별로 근무시간을 면제받은 시간 및 사용인원, 지급된 보수 등에 관한 정보를 대통령령으로 정하는 바에 따라 공개하여야 한다. 이 경우 정부교섭대표가 아닌 임용권자는 정부교섭대표에게 해당 기관의 근무시간 면제 관련 자료를 제출하여야 한다.

시행령 제3조의6(근무시간 면제 사용 정보의 공개 방법 등)

① 정부교섭대표는 법 제7조의3 전단에 따라 다음 각 호의 정보를 매년 4월 30일까지 고용노동부
　장관이 지정하는 인터넷 홈페이지에 3년간 게재하는 방법으로 공개한다.
　1. 노동조합별 전년도 근무시간 면제 시간과 그 결정기준
　2. 노동조합별 전년도 근무시간 면제 사용인원(연간근무시간면제자와 근무시간 부분 면제자
　　를 구분한다)
　3. 노동조합별 전년도 근무시간 면제 사용인원에게 지급된 보수 총액
② 정부교섭대표가 아닌 임용권자는 법 제7조의3 후단에 따라 정부교섭대표에게 제1항 제2호·제
　3호에 따른 정보를 매년 3월 31일까지 제출해야 한다.

제8조　교섭 및 체결 권한 등

① 노동조합의 대표자는 그 노동조합에 관한 사항 또는 조합원의 보수·복지, 그 밖의 근무
　조건에 관하여 국회사무총장·법원행정처장·헌법재판소사무처장·중앙선거관리위
　원회사무총장·인사혁신처장(행정부를 대표한다)·특별시장·광역시장·특별자치시
　장·도지사·특별자치도지사·시장·군수·구청장(자치구의 구청장을 말한다) 또는
　특별시·광역시·특별자치시·도·특별자치도의 교육감 중 어느 하나에 해당하는 사
　람(이하 "정부교섭대표"라 한다)과 각각 교섭하고 단체협약을 체결할 권한을 가진다.
　다만, 법령 등에 따라 국가나 지방자치단체가 그 권한으로 행하는 정책결정에 관한 사항,
　임용권의 행사 등 그 기관의 관리·운영에 관한 사항으로서 근무조건과 직접 관련되지
　아니하는 사항은 교섭의 대상이 될 수 없다.
② 정부교섭대표는 법령 등에 따라 스스로 관리하거나 결정할 수 있는 권한을 가진 사항에
　대하여 노동조합이 교섭을 요구할 때에는 정당한 사유가 없으면 그 요구에 따라야 한다.
③ 정부교섭대표는 효율적인 교섭을 위하여 필요한 경우 다른 정부교섭대표와 공동으로
　교섭하거나, 다른 정부교섭대표에게 교섭 및 단체협약 체결 권한을 위임할 수 있다.
④ 정부교섭대표는 효율적인 교섭을 위하여 필요한 경우 정부교섭대표가 아닌 관계 기관의
　장으로 하여금 교섭에 참여하게 할 수 있고, 다른 기관의 장이 관리하거나 결정할 권한을
　가진 사항에 대하여는 해당 기관의 장에게 교섭 및 단체협약 체결 권한을 위임할 수 있다.
⑤ 제2항부터 제4항까지의 규정에 따라 정부교섭대표 또는 다른 기관의 장이 단체교섭을
　하는 경우 소속 공무원으로 하여금 교섭 및 단체협약 체결을 하게 할 수 있다.

법령 등에 따라 국가나 지방자치단체가 그 권한으로 행하는 정책결정에 관한 사항, 임용권의 행사
등 그 기관의 관리·운영에 관한 사항으로서 근무조건과 직접 관련되지 아니하는 사항은 교섭의 대상
이 될 수 없다. (O) **기출** 24

정부교섭대표는 법령 등에 따라 스스로 관리하거나 결정할 수 있는 권한을 가진 사항에 대하여 노동조
합이 교섭을 요구할 때에는 정당한 사유가 없으면 그 요구에 따라야 한다. (O) **기출** 15·22

정부교섭대표는 효율적인 교섭을 위하여 필요한 경우 다른 정부교섭대표와 공동으로 교섭하거나,
다른 정부교섭대표에게 교섭 및 단체협약체결권한을 위임할 수 있다. (O) **기출** 21

정부교섭대표는 다른 정부교섭대표에게 교섭 및 단체협약 체결 권한을 위임할 수 없다.
(×) **기출** 15·16

정부교섭대표는 효율적인 교섭을 위하여 관계 기관의 장을 교섭에 참여하게 하여야 한다.
(×) **기출** 19

정부교섭대표는 효율적인 교섭을 위하여 필요한 경우 정부교섭대표가 아닌 관계 기관의 장으로 하여금 교섭에 참여하게 할 수 있다. (O) **기출** 17

정부교섭대표는 효율적인 교섭을 위하여 필요한 경우 다른 정부교섭대표와 공동으로 교섭할 수 있으나 정부교섭대표가 아닌 관계 기관의 장으로 하여금 교섭에 참여하게 할 수 없다. (×) **기출** 23

정부교섭대표는 다른 정부교섭대표와 공동으로 교섭할 수 있지만, 다른 정부교섭대표에게 교섭 및 단체협약 체결 권한을 위임할 수 없다. (×) **기출** 22

시행령 제4조(비교섭 사항)

법 제8조 제1항 단서에 따른 법령 등에 따라 국가나 지방자치단체가 그 권한으로 행하는 정책결정에 관한 사항, 임용권의 행사 등 그 기관의 관리·운영에 관한 사항은 다음 각 호와 같다.

1. 정책의 기획 또는 계획의 입안 등 정책결정에 관한 사항
2. 공무원의 채용·승진 및 전보 등 임용권의 행사에 관한 사항
3. 기관의 조직 및 정원에 관한 사항
4. 예산·기금의 편성 및 집행에 관한 사항
5. 행정기관이 당사자인 쟁송(불복신청을 포함한다)에 관한 사항
6. 기관의 관리·운영에 관한 그 밖의 사항

시행령 제5조(교섭권 위임사실 등의 통보)

정부교섭대표는 법 제8조 제3항부터 제5항까지의 규정에 따라 공동으로 교섭하거나, 교섭 및 단체 협약 체결 권한을 위임하는 등의 경우에는 그 사실을 상대방에게 알려야 한다. 이 경우 관련 정부교섭대표 및 관계 기관의 장 등의 성명과 위임 내용 등을 구체적으로 밝혀야 한다.

제9조   교섭의 절차

① 노동조합은 제8조에 따른 단체교섭을 위하여 노동조합의 대표자와 조합원으로 교섭위원을 구성하여야 한다.

② 노동조합의 대표자는 제8조에 따라 정부교섭대표와 교섭하려는 경우에는 교섭하려는 사항에 대하여 권한을 가진 정부교섭대표에게 서면으로 교섭을 요구하여야 한다.

③ 정부교섭대표는 제2항에 따라 노동조합으로부터 교섭을 요구받았을 때에는 교섭을 요구받은 사실을 공고하여 관련된 노동조합이 교섭에 참여할 수 있도록 하여야 한다.

④ 정부교섭대표는 제2항과 제3항에 따라 교섭을 요구하는 노동조합이 둘 이상인 경우에는 해당 노동조합에 교섭창구를 단일화하도록 요청할 수 있다. 이 경우 교섭창구가 단일화된 때에는 교섭에 응하여야 한다.

⑤ 정부교섭대표는 제1항부터 제4항까지의 규정에 따라 관련된 노동조합과 단체협약을 체결한 경우 그 유효기간 중에는 그 단체협약의 체결에 참여하지 아니한 노동조합이 교섭을 요구하더라도 이를 거부할 수 있다.

⑥ 제1항부터 제5항까지의 규정에 따른 단체교섭의 절차 등에 관하여 필요한 사항은 대통령령으로 정한다.

노동조합은 단체교섭을 위하여 노동조합의 대표자와 조합원으로 교섭위원을 구성하여야 한다.

(○) 기출 21

노동조합은 단체교섭을 위하여 노동조합의 조합원 외의 자를 교섭위원으로 구성할 수 있다.

(✕) 기출 17

노동조합의 대표자는 정부교섭대표와 교섭하려는 경우에는 교섭하려는 사항에 대하여 권한을 가진 정부교섭대표에게 서면으로 교섭을 요구하여야 한다.

(○) 기출 19

정부교섭대표는 교섭을 요구하는 노동조합이 둘 이상인 경우에는 해당 노동조합에 교섭창구를 단일화 하도록 요청할 수 있고, 교섭창구가 단일화된 때에는 교섭에 응하여야 한다.

(○) 기출 18 · 19 · 24

시행령 제6조(교섭 요구의 시기)

법 제9조 제2항에 따른 교섭 요구는 고용노동부령으로 정하는 바에 따라 단체협약의 유효기간 만료일 3개월 전부터 교섭 시작 예정일 30일 전까지 하여야 한다.

시행령 제7조(교섭 요구사실의 공고와 교섭 참여)

① 정부교섭대표는 법 제9조 제3항에 따라 노동조합으로부터 교섭을 요구받았을 때에는 지체 없이 자신의 인터넷 홈페이지 또는 게시판에 그 사실을 공고해야 한다.
② 법 제9조 제3항에 따라 교섭에 참여하려는 노동조합은 제1항에 따른 공고일부터 7일 이내에 고용노동부령으로 정하는 바에 따라 정부교섭대표에게 교섭을 요구하여야 한다.
③ 정부교섭대표는 제2항에 따른 교섭 요구 기간이 끝난 후 지체 없이 법 제9조 제2항 및 제3항에 따라 교섭 요구를 한 노동조합(이하 "교섭노동조합"이라 한다)을 자신의 인터넷 홈페이지 또는 게시판에 공고하고, 교섭노동조합에 알려야 한다.
④ 정부교섭대표는 제6조와 제2항에 따른 교섭 요구 기간 안에 교섭 요구를 하지 아니한 노동조합의 교섭 요구는 거부할 수 있다.

시행령 제8조(교섭위원의 선임)

① 교섭노동조합은 제7조 제3항에 따른 공고일부터 20일 이내에 법 제9조 제1항에 따른 교섭위원(이하 "교섭위원"이라 한다)을 선임하여 교섭노동조합의 대표자가 각각 서명 또는 날인한 서면으로 정부교섭대표에게 알려야 한다. 이 경우 교섭위원의 수는 조직의 규모 등을 고려하여 정하되, 10명 이내가 되도록 해야 한다.
② 교섭노동조합이 둘 이상인 경우에는 교섭노동조합 사이의 합의에 따라 교섭위원을 선임하여 교섭창구를 단일화해야 한다. 다만, 제1항 전단에 따른 기간 내에 합의하지 못했을 때에는 교섭노동조합의 조합원 수(법 제6조 제1항 제1호부터 제3호까지의 규정에 해당하는 조합원의 수를 말한다. 이하 이 조에서 같다)에 비례하여 제1항 전단에 따른 기간이 끝난 날부터 20일 이내에 교섭위원을 선임해야 한다.
③ 교섭노동조합은 제2항에 따라 교섭위원을 선임하는 때에는 해당 교섭노동조합의 조합원 수를 확인하는 데 필요한 기준과 방법 등에 대해 성실히 협의하고, 그에 필요한 자료를 제공하는 등 적극 협조해야 한다.

④ 교섭노동조합이 제2항 단서 및 제3항에 따른 교섭노동조합의 조합원 수 산정과 관련하여 이견이 있는 경우 그 조합원의 수는 제7조 제3항에 따른 교섭노동조합의 공고일 이전 1개월 동안 「전자금융거래법」 제2조 제11호에 따른 전자지급수단의 방법으로 조합비를 납부한 조합원을 기준으로 산정한다. 다만, 둘 이상의 노동조합에 가입하여 조합비를 납부한 조합원에 대하여 조합원의 수를 산정하는 경우에는 숫자 1을 조합비를 납부한 노동조합의 수로 나눈 후에 그 산출된 숫자를 조합비를 납부한 노동조합의 조합원 수에 각각 더한다.

공무원의 노동조합 설립 및 운영 등에 관한 법률은 단체교섭에 대하여 개별교섭방식만을 인정하고 있다. (×) 기출 24

시행령 제9조(교섭의 준비·시작 등)
노동관계 당사자는 제8조 제1항에 따라 교섭위원의 선임이 통보되면 지체 없이 교섭 내용, 교섭 일시, 교섭 장소, 그 밖에 교섭에 필요한 사항을 협의하고 교섭을 시작하여야 한다.

제10조 단체협약의 효력

① 제9조에 따라 체결된 단체협약의 내용 중 법령·조례 또는 예산에 의하여 규정되는 내용과 법령 또는 조례에 의하여 위임을 받아 규정되는 내용은 단체협약으로서의 효력을 가지지 아니한다.
② 정부교섭대표는 제1항에 따라 단체협약으로서의 효력을 가지지 아니하는 내용에 대하여는 그 내용이 이행될 수 있도록 성실하게 노력하여야 한다.

단체협약의 내용 중 법령·조례 또는 예산에 의하여 규정되는 내용과 법령 또는 조례에 의하여 위임을 받아 규정되는 내용은 단체협약으로서의 효력을 가지지 아니한다. (○) 기출 13·18·20·23

정부교섭대표는 단체협약의 내용 중 법령·조례 또는 예산에 의하여 규정되는 내용일지라도 그 내용이 이행될 수 있도록 성실하게 노력하여야 한다. (○) 기출 17

법령 또는 조례에 의하여 위임을 받아 규정되는 내용은 단체협약으로 체결되더라도 효력을 가지지 않지만, 정부교섭대표는 그 내용이 이행될 수 있도록 성실하게 노력하여야 한다. (○) 기출 24

정부교섭대표는 단체협약으로서의 효력을 가지지 아니하는 내용에 대하여는 그 내용이 이행될 수 있도록 성실하게 노력하여야 한다. (○) 기출 22

시행령 제10조(단체협약의 이행 통보)
정부교섭대표는 법 제10조 제1항에 따라 단체협약으로서의 효력을 가지지 아니하는 단체협약의 내용에 대한 이행 결과를 해당 단체협약의 유효기간 만료일 3개월 전까지 상대방에게 서면으로 알려야 한다.

제11조 쟁의행위의 금지

노동조합과 그 조합원은 파업, 태업 또는 그 밖에 업무의 정상적인 운영을 방해하는 어떠한 행위도 하여서는 아니 된다.

노동조합과 그 조합원은 정치활동을 하여서는 아니 되며, 파업, 태업 또는 그 밖에 업무의 정상적인 운영을 방해하는 어떠한 행위도 하여서는 아니 된다. (○) 기출 14·15·20

① 제8조에 따른 단체교섭이 결렬된 경우에는 당사자 어느 한쪽 또는 양쪽은 「노동위원회법」 제2조에 따른 중앙노동위원회(이하 "중앙노동위원회"라 한다)에 조정을 신청할 수 있다.

② 중앙노동위원회는 제1항에 따라 당사자 어느 한쪽 또는 양쪽이 조정을 신청하면 지체 없이 조정을 시작하여야 한다. 이 경우 당사자 양쪽은 조정에 성실하게 임하여야 한다.

③ 중앙노동위원회는 조정안을 작성하여 관계 당사자에게 제시하고 수락을 권고하는 동시에 그 조정안에 이유를 붙여 공표할 수 있다. 이 경우 필요하면 신문 또는 방송에 보도 등 협조를 요청할 수 있다.

④ 조정은 제1항에 따른 조정신청을 받은 날부터 30일 이내에 마쳐야 한다. 다만, 당사자들이 합의한 경우에는 30일 이내의 범위에서 조정기간을 연장할 수 있다.

> 단체교섭이 결렬된 경우에는 당사자 어느 한쪽 또는 양쪽은 중앙노동위원회에 조정을 신청할 수 있고, 조정은 신청을 받은 날부터 15일 이내에 마쳐야 한다.　(×) 기출 21
>
> 단체교섭이 결렬된 경우에는 당사자 어느 한쪽 또는 양쪽은 중앙노동위원회에 조정을 신청할 수 있다.　(○) 기출 17

시행령 제11조(노동쟁의의 조정 또는 중재의 통보 등)

① 「노동위원회법」 제2조에 따른 중앙노동위원회(이하 "중앙노동위원회"라 한다)는 법 제12조 또는 제13조에 따른 조정(調停) 또는 중재(仲裁)를 하게 된 경우 지체 없이 이를 서면으로 관계 당사자에게 알려야 한다.

② 중앙노동위원회는 법 제12조 또는 제13조 제1호에 따른 조정 또는 중재의 신청을 받은 경우 그 신청 내용이 법 제12조 또는 제3조에 따른 조정 또는 중재의 대상이 아니라고 인정할 때에는 신청인에게 그 사유와 조정 또는 중재 외의 다른 해결방법을 알려 주어야 한다.

③ 법 제12조 또는 제13조 제1호에 따른 조정 또는 중재의 신청방법에 관하여는 고용노동부령으로 정한다.

중앙노동위원회는 다음 각 호의 어느 하나에 해당하는 경우에는 지체 없이 중재를 한다.

1. 제8조에 따른 단체교섭이 결렬되어 관계 당사자 양쪽이 함께 중재를 신청한 경우
2. 제12조에 따른 조정이 이루어지지 아니하여 제14조에 따른 공무원 노동관계 조정위원회 전원회의에서 중재 회부를 결정한 경우

> 지방노동위원회는 단체교섭이 결렬되어 관계 당사자 양쪽이 함께 중재를 신청한 경우에는 지체 없이 중재를 한다.　(×) 기출 16
>
> 중앙노동위원회 위원장이 직권으로 중재에 회부한다는 결정을 하는 경우 지체 없이 중재를 한다.　(×) 기출 24

제14조 공무원 노동관계 조정위원회의 구성

① 제8조에 따른 단체교섭이 결렬된 경우 이를 조정·중재하기 위하여 **중앙노동위원회**에 공무원 노동관계 조정위원회(이하 "위원회"라 한다)를 둔다.

② 위원회는 공무원 노동관계의 조정·중재를 전담하는 **7명 이내의 공익위원**으로 구성한다.

③ 제2항에 따른 **공익위원**은 「노동위원회법」 제6조 및 같은 법 제8조에도 **불구하고** 공무원 문제 또는 노동 문제에 관한 지식과 경험을 갖춘 사람 또는 사회적 덕망이 있는 사람 중에서 **중앙노동위원회 위원장의 추천**과 **고용노동부장관**의 제청으로 **대통령**이 위촉한다.

④ 제3항에 따라 공익위원을 위촉하는 경우에는 「노동위원회법」 제6조 제2항에도 **불구하고** 그 공익위원에 해당하는 정원이 따로 있는 것으로 본다.

> 단체교섭이 결렬된 경우 이를 조정·중재하기 위하여 중앙노동위원회에 특별조정위원회를 둔다.
> (×) **기출** 24
>
> 단체교섭이 결렬된 경우 이를 조정·중재하기 위하여 중앙노동위원회에 공무원 노동관계 조정위원회를 둔다.
> (○) **기출** 22·23
>
> 공무원 노동관계 조정위원회는 공무원 노동관계의 조정·중재를 전담하는 7명 이내의 공익위원으로 구성한다.
> (○) **기출** 13

제15조 회의의 운영

① 위원회에는 전원회의와 소위원회를 둔다.

② **전원회의**는 제14조 제2항에 따른 공익위원 전원으로 구성하며, 다음 각 호의 사항을 담당한다.
   1. 전국에 걸친 노동쟁의의 조정사건
   2. 중재 회부의 결정
   3. 중재재정

③ 소위원회는 위원회의 위원장이 **중앙노동위원회 위원장과 협의**하여 지명하는 **3명**으로 구성하며, 전원회의에서 담당하지 아니하는 조정사건을 담당한다.

제16조 중재재정의 확정 등

① 관계 당사자는 중앙노동위원회의 중재재정이 위법하거나 월권에 의한 것이라고 인정하는 경우에는 「행정소송법」 제20조에도 불구하고 **중재재정서를 송달받은 날부터 15일 이내**에 **중앙노동위원회 위원장을 피고**로 하여 행정소송을 제기할 수 있다.

② 제1항의 기간 이내에 행정소송을 제기하지 아니하면 그 중재재정은 확정된다.

③ 제2항에 따라 중재재정이 확정되면 관계 당사자는 이에 따라야 한다.

④ 중앙노동위원회의 중재재정은 제1항에 따른 행정소송의 제기에 의하여 그 효력이 정지되지 아니한다.

⑤ 제2항에 따라 확정된 중재재정의 내용은 제10조에 따른 **단체협약과 같은 효력**을 가진다.

⑥ 중앙노동위원회는 필요한 경우 확정된 중재재정의 내용을 국회, 지방의회, 지방자치단체의 장 등에게 **통보할 수 있다**.

제17조   다른 법률과의 관계

① 이 법의 규정은 공무원이 「공무원직장협의회의 설립・운영에 관한 법률」에 따라 직장협의회를 설립・운영하는 것을 방해하지 아니한다.

② 공무원(제6조 제1항 제4호에 해당하는 사람을 포함한다)에게 적용할 노동조합 및 노동관계 조정에 관하여 이 법에서 정하지 아니한 사항에 대해서는 제3항에서 정하는 경우를 제외하고는 「노동조합 및 노동관계조정법」에서 정하는 바에 따른다. 이 경우 「노동조합 및 노동관계조정법」 제3조 중 "단체교섭 또는 쟁의행위"는 "단체교섭"으로, 제4조 본문 중 "단체교섭・쟁의행위"는 "단체교섭"으로, 제10조 제1항 각 호 외의 부분 중 "연합단체인 노동조합과 2 이상의 특별시・광역시・특별자치시・도・특별자치도에 걸치는 단위노동조합은 고용노동부장관에게, 2 이상의 시・군・구(자치구를 말한다)에 걸치는 단위노동조합은 특별시장・광역시장・도지사에게, 그 외의 노동조합은 특별자치시장・특별자치도지사・시장・군수・구청장(자치구의 구청장을 말한다. 이하 제12조 제1항에서 같다)에게"는 "고용노동부장관에게"로, 제12조 제1항 중 "고용노동부장관, 특별시장・광역시장・특별자치시장・도지사・특별자치도지사 또는 시장・군수・구청장(이하 "행정관청"이라 한다)"은 "고용노동부장관"으로, 제24조의2 제3항부터 제8항까지 중 "위원회"는 "심의위원회"로, "근로자"는 "공무원"으로, "노동단체"는 "노동단체 또는 공무원 노동단체"로, "사용자", "전국적 규모의 경영자단체" 및 "경영자단체"는 각각 "정부교섭대표"로, 제30조 제1항 및 제2항 중 "사용자"는 "정부교섭대표"로, 제58조, 제60조 제2항부터 제4항까지 및 제61조 제3항 중 "조정위원회 또는 단독조정인"은 "공무원 노동관계 조정위원회"로, 제59조 중 "조정위원회의 위원장 또는 단독조정인"은 "공무원 노동관계 조정위원회 위원장"으로, 제60조 제3항 중 "제1항의 규정에 의한 조정안"은 "조정안"으로, 제61조 제1항 중 "조정위원 전원 또는 단독조정인"은 "공무원 노동관계 조정위원회 위원 전원"으로, 제66조 제1항, 제67조 및 제68조 제2항 중 "중재위원회"는 "공무원 노동관계 조정위원회"로, 제94조 중 "제88조 내지 제93조"는 "제93조"로 보고, 같은 법 중 "근로자"는 "공무원(제6조 제1항 제4호에 해당하는 사람을 포함한다)"으로, "사용자"(같은 법 제30조의 "사용자"는 제외한다)는 "기관의 장, 공무원에 관한 사항에 대하여 기관의 장을 위하여 행동하는 사람"으로, "행정관청"은 "고용노동부장관"으로 본다.

③ 「노동조합 및 노동관계조정법」 제2조 제4호 라목, 제24조, 제24조의2 제1항・제2항, 제29조, 제29조의2부터 제29조의5까지, 제36조부터 제39조까지, 제41조, 제42조, 제42조의2부터 제42조의6까지, 제43조부터 제46조까지, 제51조부터 제57조까지, 제60조 제1항・제5항, 제62조부터 제65조까지, 제66조 제2항, 제69조부터 제73조까지, 제76조부터 제80조까지, 제81조 제1항 제2호 단서, 제88조부터 제92조까지 및 제96조 제1항 제3호는 이 법에 따른 노동조합에 대해서는 적용하지 아니한다.

공무원의 노동조합이 있는 경우 공무원이 공무원직장협의회를 설립·운영할 수 없다.

(×) 기출 24

단체협약의 유효기간은 3년을 초과하지 않는 범위에서 노사가 합의하여 정할 수 있다.

(○) 기출 24

노동조합 및 노동관계조정법(이하 노조법)의 내용 중 일반적 구속력(노조법 제35조)은 공무원의 노동
조합 설립 및 운영에 관한 법률상의 노동조합에 적용되나, 공정대표의무 등(노조법 제29조의4), 조정의
전치(노조법 제45조), 사적 조정·중재(노조법 제52조), 긴급조정의 결정(노조법 제76조)은 공무원의
노동조합 설립 및 운영에 관한 법률상의 노동조합에 적용되지 아니한다.   (○) 기출 24

시행령 제3조의8(심의위원회 위원의 자격기준)

① 법 제17조 제2항에서 준용하는 「노동조합 및 노동관계조정법」 제24조의2 제5항 제1호 및 제2
호에 따라 전국적 규모의 노동단체 또는 공무원 노동단체나 정부교섭대표가 심의위원회의 위
원으로 추천할 수 있는 사람의 자격기준은 다음 각 호와 같다.
  1. 전국적 규모의 노동단체 또는 공무원 노동단체의 전직·현직 임원
  2. 3급 또는 3급 상당 이상의 공무원이나 고위공무원단에 속하는 공무원으로 재직하고 있는
     사람
② 법 제17조 제2항에서 준용하는 「노동조합 및 노동관계조정법」 제24조의2 제5항 제3호에 따라
공익을 대표하는 위원으로 추천받을 수 있는 사람의 자격기준은 다음 각 호와 같다.
  1. 노동 관련 학문을 전공한 사람으로서 「고등교육법」 제2조 제1호·제2호·제5호에 따른 학
     교나 공인된 연구기관에서 같은 법 제14조 제2항에 따른 교원 또는 연구원으로 5년 이상
     근무한 경력이 있는 사람
  2. 그 밖에 제1호에 해당하는 학식과 경험이 있다고 인정되는 사람

시행령 제3조의9(심의위원회 위원의 임기)

① 심의위원회 위원의 임기는 3년으로 한다.
② 심의위원회의 위원이 궐위된 경우에 보궐위원의 임기는 전임자(前任者) 임기의 남은 기간으
로 한다.
③ 심의위원회의 위원은 임기가 끝났더라도 후임자가 위촉될 때까지 계속하여 그 직무를 수행한다.

제18조　벌 칙

제11조를 위반하여 파업, 태업 또는 그 밖에 업무의 정상적인 운영을 방해하는 행위를 한
자는 5년 이하의 징역 또는 5천만원 이하의 벌금에 처한다.

05 교원의 노동조합 설립 및 운영 등에 관한 법률

시행 2023.12.11. [법률 제18924호, 2022.6.10. 일부개정]

제1조 목 적

이 법은 「국가공무원법」 제66조 제1항 및 「사립학교법」 제55조에도 불구하고 「노동조합 및 노동관계조정법」 제5조 제1항 단서에 따라 교원의 노동조합 설립에 관한 사항을 정하고 교원에 적용할 「노동조합 및 노동관계조정법」에 대한 특례를 규정함을 목적으로 한다.

> 교원의 노동조합과 그 조합원은 노동운동이나 그 밖에 공무 외의 일을 위한 어떠한 집단행위도 하여서 는 아니 된다. (×) **기출** 24

제2조 정 의

이 법에서 "교원"이란 다음 각 호의 어느 하나에 해당하는 사람을 말한다.
1. 「유아교육법」 제20조 제1항에 따른 교원
2. 「초·중등교육법」 제19조 제1항에 따른 교원
3. 「고등교육법」 제14조 제2항 및 제4항에 따른 교원. 다만, 강사는 제외한다.

제3조 정치활동의 금지

교원의 노동조합(이하 "노동조합"이라 한다)은 어떠한 정치활동도 하여서는 아니 된다.

> 교원의 노동조합은 어떠한 정치활동도 하여서는 아니 된다. (○) **기출** 24
>
> 노동조합은 교육제도 개선을 목적으로 하는 정치활동을 할 수 있다. (×) **기출** 19
>
> 교원의 노동조합은 교원의 근로조건과 사회적 지위에 관계되는 내용에 대해서는 정치활동을 할 수 있다. (×) **기출** 13

제4조 노동조합의 설립

① 제2조 제1호·제2호에 따른 교원은 특별시·광역시·특별자치시·도·특별자치도(이 하 "시·도"라 한다) 단위 또는 전국 단위로만 노동조합을 설립할 수 있다.
② 제2조 제3호에 따른 교원은 개별학교 단위, 시·도 단위 또는 전국 단위로 노동조합을 설립할 수 있다.
③ 노동조합을 설립하려는 사람은 고용노동부장관에게 설립신고서를 제출하여야 한다.

시행령 제2조(노동조합 산하조직의 설립신고)

교원의 노동조합(이하 "노동조합"이라 한다)의 지부·분회 등 산하조직은 그 명칭 여하를 불문하고 다음 각 호의 구분에 따라 「교원의 노동조합 설립 및 운영 등에 관한 법률」(이하 "법"이라 한다) 제4조에 따른 노동조합의 설립신고를 할 수 있다.

1. 법 제4조 제1항에 따른 노동조합 중 둘 이상의 특별시·광역시·특별자치시·도·특별자치도(이하 "시·도"라 한다)에 걸치는 노동조합 : 시·도 단위로 설립신고
2. 법 제4조 제2항에 따른 노동조합 중 둘 이상의 시·도에 걸치는 노동조합 : 개별학교 단위 또는 시·도 단위로 설립신고
3. 법 제4조 제2항에 따른 노동조합 중 하나의 시·도 단위로 설립된 노동조합 : 개별학교 단위로 설립신고

제4조의2 가입 범위

노동조합에 가입할 수 있는 사람의 범위는 다음 각 호와 같다.

1. 교원
2. 교원으로 임용되어 근무하였던 사람으로서 노동조합 규약으로 정하는 사람

제5조 노동조합 전임자의 지위

① 교원은 임용권자의 동의를 받아 노동조합으로부터 급여를 지급받으면서 노동조합의 업무에만 종사할 수 있다.
② 제1항에 따라 동의를 받아 노동조합의 업무에만 종사하는 사람(이하 "전임자"라 한다)은 그 기간 중 「교육공무원법」 제44조 및 「사립학교법」 제59조에 따른 휴직명령을 받은 것으로 본다.
③ 삭제 〈2022.6.10.〉
④ 전임자는 그 전임기간 중 전임자임을 이유로 승급 또는 그 밖의 신분상의 불이익을 받지 아니한다.

교원은 교육부장관의 허가가 있는 경우 노동조합의 업무에만 종사할 수 있다. (×) 기출 14·17

교원은 임용권자의 동의를 받아 노동조합으로부터 급여를 지급받으면서 노동조합의 업무에만 종사할 수 있다. (○) 기출 15·16·21·24

교원은 임용권자의 허가가 있는 경우에는 노동조합의 업무에만 종사할 수 있으며 그 교원은 전임기간 중 봉급을 받는다. (×) 기출 22

전임자는 그 전임기간 중 전임자임을 이유로 승급 또는 그 밖의 신분상의 불이익을 받지 아니한다. (○) 기출 23·24

교원의 노동조합의 전임자는 그 전임기간 중 전임자임을 이유로 승급 또는 그 밖의 신분상의 불이익을 받지 아니하며 봉급을 받을 수 있다. (×) 기출 15·18

제5조의2 근무시간 면제자 등

① 교원은 단체협약으로 정하거나 임용권자가 동의하는 경우 제2항 및 제3항에 따라 결정된 근무시간 면제 한도를 초과하지 아니하는 범위에서 보수의 손실 없이 제6조 제1항 각 호의 구분에 따른 자와의 협의·교섭, 고충처리, 안전·보건활동 등 이 법 또는 다른 법률에서 정하는 업무와 건전한 노사관계 발전을 위한 노동조합의 유지·관리업무를 할 수 있다.

② 근무시간 면제 시간 및 사용인원의 한도(이하 "근무시간 면제 한도"라 한다)를 정하기 위하여 교원근무시간면제심의위원회(이하 이 조에서 "심의위원회"라 한다)를 「경제사회노동위원회법」에 따른 경제사회노동위원회에 둔다.

③ 심의위원회는 다음 각 호의 구분에 따른 단위를 기준으로 조합원(제4조의2 제1호에 해당하는 조합원을 말한다)의 수를 고려하되 노동조합의 조직형태, 교섭구조·범위 등 교원 노사관계의 특성을 반영하여 근무시간 면제 한도를 심의·의결하고, 3년마다 그 적정성 여부를 재심의하여 의결할 수 있다.

1. 제2조 제1호·제2호에 따른 교원 : 시·도 단위
2. 제2조 제3호에 따른 교원 : 개별학교 단위

④ 제1항을 위반하여 근무시간 면제 한도를 초과하는 내용을 정한 단체협약 또는 임용권자의 동의는 그 부분에 한정하여 무효로 한다.

근무시간 면제 시간 및 사용인원의 한도를 정하기 위하여 경제사회노동위원회에 교원근무시간면제심의위원회를 둔다. (○) 기출 24

교원근무시간면제심의위원회는 3년마다 근무시간 면제 한도의 적정성 여부를 재심의하여 의결할 수 있다. (○) 기출 24

고등교육법에 따른 교원에 대해서는 시·도 단위를 기준으로 근무시간 면제 한도를 심의·의결한다. (×) 기출 24

근무시간 면제 한도를 초과하는 내용을 정한 단체협약 또는 임용권자의 동의는 그 부분에 한정하여 무효로 한다. (○) 기출 24

시행령 제2조의2(근무시간 면제 절차)

① 노동조합의 대표자가 법 제5조의2 제1항에 따른 교원의 근무시간 면제에 관한 사항을 단체협약으로 정하는 경우에는 법 제6조에 따른 교섭 절차에 따른다.

② 노동조합의 대표자는 법 제5조의2 제1항에 따라 교원의 근무시간 면제에 관한 사항에 대하여 임용권자의 동의를 받으려는 경우에는 다음 각 호의 사항에 관한 동의를 서면으로 임용권자에게 요청해야 한다.
   1. 근무시간 면제 시간
   2. 근무시간 면제 사용인원

③ 임용권자는 제2항에 따른 동의 요청을 받은 경우 법 제5조의2 제2항 및 제3항에 따라 교원근무시간면제심의위원회(이하 "심의위원회"라 한다)에서 정한 근무시간 면제 시간 및 사용인원의 한도(이하 "근무시간 면제 한도"라 한다)를 넘지 않는 범위에서 다음 각 호의 사항 등을 고려하여 동의할 수 있다. 이 경우 임용권자는 제2항 각 호의 사항에 대한 동의 여부를 서면으로 알려야 한다.
   1. 노동조합별 조합원(법 제4조의2 제1호에 해당하는 조합원을 말한다. 이하 같다) 수
   2. 법 제5조 제2항에 따른 전임자(專任者) 수

④ 임용권자는 제3항 제1호에 따른 노동조합별 조합원 수를 확인하는 데 필요한 자료의 제공을 해당 노동조합의 대표자에게 요청할 수 있다. 이 경우 해당 노동조합의 대표자는 자료 제공에 적극 협조해야 한다.

⑤ 제3항 제1호에 따른 노동조합별 조합원 수의 산정과 관련하여 이의가 있는 경우 그 조합원 수 산정에 관하여는 제3조의2 제5항을 준용한다. 이 경우 "교섭노동조합"은 각각 "노동조합의 대표자"로, "제3조 제5항에 따른 공고일"은 "제2항에 따른 동의 요청일"로 본다.

⑥ 노동조합의 대표자와 임용권자는 제1항부터 제3항까지의 규정에 따라 법 제5조의2 제1항에 따른 교원의 근무시간 면제에 관한 사항을 정한 경우 3년을 초과하지 않는 범위에서 그 유효기간을 합의하여 정할 수 있다.

시행령 제2조의3(근무시간 면제자 확정 및 변경 절차)

① 노동조합의 대표자는 제2조의2 제1항부터 제3항까지의 규정에 따라 정해진 근무시간 면제 시간 및 근무시간 면제 사용인원의 범위에서 근무시간 면제 사용 예정자(이하 이 조에서 "예정자"라 한다) 명단과 예정자별 사용시간을 정하여 임용권자에게 제출해야 한다.

② 임용권자는 제1항에 따른 예정자 명단과 예정자별 사용시간을 제출받은 경우 해당 명단에 있는 사람을 근무시간 면제자(법 제5조의2 제1항에 따라 보수의 손실 없이 근무시간 면제 시간에 같은 항에 따른 업무를 할 수 있는 교원을 말한다. 이하 "근무시간면제자"라 한다)로 확정한다.

③ 노동조합의 대표자는 부득이한 사유가 있거나 제4항 전단에 따른 변경요청을 받은 경우에는 근무시간면제자를 변경할 수 있다. 이 경우 근무시간면제자 변경절차에 관하여는 제1항 및 제2항을 준용한다.

④ 임용권자는 근무시간면제자가 법 제5조의2 제1항에 따른 업무 외의 목적으로 근무시간 면제 시간을 사용하는 경우 해당 근무시간면제자의 변경을 노동조합의 대표자에게 요청할 수 있다. 이 경우 노동조합의 대표자는 특별한 사정이 없으면 그 요청에 따라야 한다.

시행령 제2조의4(근무시간 면제 시간 사용 절차)

① 근무시간면제자는 근무시간 면제 시간을 사용하기 7일 전까지 임용권자 또는 학교의 장에게 그 사용일시 및 업무내용을 포함하여 근무시간 면제 시간 사용 신청을 해야 한다. 다만, 근무시간면제자와 임용권자 또는 학교의 장이 협의한 경우에는 학사일정 등을 고려하여 본문에 따른 신청 기한을 변경할 수 있다.

② 임용권자 또는 학교의 장은 제1항 본문에 따른 신청을 받은 경우 특별한 사정이 없으면 이를 승인해야 한다. 다만, 특별한 사정이 있는 경우에는 그 사유를 제시하고 근무시간면제자와 협의하여 그 사용일시 등을 조정할 수 있다.

시행령 제2조의5(연간 근무시간면제자의 자료 제출)
연간 근무시간을 전부 면제받는 근무시간면제자(이하 제2조의6에서 "연간근무시간면제자"라 한다)는 매월 10일까지 전월의 근무시간 면제 사용결과를 임용권자 또는 학교의 장에게 제출해야 한다. 다만, 「사립학교법」에 따른 사립학교의 경우에는 노동조합의 대표자와 임용권자 또는 학교의 장이 협의하여 근무시간 면제 사용결과의 제출 시기·주기를 달리 정할 수 있다.

시행령 제2조의7(근무시간 면제자에 대한 복무 및 보수 등)
법 제5조의2에 따라 근무시간을 면제받은 사람에 대한 복무관리 및 보수 등에 관한 사항은 「국가공무원법」, 「지방공무원법」 및 「사립학교법」에 따른 복무 및 보수에 관한 규정 등 관계 법령에서 정하는 바에 따른다.

제5조의3 근무시간 면제 사용의 정보 공개

임용권자는 국민이 알 수 있도록 전년도에 노동조합별로 근무시간을 면제받은 시간 및 사용인원, 지급된 보수 등에 관한 정보를 대통령령으로 정하는 바에 따라 공개하여야 한다.

> 임용권자는 전년도에 노동조합별로 근무시간을 면제받은 시간 및 사용인원, 지급된 보수 등에 관한 정보를 고용노동부장관이 지정하는 인터넷 홈페이지에 3년간 게재하는 방법으로 공개하여야 한다.
> (○) 기출 24

시행령 제2조의6(근무시간 면제 사용 정보의 공개 방법 등)
임용권자는 법 제5조의3에 따라 다음 각 호의 정보를 매년 4월 30일까지 고용노동부장관이 지정하는 인터넷 홈페이지에 3년간 게재하는 방법으로 공개한다.
1. 노동조합별 전년도 근무시간 면제 시간과 그 결정기준
2. 노동조합별 전년도 근무시간 면제 사용인원(연간근무시간면제자와 근무시간 부분 면제자를 구분한다)
3. 노동조합별 전년도 근무시간 면제 사용인원에게 지급된 보수 총액

제6조 교섭 및 체결 권한 등

① 노동조합의 대표자는 그 노동조합 또는 조합원의 임금, 근무 조건, 후생복지 등 경제적·사회적 지위 향상에 관하여 다음 각 호의 구분에 따른 자와 교섭하고 단체협약을 체결할 권한을 가진다.
1. 제4조 제1항에 따른 노동조합의 대표자의 경우 : 교육부장관, 시·도 교육감 또는 사립학교 설립·경영자. 이 경우 사립학교 설립·경영자는 전국 또는 시·도 단위로 연합하여 교섭에 응하여야 한다.
2. 제4조 제2항에 따른 노동조합의 대표자의 경우 : 교육부장관, 특별시장·광역시장·특별자치시장·도지사·특별자치도지사(이하 "시·도지사"라 한다), 국·공립학교의 장 또는 사립학교 설립·경영자

② 제1항의 경우에 노동조합의 교섭위원은 해당 노동조합의 대표자와 그 조합원으로 구성하여야 한다.

③ 삭제 〈2020.6.9.〉

④ 노동조합의 대표자는 제1항에 따라 교육부장관, 시·도지사, 시·도 교육감, 국·공립학교의 장 또는 사립학교 설립·경영자와 단체교섭을 하려는 경우에는 교섭하려는 사항에 대하여 권한을 가진 자에게 서면으로 교섭을 요구하여야 한다.

⑤ 교육부장관, 시·도지사, 시·도 교육감, 국·공립학교의 장 또는 사립학교 설립·경영자는 제4항에 따라 노동조합으로부터 교섭을 요구받았을 때에는 교섭을 요구받은 사실을 공고하여 관련된 노동조합이 교섭에 참여할 수 있도록 하여야 한다.

⑥ 교육부장관, 시·도지사, 시·도 교육감, 국·공립학교의 장 또는 사립학교 설립·경영자는 제4항과 제5항에 따라 교섭을 요구하는 노동조합이 둘 이상인 경우에는 해당 노동조합에 교섭창구를 단일화하도록 요청할 수 있다. 이 경우 교섭창구가 단일화된 때에는 교섭에 응하여야 한다.

⑦ 교육부장관, 시·도지사, 시·도 교육감, 국·공립학교의 장 또는 사립학교 설립·경영자는 제1항부터 제6항까지에 따라 노동조합과 단체협약을 체결한 경우 그 유효기간 중에는 그 단체협약의 체결에 참여하지 아니한 노동조합이 교섭을 요구하여도 이를 거부할 수 있다.

⑧ 제1항에 따른 단체교섭을 하거나 단체협약을 체결하는 경우에 관계 당사자는 국민여론과 학부모의 의견을 수렴하여 성실하게 교섭하고 단체협약을 체결하여야 하며, 그 권한을 남용하여서는 아니 된다.

⑨ 제1항, 제2항 및 제4항부터 제8항까지에 따른 단체교섭의 절차 등에 관하여 필요한 사항은 대통령령으로 정한다.

초·중등교육법 제19조 제1항에 따른 교원의 노동조합의 대표자는 교육부장관, 시·도 교육감 또는 사립학교 설립·경영자와 교섭하고 단체협약을 체결할 권한을 가진다. (O) 기출 24

노동조합의 대표자는 그 노동조합 또는 조합원의 임금, 근무조건, 후생복지 등 경제적·사회적 지위 향상에 관하여 교육부장관등과 교섭하고 단체협약을 체결할 권한을 가진다. (O) 기출 20

노동조합의 교섭위원은 해당 노동조합의 대표자와 그 조합원으로 구성하여야 한다. (O) 기출 20·24

노동조합의 대표자는 교섭하려는 사항에 대하여 권한을 가진 자에게 서면으로 교섭을 요구하여야 한다. (O) 기출 24

조직 대상을 같이하는 둘 이상의 노동조합이 설립되어 있는 경우에 각 노동조합은 독자적으로 단체교섭을 요구할 수 있다. (X) 기출 13

노동조합의 대표자가 사립학교 설립·경영자와 교섭하고 단체협약을 체결하고자 할 경우 사립학교 설립·경영자는 전국 또는 시·도 단위로 연합하여 교섭에 응하여야 한다. (O) 기출 16

노동조합의 대표자가 사립학교 설립·경영자와 교섭하고 단체협약을 체결할 경우 사립학교 설립·경영자가 개별적으로 교섭에 응하여야 한다. (X) 기출 20

단체교섭을 하거나 단체협약을 체결하는 경우에 관계 당사자는 국민여론과 학부모의 의견을 수렴하여 성실하게 교섭하고 단체협약을 체결하여야 한다. (O) 기출 17·18·20·22

시행령 제3조(단체교섭 요구 및 절차 등)

① 노동조합의 대표자는 법 제6조 제1항 및 제4항에 따라 다음 각 호의 어느 하나에 해당하는 자(이하 이 조 및 제3조의2에서 "상대방"이라 한다)에게 단체교섭을 요구하려는 경우 노동조합의 명칭, 대표자의 성명, 주된 사무소의 소재지, 교섭 요구 사항 및 조합원 수(단체교섭을 요구하는 날을 기준으로 한다) 등을 적은 서면으로 알려야 한다.
   1. 교육부장관
   2. 특별시장 · 광역시장 · 특별자치시장 · 도지사 · 특별자치도지사(이하 "시 · 도지사"라 한다)
   3. 시 · 도 교육감
   4. 국 · 공립학교의 장
   5. 사립학교 설립 · 경영자(법 제6조 제1항 제1호에 따른 사립학교 설립 · 경영자의 경우 이들을 구성원으로 하는 단체가 있을 때에는 그 단체의 대표자를 말한다. 이하 같다)
② 제1항 제5호의 사립학교 설립 · 경영자는 법 제4조 제1항에 따른 노동조합의 대표자로부터 제1항에 따른 단체교섭을 요구받은 때에는 그 교섭이 시작되기 전까지 전국 또는 시 · 도 단위로 교섭단을 구성해야 한다.
③ 상대방은 제1항에 따른 단체교섭을 요구받은 때에는 법 제6조 제5항에 따라 관련된 노동조합이 알 수 있도록 지체 없이 자신의 인터넷 홈페이지 또는 게시판에 그 사실을 공고해야 한다.
④ 법 제6조 제5항에 따라 단체교섭에 참여하려는 관련된 노동조합은 제3항에 따른 공고일부터 7일 이내에 제1항에 따른 서면으로 상대방에게 교섭을 요구해야 한다.
⑤ 상대방은 제4항에 따른 교섭 요구 기한이 지나면 지체 없이 제1항 및 제4항에 따라 교섭을 요구한 노동조합(이하 "교섭노동조합"이라 한다)을 자신의 인터넷 홈페이지 또는 게시판에 공고하고, 교섭노동조합에 그 공고한 사항을 알려야 한다.
⑥ 교섭노동조합과 상대방(이하 "노동관계 당사자"라 한다)은 제5항에 따른 공고가 있는 경우(법 제6조 제6항에 따라 둘 이상의 노동조합이 교섭창구를 단일화하려는 경우에는 제3조의2에 따라 교섭위원의 선임이 완료된 경우를 말한다) 그 소속원 중에서 지명한 사람에게 교섭 내용, 교섭 일시 · 장소, 그 밖에 교섭에 필요한 사항에 관하여 협의하도록 하고, 교섭을 시작해야 한다.
⑦ 상대방은 제4항에 따른 교섭 요구 기간에 교섭 요구를 하지 않은 노동조합의 교섭 요구를 거부할 수 있다.

시행령 제3조의2(교섭위원의 선임)

① 교섭노동조합은 제3조 제5항에 따른 공고일부터 20일 이내에 법 제6조 제2항에 따른 노동조합의 교섭위원(이하 "교섭위원"이라 한다)을 선임하여 상대방에게 교섭노동조합의 대표자가 서명 또는 날인한 서면으로 그 사실을 알려야 한다. 이 경우 교섭노동조합이 법 제6조 제6항에 해당하면 교섭노동조합의 대표자가 연명으로 서명 또는 날인해야 한다.
② 교섭위원의 수는 교섭노동조합의 조직 규모 등을 고려하여 정하되, 10명 이내로 한다.
③ 교섭노동조합이 둘 이상인 경우에는 교섭노동조합 사이의 합의에 따라 교섭위원을 선임하여 교섭창구를 단일화하되, 제1항 전단에 따른 기간에 자율적으로 합의하지 못했을 때에는 교섭노동조합의 조합원 수(교원인 조합원의 수를 말한다. 이하 이 조에서 같다)에 비례(산출된 교섭위원 수의 소수점 이하의 수는 0으로 본다)하여 교섭위원을 선임한다. 이 경우 교섭노동조합은 전단에 따른 조합원 수를 확인하는 데 필요한 기준과 방법 등에 대하여 성실히 협의하고 필요한 자료를 제공하는 등 교섭위원의 선임을 위하여 적극 협조해야 한다.
④ 제3항에 따른 조합원 수에 비례한 교섭위원의 선임은 제1항 전단에 따른 기간이 끝난 날부터 20일 이내에 이루어져야 한다.

⑤ 교섭노동조합이 제3항에 따른 조합원 수의 산정과 관련하여 이견이 있는 경우 그 조합원의 수는 제3조 제5항에 따른 공고일 이전 1개월 동안 「전자금융거래법」 제2조 제11호에 따른 전자지급수단의 방법으로 조합비를 납부한 조합원의 수로 하되, 둘 이상의 노동조합에 가입한 조합원에 대해서는 다음 각 호의 구분에 따른 방법으로 해당 조합원 1명에 대한 조합원 수를 산정한다. 이 경우 교섭노동조합은 임금에서 조합비를 공제한 명단을 상대방에게 요청할 수 있고, 상대방은 지체 없이 해당 교섭노동조합에 이를 제공해야 한다.
  1. 조합비를 납부하는 노동조합이 1개인 경우 : 조합비를 납부하는 노동조합의 조합원 수에 숫자 1을 더한다.
  2. 조합비를 납부하는 노동조합이 둘 이상인 경우 : 숫자 1을 조합비를 납부하는 노동조합의 수로 나눈 후에 그 산출된 숫자를 그 조합비를 납부하는 노동조합의 조합원 수에 각각 더한다.
⑥ 교섭노동조합은 제3항부터 제5항까지의 규정에도 불구하고 조합원 수에 대하여 이견이 계속되거나 제4항에 따른 기간에 교섭위원을 선임하지 못한 경우 고용노동부장관 또는 노동조합의 주된 사무소의 소재지를 관할하는 지방고용노동관서의 장에게 조합원 수의 확인을 신청할 수 있다. 이 경우 고용노동부장관 또는 해당 지방고용노동관서의 장은 조합원 수의 확인을 위한 자료가 불충분하여 그 확인이 어려운 경우 등 특별한 사정이 없으면 신청일부터 10일 이내에 조합원 수를 확인하여 제3조 제5항에 따라 공고된 교섭노동조합에 알려야 한다.

교섭위원의 수는 교섭노동조합의 조직 규모 등을 고려하여 정하되, 10명 이내로 한다.
(○) 기출 24

교섭노동조합이 둘 이상인 경우 교섭창구 단일화 합의가 이루어지지 않으면 교섭창구단일화 절차에 참여한 노동조합의 전체 조합원 과반수로 조직된 노동조합이 교섭대표노동조합이 된다.
(×) 기출 24

시행령 제4조(국민여론 등 의견수렴)
① 노동관계 당사자는 법 제6조 제8항에 따라 국민여론 및 학부모의 의견을 수렴할 때에는 여론조사를 하거나 공청회 등을 개최할 수 있다.
② 제1항에 따른 여론조사 및 공청회 개최 등은 노동관계 당사자가 공동으로 실시할 수 있다.

제7조   단체협약의 효력

① 제6조 제1항에 따라 체결된 단체협약의 내용 중 법령·조례 및 예산에 의하여 규정되는 내용과 법령 또는 조례에 의하여 위임을 받아 규정되는 내용은 단체협약으로서의 효력을 가지지 아니한다.
② 교육부장관, 시·도지사, 시·도 교육감, 국·공립학교의 장 및 사립학교 설립·경영자는 제1항에 따라 단체협약으로서의 효력을 가지지 아니하는 내용에 대하여는 그 내용이 이행될 수 있도록 성실하게 노력하여야 한다.

법령·조례 및 예산에 의하여 규정되는 내용은 단체협약으로 체결되더라도 효력을 가지지 아니한다.
(○) 기출 24

노동조합 대표자와 사립학교 설립·경영자 간 체결된 단체협약의 내용 중 법령·조례 및 예산에 의하여 규정되는 내용은 단체협약으로서의 효력을 가지지 아니한다.
(○) 기출 14·19

제8조 쟁의행위의 금지

노동조합과 그 조합원은 파업, 태업 또는 그 밖에 업무의 정상적인 운영을 방해하는 어떠한 쟁의행위도 하여서는 아니 된다.

> 노동조합과 그 조합원은 파업을 제외한 그 밖의 쟁의행위를 할 수 있다. (×) 기출 19
>
> 교원의 노동조합과 그 조합원은 업무의 정상적인 운영을 방해하는 어떠한 쟁의행위도 하여서는 아니 된다. (○) 기출 16·18·21
>
> 노동조합과 그 조합원은 파업, 태업 또는 그 밖에 업무의 정상적인 운영을 방해하는 쟁의행위를 할 수 있다. (×) 기출 22

제9조 노동쟁의의 조정신청 등

① 제6조에 따른 단체교섭이 결렬된 경우에는 당사자 어느 한쪽 또는 양쪽은 「노동위원회법」 제2조에 따른 중앙노동위원회(이하 "중앙노동위원회"라 한다)에 조정을 신청할 수 있다.
② 제1항에 따라 당사자 어느 한쪽 또는 양쪽이 조정을 신청하면 중앙노동위원회는 지체 없이 조정을 시작하여야 하며 당사자 양쪽은 조정에 성실하게 임하여야 한다.
③ 조정은 제1항에 따른 신청을 받은 날부터 30일 이내에 마쳐야 한다.

> 단체교섭이 결렬된 경우 중앙노동위원회는 당사자 양쪽이 조정을 신청하는 경우에 한하여 조정을 시작할 수 있다. (×) 기출 23
>
> 단체교섭이 결렬된 경우에는 당사자 어느 한쪽 또는 양쪽은 중앙노동위원회에 조정을 신청할 수 있고, 조정은 신청을 받은 날부터 15일 이내에 마쳐야 한다. (×) 기출 19
>
> 조정은 신청을 받은 날부터 30일 이내에 마쳐야 하며, 다만 당사자들이 합의한 경우에는 30일 이내의 범위에서 조정기간을 연장할 수 있다. (×) 기출 24

제10조 　중재의 개시

중앙노동위원회는 다음 각 호의 어느 하나에 해당하는 경우에는 중재를 한다.
　1. 제6조에 따른 단체교섭이 결렬되어 관계 당사자 양쪽이 함께 중재를 신청한 경우
　2. 중앙노동위원회가 제시한 조정안을 당사자의 어느 한쪽이라도 거부한 경우
　3. 중앙노동위원회 위원장이 직권으로 또는 고용노동부장관의 요청에 따라 중재에 회부한다는 결정을 한 경우

> 관계 당사자의 일방이 단체협약에 의하여 중재를 신청한 때 중앙노동위원회는 중재를 한다. (×) **기출** 24
>
> 중앙노동위원회가 제시한 조정안을 당사자의 어느 한쪽이라도 거부한 경우 중앙노동위원회는 중재를 하며, 중재기간에 대하여는 법률의 정함이 없다. (○) **기출** 24
>
> 중앙노동위원회가 제시한 조정안을 당사자의 어느 한쪽이라도 거부한 경우 중앙노동위원회는 중재를 한다. (○) **기출** 21·23
>
> 중앙노동위원회 위원장은 직권으로 중재에 회부한다는 결정을 할 수 없다. (×) **기출** 24

제11조 　교원 노동관계 조정위원회의 구성

① 교원의 노동쟁의를 조정·중재하기 위하여 중앙노동위원회에 교원 노동관계 조정위원회(이하 "위원회"라 한다)를 둔다.
② 위원회는 중앙노동위원회 위원장이 지명하는 조정담당 공익위원 3명으로 구성한다. 다만, 관계 당사자가 합의하여 중앙노동위원회의 조정담당 공익위원이 아닌 사람을 추천하는 경우에는 그 사람을 지명하여야 한다.
③ 위원회의 위원장은 위원회의 위원 중에서 호선(互選)한다.

> 관계 당사 쌍방의 동의를 얻은 경우에는 교원 노동관계 조정위원회에 갈음하여 단독조정인에게 조정을 행하게 할 수 있다. (×) **기출** 24
>
> 교원의 노동쟁의를 조정·중재하기 위하여 중앙노동위원회에 교원 노동관계 조정위원회를 둔다. (○) **기출** 15·18·21
>
> 교원의 노동쟁의를 조정·중재하기 위하여 지방노동위원회에 교원 노동관계 조정위원회를 둔다. (×) **기출** 14
>
> 교원 노동관계 조정위원회는 당사자가 합의하여 지명하는 조정담당 공익위원 5명으로 구성된다. (×) **기출** 17

제12조 　중재재정의 확정 등

① 관계 당사자는 중앙노동위원회의 중재재정이 위법하거나 월권에 의한 것이라고 인정하는 경우에는 「행정소송법」 제20조에도 불구하고 중재재정서를 송달받은 날부터 15일 이내에 중앙노동위원회 위원장을 피고로 하여 행정소송을 제기할 수 있다.
② 제1항의 기간 이내에 행정소송을 제기하지 아니하면 그 중재재정은 확정된다.
③ 제2항에 따라 중재재정이 확정되면 관계 당사자는 이에 따라야 한다.
④ 중앙노동위원회의 중재재정은 제1항에 따른 행정소송의 제기에 의하여 효력이 정지되지 아니한다.

⑤ 제2항에 따라 확정된 중재재정의 내용은 단체협약과 같은 효력을 가진다.

> 관계 당사자는 중앙노동위원회의 중재재정이 위법하거나 월권에 의한 것이라고 인정하는 경우에는
> 중재재정서를 송달받은 날부터 15일 이내에 중앙노동위원회 위원장을 피고로 하여 행정소송을 제기할
> 수 있다. (○) **기출** 23

제13조 교원소청심사청구와의 관계

삭제 〈2022.6.10.〉

제14조 다른 법률과의 관계

① 교원(제4조의2 제2호에 해당하는 사람을 포함한다)에 적용할 노동조합 및 노동관계조정에 관하여 이 법에서 정하지 아니한 사항에 대해서는 제2항에서 정하는 경우를 제외하고는 「노동조합 및 노동관계조정법」에서 정하는 바에 따른다. 이 경우 「노동조합 및 노동관계조정법」 제3조 중 "단체교섭 또는 쟁의행위로"는 "단체교섭으로"로, 같은 법 제4조 본문 중 "단체교섭·쟁의행위"는 "단체교섭"으로, 같은 법 제10조 제1항 각 호 외의 부분 중 "연합단체인 노동조합과 2 이상의 특별시·광역시·특별자치시·도·특별자치도에 걸치는 단위노동조합은 고용노동부장관에게, 2 이상의 시·군·구(자치구를 말한다)에 걸치는 단위노동조합은 특별시장·광역시장·도지사에게, 그 외의 노동조합은 특별자치시장·특별자치도지사·시장·군수·구청장(자치구의 구청장을 말한다. 이하 제12조 제1항에서 같다)에게"는 "고용노동부장관에게"로, 같은 법 제12조 제1항 중 "고용노동부장관, 특별시장·광역시장·특별자치시장·도지사·특별자치도지사 또는 시장·군수·구청장(이하 "행정관청"이라 한다)"은 "고용노동부장관"으로, 같은 법 제24조의2 제3항부터 제8항까지 중 "위원회"는 "심의위원회"로, "근로자"는 "교원"으로, "노동단체"는 "노동단체 또는 교원 노동단체"로, "사용자"는 "교육부장관, 시·도지사, 시·도 교육감, 국·공립학교의 장 및 사립학교 설립·경영자"로, "전국적 규모의 경영자단체" 및 "경영자단체"는 각각 "교육부장관"으로, 같은 법 제58조, 제60조 제1항부터 제4항까지 및 제61조 제3항 중 "조정위원회 또는 단독조정인"은 "교원 노동관계 조정위원회"로, 같은 법 제59조 중 "조정위원회의 위원장 또는 단독조정인"은 "교원 노동관계 조정위원회 위원장"으로, 같은 법 제61조 제1항 중 "조정위원 전원 또는 단독조정인"은 "교원 노동관계 조정위원회 위원 전원"으로, 같은 법 제66조 제1항, 제67조 및 제68조 제2항 중 "중재위원회"는 "교원 노동관계 조정위원회"로, 같은 법 제81조 제3호 중 "노동조합의 대표자 또는 노동조합으로부터 위임을 받은 자"는 "노동조합의 대표자"로, 같은 법 제89조 제2호 중 "제85조 제3항(제29조의4 제4항에서 준용하는 경우를 포함한다)"은 "제85조 제3항"으로, 같은 법 제90조 중 "제44조 제2항, 제69조 제4항, 제77조 또는 제81조"는 "제81조"로, 같은 법 제94조 중 "제88조 내지 제93조"는 "제89조 제2호, 제90조, 제92조, 제93조"로 보고, 같은 법 중 "근로자"는 "교원(제4조의2 제2호에 해당하는 사람을 포함한다)"으로, "사용자"는 "교육부장관, 시·도지사, 시·도 교육감, 국·공립학교의 장, 사립학교의 설립·경영자 또는 교원에 관한 사항에 대하여 교육부장관, 시·도지사, 시·도 교육감, 국·공립학교의 장, 사립학교의 설립·경영자를 위하여 행동하는 사람"으로, "행정관청"은 "고용노동부장관"으로 본다.

② 「노동조합 및 노동관계조정법」 제2조 제4호 라목, 제24조, 제24조의2 제1항·제2항, 제29조 제2항부터 제4항까지, 제29조의2부터 제29조의5까지, 제36조부터 제39조까지, 제41조, 제42조, 제42조의2부터 제42조의6까지, 제43조부터 제46조까지, 제51조부터 제57조까지, 제60조 제5항, 제62조부터 제65조까지, 제66조 제2항, 제69조부터 제73조까지, 제76조부터 제80조까지, 제81조 제1항 제2호 단서, 제88조, 제89조 제1호, 제91조 및 제96조 제1항 제3호는 이 법에 따른 노동조합에 대해서는 적용하지 아니한다.

시행령 제2조의8(심의위원회 위원의 자격기준)
① 법 제14조 제1항에서 준용하는 「노동조합 및 노동관계조정법」 제24조의2 제5항 제1호 및 제2호에 따라 전국적 규모의 노동단체 또는 교원 노동단체나 교육부장관이 심의위원회의 위원으로 추천할 수 있는 사람의 자격기준은 다음 각 호와 같다.
  1. 전국적 규모의 노동단체 또는 교원 노동단체의 전직·현직 임원
  2. 3급 또는 3급 상당 이상의 공무원이나 고위공무원단에 속하는 공무원으로 재직하고 있는 사람
  3. 「사립학교법」에 따른 사립학교를 설립·경영하는 법인의 임원 또는 사립학교경영자나 사립학교를 설립·경영하는 법인의 임원이었던 사람 또는 사립학교경영자이었던 사람
② 법 제14조 제1항에서 준용하는 「노동조합 및 노동관계조정법」 제24조의2 제5항 제3호에 따라 공익을 대표하는 위원으로 추천받을 수 있는 사람의 자격기준은 다음 각 호와 같다.
  1. 노동 관련 학문을 전공한 사람으로서 「고등교육법」 제2조 제1호·제2호·제5호에 따른 학교나 공인된 연구기관에서 같은 법 제14조 제2항에 따른 교원 또는 연구원으로 5년 이상 근무한 경력이 있는 사람
  2. 그 밖에 제1호에 해당하는 학식과 경험이 있다고 인정되는 사람

시행령 제2조의9(심의위원회 위원의 임기)
① 심의위원회 위원의 임기는 3년으로 한다.
② 심의위원회의 위원이 궐위된 경우에 보궐위원의 임기는 전임자(前任者) 임기의 남은 기간으로 한다.
③ 심의위원회의 위원은 임기가 끝났더라도 후임자가 위촉될 때까지 계속하여 그 직무를 수행한다.

제15조 벌칙

① 제8조를 위반하여 쟁의행위를 한 자는 5년 이하의 징역 또는 5천만원 이하의 벌금에 처한다.
② 제12조 제3항을 위반하여 중재재정을 따르지 아니한 자는 2년 이하의 징역 또는 2천만원 이하의 벌금에 처한다.

2025 시대에듀 EBS 공인노무사 노동법 관계법령집(기출지문 OX)

개정5판1쇄 발행	2024년 10월 30일(인쇄 2024년 09월 25일)
초 판 발 행	2019년 10월 30일(인쇄 2019년 09월 30일)
발 행 인	박영일
책 임 편 집	이해욱
편 저	EBS 교수진
편 집 진 행	안효상 · 이재성 · 백승은
표 지 디 자 인	박종우
편 집 디 자 인	김민설 · 하한우
발 행 처	(주)시대고시기획
출 판 등 록	제10-1521호
주 소	서울시 마포구 큰우물로 75 [도화동 538 성지 B/D] 9F
전 화	1600-3600
팩 스	02-701-8823
홈 페 이 지	www.sdedu.co.kr
I S B N	979-11-383-7780-5 (13360)
정 가	27,000원

개정법령 관련 대처법을 소개합니다!

도서만이 전부가 아니다! 시험 관련 정보 확인법!
법령이 자주 바뀌는 과목의 경우, 도서출간 이후에 아래와 같은 방법으로
변경된 부분을 업데이트 · 수정하고 있습니다.

01 정오표

도서출간 이후 발견된 오류는 그 즉시 해당 내용을 확인한 후
수정하여 정오표 게시판에 업로드합니다.

※ 시대에듀 : 홈 ≫ 학습자료실 ≫ 정오표

02 추록(최신 개정법령)

도서출간 이후 법령개정으로 인한 수정사항은 도서의 구성에
맞게 정리하여 도서업데이트 게시판에 업로드합니다.

※ 시대에듀 : 홈 ≫ 학습자료실 ≫ 도서업데이트

시대에듀 www.sdedu.co.kr

공인노무사시험
합격을 꿈꾸는 수험생들에게...

기출문제집
- 최신 기출문제와 상세한 첨삭해설
- 최신 개정법령 및 관련 판례 완벽반영

기본서
- 최신 개정법령을 반영한 핵심이론+
  실전대비문제
- 온라인 동영상강의용 교재

한권으로 끝내기
- 단기간 반복학습을 위한 최적의 구성
- 단 한 권으로 1차시험 전 과목 대비

공인노무사라는 꿈을 향해 도전하는 수험생 여러분에게
정성을 다해 만든 최고의 수험서를 선사합니다.

EBS
교육방송

공인노무사
동영상강의

합격을 위한 동반자, EBS 동영상강의와 함께하세요!

수강회원들을 위한 특별한 혜택

❶ G-TELP 특강

1차시험 필수 영어과목은 지텔프 특강으로 대비!

❷ 기출해설 특강

최종 학습 마무리, 실전대비를 위한 기출분석!

❸ 모바일강의

스마트폰 스트리밍서비스 무제한 수강 가능!

❹ 1:1 맞춤학습 Q&A

온라인 피드백서비스로 빠른 답변 제공!